מַחֲזוֹר חָדָשׁ

MAḤZOR ḤADASH

Compiled and Edited by

Rabbi Sidney Greenberg
and Rabbi Jonathan D. Levine

Consulting Editors:

Rabbi Irwin Groner
Rabbi Harold Kushner

A Media Judaica Publication

The New Maḥzor

for Rosh Hashanah and Yom Kippur

ENHANCED EDITION

THE PRAYER BOOK PRESS

THE PRAYER BOOK PRESS of Media Judaica, Inc.
1363 Fairfield Avenue, Bridgeport, Conn. 06605

This text was sponsored by
THE CENTER FOR CONTEMPORARY JUDAICA
and the Tree of Life Fellowship, New York City

Library of Congress Cat. Card No. 95-69477 / ISBN 0-87677-083-9

Unsigned selections have been written or compiled by the Editors.

For granting permission to quote from copyrighted works, we thank:

Goldie Adler for material from the published and unpublished writings of Morris Adler.

Bloch Publishing Co. for material from *Authorized Daily Prayer Book* by Joseph H. Hertz, ©1967.

B'nai B'rith Commission on Adult Jewish Education for passages from *May I Have A Word With You* by Morris Adler, Crown Publishers, ©1967.

Ruth F. Brin for a selection from *A Time To Search*, Jonathan David Publishers, Inc., ©1959.

Cong. Adath Jeshurun and Trustees of the Estate of Rabbi Max D. Klein for passages from *Seder Avodah*, ©1960.

Doubleday and Company, Inc. for a passage from *This Is My God* by Herman Wouk, ©1959.

Farrar, Straus & Giroux, Inc. for a passage from *The Sabbath* by Abraham J. Heschel, ©1952; for a passage from *Tiger Beneath the Skin* by Zvi Kolitz, ©1947; for a passage adapted from *Israel: Echo of Eternity* by Abraham J. Heschel, ©1969; and for a passage from *The American Jew* by Ludwig Lewisohn, ©1950.

Golden Bell Press for material from *Windows to My Soul* by Samuel Adelman, ©1963.

Harcourt, Brace, Jovanovich, Inc. for a passage from *A Believing Jew* by Milton Steinberg, ©1951; and for a passage from *Basic Judaism* by Milton Steinberg, ©1947.

Hartmore House, Inc. for material from *Justice and Mercy* by Max Arzt, ©1963; and for material from *Hidden Hungers* by Sidney Greenberg, ©1972.

The Jewish Publication Society of America for passages from *The Torah*, ©1962, 1967; *The Five Megilloth and Jonah*, ©1969; *The Book of Isaiah*, ©1972; *The Book of Jeremiah*, ©1973; and from *Blessed Is the Match* by Marie Syrkin ©1976; from *Akiba* by Louis Finkelstein, ©1936, 1970; and from *Judaism and Modern Man* by Will Herberg, ©1951.

Jewish Reconstructionist Foundation for passages by Mordecai M. Kaplan, Ira Eisenstein, and Eugene Kohn, and a passage by Hillel Bavli from *High Holiday Prayer Book*, ©1948; and for material by Ben Aronin from *Festival Prayer Book*, ©1958.

Labor Zionist Letters, Inc. for "The Debt" by A. Joachimowicz from *Jewish Frontier*, ©1975.

Media Judaica, Inc. for material from *Likrat Shabbat*, compiled and translated by Sidney Greenberg, edited by Jonathan D. Levine, ©1973; and for selections from *New Prayers for the High Holy Days*, edited by Jack Riemer and Harold Kushner, ©1970, 1971.

National Academy of Adult Jewish Studies of the United Synagogue of America for passages from *The Jewish Prayer Book—Its Ideals and Values* by Simon Greenberg.

The Prayer Book Press for Torah meditations, Kaddish meditations, adapted translations, and other passages by Morris Silverman from *High Holiday Prayer Book*, ©1951; and for passages from *Weekday Prayer Book*, edited by Morris Silverman, published for the United Synagogue of America, ©1972, 1956; for material from *A Contemporary High Holiday Service*, edited by Sidney Greenberg and S. Allan Sugarman, ©1970; for material from *Rejoice With Jerusalem*, edited by Dov Peretz Elkins, ©1972; and for material from *For Modern Minds and Hearts* by Abraham J. Karp, ©1971.

Random House, Inc. for passages from *Humanist Meditations and Paraphrases* by Emil Weitzner, ©1965.

Schocken Books, Inc. for a passage from *Days of Awe* by S. Y. Agnon, ©1948.

Charles Scribner's Sons for material from *Man's Quest for God* by Abraham J. Heschel, ©1954.

Simon and Schuster, Inc. for a passage from *Peace of Mind* by Joshua Loth Liebman, ©1946.

Union of Liberal and Progressive Synagogues (London) for material from *Gate of Repentance*, edited by Chaim Stern, ©1973.

ACUM Ltd. (Israel) for passages © by Shin Shalom, Natan Alterman, and Itzhak Lamdan.

An early version of *Maḥzor Ḥadash* (© 1977) drew upon and reproduced certain material, passages of translation, and other elements in *Maḥzor for Rosh Hashanah and Yom Kippur*, edited by Rabbi Jules Harlow, © by The Rabbinical Assembly, to whom thanks are extended, with regret that acknowledgment was not made earlier.

Preface

(WITH COMMENTS ON THE ENHANCED EDITION)

Rosh Hashanah and Yom Kippur are the most widely observed occasions of the Jewish year. In addition to their *historic* spiritual and communal significance, they offer the modern Jew unique opportunities for worship, celebration, and learning.

Yet, there is a growing realization that new and vigorous efforts are now needed to assure that the High Holy Days are fully understood, meaningfully experienced, and more effectively transmitted to future generations.

MAḤZOR ḤADASH *is a response to these concerns.*

MAḤZOR ḤADASH differs from conventional Prayer Books (whether old or new) in that it is a contemporary liturgical resource, characterized by a *combination* of:

Reverence for Jewish tradition;

Concern with contemporary Jewish aspirations;

Acceptance of diversity in Jewish life and thought;

An emphasis on participation—and on egalitarianism;

Elaboration upon the themes of the traditional liturgy;

A quest for significant Jewish experience—religious, intellectual, aesthetic, and emotional;

Variety and access to alternate texts within the Maḥzor.

MAḤZOR ḤADASH seeks to translate these objectives into a *practical* text, combining the *basic* Hebrew liturgy with new prayers and an extensive selection of contemporary material for worship and study. It also includes a new translation of the traditional liturgy—and transliteration for unison chanting.

An egalitarian spirit is reflected both in the use of gender-sensitive language *and* in the avoidance of "Priestly Prerogatives."

The format and structure of *Maḥzor Ḥadash* are intended to give maximum local flexibility in the planning of services. Recognizing the diversity of ritual practice among various communities, formal "instructions" have been kept to a minimum.

Authors of new selections have been identified *within* the text because an awareness of *who* is speaking often affects the force or significance of the passage involved. Moreover, identifying authors, *payyetanim* etc. underscores the composite and evolutionary character of Jewish liturgy.

New prayers, reflections, and other passages added to the traditional text have been identified by means of an ornament: .

While most of our translations seek to convey the meaning of the original Hebrew, in some instances *interpretive* translations have been used. Several traditional passages which, in their original form, no longer reflect the aspirations of most modern worshipers, have been modified—or presented as optional.

The approach embodied in this volume should encourage variety as well as further study and creative effort in each community.

It is our hope that this "Enhanced Edition" will further fulfill the original goals of MAḤZOR ḤADASH, conveying the beauty and meaning of our classical liturgy while enriching the contemporary spiritual significance of the High Holy Days.

JONATHAN D. LEVINE

ברוך ... שהחינו וקימנו והגיענו לזמן הזה.
Yom HaAtzma-ut, 5755

TYPOGRAPHY OF MAḤZOR ḤADASH

The Hebrew text of *Maḥzor Ḥadash* is set in "Hebrew Classic" (the typeface used in most Prayer Book Press publications). The decorative Hebrew type used to open each service was designed by Ismar David. The English text is set in "Melior" with English titles and captions set in various forms of "Melior Bold."

The preparation of *Maḥzor Ḥadash* was originally sponsored by The Center for Contemporary Judaica, which takes pleasure in acknowledging the assistance of those who helped to create this new text—which now appears in this Enhanced Edition.

Rabbi Sidney Greenberg prepared the translation, wrote many of the new prayers, and served as Senior Editor. Rabbi Jonathan D. Levine developed the book's structure and special services, prepared some of the new readings, and served as Managing Editor. Andrew Amsel served as Technical Editor.

Valuable assistance was provided by the Editorial Advisory Committee, including the co-chairs, Rabbi Irwin Groner and Rabbi Harold Kushner, and the vice-chairpersons, Professor Etan Levine and Ḥazzan Samuel Rosenbaum. Dr. Samuel H. Levine offered scholarly guidance and Walter B. Stern contributed editorial expertise.

The liturgical works of the late Rabbi Morris Silverman were a major influence and a constant reference.

Adina N. Samuelson assisted the Managing Editor and the Staff in the preparation of this Enhanced Edition.

The Jewish Publication Society graciously permitted the use of its translations of *Torah* and *Haftarah* readings. These appear here *unchanged*—although elsewhere in this Enhanced Edition newly revised gender-sensitive language has been adopted.

The Hebrew and English texts of the United Synagogue's earliest liturgical publication, *The Festival Prayer Book*, and the later *Weekday Prayer Book* (both published by The Prayer Book Press) aided the preparation of this volume.

Recent years have witnessed numerous efforts to enrich worship services in a variety of settings. These experiments have often yielded challenging ideas and meaningful innovations. *Maḥzor Ḥadash* (whose Editors and contributors have been actively involved in these developments) has been strengthened by ideas and features drawn from such efforts—some of which have already been reflected in publications issued by Media Judaica and by others.

During the preliminary stages, portions of this text benefited from the learned advice of Dr. Abraham J. Heschel and Dr. Max Arzt.

Many rabbis, cantors, and synagogue leaders contributed helpful suggestions and reactions to portions of this text. Our gratitude is expressed to all of them, collectively, and to those authors who contributed new selections or permitted the adapting of existing materials to meet the special needs of this volume. Of course, responsibility for the present text rests solely with the Editors and Sponsors of *Maḥzor Ḥadash.*

Among the liturgical publications consulted in the preparation of *Maḥzor Ḥadash* were: *High Holiday Prayer Book,* edited by Rabbi Morris Silverman (1951): *Seder Avodah,* edited by Rabbi Max D. Klein (1960); *Shir Ḥadash,* edited by Eugene Kohn (1939); *A Contemporary High Holiday Service,* edited by Rabbi Sidney Greenberg and S. Allan Sugarman (1970); *New Prayers for the High Holy Days,* edited by Rabbi Jack Riemer and Rabbi Harold Kushner (1970); *For Modern Minds and Hearts,* edited by Rabbi Abraham J. Karp (1971); *Maḥzor for Rosh Hashanah and Yom Kippur,* edited by Rabbi Jules Harlow (1972); and *Likrat Shabbat,* edited by Rabbis Sidney Greenberg and Jonathan D. Levine (1973), whose format and features have been adapted in *Maḥzor Ḥadash.*

The Hebrew text of *Maḥzor Ḥadash* has been adapted from Rabbi Silverman's *High Holiday Prayer Book.* Among our adaptations of the classical text are three modified Hebrew passages introduced in the *Sabbath and Festival Prayer Book,* edited by Rabbi Silverman for the Rabbinical Assembly and United Synagogue (1946), and since then adopted in several other Prayer Book Press publications.

Materials from various prayer books and booklets, issued by The Prayer Book Press, have been adapted for use in *Maḥzor Ḥadash.*

At The Prayer Book Press, Shmuel Ormianer, Babette Schulman, and Eli Spielman provided helpful assistance. Harvey Appelbaum designed an attractive and functional Maḥzor, elaborating on the earlier format of *Likrat Shabbat,* designed with Betty Binns.

The rabbis of "independent spirit" who encouraged the creation of a truly *new* Maḥzor deserve special thanks. This volume is dedicated to them—and to the communities which they lead.

Rosh Hashanah ראֹשׁ הַשָּׁנָה

Minḥah for Erev Rosh Hashanah—page 834.

Yom Kippur יוֹם כִּפּוּר

Prayer: the heart of significant living

Prayer is at the heart not only of great religion, but of significant living. Without prayer we cannot scale the heights of compassion, or attain the peaks of love of our neighbor of which we are capable.

Prayer has been an enduring and universal phenomenon of human life, not because a priesthood ordained it, nor because tradition hallowed it, but because humanity is ever-seeking to probe into its own depths and bring to light its hidden yearnings. . . .

Prayer is a step on which we rise from the self we are to the self we wish to be.

Prayer affirms the hope that no reality can crush; the aspiration that can never acknowledge defeat. . . .

Prayer is not an escape from duty. It is no substitute for the deed.

Prayer seeks the power to do wisely, to act generously, to live helpfully. It helps to reinforce the act rather than to replace it.

Prayer is the search for silence amidst the noise of life. . . .

Prayer takes us beyond the self. Joining our little self to the selfhood of humanity, it gives our wishes the freedom to grow large and broad and inclusive.

Our prayers are answered not when we are given what we ask, but when we are challenged to be what we can be.

Morris Adler

The rewards of prayer

Perhaps for saints and truly holy persons, fully conscious prayer is really an everyday thing. For the ordinary worshiper, the rewards of a lifetime of faithful praying come at unpredictable times, scattered through the years, when all at once the liturgy glows as with fire. Such an hour may come after a death, or after a birth; it may flood the soul at no marked time, for no marked reason. It comes; and one knows why one has prayed all of one's life.

Herman Wouk (adapted)

Creation is a kind of prayer

It is not you alone, or we, or those others who pray; all things pray, all things pour forth their souls. The heavens pray, the earth prays, every creature and every living thing prays. In all life, there is longing. Creation is itself but a longing, a kind of prayer to the Almighty. What are the clouds, the rising and the setting of the sun, the soft radiance of the moon, and the gentleness of the night? What are the flashes of the human mind and the storms of the human heart? They are all prayers—the outpouring of boundless longing for God.

Micah Joseph Berdichevski

What prayer can do

Prayer cannot mend a broken bridge, rebuild a ruined city, or bring water to parched fields.

Prayer can mend a broken heart, lift up a discouraged soul, and strengthen a weakened will.

Ferdinand M. Isserman

We join our people

The service of the synagogue is more than an expression of the needs and emotions of the individual worshipers who take part in it.

It is an expression of the joys and sorrows, the hopes and ideals of Israel. For the synagogue is the one unfailing wellspring of Jewish feeling.

Here we pray together with our fellow Jews, and we become participants in the common sentiment, the collective conscience of Israel.

Here we pray with an even mightier assembly, with the whole house of Israel.

We become members of a far greater congregation than that of which we form a physical part.

We join our people throughout the world in homage to our God.

Morris Joseph

Purify our hearts

Every Jewish prayer is a small Yom Kippur. It challenges us to examine our hearts and thoughts. It demands that we ask ourselves—have we been silent when we should have spoken out? Have we been selfish when we should have been responsive to the needs of others? Have we been thoughtless when we should have been sensitive? Have we pursued that which is hollow when we should have reached for that which can hallow our life? In this kind of prayer, we do not ask God to do our will. We accept the challenge to fulfill God's will. We confess our guilt and ask God for strength to purify ourselves.

Ernst Simon (adapted)

The fires already lighted

We cannot all pray from our own creative resources because we are not all religious geniuses. We cannot all write words such as Shakespeare's, or compose music such as Bach's. But we can still make these our own. We can open our hearts to them and enrich ourselves by sharing and appropriating them.

In prayer, too, we can turn to the great religious geniuses, the Isaiahs, the Jeremiahs, and the Psalmists. We can take the visions they have seen, the communion they have established, the messages they have brought back, the words they have spoken, and make them our own. By an act of sympathetic fervor, of loving contagion, we can seek to achieve their glow.

This does not mean that all the deepest prayer or all the best poetry and music have already been written; nor does it mean that there is an end to inspiration.

The future is open; there is no limitation on the wonder of insight and creation. But each of us, in our own time and place, must conserve the resources already available and warm our hands at the fires already lighted.

Henry Slonimsky (adapted)

The effort is precious

Make every effort to pray from the heart. Even if you do not succeed, the effort is precious in the eyes of the Lord.

Naḥman of Bratzlav

To sanctify and render meaningful

The Jewish way of life is a pattern, akin to the structure and pattern of a work of art, which is to sanctify and render meaningful the hour and day and year of the Jewish people and preserve that people by differentiating its existence in every phase and at every moment from the idolatrous life. If our form were shattered we would not be. Whenever our form is shattered we tend to die. Unless we preserve our form we cannot survive. Unless we survive we cannot perform our function in history.

Ludwig Lewisohn

An invitation to God

The focus of prayer is not the self. Prayer comes to pass in a complete turning of the heart toward God, toward God's goodness and power. It is the momentary disregard of our personal concerns, the absence of self-centered thoughts, which constitute the art of prayer. Feeling becomes prayer in the moment in which we forget ourselves and become aware of God. . . .

Prayer is an invitation to God to intervene in our lives, to let God's will prevail in our affairs; it is the opening of a window to God in our will, an effort to make God the Lord of our soul.

Abraham J. Heschel

The burning bush

Why did the Holy One choose to speak to Moses out of a thornbush? To teach us that there is no place without the Divine Presence; not even a thornbush.

The Midrash

The Maḥzor speaks to us

The High Holy Day *Maḥzor* is a work of grandeur and sublimity. It is more than a source of nostalgic recollection; it speaks to us about matters of importance—of abiding significance.

The traditional prayers, though written in other ages and in the context of different times and circumstances, address themselves to perennial human concerns. They aim to effect in us a transformation: from egocentric lives, activated by the caprice of the moment, to lives inspired by an awareness of a loving God, our Sovereign and Judge. . . .

In these prayers, our ancestors found the courage to embrace life, to surmount its trials, and to persist in hoping for the day when all peoples "will unite to perform God's will with a perfect heart."

Because the *Maḥzor* reflects historic Judaism's distinctive beliefs about God, humanity, and the universe, it is the most authentic literary source for an understanding of the faith which animates it and of the people that poured its spirit into it.

Max Arzt

Summoned to raise ourselves

Rosh Hashanah and Yom Kippur stand alone. They tower over the landscape of the Jewish year, "like lighthouses on the shores of eternity, flashing their messages of holiness."

These are the only Jewish festivals which are not connected to particular events in Jewish history or to seasonal events in the agricultural life of our Biblical ancestors; these are the only holy days now referred to as High Holy Days. For this is when we Jews are summoned to raise ourselves to the loftiest spiritual heights, through the intensity of our prayers and the sincerity of our penitence. At once the most cosmic of confrontations and the most intimate of encounters, the observances are enacted in the midst of the congregation—and in the deepest recesses of the individual soul.

Rachel Anne Rabinowicz

מַעֲרִיב
לְרֹאשׁ
הַשָּׁנָה

MAARIV / EVENING SERVICE

ROSH HASHANAH

To seek the way

Our teacher, Rabbi Ḥayyim of Zans, told us this parable:

A person had been wandering about in a forest for several days, unable to find the way out. Finally, upon seeing someone approaching in the distance, the wanderer, with a joyous heart, thought: "Now I shall surely find out which is the right way out of this forest."

When they neared each other, the wanderer asked the stranger: "Will you please tell me the way out of the forest? I have been wandering about here for several days, and I am unable to find my way out."

The other replied: "I am sorry, but I do not know the way out either, for I too have been wandering about here for many days. But this much I can tell you. Do not go the way I have gone, for I know that this is not the way. Now come, let us search for the way out together."

Our teacher added: "So it is with us. The one thing that each of us knows is that the way we have been going until now is not the way. Now come, let us join hands and look for the way together."

Retold by S. Y. Agnon (adapted)

To seek renewal

On this night, O Lord, we have come into Your house,
To pray with our fellow Jews in Your sanctuary.

But if the heavens are merely Your throne,
If the earth is but Your footstool,

If the heaven of heavens cannot contain You,
How much less this house, built by mere human hands.

Yet, although Your dwelling place is *every* place,
And although You can be sought and found in *any* place,

It is to *this* place that we come most confidently—
To seek renewal in Your purifying presence.

Hershel J. Matt

As we begin

Eternal God, as the twilight of the old year fades into the night that marks the birth of a new year, we gather with mingled emotions, mindful of life's blessings and sorrows.

You, O Lord, are without beginning and without end.
"A thousand years in Your sight are as yesterday."

But as for us, our years are limited;
Every hour is precious.

And so we pray:
"Teach us to number our days,
That we may attain a heart of wisdom."

As we ponder the flight of time,
The vanity of our possessions, and the uncertainty of life,
We seek to link our lives to that which is timeless and true.

May our prayers arouse within us lofty resolves
And help us to give richer meaning to our daily lives.

Grant us, O Lord, faith and wisdom enough
To meet the perplexities and perils which may beset us.

May we acknowledge You as our Creator,
And recognize all human beings as Your children.

May we make this a year of consecration to Torah,
Of devotion to our people, and of concern for Zion.

May the new year be, for us and for all the world,
A year of sustenance and cheer, of peace and serenity.

May this be a year in which Your spirit will guide our deeds,
And the love of You will fill our hearts.

Morris Silverman (adapted)

Amen.

יְדִיד נֶפֶשׁ אָב הָרַחֲמָן. מְשׁוֹךְ עַבְדְּךָ אֶל רְצוֹנֶךָ.
יָרוּץ עַבְדְּךָ כְּמוֹ אַיָּל. יִשְׁתַּחֲוֶה אֶל מוּל הֲדָרֶךָ.
תֶּעֱרַב לוֹ יְדִידוּתֶךָ. מִנֹּפֶת צוּף וְכָל־טָעַם:

הָדוּר נָאֶה זִיו הָעוֹלָם. נַפְשִׁי חוֹלַת אַהֲבָתֶךָ.
אָנָּא אֵל נָא רְפָא נָא לָהּ. בְּהַרְאוֹת לָהּ נֹעַם זִיוֶךָ.
אָז תִּתְחַזֵּק וְתִתְרַפֵּא. וְהָיְתָה לָהּ שִׂמְחַת עוֹלָם:

וָתִיק יֶהֱמוּ נָא רַחֲמֶיךָ. וְחוּסָה נָּא עַל בֵּן אֲהוּבֶךָ.
כִּי זֶה כַּמָּה נִכְסֹף נִכְסַפְתִּי. לִרְאוֹת בְּתִפְאֶרֶת עֻזֶּךָ.
אֵלֶּה חָמְדָה לִבִּי. חוּסָה נָּא וְאַל תִּתְעַלָּם:

הִגָּלֶה נָא וּפְרוֹשׂ חֲבִיבִי עָלַי אֶת סֻכַּת שְׁלוֹמֶךָ.
תָּאִיר אֶרֶץ מִכְּבוֹדֶךָ. נָגִילָה וְנִשְׂמְחָה בָּךְ.
מַהֵר אָהוּב כִּי בָא מוֹעֵד. וְחָנֵּנוּ כִּימֵי עוֹלָם:

Y'did nefesh av ha-raḥaman, m'shoḥ av-d'ḥa el r'tzo-neḥa,
Yarutz av-d'ḥa k'mo a-yal, yish-taḥaveh el mul ha-dareḥa,
Te-erav lo y'didu-teḥa, mi-nofet tzuf v'ḥol ta-am.

Ha-dur na-eh ziv ha-olam, naf-shi ḥolat ahava-teḥa,
Ana Eyl na r'fa na la, b'ha-rot la no-am ziveḥa,
Az tit-ḥazeyk v'tit-rapey, v'ha-y'ta la simḥat olam.

Va-tik ye-hemu na raḥa-meḥa, v'ḥusa na al beyn ahu-veḥa,
Ki zeh ka-ma niḥ-sof niḥ-safti, lir-ot b'tif-eret u-zeḥa,
Eyleh ḥamda libi, ḥusa na v'al tit-alam.

Hi-galey na u-f'ros ḥa-vi-vi alai et sukat sh'lo-meḥa,
Ta-ir eretz mi-k'vo-deḥa, na-gilah v'nis-m'ḥah baḥ,
Ma-heyr ahuv ki va mo-eyd, v'ḥo-ney-nu kiy-mey olam.

Beloved of my soul, merciful God, lead me, Your servant, closer to You.
I yearn for Your love, O my Beloved . . .
Let me rejoice in Your grace and love as of yore.

מַה־טֹּבוּ אֹהָלֶיךָ יַעֲקֹב. מִשְׁכְּנֹתֶיךָ יִשְׂרָאֵל: וַאֲנִי בְּרֹב
חַסְדְּךָ אָבוֹא בֵיתֶךָ. אֶשְׁתַּחֲוֶה אֶל־הֵיכַל קָדְשְׁךָ בְּיִרְאָתֶךָ:
יְיָ אָהַבְתִּי מְעוֹן בֵּיתֶךָ. וּמְקוֹם מִשְׁכַּן כְּבוֹדֶךָ: וַאֲנִי
אֶשְׁתַּחֲוֶה וְאֶכְרָעָה. אֶבְרְכָה לִפְנֵי־יְיָ עֹשִׂי: וַאֲנִי תְפִלָּתִי־
לְךָ יְיָ עֵת רָצוֹן אֱלֹהִים בְּרָב־חַסְדֶּךָ עֲנֵנִי בֶּאֱמֶת יִשְׁעֶךָ:

How goodly are your dwellings, O Jacob,
Your sanctuaries, O Israel!

Thanks to Your abundant kindness, O Lord,
I am able to enter Your house,

To bow down before You in reverence
In this sacred place of worship.

Lord, I love to be in Your house,
The sanctuary dedicated to Your glory.

Here I worship in Your presence,
O Lord, my Maker.

In kindness, Lord, answer my prayer;
Mercifully, grant me Your abiding help.

Biblical verses

Ma tovu oha-leḥa yaakov, mish-k'no-teḥa yisrael.
Va-ani b'rov ḥas-d'ḥa, avo vey-teḥa,
Eshta-ḥa-veh el heyḥal kod-sh'ḥa b'yira-teḥa.
Adonai ahavti m'on bey-teḥa,
U-m'kom mishkan k'vo-deḥa.
Va-ani eshta-ḥa-veh v'eḥra-a,
Ev-r'ḥa lifney Adonai osi.
Va-ani t'filati l'ḥa Adonai eyt ratzon,
Elohim b'rov ḥas-deḥa, aneyni be-emet yish-eḥa.

The doorway to a richer life

May the door of this synagogue be wide enough
to receive all who hunger for love,
all who are lonely for fellowship.

May it welcome all who have cares to unburden,
thanks to express, hopes to nurture.

May the door of this synagogue be narrow enough
to shut out pettiness and pride, envy and enmity.

May its threshold be no stumbling block
to young or straying feet.

May it be too high to admit complacency,
selfishness, and harshness.

May this synagogue be, for all who enter,
the doorway to a richer and more meaningful life.

Miracles

The world is full of wonders and miracles, but we take our little hands and we cover our eyes and see nothing.

Israel Baal Shem Tov

As we greet the new year

Eternal God, as the new year begins,
We have come together to pray as a congregation;
Yet each of us is strangely solitary in Your presence.

Each of us comes before You with special hopes
and dreams;
Each of us has personal worries and concerns.

Each of us has a prayer no one else can utter;
Each of us brings praise no one else can offer.

Each of us feels a joy no one else can share;
Each of us has regrets which others cannot know.

And so, we pray:
If we are weary, give us strength,
If we are discouraged, give us hope.

If we have forgotten how to pray, remind us;
If we have been careless of time, forgive us.

If our hearts have been chilled by indifference,
Warm them with Your mercy, and inspire us
With the glowing spirit of this holy night.

Amen.

מִזְמוֹר שִׁיר לְיוֹם הַשַּׁבָּת:

טוֹב לְהֹדוֹת לַייָ   וּלְזַמֵּר לְשִׁמְךָ עֶלְיוֹן:

לְהַגִּיד בַּבֹּקֶר חַסְדֶּךָ   וֶאֱמוּנָתְךָ בַּלֵּילוֹת:

עֲלֵי־עָשׂוֹר וַעֲלֵי־נָבֶל   עֲלֵי הִגָּיוֹן בְּכִנּוֹר:

כִּי שִׂמַּחְתַּנִי יְיָ בְּפָעֳלֶךָ   בְּמַעֲשֵׂי יָדֶיךָ אֲרַנֵּן:

מַה־גָּדְלוּ מַעֲשֶׂיךָ יְיָ   מְאֹד עָמְקוּ מַחְשְׁבֹתֶיךָ:

אִישׁ־בַּעַר לֹא יֵדָע   וּכְסִיל לֹא־יָבִין אֶת־זֹאת:

בִּפְרֹחַ רְשָׁעִים כְּמוֹ־עֵשֶׂב   וַיָּצִיצוּ כָּל־פֹּעֲלֵי אָוֶן

לְהִשָּׁמְדָם עֲדֵי־עַד:

וְאַתָּה מָרוֹם לְעֹלָם יְיָ:

כִּי הִנֵּה אֹיְבֶיךָ יְיָ   כִּי־הִנֵּה אֹיְבֶיךָ יֹאבֵדוּ

יִתְפָּרְדוּ כָּל־פֹּעֲלֵי אָוֶן:

וַתָּרֶם כִּרְאֵים קַרְנִי   בַּלֹּתִי בְּשֶׁמֶן רַעֲנָן:

וַתַּבֵּט עֵינִי בְּשׁוּרָי   בַּקָּמִים עָלַי מְרֵעִים

תִּשְׁמַעְנָה אָזְנָי:

צַדִּיק כַּתָּמָר יִפְרָח   כְּאֶרֶז בַּלְּבָנוֹן יִשְׂגֶּה:

שְׁתוּלִים בְּבֵית יְיָ   בְּחַצְרוֹת אֱלֹהֵינוּ יַפְרִיחוּ:

עוֹד יְנוּבוּן בְּשֵׂיבָה   דְּשֵׁנִים וְרַעֲנַנִּים יִהְיוּ:

לְהַגִּיד כִּי־יָשָׁר יְיָ   צוּרִי וְלֹא־עַוְלָתָה בּוֹ:

Tzadik ka-tamar yif-raḥ, k'erez ba-l'vanon yis-geh.
Sh'tulim b'veyt Adonai, b'ḥatz-rot Eloheynu yaf-riḥu.
Od y'nu-vun b'sey-va, d'shey-nim v'ra-a-nanim yi-h'yu.
L'hagid ki ya-shar Adonai, tzuri v'lo av-lata bo.

THE SABBATH PSALM

It is good to thank You, O Lord,
To sing praises to Your name,

To proclaim Your love every morning,
And Your faithfulness every night.

To the sound of the ten-string lyre,
With the music of the lute and harp.

Your works, O Lord, bring me gladness;
Of Your deeds, I joyously sing.

How great are Your deeds, O Lord;
How profound are Your designs.

The superficial cannot comprehend,
The foolish cannot grasp this:

Though the wicked may thrive like grass,
And doers of evil seem to flourish,

Yet their doom is sure to come,
For Yours is the ultimate triumph.

Those who oppose You shall be destroyed;
Workers of evil are sure to be routed.

You have given me extraordinary power;
I am like one who has been anointed.

I see the defeat of my foes,
I hear the doom of my enemies.

The righteous will grow strong like the palm tree,
They will thrive like the cedar of Lebanon.

Planted in the house of the Lord,
They will flourish in the courts of our God.

They will bear fruit even in old age,
They will remain vital and vigorous,

Proclaiming that the Lord is just,
My Rock, in whom there is no unrighteousness. *Psalm 92*

As we praise God's greatness and might in the "Sabbath Psalm," we look forward, with the Psalmist, to the day when the righteous will flourish, when all of God's children will live in harmony and justice, and when the spirit of Shabbat, symbol of a perfected world, will inspire all human conduct. *(Ben Saul)*

On Shabbat:

יְיָ מָלָךְ גֵּאוּת לָבֵשׁ   לָבֵשׁ יְיָ עֹז הִתְאַזָּר

אַף־תִּכּוֹן תֵּבֵל בַּל־תִּמּוֹט:

נָכוֹן כִּסְאֲךָ מֵאָז   מֵעוֹלָם אָתָּה:

נָשְׂאוּ נְהָרוֹת יְיָ   נָשְׂאוּ נְהָרוֹת קוֹלָם

יִשְׂאוּ נְהָרוֹת דָּכְיָם:

מִקֹּלוֹת מַיִם רַבִּים   אַדִּירִים מִשְׁבְּרֵי־יָם

אַדִּיר בַּמָּרוֹם יְיָ:

עֵדֹתֶיךָ נֶאֶמְנוּ מְאֹד   לְבֵיתְךָ נַאֲוָה־קֹּדֶשׁ

יְיָ לְאֹרֶךְ יָמִים:

Mourner's Kaddish, page 64, may be recited.

GOD RULES SUPREME

You, O Lord, are Sovereign, crowned with majesty,
Adorned with splendor, supreme in strength.

You established the earth securely;
You created a world that stands firm.

Your throne is established from of old;
You are eternal.

The rivers lift up their voice,
They raise a mighty roar.

The mighty breakers of the sea declare,
"God rules supreme."

Your decrees are dependable;
Holiness befits Your creation;
You are the Lord of eternity.

Psalm 93

If you look at the stars

Praise Me, says God, and I will know that you love Me.
Curse Me, says God, and I will know that you love Me.
Praise Me or curse Me,
And I will know that you love Me.

Sing out My graces, says God.
Raise your fist against Me and revile, says God.
Sing out graces or revile,
Reviling is also a kind of praise, says God.

But if you sit fenced off in your apathy, says God,
If you sit entrenched in, "I don't give a hang," says God,
If you look at the stars and yawn,
If you see suffering and don't cry out,
If you don't praise and you don't revile,
Then I created you in vain, says God.

Aaron Zeitlin

Light in darkness

The first time that Adam saw the sun go down and an ever-deepening gloom enfold creation, his mind was filled with terror. Then God took pity on him, and endowed him with the divine intuition to take two stones—the name of one was Darkness and the name of the other Shadow of Death—and rub them against each other, and to discover fire. Thereupon Adam exclaimed with grateful joy: "Blessed be the Creator of Light."

Based on Talmud, Avodah Zarah 8b

We place ourselves under Your law

Unfailing night follows day
which will again pierce the shadows
with ever-widening arcs of light.

The revolutions of earth, planets, galaxies,
like the infinitesimal atomic particles
radiating energy in their orbits around their nuclei,
fill our minds with wonder.

Their precision and predictability
tell us that we confront a reality
vastly greater than any formula can contain.

O, mysterious, wise, manifoldly self-revealing God,
O life within creation and beyond it,
as we contemplate and observe nature,
we pray for Your reign over us.
We place ourselves under Your law.

May the awesome, creative, and ordering power,
which we barely glimpse or comprehend,
help us to become what our potential promises.

May our lives acquire form, order, and meaning
where now aimlessness, wilfullness, and chaos threaten.

O Lord, in the daily rotations of this planet
we behold and hail a vision of Your sovereignty.
Rule over us by day and strengthen us at nightfall.

Nahum Waldman

Reader:

בָּרְכוּ אֶת־יְיָ הַמְבֹרָךְ:

Congregation and Reader:

בָּרוּךְ יְיָ הַמְבֹרָךְ לְעוֹלָם וָעֶד:

Baruḥ Adonai ha-m'voraḥ l'olam va-ed.

בָּרוּךְ אַתָּה יְיָ אֱלֹהֵינוּ מֶלֶךְ הָעוֹלָם אֲשֶׁר בִּדְבָרוֹ
מַעֲרִיב עֲרָבִים בְּחָכְמָה פּוֹתֵחַ שְׁעָרִים וּבִתְבוּנָה מְשַׁנֶּה
עִתִּים וּמַחֲלִיף אֶת־הַזְּמַנִּים וּמְסַדֵּר אֶת־הַכֹּכָבִים
בְּמִשְׁמְרֹתֵיהֶם בָּרָקִיעַ כִּרְצוֹנוֹ. בּוֹרֵא יוֹם וָלָיְלָה גּוֹלֵל
אוֹר מִפְּנֵי חֹשֶׁךְ וְחֹשֶׁךְ מִפְּנֵי אוֹר. וּמַעֲבִיר יוֹם וּמֵבִיא
לָיְלָה וּמַבְדִּיל בֵּין יוֹם וּבֵין לָיְלָה. יְיָ צְבָאוֹת שְׁמוֹ. אֵל
חַי וְקַיָּם תָּמִיד יִמְלוֹךְ עָלֵינוּ לְעוֹלָם וָעֶד. בָּרוּךְ אַתָּה
יְיָ הַמַּעֲרִיב עֲרָבִים:

Baruḥ ata Adonai, Eloheynu meleḥ ha-olam,
Asher bi-d'varo ma-ariv aravim,
B'ḥoḥma potey-aḥ sh'arim u-vitvuna m'shaneh itim,
U-maḥa-lif et ha-z'manim u-m'sadeyr et ha-koḥavim
B'mish-m'ro-teyhem ba-rakia kir-tzono.
Borey yom va-laila,
Goleyl ohr mipney ḥo-sheḥ v'ḥo-sheḥ mipney ohr.
U-ma-avir yom u-meyvi laila,
U-mavdil beyn yom u-veyn laila,
Adonai tz'va-ot sh'mo.
Eyl ḥai v'ka-yam tamid yimloḥ aleynu l'olam va-ed,
Baruḥ ata Adonai, ha-ma-ariv aravim.

BARḤU: The call to worship

Reader:
Praise the Lord, Source of all blessing.

Congregation and Reader:
Praised be the Lord, Source of all blessing, forever.

MAARIV ARAVIM: Lord of night and day

Praised are You, Lord our God, Ruler of the universe,
Whose word brings on the dusk of evening.

Your wisdom opens the gates of dawn;
Your understanding regulates time and seasons.

The stars above follow their appointed rounds,
In response to Your divine will.

You create day and night;
You alternate darkness and light.

You remove the day and bring on the night;
You separate one from the other.

We call You "Lord of heavenly hosts";
You are our living God.

May You rule over us as You rule over nature;
Praised are You, O Lord, who brings the evening dusk.

אַהֲבַת עוֹלָם בֵּית יִשְׂרָאֵל עַמְּךָ אָהָבְתָּ. תּוֹרָה וּמִצְוֹת חֻקִּים וּמִשְׁפָּטִים אוֹתָנוּ לִמַּדְתָּ. עַל־כֵּן יְיָ אֱלֹהֵינוּ בְּשָׁכְבֵנוּ וּבְקוּמֵנוּ נָשִׂיחַ בְּחֻקֶּיךָ. וְנִשְׂמַח בְּדִבְרֵי תוֹרָתֶךָ וּבְמִצְוֹתֶיךָ לְעוֹלָם וָעֶד. כִּי הֵם חַיֵּינוּ וְאֹרֶךְ יָמֵינוּ וּבָהֶם נֶהְגֶּה יוֹמָם וָלָיְלָה. וְאַהֲבָתְךָ אַל תָּסִיר מִמֶּנּוּ לְעוֹלָמִים. בָּרוּךְ אַתָּה יְיָ אוֹהֵב עַמּוֹ יִשְׂרָאֵל:

Ahavat olam beyt yisrael am-ḥa ahavta,
Torah u-mitzvot, ḥukim u-mish-patim otanu limad'ta.
Al keyn Adonai Eloheynu,
B'shoḥ-beynu u-v'ku-meynu nasi-aḥ b'ḥukeḥa,
V'nismaḥ b'divrey torateḥa u-v'mitz-voteḥa l'olam va-ed.
Ki heym ḥa-yeynu v'oreḥ ya-meynu,
U-va-hem neh-geh yomam va-laila.
V'aha-vat-ḥa al tasir mimenu l'olamim,
Baruḥ ata Adonai, oheyv amo yisrael.

AHAVAT OLAM:

God's love expressed through Torah and Mitzvot

With everlasting love You have loved Your people Israel, teaching us the Torah and its *Mitzvot,* instructing us in its laws and judgments.

Therefore, O Lord our God, when we lie down and when we rise up we shall speak of Your commandments and rejoice in Your Torah and *Mitzvot.*

For they are our life and the length of our days; on them we will meditate day and night. May Your love never depart from us. Praised are You, O Lord, who loves Your people Israel.

WITH EVERLASTING LOVE

Immediately *before* the *Shema,* we are reminded of God's "everlasting love" for us. Immediately *after* the *Shema* (in *V'ahavta*), we are called upon to love God with all of our heart, soul, and might.

God's love came first. Because of this love, God endowed *us* with the capacity to love—*and* lovingly gave us the gift of Torah.

In the Torah, we have found the sustaining purpose for which to live. Through the Torah, we have been given the strength and inspiration with which to live.

Morning and night, our prayers remind us of God's love, so that we may be moved to love God, and to let the spirit of the Torah guide our lives.

שְׁמַע יִשְׂרָאֵל יְהֹוָה אֱלֹהֵינוּ יְהֹוָה אֶחָד:

בָּרוּךְ שֵׁם כְּבוֹד מַלְכוּתוֹ לְעוֹלָם וָעֶד:

וְאָהַבְתָּ אֵת יְהֹוָה אֱלֹהֶיךָ בְּכָל־לְבָבְךָ וּבְכָל־נַפְשְׁךָ וּבְכָל־מְאֹדֶךָ: וְהָיוּ הַדְּבָרִים הָאֵלֶּה אֲשֶׁר אָנֹכִי מְצַוְּךָ הַיּוֹם עַל־לְבָבֶךָ: וְשִׁנַּנְתָּם לְבָנֶיךָ וְדִבַּרְתָּ בָּם בְּשִׁבְתְּךָ בְּבֵיתֶךָ וּבְלֶכְתְּךָ בַדֶּרֶךְ וּבְשָׁכְבְּךָ וּבְקוּמֶךָ: וּקְשַׁרְתָּם לְאוֹת עַל־יָדֶךָ וְהָיוּ לְטֹטָפֹת בֵּין עֵינֶיךָ: וּכְתַבְתָּם עַל־מְזֻזוֹת בֵּיתֶךָ וּבִשְׁעָרֶיךָ:

Shema Yisrael, Adonai Eloheynu, Adonai Eḥad.

Baruḥ sheym k'vod mal-ḥuto l'olam va-ed.

V'ahavta eyt Adonai Eloheḥa
B'ḥol l'vavḥa, u-v'ḥol naf-sh'ḥa, u-v'ḥol m'odeḥa.
V'ha-yu ha-d'varim ha-eyleh
Asher anoḥi m'tza-v'ḥa ha-yom al l'va-veḥa.
V'shi-nan-tam l'va-neḥa v'dibarta bam
B'shiv-t'ḥa b'vey-teḥa, u-v'leḥ-t'ḥa va-dereḥ,
U-v'shoḥ-b'ḥa u-v'ku-meḥa.
U-k'shar-tam l'ot al ya-deḥa,
V'ha-yu l'totafot beyn eyneḥa.
U-ḥ'tav-tam al m'zuzot bey-teḥa u-vish-areḥa.

The Shema

Hear, O Israel: the Lord is our God, the Lord is One.

Praised be God's glorious sovereignty for ever and ever.

V'AHAVTA: You shall love the Lord

You shall love the Lord your God with all your heart, with all your soul, with all your might. You shall take to heart these words which I command you this day. You shall teach them diligently to your children, speaking of them when you are at home and when you are away, when you lie down at night and when you rise up in the morning. You shall bind them as a sign upon your arm, and they shall be a reminder above your eyes. You shall inscribe them on the doorposts of your homes and on your gates.

Deuteronomy 6:4-9

THE SHEMA: A call to witness

In the Torah scroll, the word "*Sh'ma*" is written with an enlarged final *ayin* (ע); and the word "*Eḥad*" with an enlarged final *daled* (ד). These two letters form the Hebrew word עֵד *(Eyd)* which means "witness."

Whenever we recite the *Sh'ma*, we are responding to the Divine call: You are My witnesses, *Atem Eydai* (Isaiah 43:10); and we are reminded of our vocation to be God's "witnesses"—in both our personal and collective lives. *(Ben Saul)*

V'AHAVTA: You shall love the Lord

Whether a person really loves God can be determined by the love which that person bears toward others. *(Levi Yitzḥak of Berditchev)*

In Judaism, love of God is never a mere feeling; it belongs to the sphere of ethical action. *(Leo Baeck)*

וְהָיָה אִם־שָׁמֹעַ תִּשְׁמְעוּ אֶל־מִצְוֹתַי אֲשֶׁר אָנֹכִי מְצַוֶּה אֶתְכֶם
הַיּוֹם לְאַהֲבָה אֶת־יְהוָֹה אֱלֹהֵיכֶם וּלְעָבְדוֹ בְּכָל־לְבַבְכֶם
וּבְכָל־נַפְשְׁכֶם: וְנָתַתִּי מְטַר־אַרְצְכֶם בְּעִתּוֹ יוֹרֶה וּמַלְקוֹשׁ
וְאָסַפְתָּ דְגָנֶךָ וְתִירשְׁךָ וְיִצְהָרֶךָ: וְנָתַתִּי עֵשֶׂב בְּשָׂדְךָ לִבְהֶמְתֶּךָ
וְאָכַלְתָּ וְשָׂבָעְתָּ: הִשָּׁמְרוּ לָכֶם פֶּן־יִפְתֶּה לְבַבְכֶם וְסַרְתֶּם
וַעֲבַדְתֶּם אֱלֹהִים אֲחֵרִים וְהִשְׁתַּחֲוִיתֶם לָהֶם: וְחָרָה אַף־יְהוָֹה
בָּכֶם וְעָצַר אֶת־הַשָּׁמַיִם וְלֹא־יִהְיֶה מָטָר וְהָאֲדָמָה לֹא תִתֵּן
אֶת־יְבוּלָהּ וַאֲבַדְתֶּם מְהֵרָה מֵעַל הָאָרֶץ הַטֹּבָה אֲשֶׁר יְהוָֹה
נֹתֵן לָכֶם: וְשַׂמְתֶּם אֶת־דְּבָרַי אֵלֶּה עַל־לְבַבְכֶם וְעַל־נַפְשְׁכֶם
וּקְשַׁרְתֶּם אֹתָם לְאוֹת עַל־יֶדְכֶם וְהָיוּ לְטוֹטָפֹת בֵּין עֵינֵיכֶם:
וְלִמַּדְתֶּם אֹתָם אֶת־בְּנֵיכֶם לְדַבֵּר בָּם בְּשִׁבְתְּךָ בְּבֵיתֶךָ
וּבְלֶכְתְּךָ בַדֶּרֶךְ וּבְשָׁכְבְּךָ וּבְקוּמֶךָ: וּכְתַבְתָּם עַל־מְזוּזוֹת בֵּיתֶךָ
וּבִשְׁעָרֶיךָ: לְמַעַן יִרְבּוּ יְמֵיכֶם וִימֵי בְנֵיכֶם עַל הָאֲדָמָה אֲשֶׁר
נִשְׁבַּע יְהוָֹה לַאֲבֹתֵיכֶם לָתֵת לָהֶם כִּימֵי הַשָּׁמַיִם עַל־הָאָרֶץ:

Do not be like servants who serve their master for the sake of receiving a reward; be rather like servants who devotedly serve their master with no thought of a reward; and may the awe of God be upon you.

(Pirkey Avot 1:3)

The reward for a good deed is another good deed; and the penalty for a transgression is another transgression. *(Pirkey Avot 4:2)*

If you think of reward, you think of yourself, not God. *(Salanter)*

The main purpose of the *Mitzvot* performed through physical action is to make us sensitive to those *Mitzvot* performed with the heart and mind, which are the pillars of the service of God. *(Baḥya)*

KEEP THESE WORDS

If you will faithfully obey the commandments which I command you this day, to love the Lord your God and to serve the Lord with all your heart and all your soul, then I will favor your land with rain at the proper season, in autumn and in spring; and you will harvest your grain and wine and oil. I will give grass in the fields for your cattle. You will eat and be satisfied.

Take care not to be lured away to worship other gods. For then the wrath of the Lord will be directed against you: The heavens will close and there will be no rain; the earth will not yield its produce; and you will soon perish from the good land which the Lord gave you.

Therefore, keep these words of Mine in your heart and in your soul. Bind them as a sign upon your arm, and let them be a reminder above your eyes. Teach them to your children, speaking of them when you are at home and when you are away, when you lie down at night and when you rise up in the morning. Write them upon the doorposts of your homes and upon your gates. Thus your days and the days of your children will be multiplied on the land which the Lord promised to your ancestors for as long as the heavens remain over the earth.

Deuteronomy 11:13-21

It is not enough to serve God in anticipation of future reward. One must do right and avoid wrong because as a human being one is obliged to seek perfection. *(Maimonides)*

Rejoice so greatly in performing a *Mitzvah* that you will desire no other reward than the opportunity to perform another *Mitzvah!* *(Naḥman of Bratzlav)*

Rav Aḥa said: God has made uncertain the reward of those who perform the commandments of the Torah so that we might perform them in fidelity. *(Talmud Yerushalmi, Peah)*

וַיֹּאמֶר יְהֹוָה אֶל־מֹשֶׁה לֵּאמֹר: דַּבֵּר אֶל־בְּנֵי יִשְׂרָאֵל
וְאָמַרְתָּ אֲלֵהֶם וְעָשׂוּ לָהֶם צִיצִת עַל־כַּנְפֵי בִגְדֵיהֶם
לְדֹרֹתָם וְנָתְנוּ עַל־צִיצִת הַכָּנָף פְּתִיל תְּכֵלֶת: וְהָיָה
לָכֶם לְצִיצִת וּרְאִיתֶם אֹתוֹ וּזְכַרְתֶּם אֶת־כָּל־מִצְוֹת יְהֹוָה
וַעֲשִׂיתֶם אֹתָם וְלֹא תָתוּרוּ אַחֲרֵי לְבַבְכֶם וְאַחֲרֵי עֵינֵיכֶם
אֲשֶׁר־אַתֶּם זֹנִים אַחֲרֵיהֶם: לְמַעַן תִּזְכְּרוּ וַעֲשִׂיתֶם אֶת־
כָּל־מִצְוֹתָי וִהְיִיתֶם קְדֹשִׁים לֵאלֹהֵיכֶם: אֲנִי יְהֹוָה אֱלֹהֵיכֶם
אֲשֶׁר הוֹצֵאתִי אֶתְכֶם מֵאֶרֶץ מִצְרַיִם לִהְיוֹת לָכֶם
לֵאלֹהִים אֲנִי יְהֹוָה אֱלֹהֵיכֶם: Reader יְהֹוָה אֱלֹהֵיכֶם אֱמֶת:

TO SEE, TO REMEMBER, AND TO OBSERVE!

The Lord said to Moses: "Speak to the Children of Israel,
and bid them to make fringes in the corners of their
garments throughout their generations, putting upon the
fringe of each corner a thread of blue.

"When you look upon the fringe you will be reminded
of all the commandments of the Lord and obey them. You
will not be led astray by the inclination of your heart or by
the attraction of your eyes.

"Thus will you be reminded to fulfill all My com-
mandments and be consecrated to your God. I am the Lord
your God who brought you out of the land of Egypt to be
your God. I, the Lord, am your God."

Numbers 15:37-41

Though enemy hosts pursue us

We acknowledge that there is but one universal God, and that Israel stands eternally committed to God's service.

> *We recognize in God the Power that has enabled us to triumph over defeat, persecution, and oppression.*

It was God who redeemed us from Egyptian bondage, and delivered us from the despotism of the Pharaohs;

> *It is God's will that we be free to use our powers in God's service, and be not bound to the arbitrary rule of any mortal.*

Whenever any human tyrant usurps divine authority, oppressing or exploiting other human beings,

> *The hardening of his heart proves his own undoing; his unrelenting arrogance writes his doom.*

Therefore will we never be discouraged nor dismayed, when unrighteous powers rise up to destroy us.

> *Though enemy hosts pursue us, we shall remember how our ancestors were saved at the Sea.*

We repeat the words of triumph with which they thanked You for their deliverance:

> *"Who is like You among the mighty, O Lord,*
> *Glorious in holiness, awesome in renown, doing wonders?"*

When Your children beheld Your sovereignty, they sang: "This is my God." They proclaimed: "The Lord shall reign for ever and ever."

> *Thus it is written: "For the Lord has delivered Jacob and redeemed him from a power mightier than he." Praise to You, O Lord, Redeemer of Israel.*

Mordecai M. Kaplan and Eugene Kohn (adapted)

אֱמֶת וֶאֱמוּנָה כָּל־זֹאת וְקַיָּם עָלֵינוּ כִּי הוּא יְיָ אֱלֹהֵינוּ וְאֵין זוּלָתוֹ וַאֲנַחְנוּ יִשְׂרָאֵל עַמּוֹ הַפּוֹדֵנוּ מִיַּד מְלָכִים מַלְכֵּנוּ הַגּוֹאֲלֵנוּ מִכַּף כָּל־הֶעָרִיצִים הָאֵל הַנִּפְרָע לָנוּ מִצָּרֵינוּ וְהַמְשַׁלֵּם גְּמוּל לְכָל־אוֹיְבֵי נַפְשֵׁנוּ: הָעֹשֶׂה גְדֹלוֹת עַד אֵין חֵקֶר וְנִפְלָאוֹת עַד אֵין מִסְפָּר: הַשָּׂם נַפְשֵׁנוּ בַּחַיִּים וְלֹא נָתַן לַמּוֹט רַגְלֵנוּ: הַמַּדְרִיכֵנוּ עַל בָּמוֹת אוֹיְבֵינוּ וַיָּרֶם קַרְנֵנוּ עַל כָּל־שֹׂנְאֵינוּ: הָעֹשֶׂה לָּנוּ נִסִּים וּנְקָמָה בְּפַרְעֹה אוֹתֹת וּמוֹפְתִים בְּאַדְמַת בְּנֵי חָם הַמַּכֶּה בְעֶבְרָתוֹ כָּל־בְּכוֹרֵי מִצְרָיִם וַיּוֹצֵא אֶת עַמּוֹ יִשְׂרָאֵל מִתּוֹכָם לְחֵרוּת עוֹלָם: הַמַּעֲבִיר בָּנָיו בֵּין גִּזְרֵי יַם־סוּף אֶת רוֹדְפֵיהֶם וְאֶת שׂוֹנְאֵיהֶם בִּתְהוֹמוֹת טִבַּע. וְרָאוּ בָנָיו גְּבוּרָתוֹ שִׁבְּחוּ וְהוֹדוּ לִשְׁמוֹ וּמַלְכוּתוֹ בְּרָצוֹן קִבְּלוּ עֲלֵיהֶם. מֹשֶׁה וּבְנֵי יִשְׂרָאֵל לְךָ עָנוּ שִׁירָה בְּשִׂמְחָה רַבָּה וְאָמְרוּ כֻלָּם.

מִי־כָמֹכָה בָּאֵלִם יְיָ. מִי כָּמֹכָה נֶאְדָּר בַּקֹּדֶשׁ. נוֹרָא תְהִלֹּת. עֹשֵׂה פֶלֶא:

מַלְכוּתְךָ רָאוּ בָנֶיךָ בּוֹקֵעַ יָם לִפְנֵי מֹשֶׁה זֶה אֵלִי עָנוּ וְאָמְרוּ.

יְיָ יִמְלֹךְ לְעֹלָם וָעֶד:

וְנֶאֱמַר. כִּי־פָדָה יְיָ אֶת־יַעֲקֹב וּגְאָלוֹ מִיַּד חָזָק מִמֶּנּוּ. בָּרוּךְ אַתָּה יְיָ גָּאַל יִשְׂרָאֵל:

Mi ḥamoḥa ba-eylim Adonai,
Mi kamoḥa nedar ba-kodesh,
Nora t'hilot osey fe-leh . . .
Adonai yimloḥ l'olam va-ed.

EMET VE-EMUNAH: God our Redeemer

True and certain it is that there is One God;
And there is none like our Lord.

It is God who redeemed us from the might of tyrants,
And delivered us from slavery to freedom.

Great are the things that God has done;
The Lord's wonders are without number.

God brought forth Israel from Egyptian bondage;
And has been our hope in every generation.

May You continue Your protecting care over Israel,
And guard all Your children from disaster.

When the Children of Israel beheld Your might,
They gave thanks to You and praised Your name.

They accepted Your sovereignty willingly,
And sang in joyous thanksgiving.

Moses and the Children of Israel
Proclaimed in great exultation:

"Who is like You, O Lord, among the mighty?
Who is like You, glorious in holiness,
Revered in praises, doing wonders?"

"When You rescued Israel at the Sea,
Your children beheld Your power.

"This is my God!" they exclaimed, and said:
"The Lord shall reign for ever and ever!"

As You delivered Israel from a mightier power,
So may You redeem all Your children from oppression.

Praised are You, O Lord,
Redeemer of Israel.

Morris Silverman (adapted)

הַשְׁכִּיבֵנוּ יְיָ אֱלֹהֵינוּ לְשָׁלוֹם וְהַעֲמִידֵנוּ מַלְכֵּנוּ לְחַיִּים.
וּפְרוֹשׂ עָלֵינוּ סֻכַּת שְׁלוֹמֶךָ וְתַקְּנֵנוּ בְּעֵצָה טוֹבָה מִלְּפָנֶיךָ
וְהוֹשִׁיעֵנוּ לְמַעַן שְׁמֶךָ. וְהָגֵן בַּעֲדֵנוּ וְהָסֵר מֵעָלֵינוּ אוֹיֵב
דֶּבֶר וְחֶרֶב וְרָעָב וְיָגוֹן וְהָסֵר שָׂטָן מִלְּפָנֵינוּ וּמֵאַחֲרֵינוּ.
וּבְצֵל כְּנָפֶיךָ תַּסְתִּירֵנוּ כִּי אֵל שׁוֹמְרֵנוּ וּמַצִּילֵנוּ אָתָּה כִּי
אֵל מֶלֶךְ חַנּוּן וְרַחוּם אָתָּה. וּשְׁמוֹר צֵאתֵנוּ וּבוֹאֵנוּ לְחַיִּים
וּלְשָׁלוֹם מֵעַתָּה וְעַד עוֹלָם. וּפְרוֹשׂ עָלֵינוּ סֻכַּת שְׁלוֹמֶךָ.
בָּרוּךְ אַתָּה יְיָ הַפּוֹרֵשׂ סֻכַּת שָׁלוֹם עָלֵינוּ וְעַל כָּל־עַמּוֹ
יִשְׂרָאֵל וְעַל יְרוּשָׁלָיִם:

Hash-kiveynu Adonai Eloheynu l'shalom,
V'ha-amideynu mal-keynu l'ḥa-yim.
Uf-ros aleynu sukat sh'lomeḥa,
V'tak-neynu b'eytzah tovah mil-faneḥa,
V'ho-shi-eynu l'ma-an sh'meḥa.
V'hageyn ba-adeynu, v'ha-seyr mey-aleynu
Oyeyv, dever, v'ḥerev, v'ra-av, v'yagon,
V'ha-seyr satan mil-fa-neynu umey-aḥ-reynu,
Uv-tzeyl k'nafeḥa tas-tireynu,
Ki Eyl shom-reynu u-matzileynu ata,
Ki Eyl meleḥ ḥanun v'raḥum ata.
Ush-mor tzey-teynu uvo-eynu l'ḥa-yim ul-shalom
Mey-ata v'ad olam.
Uf-ros aleynu sukat sh'lomeḥa.
Baruḥ ata Adonai, ha-poreys sukat shalom
Aleynu v'al kol amo yisrael v'al y'ru-shala-yim.

HASHKIVENU: Help us to lie down in peace

Help us, O God, to lie down in peace,
And awaken us to life on the morrow.

May we always be guided by Your good counsel,
And thus find shelter in Your tent of peace.

Shield us, we pray, against our foes,
Against plague, destruction, and sorrow.

Strengthen us against the evil forces
Which abound on every side.

May we always sense Your care,
For You are our merciful Sovereign.

Guard us always and everywhere;
Bless us with life and peace.

Praise to You, O God of peace,
Whose love is always with us,

Who shelters Your people Israel,
And protects Jerusalem in love.

GRANT US, O GOD

Grant us, O God, Your merciful protection,
And in protection give us strength;

And in our strength grant us wise discretion,
And in discretion make us ever just;

And with our justice may we mingle love,
And with our love, O God, the love of You;
And with the love of You, the love of all.

Amen.

Author unknown

Peace means more than quiet

Help us, O God, to lie down in peace;
But teach us that peace means more than quiet.

Remind us that if we are to be at peace at night,
We must take heed how we live by day.

Grant us the peace that comes from honest dealing,
So that no fear of discovery will haunt our sleep.

Rid us of resentments and hatreds
Which rob us of the peace we crave.

Liberate us from enslaving habits
Which disturb us and give us no rest.

May we inflict no pain, bring no shame,
And seek no profit from another's loss.

May we so live that we can face
The whole world with serenity.

May we feel no remorse at night
For what we have done during the day.

May we lie down tonight in peace,
And awaken tomorrow to a richer and fuller life.

Amen.

On Shabbat add:

וְשָׁמְרוּ בְנֵי־יִשְׂרָאֵל אֶת־הַשַּׁבָּת לַעֲשׂוֹת אֶת־הַשַּׁבָּת
לְדֹרֹתָם בְּרִית עוֹלָם: בֵּינִי וּבֵין בְּנֵי יִשְׂרָאֵל אוֹת הִיא
לְעֹלָם כִּי־שֵׁשֶׁת יָמִים עָשָׂה יְיָ אֶת־הַשָּׁמַיִם וְאֶת־הָאָרֶץ
וּבַיּוֹם הַשְּׁבִיעִי שָׁבַת וַיִּנָּפַשׁ:

V'shamru v'ney yisrael et ha-shabbat, la-asot et ha-shabbat l'dorotam b'rit olam. Bey-ni uveyn b'ney yisrael ot hi l'olam. Ki shey-shet yamim asa Adonai et ha-shamayim v'et ha-aretz uva-yom ha-sh'vi-i shavat va-yina-fash.

The Children of Israel shall observe the Sabbath, maintaining it throughout their generations as an everlasting covenant. It is a sign between Me and the Children of Israel for all time; in six days the Lord made heaven and earth; and on the seventh day the Lord ceased this work and rested.

Exodus 31:16-17

TO PROCLAIM THIS DAY

תִּקְעוּ בַחֹדֶשׁ שׁוֹפָר בַּכֶּסֶה לְיוֹם חַגֵּנוּ:
כִּי חֹק לְיִשְׂרָאֵל הוּא מִשְׁפָּט לֵאלֹהֵי יַעֲקֹב:

Tiku va-ḥodesh shofar, ba-keseh l'yom ḥageynu.
Ki ḥok l'yisrael hu, mishpat ley-lohey ya-akov.

Sound the Shofar on the New Moon,
At the time appointed for our New Year.
Its observance is a law for Israel,
Ordained by the God of Jacob.

Psalms 81:4-5

ḤATZI KADDISH

Reader:

יִתְגַּדַּל וְיִתְקַדַּשׁ שְׁמֵהּ רַבָּא. בְּעָלְמָא דִּי־בְרָא כִרְעוּתֵהּ.
וְיַמְלִיךְ מַלְכוּתֵהּ בְּחַיֵּיכוֹן וּבְיוֹמֵיכוֹן וּבְחַיֵּי דְכָל־בֵּית
יִשְׂרָאֵל בַּעֲגָלָא וּבִזְמַן קָרִיב. וְאִמְרוּ אָמֵן:

Congregation and Reader:

יְהֵא שְׁמֵהּ רַבָּא מְבָרַךְ לְעָלַם וּלְעָלְמֵי עָלְמַיָּא:

Reader:

יִתְבָּרַךְ וְיִשְׁתַּבַּח וְיִתְפָּאַר וְיִתְרוֹמַם וְיִתְנַשֵּׂא וְיִתְהַדַּר
וְיִתְעַלֶּה וְיִתְהַלַּל שְׁמֵהּ דְּקֻדְשָׁא. בְּרִיךְ הוּא. לְעֵלָּא
לְעֵלָּא מִכָּל־בִּרְכָתָא וְשִׁירָתָא תֻּשְׁבְּחָתָא וְנֶחֱמָתָא
דַּאֲמִירָן בְּעָלְמָא. וְאִמְרוּ אָמֵן:

Yit-gadal v'yit-kadash sh'mey raba,
B'alma di v'ra ḥiru-tey, v'yam-liḥ mal-ḥutey
B'ḥa-yey-ḥon uv-yomey-ḥon uv-ḥa-yey d'ḥol beyt yisrael
Ba-agala u-viz-man kariv, v'imru **amen.**

Congregation and Reader:

Y'hey sh'mey raba m'varaḥ l'alam ul-almey alma-ya.

Reader:

Yit-baraḥ v'yish-tabaḥ v'yit-pa-ar v'yit-romam v'yit-na-sey
V'yit-hadar v'yit-aleh v'yit-halal sh'mey d'kud-sha—
B'riḥ hu, *l'eyla l'eyla mi-kol bir-ḥata v'shi-rata*
Tush-b'ḥata v'ne-ḥemata da-amiran b'alma, v'imru **amen.**

"Magnified and sanctified be God's great name in the world created according to the Divine will. May God's sovereignty soon be established, in our lifetime and that of the entire house of Israel. And let us say: Amen."

Preludes to the Amidah

OUR GOD AND GOD OF OUR ANCESTORS

Why do we say "Our God and God of our ancestors?" There are two kinds of people who believe in God. One believes by virtue of taking over the faith of parents; the other has arrived at faith through thinking and studying.

The difference between them is this: The advantage of the first is that, no matter what arguments may be brought against it, the faith cannot be shaken; it is firm because it was taken over from one's parents. But there is one flaw in it: it is faith only in response to a human command, acquired without studying and thinking for one's self.

The advantage of the second is that, because God has been found through much thinking, the believer has arrived at a personal faith, independently. But here, too, there is a flaw: it is easy to shake this faith by refuting it through evidence.

But the person who unites both kinds of faith is invincible. And so we say "Our God" with reference to our studies, and "God of our ancestors" with an eye to tradition.

The same interpretation has been given to our saying, "God of Abraham, God of Isaac, and God of Jacob," and not "God of Abraham, Isaac, and Jacob," for this indicates that Isaac and Jacob did not merely take over the tradition of Abraham; they themselves searched for God.

Baal Shem Tov, retold by Martin Buber (adapted)

OUT OF OUR HEARTS

The words of our prayers must not fall off our lips like dead leaves in the autumn. They must rise like birds—out of the heart—into the vast expanse of eternity.

Abraham J. Heschel

אֲדֹנָי שְׂפָתַי תִּפְתָּח וּפִי יַגִּיד תְּהִלָּתֶךָ:

בָּרוּךְ אַתָּה יְיָ אֱלֹהֵינוּ וֵאלֹהֵי אֲבוֹתֵינוּ. אֱלֹהֵי אַבְרָהָם אֱלֹהֵי יִצְחָק וֵאלֹהֵי יַעֲקֹב. הָאֵל הַגָּדוֹל הַגִּבּוֹר וְהַנּוֹרָא אֵל עֶלְיוֹן. גּוֹמֵל חֲסָדִים טוֹבִים וְקוֹנֵה הַכֹּל. וְזוֹכֵר חַסְדֵי אָבוֹת וּמֵבִיא גוֹאֵל לִבְנֵי בְנֵיהֶם לְמַעַן שְׁמוֹ בְּאַהֲבָה:

זָכְרֵנוּ לְחַיִּים מֶלֶךְ חָפֵץ בַּחַיִּים.
וְכָתְבֵנוּ בְּסֵפֶר הַחַיִּים.
לְמַעַנְךָ אֱלֹהִים חַיִּים:

מֶלֶךְ עוֹזֵר וּמוֹשִׁיעַ וּמָגֵן. בָּרוּךְ אַתָּה יְיָ מָגֵן אַבְרָהָם:

אַתָּה גִּבּוֹר לְעוֹלָם אֲדֹנָי מְחַיֵּה מֵתִים אַתָּה רַב לְהוֹשִׁיעַ: מְכַלְכֵּל חַיִּים בְּחֶסֶד מְחַיֵּה מֵתִים בְּרַחֲמִים רַבִּים. סוֹמֵךְ נוֹפְלִים וְרוֹפֵא חוֹלִים וּמַתִּיר אֲסוּרִים וּמְקַיֵּם אֱמוּנָתוֹ לִישֵׁנֵי עָפָר. מִי כָמוֹךָ בַּעַל גְּבוּרוֹת וּמִי דּוֹמֶה לָּךְ מֶלֶךְ מֵמִית וּמְחַיֶּה וּמַצְמִיחַ יְשׁוּעָה:

מִי כָמוֹךָ אַב הָרַחֲמִים.
זוֹכֵר יְצוּרָיו לְחַיִּים בְּרַחֲמִים:

וְנֶאֱמָן אַתָּה לְהַחֲיוֹת מֵתִים. בָּרוּךְ אַתָּה יְיָ מְחַיֵּה הַמֵּתִים:

The Amidah

"O Lord, open my lips that my mouth may declare Your praise."

GOD OF ALL GENERATIONS*

Praised are You, O Lord our God and God of our ancestors,
God of Abraham, God of Isaac, and God of Jacob;
God of Sarah, God of Rebecca, God of Rachel, and God of Leah;
Great, mighty, awesome God, supreme over all.

You are abundantly kind, O Creator of all.
Remembering the piety of our ancestors,
You lovingly bring redemption to their children's children.

Remember us for life, O Sovereign who delights in life;
Inscribe us in the book of life, for Your sake, O God of life.

You are our Sovereign who helps, redeems, and protects.
Praised are You, O Lord,
Shield of Abraham and Sustainer of Sarah.

SOURCE OF LIFE AND MASTER OF NATURE

O Lord, mighty for all eternity,
With Your saving power You grant immortal life.

You sustain the living with lovingkindness,
And with great mercy You bestow eternal life upon the dead.
You support the falling, heal the sick, and free the captives.
You keep faith with those who sleep in the dust.

Who is like You, almighty God?
Who can be compared to You, Ruler over life and death,
Source of redemption?

Who is like You, compassionate God?
Mercifully You remember Your creatures for life.

You are faithful in granting eternal life to the departed.
Praised are You, O Lord, who grants immortality to the departed.

* *This English version of the Avot Blessing reflects the egalitarian rendering which appears in the "Interpretive Amidah Blessings" (p. 891).*

אַתָּה קָדוֹשׁ וְשִׁמְךָ קָדוֹשׁ וּקְדוֹשִׁים בְּכָל־יוֹם יְהַלְלוּךָ סֶּלָה:

וּבְכֵן תֵּן פַּחְדְּךָ יְיָ אֱלֹהֵינוּ עַל כָּל־מַעֲשֶׂיךָ וְאֵימָתְךָ עַל כָּל־מַה־שֶּׁבָּרָאתָ. וְיִירָאוּךָ כָּל־הַמַּעֲשִׂים וְיִשְׁתַּחֲווּ לְפָנֶיךָ כָּל־הַבְּרוּאִים. וְיֵעָשׂוּ כֻלָּם אֲגֻדָּה אֶחָת לַעֲשׂוֹת רְצוֹנְךָ בְּלֵבָב שָׁלֵם. כְּמוֹ שֶׁיָּדַעְנוּ יְיָ אֱלֹהֵינוּ שֶׁהַשִּׁלְטוֹן לְפָנֶיךָ עֹז בְּיָדְךָ וּגְבוּרָה בִּימִינֶךָ וְשִׁמְךָ נוֹרָא עַל כָּל־מַה־שֶּׁבָּרָאתָ:

וּבְכֵן תֵּן כָּבוֹד יְיָ לְעַמֶּךָ תְּהִלָּה לִירֵאֶיךָ וְתִקְוָה לְדוֹרְשֶׁיךָ וּפִתְחוֹן פֶּה לַמְיַחֲלִים לָךְ. שִׂמְחָה לְאַרְצֶךָ וְשָׂשׂוֹן לְעִירֶךָ בִּמְהֵרָה בְיָמֵינוּ:

וּבְכֵן צַדִּיקִים יִרְאוּ וְיִשְׂמָחוּ וִישָׁרִים יַעֲלֹזוּ וַחֲסִידִים בְּרִנָּה יָגִילוּ. וְעוֹלָתָה תִּקְפָּץ־פִּיהָ וְכָל־הָרִשְׁעָה כֻּלָּהּ כְּעָשָׁן תִּכְלֶה. כִּי תַעֲבִיר מֶמְשֶׁלֶת זָדוֹן מִן הָאָרֶץ:

וְתִמְלוֹךְ אַתָּה יְיָ לְבַדֶּךָ עַל כָּל־מַעֲשֶׂיךָ בְּהַר צִיּוֹן מִשְׁכַּן כְּבוֹדֶךָ וּבִירוּשָׁלַיִם עִיר קָדְשֶׁךָ כַּכָּתוּב בְּדִבְרֵי קָדְשֶׁךָ. יִמְלֹךְ יְיָ לְעוֹלָם. אֱלֹהַיִךְ צִיּוֹן לְדֹר וָדֹר. הַלְלוּיָהּ:

קָדוֹשׁ אַתָּה וְנוֹרָא שְׁמֶךָ וְאֵין אֱלוֹהַּ מִבַּלְעָדֶיךָ כַּכָּתוּב. וַיִּגְבַּהּ יְיָ צְבָאוֹת בַּמִּשְׁפָּט וְהָאֵל הַקָּדוֹשׁ נִקְדַּשׁ בִּצְדָקָה. בָּרוּךְ אַתָּה יְיָ הַמֶּלֶךְ הַקָּדוֹשׁ:

אַתָּה בְחַרְתָּנוּ מִכָּל־הָעַמִּים. אָהַבְתָּ אוֹתָנוּ וְרָצִיתָ בָּנוּ. וְרוֹמַמְתָּנוּ מִכָּל־הַלְּשׁוֹנוֹת. וְקִדַּשְׁתָּנוּ בְּמִצְוֹתֶיךָ. וְקֵרַבְתָּנוּ מַלְכֵּנוּ לַעֲבוֹדָתֶךָ. וְשִׁמְךָ הַגָּדוֹל וְהַקָּדוֹשׁ עָלֵינוּ קָרָאתָ:

O GOD, IN YOUR HOLINESS, ESTABLISH YOUR REIGN!

Holy are You and hallowed is Your name, and holy ones praise You daily.

Lord our God, imbue all Your creatures with reverence for You, and fill all that You have created with awe of You. May they all bow before You and unite in one fellowship to do Your will wholeheartedly. May they all acknowledge, as we do, that sovereignty is Yours, that Yours is the power and the majesty, and that You reign supreme over all You have created.

Grant honor, O Lord, to Your people, glory to those who revere You, hope to those who seek You, and confidence to those who trust in You. Grant joy to Your land and gladness to Your holy city, speedily in our own days.

Then the righteous will see and be glad, the upright will exult, and the pious will rejoice in song. Wickedness will be silenced, and all evil will vanish like smoke when You remove the dominion of tyranny from the earth.

Then You alone, O Lord, will rule over all Your works, from Mount Zion, the dwelling place of Your presence, from Jerusalem, Your holy city. Thus it is written in the Psalms: "The Lord shall reign forever; your God, Zion, through all generations; Hallelujah!"

You are holy, Your name is awe-inspiring, and there is no God but You. Thus the prophet wrote: "The Lord of hosts is exalted by justice, and the holy God is sanctified through righteousness." Praised are You, O Lord, the holy Sovereign.

YOU SANCTIFY ISRAEL AND THIS DAY OF REMEMBRANCE

You have chosen us of all peoples for Your service; and, in Your gracious love, You have exalted us by teaching us the way of holiness through Your *Mitzvot*. Thus You have linked us with Your great and holy name.

On Saturday night add:

וַתּוֹדִיעֵנוּ יְיָ אֱלֹהֵינוּ אֶת־מִשְׁפְּטֵי צִדְקֶךָ וַתְּלַמְּדֵנוּ לַעֲשׂוֹת חֻקֵּי רְצוֹנֶךָ. וַתִּתֶּן־לָנוּ יְיָ אֱלֹהֵינוּ מִשְׁפָּטִים יְשָׁרִים וְתוֹרוֹת אֱמֶת חֻקִּים וּמִצְוֹת טוֹבִים. וַתַּנְחִילֵנוּ זְמַנֵּי שָׂשׂוֹן וּמוֹעֲדֵי קֹדֶשׁ וְחַגֵּי נְדָבָה. וַתּוֹרִישֵׁנוּ קְדֻשַּׁת שַׁבָּת וּכְבוֹד מוֹעֵד וַחֲגִיגַת הָרֶגֶל. וַתַּבְדֵּל יְיָ אֱלֹהֵינוּ בֵּין קֹדֶשׁ לְחוֹל בֵּין אוֹר לְחֹשֶׁךְ בֵּין יִשְׂרָאֵל לָעַמִּים בֵּין יוֹם הַשְּׁבִיעִי לְשֵׁשֶׁת יְמֵי הַמַּעֲשֶׂה. בֵּין קְדֻשַּׁת שַׁבָּת לִקְדֻשַּׁת יוֹם טוֹב הִבְדַּלְתָּ וְאֶת־יוֹם הַשְּׁבִיעִי מִשֵּׁשֶׁת יְמֵי הַמַּעֲשֶׂה קִדַּשְׁתָּ. הִבְדַּלְתָּ וְקִדַּשְׁתָּ אֶת־עַמְּךָ יִשְׂרָאֵל בִּקְדֻשָּׁתֶךָ:

On Shabbat add the words in brackets.

וַתִּתֶּן־לָנוּ יְיָ אֱלֹהֵינוּ בְּאַהֲבָה אֶת־יוֹם [הַשַּׁבָּת הַזֶּה וְאֶת־יוֹם] הַזִּכָּרוֹן הַזֶּה יוֹם [זִכְרוֹן] תְּרוּעָה [בְּאַהֲבָה] מִקְרָא קֹדֶשׁ. זֵכֶר לִיצִיאַת מִצְרָיִם:

אֱלֹהֵינוּ וֵאלֹהֵי אֲבוֹתֵינוּ. יַעֲלֶה וְיָבֹא וְיַגִּיעַ. וְיֵרָאֶה וְיֵרָצֶה וְיִשָּׁמַע. וְיִפָּקֵד וְיִזָּכֵר זִכְרוֹנֵנוּ וּפִקְדוֹנֵנוּ. וְזִכְרוֹן אֲבוֹתֵינוּ. וְזִכְרוֹן מָשִׁיחַ בֶּן־דָּוִד עַבְדֶּךָ. וְזִכְרוֹן יְרוּשָׁלַיִם עִיר קָדְשֶׁךָ. וְזִכְרוֹן כָּל־עַמְּךָ בֵּית יִשְׂרָאֵל לְפָנֶיךָ. לִפְלֵיטָה לְטוֹבָה לְחֵן וּלְחֶסֶד וּלְרַחֲמִים לְחַיִּים וּלְשָׁלוֹם בְּיוֹם הַזִּכָּרוֹן הַזֶּה: זָכְרֵנוּ יְיָ אֱלֹהֵינוּ בּוֹ לְטוֹבָה. וּפָקְדֵנוּ בוֹ לִבְרָכָה. וְהוֹשִׁיעֵנוּ בוֹ לְחַיִּים. וּבִדְבַר יְשׁוּעָה וְרַחֲמִים חוּס וְחָנֵּנוּ וְרַחֵם עָלֵינוּ וְהוֹשִׁיעֵנוּ. כִּי אֵלֶיךָ עֵינֵינוּ. כִּי אֵל מֶלֶךְ חַנּוּן וְרַחוּם אָתָּה:

On Saturday night add:

O Lord our God, You have made known to us Your ordinances of righteousness and have taught us to perform Your laws. You have given us, O Lord our God, just ordinances, true teachings, good statutes and commandments. You have enriched us with seasons of rejoicing, appointed times of holiness, and festivals for bringing free-will offerings. You have given us as our heritage the holiness of the Sabbath, the glory of the festival, the pilgrimage season. You have made a distinction, Lord our God, between the holy and the ordinary, between light and darkness, between the people Israel and the heathens, between the seventh day and the six ordinary days of the week. You have made a distinction between the holiness of the Sabbath and the holiness of the festival, and You have hallowed the seventh day above all other days. You have distinguished and sanctified Your people Israel by Your holiness.

On Shabbat add the words in brackets.

In love have You given us, O Lord our God, [this Sabbath day, and] this Day of Remembrance, a day for [recalling in love] the sounding of the Shofar, a holy convocation, commemorating the Exodus from Egypt.

YAALEH V'YAVO: Invoking the merits of our ancestors as we pray for redemption

Our God and God of our ancestors, we recall and invoke the remembrance of our ancestors, the piety of their prayers for Messianic deliverance, the glory of Jerusalem, Your holy city, and the destiny of the entire household of Israel. As we seek Your love and mercy, we pray for deliverance and for life, for happiness and for peace, on this Day of Remembrance.

Remember us, O Lord; bless us with all that is good. Recall Your promise of merciful redemption; spare us, have compassion upon us, and graciously save us. To You we lift our eyes in hope; for You, our Sovereign, are a gracious and merciful God.

On Shabbat add the words in brackets.

אֱלֹהֵינוּ וֵאלֹהֵי אֲבוֹתֵינוּ מְלוֹךְ עַל כָּל־הָעוֹלָם כֻּלּוֹ בִּכְבוֹדֶךָ וְהִנָּשֵׂא עַל כָּל־הָאָרֶץ בִּיקָרֶךָ וְהוֹפַע בַּהֲדַר גְּאוֹן עֻזֶּךָ עַל כָּל־יוֹשְׁבֵי תֵבֵל אַרְצֶךָ. וְיֵדַע כָּל־פָּעוּל כִּי אַתָּה פְעַלְתּוֹ וְיָבִין כָּל־יָצוּר כִּי אַתָּה יְצַרְתּוֹ. וְיֹאמַר כֹּל אֲשֶׁר נְשָׁמָה בְאַפּוֹ יְיָ אֱלֹהֵי יִשְׂרָאֵל מֶלֶךְ וּמַלְכוּתוֹ בַּכֹּל מָשָׁלָה: אֱלֹהֵינוּ וֵאלֹהֵי אֲבוֹתֵינוּ [רְצֵה בִמְנוּחָתֵנוּ] קַדְּשֵׁנוּ בְּמִצְוֹתֶיךָ וְתֵן חֶלְקֵנוּ בְּתוֹרָתֶךָ שַׂבְּעֵנוּ מִטּוּבֶךָ וְשַׂמְּחֵנוּ בִּישׁוּעָתֶךָ. [וְהַנְחִילֵנוּ יְיָ אֱלֹהֵינוּ בְּאַהֲבָה וּבְרָצוֹן שַׁבַּת קָדְשֶׁךָ וְיָנוּחוּ בָהּ יִשְׂרָאֵל מְקַדְּשֵׁי שְׁמֶךָ] וְטַהֵר לִבֵּנוּ לְעָבְדְּךָ בֶּאֱמֶת. כִּי אַתָּה אֱלֹהִים אֱמֶת וּדְבָרְךָ אֱמֶת וְקַיָּם לָעַד. בָּרוּךְ אַתָּה יְיָ מֶלֶךְ עַל כָּל־הָאָרֶץ מְקַדֵּשׁ [הַשַּׁבָּת וְ]יִשְׂרָאֵל וְיוֹם הַזִּכָּרוֹן:

רְצֵה יְיָ אֱלֹהֵינוּ בְּעַמְּךָ יִשְׂרָאֵל. וּתְפִלָּתָם בְּאַהֲבָה תְקַבֵּל בְּרָצוֹן. וּתְהִי לְרָצוֹן תָּמִיד עֲבוֹדַת יִשְׂרָאֵל עַמֶּךָ:

וְתֶחֱזֶינָה עֵינֵינוּ בְּשׁוּבְךָ לְצִיּוֹן בְּרַחֲמִים. בָּרוּךְ אַתָּה יְיָ הַמַּחֲזִיר שְׁכִינָתוֹ לְצִיּוֹן:

מוֹדִים אֲנַחְנוּ לָךְ שָׁאַתָּה הוּא יְיָ אֱלֹהֵינוּ וֵאלֹהֵי אֲבוֹתֵינוּ לְעוֹלָם וָעֶד. צוּר חַיֵּינוּ מָגֵן יִשְׁעֵנוּ אַתָּה הוּא לְדוֹר וָדוֹר. נוֹדֶה לְךָ וּנְסַפֵּר תְּהִלָּתֶךָ עַל חַיֵּינוּ הַמְּסוּרִים בְּיָדֶךָ וְעַל נִשְׁמוֹתֵינוּ הַפְּקוּדוֹת לָךְ וְעַל נִסֶּיךָ שֶׁבְּכָל־יוֹם עִמָּנוּ וְעַל נִפְלְאוֹתֶיךָ וְטוֹבוֹתֶיךָ שֶׁבְּכָל־עֵת עֶרֶב וָבֹקֶר וְצָהֳרָיִם. הַטּוֹב כִּי לֹא־כָלוּ רַחֲמֶיךָ. וְהַמְרַחֵם כִּי לֹא־תַמּוּ חֲסָדֶיךָ. מֵעוֹלָם קִוִּינוּ לָךְ:

On Shabbat add the words in brackets.

Our God and God of our ancestors, establish Your glorious sovereignty over all the world and Your glorious majesty over all the earth. Show all who dwell on earth the splendor of Your power.

Then every creature will know that You created it; every living thing will recognize that You fashioned it; and everything that breathes will declare: The Lord, God of Israel, is the Sovereign, whose dominion extends over all creation.

Our God and God of our ancestors, [may our Sabbath rest be acceptable to You;] may Your *Mitzvot* lead us to holiness; and may we be among those who devote themselves to Your Torah. May we find contentment in Your blessings, and joy in Your sustaining power.

[Help us to enjoy, in love and favor, the heritage of Your holy Sabbath. May Your people Israel, who hallow Your name, find rest on this day.]

Purify our hearts to serve You in truth, for You are the God of truth; Your word is truth, and endures forever.

Praised are You, O Lord, Sovereign over all the earth, who hallows [the Sabbath,] Israel, and this Day of Remembrance.

ACCEPT OUR PRAYER AND BLESS ZION

Be gracious to Your people Israel, O Lord our God, and lovingly accept their prayers. May our worship ever be acceptable to You.

May our eyes behold Your merciful return to Zion. Praise to You, O Lord, who restores the Divine Presence to Zion.

THANKSGIVING FOR DAILY MIRACLES

We thankfully acknowledge You, our God and God of our ancestors, Lord of eternity. You are the source of our strength, even as You have been Israel's protecting shield in every generation. We thank You and proclaim Your praise for our lives which are in Your hand, for our souls which are in Your care, for Your miracles which are daily with us, and for Your wondrous kindness at all times–morning, noon, and night. Source of all goodness, Your mercies never fail. Source of compassion, Your kindnesses never cease. You are our abiding hope.

וְעַל־כֻּלָּם יִתְבָּרַךְ וְיִתְרוֹמַם שִׁמְךָ מַלְכֵּנוּ תָּמִיד לְעוֹלָם וָעֶד:

וּכְתוֹב לְחַיִּים טוֹבִים כָּל־בְּנֵי בְרִיתֶךָ:

וְכֹל הַחַיִּים יוֹדוּךָ סֶּלָה וִיהַלְלוּ אֶת שִׁמְךָ בֶּאֱמֶת הָאֵל יְשׁוּעָתֵנוּ וְעֶזְרָתֵנוּ סֶלָה. בָּרוּךְ אַתָּה יְיָ הַטּוֹב שִׁמְךָ וּלְךָ נָאֶה לְהוֹדוֹת:

*שָׁלוֹם רָב עַל יִשְׂרָאֵל עַמְּךָ תָּשִׂים לְעוֹלָם. כִּי אַתָּה הוּא מֶלֶךְ אָדוֹן לְכָל־הַשָּׁלוֹם. וְטוֹב בְּעֵינֶיךָ לְבָרֵךְ אֶת־עַמְּךָ יִשְׂרָאֵל בְּכָל־עֵת וּבְכָל־שָׁעָה בִּשְׁלוֹמֶךָ:

בְּסֵפֶר חַיִּים בְּרָכָה וְשָׁלוֹם וּפַרְנָסָה טוֹבָה. נִזָּכֵר וְנִכָּתֵב לְפָנֶיךָ. אֲנַחְנוּ וְכָל־עַמְּךָ בֵּית יִשְׂרָאֵל. לְחַיִּים טוֹבִים וּלְשָׁלוֹם. בָּרוּךְ אַתָּה יְיָ עוֹשֵׂה הַשָּׁלוֹם:

**In the Morning Service, substitute the following paragraph:*

שִׂים שָׁלוֹם טוֹבָה וּבְרָכָה בָּעוֹלָם חֵן וָחֶסֶד וְרַחֲמִים עָלֵינוּ וְעַל כָּל־יִשְׂרָאֵל עַמֶּךָ. בָּרְכֵנוּ אָבִינוּ כֻּלָּנוּ כְּאֶחָד בְּאוֹר פָּנֶיךָ. כִּי בְאוֹר פָּנֶיךָ נָתַתָּ לָּנוּ יְיָ אֱלֹהֵינוּ תּוֹרַת חַיִּים וְאַהֲבַת חֶסֶד וּצְדָקָה וּבְרָכָה וְרַחֲמִים וְחַיִּים וְשָׁלוֹם. וְטוֹב בְּעֵינֶיךָ לְבָרֵךְ אֶת־עַמְּךָ יִשְׂרָאֵל בְּכָל־עֵת וּבְכָל־שָׁעָה בִּשְׁלוֹמֶךָ: בְּסֵפֶר חַיִּים בְּרָכָה וְשָׁלוֹם וּפַרְנָסָה טוֹבָה. נִזָּכֵר וְנִכָּתֵב לְפָנֶיךָ. אֲנַחְנוּ וְכָל־עַמְּךָ בֵּית יִשְׂרָאֵל. לְחַיִּים טוֹבִים וּלְשָׁלוֹם. בָּרוּךְ אַתָּה יְיָ עוֹשֵׂה הַשָּׁלוֹם:

For all Your blessings we shall praise and exalt You, O our Sovereign, forever.

Inscribe all the children of Your covenant for a good life.

May all living creatures always thank You and praise You in truth. O God, You are our deliverance and our help. Praised are You, beneficent Lord, to whom all praise is due.

BLESS US WITH PEACE

*Grant lasting peace to Your people Israel, for You are the sovereign Lord of peace. May it please You to bless Your people Israel, in every season and at every hour, with Your peace.

INSCRIBE US IN THE BOOK OF LIFE

In the book of life and blessing, peace and prosperity, may we and all Your people, the house of Israel, be inscribed for a good and peaceful life. Praised are You, O Lord, Source of peace.

**In the Morning Service, substitute the following paragraph:*

Grant peace, goodness, and blessing to the world; graciousness, kindness, and mercy to us and to all Your people Israel. Bless us, O Divine Parent of us all, with the light of Your sacred presence. For by that divine light You have revealed to us Your life-giving Torah, and taught us lovingkindness, righteousness, mercy, and peace. May it please You to bless Your people Israel, in every season and at every hour, with Your peace. In the book of life and blessing, peace and prosperity, may we and all Your people, the house of Israel, be inscribed for a good and peaceful life. Praised are You, O Lord, Source of peace.

אֱלֹהַי. נְצוֹר לְשׁוֹנִי מֵרָע וּשְׂפָתַי מִדַּבֵּר מִרְמָה.
וְלִמְקַלְלַי נַפְשִׁי תִדּוֹם וְנַפְשִׁי כֶּעָפָר לַכֹּל תִּהְיֶה:
פְּתַח לִבִּי בְּתוֹרָתֶךָ וּבְמִצְוֹתֶיךָ תִּרְדּוֹף נַפְשִׁי.
וְכֹל הַחוֹשְׁבִים עָלַי רָעָה.
מְהֵרָה הָפֵר עֲצָתָם וְקַלְקֵל מַחֲשַׁבְתָּם:
עֲשֵׂה לְמַעַן שְׁמֶךָ עֲשֵׂה לְמַעַן יְמִינֶךָ
עֲשֵׂה לְמַעַן קְדֻשָּׁתֶךָ עֲשֵׂה לְמַעַן תּוֹרָתֶךָ:
לְמַעַן יֵחָלְצוּן יְדִידֶיךָ הוֹשִׁיעָה יְמִינְךָ וַעֲנֵנִי:
יִהְיוּ לְרָצוֹן אִמְרֵי־פִי וְהֶגְיוֹן לִבִּי לְפָנֶיךָ.
יְיָ צוּרִי וְגֹאֲלִי:
עֹשֶׂה שָׁלוֹם בִּמְרוֹמָיו הוּא יַעֲשֶׂה שָׁלוֹם
עָלֵינוּ וְעַל כָּל־יִשְׂרָאֵל. וְאִמְרוּ אָמֵן:

On a weekday continue with Kaddish Shalem on page 50.

Yi-h'yu l'ratzon imrey fi, v'heg-yon libi l'fa-neḥa,
Adonai tzuri v'go-ali.

Oseh shalom bi-m'romav, hu ya-aseh shalom
Aleynu v'al kol yisrael, v'imru amen.

GUARD MY TONGUE FROM EVIL

O Lord, guard my tongue from evil
and my lips from speaking falsehood.

Help me to ignore those who slander me,
and to be humble and forgiving to all.

Open my heart to Your Torah,
that I may know Your teachings and eagerly do Your will.

Frustrate the plans of those who wish me ill,
that I may praise Your power, Your holiness, and Your Law.

Save Your loved ones, O Lord;
Answer me with Your redeeming power.

"May the words of my mouth and the meditation of my heart
find favor before You, my Rock and my Redeemer."

O Maker of harmony in the universe,
grant peace to us, to Israel, and to all people everywhere.
Amen.

Adapted from the Hebrew

A MEDITATION AFTER THE AMIDAH

O Lord, guard my tongue from evil
And my lips from speaking guile;

Guard my heart from hatred
And my mind from harmful thoughts.

Help me to avoid shameful speech
As well as shameful silence.

May my words be messengers of Your will,
Humble in spirit, helpful in purpose,
Seeking justice, and pursuing peace.

O Lord, guard my spirit from weakness;
And my soul from gloom or despair.

Strengthen my worthy desires
That I may serve You, in joy, every day;
Thus may I reflect honor on Your holy name
In all that I say and do.

Ben Saul

On Shabbat:

וַיְכֻלּוּ הַשָּׁמַיִם וְהָאָרֶץ וְכָל־צְבָאָם: וַיְכַל אֱלֹהִים בַּיּוֹם הַשְּׁבִיעִי מְלַאכְתּוֹ אֲשֶׁר עָשָׂה וַיִּשְׁבֹּת בַּיּוֹם הַשְּׁבִיעִי מִכָּל־מְלַאכְתּוֹ אֲשֶׁר עָשָׂה: וַיְבָרֶךְ אֱלֹהִים אֶת־יוֹם הַשְּׁבִיעִי וַיְקַדֵּשׁ אֹתוֹ. כִּי בוֹ שָׁבַת מִכָּל־מְלַאכְתּוֹ אֲשֶׁר־בָּרָא אֱלֹהִים לַעֲשׂוֹת:

Reader:

בָּרוּךְ אַתָּה יְיָ אֱלֹהֵינוּ וֵאלֹהֵי אֲבוֹתֵינוּ. אֱלֹהֵי אַבְרָהָם. אֱלֹהֵי יִצְחָק וֵאלֹהֵי יַעֲקֹב. הָאֵל הַגָּדוֹל הַגִּבּוֹר וְהַנּוֹרָא. אֵל עֶלְיוֹן קֹנֵה שָׁמַיִם וָאָרֶץ:

Congregation and Reader:

מָגֵן אָבוֹת בִּדְבָרוֹ מְחַיֵּה מֵתִים בְּמַאֲמָרוֹ הַמֶּלֶךְ הַקָּדוֹשׁ שֶׁאֵין כָּמוֹהוּ הַמֵּנִיחַ לְעַמּוֹ בְּיוֹם שַׁבַּת קָדְשׁוֹ. כִּי בָם רָצָה לְהָנִיחַ לָהֶם. לְפָנָיו נַעֲבוֹד בְּיִרְאָה וָפַחַד וְנוֹדֶה לִשְׁמוֹ בְּכָל־יוֹם תָּמִיד מֵעֵין הַבְּרָכוֹת. אֵל הַהוֹדָאוֹת אֲדוֹן הַשָּׁלוֹם מְקַדֵּשׁ הַשַּׁבָּת וּמְבָרֵךְ שְׁבִיעִי. וּמֵנִיחַ בִּקְדֻשָּׁה לְעַם מְדֻשְּׁנֵי עֹנֶג. זֵכֶר לְמַעֲשֵׂה בְרֵאשִׁית:

אֱלֹהֵינוּ וֵאלֹהֵי אֲבוֹתֵינוּ רְצֵה בִמְנוּחָתֵנוּ קַדְּשֵׁנוּ בְּמִצְוֹתֶיךָ וְתֵן חֶלְקֵנוּ בְּתוֹרָתֶךָ. שַׂבְּעֵנוּ מִטּוּבֶךָ וְשַׂמְּחֵנוּ בִּישׁוּעָתֶךָ. וְטַהֵר לִבֵּנוּ לְעָבְדְּךָ בֶּאֱמֶת. וְהַנְחִילֵנוּ יְיָ אֱלֹהֵינוּ בְּאַהֲבָה וּבְרָצוֹן שַׁבַּת קָדְשֶׁךָ. וְיָנוּחוּ בָהּ יִשְׂרָאֵל מְקַדְּשֵׁי שְׁמֶךָ. בָּרוּךְ אַתָּה יְיָ מְקַדֵּשׁ הַשַּׁבָּת:

On Shabbat:

VAY'ḤULU: God blessed the seventh day

The heavens and the earth, and all within them, were finished. By the seventh day God had completed the work of Creation; and so God rested from all this work. Then God blessed the seventh day and sanctified it because on it God ceased all the Divine work of Creation.

Genesis 2:1-3

MAGEYN AVOT: Our shield in all generations

Praised are You, O Lord our God and God of our ancestors,
God of Abraham, God of Isaac, and God of Jacob;
God of Sarah, God of Rebecca, God of Rachel, and God of Leah;
Great and mighty, revered and supreme,
You are Lord of heaven and of earth!

God's word was a shield to our ancestors; and it confers immortal life. God alone is the holy Sovereign, who gives rest to our people on the holy Sabbath, taking delight in them. Let us serve the Lord in reverence and awe, and offer thanks every day. For God is the source of our blessings, the One to whom all thanks are due. The Lord of peace sanctifies the Sabbath and blesses the seventh day, giving our people the joy of Sabbath rest, as a commemoration of Creation.

MEKADEYSH HA-SHABBAT: Holiness and joy

Our God and God of our ancestors, may our Sabbath rest be acceptable to You. May Your *Mitzvot* lead us to holiness, and may we be among those who devote themselves to Your Torah. May we find contentment in Your blessings, and joy in Your sustaining power.

Purify our hearts to serve You in truth, and help us to enjoy, in love and favor, the heritage of Your holy Sabbath. May Your people Israel, who sanctify Your name, rest on this day. Praised are You, O Lord, who sanctifies the Sabbath.

Reader:

יִתְגַּדַּל וְיִתְקַדַּשׁ שְׁמֵהּ רַבָּא. בְּעָלְמָא דִּי־בְרָא כִרְעוּתֵהּ. וְיַמְלִיךְ מַלְכוּתֵהּ בְּחַיֵּיכוֹן וּבְיוֹמֵיכוֹן וּבְחַיֵּי דְכָל־בֵּית יִשְׂרָאֵל בַּעֲגָלָא וּבִזְמַן קָרִיב. וְאִמְרוּ אָמֵן:

Congregation and Reader:

יְהֵא שְׁמֵהּ רַבָּא מְבָרַךְ לְעָלַם וּלְעָלְמֵי עָלְמַיָּא:

Reader:

יִתְבָּרַךְ וְיִשְׁתַּבַּח וְיִתְפָּאַר וְיִתְרוֹמַם וְיִתְנַשֵּׂא וְיִתְהַדַּר וְיִתְעַלֶּה וְיִתְהַלַּל שְׁמֵהּ דְּקֻדְשָׁא. בְּרִיךְ הוּא. לְעֵֽלָּא לְעֵֽלָּא מִכָּל־בִּרְכָתָא וְשִׁירָתָא תֻּשְׁבְּחָתָא וְנֶחֱמָתָא דַּאֲמִירָן בְּעָלְמָא. וְאִמְרוּ אָמֵן:

תִּתְקַבֵּל צְלוֹתְהוֹן וּבָעוּתְהוֹן דְּכָל־יִשְׂרָאֵל קֳדָם אֲבוּהוֹן דִּי־בִשְׁמַיָּא. וְאִמְרוּ אָמֵן:

יְהֵא שְׁלָמָא רַבָּא מִן שְׁמַיָּא וְחַיִּים עָלֵינוּ וְעַל כָּל־יִשְׂרָאֵל. וְאִמְרוּ אָמֵן:

עֹשֶׂה שָׁלוֹם בִּמְרוֹמָיו הוּא יַעֲשֶׂה שָׁלוֹם עָלֵינוּ וְעַל כָּל־יִשְׂרָאֵל. וְאִמְרוּ אָמֵן:

Congregation and Reader:

Y'hey sh'mey raba m'varaḥ l'alam ul-almey alma-ya (yit-baraḥ).

Oseh shalom bi-m'romav, hu ya-aseh shalom
Aleynu v'al kol yisrael, v'imru **amen.**

KADDISH SHALEM

Magnified and sanctified be the great name of God, in the world created according to the Divine will. May God's sovereignty soon be established, in our lifetime and that of the entire house of Israel. And let us say: Amen.

Congregation and Reader:

May God's great name be praised to all eternity.

Hallowed and honored, extolled and exalted, adored and acclaimed be the name of the blessed Holy One, whose glory is infinitely beyond all the praises, hymns, and songs of adoration which human beings can utter. And let us say: Amen.

May the prayers and pleas of the whole house of Israel be accepted by the universal Parent of us all. And let us say: Amen.

May God grant abundant peace and life to us and to all Israel. And let us say: Amen.

May God, who ordains harmony in the universe, grant peace to us and to all Israel. And let us say: Amen.

Thanks for Your precious gifts

O God, who revealed Yourself to a lonely shepherd
in a lowly thorn-bush enveloped in flames
which marvelously was not consumed,

We thank You, for Your precious gifts
which stubbornly defy the fires that would consume them:

For the yearning for liberty
which will not be strangled by the cold chains of tyranny.

For the striving for truth
which will not be discouraged by the persistent clamor of falsehood.

For the struggle for justice
which will not be defeated by the cruel powers of malice.

For the urge to love
which will not be stifled by the cynical call to hate.

For the belief in tomorrow
which will not be crushed by the heavy burdens of today.

For the will to live
which will not be choked by the rude hands of sorrow.

For the power of the spirit
which will not be conquered by the brute spirit of power.

For the faith in You
which will not be uprooted by the chilly winds of despair.

For all these precious gifts
we offer thanks to You who first spoke to Moses
from the bush that burned, but was not consumed.

Accept our gratitude

For the blessings which You lavish upon us in forest and sea, in mountain and meadow, in rain and sun, we thank You.

For the blessings You implant within us, joy and peace, meditation and laughter, we are grateful to You.

For the blessings of friendship and love, of family and community;

For the blessings we ask of You and those we cannot ask;

For the blessings You bestow upon us openly and those You give us in secret;

For all these blessings, O Lord of the universe, we thank You and are grateful to You.

For the blessings we recognize and those we fail to recognize;

For the blessings of our tradition and of our holy days;

For the blessings of return and forgiveness, of memory, of vision, and of hope;

For all these blessings which surround us on every side, O Lord, hear our thanks and accept our gratitude.

Ruth F. Brin

A prayer for life

Source of all life, we pray for life. Bless us, once more, with a year of life so that we may be privileged to complete the year we have just begun.

Despite the burdens and the heartbreaks, the pains and perils, we want to live; we ask to be inscribed in the Book of Life.

But even as we pray that years may be added to our lives, we ask, too, that true life may be added to our years.

May the new year be for us a time for enhancing the quality of our lives, enriching their content, deepening their meaning.

Help us to keep our minds alive. May we be open to new ideas, entertain challenging doubts, reexamine long-held opinions, nurture a lively curiosity, and strive to add to our store of knowledge.

Help us to keep our hearts alive. May we develop greater compassion, be receptive to new friendships, sustain a buoyant enthusiasm, grow more sensitive to the beauty which surrounds us.

Help us to keep our souls alive. May we be more responsive to the needs of others, less vulnerable to consuming greed, more attentive to the craving for fellowship, and more devoted to truth.

Help us to keep our spirits alive. May we face the future with confidence, knowing that every age has its unique joys and satisfactions, each period in our lives a glory of its own.

Help us to keep our faith alive. May we be sustained by the knowledge that You have planted within us life eternal and have given us the power to live beyond our years.

Whether our years be few or many, help us to link our lives to the life of our people and to our eternal faith.

Meditations before Kiddush

As we sanctify this night with the words of the Kiddush,
We thank You, O God, for the world which You created.

You have filled Your world with beauty for our eyes,
With music and laughter for our ears,
With soft things for us to touch,
With fragrances for us to smell,
With fine foods to sustain and to delight us.

As we enjoy these many blessings,
May we be moved to bring goodness
Into the lives of others throughout the year.

As we recall Your blessings—
Too many to be counted and too constant to be merited—
May we be moved to thank You always, as we do now,
For the fruit of the vine which You have created
And for the blessing of a new year. Amen.

As we raise the cup of wine, the symbol of joy and of bounty, we acknowledge You, the source of life and blessing, even as our ancestors acknowledged You throughout the ages.

Standing between a past which is gone and a future not yet born, we pray for a year of good health and abundance; a year in which rejoicing shall fill our hearts, a year in which we shall endow our daily pursuits with sanctity, and use wisely the gifts of nature and the talents with which You blessed us.

Grant that we, like our ancestors, may feel Your presence in everything we do, so that all our days will be hallowed by Your spirit.

In gratitude for the privilege of reaching this sacred day, and for the holiness which it brings into our lives, we now rise for the Kiddush.

Morris Silverman (adapted)

On Shabbat add the words in brackets.

בָּרוּךְ אַתָּה יְיָ אֱלֹהֵינוּ מֶלֶךְ הָעוֹלָם בּוֹרֵא פְּרִי הַגָּפֶן:

בָּרוּךְ אַתָּה יְיָ אֱלֹהֵינוּ מֶלֶךְ הָעוֹלָם אֲשֶׁר בָּחַר־בָּנוּ מִכָּל־עָם וְרוֹמְמָנוּ מִכָּל־לָשׁוֹן וְקִדְּשָׁנוּ בְּמִצְוֹתָיו. וַתִּתֶּן לָנוּ יְיָ אֱלֹהֵינוּ בְּאַהֲבָה אֶת [יוֹם הַשַּׁבָּת הַזֶּה וְאֶת] יוֹם הַזִּכָּרוֹן הַזֶּה. יוֹם [זִכְרוֹן] תְּרוּעָה [בְּאַהֲבָה] מִקְרָא קֹדֶשׁ זֵכֶר לִיצִיאַת מִצְרָיִם. כִּי בָנוּ בָחַרְתָּ וְאוֹתָנוּ קִדַּשְׁתָּ מִכָּל־הָעַמִּים. וּדְבָרְךָ אֱמֶת וְקַיָּם לָעַד. בָּרוּךְ אַתָּה יְיָ מֶלֶךְ עַל כָּל־הָאָרֶץ מְקַדֵּשׁ [הַשַּׁבָּת וְ]יִשְׂרָאֵל וְיוֹם הַזִּכָּרוֹן:

On Saturday night add:

בָּרוּךְ אַתָּה יְיָ אֱלֹהֵינוּ מֶלֶךְ הָעוֹלָם בּוֹרֵא מְאוֹרֵי הָאֵשׁ:

בָּרוּךְ אַתָּה יְיָ אֱלֹהֵינוּ מֶלֶךְ הָעוֹלָם הַמַּבְדִּיל בֵּין קֹדֶשׁ לְחוֹל בֵּין אוֹר לְחֹשֶׁךְ בֵּין יִשְׂרָאֵל לָעַמִּים. בֵּין יוֹם הַשְּׁבִיעִי לְשֵׁשֶׁת יְמֵי הַמַּעֲשֶׂה. בֵּין קְדֻשַּׁת שַׁבָּת לִקְדֻשַּׁת יוֹם טוֹב הִבְדַּלְתָּ. וְאֶת־יוֹם הַשְּׁבִיעִי מִשֵּׁשֶׁת יְמֵי הַמַּעֲשֶׂה קִדַּשְׁתָּ. הִבְדַּלְתָּ וְקִדַּשְׁתָּ אֶת־עַמְּךָ יִשְׂרָאֵל בִּקְדֻשָּׁתֶךָ. בָּרוּךְ אַתָּה יְיָ הַמַּבְדִּיל בֵּין קֹדֶשׁ לְקֹדֶשׁ:

בָּרוּךְ אַתָּה יְיָ אֱלֹהֵינוּ מֶלֶךְ הָעוֹלָם שֶׁהֶחֱיָנוּ וְקִיְּמָנוּ וְהִגִּיעָנוּ לַזְּמַן הַזֶּה:

Baruḥ ata Adonai, Eloheynu meleḥ ha-olam,
sheh-heh-ḥeh-yanu, v'kiy'manu, v'higi-anu
la-z'man ha-zeh.

The Kiddush

For transliteration, see page 867.

Praised are You, Lord our God, Ruler of the universe, Creator of the fruit of the vine.

Praised are You, Lord our God, Ruler of the universe, who has chosen us of all peoples for Divine service and distinguished us by teaching us the way of holiness through the *Mitzvot*. In love have You given us, O Lord our God, [this Sabbath day, and] this Day of Remembrance, a day for [recalling in love] the sounding of the Shofar, a holy convocation, commemorating the Exodus from Egypt.

You have chosen us for Your service, and have given us a sacred purpose in life; for Your word is truth and endures forever. Praised are You, O Lord, Sovereign over all the earth, who hallows [the Sabbath,] Israel, and this Day of Remembrance.

On Saturday night add:

Praised are You, Lord our God, Ruler of the universe, Creator of the light of the fire.

Praised are You, Lord our God, Ruler of the universe, who has made a distinction between the holy and the ordinary, between light and darkness, between the people Israel and the heathens, between the seventh day and the six ordinary days of the week. You have made a distinction between the holiness of the Sabbath and the holiness of the festival, and You have hallowed the seventh day above all other days. You have distinguished and sanctified Your people Israel by Your holiness. Praised are You, O Lord, who has made a distinction between the holiness of the Sabbath and the holiness of the festival.

Praised are You, Lord our God, Ruler of the universe, who has kept us in life, sustained us, and enabled us to reach this season.

עָלֵינוּ לְשַׁבֵּחַ לַאֲדוֹן הַכֹּל
לָתֵת גְּדֻלָּה לְיוֹצֵר בְּרֵאשִׁית.
שֶׁלֹּא עָשָׂנוּ כְּגוֹיֵי הָאֲרָצוֹת
וְלֹא שָׂמָנוּ כְּמִשְׁפְּחוֹת הָאֲדָמָה.
שֶׁלֹּא שָׂם חֶלְקֵנוּ כָּהֶם
וְגֹרָלֵנוּ כְּכָל־הֲמוֹנָם:

וַאֲנַחְנוּ כּוֹרְעִים וּמִשְׁתַּחֲוִים וּמוֹדִים
לִפְנֵי מֶלֶךְ מַלְכֵי הַמְּלָכִים
הַקָּדוֹשׁ בָּרוּךְ הוּא.

שֶׁהוּא נוֹטֶה שָׁמַיִם וְיוֹסֵד אָרֶץ וּמוֹשַׁב יְקָרוֹ בַּשָּׁמַיִם מִמַּעַל וּשְׁכִינַת עֻזּוֹ בְּגָבְהֵי מְרוֹמִים: הוּא אֱלֹהֵינוּ אֵין עוֹד. אֱמֶת מַלְכֵּנוּ אֶפֶס זוּלָתוֹ. כַּכָּתוּב בְּתוֹרָתוֹ. וְיָדַעְתָּ הַיּוֹם וַהֲשֵׁבֹתָ אֶל־לְבָבֶךָ כִּי יְיָ הוּא הָאֱלֹהִים בַּשָּׁמַיִם מִמַּעַל וְעַל־הָאָרֶץ מִתָּחַת. אֵין עוֹד:

Aleynu l'sha-bey-aḥ la-adon ha-kol,
La-teyt g'dula l'yotzeyr b'reyshit.
Sheh-lo asanu k'go-yey ha-aratzot,
V'lo samanu k'mish-p'ḥot ha-adama.
Sheh-lo sam ḥel-keynu ka-hem,
V'gora-leynu k'ḥol hamonam.
Va-anaḥnu kor-im u-mishta-ḥavim u-modim,
Lifney meleḥ malḥey ha-m'laḥim, ha-kadosh baruḥ hu.

ALENU

Let us now praise the Lord of all;
Let us acclaim the Author of creation,

Who made us unlike the pagans who surrounded us,
Unlike the heathens of the ancient world,

Who made our heritage different from theirs,
And assigned to us a unique destiny.

For we bend the knee and reverently bow
Before the supreme Sovereign,
The Holy One, who is to be praised,

Who spread forth the heavens and established the earth,
And whose glorious presence can be found everywhere.

The Lord is our God; there is no other.
Truly, our sovereign Lord is incomparable.

As it is written in the Torah:
"This day accept, with mind and heart,

That God is the Lord of heaven and earth;
There is no other."

SHEH-HU NOTEH SHAMA-YIM

Sheh-hu noteh shama-yim v'yoseyd aretz,
U-mo-shav y'karo ba-shama-yim mi-maal,
U-sh'ḥinat uzo b'gov-hey m'romim.
Hu Eloheynu eyn od,
Emet mal-keynu efes zu-lato, ka-katuv b'torato,
V'yada-ta ha-yom va-ha-shey-vota el l'va-veḥa
Ki Adonai hu ha-Elohim
Ba-shama-yim mi-maal v'al ha-aretz mi-taḥat, eyn od.

עַל־כֵּן נְקַוֶּה לְּךָ יְיָ אֱלֹהֵינוּ לִרְאוֹת מְהֵרָה בְּתִפְאֶרֶת
עֻזֶּךָ לְהַעֲבִיר גִּלּוּלִים מִן הָאָרֶץ וְהָאֱלִילִים כָּרוֹת
יִכָּרֵתוּן. לְתַקֵּן עוֹלָם בְּמַלְכוּת שַׁדַּי. וְכָל־בְּנֵי בָשָׂר יִקְרְאוּ
בִשְׁמֶךָ לְהַפְנוֹת אֵלֶיךָ כָּל־רִשְׁעֵי אָרֶץ. יַכִּירוּ וְיֵדְעוּ כָּל־
יוֹשְׁבֵי תֵבֵל. כִּי־לְךָ תִּכְרַע כָּל־בֶּרֶךְ תִּשָּׁבַע כָּל־לָשׁוֹן:
לְפָנֶיךָ יְיָ אֱלֹהֵינוּ יִכְרְעוּ וְיִפֹּלוּ. וְלִכְבוֹד שִׁמְךָ יְקָר יִתֵּנוּ.
וִיקַבְּלוּ כֻלָּם אֶת עֹל מַלְכוּתֶךָ. וְתִמְלֹךְ עֲלֵיהֶם מְהֵרָה
לְעוֹלָם וָעֶד. כִּי הַמַּלְכוּת שֶׁלְּךָ הִיא וּלְעוֹלְמֵי עַד תִּמְלֹךְ
בְּכָבוֹד: כַּכָּתוּב בְּתוֹרָתֶךָ. יְיָ יִמְלֹךְ לְעֹלָם וָעֶד:

וְנֶאֱמַר. וְהָיָה יְיָ לְמֶלֶךְ עַל־כָּל־הָאָרֶץ.
בַּיּוֹם הַהוּא יִהְיֶה יְיָ אֶחָד וּשְׁמוֹ אֶחָד:

V'ne-emar, v'ha-ya Adonai l'meleḥ al kol ha-aretz,
Ba-yom ha-hu yi-h'yeh Adonai eḥad u-sh'mo eḥad.

WE HOPE FOR THE DAY

Because we believe in You, O God,
We hope for the day when Your majesty will prevail,

When all false gods will be removed,
And all idolatry will be abolished;

When the world will be made a kingdom of God,
When all humanity will invoke Your name,
And the wicked will be turned to You.

May all who live be convinced
That to You every knee must bend,
Every tongue must vow loyalty.

Before You may all bow in reverence,
Proclaiming Your glory, accepting Your sovereignty.

May Your reign come soon and last forever;
For sovereignty is Yours alone, now and evermore.

So is it written in Your Torah:
"The Lord shall reign for ever and ever."

The prophet too, proclaimed this promise:
"The Lord shall be Sovereign over all the earth;
That day the Lord shall be One and God's name One."

We hope for the day

It shall come to pass in the latter days
that the mountain of the house of the Lord
shall be established as the highest of the mountains,
and shall be raised above the hills;
and all the nations shall flow to it.

And many peoples shall come and say:
"Come, let us go up to the mountain of the Lord,
to the house of the God of Jacob,
who will then teach us the ways of the Godly,
so that we may walk in God's paths."

For out of Zion shall go forth Torah,
and the word of the Lord from Jerusalem.

The Lord shall judge between the nations,
and shall decide for many peoples.

And they shall beat their swords into plowshares
and their spears into pruning hooks.

Nation shall not lift up sword against nation,
neither shall they learn war any more.

Isaiah 2:2-4

Before the Kaddish

Eternal God, who sends consolation to all sorrowing hearts, we turn to You for solace in our trying hour. Though bowed in grief at the passing of our loved ones, we reaffirm our faith in You. Help us, O Lord, to rise above our sorrow and to face the trials of life with courage. Give us insight in our time of grief, so that from the depths of our own suffering may come a deepened sympathy for all who are bereaved. May we feel the heartbreak of others and find our strength in helping them. May we bear our sorrow with trustful hearts, and knowing You are near, may we not despair. With faith in Your eternal wisdom, all those who mourn now rise to sanctify Your name.

Almighty and Eternal God, in adversity as in joy, You are with us. As we recall with affection those whom You have summoned unto You, we thank You for the example of their lives, for our sweet companionship with them, for the cherished memories and the undying inspiration which they leave behind. Comfort, we pray, all who mourn. Give them strength in their sorrow, and sustain their faith. In tribute to our departed, may our lives be consecrated to Your service. In solemn testimony to that unbroken faith which links the generations one to another, let those who mourn now rise to magnify and sanctify Your holy name.

Morris Silverman (adapted)

Mourners:

יִתְגַּדַּל וְיִתְקַדַּשׁ שְׁמֵהּ רַבָּא. בְּעָלְמָא דִּי־בְרָא כִרְעוּתֵהּ.
וְיַמְלִיךְ מַלְכוּתֵהּ בְּחַיֵּיכוֹן וּבְיוֹמֵיכוֹן וּבְחַיֵּי דְכָל־בֵּית
יִשְׂרָאֵל בַּעֲגָלָא וּבִזְמַן קָרִיב. וְאִמְרוּ אָמֵן:

Congregation and mourners:

יְהֵא שְׁמֵהּ רַבָּא מְבָרַךְ לְעָלַם וּלְעָלְמֵי עָלְמַיָּא:

Mourners:

יִתְבָּרַךְ וְיִשְׁתַּבַּח וְיִתְפָּאַר וְיִתְרוֹמַם וְיִתְנַשֵּׂא וְיִתְהַדַּר
וְיִתְעַלֶּה וְיִתְהַלַּל שְׁמֵהּ דְּקֻדְשָׁא. בְּרִיךְ הוּא. לְעֵלָּא
לְעֵלָּא מִכָּל־בִּרְכָתָא וְשִׁירָתָא תֻּשְׁבְּחָתָא וְנֶחֱמָתָא
דַּאֲמִירָן בְּעָלְמָא. וְאִמְרוּ אָמֵן:

יְהֵא שְׁלָמָא רַבָּא מִן שְׁמַיָּא וְחַיִּים עָלֵינוּ וְעַל כָּל־
יִשְׂרָאֵל. וְאִמְרוּ אָמֵן:

עֹשֶׂה שָׁלוֹם בִּמְרוֹמָיו הוּא יַעֲשֶׂה שָׁלוֹם עָלֵינוּ וְעַל כָּל־
יִשְׂרָאֵל. וְאִמְרוּ אָמֵן:

MEMORY AND MITZVAH

One special way in which to remember our loved ones is to link the performance of specific Mitzvah-deeds *to their memories.*

By pledging ourselves to perform specific ceremonial and ethical Mitzvot, *we transform our memories into both loving tributes to our departed and worthy goals and challenges for those who must carry on.*

The act of "saying Kaddish" is an example. For it is the lives of the living *which are ennobled by our rising to affirm our faith in words of Kaddish, just as it is the welfare of* the living *which is enhanced by our performing acts of charity or deeds of kindness in memory of the deceased.* (Ben Saul)

MOURNER'S KADDISH

Yit-gadal v'yit-kadash sh'mey raba,
B'alma di v'ra ḥiru-tey, v'yam-liḥ mal-ḥutey
B'ḥa-yey-ḥon u-v'yomey-ḥon
U-v'ḥa-yey d'ḥol beyt yisrael
Ba-agala u-viz-man kariv, v'imru **amen.**

Congregation and mourners:

Y'hey sh'mey raba m'varaḥ l'alam ul-almey alma-ya.

Mourners:

Yit-baraḥ v'yish-tabaḥ v'yit-pa-ar v'yit-romam v'yit-na-sey
V'yit-hadar v'yit-aleh v'yit-halal sh'mey d'kud-sha—
B'riḥ hu, *l'eyla l'eyla mi-kol bir-ḥata v'shi-rata*
Tush-b'ḥata v'ne-ḥemata da-amiran b'alma, v'imru **amen.**

Y'hey sh'lama raba min sh'ma-ya, v'ḥa-yim,
Aleynu v'al kol yisrael, v'imru **amen.**

Oseh shalom bi-m'romav, hu ya-aseh shalom
Aleynu v'al kol yisrael, v'imru **amen.**

Magnified and sanctified be the great name of God, in the world created according to the Divine will. May God's sovereignty soon be established, in our lifetime and that of the entire house of Israel. And let us say: Amen.

May God's great name be praised to all eternity.

Hallowed and honored, extolled and exalted, adored and acclaimed be the name of the blessed Holy One, whose glory is infinitely beyond all the praises, hymns, and songs of adoration which human beings can utter. And let us say: Amen.

May God grant abundant peace and life to us and to all Israel. And let us say: Amen.

May God, who ordains harmony in the universe, grant peace to us and to all Israel. And let us say: Amen.

(We reflect upon the twin themes of Divine Judgment and Divine Mercy, as the Psalmist calls upon us to put our hope and trust in the Lord.)

לְדָוִד. יְיָ אוֹרִי וְיִשְׁעִי מִמִּי אִירָא יְיָ מָעוֹז חַיַּי מִמִּי אֶפְחָד:
בִּקְרֹב עָלַי מְרֵעִים לֶאֱכֹל אֶת־בְּשָׂרִי צָרַי וְאֹיְבַי לִי הֵמָּה
כָּשְׁלוּ וְנָפָלוּ: אִם־תַּחֲנֶה עָלַי מַחֲנֶה לֹא־יִירָא לִבִּי אִם־
תָּקוּם עָלַי מִלְחָמָה בְּזֹאת אֲנִי בוֹטֵחַ: אַחַת שָׁאַלְתִּי מֵאֵת יְיָ
אוֹתָהּ אֲבַקֵּשׁ שִׁבְתִּי בְּבֵית־יְיָ כָּל־יְמֵי חַיַּי לַחֲזוֹת בְּנֹעַם־יְיָ
וּלְבַקֵּר בְּהֵיכָלוֹ: כִּי יִצְפְּנֵנִי בְּסֻכֹּה בְּיוֹם רָעָה יַסְתִּרֵנִי
בְּסֵתֶר אָהֳלוֹ בְּצוּר יְרוֹמְמֵנִי: וְעַתָּה יָרוּם רֹאשִׁי עַל־אֹיְבַי
סְבִיבוֹתַי וְאֶזְבְּחָה בְאָהֳלוֹ זִבְחֵי תְרוּעָה אָשִׁירָה וַאֲזַמְּרָה
לַייָ: שְׁמַע־יְיָ קוֹלִי אֶקְרָא וְחָנֵּנִי וַעֲנֵנִי: לְךָ אָמַר לִבִּי בַּקְּשׁוּ
פָנָי אֶת־פָּנֶיךָ יְיָ אֲבַקֵּשׁ: אַל־תַּסְתֵּר פָּנֶיךָ מִמֶּנִּי אַל־תַּט
בְּאַף עַבְדֶּךָ עֶזְרָתִי הָיִיתָ אַל־תִּטְּשֵׁנִי וְאַל־תַּעַזְבֵנִי אֱלֹהֵי
יִשְׁעִי: כִּי־אָבִי וְאִמִּי עֲזָבוּנִי וַייָ יַאַסְפֵנִי: הוֹרֵנִי יְיָ דַּרְכֶּךָ
וּנְחֵנִי בְּאֹרַח מִישׁוֹר לְמַעַן שֹׁרְרָי: אַל־תִּתְּנֵנִי בְּנֶפֶשׁ צָרָי כִּי
קָמוּ־בִי עֵדֵי־שֶׁקֶר וִיפֵחַ חָמָס: לוּלֵא הֶאֱמַנְתִּי לִרְאוֹת בְּטוּב־
יְיָ בְּאֶרֶץ חַיִּים: קַוֵּה אֶל־יְיָ חֲזַק וְיַאֲמֵץ לִבֶּךָ וְקַוֵּה אֶל־יְיָ:

Alternate Penitential Psalm

מִמַּעֲמַקִּים קְרָאתִיךָ יְיָ:
אֲדֹנָי שִׁמְעָה בְקוֹלִי. תִּהְיֶינָה אָזְנֶיךָ קַשֻּׁבוֹת לְקוֹל תַּחֲנוּנָי:
אִם עֲוֹנוֹת תִּשְׁמָר־יָהּ אֲדֹנָי מִי יַעֲמֹד:
כִּי־עִמְּךָ הַסְּלִיחָה לְמַעַן תִּוָּרֵא:
קִוִּיתִי יְיָ קִוְּתָה נַפְשִׁי וְלִדְבָרוֹ הוֹחָלְתִּי:
נַפְשִׁי לַאדֹנָי מִשֹּׁמְרִים לַבֹּקֶר שֹׁמְרִים לַבֹּקֶר:
יַחֵל יִשְׂרָאֵל אֶל־יְיָ. כִּי־עִם־יְיָ הַחֶסֶד וְהַרְבֵּה עִמּוֹ פְדוּת:
וְהוּא יִפְדֶּה אֶת־יִשְׂרָאֵל מִכֹּל עֲוֹנוֹתָיו:

PSALMS FOR THE PENITENTIAL SEASON

TRUST IN THE LORD—*Psalm 27 (selected from the Hebrew)*

The Lord is my light and my help; whom shall I fear?
The Lord is the strength of my life; whom shall I dread?

Should an army be arrayed against me, I would not fear.
Should war beset me, still would I be confident.

One thing I ask of the Lord, for this do I yearn:
That I may dwell in the house of the Lord all my life,
To feel the goodness of the Lord in the Lord's sanctuary.

On the day of trouble God will shield me,
Lifting me to safety; my head will be high above my foes.

In God's Tabernacle I will bring offerings of jubilation,
With chanting and joyous singing.

O Lord, hear my voice when I call;
Be gracious to me and answer me.

O Lord, I truly seek You. Do not hide Yourself from me;
Turn not in anger from Your servant.

You have always been my help;
Do not forsake me, O God, my Deliverer.

Teach me Your way, O Lord; lead me on a straight path.
Deliver me not to the will of my enemies.

Trust in the Lord and be strong;
Take courage and hope in the Lord.

Alternate Penitential Psalm—Psalm 130

Out of the depths I call to You, O Lord.
Hear my cry, O Lord; be attentive to my plea.

If You kept account of all sins,
O Lord, who could survive?

But with You there is forgiveness;
Therefore we revere You.

With all my being I wait for the Lord,
Whose word I await with hope.

My soul yearns for the Lord
More anxiously than watchmen yearn for the dawn.

O Israel, put your hope in the Lord,
For the Lord is abundantly kind.

Great is the saving power of the Lord,
Who will redeem our people from all their iniquities.

יִגְדַּל אֱלֹהִים חַי וְיִשְׁתַּבַּח נִמְצָא וְאֵין עֵת אֶל מְצִיאוּתוֹ:

אֶחָד וְאֵין יָחִיד כְּיִחוּדוֹ נֶעְלָם וְגַם אֵין סוֹף לְאַחְדּוּתוֹ:

אֵין לוֹ דְּמוּת הַגּוּף וְאֵינוֹ גוּף לֹא נַעֲרוֹךְ אֵלָיו קְדֻשָּׁתוֹ:

קַדְמוֹן לְכָל־דָּבָר אֲשֶׁר נִבְרָא רִאשׁוֹן וְאֵין רֵאשִׁית לְרֵאשִׁיתוֹ:

הִנּוֹ אֲדוֹן עוֹלָם וְכָל־נוֹצָר יוֹרֶה גְדֻלָּתוֹ וּמַלְכוּתוֹ:

שֶׁפַע נְבוּאָתוֹ נְתָנוֹ אֶל אַנְשֵׁי סְגֻלָּתוֹ וְתִפְאַרְתּוֹ:

לֹא קָם בְּיִשְׂרָאֵל כְּמֹשֶׁה עוֹד נָבִיא וּמַבִּיט אֶת־תְּמוּנָתוֹ:

תּוֹרַת אֱמֶת נָתַן לְעַמּוֹ אֵל עַל־יַד נְבִיאוֹ נֶאֱמַן בֵּיתוֹ:

לֹא יַחֲלִיף הָאֵל וְלֹא יָמִיר דָּתוֹ לְעוֹלָמִים לְזוּלָתוֹ:

צוֹפֶה וְיוֹדֵעַ סְתָרֵינוּ מַבִּיט לְסוֹף דָּבָר בְּקַדְמָתוֹ:

גּוֹמֵל לְאִישׁ חֶסֶד כְּמִפְעָלוֹ נוֹתֵן לְרָשָׁע רַע כְּרִשְׁעָתוֹ:

יִשְׁלַח לְקֵץ יָמִין מְשִׁיחֵנוּ לִפְדּוֹת מְחַכֵּי קֵץ יְשׁוּעָתוֹ:

מֵתִים יְחַיֶּה אֵל בְּרֹב חַסְדּוֹ בָּרוּךְ עֲדֵי עַד שֵׁם תְּהִלָּתוֹ:

Yigdal, a poetic summary of the thirteen principles of faith as formulated by Moses Maimonides in his Commentary on the Mishnah (Sanhedrin 10:1), is believed to have been written by Daniel ben Judah, a fourteenth-century Italian poet.

YIGDAL

Yigdal Elohim ḥai v'yish-tabaḥ,
Nimtza v'eyn eyt el m'tzi-uto.

Eḥad v'eyn yaḥid k'yi-ḥudo,
Ne-lam v'gam eyn sof l'aḥ-duto.

Eyn lo d'mut ha-guf v'eyno guf,
Lo na-aroḥ eylav k'dushato.

Kadmon l'ḥol davar asher niv-ra,
Rishon v'eyn reyshit l'reyshito.

Hino adon olam v'ḥol notzar,
Yoreh g'dulato u mal-ḥuto.

She-fa n'vu-ato n'tano,
El an-shey s'gulato v'tif-arto.

Lo kam b'yisrael k'moshe od,
Navi u-mabit et t'munato.

Torat emet natan l'amo Eyl,
Al yad n'vi-o ne-eman beyto.

Lo yaḥa-lif ha-Eyl v'lo yamir dato,
L'olamim l'zulato.

Tzo-feh v'yo-dey-a s'ta-reynu,
Ma-bit l'sof davar b'kad-mato.

Gomeyl l'ish ḥesed k'mif-alo,
Noteyn l'rasha ra k'rish-ato.

Yish-laḥ l'keytz yamin m'shi-ḥeynu,
Lifdot m'ḥakey keytz y'shu-ato.

Meytim y'ḥa-yeh Eyl b'rov ḥasdo,
Baruḥ adey ad sheym t'hilato.

---

1. God is Eternal; 2. God is One; 3. God is incorporeal; 4. God created the universe in time; 5. God alone is to be worshiped; 6. God revealed Divine truth to the prophets; 7. Moses was the greatest prophet; 8. The Torah is true; 9. The Torah is immutable; 10. God knows our thoughts and the future; 11. God rewards those who obey the Divine will and punishes those who transgress; 12. A Messiah will come; 13. God grants eternal life.

אֲדוֹן עוֹלָם אֲשֶׁר מָלַךְ בְּטֶרֶם כָּל יְצִיר נִבְרָא:
לְעֵת נַעֲשָׂה בְחֶפְצוֹ כֹּל אֲזַי מֶלֶךְ שְׁמוֹ נִקְרָא:
וְאַחֲרֵי כִּכְלוֹת הַכֹּל לְבַדּוֹ יִמְלוֹךְ נוֹרָא:
וְהוּא הָיָה וְהוּא הֹוֶה וְהוּא יִהְיֶה בְּתִפְאָרָה:
וְהוּא אֶחָד וְאֵין שֵׁנִי לְהַמְשִׁיל לוֹ לְהַחְבִּירָה:
בְּלִי רֵאשִׁית בְּלִי תַכְלִית וְלוֹ הָעֹז וְהַמִּשְׂרָה:
וְהוּא אֵלִי וְחַי גּוֹאֲלִי וְצוּר חֶבְלִי בְּעֵת צָרָה:
וְהוּא נִסִּי וּמָנוֹס לִי מְנָת כּוֹסִי בְּיוֹם אֶקְרָא:
בְּיָדוֹ אַפְקִיד רוּחִי בְּעֵת אִישַׁן וְאָעִירָה:
וְעִם רוּחִי גְּוִיָּתִי יְיָ לִי וְלֹא אִירָא:

Adon olam asher malaḥ, b'terem kol y'tzir niv-ra.
L'eyt na-asa v'ḥeftzo kol, azai meleḥ sh'mo nikra.

V'aḥarey kiḥ-lot ha-kol, l'vado yim-loḥ nora.
V'hu ha-ya v'hu ho-veh, v'hu yi-h'yeh b'tif-ara.

V'hu eḥad v'eyn shey-ni, l'ham-shil lo l'haḥ-bira.
B'li reyshit b'li taḥlit, v'lo ha-oz v'ha-misra.

V'hu Eyli v'ḥai go-ali, v'tzur ḥevli b'eyt tzara.
V'hu nisi u-manos li, m'nat kosi b'yom ekra.

B'yado afkid ruḥi, b'eyt ishan v'a-ira.
V'im ruḥi g'vi-yati, Adonai li v'lo ira.

ADON OLAM

The Eternal Lord reigned alone
While yet the universe was naught;
When by Divine Will all things were wrought,
God's sovereign name was first known.

And when this all shall cease to be,
In dread splendor shall God yet reign;
God was, God is, God shall remain
In glorious eternity.

For God is one, no other shares
God's nature or uniqueness;
Unending and beginningless,
All strength is God's; all sway God bears.

Acclaim the living God to save,
My Rock while sorrow's toils endure,
My banner and my stronghold sure,
The cup of life whene'er I crave.

I place my soul within God's palm
Before I sleep as when I wake,
And though my body I forsake,
Rest in the Lord in fearless calm.

Israel Zangwill (adapted by Adina N. Samuelson)

On the eve of the new year

We have come together to welcome the new year
To celebrate its promise,
To ponder its responsibilities.

Let us give thanks for the new opportunities it brings us,
For the new and deeper relationships it offers us,
And for the larger vision to which it summons us.

Let us preserve joyous and worthy memories,
And let us carry forward our noblest hopes,
To enrich and uplift the year which now begins.

Let us be worthy of our ancient heritage,
And loyal to its teachings,
Yet aware of the new challenges still before us.

Let us greet the new year with renewed strength and hope,
Responding to the mystery and the glory of life,
Setting forth confidently as servants of the Lord.

As we pray for a year of good health and fulfillment,
May the thoughts we think and the deeds we perform,
Help make this truly a *Shanah Tovah!*

"A GOOD AND SWEET NEW YEAR"

יְהִי רָצוֹן מִלְּפָנֶיךָ יְיָ אֱלֹהֵינוּ וֵאלֹהֵי אֲבוֹתֵינוּ.
שֶׁתְּחַדֵּשׁ עָלֵינוּ שָׁנָה טוֹבָה וּמְתוּקָה:

Y'hi ratzon mil-faneḥa
Adonai Eloheynu vey-lohey avo-teynu,
Sheh-t'ḥadeysh aleynu shanah tovah um-tukah.

May it be Your will, Lord our God and God of our ancestors, that we be blessed with a good and sweet new year.

Speak to us

O God, on the eve of the new year we have come to Your sanctuary to seek Your presence and to hear Your call. Speak to us, we pray, with the still, small voice of Your spirit.

When our lives become shallow, deepen them;
When our principles become shabby, repair them.

When our ideals become tarnished, restore them;
When our hopes become faded, revive them.

When our loyalties grow dim, brighten them;
When our values become confused, clarify them.

When our purposes grow blurred, sharpen them;
When our horizons become narrow, widen them.

Make us worthy instruments of Your will, O Lord,
And help us, in the year ahead, to *live* the words we pray.

Inscribe us in the book of life

בְּסֵפֶר חַיִּים בְּרָכָה וְשָׁלוֹם וּפַרְנָסָה טוֹבָה. נִזָּכֵר וְנִכָּתֵב לְפָנֶיךָ. אֲנַחְנוּ וְכָל־עַמְּךָ בֵּית יִשְׂרָאֵל. לְחַיִּים טוֹבִים וּלְשָׁלוֹם:

B'seyfer ḥa-yim b'raḥah v'shalom ufar-nasah tovah,
Niza-ḥeyr v'nikateyv l'faneḥa,
Anaḥnu v'ḥol amḥa beyt yisrael,
L'ḥa-yim tovim ul-shalom.

In the book of life and blessing, peace and prosperity, may we and all Your people, the house of Israel, be inscribed for a good and peaceful life.

שַׁחֲרִית
לְרֹאשׁ
הַשָּׁנָה
וּלְיוֹם
כִּפּוּר

SHAḤARIT / MORNING SERVICE

ROSH HASHANAH AND YOM KIPPUR

מַה־טֹּבוּ אֹהָלֶיךָ יַעֲקֹב. מִשְׁכְּנֹתֶיךָ יִשְׂרָאֵל:
וַאֲנִי בְּרֹב חַסְדְּךָ אָבוֹא בֵיתֶךָ.
אֶשְׁתַּחֲוֶה אֶל־הֵיכַל קָדְשְׁךָ בְּיִרְאָתֶךָ:
יְיָ אָהַבְתִּי מְעוֹן בֵּיתֶךָ. וּמְקוֹם מִשְׁכַּן כְּבוֹדֶךָ:
וַאֲנִי אֶשְׁתַּחֲוֶה וְאֶכְרָעָה. אֶבְרְכָה לִפְנֵי־יְיָ עֹשִׂי:
וַאֲנִי תְפִלָּתִי־לְךָ יְיָ עֵת רָצוֹן
אֱלֹהִים בְּרָב־חַסְדֶּךָ עֲנֵנִי בֶּאֱמֶת יִשְׁעֶךָ:

Ma tovu oha-leḥa yaakov,
Mish-k'no-teḥa yisrael.
Va-ani b'rov ḥas-d'ḥa, avo vey-teḥa,
Eshta-ḥa-veh el heyḥal kod-sh'ḥa b'yira-teḥa.
Adonai ahavti m'on bey-teḥa,
U-m'kom mishkan k'vo-deḥa.
Va-ani eshta-ḥa-veh v'eḥra-a,
Ev-r'ḥa lifney Adonai osi.
Va-ani t'filati l'ḥa Adonai eyt ratzon,
Elohim b'rov ḥas-deḥa, aneyni be-emet yish-eḥa.

MA TOVU

How goodly are your dwellings, O Jacob,
Your sanctuaries, O Israel!

Thanks to Your abundant kindness, O Lord,
I am able to enter Your house,

To bow down before You in reverence
In this sacred place of worship.

Lord, I love to be in Your house,
The sanctuary dedicated to Your glory.

Here I worship in Your presence,
O Lord, my Maker.

In kindness, Lord, answer my prayer;
Mercifully, grant me Your abiding help.

Biblical verses

THE PRAYERFUL MOOD

Eternal Spirit,
God of the heavens above
And of the earth below,
God of drifting clouds
And of leaping, laughing streams,
Hear my prayer.

As every river is conceived by clouds,
And every stream begins in rain,
So may my every thought come from above—
And my every purpose have its origin in You.

Harold E. Kohn

Before putting on the Tallit:

הִנְנִי מִתְעַטֵּף בְּטַלִּית שֶׁל צִיצִת כְּדֵי לְקַיֵּם מִצְוַת בּוֹרְאִי.
כַּכָּתוּב בַּתּוֹרָה.
וְעָשׂוּ לָהֶם צִיצִת עַל־כַּנְפֵי בִגְדֵיהֶם לְדֹרֹתָם:

בָּרְכִי נַפְשִׁי אֶת־יְיָ.
יְיָ אֱלֹהַי גָּדַלְתָּ מְאֹד. הוֹד וְהָדָר לָבָשְׁתָּ:
עֹטֶה־אוֹר כַּשַּׂלְמָה. נוֹטֶה שָׁמַיִם כַּיְרִיעָה:

On putting on the Tallit:

בָּרוּךְ אַתָּה יְיָ אֱלֹהֵינוּ מֶלֶךְ הָעוֹלָם
אֲשֶׁר קִדְּשָׁנוּ בְּמִצְוֹתָיו וְצִוָּנוּ לְהִתְעַטֵּף בַּצִּיצִת:

מַה־יָּקָר חַסְדְּךָ אֱלֹהִים וּבְנֵי אָדָם בְּצֵל כְּנָפֶיךָ יֶחֱסָיוּן:
יִרְוְיֻן מִדֶּשֶׁן בֵּיתֶךָ וְנַחַל עֲדָנֶיךָ תַשְׁקֵם:
כִּי־עִמְּךָ מְקוֹר חַיִּים בְּאוֹרְךָ נִרְאֶה־אוֹר:
מְשֹׁךְ חַסְדְּךָ לְיֹדְעֶיךָ וְצִדְקָתְךָ לְיִשְׁרֵי־לֵב:

THE TALLIT: A reminder of the Mitzvot

I am about to wrap myself in the *Tallit*, in fulfillment of the commandment of my Creator; as it is written in the Torah: "In every generation they shall put fringes on the corners of their garments."

Praise the Lord, O my soul.
Lord, my God, You are very great;
You are clothed in glory and majesty.
You wrap Yourself in a robe of light;
You unfold the heavens like a curtain.

Psalms 104:1–2

On putting on the Tallit:

Praised are You, Lord our God, Ruler of the universe, who has taught us the way of holiness through the *Mitzvot*, and enjoined upon us the wearing of the *Tallit*.

How precious is Your lovingkindness, O God!
We take shelter under Your wings.

We feast on the abundance found in Your house;
You give us drink from the river of Your delight.

For with You is the fountain of life;
By Your light do we see light.

Grant Your lovingkindness to those who love You,
And Your righteousness to the upright in heart.

Psalms 36:8–11

בָּרוּךְ אַתָּה יְיָ אֱלֹהֵינוּ מֶלֶךְ הָעוֹלָם אֲשֶׁר קִדְּשָׁנוּ בְּמִצְוֹתָיו וְצִוָּנוּ עַל נְטִילַת יָדָיִם:

בָּרוּךְ אַתָּה יְיָ אֱלֹהֵינוּ מֶלֶךְ הָעוֹלָם אֲשֶׁר יָצַר אֶת הָאָדָם בְּחָכְמָה וּבָרָא בוֹ נְקָבִים נְקָבִים חֲלוּלִים חֲלוּלִים. גָּלוּי וְיָדוּעַ לִפְנֵי כִסֵּא כְבוֹדֶךָ שֶׁאִם יִפָּתֵחַ אֶחָד מֵהֶם אוֹ יִסָּתֵם אֶחָד מֵהֶם אִי אֶפְשַׁר לְהִתְקַיֵּם וְלַעֲמוֹד לְפָנֶיךָ. בָּרוּךְ אַתָּה יְיָ רוֹפֵא כָל־בָּשָׂר וּמַפְלִיא לַעֲשׂוֹת:

אֱלֹהַי. נְשָׁמָה שֶׁנָּתַתָּ בִּי טְהוֹרָה הִיא. אַתָּה בְרָאתָהּ אַתָּה יְצַרְתָּהּ אַתָּה נְפַחְתָּהּ בִּי וְאַתָּה מְשַׁמְּרָהּ בְּקִרְבִּי. וְאַתָּה עָתִיד לִטְּלָהּ מִמֶּנִּי וּלְהַחֲזִירָהּ בִּי לֶעָתִיד לָבֹא: כָּל־זְמַן שֶׁהַנְּשָׁמָה בְקִרְבִּי מוֹדֶה אֲנִי לְפָנֶיךָ יְיָ אֱלֹהַי וֵאלֹהֵי אֲבוֹתַי רִבּוֹן כָּל־הַמַּעֲשִׂים אֲדוֹן כָּל־הַנְּשָׁמוֹת: בָּרוּךְ אַתָּה יְיָ הַמַּחֲזִיר נְשָׁמוֹת לִפְגָרִים מֵתִים:

GRATITUDE FOR OUR WONDROUS BODY

Praised are You, Lord our God, Ruler of the universe, who has taught us the way of holiness through the *Mitzvot*, and enjoined upon us the washing of the hands.

Praised are You, Lord our God, Ruler of the universe, who has fashioned the human body with sublime wisdom, creating an intricate network of veins, arteries, structures, and organs—each of which must function properly for our survival. Praised are You, O Lord, who heals all creatures and performs wonders.

Talmud, Berakhot 60b

GRATITUDE FOR THE GIFT OF THE SOUL

My God, the soul with which You endowed me is pure. You created it, You formed it, You breathed it into me, and You preserve it within me. A time will come when You will reclaim it from me; but You will return it to me in the life to come.

So long as the soul is within me, I thank You, Lord my God and God of my ancestors, Ruler of all creatures, Lord of all souls. Praised are You, O Lord, who has restored me to a new day of life.

Talmud, Berakhot 60b

בָּרוּךְ אַתָּה יְיָ אֱלֹהֵינוּ מֶלֶךְ הָעוֹלָם אֲשֶׁר נָתַן לַשֶּׂכְוִי
בִינָה לְהַבְחִין בֵּין יוֹם וּבֵין לָיְלָה:

בָּרוּךְ אַתָּה יְיָ אֱלֹהֵינוּ מֶלֶךְ הָעוֹלָם שֶׁעָשַׂנִי בְּצַלְמוֹ:

בָּרוּךְ אַתָּה יְיָ אֱלֹהֵינוּ מֶלֶךְ הָעוֹלָם שֶׁעָשַׂנִי בֶּן־חוֹרִין:

בָּרוּךְ אַתָּה יְיָ אֱלֹהֵינוּ מֶלֶךְ הָעוֹלָם שֶׁעָשַׂנִי יִשְׂרָאֵל:

בָּרוּךְ אַתָּה יְיָ אֱלֹהֵינוּ מֶלֶךְ הָעוֹלָם פּוֹקֵחַ עִוְרִים:

בָּרוּךְ אַתָּה יְיָ אֱלֹהֵינוּ מֶלֶךְ הָעוֹלָם מַלְבִּישׁ עֲרֻמִּים:

בָּרוּךְ אַתָּה יְיָ אֱלֹהֵינוּ מֶלֶךְ הָעוֹלָם מַתִּיר אֲסוּרִים:

בָּרוּךְ אַתָּה יְיָ אֱלֹהֵינוּ מֶלֶךְ הָעוֹלָם זוֹקֵף כְּפוּפִים:

בָּרוּךְ אַתָּה יְיָ אֱלֹהֵינוּ מֶלֶךְ הָעוֹלָם רוֹקַע הָאָרֶץ עַל הַמָּיִם:

בָּרוּךְ אַתָּה יְיָ אֱלֹהֵינוּ מֶלֶךְ הָעוֹלָם שֶׁעָשָׂה לִי כָּל־צָרְכִּי:

בָּרוּךְ אַתָּה יְיָ אֱלֹהֵינוּ מֶלֶךְ הָעוֹלָם אֲשֶׁר הֵכִין מִצְעֲדֵי־גָבֶר:

בָּרוּךְ אַתָּה יְיָ אֱלֹהֵינוּ מֶלֶךְ הָעוֹלָם אוֹזֵר יִשְׂרָאֵל בִּגְבוּרָה:

בָּרוּךְ אַתָּה יְיָ אֱלֹהֵינוּ מֶלֶךְ הָעוֹלָם עוֹטֵר יִשְׂרָאֵל בְּתִפְאָרָה:

בָּרוּךְ אַתָּה יְיָ אֱלֹהֵינוּ מֶלֶךְ הָעוֹלָם הַנּוֹתֵן לַיָּעֵף כֹּחַ:

MORNING BLESSINGS OF THANKSGIVING

Thankfully, we offer praise to You, O Lord our God, Ruler of the universe,

For bestowing the power to distinguish
between day and night;

For creating us in Your image;

For giving us freedom;

For making us Jews;

For giving us the capacity to see;

For clothing the naked;

For releasing the oppressed;

For raising up those who are bowed down;

For sustaining the universe;

For providing for our daily needs;

For giving us guidance for life's path;

For endowing our people with courage;

For crowning our people with glory;

For giving strength to those who are weary.

בָּרוּךְ אַתָּה יְיָ אֱלֹהֵינוּ מֶלֶךְ הָעוֹלָם
הַמַּעֲבִיר שֵׁנָה מֵעֵינַי וּתְנוּמָה מֵעַפְעַפָּי:
וִיהִי רָצוֹן מִלְּפָנֶיךָ יְיָ אֱלֹהֵינוּ וֵאלֹהֵי אֲבוֹתֵינוּ
שֶׁתַּרְגִּילֵנוּ בְּתוֹרָתֶךָ וְדַבְּקֵנוּ בְּמִצְוֹתֶיךָ.
וְאַל תְּבִיאֵנוּ לֹא לִידֵי חֵטְא וְלֹא לִידֵי עֲבֵרָה וְעָוֹן
וְלֹא לִידֵי נִסָּיוֹן וְלֹא לִידֵי בִזָּיוֹן.
וְאַל תַּשְׁלֶט־בָּנוּ יֵצֶר הָרָע
וְהַרְחִיקֵנוּ מֵאָדָם רָע וּמֵחָבֵר רָע.
וְדַבְּקֵנוּ בְּיֵצֶר הַטּוֹב וּבְמַעֲשִׂים טוֹבִים.
וְכוֹף אֶת־יִצְרֵנוּ לְהִשְׁתַּעְבֶּד־לָךְ.
וּתְנֵנוּ הַיּוֹם וּבְכָל־יוֹם לְחֵן וּלְחֶסֶד וּלְרַחֲמִים
בְּעֵינֶיךָ וּבְעֵינֵי כָל־רוֹאֵינוּ
וְתִגְמְלֵנוּ חֲסָדִים טוֹבִים.
בָּרוּךְ אַתָּה יְיָ גּוֹמֵל חֲסָדִים טוֹבִים לְעַמּוֹ יִשְׂרָאֵל:

לְעוֹלָם יְהֵא אָדָם יְרֵא שָׁמַיִם בַּסֵּתֶר וּבַגָּלוּי.
וּמוֹדֶה עַל הָאֱמֶת. וְדוֹבֵר אֱמֶת בִּלְבָבוֹ. וְיַשְׁכֵּם וְיֹאמַר.

רִבּוֹן כָּל־הָעוֹלָמִים. לֹא עַל צִדְקוֹתֵינוּ אֲנַחְנוּ מַפִּילִים תַּחֲנוּנֵינוּ לְפָנֶיךָ כִּי עַל רַחֲמֶיךָ הָרַבִּים: מָה־אָנוּ. מֶה־חַיֵּינוּ. מֶה־חַסְדֵּנוּ. מַה־צִּדְקֵנוּ. מַה־יִּשְׁעֵנוּ. מַה־כֹּחֵנוּ. מַה־גְּבוּרָתֵנוּ. מַה־נֹּאמַר לְפָנֶיךָ יְיָ אֱלֹהֵינוּ וֵאלֹהֵי אֲבוֹתֵינוּ. הֲלֹא כָּל־הַגִּבּוֹרִים כְּאַיִן לְפָנֶיךָ וְאַנְשֵׁי הַשֵּׁם כְּלֹא הָיוּ. וַחֲכָמִים כִּבְלִי מַדָּע וּנְבוֹנִים כִּבְלִי הַשְׂכֵּל. כִּי רֹב מַעֲשֵׂיהֶם תֹּהוּ וִימֵי חַיֵּיהֶם הֶבֶל לְפָנֶיךָ. וּמוֹתַר הָאָדָם מִן הַבְּהֵמָה אָיִן כִּי הַכֹּל הָבֶל:

TO AWAKEN TO A DAY OF LOVINGKINDNESS

Praised are You, Lord our God, Ruler of the universe,
who removes sleep from my eyes and slumber from my eyelids.

May it be Your will, Lord our God and God of our ancestors,
to make us familiar with Your Torah
and help us adhere to Your commandments.

Keep us from all sin and disgrace;
let no evil impulse gain mastery over us.

Keep us far from an evil person and a corrupt companion.
Help us to cultivate our noble impulses
so that we may always perform good deeds
and bend our will to do Your service.

Grant us, this day and every day,
grace, love, and compassion
in Your sight and in the sight of all.
Grant us an abundant measure of lovingkindness.

Praised are You, O Lord,
who bestows lovingkindness upon Your people Israel.

Talmud, Berakhot 60b

IN TRUTH AND HUMILITY

One should always revere God, in private and in public, acknowledge the truth, and speak the truth which is in one's heart. On arising one should declare:

O Ruler of all realms! "Not upon our righteous deeds do we rely when we bring our prayerful supplications before You, but upon Your abundant compassion."

What are we? What is the value of our lives? What substance is there to our kindness, our righteousness, our helpfulness, our strength, our courage? What can we say before You, Lord our God and God of our ancestors?

Before You, the mighty are as nothing, the famous as if they had never been; the wise are without wisdom, the clever without reason. For most of their deeds are worthless, and their days are like a breath.

Measured against Your perfection, our preëminence over the beast is negligible, for we all are so trivial.

אֲבָל אֲנַחְנוּ עַמְּךָ בְּנֵי בְרִיתֶךָ. בְּנֵי אַבְרָהָם אֹהַבְךָ שֶׁנִּשְׁבַּעְתָּ לּוֹ בְּהַר הַמּוֹרִיָּה. זֶרַע יִצְחָק יְחִידוֹ שֶׁנֶּעֱקַד עַל גַּב הַמִּזְבֵּחַ. עֲדַת יַעֲקֹב בִּנְךָ בְּכוֹרֶךָ שֶׁמֵּאַהֲבָתְךָ שֶׁאָהַבְתָּ אֹתוֹ וּמִשִּׂמְחָתְךָ שֶׁשָּׂמַחְתָּ בּוֹ קָרָאתָ אֶת־שְׁמוֹ יִשְׂרָאֵל וִישֻׁרוּן:

לְפִיכָךְ אֲנַחְנוּ חַיָּבִים לְהוֹדוֹת לְךָ וּלְשַׁבֵּחֲךָ וּלְפָאֶרְךָ וּלְבָרֵךְ וּלְקַדֵּשׁ וְלָתֵת שֶׁבַח וְהוֹדָיָה לִשְׁמֶךָ:

אַשְׁרֵינוּ. מַה־טּוֹב חֶלְקֵנוּ
וּמַה־נָּעִים גּוֹרָלֵנוּ וּמַה־יָּפָה יְרֻשָּׁתֵנוּ.
אַשְׁרֵינוּ. שֶׁאֲנַחְנוּ מַשְׁכִּימִים וּמַעֲרִיבִים עֶרֶב וָבֹקֶר
וְאוֹמְרִים פַּעֲמַיִם בְּכָל־יוֹם.

שְׁמַע יִשְׂרָאֵל יְיָ אֱלֹהֵינוּ יְיָ אֶחָד:
בָּרוּךְ שֵׁם כְּבוֹד מַלְכוּתוֹ לְעוֹלָם וָעֶד:

אַתָּה הוּא עַד שֶׁלֹּא נִבְרָא הָעוֹלָם. אַתָּה הוּא מִשֶּׁנִּבְרָא הָעוֹלָם. אַתָּה הוּא בָּעוֹלָם הַזֶּה וְאַתָּה הוּא לָעוֹלָם הַבָּא: קַדֵּשׁ אֶת־שִׁמְךָ עַל מַקְדִּישֵׁי שְׁמֶךָ וְקַדֵּשׁ אֶת־שִׁמְךָ בְּעוֹלָמֶךָ. וּבִישׁוּעָתְךָ תָּרִים וְתַגְבִּיהַּ קַרְנֵנוּ. בָּרוּךְ אַתָּה יְיָ מְקַדֵּשׁ אֶת־שִׁמְךָ בָּרַבִּים:

THE COVENANT: Our privilege and duty

But we are Your people, children of Your covenant, descendants of Your beloved Abraham, to whom You made a promise on Mount Moriah. We are the seed of Isaac, his son, who was bound on the altar. We are Your first-born, the congregation of Jacob, whom You named "Israel" and "Jeshurun" because of Your love for him and Your delight in him.

Therefore it is our duty to thank, to praise, to glorify, and to sanctify You.

IN JOYOUS THANKSGIVING

Ashreynu!

How fortunate are we!
How good is our portion!
How pleasant our lot!
How beautiful our heritage!
How fortunate are we that twice each day,
morning and evening, we can declare:

"HEAR, O ISRAEL: THE LORD IS OUR GOD, THE LORD IS ONE."

Praised be God's glorious sovereignty for ever and ever.

O eternal God before creation and since creation, Lord of this world and the world to come, reveal Your holiness through those who sanctify You. Reveal Your holiness throughout the world. Uplift us and exalt us through Your deliverance. Praised are You, O Lord! You reveal Your holiness before all.

בָּרוּךְ אַתָּה יְיָ אֱלֹהֵינוּ מֶלֶךְ הָעוֹלָם אֲשֶׁר קִדְּשָׁנוּ בְּמִצְוֹתָיו וְצִוָּנוּ לַעֲסוֹק בְּדִבְרֵי תוֹרָה:

וְהַעֲרֶב־נָא יְיָ אֱלֹהֵינוּ אֶת־דִּבְרֵי תוֹרָתְךָ בְּפִינוּ וּבְפִי עַמְּךָ בֵּית יִשְׂרָאֵל. וְנִהְיֶה אֲנַחְנוּ וְצֶאֱצָאֵינוּ וְצֶאֱצָאֵי עַמְּךָ בֵּית יִשְׂרָאֵל כֻּלָּנוּ יוֹדְעֵי שְׁמֶךָ וְלוֹמְדֵי תוֹרָתֶךָ לִשְׁמָהּ. בָּרוּךְ אַתָּה יְיָ הַמְלַמֵּד תּוֹרָה לְעַמּוֹ יִשְׂרָאֵל:

בָּרוּךְ אַתָּה יְיָ אֱלֹהֵינוּ מֶלֶךְ הָעוֹלָם אֲשֶׁר בָּחַר־בָּנוּ מִכָּל־הָעַמִּים וְנָתַן־לָנוּ אֶת־תּוֹרָתוֹ. בָּרוּךְ אַתָּה יְיָ נוֹתֵן הַתּוֹרָה:

יְבָרֶכְךָ יְיָ וְיִשְׁמְרֶךָ:
יָאֵר יְיָ פָּנָיו אֵלֶיךָ וִיחֻנֶּךָּ:
יִשָּׂא יְיָ פָּנָיו אֵלֶיךָ וְיָשֵׂם לְךָ שָׁלוֹם:

אֵלּוּ דְבָרִים שֶׁאֵין לָהֶם שִׁעוּר. הַפֵּאָה וְהַבִּכּוּרִים וְהָרֵאָיוֹן וּגְמִילוּת חֲסָדִים וְתַלְמוּד תּוֹרָה:

אֵלּוּ דְבָרִים שֶׁאָדָם אוֹכֵל פֵּרוֹתֵיהֶם בָּעוֹלָם הַזֶּה וְהַקֶּרֶן קַיֶּמֶת לוֹ לָעוֹלָם הַבָּא. וְאֵלּוּ הֵן. כִּבּוּד אָב וָאֵם וּגְמִילוּת חֲסָדִים וְהַשְׁכָּמַת בֵּית הַמִּדְרָשׁ שַׁחֲרִית וְעַרְבִית וְהַכְנָסַת אוֹרְחִים וּבִקּוּר חוֹלִים וְהַכְנָסַת כַּלָּה וּלְוָיַת הַמֵּת וְעִיּוּן תְּפִלָּה וַהֲבָאַת שָׁלוֹם בֵּין אָדָם לַחֲבֵרוֹ. וְתַלְמוּד תּוֹרָה כְּנֶגֶד כֻּלָּם:

TORAH STUDY: BIBLE, MISHNAH, TALMUD

Praised are You, Lord our God, Ruler of the universe, who has taught us the way of holiness through the *Mitzvot*, and enjoined upon us the study of Torah.

May the words of Your Torah, Lord our God, be pleasant to us and to Your people, the house of Israel. May we, our children, and all future generations of the house of Israel know You and study Your Torah with devotion. Praised are You, O Lord, who teaches Torah to Your people Israel.

Praised are You, Lord our God, Ruler of the universe! You have chosen us of all peoples for Your service by giving us Your Torah. Praised are You, O Lord, Giver of the Torah.

Talmud, Berakhot 11b

May the Lord bless you and protect you.
May the Lord show you kindness and be gracious to you.
May the Lord bestow favor upon you and grant you peace.

Numbers 6:24–26

The following are commandments for which there is no prescribed measure: the crops on the border of the field to be left for the poor and the stranger, the gift of the first-fruits, the pilgrimage offerings brought to the ancient Temple on the three festivals, deeds of lovingkindness, and the study of Torah.

Mishnah, Peah 1:1

In fulfilling the following commandments one enjoys the yield in this world while the principal remains for all eternity: honoring father and mother, performing deeds of lovingkindness, punctually attending the house of study—morning and evening, showing hospitality to strangers, visiting the sick, helping the needy bride, attending the dead, praying with devotion, and making peace between individuals. And the merit of Torah study is equal to all of these.

Talmud, Shabbat 127a

On Rosh Hashanah:

A SINGLE PERSON WAS CREATED

Only a single person was created in the beginning, to teach that if any individual causes a single person to perish, Scripture considers it as though an entire world had been destroyed; and if anyone saves a single person, Scripture considers it as though a whole world had been saved. Again, just a single person was created, for the sake of peace—so that no one could say to another: "My parent was greater than yours"; also that the heretics could not say, "There are many ruling powers in heaven." Moreover, only a single person was created, in order to emphasize the greatness of God: for when a human being stamps many coins using one die, they are all alike; but when God stamps every individual with the die of the first human being, each one of them is, nevertheless, unique. Therefore every one must say, "For my sake was the world created."

Mishnah, Sanhedrin 4:5

On Yom Kippur:

REPENTANCE

A person who says, "I shall sin and repent, and once again 'sin and repent,' " is denied the opportunity to repent. A person who says, "I shall sin and Yom Kippur will atone for me," will not gain atonement through Yom Kippur.

Yom Kippur atones only for transgressions between human beings and God. For transgressions between one individual and another, atonement is achieved only by reconciling the person who has been offended.

Mishnah, Yoma 8:9

Mourners:

יִתְגַּדַּל וְיִתְקַדַּשׁ שְׁמֵהּ רַבָּא. בְּעָלְמָא דִּי־בְרָא כִרְעוּתֵהּ. וְיַמְלִיךְ מַלְכוּתֵהּ בְּחַיֵּיכוֹן וּבְיוֹמֵיכוֹן וּבְחַיֵּי דְכָל־בֵּית יִשְׂרָאֵל בַּעֲגָלָא וּבִזְמַן קָרִיב. וְאִמְרוּ אָמֵן:

Congregation and mourners:

יְהֵא שְׁמֵהּ רַבָּא מְבָרַךְ לְעָלַם וּלְעָלְמֵי עָלְמַיָּא:

Mourners:

יִתְבָּרַךְ וְיִשְׁתַּבַּח וְיִתְפָּאַר וְיִתְרוֹמַם וְיִתְנַשֵּׂא וְיִתְהַדַּר וְיִתְעַלֶּה וְיִתְהַלַּל שְׁמֵהּ דְּקֻדְשָׁא. בְּרִיךְ הוּא. לְעֵלָּא לְעֵלָּא מִכָּל־בִּרְכָתָא וְשִׁירָתָא תֻּשְׁבְּחָתָא וְנֶחֱמָתָא דַּאֲמִירָן בְּעָלְמָא. וְאִמְרוּ אָמֵן:

*עַל יִשְׂרָאֵל וְעַל רַבָּנָן. וְעַל תַּלְמִידֵיהוֹן וְעַל כָּל־תַּלְמִידֵי תַלְמִידֵיהוֹן. וְעַל כָּל־מָאן דְּעָסְקִין בְּאוֹרַיְתָא. דִּי בְאַתְרָא הָדֵין וְדִי בְכָל אֲתַר וַאֲתַר. יְהֵא לְהוֹן וּלְכוֹן שְׁלָמָא רַבָּא. חִנָּא וְחִסְדָּא וְרַחֲמִין. וְחַיִּין אֲרִיכִין. וּמְזוֹנֵא רְוִיחֵי. וּפֻרְקָנָא מִן־קֳדָם אֲבוּהוֹן דִּי־בִשְׁמַיָּא וְאַרְעָא. וְאִמְרוּ אָמֵן:

יְהֵא שְׁלָמָא רַבָּא מִן שְׁמַיָּא וְחַיִּים טוֹבִים עָלֵינוּ וְעַל כָּל־יִשְׂרָאֵל. וְאִמְרוּ אָמֵן:

עֹשֶׂה שָׁלוֹם בִּמְרוֹמָיו הוּא בְרַחֲמָיו יַעֲשֶׂה שָׁלוֹם עָלֵינוּ וְעַל כָּל־יִשְׂרָאֵל. וְאִמְרוּ אָמֵן:

"SHIR SHEL YOM," *page 882.*

**A special prayer for the well-being of those who study and teach Torah.*

(We reflect upon the twin themes of Divine Judgment and Divine Mercy, as the Psalmist calls upon us to put our hope and trust in the Lord.)

לְדָוִד. יְיָ אוֹרִי וְיִשְׁעִי מִמִּי אִירָא יְיָ מָעוֹז חַיַּי מִמִּי אֶפְחָד:
בִּקְרֹב עָלַי מְרֵעִים לֶאֱכֹל אֶת־בְּשָׂרִי צָרַי וְאֹיְבַי לִי הֵמָּה
כָּשְׁלוּ וְנָפָלוּ: אִם־תַּחֲנֶה עָלַי מַחֲנֶה לֹא־יִירָא לִבִּי אִם־
תָּקוּם עָלַי מִלְחָמָה בְּזֹאת אֲנִי בוֹטֵחַ: אַחַת שָׁאַלְתִּי מֵאֵת יְיָ
אוֹתָהּ אֲבַקֵּשׁ שִׁבְתִּי בְּבֵית־יְיָ כָּל־יְמֵי חַיַּי לַחֲזוֹת בְּנֹעַם־יְיָ
וּלְבַקֵּר בְּהֵיכָלוֹ: כִּי יִצְפְּנֵנִי בְּסֻכֹּה בְּיוֹם רָעָה יַסְתִּרֵנִי
בְּסֵתֶר אָהֳלוֹ בְּצוּר יְרוֹמְמֵנִי: וְעַתָּה יָרוּם רֹאשִׁי עַל־אֹיְבַי
סְבִיבוֹתַי וְאֶזְבְּחָה בְאָהֳלוֹ זִבְחֵי תְרוּעָה אָשִׁירָה וַאֲזַמְּרָה
לַייָ: שְׁמַע־יְיָ קוֹלִי אֶקְרָא וְחָנֵּנִי וַעֲנֵנִי: לְךָ אָמַר לִבִּי בַּקְּשׁוּ
פָנָי אֶת־פָּנֶיךָ יְיָ אֲבַקֵּשׁ: אַל־תַּסְתֵּר פָּנֶיךָ מִמֶּנִּי אַל־תַּט
בְּאַף עַבְדֶּךָ עֶזְרָתִי הָיִיתָ אַל־תִּטְּשֵׁנִי וְאַל־תַּעַזְבֵנִי אֱלֹהֵי
יִשְׁעִי: כִּי־אָבִי וְאִמִּי עֲזָבוּנִי וַייָ יַאַסְפֵנִי: הוֹרֵנִי יְיָ דַּרְכֶּךָ
וּנְחֵנִי בְּאֹרַח מִישׁוֹר לְמַעַן שׁוֹרְרָי: אַל־תִּתְּנֵנִי בְּנֶפֶשׁ צָרָי כִּי
קָמוּ־בִי עֵדֵי־שֶׁקֶר וִיפֵחַ חָמָס: לוּלֵא הֶאֱמַנְתִּי לִרְאוֹת בְּטוּב־
יְיָ בְּאֶרֶץ חַיִּים: קַוֵּה אֶל־יְיָ חֲזַק וְיַאֲמֵץ לִבֶּךָ וְקַוֵּה אֶל־יְיָ:

Alternate Penitential Psalm

מִמַּעֲמַקִּים קְרָאתִיךָ יְיָ:
אֲדֹנָי שִׁמְעָה בְקוֹלִי. תִּהְיֶינָה אָזְנֶיךָ קַשֻּׁבוֹת לְקוֹל תַּחֲנוּנָי:
אִם עֲוֹנוֹת תִּשְׁמָר־יָהּ אֲדֹנָי מִי יַעֲמֹד:
כִּי־עִמְּךָ הַסְּלִיחָה לְמַעַן תִּוָּרֵא:
קִוִּיתִי יְיָ קִוְּתָה נַפְשִׁי וְלִדְבָרוֹ הוֹחָלְתִּי:
נַפְשִׁי לַאדֹנָי מִשֹּׁמְרִים לַבֹּקֶר שֹׁמְרִים לַבֹּקֶר:
יַחֵל יִשְׂרָאֵל אֶל־יְיָ. כִּי־עִם־יְיָ הַחֶסֶד וְהַרְבֵּה עִמּוֹ פְדוּת:
וְהוּא יִפְדֶּה אֶת־יִשְׂרָאֵל מִכֹּל עֲוֹנֹתָיו:

PSALMS FOR THE PENITENTIAL SEASON

TRUST IN THE LORD—*Psalm 27 (selected from the Hebrew)*

The Lord is my light and my help; whom shall I fear?
The Lord is the strength of my life; whom shall I dread?

Should an army be arrayed against me, I would not fear.
Should war beset me, still would I be confident.

One thing I ask of the Lord, for this do I yearn:
That I may dwell in the house of the Lord all my life,
To feel the goodness of the Lord in the Lord's sanctuary.

On the day of trouble God will shield me,
Lifting me to safety; my head will be high above my foes.

In God's Tabernacle I will bring offerings of jubilation,
With chanting and joyous singing.

O Lord, hear my voice when I call;
Be gracious to me and answer me.

O Lord, I truly seek You. Do not hide Yourself from me;
Turn not in anger from Your servant.

You have always been my help;
Do not forsake me, O God, my Deliverer.

Teach me Your way, O Lord; lead me on a straight path.
Deliver me not to the will of my enemies.

Trust in the Lord and be strong;
Take courage and hope in the Lord.

Alternate Penitential Psalm—Psalm 130

Out of the depths I call to You, O Lord.
Hear my cry, O Lord; be attentive to my plea.

If You kept account of all sins,
O Lord, who could survive?

But with You there is forgiveness;
Therefore we revere You.

With all my being I wait for the Lord,
Whose word I await with hope.

My soul yearns for the Lord
More anxiously than watchmen yearn for the dawn.

O Israel, put your hope in the Lord,
For the Lord is abundantly kind.

Great is the saving power of the Lord,
Who will redeem our people from all their iniquities.

מִזְמוֹר שִׁיר־חֲנֻכַּת הַבַּיִת לְדָוִד:

אֲרוֹמִמְךָ יְיָ כִּי דִלִּיתָנִי   וְלֹא־שִׂמַּחְתָּ אוֹיְבַי לִי:
יְיָ אֱלֹהָי   שִׁוַּעְתִּי אֵלֶיךָ וַתִּרְפָּאֵנִי:
יְיָ הֶעֱלִיתָ מִן־שְׁאוֹל נַפְשִׁי   חִיִּיתַנִי מִיָּרְדִי־בוֹר:
זַמְּרוּ לַייָ חֲסִידָיו   וְהוֹדוּ לְזֵכֶר קָדְשׁוֹ:
כִּי רֶגַע בְּאַפּוֹ   חַיִּים בִּרְצוֹנוֹ
בָּעֶרֶב יָלִין בֶּכִי   וְלַבֹּקֶר רִנָּה:
וַאֲנִי אָמַרְתִּי בְשַׁלְוִי   בַּל־אֶמּוֹט לְעוֹלָם:
יְיָ בִּרְצוֹנְךָ   הֶעֱמַדְתָּה לְהַרְרִי עֹז
הִסְתַּרְתָּ פָנֶיךָ   הָיִיתִי נִבְהָל:
אֵלֶיךָ יְיָ אֶקְרָא   וְאֶל־אֲדֹנָי אֶתְחַנָּן:
מַה־בֶּצַע בְּדָמִי   בְּרִדְתִּי אֶל שָׁחַת
הֲיוֹדְךָ עָפָר   הֲיַגִּיד אֲמִתֶּךָ:
שְׁמַע־יְיָ וְחָנֵּנִי   יְיָ הֱיֵה־עוֹזֵר לִי:
הָפַכְתָּ מִסְפְּדִי לְמָחוֹל לִי   פִּתַּחְתָּ שַׂקִּי וַתְּאַזְּרֵנִי שִׂמְחָה:
לְמַעַן יְזַמֶּרְךָ כָבוֹד וְלֹא יִדֹּם   יְיָ אֱלֹהַי לְעוֹלָם אוֹדֶךָּ:

A Song at the Dedication of the House. A Psalm of David.

I extol You, O Lord, for You raised me up;
You did not allow my enemies to rejoice over me.

I cried to You, Lord my God, and You healed me;
You kept me from the grave, O Lord,
You rescued me from death.

Sing to the Lord, O you faithful,
And praise God's holy name.

God's anger lasts but a moment,
God's favor is for a lifetime;

Weeping may linger for the night,
But joy accompanies the dawn.

I had once thought in my security
I could never be shaken.

Your favor, O Lord, made me a mountain of strength;
When You withdrew Your favor, I was terrified.

Then I cried to You, O Lord,
I laid my pleas before my God.

What is to be gained from my death,
From my going down to the grave?

Will the dust thank You?
Will it declare Your faithfulness?

Hear me, O Lord, be gracious to me.
O Lord, be my helper.

You turned my mourning into dancing;
You changed my sackcloth for robes of joy,

So that I may praise You and never be silent.
Lord my God, I shall praise You forever!

Psalm 30

Mourners:

יִתְגַּדַּל וְיִתְקַדַּשׁ שְׁמֵהּ רַבָּא. בְּעָלְמָא דִּי־בְרָא כִרְעוּתֵהּ. וְיַמְלִיךְ מַלְכוּתֵהּ בְּחַיֵּיכוֹן וּבְיוֹמֵיכוֹן וּבְחַיֵּי דְכָל־בֵּית יִשְׂרָאֵל בַּעֲגָלָא וּבִזְמַן קָרִיב. וְאִמְרוּ אָמֵן:

Congregation and mourners:

יְהֵא שְׁמֵהּ רַבָּא מְבָרַךְ לְעָלַם וּלְעָלְמֵי עָלְמַיָּא:

Mourners:

יִתְבָּרַךְ וְיִשְׁתַּבַּח וְיִתְפָּאַר וְיִתְרוֹמַם וְיִתְנַשֵּׂא וְיִתְהַדַּר וְיִתְעַלֶּה וְיִתְהַלַּל שְׁמֵהּ דְּקֻדְשָׁא. בְּרִיךְ הוּא. לְעֵלָּא לְעֵלָּא מִכָּל־בִּרְכָתָא וְשִׁירָתָא תֻּשְׁבְּחָתָא וְנֶחֱמָתָא דַּאֲמִירָן בְּעָלְמָא. וְאִמְרוּ אָמֵן:

יְהֵא שְׁלָמָא רַבָּא מִן שְׁמַיָּא וְחַיִּים עָלֵינוּ וְעַל כָּל־יִשְׂרָאֵל. וְאִמְרוּ אָמֵן:

עֹשֶׂה שָׁלוֹם בִּמְרוֹמָיו הוּא יַעֲשֶׂה שָׁלוֹם עָלֵינוּ וְעַל כָּל־יִשְׂרָאֵל. וְאִמְרוּ אָמֵן:

For an alternate P'sukey D'zimra service, continue on page 114.

THE KADDISH

The Kaddish is not a prayer for the dead, but a mandate to the living. It bids us rise above our sorrow, and fixes our view upon the welfare of humanity. It lifts our hope and directs our vision to a day when all shall at last inhabit the earth as children of the one God, when justice shall reign supreme, in peace. (Richard C. Hertz)

MOURNER'S KADDISH

Yit-gadal v'yit-kadash sh'mey raba,
B'alma di v'ra ḥiru-tey, v'yam-liḥ mal-ḥutey
B'ḥa-yey-ḥon u-v'yomey-ḥon
U-v'ḥa-yey d'ḥol beyt yisrael
Ba-agala u-viz-man kariv, v'imru **amen.**

Congregation and mourners:

Y'hey sh'mey raba m'varaḥ l'alam ul-almey alma-ya.

Mourners:

Yit-baraḥ v'yish-tabaḥ v'yit-pa-ar v'yit-romam v'yit-na-sey
V'yit-hadar v'yit-aleh v'yit-halal sh'mey d'kud-sha—
B'riḥ hu, *l'eyla l'eyla mi-kol bir-ḥata v'shi-rata*
Tush-b'ḥata v'ne-ḥemata da-amiran b'alma, v'imru **amen.**

Y'hey sh'lama raba min sh'ma-ya, v'ḥa-yim,
Aleynu v'al kol yisrael, v'imru **amen.**

Oseh shalom bi-m'romav, hu ya-aseh shalom
Aleynu v'al kol yisrael, v'imru **amen.**

Magnified and sanctified be the great name of God, in the world created according to the Divine will. May God's sovereignty soon be established, in our lifetime and that of the entire house of Israel. And let us say: Amen.

May God's great name be praised to all eternity.

Hallowed and honored, extolled and exalted, adored and acclaimed be the name of the blessed Holy One, whose glory is infinitely beyond all the praises, hymns, and songs of adoration which human beings can utter. And let us say: Amen.

May God grant abundant peace and life to us and to all Israel. And let us say: Amen.

May God, who ordains harmony in the universe, grant peace to us and to all Israel. And let us say: Amen.

בָּרוּךְ שֶׁאָמַר וְהָיָה הָעוֹלָם.

בָּרוּךְ הוּא:

בָּרוּךְ עוֹשֶׂה בְרֵאשִׁית:

בָּרוּךְ אוֹמֵר וְעוֹשֶׂה:

בָּרוּךְ גּוֹזֵר וּמְקַיֵּם:

בָּרוּךְ מְרַחֵם עַל הָאָרֶץ:

בָּרוּךְ מְרַחֵם עַל הַבְּרִיּוֹת:

בָּרוּךְ מְשַׁלֵּם שָׂכָר טוֹב לִירֵאָיו:

בָּרוּךְ חַי לָעַד וְקַיָּם לָנֶצַח:

בָּרוּךְ פּוֹדֶה וּמַצִּיל.

בָּרוּךְ שְׁמוֹ:

בָּרוּךְ אַתָּה יְיָ אֱלֹהֵינוּ מֶלֶךְ הָעוֹלָם הָאֵל הָאָב הָרַחֲמָן הַמְהֻלָּל בְּפִי עַמּוֹ. מְשֻׁבָּח וּמְפֹאָר בִּלְשׁוֹן חֲסִידָיו וַעֲבָדָיו. וּבְשִׁירֵי דָוִד עַבְדֶּךָ נְהַלֶּלְךָ יְיָ אֱלֹהֵינוּ. בִּשְׁבָחוֹת וּבִזְמִירוֹת נְגַדֶּלְךָ וּנְשַׁבֵּחֲךָ וּנְפָאֶרְךָ וְנַזְכִּיר שִׁמְךָ וְנַמְלִיכְךָ מַלְכֵּנוּ אֱלֹהֵינוּ יָחִיד חֵי הָעוֹלָמִים. מֶלֶךְ מְשֻׁבָּח וּמְפֹאָר עֲדֵי־עַד שְׁמוֹ הַגָּדוֹל. בָּרוּךְ אַתָּה יְיָ מֶלֶךְ מְהֻלָּל בַּתִּשְׁבָּחוֹת:

BARUḤ SHEH-AMAR: Praise to the Source of all being

Praised is the One whose word brought the world into being;
 to whom praise is due.
Praised is the Author of all creation.

Praised is the One who fulfills Divine promises.
Praised is the One who carries out Divine decrees.

Praised is the One who has compassion on the world.
Praised is the One who has compassion on all creatures.

Praised is the One who rewards those who are truly reverent.
Praised is the One who abides for all eternity.

Praised is the One who redeems and saves.
Praised be God's holy name.

Praised are You, Lord our God, Sovereign of the universe,
Merciful God and loving Parent, acclaimed by Your people,
Lauded and glorified by Your faithful servants.

With the songs of Your servant David, we praise You;
With hymns and psalms, we exalt and extol You;
We glorify You and acclaim Your sovereignty.

You alone are the life of the universe;
You are the Sovereign, whose great name
Is to be eternally glorified.

Praised are You, O Lord,
Sovereign adored with praises.

לַמְנַצֵּחַ מִזְמוֹר לְדָוִד:

הַשָּׁמַיִם מְסַפְּרִים כְּבוֹד־אֵל וּמַעֲשֵׂה יָדָיו מַגִּיד הָרָקִיעַ:

יוֹם לְיוֹם יַבִּיעַ אֹמֶר וְלַיְלָה לְּלַיְלָה יְחַוֶּה־דָּעַת:

אֵין־אֹמֶר וְאֵין דְּבָרִים בְּלִי נִשְׁמָע קוֹלָם:

בְּכָל־הָאָרֶץ יָצָא קַוָּם וּבִקְצֵה תֵבֵל מִלֵּיהֶם

לַשֶּׁמֶשׁ שָׂם אֹהֶל בָּהֶם:

וְהוּא כְּחָתָן יֹצֵא מֵחֻפָּתוֹ יָשִׂישׂ כְּגִבּוֹר לָרוּץ אֹרַח:

מִקְצֵה הַשָּׁמַיִם מוֹצָאוֹ וּתְקוּפָתוֹ עַל־קְצוֹתָם

וְאֵין נִסְתָּר מֵחַמָּתוֹ:

תּוֹרַת יְיָ תְּמִימָה מְשִׁיבַת נָפֶשׁ

עֵדוּת יְיָ נֶאֱמָנָה מַחְכִּימַת פֶּתִי:

פִּקּוּדֵי יְיָ יְשָׁרִים מְשַׂמְּחֵי־לֵב

מִצְוַת יְיָ בָּרָה מְאִירַת עֵינָיִם:

יִרְאַת יְיָ טְהוֹרָה עוֹמֶדֶת לָעַד

מִשְׁפְּטֵי־יְיָ אֱמֶת צָדְקוּ יַחְדָּו:

הַנֶּחֱמָדִים מִזָּהָב וּמִפַּז רָב. וּמְתוּקִים מִדְּבַשׁ וְנֹפֶת צוּפִים:

גַּם־עַבְדְּךָ נִזְהָר בָּהֶם בְּשָׁמְרָם עֵקֶב רָב:

שְׁגִיאוֹת מִי־יָבִין מִנִּסְתָּרוֹת נַקֵּנִי:

גַּם מִזֵּדִים חֲשֹׂךְ עַבְדֶּךָ אַל־יִמְשְׁלוּ־בִי

אָז אֵיתָם וְנִקֵּיתִי מִפֶּשַׁע רָב:

יִהְיוּ לְרָצוֹן אִמְרֵי־פִי וְהֶגְיוֹן לִבִּי לְפָנֶיךָ

יְיָ צוּרִי וְגֹאֲלִי:

A PSALM OF DAVID

The heavens declare the glory of God,
The sky proclaims God's handiwork.

Day after day the word is uttered;
Night after night the knowledge is revealed.

There is no speech, there are no words,
Yet their voice resounds to the very ends of the world.

In the heavens, God has pitched a tent for the sun,
Which goes forth like a bridegroom from his chamber,
Like an athlete rejoicing to run the course.

It sets out from one end of the sky,
And completes its circuit at the other end;
Nothing is hidden from its warmth.

The teaching of the Lord is perfect, reviving the spirit;
The testimony of the Lord is trustworthy,
Teaching wisdom to the simple.

The precepts of the Lord are just, rejoicing the heart;
The commandment of the Lord is pure, enlightening the eyes.

Reverence for the Lord is pure, enduring forever.
Judgments of the Lord are true; they are altogether just.

They are more precious than gold, even purest gold,
They are sweeter than honey, even drops of the honeycomb.

Your servant also strives to observe them,
For great is the reward in keeping them.

Yet who can discern one's own errors?
Hold me guiltless, O Lord, for unwitting sins.

Also keep me from willful sins;
May they have no control over me.

Then shall I be blameless,
Clear of all transgressions.

May the words of my mouth and the meditation of my heart
Find favor before You, my Rock and my Redeemer.

Psalm 19

לְדָוִד. בְּשַׁנּוֹתוֹ אֶת־טַעְמוֹ לִפְנֵי אֲבִימֶלֶךְ וַיְגָרְשֵׁהוּ וַיֵּלַךְ׃

אֲבָרְכָה אֶת־יְיָ בְּכָל־עֵת תָּמִיד תְּהִלָּתוֹ בְּפִי׃
בַּייָ תִּתְהַלֵּל נַפְשִׁי יִשְׁמְעוּ עֲנָוִים וְיִשְׂמָחוּ׃
גַּדְּלוּ לַייָ אִתִּי וּנְרוֹמְמָה שְׁמוֹ יַחְדָּו׃
דָּרַשְׁתִּי אֶת־יְיָ וְעָנָנִי וּמִכָּל־מְגוּרוֹתַי הִצִּילָנִי׃
הִבִּיטוּ אֵלָיו וְנָהָרוּ וּפְנֵיהֶם אַל־יֶחְפָּרוּ׃
זֶה עָנִי קָרָא וַייָ שָׁמֵעַ וּמִכָּל־צָרוֹתָיו הוֹשִׁיעוֹ׃
חֹנֶה מַלְאַךְ־יְיָ סָבִיב לִירֵאָיו וַיְחַלְּצֵם׃
טַעֲמוּ וּרְאוּ כִּי־טוֹב יְיָ אַשְׁרֵי הַגֶּבֶר יֶחֱסֶה־בּוֹ׃
יְראוּ אֶת־יְיָ קְדֹשָׁיו כִּי־אֵין מַחְסוֹר לִירֵאָיו׃
כְּפִירִים רָשׁוּ וְרָעֵבוּ וְדֹרְשֵׁי יְיָ לֹא־יַחְסְרוּ כָל־טוֹב׃
לְכוּ־בָנִים שִׁמְעוּ־לִי יִרְאַת יְיָ אֲלַמֶּדְכֶם׃
מִי־הָאִישׁ הֶחָפֵץ חַיִּים אֹהֵב יָמִים לִרְאוֹת טוֹב׃
נְצֹר לְשׁוֹנְךָ מֵרָע וּשְׂפָתֶיךָ מִדַּבֵּר מִרְמָה׃
סוּר מֵרָע וַעֲשֵׂה־טוֹב בַּקֵּשׁ שָׁלוֹם וְרָדְפֵהוּ׃
עֵינֵי יְיָ אֶל־צַדִּיקִים וְאָזְנָיו אֶל־שַׁוְעָתָם׃
פְּנֵי יְיָ בְּעֹשֵׂי רָע לְהַכְרִית מֵאֶרֶץ זִכְרָם׃
צָעֲקוּ וַייָ שָׁמֵעַ וּמִכָּל־צָרוֹתָם הִצִּילָם׃
קָרוֹב יְיָ לְנִשְׁבְּרֵי־לֵב וְאֶת־דַּכְּאֵי־רוּחַ יוֹשִׁיעַ׃
רַבּוֹת רָעוֹת צַדִּיק וּמִכֻּלָּם יַצִּילֶנּוּ יְיָ׃
שֹׁמֵר כָּל־עַצְמוֹתָיו אַחַת מֵהֵנָּה לֹא נִשְׁבָּרָה׃
תְּמוֹתֵת רָשָׁע רָעָה וְשֹׂנְאֵי צַדִּיק יֶאְשָׁמוּ׃
פּוֹדֶה יְיָ נֶפֶשׁ עֲבָדָיו וְלֹא יֶאְשְׁמוּ כָּל־הַחֹסִים בּוֹ׃

GOD IS NEAR TO THE RIGHTEOUS AND THE BROKEN-HEARTED

I praise the Lord at all times;
God's acclaim is continually on my lips.

Exalt the Lord with me,
And let us extol the Lord together.

I sought the Lord, who answered me,
Saving me from all that I feared.

Discover the goodness of the Lord;
Happy are those who take shelter with God.

Come, children, listen to me;
I will teach you reverence of the Lord.

Who is the person who delights in life
And loves a long life of goodness?

Keep your tongue from evil,
And your lips from speaking falsehood.

Depart from evil and do good;
Seek peace and pursue it.

The Lord is near to the broken-hearted,
And helps those who are crushed in spirit.

The Lord redeems the lives of the faithful,
And those who trust in God shall not feel forsaken.

Psalm 34—selected from the Hebrew

תְּפִלָּה לְמשֶׁה אִישׁ־הָאֱלֹהִים

אֲדֹנָי. מָעוֹן אַתָּה הָיִיתָ לָּנוּ בְּדֹר וָדֹר:
בְּטֶרֶם הָרִים יֻלָּדוּ וַתְּחוֹלֵל אֶרֶץ וְתֵבֵל
וּמֵעוֹלָם עַד־עוֹלָם אַתָּה אֵל:
תָּשֵׁב אֱנוֹשׁ עַד־דַּכָּא וַתֹּאמֶר שׁוּבוּ בְנֵי־אָדָם:
כִּי אֶלֶף שָׁנִים בְּעֵינֶיךָ כְּיוֹם אֶתְמוֹל כִּי יַעֲבֹר
וְאַשְׁמוּרָה בַלָּיְלָה:
זְרַמְתָּם שֵׁנָה יִהְיוּ בַּבֹּקֶר כֶּחָצִיר יַחֲלֹף:
בַּבֹּקֶר יָצִיץ וְחָלָף לָעֶרֶב יְמוֹלֵל וְיָבֵשׁ:
כִּי־כָלִינוּ בְאַפֶּךָ וּבַחֲמָתְךָ נִבְהָלְנוּ:
שַׁתָּ עֲוֹנֹתֵינוּ לְנֶגְדֶּךָ עֲלֻמֵנוּ לִמְאוֹר פָּנֶיךָ:
כִּי כָל־יָמֵינוּ פָּנוּ בְעֶבְרָתֶךָ כִּלִּינוּ שָׁנֵינוּ כְמוֹ־הֶגֶה:
יְמֵי־שְׁנוֹתֵינוּ בָהֶם שִׁבְעִים שָׁנָה וְאִם בִּגְבוּרֹת שְׁמוֹנִים שָׁנָה
וְרָהְבָּם עָמָל וָאָוֶן כִּי־גָז חִישׁ וַנָּעֻפָה:
מִי־יוֹדֵעַ עֹז אַפֶּךָ וּכְיִרְאָתְךָ עֶבְרָתֶךָ:
לִמְנוֹת יָמֵינוּ כֵּן הוֹדַע וְנָבִא לְבַב חָכְמָה:
שׁוּבָה יְיָ עַד־מָתָי וְהִנָּחֵם עַל־עֲבָדֶיךָ:
שַׂבְּעֵנוּ בַבֹּקֶר חַסְדֶּךָ וּנְרַנְּנָה וְנִשְׂמְחָה בְּכָל־יָמֵינוּ:
שַׂמְּחֵנוּ כִּימוֹת עִנִּיתָנוּ שְׁנוֹת רָאִינוּ רָעָה:
יֵרָאֶה אֶל־עֲבָדֶיךָ פָעֳלֶךָ וַהֲדָרְךָ עַל־בְּנֵיהֶם:
וִיהִי נֹעַם אֲדֹנָי אֱלֹהֵינוּ עָלֵינוּ וּמַעֲשֵׂה יָדֵינוּ כּוֹנְנָה עָלֵינוּ
וּמַעֲשֵׂה יָדֵינוּ כּוֹנְנֵהוּ:

A PRAYER OF MOSES

Lord, You have been our refuge in every generation.
Before the mountains were brought forth,
Before the earth and the world were fashioned,
From eternity to eternity, You are God.

A thousand years in Your sight are
Like a passing day, like a fleeting night watch.

You sweep people away as if they were but a dream;
By morning, they are like the new grass—

In the morning, it flourishes and grows;
In the evening, it fades and withers.

Our years may number three score and ten;
If we be granted special vigor, then eighty.

But their boasting is only trouble and travail;
For soon they are gone and we vanish.

So teach us to number our days,
That we may attain a heart of wisdom.

Satisfy us each morning with Your love,
That we may joyously celebrate all of our days.

Help Your servants to behold Your wondrous works,
And their children to perceive Your glory.

May Your favor, Lord our God, rest upon us.
May the work of our hands be established.
Establish the work of our hands firmly.

Psalm 90—selected from the Hebrew

אַשְׁרֵי יוֹשְׁבֵי בֵיתֶךָ   עוֹד יְהַלְלוּךָ סֶּלָה:

אַשְׁרֵי הָעָם שֶׁכָּכָה לּוֹ   אַשְׁרֵי הָעָם שֶׁיְיָ אֱלֹהָיו:

תְּהִלָּה לְדָוִד

אֲרוֹמִמְךָ אֱלוֹהַי הַמֶּלֶךְ   וַאֲבָרְכָה שִׁמְךָ לְעוֹלָם וָעֶד:

בְּכָל־יוֹם אֲבָרְכֶךָּ   וַאֲהַלְלָה שִׁמְךָ לְעוֹלָם וָעֶד:

גָּדוֹל יְיָ וּמְהֻלָּל מְאֹד   וְלִגְדֻלָּתוֹ אֵין חֵקֶר:

דּוֹר לְדוֹר יְשַׁבַּח מַעֲשֶׂיךָ   וּגְבוּרֹתֶיךָ יַגִּידוּ:

הֲדַר כְּבוֹד הוֹדֶךָ   וְדִבְרֵי נִפְלְאֹתֶיךָ אָשִׂיחָה:

וֶעֱזוּז נוֹרְאֹתֶיךָ יֹאמֵרוּ   וּגְדֻלָּתְךָ אֲסַפְּרֶנָּה:

זֵכֶר רַב־טוּבְךָ יַבִּיעוּ   וְצִדְקָתְךָ יְרַנֵּנוּ:

חַנּוּן וְרַחוּם יְיָ   אֶרֶךְ אַפַּיִם וּגְדָל־חָסֶד:

טוֹב־יְיָ לַכֹּל   וְרַחֲמָיו עַל־כָּל־מַעֲשָׂיו:

יוֹדוּךָ יְיָ כָּל־מַעֲשֶׂיךָ   וַחֲסִידֶיךָ יְבָרְכוּכָה:

כְּבוֹד מַלְכוּתְךָ יֹאמֵרוּ   וּגְבוּרָתְךָ יְדַבֵּרוּ:

לְהוֹדִיעַ לִבְנֵי הָאָדָם גְּבוּרֹתָיו   וּכְבוֹד הֲדַר מַלְכוּתוֹ:

מַלְכוּתְךָ מַלְכוּת כָּל־עֹלָמִים   וּמֶמְשַׁלְתְּךָ בְּכָל־דּוֹר וָדֹר:

סוֹמֵךְ יְיָ לְכָל־הַנֹּפְלִים   וְזוֹקֵף לְכָל־הַכְּפוּפִים:

ASHREY

Happy are they who dwell in Your house;
Forever shall they praise You.

Happy is the people so favored;
Happy is the people whose God is the Lord.

A PSALM OF DAVID.

I extol You, my God and Sovereign;
I will praise You for ever and ever.

Every day I praise You,
Glorifying You forever.

Great is the Lord, eminently to be praised;
God's greatness cannot be fathomed.

One generation to another lauds Your works,
Recounting Your mighty deeds.

They speak of the splendor of Your majesty
And of Your glorious works.

They tell of Your awesome acts,
Declaring Your greatness.

They recount Your abundant goodness,
Celebrating Your righteousness.

The Lord is gracious and compassionate,
Exceedingly patient, abounding in love.

The Lord is good to all,
God's tenderness embraces all Creation.

All Your creatures shall thank You;
And Your faithful shall praise You.

They shall speak of the glory of Your dominion,
Proclaiming Your power,

That all may know of Your might,
The splendor of Your sovereignty.

Your sovereignty is everlasting,
Your dominion endures for all generations.

The Lord supports all who stumble,
And makes all who are bent stand straight.

עֵינֵי־כֹל אֵלֶיךָ יְשַׂבֵּרוּ. וְאַתָּה נוֹתֵן־לָהֶם אֶת־אָכְלָם בְּעִתּוֹ:

פּוֹתֵחַ אֶת־יָדֶךָ וּמַשְׂבִּיעַ לְכָל־חַי רָצוֹן:

צַדִּיק יְיָ בְּכָל־דְּרָכָיו וְחָסִיד בְּכָל־מַעֲשָׂיו:

קָרוֹב יְיָ לְכָל־קֹרְאָיו לְכֹל אֲשֶׁר יִקְרָאֻהוּ בֶאֱמֶת:

רְצוֹן־יְרֵאָיו יַעֲשֶׂה וְאֶת־שַׁוְעָתָם יִשְׁמַע וְיוֹשִׁיעֵם:

שׁוֹמֵר יְיָ אֶת־כָּל־אֹהֲבָיו וְאֵת כָּל־הָרְשָׁעִים יַשְׁמִיד:

תְּהִלַּת יְיָ יְדַבֶּר־פִּי וִיבָרֵךְ כָּל־בָּשָׂר שֵׁם קָדְשׁוֹ
לְעוֹלָם וָעֶד:

וַאֲנַחְנוּ נְבָרֵךְ יָהּ מֵעַתָּה וְעַד־עוֹלָם. הַלְלוּיָהּ:

הַלְלוּיָהּ. הַלְלִי נַפְשִׁי אֶת־יְיָ: אֲהַלְלָה יְיָ בְּחַיָּי אֲזַמְּרָה לֵאלֹהַי בְּעוֹדִי: אַל־תִּבְטְחוּ בִנְדִיבִים בְּבֶן־אָדָם שֶׁאֵין לוֹ תְשׁוּעָה: תֵּצֵא רוּחוֹ יָשֻׁב לְאַדְמָתוֹ בַּיּוֹם הַהוּא אָבְדוּ עֶשְׁתֹּנֹתָיו: אַשְׁרֵי שֶׁאֵל יַעֲקֹב בְּעֶזְרוֹ שִׂבְרוֹ עַל־יְיָ אֱלֹהָיו: עֹשֶׂה שָׁמַיִם וָאָרֶץ אֶת־הַיָּם וְאֶת־כָּל־אֲשֶׁר־בָּם הַשֹּׁמֵר אֱמֶת לְעוֹלָם: עֹשֶׂה מִשְׁפָּט לַעֲשׁוּקִים נֹתֵן לֶחֶם לָרְעֵבִים יְיָ מַתִּיר אֲסוּרִים: יְיָ פֹּקֵחַ עִוְרִים יְיָ זֹקֵף כְּפוּפִים יְיָ אֹהֵב צַדִּיקִים: יְיָ שֹׁמֵר אֶת־גֵּרִים יָתוֹם וְאַלְמָנָה יְעוֹדֵד וְדֶרֶךְ רְשָׁעִים יְעַוֵּת: יִמְלֹךְ יְיָ לְעוֹלָם אֱלֹהַיִךְ צִיּוֹן לְדֹר וָדֹר. הַלְלוּיָהּ:

The eyes of all look hopefully to You;
You give them their food when it is due.

You open Your hand,
You satisfy the needs of all the living.

O Lord, how beneficent are Your ways!
How loving are Your deeds!

The Lord is near to all who call out—
To all who call out in truth,

Fulfilling the desires of those who are reverent,
Hearing their cry and delivering them.

The Lord preserves those who are faithful,
But destroys those who are wicked.

My mouth shall speak the praise of the Lord,
Whose praise shall be uttered by all, forever.

We shall praise the Lord,
Now and evermore. Hallelujah.

Psalms 84:5, 144:15, 145, 115:18

Hallelujah! Praise the Lord, O my soul.

I will praise the Lord all my life. I will sing to my God as long as I live. Put not your trust in the mighty, in a mere mortal who cannot bring deliverance, whose breath departs, who returns to dust, and whose designs are thus ended. Happy are those whose help is the God of Jacob, whose hope is the Lord our God, Creator of heaven and earth, the sea and all they contain; who preserves truth eternally, performing justice for the oppressed, and providing food for the hungry. The Lord frees the captives, and gives sight to those who do not see. The Lord raises up those who are bowed down, loving the righteous, protecting the stranger. The Lord supports the orphan and the widow, but frustrates the designs of the wicked. The Lord shall reign forever; your God, O Zion, through all generations; Hallelujah!

Psalm 146

הַלְלוּיָהּ:

הַלְלוּ־אֵל בְּקָדְשׁוֹ הַלְלוּהוּ בִּרְקִיעַ עֻזּוֹ:

הַלְלוּהוּ בִגְבוּרֹתָיו הַלְלוּהוּ כְּרֹב גֻּדְלוֹ:

הַלְלוּהוּ בְּתֵקַע שׁוֹפָר הַלְלוּהוּ בְּנֵבֶל וְכִנּוֹר:

הַלְלוּהוּ בְתֹף וּמָחוֹל הַלְלוּהוּ בְּמִנִּים וְעֻגָב:

הַלְלוּהוּ בְצִלְצְלֵי־שָׁמַע הַלְלוּהוּ בְּצִלְצְלֵי תְרוּעָה:

כֹּל הַנְּשָׁמָה תְּהַלֵּל יָהּ הַלְלוּיָהּ:

(כֹּל הַנְּשָׁמָה תְּהַלֵּל יָהּ הַלְלוּיָהּ:)

בָּרוּךְ יְיָ לְעוֹלָם. אָמֵן וְאָמֵן:
בָּרוּךְ יְיָ מִצִּיּוֹן שֹׁכֵן יְרוּשָׁלָיִם. הַלְלוּיָהּ:
בָּרוּךְ יְיָ אֱלֹהִים אֱלֹהֵי יִשְׂרָאֵל עֹשֵׂה נִפְלָאוֹת לְבַדּוֹ:
וּבָרוּךְ שֵׁם כְּבוֹדוֹ לְעוֹלָם
וְיִמָּלֵא כְבוֹדוֹ אֶת־כָּל־הָאָרֶץ. אָמֵן וְאָמֵן:

Continue on page 130.

Halleluyah.
Hal'lu Eyl b'kod-sho, hal'luhu bi-r'kia uzo.
Hal'luhu vi-g'vuro-tav, hal'luhu k'rov gudlo.
Hal'luhu b'teyka shofar, hal'luhu b'ney-vel v'ḥinor.
Hal'luhu b'tof u-maḥol, hal'luhu b'minim v'ugav.
Hal'luhu v'tzil-tz'ley shama,
Hal'luhu b'tzil-tz'ley t'rua.
Kol ha-n'shama t'haleyl yah,
Halleluyah.

HALLELUJAH!

Praise God in the sacred sanctuary;
Praise God in the mighty heavens.

Praise God who is vast in power;
Praise God who abounds in greatness.

Praise God with the sound of the Shofar,
Praise God with lute and lyre.

Praise God with drum and dance,
Praise God with strings and flute.

Praise God with resounding cymbals,
Praise God with clanging cymbals.

Praise God for all that breathe.
Hallelujah! Praise the Lord! *Psalm 150*

THE LORD OF ZION PERFORMS WONDROUS DEEDS

Praised be the Lord forever. Amen! Amen!
Praised be the Lord from Zion;
Praised be the Lord who dwells in Jerusalem; Hallelujah.
Praised be the Lord, the God of Israel,
Who alone performs wondrous deeds.
Praised forever be God's glory,
Which fills the whole world. Amen! Amen!

Verses from the Book of Psalms

To praise God and God's Creation is to celebrate the world into which we have been born; it is to dig beneath its sorrow and injustice to find the beauty which might redeem the ugliness which is too readily apparent.

Yet praise of the world as it exists can linger on our lips just so long; and then we must cry out: There are evils which we shall not accept, there are cruelties and horrors which we shall not let our celebration conceal!

And so, our praise is not complete until we take the world which our Yom Tov vision celebrates, and make of it the text of a new song—shattering the rhythms of the familiar life we know with a chorus of resolve to wipe out cruelty and ugliness, writing an anthem which all people may sing in a world of justice, love, and peace. Richard Levy (adapted)

בָּרוּךְ שֶׁאָמַר וְהָיָה הָעוֹלָם. בָּרוּךְ הוּא: בָּרוּךְ עוֹשֶׂה בְרֵאשִׁית: בָּרוּךְ אוֹמֵר וְעוֹשֶׂה: בָּרוּךְ גּוֹזֵר וּמְקַיֵּם: בָּרוּךְ מְרַחֵם עַל הָאָרֶץ: בָּרוּךְ מְרַחֵם עַל הַבְּרִיּוֹת: בָּרוּךְ מְשַׁלֵּם שָׂכָר טוֹב לִירֵאָיו: בָּרוּךְ חַי לָעַד וְקַיָּם לָנֶצַח: בָּרוּךְ פּוֹדֶה וּמַצִּיל. בָּרוּךְ שְׁמוֹ: בָּרוּךְ אַתָּה יְיָ אֱלֹהֵינוּ מֶלֶךְ הָעוֹלָם הָאֵל הָאָב הָרַחֲמָן הַמְהֻלָּל בְּפִי עַמּוֹ. מְשֻׁבָּח וּמְפֹאָר בִּלְשׁוֹן חֲסִידָיו וַעֲבָדָיו. וּבְשִׁירֵי דָוִד עַבְדֶּךָ נְהַלֶּלְךָ יְיָ אֱלֹהֵינוּ. בִּשְׁבָחוֹת וּבִזְמִירוֹת נְגַדֶּלְךָ וּנְשַׁבֵּחֲךָ וּנְפָאֶרְךָ וְנַזְכִּיר שִׁמְךָ וְנַמְלִיכְךָ מַלְכֵּנוּ אֱלֹהֵינוּ יָחִיד חֵי הָעוֹלָמִים. מֶלֶךְ מְשֻׁבָּח וּמְפֹאָר עֲדֵי־עַד שְׁמוֹ הַגָּדוֹל. בָּרוּךְ אַתָּה יְיָ מֶלֶךְ מְהֻלָּל בַּתִּשְׁבָּחוֹת:

I Chronicles 16:8–36

הוֹדוּ לַייָ קִרְאוּ בִשְׁמוֹ הוֹדִיעוּ בָעַמִּים עֲלִילֹתָיו: שִׁירוּ לוֹ זַמְּרוּ־לוֹ שִׂיחוּ בְּכָל־נִפְלְאֹתָיו: הִתְהַלְלוּ בְּשֵׁם קָדְשׁוֹ יִשְׂמַח לֵב מְבַקְשֵׁי יְיָ: דִּרְשׁוּ יְיָ וְעֻזּוֹ בַּקְּשׁוּ פָנָיו תָּמִיד: זִכְרוּ נִפְלְאֹתָיו אֲשֶׁר עָשָׂה מֹפְתָיו וּמִשְׁפְּטֵי־פִיהוּ: זֶרַע יִשְׂרָאֵל עַבְדּוֹ בְּנֵי יַעֲקֹב בְּחִירָיו: הוּא יְיָ אֱלֹהֵינוּ בְּכָל־הָאָרֶץ מִשְׁפָּטָיו: זִכְרוּ לְעוֹלָם בְּרִיתוֹ דָּבָר צִוָּה לְאֶלֶף דּוֹר: אֲשֶׁר כָּרַת אֶת־אַבְרָהָם וּשְׁבוּעָתוֹ לְיִצְחָק: וַיַּעֲמִידֶהָ לְיַעֲקֹב לְחֹק לְיִשְׂרָאֵל בְּרִית עוֹלָם: לֵאמֹר לְךָ אֶתֵּן אֶרֶץ־כְּנָעַן חֶבֶל נַחֲלַתְכֶם: בִּהְיוֹתְכֶם מְתֵי מִסְפָּר כִּמְעַט וְגָרִים בָּהּ: וַיִּתְהַלְּכוּ מִגּוֹי אֶל־גּוֹי וּמִמַּמְלָכָה אֶל־עַם אַחֵר: לֹא־הִנִּיחַ לְאִישׁ לְעָשְׁקָם וַיּוֹכַח עֲלֵיהֶם מְלָכִים: אַל־תִּגְּעוּ בִּמְשִׁיחָי

וּבִנְבִיאַי אַל־תָּרֵעוּ: שִׁירוּ לַייָ כָּל־הָאָרֶץ בַּשְּׂרוּ מִיּוֹם־אֶל־
יוֹם יְשׁוּעָתוֹ: סַפְּרוּ בַגּוֹיִם אֶת־כְּבוֹדוֹ בְּכָל־הָעַמִּים
נִפְלְאוֹתָיו: כִּי גָדוֹל יְיָ וּמְהֻלָּל מְאֹד וְנוֹרָא הוּא עַל־כָּל־
אֱלֹהִים: כִּי כָּל־אֱלֹהֵי הָעַמִּים אֱלִילִים. וַייָ שָׁמַיִם עָשָׂה:
הוֹד וְהָדָר לְפָנָיו עֹז וְחֶדְוָה בִּמְקֹמוֹ: הָבוּ לַייָ מִשְׁפְּחוֹת
עַמִּים הָבוּ לַייָ כָּבוֹד וָעֹז: הָבוּ לַייָ כְּבוֹד שְׁמוֹ שְׂאוּ מִנְחָה
וּבֹאוּ לְפָנָיו הִשְׁתַּחֲווּ לַייָ בְּהַדְרַת־קֹדֶשׁ: חִילוּ מִלְּפָנָיו כָּל־
הָאָרֶץ אַף־תִּכּוֹן תֵּבֵל בַּל־תִּמּוֹט: יִשְׂמְחוּ הַשָּׁמַיִם וְתָגֵל
הָאָרֶץ וְיֹאמְרוּ בַגּוֹיִם יְיָ מָלָךְ: יִרְעַם הַיָּם וּמְלוֹאוֹ יַעֲלֹץ
הַשָּׂדֶה וְכָל־אֲשֶׁר־בּוֹ: אָז יְרַנְּנוּ עֲצֵי הַיָּעַר מִלִּפְנֵי יְיָ כִּי־בָא
לִשְׁפּוֹט אֶת־הָאָרֶץ: הוֹדוּ לַייָ כִּי טוֹב כִּי לְעוֹלָם חַסְדּוֹ:
וְאִמְרוּ. הוֹשִׁיעֵנוּ אֱלֹהֵי יִשְׁעֵנוּ וְקַבְּצֵנוּ וְהַצִּילֵנוּ מִן־הַגּוֹיִם
לְהֹדוֹת לְשֵׁם קָדְשֶׁךָ לְהִשְׁתַּבֵּחַ בִּתְהִלָּתֶךָ: בָּרוּךְ יְיָ אֱלֹהֵי
יִשְׂרָאֵל מִן־הָעוֹלָם וְעַד־הָעֹלָם וַיֹּאמְרוּ כָל־הָעָם אָמֵן
וְהַלֵּל לַייָ:

Psalms 99:5, 9

רוֹמְמוּ יְיָ אֱלֹהֵינוּ וְהִשְׁתַּחֲווּ לַהֲדֹם רַגְלָיו. קָדוֹשׁ הוּא:
רוֹמְמוּ יְיָ אֱלֹהֵינוּ וְהִשְׁתַּחֲווּ לְהַר קָדְשׁוֹ. כִּי־קָדוֹשׁ יְיָ
אֱלֹהֵינוּ:

Verses from the Book of Psalms

וְהוּא רַחוּם יְכַפֵּר עָוֹן וְלֹא־יַשְׁחִית וְהִרְבָּה לְהָשִׁיב אַפּוֹ
וְלֹא־יָעִיר כָּל־חֲמָתוֹ: אַתָּה יְיָ לֹא תִכְלָא רַחֲמֶיךָ מִמֶּנִּי
חַסְדְּךָ וַאֲמִתְּךָ תָּמִיד יִצְּרוּנִי: זְכֹר רַחֲמֶיךָ יְיָ וַחֲסָדֶיךָ כִּי
מֵעוֹלָם הֵמָּה: תְּנוּ עֹז לֵאלֹהִים עַל יִשְׂרָאֵל גַּאֲוָתוֹ וְעֻזּוֹ
בַּשְּׁחָקִים: נוֹרָא אֱלֹהִים מִמִּקְדָּשֶׁיךָ אֵל יִשְׂרָאֵל הוּא נֹתֵן

עֹז וְתַעֲצֻמוֹת לָעָם בָּרוּךְ אֱלֹהִים: אֵל־נְקָמוֹת יְיָ אֵל נְקָמוֹת הוֹפִיעַ: הִנָּשֵׂא שֹׁפֵט הָאָרֶץ הָשֵׁב גְּמוּל עַל־גֵּאִים: לַיְיָ הַיְשׁוּעָה עַל־עַמְּךָ בִרְכָתֶךָ סֶּלָה: יְיָ צְבָאוֹת עִמָּנוּ מִשְׂגָּב לָנוּ אֱלֹהֵי יַעֲקֹב סֶלָה: יְיָ צְבָאוֹת אַשְׁרֵי אָדָם בֹּטֵחַ בָּךְ: יְיָ הוֹשִׁיעָה הַמֶּלֶךְ יַעֲנֵנוּ בְיוֹם־קָרְאֵנוּ:

הוֹשִׁיעָה אֶת־עַמֶּךָ וּבָרֵךְ אֶת־נַחֲלָתֶךָ וּרְעֵם וְנַשְּׂאֵם עַד־הָעוֹלָם: נַפְשֵׁנוּ חִכְּתָה לַיְיָ עֶזְרֵנוּ וּמָגִנֵּנוּ הוּא: כִּי־בוֹ יִשְׂמַח לִבֵּנוּ כִּי בְשֵׁם קָדְשׁוֹ בָטָחְנוּ: יְהִי־חַסְדְּךָ יְיָ עָלֵינוּ כַּאֲשֶׁר יִחַלְנוּ לָךְ: הַרְאֵנוּ יְיָ חַסְדֶּךָ וְיֶשְׁעֲךָ תִּתֶּן־לָנוּ: קוּמָה עֶזְרָתָה לָּנוּ וּפְדֵנוּ לְמַעַן חַסְדֶּךָ: אָנֹכִי יְיָ אֱלֹהֶיךָ הַמַּעַלְךָ מֵאֶרֶץ מִצְרָיִם הַרְחֶב־פִּיךָ וַאֲמַלְאֵהוּ: אַשְׁרֵי הָעָם שֶׁכָּכָה לּוֹ אַשְׁרֵי הָעָם שֶׁיְיָ אֱלֹהָיו: וַאֲנִי בְּחַסְדְּךָ בָטַחְתִּי יָגֵל לִבִּי בִּישׁוּעָתֶךָ אָשִׁירָה לַיְיָ כִּי גָמַל עָלָי:

Psalm 19

לַמְנַצֵּחַ מִזְמוֹר לְדָוִד:

הַשָּׁמַיִם מְסַפְּרִים כְּבוֹד־אֵל וּמַעֲשֵׂה יָדָיו מַגִּיד הָרָקִיעַ: יוֹם לְיוֹם יַבִּיעַ אֹמֶר וְלַיְלָה לְּלַיְלָה יְחַוֶּה־דָּעַת: אֵין אֹמֶר וְאֵין דְּבָרִים בְּלִי נִשְׁמָע קוֹלָם: בְּכָל־הָאָרֶץ יָצָא קַוָּם וּבִקְצֵה תֵבֵל מִלֵּיהֶם לַשֶּׁמֶשׁ שָׂם אֹהֶל בָּהֶם: וְהוּא כְּחָתָן יֹצֵא מֵחֻפָּתוֹ יָשִׂישׂ כְּגִבּוֹר לָרוּץ אֹרַח: מִקְצֵה הַשָּׁמַיִם מוֹצָאוֹ וּתְקוּפָתוֹ עַל־קְצוֹתָם וְאֵין נִסְתָּר מֵחַמָּתוֹ: תּוֹרַת יְיָ תְּמִימָה מְשִׁיבַת נָפֶשׁ עֵדוּת יְיָ נֶאֱמָנָה מַחְכִּימַת פֶּתִי: פִּקּוּדֵי יְיָ יְשָׁרִים מְשַׂמְּחֵי־לֵב מִצְוַת יְיָ בָּרָה מְאִירַת עֵינָיִם: יִרְאַת יְיָ טְהוֹרָה עוֹמֶדֶת לָעַד מִשְׁפְּטֵי־יְיָ אֱמֶת צָדְקוּ יַחְדָּו:

הַנֶּחֱמָדִים מִזָּהָב וּמִפַּז רָב וּמְתוּקִים מִדְּבַשׁ וְנֹפֶת צוּפִים: גַּם־עַבְדְּךָ נִזְהָר בָּהֶם בְּשָׁמְרָם עֵקֶב רָב: שְׁגִיאוֹת מִי־יָבִין מִנִּסְתָּרוֹת נַקֵּנִי: גַּם מִזֵּדִים חֲשֹׂךְ עַבְדֶּךָ אַל־יִמְשְׁלוּ־בִי אָז אֵיתָם וְנִקֵּיתִי מִפֶּשַׁע רָב: יִהְיוּ לְרָצוֹן אִמְרֵי־פִי וְהֶגְיוֹן לִבִּי לְפָנֶיךָ יְיָ צוּרִי וְגֹאֲלִי:

Psalm 34

לְדָוִד. בְּשַׁנּוֹתוֹ אֶת־טַעְמוֹ לִפְנֵי אֲבִימֶלֶךְ וַיְגָרְשֵׁהוּ וַיֵּלַךְ:

אֲבָרְכָה אֶת־יְיָ בְּכָל־עֵת תָּמִיד תְּהִלָּתוֹ בְּפִי: בַּייָ תִּתְהַלֵּל נַפְשִׁי יִשְׁמְעוּ עֲנָוִים וְיִשְׂמָחוּ: גַּדְּלוּ לַייָ אִתִּי וּנְרוֹמְמָה שְׁמוֹ יַחְדָּו: דָּרַשְׁתִּי אֶת־יְיָ וְעָנָנִי וּמִכָּל־מְגוּרוֹתַי הִצִּילָנִי: הִבִּיטוּ אֵלָיו וְנָהָרוּ וּפְנֵיהֶם אַל־יֶחְפָּרוּ: זֶה עָנִי קָרָא וַייָ שָׁמֵעַ וּמִכָּל־צָרוֹתָיו הוֹשִׁיעוֹ: חֹנֶה מַלְאַךְ־יְיָ סָבִיב לִירֵאָיו וַיְחַלְּצֵם: טַעֲמוּ וּרְאוּ כִּי־טוֹב יְיָ אַשְׁרֵי הַגֶּבֶר יֶחֱסֶה־בּוֹ: יְראוּ אֶת־יְיָ קְדֹשָׁיו כִּי אֵין מַחְסוֹר לִירֵאָיו: כְּפִירִים רָשׁוּ וְרָעֵבוּ וְדֹרְשֵׁי יְיָ לֹא־יַחְסְרוּ כָל־טוֹב: לְכוּ בָנִים שִׁמְעוּ־לִי יִרְאַת יְיָ אֲלַמֶּדְכֶם: מִי־הָאִישׁ הֶחָפֵץ חַיִּים אֹהֵב יָמִים לִרְאוֹת טוֹב: נְצֹר לְשׁוֹנְךָ מֵרָע וּשְׂפָתֶיךָ מִדַּבֵּר מִרְמָה: סוּר מֵרָע וַעֲשֵׂה־טוֹב בַּקֵּשׁ שָׁלוֹם וְרָדְפֵהוּ: עֵינֵי יְיָ אֶל־צַדִּיקִים וְאָזְנָיו אֶל־שַׁוְעָתָם: פְּנֵי יְיָ בְּעֹשֵׂי רָע לְהַכְרִית מֵאֶרֶץ זִכְרָם: צָעֲקוּ וַייָ שָׁמֵעַ וּמִכָּל־צָרוֹתָם הִצִּילָם: קָרוֹב יְיָ לְנִשְׁבְּרֵי־לֵב וְאֶת־דַּכְּאֵי־רוּחַ יוֹשִׁיעַ: רַבּוֹת רָעוֹת צַדִּיק וּמִכֻּלָּם יַצִּילֶנּוּ יְיָ: שֹׁמֵר כָּל־עַצְמֹתָיו אַחַת מֵהֵנָּה לֹא נִשְׁבָּרָה: תְּמוֹתֵת רָשָׁע רָעָה וְשֹׂנְאֵי צַדִּיק יֶאְשָׁמוּ: פּוֹדֶה יְיָ נֶפֶשׁ עֲבָדָיו וְלֹא יֶאְשְׁמוּ כָּל־הַחֹסִים בּוֹ:

Psalm 90 תְּפִלָּה לְמשֶׁה אִישׁ־הָאֱלֹהִים

אֲדֹנָי. מָעוֹן אַתָּה הָיִיתָ לָּנוּ בְּדֹר וָדֹר: בְּטֶרֶם הָרִים
יֻלָּדוּ וַתְּחוֹלֵל אֶרֶץ וְתֵבֵל וּמֵעוֹלָם עַד־עוֹלָם אַתָּה אֵל:
תָּשֵׁב אֱנוֹשׁ עַד־דַּכָּא וַתֹּאמֶר שׁוּבוּ בְנֵי־אָדָם: כִּי אֶלֶף שָׁנִים
בְּעֵינֶיךָ כְּיוֹם אֶתְמוֹל כִּי יַעֲבֹר וְאַשְׁמוּרָה בַלָּיְלָה: זְרַמְתָּם
שֵׁנָה יִהְיוּ בַּבֹּקֶר כֶּחָצִיר יַחֲלֹף: בַּבֹּקֶר יָצִיץ וְחָלָף לָעֶרֶב
יְמוֹלֵל וְיָבֵשׁ: כִּי־כָלִינוּ בְאַפֶּךָ וּבַחֲמָתְךָ נִבְהָלְנוּ: שַׁתָּ
עֲוֺנֹתֵינוּ לְנֶגְדֶּךָ עֲלֻמֵנוּ לִמְאוֹר פָּנֶיךָ: כִּי כָל־יָמֵינוּ פָּנוּ
בְעֶבְרָתֶךָ כִּלִּינוּ שָׁנֵינוּ כְמוֹ־הֶגֶה: יְמֵי־שְׁנוֹתֵינוּ בָהֶם שִׁבְעִים
שָׁנָה וְאִם בִּגְבוּרֹת שְׁמוֹנִים שָׁנָה וְרָהְבָּם עָמָל וָאָוֶן כִּי־גָז
חִישׁ וַנָּעֻפָה: מִי־יוֹדֵעַ עֹז אַפֶּךָ וּכְיִרְאָתְךָ עֶבְרָתֶךָ: לִמְנוֹת
יָמֵינוּ כֵּן הוֹדַע וְנָבִא לְבַב חָכְמָה: שׁוּבָה יְיָ עַד־מָתָי
וְהִנָּחֵם עַל־עֲבָדֶיךָ: שַׂבְּעֵנוּ בַבֹּקֶר חַסְדֶּךָ וּנְרַנְּנָה וְנִשְׂמְחָה
בְּכָל־יָמֵינוּ: שַׂמְּחֵנוּ כִּימוֹת עִנִּיתָנוּ שְׁנוֹת רָאִינוּ רָעָה: יֵרָאֶה
אֶל־עֲבָדֶיךָ פָעֳלֶךָ וַהֲדָרְךָ עַל־בְּנֵיהֶם: וִיהִי נֹעַם אֲדֹנָי
אֱלֹהֵינוּ עָלֵינוּ וּמַעֲשֵׂה יָדֵינוּ כּוֹנְנָה עָלֵינוּ וּמַעֲשֵׂה יָדֵינוּ
כּוֹנְנֵהוּ:

Psalm 91

יֹשֵׁב בְּסֵתֶר עֶלְיוֹן בְּצֵל שַׁדַּי יִתְלוֹנָן: אֹמַר לַייָ מַחְסִי
וּמְצוּדָתִי אֱלֹהַי אֶבְטַח־בּוֹ: כִּי הוּא יַצִּילְךָ מִפַּח יָקוּשׁ
מִדֶּבֶר הַוּוֹת: בְּאֶבְרָתוֹ יָסֶךְ לָךְ וְתַחַת־כְּנָפָיו תֶּחְסֶה צִנָּה
וְסֹחֵרָה אֲמִתּוֹ: לֹא־תִירָא מִפַּחַד לָיְלָה מֵחֵץ יָעוּף יוֹמָם:
מִדֶּבֶר בָּאֹפֶל יַהֲלֹךְ מִקֶּטֶב יָשׁוּד צָהֳרָיִם: יִפֹּל מִצִּדְּךָ
אֶלֶף וּרְבָבָה מִימִינֶךָ אֵלֶיךָ לֹא יִגָּשׁ: רַק בְּעֵינֶיךָ תַבִּיט

וְשִׁלֻּמַת רְשָׁעִים תִּרְאֶה׃ כִּי־אַתָּה יְיָ מַחְסִי עֶלְיוֹן שַׂמְתָּ
מְעוֹנֶךָ׃ לֹא־תְאֻנֶּה אֵלֶיךָ רָעָה וְנֶגַע לֹא־יִקְרַב בְּאָהֳלֶךָ׃
כִּי מַלְאָכָיו יְצַוֶּה־לָּךְ לִשְׁמָרְךָ בְּכָל־דְּרָכֶיךָ׃ עַל־כַּפַּיִם
יִשָּׂאוּנְךָ פֶּן־תִּגֹּף בָּאֶבֶן רַגְלֶךָ׃ עַל־שַׁחַל וָפֶתֶן תִּדְרֹךְ תִּרְמֹס
כְּפִיר וְתַנִּין׃ כִּי בִי חָשַׁק וַאֲפַלְּטֵהוּ אֲשַׂגְּבֵהוּ כִּי־יָדַע שְׁמִי׃
יִקְרָאֵנִי וְאֶעֱנֵהוּ עִמּוֹ אָנֹכִי בְצָרָה אֲחַלְּצֵהוּ וַאֲכַבְּדֵהוּ׃
אֹרֶךְ יָמִים אַשְׂבִּיעֵהוּ וְאַרְאֵהוּ בִּישׁוּעָתִי׃

אֹרֶךְ יָמִים אַשְׂבִּיעֵהוּ וְאַרְאֵהוּ בִּישׁוּעָתִי׃

Psalm 135

הַלְלוּיָהּ. הַלְלוּ אֶת־שֵׁם יְיָ הַלְלוּ עַבְדֵי יְיָ׃ שֶׁעֹמְדִים
בְּבֵית יְיָ בְּחַצְרוֹת בֵּית אֱלֹהֵינוּ׃ הַלְלוּיָהּ כִּי־טוֹב יְיָ זַמְּרוּ
לִשְׁמוֹ כִּי נָעִים׃ כִּי־יַעֲקֹב בָּחַר לוֹ יָהּ יִשְׂרָאֵל לִסְגֻלָּתוֹ׃ כִּי
אֲנִי יָדַעְתִּי כִּי־גָדוֹל יְיָ וַאֲדֹנֵינוּ מִכָּל־אֱלֹהִים׃ כֹּל אֲשֶׁר־
חָפֵץ יְיָ עָשָׂה בַּשָּׁמַיִם וּבָאָרֶץ בַּיַּמִּים וְכָל־תְּהֹמוֹת׃ מַעֲלֶה
נְשִׂאִים מִקְצֵה הָאָרֶץ בְּרָקִים לַמָּטָר עָשָׂה מֽוֹצֵא־רוּחַ
מֵאוֹצְרוֹתָיו׃ שֶׁהִכָּה בְּכוֹרֵי מִצְרָיִם מֵאָדָם עַד־בְּהֵמָה׃
שָׁלַח אוֹתֹת וּמֹפְתִים בְּתוֹכֵכִי מִצְרָיִם בְּפַרְעֹה וּבְכָל־
עֲבָדָיו׃ שֶׁהִכָּה גּוֹיִם רַבִּים וְהָרַג מְלָכִים עֲצוּמִים׃ לְסִיחוֹן
מֶלֶךְ הָאֱמֹרִי וּלְעוֹג מֶלֶךְ הַבָּשָׁן וּלְכֹל מַמְלְכוֹת כְּנָעַן׃ וְנָתַן
אַרְצָם נַחֲלָה נַחֲלָה לְיִשְׂרָאֵל עַמּוֹ׃ יְיָ שִׁמְךָ לְעוֹלָם יְיָ
זִכְרְךָ לְדֹר־וָדֹר׃ כִּי־יָדִין יְיָ עַמּוֹ וְעַל־עֲבָדָיו יִתְנֶחָם׃ עֲצַבֵּי
הַגּוֹיִם כֶּסֶף וְזָהָב מַעֲשֵׂה יְדֵי אָדָם׃ פֶּה־לָהֶם וְלֹא יְדַבֵּרוּ
עֵינַיִם לָהֶם וְלֹא יִרְאוּ׃ אָזְנַיִם לָהֶם וְלֹא יַאֲזִינוּ אַף אֵין־יֶשׁ־
רוּחַ בְּפִיהֶם׃ כְּמוֹהֶם יִהְיוּ עֹשֵׂיהֶם כֹּל אֲשֶׁר־בֹּטֵחַ בָּהֶם׃

בֵּית יִשְׂרָאֵל בָּרְכוּ אֶת־יְיָ בֵּית אַהֲרֹן בָּרְכוּ אֶת־יְיָ: בֵּית הַלֵּוִי בָּרְכוּ אֶת־יְיָ יִרְאֵי יְיָ בָּרְכוּ אֶת־יְיָ: בָּרוּךְ יְיָ מִצִּיּוֹן שֹׁכֵן יְרוּשָׁלָיִם. הַלְלוּיָהּ:

Psalm 136

הוֹדוּ לַייָ כִּי־טוֹב כִּי לְעוֹלָם חַסְדּוֹ:
הוֹדוּ לֵאלֹהֵי הָאֱלֹהִים כִּי לְעוֹלָם חַסְדּוֹ:
הוֹדוּ לַאֲדֹנֵי הָאֲדֹנִים כִּי לְעוֹלָם חַסְדּוֹ:
לְעֹשֵׂה נִפְלָאוֹת גְּדֹלוֹת לְבַדּוֹ כִּי לְעוֹלָם חַסְדּוֹ:
לְעֹשֵׂה הַשָּׁמַיִם בִּתְבוּנָה כִּי לְעוֹלָם חַסְדּוֹ:
לְרֹקַע הָאָרֶץ עַל־הַמָּיִם כִּי לְעוֹלָם חַסְדּוֹ:
לְעֹשֵׂה אוֹרִים גְּדֹלִים כִּי לְעוֹלָם חַסְדּוֹ:
אֶת־הַשֶּׁמֶשׁ לְמֶמְשֶׁלֶת בַּיּוֹם כִּי לְעוֹלָם חַסְדּוֹ:
אֶת־הַיָּרֵחַ וְכוֹכָבִים לְמֶמְשְׁלוֹת בַּלָּיְלָה כִּי לְעוֹלָם חַסְדּוֹ:
לְמַכֵּה מִצְרַיִם בִּבְכוֹרֵיהֶם כִּי לְעוֹלָם חַסְדּוֹ:
וַיּוֹצֵא יִשְׂרָאֵל מִתּוֹכָם כִּי לְעוֹלָם חַסְדּוֹ:
בְּיָד חֲזָקָה וּבִזְרוֹעַ נְטוּיָה כִּי לְעוֹלָם חַסְדּוֹ:
לְגֹזֵר יַם־סוּף לִגְזָרִים כִּי לְעוֹלָם חַסְדּוֹ:
וְהֶעֱבִיר יִשְׂרָאֵל בְּתוֹכוֹ כִּי לְעוֹלָם חַסְדּוֹ:
וְנִעֵר פַּרְעֹה וְחֵילוֹ בְיַם־סוּף כִּי לְעוֹלָם חַסְדּוֹ:
לְמוֹלִיךְ עַמּוֹ בַּמִּדְבָּר כִּי לְעוֹלָם חַסְדּוֹ:
לְמַכֵּה מְלָכִים גְּדֹלִים כִּי לְעוֹלָם חַסְדּוֹ:
וַיַּהֲרֹג מְלָכִים אַדִּירִים כִּי לְעוֹלָם חַסְדּוֹ:
לְסִיחוֹן מֶלֶךְ הָאֱמֹרִי כִּי לְעוֹלָם חַסְדּוֹ:
וּלְעוֹג מֶלֶךְ הַבָּשָׁן כִּי לְעוֹלָם חַסְדּוֹ:

וְנָתַן אַרְצָם לְנַחֲלָה כִּי לְעוֹלָם חַסְדּוֹ:
נַחֲלָה לְיִשְׂרָאֵל עַבְדּוֹ כִּי לְעוֹלָם חַסְדּוֹ:
שֶׁבְּשִׁפְלֵנוּ זָכַר לָנוּ כִּי לְעוֹלָם חַסְדּוֹ:
וַיִּפְרְקֵנוּ מִצָּרֵינוּ כִּי לְעוֹלָם חַסְדּוֹ:
נֹתֵן לֶחֶם לְכָל־בָּשָׂר כִּי לְעוֹלָם חַסְדּוֹ:
הוֹדוּ לְאֵל הַשָּׁמָיִם כִּי לְעוֹלָם חַסְדּוֹ:

Psalm 33

רַנְּנוּ צַדִּיקִים בַּיְיָ לַיְשָׁרִים נָאוָה תְהִלָּה: הוֹדוּ לַיְיָ בְּכִנּוֹר בְּנֵבֶל עָשׂוֹר זַמְּרוּ־לוֹ: שִׁירוּ־לוֹ שִׁיר חָדָשׁ הֵיטִיבוּ נַגֵּן בִּתְרוּעָה: כִּי־יָשָׁר דְּבַר־יְיָ וְכָל־מַעֲשֵׂהוּ בֶּאֱמוּנָה: אֹהֵב צְדָקָה וּמִשְׁפָּט חֶסֶד יְיָ מָלְאָה הָאָרֶץ: בִּדְבַר יְיָ שָׁמַיִם נַעֲשׂוּ וּבְרוּחַ פִּיו כָּל־צְבָאָם: כֹּנֵס כַּנֵּד מֵי הַיָּם נֹתֵן בְּאוֹצָרוֹת תְּהוֹמוֹת: יִירְאוּ מֵיְיָ כָּל־הָאָרֶץ מִמֶּנּוּ יָגוּרוּ כָּל־יֹשְׁבֵי תֵבֵל: כִּי הוּא אָמַר וַיֶּהִי הוּא־צִוָּה וַיַּעֲמֹד: יְיָ הֵפִיר עֲצַת גּוֹיִם הֵנִיא מַחְשְׁבוֹת עַמִּים: עֲצַת יְיָ לְעוֹלָם תַּעֲמֹד מַחְשְׁבוֹת לִבּוֹ לְדֹר וָדֹר: אַשְׁרֵי הַגּוֹי אֲשֶׁר־יְיָ אֱלֹהָיו הָעָם בָּחַר לְנַחֲלָה לוֹ: מִשָּׁמַיִם הִבִּיט יְיָ רָאָה אֶת־כָּל־בְּנֵי הָאָדָם: מִמְּכוֹן־שִׁבְתּוֹ הִשְׁגִּיחַ אֶל כָּל־יֹשְׁבֵי הָאָרֶץ: הַיֹּצֵר יַחַד לִבָּם הַמֵּבִין אֶל־כָּל־מַעֲשֵׂיהֶם: אֵין־הַמֶּלֶךְ נוֹשָׁע בְּרָב־חָיִל גִּבּוֹר לֹא־יִנָּצֵל בְּרָב־כֹּחַ: שֶׁקֶר הַסּוּס לִתְשׁוּעָה וּבְרֹב חֵילוֹ לֹא יְמַלֵּט: הִנֵּה עֵין יְיָ אֶל־יְרֵאָיו לַמְיַחֲלִים לְחַסְדּוֹ: לְהַצִּיל מִמָּוֶת נַפְשָׁם וּלְחַיּוֹתָם בָּרָעָב: נַפְשֵׁנוּ חִכְּתָה לַיְיָ עֶזְרֵנוּ וּמָגִנֵּנוּ הוּא: כִּי־בוֹ יִשְׂמַח לִבֵּנוּ כִּי בְשֵׁם קָדְשׁוֹ בָטָחְנוּ: יְהִי־חַסְדְּךָ יְיָ עָלֵינוּ כַּאֲשֶׁר יִחַלְנוּ לָךְ:

מִזְמוֹר שִׁיר לְיוֹם הַשַּׁבָּת: *Psalm 92*

טוֹב לְהוֹדוֹת לַייָ וּלְזַמֵּר לְשִׁמְךָ עֶלְיוֹן: לְהַגִּיד בַּבֹּקֶר חַסְדֶּךָ וֶאֱמוּנָתְךָ בַּלֵּילוֹת: עֲלֵי־עָשׂוֹר וַעֲלֵי־נָבֶל עֲלֵי הִגָּיוֹן בְּכִנּוֹר: כִּי שִׂמַּחְתַּנִי יְיָ בְּפָעֳלֶךָ בְּמַעֲשֵׂי יָדֶיךָ אֲרַנֵּן: מַה־גָּדְלוּ מַעֲשֶׂיךָ יְיָ מְאֹד עָמְקוּ מַחְשְׁבֹתֶיךָ: אִישׁ־בַּעַר לֹא יֵדָע וּכְסִיל לֹא־יָבִין אֶת־זֹאת: בִּפְרֹחַ רְשָׁעִים כְּמוֹ־עֵשֶׂב וַיָּצִיצוּ כָּל־פֹּעֲלֵי אָוֶן לְהִשָּׁמְדָם עֲדֵי־עַד: וְאַתָּה מָרוֹם לְעֹלָם יְיָ: כִּי הִנֵּה אֹיְבֶיךָ יְיָ כִּי־הִנֵּה אֹיְבֶיךָ יֹאבֵדוּ יִתְפָּרְדוּ כָּל־פֹּעֲלֵי אָוֶן: וַתָּרֶם כִּרְאֵים קַרְנִי בַּלֹּתִי בְּשֶׁמֶן רַעֲנָן: וַתַּבֵּט עֵינִי בְּשׁוּרָי בַּקָּמִים עָלַי מְרֵעִים תִּשְׁמַעְנָה אָזְנָי: צַדִּיק כַּתָּמָר יִפְרָח כְּאֶרֶז בַּלְּבָנוֹן יִשְׂגֶּה: שְׁתוּלִים בְּבֵית יְיָ בְּחַצְרוֹת אֱלֹהֵינוּ יַפְרִיחוּ: עוֹד יְנוּבוּן בְּשֵׂיבָה דְּשֵׁנִים וְרַעֲנַנִּים יִהְיוּ: לְהַגִּיד כִּי־יָשָׁר יְיָ צוּרִי וְלֹא־עַוְלָתָה בּוֹ:

Psalm 93

יְיָ מָלָךְ גֵּאוּת לָבֵשׁ לָבֵשׁ יְיָ עֹז הִתְאַזָּר אַף־תִּכּוֹן תֵּבֵל בַּל־תִּמּוֹט: נָכוֹן כִּסְאֲךָ מֵאָז מֵעוֹלָם אָתָּה: נָשְׂאוּ נְהָרוֹת יְיָ נָשְׂאוּ נְהָרוֹת קוֹלָם יִשְׂאוּ נְהָרוֹת דָּכְיָם: מִקֹּלוֹת מַיִם רַבִּים אַדִּירִים מִשְׁבְּרֵי־יָם אַדִּיר בַּמָּרוֹם יְיָ: עֵדֹתֶיךָ נֶאֶמְנוּ מְאֹד לְבֵיתְךָ נַאֲוָה־קֹדֶשׁ יְיָ לְאֹרֶךְ יָמִים:

Biblical verses

יְהִי כְבוֹד יְיָ לְעוֹלָם יִשְׂמַח יְיָ בְּמַעֲשָׂיו: יְהִי שֵׁם יְיָ מְבֹרָךְ מֵעַתָּה וְעַד עוֹלָם: מִמִּזְרַח־שֶׁמֶשׁ עַד־מְבוֹאוֹ מְהֻלָּל שֵׁם יְיָ. רָם עַל־כָּל־גּוֹיִם יְיָ עַל הַשָּׁמַיִם כְּבוֹדוֹ: יְיָ שִׁמְךָ לְעוֹלָם יְיָ זִכְרְךָ לְדֹר־וָדֹר: יְיָ בַּשָּׁמַיִם הֵכִין כִּסְאוֹ וּמַלְכוּתוֹ

בְּכֹל מֶמְשָׁלָה: יִשְׂמְחוּ הַשָּׁמַיִם וְתָגֵל הָאָרֶץ וְיֹאמְרוּ בַגּוֹיִם יְיָ מָלָךְ: יְיָ מֶלֶךְ יְיָ מָלָךְ יְיָ יִמְלֹךְ לְעֹלָם וָעֶד: יְיָ מֶלֶךְ עוֹלָם וָעֶד אָבְדוּ גוֹיִם מֵאַרְצוֹ: יְיָ הֵפִיר עֲצַת גּוֹיִם הֵנִיא מַחְשְׁבוֹת עַמִּים: רַבּוֹת מַחֲשָׁבוֹת בְּלֶב־אִישׁ וַעֲצַת יְיָ הִיא תָקוּם: עֲצַת יְיָ לְעוֹלָם תַּעֲמֹד מַחְשְׁבוֹת לִבּוֹ לְדֹר וָדֹר: כִּי הוּא אָמַר וַיֶּהִי הוּא צִוָּה וַיַּעֲמֹד: כִּי־בָחַר יְיָ בְּצִיּוֹן אִוָּהּ לְמוֹשָׁב לוֹ: כִּי־יַעֲקֹב בָּחַר לוֹ יָהּ יִשְׂרָאֵל לִסְגֻלָּתוֹ: כִּי לֹא־יִטֹּשׁ יְיָ עַמּוֹ וְנַחֲלָתוֹ לֹא יַעֲזֹב: וְהוּא רַחוּם יְכַפֵּר עָוֹן וְלֹא יַשְׁחִית וְהִרְבָּה לְהָשִׁיב אַפּוֹ וְלֹא־יָעִיר כָּל־חֲמָתוֹ: יְיָ הוֹשִׁיעָה הַמֶּלֶךְ יַעֲנֵנוּ בְיוֹם־קָרְאֵנוּ:

Psalms 84:5, 144:15, 145, 115:18

אַשְׁרֵי יוֹשְׁבֵי בֵיתֶךָ עוֹד יְהַלְלוּךָ סֶּלָה:
אַשְׁרֵי הָעָם שֶׁכָּכָה לּוֹ אַשְׁרֵי הָעָם שֶׁיְיָ אֱלֹהָיו:

תְּהִלָּה לְדָוִד

אֲרוֹמִמְךָ אֱלוֹהַי הַמֶּלֶךְ וַאֲבָרְכָה שִׁמְךָ לְעוֹלָם וָעֶד:
בְּכָל־יוֹם אֲבָרְכֶךָּ וַאֲהַלְלָה שִׁמְךָ לְעוֹלָם וָעֶד:
גָּדוֹל יְיָ וּמְהֻלָּל מְאֹד וְלִגְדֻלָּתוֹ אֵין חֵקֶר:
דּוֹר לְדוֹר יְשַׁבַּח מַעֲשֶׂיךָ וּגְבוּרֹתֶיךָ יַגִּידוּ:
הֲדַר כְּבוֹד הוֹדֶךָ וְדִבְרֵי נִפְלְאֹתֶיךָ אָשִׂיחָה:
וֶעֱזוּז נוֹרְאֹתֶיךָ יֹאמֵרוּ וּגְדֻלָּתְךָ אֲסַפְּרֶנָּה:
זֵכֶר רַב־טוּבְךָ יַבִּיעוּ וְצִדְקָתְךָ יְרַנֵּנוּ:
חַנּוּן וְרַחוּם יְיָ אֶרֶךְ אַפַּיִם וּגְדָל־חָסֶד:
טוֹב־יְיָ לַכֹּל וְרַחֲמָיו עַל־כָּל־מַעֲשָׂיו:
יוֹדוּךָ יְיָ כָּל־מַעֲשֶׂיךָ וַחֲסִידֶיךָ יְבָרְכוּכָה:

כְּבוֹד מַלְכוּתְךָ יֹאמֵרוּ וּגְבוּרָתְךָ יְדַבֵּרוּ:
לְהוֹדִיעַ לִבְנֵי הָאָדָם גְּבוּרֹתָיו וּכְבוֹד הֲדַר מַלְכוּתוֹ:
מַלְכוּתְךָ מַלְכוּת כָּל־עֹלָמִים וּמֶמְשַׁלְתְּךָ בְּכָל־דּוֹר וָדֹר:
סוֹמֵךְ יְיָ לְכָל־הַנֹּפְלִים וְזוֹקֵף לְכָל־הַכְּפוּפִים:
עֵינֵי־כֹל אֵלֶיךָ יְשַׂבֵּרוּ. וְאַתָּה נוֹתֵן־לָהֶם אֶת־אָכְלָם בְּעִתּוֹ:
פּוֹתֵחַ אֶת־יָדֶךָ וּמַשְׂבִּיעַ לְכָל־חַי רָצוֹן:
צַדִּיק יְיָ בְּכָל־דְּרָכָיו וְחָסִיד בְּכָל־מַעֲשָׂיו:
קָרוֹב יְיָ לְכָל־קֹרְאָיו לְכֹל אֲשֶׁר יִקְרָאֻהוּ בֶאֱמֶת:
רְצוֹן־יְרֵאָיו יַעֲשֶׂה וְאֶת־שַׁוְעָתָם יִשְׁמַע וְיוֹשִׁיעֵם:
שׁוֹמֵר יְיָ אֶת־כָּל־אֹהֲבָיו וְאֵת כָּל־הָרְשָׁעִים יַשְׁמִיד:
תְּהִלַּת יְיָ יְדַבֶּר־פִּי וִיבָרֵךְ כָּל־בָּשָׂר שֵׁם קָדְשׁוֹ
לְעוֹלָם וָעֶד:

וַאֲנַחְנוּ נְבָרֵךְ יָהּ מֵעַתָּה וְעַד־עוֹלָם. הַלְלוּיָהּ:

Psalm 146

הַלְלוּיָהּ. הַלְלִי נַפְשִׁי אֶת־יְיָ: אֲהַלְלָה יְיָ בְּחַיָּי אֲזַמְּרָה לֵאלֹהַי בְּעוֹדִי: אַל־תִּבְטְחוּ בִנְדִיבִים בְּבֶן־אָדָם שֶׁאֵין לוֹ תְשׁוּעָה: תֵּצֵא רוּחוֹ יָשֻׁב לְאַדְמָתוֹ בַּיּוֹם הַהוּא אָבְדוּ עֶשְׁתֹּנֹתָיו: אַשְׁרֵי שֶׁאֵל יַעֲקֹב בְּעֶזְרוֹ שִׂבְרוֹ עַל־יְיָ אֱלֹהָיו: עֹשֶׂה שָׁמַיִם וָאָרֶץ אֶת־הַיָּם וְאֶת־כָּל־אֲשֶׁר־בָּם הַשֹּׁמֵר אֱמֶת לְעוֹלָם: עֹשֶׂה מִשְׁפָּט לַעֲשׁוּקִים נֹתֵן לֶחֶם לָרְעֵבִים יְיָ מַתִּיר אֲסוּרִים: יְיָ פֹּקֵחַ עִוְרִים יְיָ זֹקֵף כְּפוּפִים יְיָ אֹהֵב צַדִּיקִים: יְיָ שֹׁמֵר אֶת־גֵּרִים יָתוֹם וְאַלְמָנָה יְעוֹדֵד וְדֶרֶךְ רְשָׁעִים יְעַוֵּת: יִמְלֹךְ יְיָ לְעוֹלָם אֱלֹהַיִךְ צִיּוֹן לְדֹר וָדֹר. הַלְלוּיָהּ:

Psalm 147

הַלְלוּיָהּ. כִּי־טוֹב זַמְּרָה אֱלֹהֵינוּ כִּי־נָעִים נָאוָה תְהִלָּה:
בּוֹנֵה יְרוּשָׁלַיִם יְיָ נִדְחֵי יִשְׂרָאֵל יְכַנֵּס: הָרוֹפֵא לִשְׁבוּרֵי לֵב
וּמְחַבֵּשׁ לְעַצְּבוֹתָם: מוֹנֶה מִסְפָּר לַכּוֹכָבִים לְכֻלָּם שֵׁמוֹת
יִקְרָא: גָּדוֹל אֲדוֹנֵינוּ וְרַב־כֹּחַ לִתְבוּנָתוֹ אֵין מִסְפָּר: מְעוֹדֵד
עֲנָוִים יְיָ מַשְׁפִּיל רְשָׁעִים עֲדֵי־אָרֶץ: עֱנוּ לַייָ בְּתוֹדָה זַמְּרוּ
לֵאלֹהֵינוּ בְכִנּוֹר: הַמְכַסֶּה שָׁמַיִם בְּעָבִים הַמֵּכִין לָאָרֶץ
מָטָר הַמַּצְמִיחַ הָרִים חָצִיר: נוֹתֵן לִבְהֵמָה לַחְמָהּ לִבְנֵי
עֹרֵב אֲשֶׁר יִקְרָאוּ: לֹא בִגְבוּרַת הַסּוּס יֶחְפָּץ לֹא־בְשׁוֹקֵי
הָאִישׁ יִרְצֶה: רוֹצֶה יְיָ אֶת־יְרֵאָיו אֶת־הַמְיַחֲלִים לְחַסְדּוֹ:
שַׁבְּחִי יְרוּשָׁלַיִם אֶת־יְיָ הַלְלִי אֱלֹהַיִךְ צִיּוֹן: כִּי־חִזַּק בְּרִיחֵי
שְׁעָרָיִךְ בֵּרַךְ בָּנַיִךְ בְּקִרְבֵּךְ: הַשָּׂם־גְּבוּלֵךְ שָׁלוֹם חֵלֶב
חִטִּים יַשְׂבִּיעֵךְ: הַשֹּׁלֵחַ אִמְרָתוֹ אָרֶץ עַד־מְהֵרָה יָרוּץ
דְּבָרוֹ: הַנֹּתֵן שֶׁלֶג כַּצָּמֶר כְּפוֹר כָּאֵפֶר יְפַזֵּר: מַשְׁלִיךְ קַרְחוֹ
כְפִתִּים לִפְנֵי קָרָתוֹ מִי יַעֲמֹד: יִשְׁלַח דְּבָרוֹ וְיַמְסֵם יַשֵּׁב רוּחוֹ
יִזְּלוּ־מָיִם: מַגִּיד דְּבָרָיו לְיַעֲקֹב חֻקָּיו וּמִשְׁפָּטָיו לְיִשְׂרָאֵל:
לֹא עָשָׂה כֵן לְכָל־גּוֹי וּמִשְׁפָּטִים בַּל־יְדָעוּם. הַלְלוּיָהּ:

Psalm 148

הַלְלוּיָהּ. הַלְלוּ אֶת־יְיָ מִן־הַשָּׁמַיִם הַלְלוּהוּ בַּמְּרוֹמִים:
הַלְלוּהוּ כָל־מַלְאָכָיו הַלְלוּהוּ כָּל־צְבָאָיו: הַלְלוּהוּ שֶׁמֶשׁ
וְיָרֵחַ הַלְלוּהוּ כָּל־כּוֹכְבֵי אוֹר: הַלְלוּהוּ שְׁמֵי הַשָּׁמָיִם
וְהַמַּיִם אֲשֶׁר מֵעַל הַשָּׁמָיִם: יְהַלְלוּ אֶת־שֵׁם יְיָ כִּי הוּא צִוָּה
וְנִבְרָאוּ: וַיַּעֲמִידֵם לָעַד לְעוֹלָם חָק־נָתַן וְלֹא יַעֲבוֹר: הַלְלוּ
אֶת־יְיָ מִן־הָאָרֶץ תַּנִּינִים וְכָל־תְּהֹמוֹת: אֵשׁ וּבָרָד שֶׁלֶג

וְקִיטוֹר רוּחַ סְעָרָה עֹשָׂה דְבָרוֹ: הֶהָרִים וְכָל־גְּבָעוֹת עֵץ פְּרִי וְכָל־אֲרָזִים: הַחַיָּה וְכָל־בְּהֵמָה רֶמֶשׂ וְצִפּוֹר כָּנָף: מַלְכֵי־אֶרֶץ וְכָל־לְאֻמִּים שָׂרִים וְכָל־שֹׁפְטֵי אָרֶץ: בַּחוּרִים וְגַם־בְּתוּלוֹת זְקֵנִים עִם־נְעָרִים: יְהַלְלוּ אֶת־שֵׁם יְיָ כִּי־נִשְׂגָּב שְׁמוֹ לְבַדּוֹ הוֹדוֹ עַל־אֶרֶץ וְשָׁמָיִם: וַיָּרֶם קֶרֶן לְעַמּוֹ תְּהִלָּה לְכָל־חֲסִידָיו לִבְנֵי יִשְׂרָאֵל עַם קְרֹבוֹ הַלְלוּיָהּ:

Psalm 149

הַלְלוּיָהּ. שִׁירוּ לַייָ שִׁיר חָדָשׁ תְּהִלָּתוֹ בִּקְהַל חֲסִידִים: יִשְׂמַח יִשְׂרָאֵל בְּעֹשָׂיו בְּנֵי־צִיּוֹן יָגִילוּ בְמַלְכָּם: יְהַלְלוּ שְׁמוֹ בְמָחוֹל בְּתֹף וְכִנּוֹר יְזַמְּרוּ־לוֹ: כִּי־רוֹצֶה יְיָ בְּעַמּוֹ יְפָאֵר עֲנָוִים בִּישׁוּעָה: יַעְלְזוּ חֲסִידִים בְּכָבוֹד יְרַנְּנוּ עַל־מִשְׁכְּבוֹתָם: רוֹמְמוֹת אֵל בִּגְרוֹנָם וְחֶרֶב פִּיפִיּוֹת בְּיָדָם: לַעֲשׂוֹת נְקָמָה בַּגּוֹיִם תּוֹכֵחוֹת בַּלְאֻמִּים: לֶאְסֹר מַלְכֵיהֶם בְּזִקִּים וְנִכְבְּדֵיהֶם בְּכַבְלֵי בַרְזֶל: לַעֲשׂוֹת בָּהֶם מִשְׁפָּט כָּתוּב הָדָר הוּא לְכָל־חֲסִידָיו הַלְלוּיָהּ:

Psalm 150

הַלְלוּיָהּ. הַלְלוּ־אֵל בְּקָדְשׁוֹ הַלְלוּהוּ בִּרְקִיעַ עֻזּוֹ:
הַלְלוּהוּ בִגְבוּרֹתָיו הַלְלוּהוּ כְּרֹב גֻּדְלוֹ:
הַלְלוּהוּ בְּתֵקַע שׁוֹפָר הַלְלוּהוּ בְּנֵבֶל וְכִנּוֹר:
הַלְלוּהוּ בְּתֹף וּמָחוֹל הַלְלוּהוּ בְּמִנִּים וְעֻגָב:
הַלְלוּהוּ בְצִלְצְלֵי־שָׁמַע הַלְלוּהוּ בְּצִלְצְלֵי תְרוּעָה:
כֹּל הַנְּשָׁמָה תְּהַלֵּל יָהּ הַלְלוּיָהּ:
כֹּל הַנְּשָׁמָה תְּהַלֵּל יָהּ הַלְלוּיָהּ:

בָּרוּךְ יְיָ לְעוֹלָם. אָמֵן וְאָמֵן: בָּרוּךְ יְיָ מִצִּיּוֹן שֹׁכֵן יְרוּשָׁלָיִם. הַלְלוּיָהּ: בָּרוּךְ יְיָ אֱלֹהִים אֱלֹהֵי יִשְׂרָאֵל עֹשֵׂה נִפְלָאוֹת לְבַדּוֹ: וּבָרוּךְ שֵׁם כְּבוֹדוֹ לְעוֹלָם וְיִמָּלֵא כְבוֹדוֹ אֶת־כָּל־הָאָרֶץ. אָמֵן וְאָמֵן:

I Chronicles 29:10–13

וַיְבָרֶךְ דָּוִיד אֶת־יְיָ לְעֵינֵי כָּל־הַקָּהָל וַיֹּאמֶר דָּוִיד בָּרוּךְ אַתָּה יְיָ אֱלֹהֵי יִשְׂרָאֵל אָבִינוּ מֵעוֹלָם וְעַד־עוֹלָם: לְךָ יְיָ הַגְּדֻלָּה וְהַגְּבוּרָה וְהַתִּפְאֶרֶת וְהַנֵּצַח וְהַהוֹד כִּי־כֹל בַּשָּׁמַיִם וּבָאָרֶץ לְךָ יְיָ הַמַּמְלָכָה וְהַמִּתְנַשֵּׂא לְכֹל לְרֹאשׁ: וְהָעֹשֶׁר וְהַכָּבוֹד מִלְּפָנֶיךָ וְאַתָּה מוֹשֵׁל בַּכֹּל וּבְיָדְךָ כֹּחַ וּגְבוּרָה וּבְיָדְךָ לְגַדֵּל וּלְחַזֵּק לַכֹּל: וְעַתָּה אֱלֹהֵינוּ מוֹדִים אֲנַחְנוּ לָךְ וּמְהַלְלִים לְשֵׁם תִּפְאַרְתֶּךָ:

Nehemiah 9:6–11

אַתָּה־הוּא יְיָ לְבַדֶּךָ אַתָּה עָשִׂיתָ אֶת־הַשָּׁמַיִם שְׁמֵי הַשָּׁמַיִם וְכָל־צְבָאָם הָאָרֶץ וְכָל־אֲשֶׁר עָלֶיהָ הַיַּמִּים וְכָל־אֲשֶׁר בָּהֶם וְאַתָּה מְחַיֶּה אֶת־כֻּלָּם וּצְבָא הַשָּׁמַיִם לְךָ מִשְׁתַּחֲוִים: אַתָּה הוּא יְיָ הָאֱלֹהִים אֲשֶׁר בָּחַרְתָּ בְּאַבְרָם וְהוֹצֵאתוֹ מֵאוּר כַּשְׂדִּים וְשַׂמְתָּ שְּׁמוֹ אַבְרָהָם: וּמָצָאתָ אֶת־לְבָבוֹ נֶאֱמָן לְפָנֶיךָ—

וְכָרוֹת עִמּוֹ הַבְּרִית לָתֵת אֶת־אֶרֶץ הַכְּנַעֲנִי הַחִתִּי הָאֱמֹרִי וְהַפְּרִזִּי וְהַיְבוּסִי וְהַגִּרְגָּשִׁי לָתֵת לְזַרְעוֹ וַתָּקֶם אֶת־דְּבָרֶיךָ כִּי צַדִּיק אָתָּה: וַתֵּרֶא אֶת־עֳנִי אֲבֹתֵינוּ בְּמִצְרָיִם וְאֶת־זַעֲקָתָם שָׁמַעְתָּ עַל־יַם־סוּף: וַתִּתֵּן אֹתֹת וּמֹפְתִים בְּפַרְעֹה

וּבְכׇל־עֲבָדָיו וּבְכׇל־עַם אַרְצוֹ כִּי יָדַעְתָּ כִּי הֵזִידוּ עֲלֵיהֶם וַתַּעַשׂ־לְךָ שֵׁם כְּהַיּוֹם הַזֶּה: וְהַיָּם בָּקַעְתָּ לִפְנֵיהֶם וַיַּעַבְרוּ בְתוֹךְ־הַיָּם בַּיַּבָּשָׁה וְאֶת־רֹדְפֵיהֶם הִשְׁלַכְתָּ בִמְצוֹלֹת כְּמוֹ־אֶבֶן בְּמַיִם עַזִּים:

Exodus 14:30–31

וַיּוֹשַׁע יְיָ בַּיּוֹם הַהוּא אֶת־יִשְׂרָאֵל מִיַּד מִצְרָיִם. וַיַּרְא יִשְׂרָאֵל אֶת־מִצְרַיִם מֵת עַל־שְׂפַת הַיָּם: וַיַּרְא יִשְׂרָאֵל אֶת־הַיָּד הַגְּדֹלָה אֲשֶׁר עָשָׂה יְיָ בְּמִצְרַיִם. וַיִּירְאוּ הָעָם אֶת־יְיָ וַיַּאֲמִינוּ בַּייָ וּבְמֹשֶׁה עַבְדּוֹ:

Exodus 15:1–18

אָז יָשִׁיר מֹשֶׁה וּבְנֵי יִשְׂרָאֵל אֶת־הַשִּׁירָה הַזֹּאת לַייָ.

וַיֹּאמְרוּ לֵאמֹר.

אָשִׁירָה לַייָ כִּי־גָאֹה גָּאָה. סוּס וְרֹכְבוֹ רָמָה בַיָּם:

עָזִּי וְזִמְרָת יָהּ וַיְהִי לִי לִישׁוּעָה.

זֶה אֵלִי וְאַנְוֵהוּ. אֱלֹהֵי אָבִי וַאֲרֹמְמֶנְהוּ:

יְיָ אִישׁ מִלְחָמָה. יְיָ שְׁמוֹ:

מַרְכְּבֹת פַּרְעֹה וְחֵילוֹ יָרָה בַיָּם.

וּמִבְחַר שָׁלִשָׁיו טֻבְּעוּ בְיַם סוּף:

תְּהֹמֹת יְכַסְיֻמוּ. יָרְדוּ בִמְצוֹלֹת כְּמוֹ אָבֶן:

יְמִינְךָ יְיָ נֶאְדָּרִי בַּכֹּחַ. יְמִינְךָ יְיָ תִּרְעַץ אוֹיֵב:

וּבְרֹב גְּאוֹנְךָ תַּהֲרֹס קָמֶיךָ. תְּשַׁלַּח חֲרֹנְךָ יֹאכְלֵמוֹ כַּקַּשׁ:

וּבְרוּחַ אַפֶּיךָ נֶעֶרְמוּ מַיִם. נִצְּבוּ כְמוֹ־נֵד נֹזְלִים.

קָפְאוּ תְהֹמֹת בְּלֶב־יָם:

אָמַר אוֹיֵב. אֶרְדֹּף אַשִּׂיג אֲחַלֵּק שָׁלָל תִּמְלָאֵמוֹ נַפְשִׁי.

אָרִיק חַרְבִּי תּוֹרִישֵׁמוֹ יָדִי:

נָשַׁפְתָּ בְרוּחֲךָ כִּסָּמוֹ יָם. צָלְלוּ כַּעוֹפֶרֶת בְּמַיִם אַדִּירִים:

מִי־כָמֹכָה בָּאֵלִם יְיָ. מִי כָּמֹכָה נֶאְדָּר בַּקֹּדֶשׁ.

נוֹרָא תְהִלֹּת. עֹשֵׂה פֶלֶא:

נָטִיתָ יְמִינְךָ. תִּבְלָעֵמוֹ אָרֶץ:

נָחִיתָ בְחַסְדְּךָ עַם־זוּ גָּאָלְתָּ. נֵהַלְתָּ בְעָזְּךָ אֶל־נְוֵה קָדְשֶׁךָ:

שָׁמְעוּ עַמִּים יִרְגָּזוּן. חִיל אָחַז יֹשְׁבֵי פְּלָשֶׁת:

אָז נִבְהֲלוּ אַלּוּפֵי אֱדוֹם. אֵילֵי מוֹאָב יֹאחֲזֵמוֹ רָעַד.

נָמֹגוּ כֹּל יֹשְׁבֵי כְנָעַן:

תִּפֹּל עֲלֵיהֶם אֵימָתָה וָפַחַד. בִּגְדֹל זְרוֹעֲךָ יִדְּמוּ כָּאָבֶן.

עַד־יַעֲבֹר עַמְּךָ יְיָ. עַד־יַעֲבֹר עַם־זוּ קָנִיתָ:

תְּבִאֵמוֹ וְתִטָּעֵמוֹ בְּהַר נַחֲלָתְךָ. מָכוֹן לְשִׁבְתְּךָ פָּעַלְתָּ יְיָ.

מִקְּדָשׁ אֲדֹנָי כּוֹנְנוּ יָדֶיךָ:

יְיָ יִמְלֹךְ לְעֹלָם וָעֶד:

יְיָ יִמְלֹךְ לְעֹלָם וָעֶד:

Biblical verses

כִּי לַייָ הַמְּלוּכָה וּמוֹשֵׁל בַּגּוֹיִם: וְעָלוּ מוֹשִׁעִים בְּהַר צִיּוֹן לִשְׁפֹּט אֶת־הַר עֵשָׂו וְהָיְתָה לַייָ הַמְּלוּכָה: וְהָיָה יְיָ לְמֶלֶךְ עַל־כָּל־הָאָרֶץ בַּיּוֹם הַהוּא יִהְיֶה יְיָ אֶחָד וּשְׁמוֹ אֶחָד:

נִשְׁמַת כָּל־חַי תְּבָרֵךְ אֶת־שִׁמְךָ יְיָ אֱלֹהֵינוּ. וְרוּחַ כָּל־בָּשָׂר תְּפָאֵר וּתְרוֹמֵם זִכְרְךָ מַלְכֵּנוּ תָּמִיד: מִן־הָעוֹלָם וְעַד־הָעוֹלָם אַתָּה אֵל. וּמִבַּלְעָדֶיךָ אֵין לָנוּ מֶלֶךְ גּוֹאֵל וּמוֹשִׁיעַ. פּוֹדֶה וּמַצִּיל וּמְפַרְנֵס וּמְרַחֵם בְּכָל־עֵת צָרָה וְצוּקָה. אֵין לָנוּ מֶלֶךְ אֶלָּא אָתָּה:

אֱלֹהֵי הָרִאשׁוֹנִים וְהָאַחֲרוֹנִים. אֱלוֹהַּ כָּל־בְּרִיּוֹת אֲדוֹן כָּל־תּוֹלָדוֹת. הַמְהֻלָּל בְּרֹב הַתִּשְׁבָּחוֹת הַמְנַהֵג עוֹלָמוֹ בְּחֶסֶד וּבְרִיּוֹתָיו בְּרַחֲמִים: וַייָ לֹא־יָנוּם וְלֹא־יִישָׁן. הַמְעוֹרֵר יְשֵׁנִים וְהַמֵּקִיץ נִרְדָּמִים וְהַמֵּשִׂיחַ אִלְּמִים וְהַמַּתִּיר אֲסוּרִים וְהַסּוֹמֵךְ נוֹפְלִים וְהַזּוֹקֵף כְּפוּפִים. לְךָ לְבַדְּךָ אֲנַחְנוּ מוֹדִים:

אִלּוּ פִינוּ מָלֵא שִׁירָה כַּיָּם
וּלְשׁוֹנֵנוּ רִנָּה כַּהֲמוֹן גַּלָּיו
וְשִׂפְתוֹתֵינוּ שֶׁבַח כְּמֶרְחֲבֵי רָקִיעַ
וְעֵינֵינוּ מְאִירוֹת כַּשֶּׁמֶשׁ וְכַיָּרֵחַ
וְיָדֵינוּ פְרוּשׂוֹת כְּנִשְׁרֵי שָׁמָיִם
וְרַגְלֵינוּ קַלּוֹת כָּאַיָּלוֹת
אֵין אֲנַחְנוּ מַסְפִּיקִים לְהוֹדוֹת לְךָ
יְיָ אֱלֹהֵינוּ וֵאלֹהֵי אֲבוֹתֵינוּ
וּלְבָרֵךְ אֶת־שִׁמֶךָ עַל אַחַת מֵאֶלֶף אֶלֶף אַלְפֵי אֲלָפִים
וְרִבֵּי רְבָבוֹת פְּעָמִים הַטּוֹבוֹת שֶׁעָשִׂיתָ עִם אֲבוֹתֵינוּ וְעִמָּנוּ:

NISHMAT KOL ḤAI: A hymn of praise

May the soul of every living being praise You, Lord our God, and the spirit of every mortal glorify and exalt You always.

Your sovereignty extends through all eternity; and besides You we have no Sovereign who redeems, rescues, and ransoms, who mercifully sustains us in times of trouble and distress. We have no Sovereign but You.

God of all ages and of all creatures, Lord of all generations, You are extolled in endless praise. You guide Your world with kindness, Your creatures with compassion. The Lord neither slumbers nor sleeps.

You awaken us from sleep to life, You enable the speechless to speak, You free the fettered, support the falling, raise all who are bowed down. To You alone we give thanks.

If our mouths were filled with song
As water fills the sea,
And our tongues rang with Your praise
As tirelessly as the roaring waves;

If our lips offered adoration
As boundless as the sky,
And our eyes shone in reverence
As brightly as the sun;

If our hands were spread in prayer
As wide as eagles' wings,
And our feet ran to serve You
As swiftly as the deer;

We would still be unable to thank You adequately
For the smallest fraction of the numberless bounties
You bestowed upon our ancestors and upon us.

מִמִּצְרַיִם גְּאַלְתָּנוּ יְיָ אֱלֹהֵינוּ וּמִבֵּית עֲבָדִים פְּדִיתָנוּ. בְּרָעָב זַנְתָּנוּ וּבְשָׂבָע כִּלְכַּלְתָּנוּ. מֵחֶרֶב הִצַּלְתָּנוּ וּמִדֶּבֶר מִלַּטְתָּנוּ. וּמֵחֳלָיִם רָעִים וְנֶאֱמָנִים דִּלִּיתָנוּ: עַד־הֵנָּה עֲזָרוּנוּ רַחֲמֶיךָ. וְלֹא־עֲזָבוּנוּ חֲסָדֶיךָ. וְאַל־תִּטְּשֵׁנוּ יְיָ אֱלֹהֵינוּ לָנֶצַח:

עַל כֵּן אֵבָרִים שֶׁפִּלַּגְתָּ בָּנוּ וְרוּחַ וּנְשָׁמָה שֶׁנָּפַחְתָּ בְּאַפֵּינוּ וְלָשׁוֹן אֲשֶׁר שַׂמְתָּ בְּפִינוּ. הֵן הֵם יוֹדוּ וִיבָרְכוּ וִישַׁבְּחוּ וִיפָאֲרוּ וִירוֹמְמוּ וְיַעֲרִיצוּ וְיַקְדִּישׁוּ וְיַמְלִיכוּ אֶת־שִׁמְךָ מַלְכֵּנוּ: כִּי כָל־פֶּה לְךָ יוֹדֶה וְכָל־לָשׁוֹן לְךָ תִשָּׁבַע וְכָל־בֶּרֶךְ לְךָ תִכְרַע וְכָל־קוֹמָה לְפָנֶיךָ תִשְׁתַּחֲוֶה. וְכָל־לְבָבוֹת יִירָאוּךָ וְכָל־קֶרֶב וּכְלָיוֹת יְזַמְּרוּ לִשְׁמֶךָ. כַּדָּבָר שֶׁכָּתוּב. כָּל עַצְמֹתַי תֹּאמַרְנָה יְיָ מִי כָמוֹךָ. מַצִּיל עָנִי מֵחָזָק מִמֶּנּוּ וְעָנִי וְאֶבְיוֹן מִגֹּזְלוֹ:

מִי יִדְמֶה־לָּךְ וּמִי יִשְׁוֶה־לָּךְ וּמִי יַעֲרָךְ־לָךְ. הָאֵל הַגָּדוֹל הַגִּבּוֹר וְהַנּוֹרָא אֵל עֶלְיוֹן קוֹנֵה שָׁמַיִם וָאָרֶץ: נְהַלֶּלְךָ וּנְשַׁבֵּחֲךָ וּנְפָאֶרְךָ וּנְבָרֵךְ אֶת שֵׁם קָדְשֶׁךָ כָּאָמוּר. לְדָוִד. בָּרְכִי נַפְשִׁי אֶת־יְיָ וְכָל־קְרָבַי אֶת־שֵׁם קָדְשׁוֹ:

הָאֵל בְּתַעֲצֻמוֹת עֻזֶּךָ. הַגָּדוֹל בִּכְבוֹד שְׁמֶךָ. הַגִּבּוֹר לָנֶצַח וְהַנּוֹרָא בְּנוֹרְאוֹתֶיךָ:

OUR REDEEMER, THE INCOMPARABLE LORD

From Egypt You liberated us,
from the house of bondage You delivered us;

In time of hunger, You fed us;
In time of plenty, You sustained us;

From the sword, You rescued us;
From a multitude of afflictions, You saved us.

Until now Your compassion has helped us,
Your lovingkindness has not abandoned us.
O Lord our God, never forsake us.

Therefore, all the powers of body and soul with which You endowed us shall join in thanking and praising You, in declaring Your holiness, and proclaiming Your sovereignty.

Every mouth shall thank You, every tongue shall vow allegiance to You, all hearts shall revere You, every fibre of our being shall sing to You, every knee shall bend to You, all shall bow down to You.

So the Psalmist sang: "Every bone in my body cries out: O Lord, who can compare to You? You deliver the poor from the hands of the ruthless, the needy from those who would exploit them."

Who is like You, who may be compared to You, O great, powerful, revered, and exalted God, supreme in heaven and on earth?

We shall praise You and extol You in the words of the Psalmist: "Praise the Lord, O my soul; let my whole being praise God's holy name."

O God, vast in power, exalted in glory, eternal in might, You are awesome through Your majestic deeds.

הַמֶּלֶךְ

יוֹשֵׁב עַל כִּסֵּא רָם וְנִשָּׂא:

שׁוֹכֵן עַד מָרוֹם וְקָדוֹשׁ שְׁמוֹ.

וְכָתוּב. רַנְּנוּ צַדִּיקִים בַּיְיָ לַיְשָׁרִים נָאוָה תְהִלָּה:

בְּפִי יְשָׁרִים תִּתְרוֹמָם.

וּבְדִבְרֵי צַדִּיקִים תִּתְבָּרָךְ.

וּבִלְשׁוֹן חֲסִידִים תִּתְקַדָּשׁ.

וּבְקֶרֶב קְדוֹשִׁים תִּתְהַלָּל:

וּבְמַקְהֲלוֹת רִבְבוֹת עַמְּךָ בֵּית יִשְׂרָאֵל בְּרִנָּה יִתְפָּאַר שִׁמְךָ מַלְכֵּנוּ בְּכָל־דּוֹר וָדוֹר. שֶׁכֵּן חוֹבַת כָּל־הַיְצוּרִים לְפָנֶיךָ יְיָ אֱלֹהֵינוּ וֵאלֹהֵי אֲבוֹתֵינוּ. לְהוֹדוֹת לְהַלֵּל לְשַׁבֵּחַ לְפָאֵר לְרוֹמֵם לְהַדֵּר לְבָרֵךְ לְעַלֵּה וּלְקַלֵּס עַל כָּל־דִּבְרֵי שִׁירוֹת וְתִשְׁבְּחוֹת דָּוִד בֶּן יִשַׁי עַבְדְּךָ מְשִׁיחֶךָ:

יִשְׁתַּבַּח שִׁמְךָ לָעַד מַלְכֵּנוּ. הָאֵל הַמֶּלֶךְ הַגָּדוֹל וְהַקָּדוֹשׁ בַּשָּׁמַיִם וּבָאָרֶץ. כִּי לְךָ נָאֶה יְיָ אֱלֹהֵינוּ וֵאלֹהֵי אֲבוֹתֵינוּ שִׁיר וּשְׁבָחָה הַלֵּל וְזִמְרָה עֹז וּמֶמְשָׁלָה נֶצַח גְּדֻלָּה וּגְבוּרָה תְּהִלָּה וְתִפְאֶרֶת קְדֻשָּׁה וּמַלְכוּת בְּרָכוֹת וְהוֹדָאוֹת מֵעַתָּה וְעַד עוֹלָם. בָּרוּךְ אַתָּה יְיָ אֵל מֶלֶךְ גָּדוֹל בַּתִּשְׁבָּחוֹת. אֵל הַהוֹדָאוֹת אֲדוֹן הַנִּפְלָאוֹת. הַבּוֹחֵר בְּשִׁירֵי זִמְרָה. מֶלֶךְ אֵל חֵי הָעוֹלָמִים:

THE SOVEREIGN

enthroned on high in majesty.

You who abide forever, magnified and hallowed be Your name. As the Psalmist has declared:
"Rejoice in the Lord, you righteous;
It is fitting for the upright to praise the Lord."

By the mouth of the upright You are extolled;
By the words of the righteous You are praised;
By the tongue of the faithful You are hallowed;
In the midst of the holy You are lauded.

In the assembled throngs of Your people, the house of Israel, You shall be glorified in song, O our Sovereign, in every generation. For it is the duty of all creatures, Lord our God and God of our ancestors, to thank and praise, laud and glorify, adore, exalt, and acclaim You, even beyond the psalms of praise of David, the son of Jesse, Your anointed servant.

May You be praised forever, O our Sovereign,
Great and holy God, Ruler in heaven and on earth.
To You, Lord our God and God of our ancestors,
It is fitting to sing songs of praise,
Proclaiming Your might and sovereignty.
Victory, grandeur, and strength are Yours,
Glory, holiness, and dominion.

To You we always look for our blessings,
To You we always offer our gratitude.
Praised are You, exalted God and Sovereign,
Thanksgiving to You, Author of wonders,
Who delights in our hymns of praise,
Our God and Sovereign, life of the universe.

Reader:

יִתְגַּדַּל וְיִתְקַדַּשׁ שְׁמֵהּ רַבָּא. בְּעָלְמָא דִּי־בְרָא כִרְעוּתֵהּ.
וְיַמְלִיךְ מַלְכוּתֵהּ בְּחַיֵּיכוֹן וּבְיוֹמֵיכוֹן וּבְחַיֵּי דְכָל־בֵּית
יִשְׂרָאֵל בַּעֲגָלָא וּבִזְמַן קָרִיב. וְאִמְרוּ אָמֵן:

Congregation and Reader:

יְהֵא שְׁמֵהּ רַבָּא מְבָרַךְ לְעָלַם וּלְעָלְמֵי עָלְמַיָּא:

Reader:

יִתְבָּרַךְ וְיִשְׁתַּבַּח וְיִתְפָּאַר וְיִתְרוֹמַם וְיִתְנַשֵּׂא וְיִתְהַדַּר
וְיִתְעַלֶּה וְיִתְהַלַּל שְׁמֵהּ דְּקֻדְשָׁא. בְּרִיךְ הוּא. לְעֵלָּא
לְעֵלָּא מִכָּל־בִּרְכָתָא וְשִׁירָתָא תֻּשְׁבְּחָתָא וְנֶחֱמָתָא
דַּאֲמִירָן בְּעָלְמָא. וְאִמְרוּ אָמֵן:

Yit-gadal v'yit-kadash sh'mey raba,
B'alma di v'ra ḥiru-tey, v'yam-liḥ mal-ḥutey
B'ḥa-yey-ḥon u-v'yomey-ḥon
U-v'ḥa-yey d'ḥol beyt yisrael
Ba-agala u-viz-man kariv, v'imru **amen.**

Congregation and Reader:

Y'hey sh'mey raba m'varaḥ l'alam ul-almey alma-ya.

Reader:

Yit-baraḥ v'yish-tabaḥ v'yit-pa-ar v'yit-romam v'yit-na-sey
V'yit-hadar v'yit-aleh v'yit-halal sh'mey d'kud-sha—
B'riḥ hu, *l'eyla l'eyla mi-kol bir-ḥata v'shi-rata*
Tush-b'ḥata v'ne-ḥemata da-amiran b'alma, v'imru **amen.**

ḤATZI KADDISH

Magnified and sanctified be the great name of God, in the world created according to the Divine will. May God's sovereignty soon be established, in our lifetime and that of the entire house of Israel. And let us say: Amen.

Congregation and Reader:

May God's great name be praised to all eternity.

Hallowed and honored, extolled and exalted, adored and acclaimed be the name of the blessed Holy One, whose glory is infinitely beyond all the praises, hymns, and songs of adoration which human beings can utter. And let us say: Amen.

A NOTE ON BARḤU

In the ancient Temple in Jerusalem, a Priest would greet the first appearance of the morning sun with the exclamation:
"Praise the Lord, Source of all blessing" (Nehemiah 9:5).

This formula was later adopted to summon a congregation to worship. The reply of the congregation, "Praised be the Lord, Source of all blessing, forever" (mentioned in early Tannaitic sources), unites the congregation and the leader in the act of worship.

In later generations, preliminary prayers were added to the Morning Service, while in the sixteenth century, Kabbalat Shabbat Psalms and Leḥa Dodi were introduced prior to the Barḥu on Sabbath Eve.

Thus, while at these services Barḥu is no longer the first prayer, its brief and stirring summons still evokes a reverent response, and also calls to mind the opening words of the Torah Blessings.

Reader:

בָּרְכוּ אֶת־יְיָ הַמְבֹרָךְ׃

Congregation and Reader:

בָּרוּךְ יְיָ הַמְבֹרָךְ לְעוֹלָם וָעֶד׃

Baruḥ Adonai ha-m'voraḥ l'olam va-ed.

On Rosh Hashanah:

בָּרוּךְ אַתָּה יְיָ אֱלֹהֵינוּ מֶלֶךְ הָעוֹלָם יוֹצֵר אוֹר וּבוֹרֵא
חֹשֶׁךְ עֹשֶׂה שָׁלוֹם וּבוֹרֵא אֶת־הַכֹּל׃

אוֹר עוֹלָם בְּאוֹצַר חַיִּים אוֹרוֹת מֵאֹפֶל אָמַר וַיֶּהִי׃

Baruḥ ata Adonai, Eloheynu meleḥ ha-olam,
yotzeyr or u-vorey ḥo-sheḥ,
oseh shalom u-vorey et ha-kol.

Or olam b'otzar ḥa-yim, orot mey-ofel amar va-yehi.

On Yom Kippur:

בָּרוּךְ אַתָּה יְיָ אֱלֹהֵינוּ מֶלֶךְ הָעוֹלָם הַפּוֹתֵחַ לָנוּ שַׁעֲרֵי
רַחֲמִים וּמֵאִיר עֵינֵי הַמְחַכִּים לִסְלִיחָתוֹ. יוֹצֵר אוֹר וּבוֹרֵא
חֹשֶׁךְ עֹשֶׂה שָׁלוֹם וּבוֹרֵא אֶת־הַכֹּל׃

אוֹר עוֹלָם בְּאוֹצַר חַיִּים אוֹרוֹת מֵאֹפֶל אָמַר וַיֶּהִי׃

On Shabbat continue on page 140; on a weekday continue on page 145.

BARḤU: The call to worship

Reader:

Praise the Lord, Source of all blessing.

Congregation and Reader:

Praised be the Lord, Source of all blessing, forever.

On Rosh Hashanah:

Praised are You, Lord our God, Ruler of the universe, who forms light and creates darkness, who ordains the harmony of all creation.

The light of the world is found in the Source of life—who spoke, whereupon out of darkness there came light.

On Yom Kippur:

Praised are You, Lord our God, Ruler of the universe, who opens for us the gates of mercy, and gives light to those who wait for pardon; who forms light and creates darkness, who ordains the harmony of all creation.

The light of the world is found in the Source of life—who spoke, whereupon out of darkness there came light.

On Shabbat:

הַכֹּל יוֹדְוּךָ וְהַכֹּל יְשַׁבְּחְוּךָ. וְהַכֹּל יֹאמְרוּ אֵין קָדוֹשׁ כַּייָ: הַכֹּל יְרוֹמְמְוּךָ סֶּלָה יוֹצֵר הַכֹּל. הָאֵל הַפּוֹתֵחַ בְּכָל־יוֹם דַּלְתוֹת שַׁעֲרֵי מִזְרָח וּבוֹקֵעַ חַלּוֹנֵי רָקִיעַ. מוֹצִיא חַמָּה מִמְּקוֹמָהּ וּלְבָנָה מִמְּכוֹן שִׁבְתָּהּ. וּמֵאִיר לָעוֹלָם כֻּלּוֹ וּלְיוֹשְׁבָיו שֶׁבָּרָא בְּמִדַּת רַחֲמִים:

הַמֵּאִיר לָאָרֶץ וְלַדָּרִים עָלֶיהָ בְּרַחֲמִים וּבְטוּבוֹ מְחַדֵּשׁ בְּכָל־יוֹם תָּמִיד מַעֲשֵׂה בְרֵאשִׁית: הַמֶּלֶךְ הַמְרוֹמָם לְבַדּוֹ מֵאָז הַמְשֻׁבָּח וְהַמְפֹאָר וְהַמִּתְנַשֵּׂא מִימוֹת עוֹלָם: אֱלֹהֵי עוֹלָם בְּרַחֲמֶיךָ הָרַבִּים רַחֵם עָלֵינוּ. אֲדוֹן עֻזֵּנוּ צוּר מִשְׂגַּבֵּנוּ מָגֵן יִשְׁעֵנוּ מִשְׂגָּב בַּעֲדֵנוּ:

אֵין כְּעֶרְכְּךָ וְאֵין זוּלָתֶךָ. אֶפֶס בִּלְתְּךָ וּמִי דּוֹמֶה לָּךְ:

אֵין כְּעֶרְכְּךָ יְיָ אֱלֹהֵינוּ בָּעוֹלָם הַזֶּה.

וְאֵין זוּלָתְךָ מַלְכֵּנוּ לְחַיֵּי הָעוֹלָם הַבָּא:

אֶפֶס בִּלְתְּךָ גּוֹאֲלֵנוּ לִימוֹת הַמָּשִׁיחַ.

וְאֵין דּוֹמֶה־לְּךָ מוֹשִׁיעֵנוּ לִתְחִיַּת הַמֵּתִים:

ACKNOWLEDGING THE LORD OF CREATION

All shall thank You, all shall praise You, all shall declare: "None is holy like the Lord." All shall extol You, creator of everything.

Daily You open the gates of the heavens, the windows of the eastern sky, bringing forth the sun from its place, the moon from its abode.

You provide light for the world and its inhabitants whom You created in mercy. In Your goodness, You renew each day the work of creation.

O our Sovereign, You alone are exalted from of old; praised, glorified, and extolled from the beginning of time.

Eternal God, in Your abundant mercy, have compassion upon us. You are the Lord of our strength, Rock of our defense, our saving shield and refuge.

None can compare to You, and there is none besides You;
There is none but You; and there is none like You.

"None can compare to You,"
  Lord our God, in this world,
"And there is none besides You,"
  Our Sovereign, in the world to come.

"There is none but You,"
  Our Redeemer, to bring the days of the Messiah,
"And there is none like You,"
  Our Deliverer, to assure immortal life.

EYL ADON—*Recited on Shabbat only:*

אֵל אָדוֹן עַל כָּל־הַמַּעֲשִׂים
בָּרוּךְ וּמְבֹרָךְ בְּפִי כָּל־נְשָׁמָה:
גָּדְלוֹ וְטוּבוֹ מָלֵא עוֹלָם
דַּעַת וּתְבוּנָה סֹבְבִים אֹתוֹ:

הַמִּתְגָּאֶה עַל חַיּוֹת הַקֹּדֶשׁ
וְנֶהְדָּר בְּכָבוֹד עַל־הַמֶּרְכָּבָה:
זְכוּת וּמִישׁוֹר לִפְנֵי כִסְאוֹ
חֶסֶד וְרַחֲמִים לִפְנֵי כְבוֹדוֹ:

טוֹבִים מְאוֹרוֹת שֶׁבָּרָא אֱלֹהֵינוּ
יְצָרָם בְּדַעַת בְּבִינָה וּבְהַשְׂכֵּל:
כֹּחַ וּגְבוּרָה נָתַן בָּהֶם
לִהְיוֹת מוֹשְׁלִים בְּקֶרֶב תֵּבֵל:

מְלֵאִים זִיו וּמְפִיקִים נֹגַהּ
נָאֶה זִיוָם בְּכָל־הָעוֹלָם:
שְׂמֵחִים בְּצֵאתָם וְשָׂשִׂים בְּבוֹאָם
עֹשִׂים בְּאֵימָה רְצוֹן קוֹנָם:

פְּאֵר וְכָבוֹד נוֹתְנִים לִשְׁמוֹ
צָהֳלָה וְרִנָּה לְזֵכֶר מַלְכוּתוֹ:
קָרָא לַשֶּׁמֶשׁ וַיִּזְרַח אוֹר
רָאָה וְהִתְקִין צוּרַת הַלְּבָנָה:

שֶׁבַח נוֹתְנִים לוֹ כָּל־צְבָא מָרוֹם
תִּפְאֶרֶת וּגְדֻלָּה שְׂרָפִים וְאוֹפַנִּים וְחַיּוֹת הַקֹּדֶשׁ:

Just as our ancestors sang words of tribute to God's creation in the vocabulary of their age, so should we strive to identify those aspects of life and of the universe which reveal to us "the glory of God's majesty." (A.S.)

ALL CREATION SINGS PRAISE

God is Lord of all creation,
And praised by every soul;
God's greatness and goodness fill the universe;
Knowledge and wisdom surround God's presence.

God is exalted over all celestial beings,
Adorned in glory above the heavenly chariot.
Equity and uprightness stand before God's throne;
Love and mercy glorify God's presence.

How goodly are the luminaries created by God,
Who fashioned them with knowledge, wisdom, and skill,
Endowing them with energy and power,
That they might have dominion over the world.

Full of splendor, they sparkle with brightness;
Beautiful is their radiance throughout the world.
They rejoice in their rising and exult in their setting,
Reverently fulfilling the will of their Creator.

Glory and honor they render to God's name;
In joyous song God's rule they acclaim;
God called to the sun and it sent forth light;
Skillfully God fashioned the form of the moon.

The heavenly hosts give praise to God,
Whose greatness the celestial beings proclaim.

Eyl adon al kol ha-maasim, baruḥ u-m'voraḥ b'fi kol n'shamah.
Godlo v'tuvo maley olam, daat u-t'vunah so-v'vim oto.

Ha-mitga-eh al ḥayot ha-kodesh, v'neh-dar b'ḥavod al ha-merkavah.
Z'ḥut u-mi-shor lifney ḥiso, ḥesed v'raḥamim lifney ḥ'vodo.

Tovim m'orot sheh-bara Eloheynu,
y'tza-ram b'daat b'vinah u-v'has-keyl.
Ko-aḥ u-g'vurah natan ba-hem, lih-yot mosh-lim b'kerev tey-veyl.

M'ley-im ziv u-m'fikim no-gah, na-eh zivam b'ḥol ha-olam.
S'mey-ḥim b'tzey-tam v'sasim b'vo-am, osim b'ey-mah r'tzon konam.

P'eyr v'ḥavod not-nim li-sh'mo, tza-holah v'rinah l'zey-ḥer malḥuto.
Kara la-shemesh va-yizraḥ ohr, ra-ah v'hit-kin tzurat ha-l'vanah.

Shevaḥ notnim lo kol tz'va marom,
Tiferet u-g'dulah s'rafim v'ofanim v'ḥa-yot ha-kodesh.

On Shabbat:

לָאֵל אֲשֶׁר שָׁבַת מִכָּל־הַמַּעֲשִׂים. בַּיּוֹם הַשְּׁבִיעִי הִתְעַלָּה
וְיָשַׁב עַל־כִּסֵּא כְבוֹדוֹ: תִּפְאֶרֶת עָטָה לְיוֹם הַמְּנוּחָה. עֹנֶג
קָרָא לְיוֹם הַשַּׁבָּת: זֶה שֶׁבַח שֶׁלַּיּוֹם הַשְּׁבִיעִי שֶׁבּוֹ שָׁבַת אֵל
מִכָּל־מְלַאכְתּוֹ. וְיוֹם הַשְּׁבִיעִי מְשַׁבֵּחַ וְאוֹמֵר. מִזְמוֹר שִׁיר
לְיוֹם הַשַּׁבָּת טוֹב לְהוֹדוֹת לַייָ: לְפִיכָךְ יְפָאֲרוּ וִיבָרְכוּ
לָאֵל כָּל־יְצוּרָיו. שֶׁבַח יְקָר וּגְדֻלָּה יִתְּנוּ לָאֵל מֶלֶךְ יוֹצֵר
כֹּל. הַמַּנְחִיל מְנוּחָה לְעַמּוֹ יִשְׂרָאֵל בִּקְדֻשָּׁתוֹ בְּיוֹם שַׁבַּת
קֹדֶשׁ: שִׁמְךָ יְיָ אֱלֹהֵינוּ יִתְקַדַּשׁ. וְזִכְרְךָ מַלְכֵּנוּ יִתְפָּאַר
בַּשָּׁמַיִם מִמַּעַל וְעַל־הָאָרֶץ מִתָּחַת: תִּתְבָּרַךְ מוֹשִׁיעֵנוּ עַל־
שֶׁבַח מַעֲשֵׂה יָדֶיךָ. וְעַל־מְאוֹרֵי אוֹר שֶׁעָשִׂיתָ יְפָאֲרוּךָ סֶּלָה:

Praised be God who concluded the work of creation on the seventh day, and ascended the Divine throne of glory, and invested the day of rest with beauty, calling the Sabbath a delight. This is the distinction of the seventh day: on this day God ceased the labor of creation.

The seventh day itself utters praises, saying: "A psalm, a song of the Sabbath. It is good to thank the Lord." Therefore, let all God's creatures glorify, praise, and attribute excellence and grandeur to God, the Sovereign and Creator of all, who in holiness gave the holy Sabbath as a heritage of rest for the people Israel.

In the heavens above and on earth below, You shall be hallowed and acclaimed, Lord our God, our Sovereign. Be praised, our Deliverer, for Your wondrous works and for the bright luminaries You fashioned, which everlastingly reveal Your glory.

Continue on page 146.

On a weekday:

הַמֵּאִיר לָאָֽרֶץ וְלַדָּרִים עָלֶֽיהָ בְּרַחֲמִים וּבְטוּבוֹ מְחַדֵּשׁ
בְּכָל־יוֹם תָּמִיד מַעֲשֵׂה בְרֵאשִׁית: מָה־רַבּוּ מַעֲשֶֽׂיךָ יְיָ. כֻּלָּם
בְּחָכְמָה עָשִֽׂיתָ. מָלְאָה הָאָֽרֶץ קִנְיָנֶֽךָ: הַמֶּֽלֶךְ הַמְרוֹמָם
לְבַדּוֹ מֵאָז הַמְשֻׁבָּח וְהַמְפֹאָר וְהַמִּתְנַשֵּׂא מִימוֹת עוֹלָם.
אֱלֹהֵי עוֹלָם בְּרַחֲמֶֽיךָ הָרַבִּים רַחֵם עָלֵֽינוּ. אֲדוֹן עֻזֵּֽנוּ צוּר
מִשְׂגַּבֵּֽנוּ מָגֵן יִשְׁעֵֽנוּ מִשְׂגָּב בַּעֲדֵֽנוּ: אֵל בָּרוּךְ גְּדוֹל דֵּעָה.
הֵכִין וּפָעַל זָהֳרֵי חַמָּה. טוֹב יָצַר כָּבוֹד לִשְׁמוֹ. מְאוֹרוֹת
נָתַן סְבִיבוֹת עֻזּוֹ. פִּנּוֹת צְבָאָיו קְדוֹשִׁים רוֹמְמֵי שַׁדַּי תָּמִיד
מְסַפְּרִים כְּבוֹד אֵל וּקְדֻשָּׁתוֹ: תִּתְבָּרַךְ יְיָ אֱלֹהֵֽינוּ עַל־שֶֽׁבַח
מַעֲשֵׂה יָדֶֽיךָ. וְעַל־מְאוֹרֵי אוֹר שֶׁעָשִֽׂיתָ יְפָאֲרֽוּךָ סֶּֽלָה:

You provide light for the world and its inhabitants whom You created in mercy. In Your goodness, You renew each day the work of creation.

"How numerous are Your works, O Lord! In wisdom You made them all; the earth is full of Your creations."

O our Sovereign, You alone are exalted from of old; praised, glorified, and extolled from the beginning of time.

Eternal God, in Your abundant mercy, have compassion upon us. You are the Lord of our strength, Rock of our defense, our saving shield and refuge.

May You be praised, for with infinite wisdom You created the brilliant sun, magnificently reflecting Your splendor. The lights of the heavens radiate Your majesty.

The hosts of heaven praise You, Almighty, forever declaring Your glory and holiness.

We praise and glorify You, Lord our God, for Your wondrous works and for the bright luminaries You fashioned, which everlastingly reveal Your glory.

תִּתְבָּרַךְ צוּרֵנוּ מַלְכֵּנוּ וְגוֹאֲלֵנוּ בּוֹרֵא קְדוֹשִׁים יִשְׁתַּבַּח שִׁמְךָ לָעַד מַלְכֵּנוּ. יוֹצֵר מְשָׁרְתִים וַאֲשֶׁר מְשָׁרְתָיו כֻּלָּם עוֹמְדִים בְּרוּם עוֹלָם וּמַשְׁמִיעִים בְּיִרְאָה יַחַד בְּקוֹל דִּבְרֵי אֱלֹהִים חַיִּים וּמֶלֶךְ עוֹלָם. כֻּלָּם אֲהוּבִים כֻּלָּם בְּרוּרִים כֻּלָּם גִּבּוֹרִים וְכֻלָּם עֹשִׂים בְּאֵימָה וּבְיִרְאָה רְצוֹן קוֹנָם. וְכֻלָּם פּוֹתְחִים אֶת־פִּיהֶם בִּקְדֻשָּׁה וּבְטָהֳרָה בְּשִׁירָה וּבְזִמְרָה וּמְבָרְכִים וּמְשַׁבְּחִים וּמְפָאֲרִים וּמַעֲרִיצִים וּמַקְדִּישִׁים וּמַמְלִיכִים—

אֶת־שֵׁם הָאֵל הַמֶּלֶךְ הַגָּדוֹל הַגִּבּוֹר וְהַנּוֹרָא קָדוֹשׁ הוּא: וְכֻלָּם מְקַבְּלִים עֲלֵיהֶם עֹל מַלְכוּת שָׁמַיִם זֶה מִזֶּה. וְנוֹתְנִים רְשׁוּת זֶה לָזֶה לְהַקְדִּישׁ לְיוֹצְרָם. בְּנַחַת־רוּחַ בְּשָׂפָה בְרוּרָה וּבִנְעִימָה קְדֻשָּׁה כֻּלָּם כְּאֶחָד עוֹנִים וְאוֹמְרִים בְּיִרְאָה.

קָדוֹשׁ קָדוֹשׁ קָדוֹשׁ יְיָ צְבָאוֹת. מְלֹא כָל־הָאָרֶץ כְּבוֹדוֹ:

וְהָאוֹפַנִּים וְחַיּוֹת הַקֹּדֶשׁ בְּרַעַשׁ גָּדוֹל מִתְנַשְּׂאִים לְעֻמַּת שְׂרָפִים. לְעֻמָּתָם מְשַׁבְּחִים וְאוֹמְרִים.

בָּרוּךְ כְּבוֹד־יְיָ מִמְּקוֹמוֹ:

Kadosh, kadosh, kadosh, Adonai tz'vaot,
M'lo ḥol ha-aretz k'vodo.

Baruḥ k'vod Adonai mi-m'komo.

A MYSTICAL VISION OF GOD'S HOLINESS

You shall be praised forever, our Rock, our Sovereign, our Redeemer, Creator of celestial beings. You are the creator of ministering angels in the firmament on high. With awe they proclaim in chorus the words of the living God, the eternal Sovereign. They are all beloved, pure, and mighty, reverently doing the will of the Creator. In holiness and purity, they raise their voices in jubilant song, as they bless, praise, glorify, revere, and acclaim—

The name of the great, mighty, awe-inspiring holy God and Sovereign. In mutual acceptance of the yoke of God's sovereignty, they call to one another to hallow their Creator; with clear, gentle, and pure tones, they sing in unison, reverently proclaiming:

"Holy, holy, holy is the Lord of hosts;
The whole world is filled with God's glory."

Then other celestial beings, soaring on high, lift their voices and respond with a chorus of praise:

"Praised be the glory of the Lord which fills the universe."

THE HOLINESS OF GOD

O God, whom we acclaim as holy,
Human reason cannot fathom You.
Though we strive to sense Your presence,
Yet You remain ever above and beyond us.
Though You reveal Yourself in the marvels of nature,
And have manifested Yourself in the glory of Your law,
Yet are these revelations but as flashes of lightning
From the cloud of mystery which ever enshrouds You.
In vivid imagery, Prophets and Psalmists of old
Sought to convey their reverence and awe,
Drawing visions of You enthroned on high,
With hosts of celestial beings singing Your praise.
For the words of mortals are so woefully wanting,
Mere human utterance so sadly inadequate.
Our limitations make all praise seem trivial;
Our impurity sullies even noble speech.
So, let angels, pure beyond human attainment, adore You,
And imagined seraphim utter their flaming praise.
Let our prayer rise to You on their wings,
Let their mouths give voice to it in heavenly harmonies:
"Holy, holy, holy is the Lord of hosts;
The whole world is filled with God's glory."

E. Kohn & B. Saul

לְאֵל בָּרוּךְ נְעִימוֹת יִתֵּנוּ. לַמֶּלֶךְ אֵל חַי וְקַיָּם זְמִירוֹת יֹאמֵרוּ וְתִשְׁבָּחוֹת יַשְׁמִיעוּ. כִּי הוּא לְבַדּוֹ פּוֹעֵל גְּבוּרוֹת עֹשֶׂה חֲדָשׁוֹת בַּעַל מִלְחָמוֹת זוֹרֵעַ צְדָקוֹת מַצְמִיחַ יְשׁוּעוֹת בּוֹרֵא רְפוּאוֹת נוֹרָא תְהִלּוֹת אֲדוֹן הַנִּפְלָאוֹת. הַמְחַדֵּשׁ בְּטוּבוֹ בְּכָל־יוֹם תָּמִיד מַעֲשֵׂה בְרֵאשִׁית. כָּאָמוּר. לְעֹשֵׂה אוֹרִים גְּדֹלִים כִּי לְעוֹלָם חַסְדּוֹ: אוֹר חָדָשׁ עַל צִיּוֹן תָּאִיר וְנִזְכֶּה כֻלָּנוּ מְהֵרָה לְאוֹרוֹ. בָּרוּךְ אַתָּה יְיָ יוֹצֵר הַמְּאוֹרוֹת:

To the hallowed God, they offer sweet song,
To the living Sovereign, they utter hymns,
To the eternal God, they give praise.

God alone performs mighty deeds;
God's creative power is in all that is new.

God is the champion of all just struggles,
Sowing righteousness, bringing forth deliverance.

God's is the power that heals;
The Lord of wonders is beyond all praise.

With Divine goodness God renews daily
The continuing work of creation.

Thus the Psalmist sang:
"Praise God who continues to create great lights,
And whose kindness is ever present."

Cause a new light to shine on Zion,
And may we all be worthy to delight in its splendor.
Praised are You, O Lord, Creator of the heavenly lights.

Adapted from the Hebrew

Or ḥadash al tzion ta-ir,
V'nizkeh ḥulanu m'heyra l'oro,
Baruḥ ata Adonai, yotzeyr ha-m'orot.

Continuing Creation

Creation is not something which happened only once. Creation is an ongoing process.

Moreover, our Sages taught, the human being is "God's partner in the work of Creation." God and we create together.

There is still much to be done: disease to be conquered, injustice and poverty to be overcome, hatred and war to be eliminated. There is truth to be discovered, beauty to be fashioned, freedom to be achieved, peace and righteousness to be established. There is a great need to dedicate all the creative power which a creating God has given us, so that we may join God in "the continuing work of Creation."

Every dawn renews

We are weak, and the task seems hopeless, until we remember that we are not alone. There is a grace that every dawn renews, a loveliness making every daybreak fresh. We will endure, we will prevail, we shall see the soul restored to joy, the hand returned to strength, the will regain its force.

We shall walk with hope—we, the children of God who crowded the heavens with stars, endowed the earth with glory, and filled our souls with wonder.

Chaim Stern

אַהֲבָה רַבָּה אֲהַבְתָּנוּ יְיָ אֱלֹהֵינוּ חֶמְלָה גְדוֹלָה וִיתֵרָה חָמַלְתָּ עָלֵינוּ: אָבִינוּ מַלְכֵּנוּ בַּעֲבוּר אֲבוֹתֵינוּ שֶׁבָּטְחוּ בְךָ וַתְּלַמְּדֵם חֻקֵּי חַיִּים כֵּן תְּחָנֵּנוּ וּתְלַמְּדֵנוּ: אָבִינוּ הָאָב הָרַחֲמָן הַמְרַחֵם. רַחֵם עָלֵינוּ וְתֵן בְּלִבֵּנוּ לְהָבִין וּלְהַשְׂכִּיל לִשְׁמֹעַ לִלְמֹד וּלְלַמֵּד לִשְׁמֹר וְלַעֲשׂוֹת וּלְקַיֵּם אֶת־כָּל־דִּבְרֵי תַלְמוּד תּוֹרָתֶךָ בְּאַהֲבָה: וְהָאֵר עֵינֵינוּ בְּתוֹרָתֶךָ וְדַבֵּק לִבֵּנוּ בְּמִצְוֹתֶיךָ וְיַחֵד לְבָבֵנוּ לְאַהֲבָה וּלְיִרְאָה אֶת־שְׁמֶךָ וְלֹא־נֵבוֹשׁ לְעוֹלָם וָעֶד. כִּי בְשֵׁם קָדְשְׁךָ הַגָּדוֹל וְהַנּוֹרָא בָּטָחְנוּ נָגִילָה וְנִשְׂמְחָה בִּישׁוּעָתֶךָ:

וַהֲבִיאֵנוּ לְשָׁלוֹם מֵאַרְבַּע כַּנְפוֹת הָאָרֶץ וְתוֹלִיכֵנוּ קוֹמְמִיּוּת לְאַרְצֵנוּ: כִּי אֵל פּוֹעֵל יְשׁוּעוֹת אָתָּה וּבָנוּ בָחַרְתָּ מִכָּל־עַם וְלָשׁוֹן וְקֵרַבְתָּנוּ לְשִׁמְךָ הַגָּדוֹל סֶלָה בֶּאֱמֶת לְהוֹדוֹת לְךָ וּלְיַחֶדְךָ בְּאַהֲבָה: בָּרוּךְ אַתָּה יְיָ הַבּוֹחֵר בְּעַמּוֹ יִשְׂרָאֵל בְּאַהֲבָה:

V'ha-eyr ey-neynu b'tora-teḥa,
V'da-beyk libeynu b'mitz-voteḥa,
V'ya-ḥeyd l'va-veynu l'ahavah ul-yirah et sh'meḥa,
V'lo ney-vosh l'olam va-ed.

Va-havi-eynu l'shalom mey-arba kanfot ha-aretz,
V'toliḥeynu kom'miyut l'artzeynu.
Ki Eyl poeyl y'shuot ata,
Uvanu vaḥarta mi-kol am v'lashon;
V'keyravtanu l'shimḥa ha-gadol sela be-emet
L'hodot l'ḥa ul-yaḥedḥa b'ahava.
Baruḥ ata Adonai, ha-boḥeyr b'amo yisrael b'ahava.

GOD'S GIFTS: Love and Torah

With abounding love have You loved us, Lord our God; great and overflowing tenderness have You shown us.

O our Divine Parent and Sovereign, for the sake of our ancestors who trusted in You, and whom You taught the laws of life, be also gracious to us and teach us.

Merciful God, have compassion upon us. Endow us with understanding and discernment, that we may study Your Torah with devotion.

May we heed its words and transmit its precepts; may we follow its instruction and fulfill its teachings in love.

Enlighten our eyes in Your Torah and make our hearts cling to Your commandments. Grant us singleness of purpose to love and revere You, so that we may never be brought to shame.

For we trust in Your awesome holiness; may we rejoice and delight in Your deliverance.

Gather our people safely from the four corners of the earth, and lead us in dignity to our holy land, for You are the God who brings deliverance.

You have called us from among the peoples to be close to You, to praise You in truth, and to proclaim Your Oneness in love.

Praised are You, O Lord, who lovingly chose Your people Israel for Your service.

Preludes to the Shema:

Rallying cry of a hundred generations

The *Shema* became the first prayer of innocent childhood, and the last utterance of the dying. It was the rallying cry by which a hundred generations in Israel were welded together to do the will of their Creator in heaven; it was the watchword for the myriads of martyrs who agonized and died "for the Unity." During every persecution and massacre, *Shema Yisrael* has been the last sound on the lips of the victims. All the Jewish martyrologies are written round the *Shema*. . . .

The reading of the *Shema* indeed fulfilled the promise of the Rabbis, in that it clothes the worshiper with invincible strength. It endowed the Jew with the double-edged sword of the spirit against the unutterable terrors of the long night of suffering and exile.

Joseph H. Hertz (adapted)

Children of the One God

The Jewish people were the first to whom there was revealed the truth that there is only One God in the world, who is the God of *all* nations and *all* peoples, and who is interested in the welfare and happiness of *all of them.* Israelites and Moabites may be enemies of one another just as fire and water appear to be. But One God created both of them, and one does not have more privileges in the world than the other. What is it that Israelites and Moabites have in common? They are both children of One God.

Simon Greenberg

Praise to You, O Lord

Let us imagine a world without color, without regal red or leafy green, a world that bores the eye with gray.

Praise to You, O Lord, for all the colors in the rainbow, for eyes that are made for seeing, and for beauty that "is its own excuse for being."

Let us imagine a world without sound, a world where deathly silence covers the earth like a shroud.

Praise to You, O Lord, for words that speak to our minds, for songs that lift our spirits, and for all those souls who know how to listen.

Let us imagine a world without order, where no one can predict the length of the day or the flow of the tide. Imagine a universe where planets leave their orbits and soar like meteors through the heavens and where the law of gravity is repealed at random.

Praise to You, O Lord, for the marvelous order of nature, from stars in the sky to particles in the atom.

Let us imagine a world without love, a world in which the human spirit, incapable of caring, is locked in the prison of the self.

Praise to You, O Lord, for the capacity to feel happiness in another's happiness and pain in another's pain.

As the universe whispers of a oneness behind all that is, so the love in the human heart calls on people everywhere to unite in pursuit of those ideals that make us human.

As we sing of One God, we rejoice in the wonder of the universe and we pray for that day when all humanity will be one.

Henry Cohen

שְׁמַע יִשְׂרָאֵל יְהוָֹה אֱלֹהֵינוּ יְהוָֹה אֶחָד:

On Rosh Hashanah, silently;
On Yom Kippur, aloud:

בָּרוּךְ שֵׁם כְּבוֹד מַלְכוּתוֹ לְעוֹלָם וָעֶד:

וְאָהַבְתָּ אֵת יְהוָֹה אֱלֹהֶיךָ בְּכָל־לְבָבְךָ וּבְכָל־נַפְשְׁךָ
וּבְכָל־מְאֹדֶךָ: וְהָיוּ הַדְּבָרִים הָאֵלֶּה אֲשֶׁר אָנֹכִי מְצַוְּךָ
הַיּוֹם עַל־לְבָבֶךָ: וְשִׁנַּנְתָּם לְבָנֶיךָ וְדִבַּרְתָּ בָּם בְּשִׁבְתְּךָ
בְּבֵיתֶךָ וּבְלֶכְתְּךָ בַדֶּרֶךְ וּבְשָׁכְבְּךָ וּבְקוּמֶךָ: וּקְשַׁרְתָּם
לְאוֹת עַל־יָדֶךָ וְהָיוּ לְטֹטָפֹת בֵּין עֵינֶיךָ: וּכְתַבְתָּם עַל־
מְזֻזוֹת בֵּיתֶךָ וּבִשְׁעָרֶיךָ:

Shema Yisrael, Adonai Eloheynu, Adonai Eḥad.

Baruḥ sheym k'vod mal-ḥuto l'olam va-ed.

V'ahavta eyt Adonai Eloheḥa
B'ḥol l'vavḥa, u-v'ḥol naf-sh'ḥa, u-v'ḥol m'odeḥa.
V'ha-yu ha-d'varim ha-eyleh
Asher anoḥi m'tza-v'ḥa ha-yom al l'va-veḥa.
V'shi-nan-tam l'va-neḥa v'dibarta bam
B'shiv-t'ḥa b'vey-teḥa, u-v'leḥ-t'ḥa va-dereḥ,
U-v'shoḥ-b'ḥa u-v'ku-meḥa.
U-k'shar-tam l'ot al ya-deḥa,
V'ha-yu l'totafot beyn eyneḥa.
U-ḥ'tav-tam al m'zuzot bey-teḥa u-vish-areḥa.

The Shema

Hear, O Israel: the Lord is our God, the Lord is One.

On Rosh Hashanah, silently;
On Yom Kippur, aloud:

Praised be God's glorious sovereignty for ever and ever.

V'AHAVTA: You shall love the Lord

You shall love the Lord your God with all your heart, with all your soul, with all your might. You shall take to heart these words which I command you this day. You shall teach them diligently to your children, speaking of them when you are at home and when you are away, when you lie down at night and when you rise up in the morning. You shall bind them as a sign upon your arm, and they shall be a reminder above your eyes. You shall inscribe them on the doorposts of your homes and on your gates.

Deuteronomy 6:4-9

THE SHEMA: A call to witness

In the Torah scroll, the word *"Sh'ma"* is written with an enlarged final *ayin* (ע); and the word *"Eḥad"* with an enlarged final *daled* (ד). These two letters form the Hebrew word עֵד *(Eyd)* which means "witness."

Whenever we recite the *Sh'ma*, we are responding to the Divine call: You are My witnesses, *Atem Eydai* (Isaiah 43:10); and we are reminded of our vocation to be God's "witnesses"—in both our personal and collective lives. *(Ben Saul)*

V'AHAVTA: You shall love the Lord

Whether a person really loves God can be determined by the love which that person bears toward others. *(Levi Yitzḥak of Berditchev)*

In Judaism, love of God is never a mere feeling; it belongs to the sphere of ethical action. *(Leo Baeck)*

וְהָיָה אִם־שָׁמֹעַ תִּשְׁמְעוּ אֶל־מִצְוֹתַי אֲשֶׁר אָנֹכִי מְצַוֶּה אֶתְכֶם
הַיּוֹם לְאַהֲבָה אֶת־יְהוָֹה אֱלֹהֵיכֶם וּלְעָבְדוֹ בְּכָל־לְבַבְכֶם
וּבְכָל־נַפְשְׁכֶם: וְנָתַתִּי מְטַר־אַרְצְכֶם בְּעִתּוֹ יוֹרֶה וּמַלְקוֹשׁ
וְאָסַפְתָּ דְגָנֶךָ וְתִירֹשְׁךָ וְיִצְהָרֶךָ: וְנָתַתִּי עֵשֶׂב בְּשָׂדְךָ לִבְהֶמְתֶּךָ
וְאָכַלְתָּ וְשָׂבָעְתָּ: הִשָּׁמְרוּ לָכֶם פֶּן־יִפְתֶּה לְבַבְכֶם וְסַרְתֶּם
וַעֲבַדְתֶּם אֱלֹהִים אֲחֵרִים וְהִשְׁתַּחֲוִיתֶם לָהֶם: וְחָרָה אַף־יְהוָֹה
בָּכֶם וְעָצַר אֶת־הַשָּׁמַיִם וְלֹא־יִהְיֶה מָטָר וְהָאֲדָמָה לֹא תִתֵּן
אֶת־יְבוּלָהּ וַאֲבַדְתֶּם מְהֵרָה מֵעַל הָאָרֶץ הַטֹּבָה אֲשֶׁר יְהוָֹה
נֹתֵן לָכֶם: וְשַׂמְתֶּם אֶת־דְּבָרַי אֵלֶּה עַל־לְבַבְכֶם וְעַל־נַפְשְׁכֶם
וּקְשַׁרְתֶּם אֹתָם לְאוֹת עַל־יֶדְכֶם וְהָיוּ לְטוֹטָפֹת בֵּין עֵינֵיכֶם:
וְלִמַּדְתֶּם אֹתָם אֶת־בְּנֵיכֶם לְדַבֵּר בָּם בְּשִׁבְתְּךָ בְּבֵיתֶךָ
וּבְלֶכְתְּךָ בַדֶּרֶךְ וּבְשָׁכְבְּךָ וּבְקוּמֶךָ: וּכְתַבְתָּם עַל־מְזוּזוֹת בֵּיתֶךָ
וּבִשְׁעָרֶיךָ: לְמַעַן יִרְבּוּ יְמֵיכֶם וִימֵי בְנֵיכֶם עַל הָאֲדָמָה אֲשֶׁר
נִשְׁבַּע יְהוָֹה לַאֲבֹתֵיכֶם לָתֵת לָהֶם כִּימֵי הַשָּׁמַיִם עַל־הָאָרֶץ:

Do not be like servants who serve their master for the sake of receiving a reward; be rather like servants who devotedly serve their master with no thought of a reward; and may the awe of God be upon you.

(Pirkey Avot 1:3)

The reward for a good deed is another good deed; and the penalty for a transgression is another transgression. *(Pirkey Avot 4:2)*

If you think of reward, you think of yourself, not God. *(Salanter)*

The main purpose of the *Mitzvot* performed through physical action is to make us sensitive to those *Mitzvot* performed with the heart and mind, which are the pillars of the service of God. *(Baḥya)*

KEEP THESE WORDS

If you will faithfully obey the commandments which I command you this day, to love the Lord your God and to serve the Lord with all your heart and all your soul, then I will favor your land with rain at the proper season, in autumn and in spring; and you will harvest your grain and wine and oil. I will give grass in the fields for your cattle. You will eat and be satisfied.

Take care not to be lured away to worship other gods. For then the wrath of the Lord will be directed against you: The heavens will close and there will be no rain; the earth will not yield its produce; and you will soon perish from the good land which the Lord gave you.

Therefore, keep these words of Mine in your heart and in your soul. Bind them as a sign upon your arm, and let them be a reminder above your eyes. Teach them to your children, speaking of them when you are at home and when you are away, when you lie down at night and when you rise up in the morning. Write them upon the doorposts of your homes and upon your gates. Thus your days and the days of your children will be multiplied on the land which the Lord promised to your ancestors for as long as the heavens remain over the earth.

Deuteronomy 11:13-21

It is not enough to serve God in anticipation of future reward. One must do right and avoid wrong because as a human being one is obliged to seek perfection. *(Maimonides)*

Rejoice so greatly in performing a *Mitzvah* that you will desire no other reward than the opportunity to perform another *Mitzvah!* *(Naḥman of Bratzlav)*

Rav Aḥa said: God has made uncertain the reward of those who perform the commandments of the Torah so that we might perform them in fidelity. *(Talmud Yerushalmi, Peah)*

וַיֹּאמֶר יְהֹוָה אֶל־מֹשֶׁה לֵּאמֹר: דַּבֵּר אֶל־בְּנֵי יִשְׂרָאֵל
וְאָמַרְתָּ אֲלֵהֶם וְעָשׂוּ לָהֶם צִיצִת עַל־כַּנְפֵי בִגְדֵיהֶם לְדֹרֹתָם
וְנָתְנוּ עַל־צִיצִת הַכָּנָף פְּתִיל תְּכֵלֶת: וְהָיָה לָכֶם לְצִיצִת
וּרְאִיתֶם אֹתוֹ וּזְכַרְתֶּם אֶת־כָּל־מִצְוֹת יְהֹוָה וַעֲשִׂיתֶם אֹתָם
וְלֹא תָתוּרוּ אַחֲרֵי לְבַבְכֶם וְאַחֲרֵי עֵינֵיכֶם אֲשֶׁר־אַתֶּם זֹנִים
אַחֲרֵיהֶם: לְמַעַן תִּזְכְּרוּ וַעֲשִׂיתֶם אֶת־כָּל־מִצְוֹתָי וִהְיִיתֶם
קְדֹשִׁים לֵאלֹהֵיכֶם: אֲנִי יְהֹוָה אֱלֹהֵיכֶם אֲשֶׁר הוֹצֵאתִי
אֶתְכֶם מֵאֶרֶץ מִצְרַיִם לִהְיוֹת לָכֶם לֵאלֹהִים אֲנִי יְהֹוָה
אֱלֹהֵיכֶם: Reader יְהֹוָה אֱלֹהֵיכֶם אֱמֶת:

אֱמֶת וְיַצִּיב וְנָכוֹן וְקַיָּם וְיָשָׁר וְנֶאֱמָן וְאָהוּב וְחָבִיב וְנֶחְמָד
וְנָעִים וְנוֹרָא וְאַדִּיר וּמְתֻקָּן וּמְקֻבָּל וְטוֹב וְיָפֶה הַדָּבָר הַזֶּה
עָלֵינוּ לְעוֹלָם וָעֶד: אֱמֶת אֱלֹהֵי עוֹלָם מַלְכֵּנוּ צוּר יַעֲקֹב
מָגֵן יִשְׁעֵנוּ: לְדוֹר וָדוֹר הוּא קַיָּם וּשְׁמוֹ קַיָּם וְכִסְאוֹ נָכוֹן
וּמַלְכוּתוֹ וֶאֱמוּנָתוֹ לָעַד קַיָּמֶת. וּדְבָרָיו חָיִים וְקַיָּמִים
נֶאֱמָנִים וְנֶחֱמָדִים לָעַד וּלְעוֹלְמֵי עוֹלָמִים. עַל אֲבוֹתֵינוּ
וְעָלֵינוּ עַל בָּנֵינוּ וְעַל דּוֹרוֹתֵינוּ וְעַל כָּל־דּוֹרוֹת זֶרַע יִשְׂרָאֵל
עֲבָדֶיךָ:

עַל הָרִאשׁוֹנִים וְעַל הָאַחֲרוֹנִים דָּבָר טוֹב וְקַיָּם לְעוֹלָם
וָעֶד. אֱמֶת וֶאֱמוּנָה חֹק וְלֹא יַעֲבֹר: אֱמֶת שָׁאַתָּה הוּא יְיָ
אֱלֹהֵינוּ וֵאלֹהֵי אֲבוֹתֵינוּ. מַלְכֵּנוּ מֶלֶךְ אֲבוֹתֵינוּ גּוֹאֲלֵנוּ גּוֹאֵל
אֲבוֹתֵינוּ יוֹצְרֵנוּ צוּר יְשׁוּעָתֵנוּ פּוֹדֵנוּ וּמַצִּילֵנוּ מֵעוֹלָם שְׁמֶךָ.
אֵין אֱלֹהִים זוּלָתֶךָ:

TO SEE, TO REMEMBER, AND TO OBSERVE!

The Lord said to Moses: "Speak to the Children of Israel, and bid them to make fringes in the corners of their garments throughout their generations, putting upon the fringe of each corner a thread of blue.

"When you look upon the fringe you will be reminded of all the commandments of the Lord and obey them. You will not be led astray by the inclination of your heart or by the attraction of your eyes.

"Thus will you be reminded to fulfill all My commandments and be consecrated to your God. I am the Lord your God who brought you out of the land of Egypt to be your God. I, the Lord, am your God."

Numbers 15:37–41

TRUE AND ENDURING

This teaching is true and enduring; it is established and steadfast; it is beloved and precious, pleasant and sweet, revered and glorious; it is good and beautiful, and eternally right.

Truly, the God of the universe is our Sovereign; the Rock of Jacob is our protecting shield who exists throughout all generations, whose sovereignty is firmly established, and whose faithfulness endures forever.

God's words live on, faithful and precious. They abide forever—for our ancestors, for us, for our children, and for every generation of the people Israel, God's faithful servants.

As for our ancestors, so for our descendants: God's words will remain a cherished and abiding truth, a law which shall not pass away.

Truly, You are the Lord our God and the God of our ancestors, our Sovereign and Sovereign of our ancestors, our Redeemer and Redeemer of our ancestors, our Creator, Rock of our Deliverance, our Helper and Savior. You are eternal; there is no God but You.

עֶזְרַת אֲבוֹתֵינוּ אַתָּה הוּא מֵעוֹלָם.
מָגֵן וּמוֹשִׁיעַ לִבְנֵיהֶם אַחֲרֵיהֶם בְּכָל־דּוֹר וָדוֹר:

בְּרוּם עוֹלָם מוֹשָׁבֶךָ
וּמִשְׁפָּטֶיךָ וְצִדְקָתְךָ עַד אַפְסֵי אָרֶץ:

אַשְׁרֵי אִישׁ שֶׁיִּשְׁמַע לְמִצְוֹתֶיךָ
וְתוֹרָתְךָ וּדְבָרְךָ יָשִׂים עַל לִבּוֹ:

אֱמֶת אַתָּה הוּא אָדוֹן לְעַמֶּךָ
וּמֶלֶךְ גִּבּוֹר לָרִיב רִיבָם:

אֱמֶת אַתָּה הוּא רִאשׁוֹן וְאַתָּה הוּא אַחֲרוֹן
וּמִבַּלְעָדֶיךָ אֵין לָנוּ מֶלֶךְ גּוֹאֵל וּמוֹשִׁיעַ:

מִמִּצְרַיִם גְּאַלְתָּנוּ יְיָ אֱלֹהֵינוּ וּמִבֵּית עֲבָדִים פְּדִיתָנוּ: כָּל־בְּכוֹרֵיהֶם הָרַגְתָּ וּבְכוֹרְךָ גָּאָלְתָּ. וְיַם סוּף בָּקַעְתָּ וְזֵדִים טִבַּעְתָּ וִידִידִים הֶעֱבַרְתָּ. וַיְכַסּוּ מַיִם צָרֵיהֶם. אֶחָד מֵהֶם לֹא־נוֹתָר:

עַל זֹאת שִׁבְּחוּ אֲהוּבִים וְרוֹמְמוּ אֵל. וְנָתְנוּ יְדִידִים זְמִירוֹת שִׁירוֹת וְתִשְׁבָּחוֹת בְּרָכוֹת וְהוֹדָאוֹת לַמֶּלֶךְ אֵל חַי וְקַיָּם: רָם וְנִשָּׂא גָּדוֹל וְנוֹרָא. מַשְׁפִּיל גֵּאִים וּמַגְבִּיהַּ שְׁפָלִים מוֹצִיא אֲסִירִים וּפוֹדֶה עֲנָוִים וְעוֹזֵר דַּלִּים וְעוֹנֶה לְעַמּוֹ בְּעֵת שַׁוְּעָם אֵלָיו:

EZRAT AVOTEYNU: God our Shield and Redeemer

You have ever been the help of our ancestors,
A Shield and a Redeemer to their children
in every generation.

Though You abide in the heights of the universe,
Your laws of righteousness reach to the ends of the earth.

Happy is the person who obeys Your commandments,
Who takes to heart the words of Your Torah.

Truly, You are the Lord of Your people
And a mighty Sovereign to champion their cause.

You are the first and You are the last;
Besides You we have no Sovereign or Redeemer.

From Egypt You redeemed us, O Lord our God;
From the house of bondage You delivered us.

You revealed Your saving power at the Sea,
When the Children of Israel passed through in safety.

Therefore they praised and extolled You,
They offered You prayers of fervent thanksgiving.

They acclaimed You as their ever-living God,
Great and revered, exalted in majesty.

You humble the haughty and raise up the lowly,
You free the captives and redeem the weak.

You help those in need,
You answer Your people when they cry out to You.

תְּהִלּוֹת לְאֵל עֶלְיוֹן בָּרוּךְ הוּא וּמְבֹרָךְ:
מֹשֶׁה וּבְנֵי יִשְׂרָאֵל לְךָ עָנוּ שִׁירָה בְּשִׂמְחָה רַבָּה.
וְאָמְרוּ כֻלָּם.

מִי־כָמֹכָה בָּאֵלִם יְיָ.
מִי כָּמֹכָה נֶאְדָּר בַּקֹּדֶשׁ.
נוֹרָא תְהִלֹּת. עֹשֵׂה פֶלֶא:

שִׁירָה חֲדָשָׁה שִׁבְּחוּ גְאוּלִים לְשִׁמְךָ עַל שְׂפַת הַיָּם.
יַחַד כֻּלָּם הוֹדוּ וְהִמְלִיכוּ וְאָמְרוּ.

יְיָ יִמְלֹךְ לְעֹלָם וָעֶד:

צוּר יִשְׂרָאֵל. קוּמָה בְּעֶזְרַת יִשְׂרָאֵל.
וּפְדֵה כִנְאֻמֶךָ יְהוּדָה וְיִשְׂרָאֵל.
גֹּאֲלֵנוּ יְיָ צְבָאוֹת שְׁמוֹ קְדוֹשׁ יִשְׂרָאֵל.
בָּרוּךְ אַתָּה יְיָ גָּאַל יִשְׂרָאֵל:

Mi ḥamoḥa ba-eylim Adonai,
Mi kamoḥa nedar ba-kodesh,
Nora t'hilot osey fe-leh . . .

Adonai yimloḥ l'olam va-ed.

Tzur yisrael, kuma b'ezrat yisrael,
Uf-dey ḥin-um'ḥa y'huda v'yisrael,
Go-aleynu Adonai tz'vaot sh'mo k'dosh yisrael,
Baruḥ ata Adonai, ga-al yisrael.

Rosh Hashanah Amidah, *page 164;*
In congregations where a silent Rosh Hashanah Amidah is said, see page 36.

Yom Kippur Amidah, *page 496;*
In congregations where a silent Yom Kippur Amidah is said, see page 424.

Give praise to God on high!
Ever praised may God be!

Moses and the Children of Israel
Proclaimed in great exultation:

"Who is like You, O Lord, among the mighty?
Who is like You, glorious in holiness,
Revered in praises, doing wonders?"

At the shore of the Sea, which they crossed in safety,
The redeemed sang a new song to You.

Together they all gratefully proclaimed Your sovereignty:
"The Lord shall reign for ever and ever."

Rock of Israel,
Arise to the help of Israel.

Fulfill Your promise
To deliver Judah and Israel.

"Our Redeemer, the Lord of hosts,
Is the Holy One of Israel."

Praised are You, O Lord,
Redeemer of Israel.

RECALLING OUR REDEMPTION

We are a people in whom the past endures, in whom the present is inconceivable without moments gone by. The Exodus lasted a moment, a moment enduring forever. What happened once upon a time happens all the time.

Abraham J. Heschel

בָּרוּךְ אַתָּה יְיָ אֱלֹהֵינוּ וֵאלֹהֵי אֲבוֹתֵינוּ. אֱלֹהֵי אַבְרָהָם אֱלֹהֵי יִצְחָק וֵאלֹהֵי יַעֲקֹב. הָאֵל הַגָּדוֹל הַגִּבּוֹר וְהַנּוֹרָא אֵל עֶלְיוֹן. גּוֹמֵל חֲסָדִים טוֹבִים וְקֹנֵה הַכֹּל. וְזוֹכֵר חַסְדֵי אָבוֹת וּמֵבִיא גוֹאֵל לִבְנֵי בְנֵיהֶם לְמַעַן שְׁמוֹ בְּאַהֲבָה:

מִסּוֹד חֲכָמִים וּנְבוֹנִים. וּמִלֶּמֶד דַּעַת מְבִינִים. אֶפְתְּחָה פִּי בִּתְפִלָּה וּבְתַחֲנוּנִים. לְחַלּוֹת וּלְחַנֵּן פְּנֵי מֶלֶךְ מַלְכֵי הַמְּלָכִים וַאֲדוֹנֵי הָאֲדוֹנִים:

Some congregations recite on the FIRST DAY:

יָרֵאתִי בִּפְצוֹתִי שִׂיחַ לְהַשְׁחִיל. קוּמִי לְחַלּוֹת פְּנֵי נוֹרָא וְדָחִיל. וְקָטֹנְתִּי מַעַשׂ לָכֵן אַזְחִיל. תְּבוּנָה חָסַרְתִּי וְאֵיךְ אוֹחִיל: יוֹצְרִי הֲבִינֵנִי מוֹרָשָׁה לְהַנְחִיל. אַיְּלֵנִי וְאַמְּצֵנִי מֵרִפְיוֹן וָחִיל. לַחֲשִׁי יֶרֶצֶה כְּמַנְטִיף וּמַשְׁחִיל. בִּטּוּיִי יֻמְתַּק כְּצוּף נָחִיל: רָצוּי בְּיֹשֶׁר וְלֹא כְּמַכְחִיל. מְשַׁלְּחַי לְהַמְצִיא כֹּפֶר וּמְחִיל. שַׁאֲגִי יֶעֱרַב וְלֹא כְּמַשְׁחִיל. הֵעָתֵר לְנִגָּשִׁים וְנֶחֱשָׁבִים כְּזָחִיל: חַנּוּן כְּהַבְטִיחֲךָ לְבִנְקְרַת מְחִיל. זַעֲקִי קְשׁוֹב בְּעֵת אַתְחִיל. קְרָבַי יֶחֱמְרוּ בְּחָקְרָךְ חֲלוֹחִיל. וּמֵאֵימַת הַדִּין נַפְשִׁי תַּבְחִיל: אִם כִּגְמוּל הַלֵּב יָחִיל. מְקוֹרֵי עַפְעַפַּי אַזִּיל כְּמַזְחִיל. צְדָקָה אֲקַוֶּה מִמְּךָ וְאוֹחִיל. יֹשֶׁר הוֹרַי זָכְרָה לְהַאֲחִיל: חַם לִבִּי בַּהֲגִיגִי יַגְחִיל. יִסְתָּעֵר בְּקִרְבִּי בְּעֵת אַתְחִיל:

Continue with "Zoḥreynu" in the middle of the following page.

Some congregations recite on the SECOND DAY:

אָתִיתִי לְחַנְּנָךְ בְּלֵב קָרוּעַ וּמֻרְתָּח. בַּקֵּשׁ רַחֲמִים כְּעָנִי בַּפֶּתַח. גַּלְגֵּל רַחֲמֶיךָ וְדִין אַל תִּמְתַּח. אֲדֹנָי שְׂפָתַי תִּפְתָּח: דָּבָר אֵין בְּפִי וּבִלְשׁוֹנִי מִלָּה. הֵן יְיָ יָדַעְתָּ כֻלָּהּ. וּמִמַּעֲמַקֵּי הַלֵּב לְפָנֶיךָ אוֹחִילָה.

The Amidah

GOD OF ALL GENERATIONS

Praised are You, O Lord our God and God of our ancestors,
God of Abraham, God of Isaac, and God of Jacob;
God of Sarah, God of Rebecca, God of Rachel, and God of Leah;
Great, mighty, awesome God, supreme over all.

You are abundantly kind, O Creator of all.
Remembering the piety of our ancestors,
You lovingly bring redemption to their children's children.

With the inspired words of the wise and the discerning,
I open my mouth in prayer and supplication,
To implore mercy from the supreme Ruler, the Lord of lords.

Some congregations recite on the FIRST DAY:

With trembling I begin my plea, rising to entreat the awesome exalted One. Deficient in good deeds, I stand in fear; limited in wisdom, how dare I hope? My Creator, teach me to transmit our heritage; strengthen and support me, lest I falter in fear. Let my whispered prayer be like incense rare, and my spoken plea, like sweetest honey. Accept my prayer, reject it not; may it win pardon for those whose emissary I am. Spurn not my prayer, consider it sweet; show us compassion as You promised Moses, Your inspired servant.

My heart trembles, for You know its secrets; my soul is in dread at the thought of judgment. If sin were fully punished, who could survive? Therefore I weep and cry for Your mercy. I plead and pray for a charitable decree, for the merit of our ancestors which You will remember. My heart is stirred as I offer my prayer, I am all atremble as I prepare my plea.

Continue in the middle of the following page.

Some congregations recite on the SECOND DAY:

With a heart deeply troubled, Your mercy I implore, as I stand before You like a beggar at the door. From the depths of my heart to You I sing, let me find shelter under Your wing. Seized with dread,

אֶחֱסֶה בְּסֵתֶר כְּנָפֶֽיךָ סֶּֽלָה: זַלְעָפָה וּפַלָּצוּת אֲחָזֽוּנִי בְּמוֹרָא. חַלּוֹת פְּנֵי נוֹרָא בְּנֶֽפֶשׁ יְקָרָה. טוּב טַֽעַם וָדַֽעַת קָטֹֽנְתִּי לְחַסְדָּֽרָה. עַל כֵּן זָחַֽלְתִּי וָאִירָא: יָגַֽעְתִּי בְּאַנְחָתִי אֵיךְ לַעֲמֹד לְפָנֶֽיךָ. כִּי אֵין מַעֲשִׂים לִזְכּוֹת בְּעֵינֶֽיךָ. לַחֲלוֹתְךָ שְׁלָחֽוּנִי מַקְהֲלוֹת הֲמוֹנֶֽיךָ. תָּכִין לִבָּם תַּקְשִׁיב אָזְנֶֽךָ: מָה־אֲנִי וּמֶה־חַיַּי תּוֹלֵעָה וְרִמָּה. נִבְעַר מִדַּֽעַת וּבְאֶֽפֶס מְזִמָּה. סָמַֽכְתִּי יְתֵדוֹתַי בְּסֵֽפֶר הַחָכְמָה. מַעֲנֵה רַךְ יָשִׁיב חֵמָה: עֻזִּי אֵלֶֽיךָ אֶשְׁמֹֽרָה לְסַעֲדִי. פְּתַח דְּבָרֶֽיךָ הָאֵר לְהַגִּידִי. צַדְּקֵֽנִי וְאַמְּצֵֽנִי וְתֵן לְאֵל יָדִי. כִּי אַתָּה מִשְׂגַּבִּי אֱלֹהֵי חַסְדִּי: קְהָלֶֽיךָ עוֹמְדִים לְבַקֵּשׁ מְחִילָתֶֽךָ. רַחֲמֶֽיךָ יָכְמְרוּ לְרַחֲמָם בְּחֶמְלָתֶֽךָ. שׁוֹפְכִים לֵב כַּמַּֽיִם לְעֻמָּתֶֽךָ. וְאַתָּה תִּשְׁמַע הַשָּׁמַֽיִם מְכוֹן שִׁבְתֶּֽךָ: תְּחַזֵּק לְעַמְּךָ יָדַֽיִם הָרָפָה. שְׁלַח מֵאִתְּךָ עֵֽזֶר וּתְרוּפָה. נָאֱמֶֽיךָ יַשִּֽׂיגוּ לְחַזֵּק וּלְתַקְּפָה. כָּל־אִמְרַת אֱלֽוֹהַּ צְרוּפָה:

זָכְרֵֽנוּ לְחַיִּים מֶֽלֶךְ חָפֵץ בַּחַיִּים.

וְכָתְבֵֽנוּ בְּסֵֽפֶר הַחַיִּים. לְמַעַנְךָ אֱלֹהִים חַיִּים:

מֶֽלֶךְ עוֹזֵר וּמוֹשִֽׁיעַ וּמָגֵן. בָּרוּךְ אַתָּה יְיָ מָגֵן אַבְרָהָם:

אַתָּה גִבּוֹר לְעוֹלָם אֲדֹנָי מְחַיֵּה מֵתִים אַתָּה רַב לְהוֹשִֽׁיעַ: מְכַלְכֵּל חַיִּים בְּחֶֽסֶד מְחַיֵּה מֵתִים בְּרַחֲמִים רַבִּים. סוֹמֵךְ נוֹפְלִים וְרוֹפֵא חוֹלִים וּמַתִּיר אֲסוּרִים וּמְקַיֵּם אֱמוּנָתוֹ לִישֵׁנֵי עָפָר. מִי כָמֽוֹךָ בַּֽעַל גְּבוּרוֹת וּמִי דּֽוֹמֶה לָּךְ מֶֽלֶךְ מֵמִית וּמְחַיֶּה וּמַצְמִֽיחַ יְשׁוּעָה:

מִי כָמֽוֹךָ אַב הָרַחֲמִים. זוֹכֵר יְצוּרָיו לְחַיִּים בְּרַחֲמִים:

וְנֶאֱמָן אַתָּה לְהַחֲיוֹת מֵתִים. בָּרוּךְ אַתָּה יְיָ מְחַיֵּה הַמֵּתִים:

Zoḥreynu l'ḥa-yim meleḥ ḥafeytz ba-ḥa-yim,
V'ḥot-veynu b'seyfer ha-ḥa-yim, l'ma-anḥa Elohim ḥa-yim.

shuddering with fear, to Your awesome presence, how dare I draw near? I am deficient in virtue, knowledge I lack, I cannot approach You, fear holds me back. How can I stand before You, wearily I groan, I have no good deeds to place before Your throne. The congregation has sent me to set before You their cares, strengthen their hearts, O God, accept their prayers.

You are my strength, You are my stay, teach me, O Lord, what I shall say. Clear me of guilt, make me strong and secure, for You, gracious God, are my fortress so sure. Your people stand before You, for pardon they plead, show them Your mercy in their hour of need. Before You, O God, their hearts they lay bare, from Your heavenly abode, hear their prayer. Give strength to Your people, the weak sustain, send them help in trouble, release from pain. Your words give power, the courage to endure, for thus is it written: "Every word of God is pure."

Selected from the Hebrew

Remember us for life, O Sovereign who delights in life;
Inscribe us in the book of life, for Your sake, O God of life.

You are our Sovereign who helps, redeems, and protects.
Praised are You, O Lord,
Shield of Abraham and Sustainer of Sarah.

SOURCE OF LIFE AND MASTER OF NATURE

O Lord, mighty for all eternity, with Your saving power You grant immortal life.

You sustain the living with lovingkindness, and with great mercy You bestow eternal life upon the dead. You support the falling, heal the sick, free the captives. You keep faith with those who sleep in the dust.

Who is like You, almighty God? Who can be compared to You, O supreme Ruler over life and death, Source of redemption?

Who is like You, compassionate God?
Mercifully You remember Your creatures for life.

You are faithful in granting eternal life to the departed. Praised are You, O Lord, who confers immortality upon the departed.

Reader and congregation:

יְיָ מֶלֶךְ. יְיָ מָלָךְ. יְיָ יִמְלֹךְ לְעֹלָם וָעֶד:

Adonai Meleḥ, Adonai malaḥ, Adonai yimloḥ l'olam va-ed.

Reader:	*Congregation:*
אַדִּירֵי אֲיֻמָּה יַאְדִּירוּ בְקוֹל.	יְיָ מֶלֶךְ:
בְּרוּאֵי בָרָק יְבָרְכוּ בְקוֹל.	יְיָ מָלָךְ:
גִּבּוֹרֵי גֹבַהּ יַגְבִּירוּ בְקוֹל.	יְיָ יִמְלֹךְ:

יְיָ מֶלֶךְ. יְיָ מָלָךְ. יְיָ יִמְלֹךְ לְעֹלָם וָעֶד:

Adonai Meleḥ, Adonai malaḥ, Adonai yimloḥ l'olam va-ed.

יוֹרְשֵׁי יְקָרָה יַיְשִׁירוּ בְקוֹל.	יְיָ מֶלֶךְ:
כַּבִּירֵי כֹחַ יַכְתִּירוּ בְקוֹל.	יְיָ מָלָךְ:
לְבוּשֵׁי לֶהָבוֹת יְלַבְּבוּ בְקוֹל.	יְיָ יִמְלֹךְ:

יְיָ מֶלֶךְ. יְיָ מָלָךְ. יְיָ יִמְלֹךְ לְעֹלָם וָעֶד:

Adonai Meleḥ, Adonai malaḥ, Adonai yimloḥ l'olam va-ed.

מַנְעִימֵי מֶלֶל יְמַלְלוּ בְקוֹל.	יְיָ מֶלֶךְ:
נִצְצֵי נֹגַהּ יְנַצְּחוּ בְקוֹל.	יְיָ מָלָךְ:
שְׂרָפִים סוֹבְבִים יְסַלְסְלוּ בְקוֹל.	יְיָ יִמְלֹךְ:

יְיָ מֶלֶךְ. יְיָ מָלָךְ. יְיָ יִמְלֹךְ לְעֹלָם וָעֶד:

Adonai Meleḥ, Adonai malaḥ, Adonai yimloḥ l'olam va-ed.

תּוֹמְכֵי תְהִלּוֹת יַתְמִידוּ בְקוֹל.	יְיָ מֶלֶךְ:
תּוֹקְפֵי תִפְאַרְתֶּךָ יַתְמִימוּ בְקוֹל.	יְיָ מָלָךְ:
תְּמִימֵי תְעוּדָה יְתַנּוּ בְקוֹל.	יְיָ יִמְלֹךְ:

יְיָ מֶלֶךְ. יְיָ מָלָךְ. יְיָ יִמְלֹךְ לְעֹלָם וָעֶד:

Adonai Meleḥ, Adonai malaḥ, Adonai yimloḥ l'olam va-ed.

ADONAI MELEḤ: The Lord is our Sovereign

The Lord *is* Sovereign, the Lord *was* Sovereign,
The Lord *shall be* Sovereign forever.

Saints and sages joyously proclaim:
The Lord *is* Sovereign.
The angels on high in blessing acclaim:
The Lord *was* Sovereign.
The mighty ones powerfully exclaim:
The Lord *shall be* Sovereign forever.
The Lord *is* Sovereign, the Lord *was* Sovereign,
The Lord *shall be* Sovereign forever.

The heirs of the Torah joyously proclaim:
The Lord *is* Sovereign.
The lordly warriors crown You and acclaim:
The Lord *was* Sovereign.
The angels in their fiery garments exclaim:
The Lord *shall be* Sovereign forever.
The Lord *is* Sovereign, the Lord *was* Sovereign,
The Lord *shall be* Sovereign forever.

Masters of words gracefully proclaim:
The Lord *is* Sovereign.
The shimmering angels fervently acclaim:
The Lord *was* Sovereign.
The circling Seraphim ceaselessly exclaim:
The Lord *shall be* Sovereign forever.
The Lord *is* Sovereign, the Lord *was* Sovereign,
The Lord *shall be* Sovereign forever.

Your worshipers in praise joyously proclaim:
The Lord *is* Sovereign.
Those who adore You in reverence acclaim:
The Lord *was* Sovereign.
And all the upright in one voice exclaim:
The Lord *shall be* Sovereign forever.
The Lord *is* Sovereign, the Lord *was* Sovereign,
The Lord *shall be* Sovereign forever.

וּבְכֵן לְךָ הַכֹּל יַכְתִּירוּ:

לְאֵל עוֹרֵךְ דִּין:

לְבוֹחֵן לְבָבוֹת בְּיוֹם דִּין לְגוֹלֶה עֲמֻקּוֹת בַּדִּין:

לְדוֹבֵר מֵישָׁרִים בְּיוֹם דִּין לְהוֹגֶה דֵעוֹת בַּדִּין:

לְוָתִיק וְעֹשֶׂה חֶסֶד בְּיוֹם דִּין לְזוֹכֵר בְּרִיתוֹ בַּדִּין:

לְחוֹמֵל מַעֲשָׂיו בְּיוֹם דִּין לְטַהֵר חוֹסָיו בַּדִּין:

לְיוֹדֵעַ מַחֲשָׁבוֹת בְּיוֹם דִּין לְכוֹבֵשׁ כַּעְסוֹ בַּדִּין:

לְלוֹבֵשׁ צְדָקוֹת בְּיוֹם דִּין לְמוֹחֵל עֲוֹנוֹת בַּדִּין:

לְנוֹרָא תְהִלּוֹת בְּיוֹם דִּין לְסוֹלֵחַ לַעֲמוּסָיו בַּדִּין:

לְעוֹנֶה לְקוֹרְאָיו בְּיוֹם דִּין לְפוֹעֵל רַחֲמָיו בַּדִּין:

לְצוֹפֶה נִסְתָּרוֹת בְּיוֹם דִּין לְקוֹנֶה עֲבָדָיו בַּדִּין:

לְרַחֵם עַמּוֹ בְּיוֹם דִּין לְשׁוֹמֵר אוֹהֲבָיו בַּדִּין:

לְתוֹמֵךְ תְּמִימָיו בְּיוֹם דִּין:

L'EYL OREYḤ DIN: Acclaiming the God of judgment

Let us proclaim the sovereignty of God,
Who calls us to judgment:

Who searches all hearts on the Day of Judgment—

And reveals the hidden things, in judgment;

Who decides righteously on the Day of Judgment—

And knows our innermost secrets, in judgment;

Who bestows mercy on the Day of Judgment—

And remembers the Covenant, in judgment;

Who spares all creatures on the Day of Judgment—

And clears those who are faithful, in judgment;

Who knows our thoughts on the Day of Judgment—

And restrains Divine wrath, in judgment;

Who is clothed in charity on the Day of Judgment—

And pardons wrongdoing, in judgment;

Who is profoundly revered on the Day of Judgment—

And forgives our people, in judgment;

Who answers their pleas on the Day of Judgment—

And invokes Divine love and pity, in judgment;

Who understands all mysteries on the Day of Judgment—

And accepts the faithful, in judgment;

Who shows mercy to our people on the Day of Judgment—

And preserves those who love God, in judgment;

Who sustains the upright on the Day of Judgment—

And is the One who calls us to judgment!

וּבְכֵן לְךָ תַעֲלֶה קְדֻשָּׁה כִּי אַתָּה אֱלֹהֵינוּ מֶלֶךְ:

נְקַדֵּשׁ אֶת־שִׁמְךָ בָּעוֹלָם כְּשֵׁם שֶׁמַּקְדִּישִׁים אוֹתוֹ בִּשְׁמֵי מָרוֹם. כַּכָּתוּב עַל־יַד נְבִיאֶךָ. וְקָרָא זֶה אֶל־זֶה וְאָמַר.

קָדוֹשׁ קָדוֹשׁ קָדוֹשׁ יְיָ צְבָאוֹת. מְלֹא כָל־הָאָרֶץ כְּבוֹדוֹ:

אָז בְּקוֹל רַעַשׁ גָּדוֹל אַדִּיר וְחָזָק מַשְׁמִיעִים קוֹל מִתְנַשְּׂאִים לְעֻמַּת שְׂרָפִים לְעֻמָּתָם בָּרוּךְ יֹאמֵרוּ.

בָּרוּךְ כְּבוֹד־יְיָ מִמְּקוֹמוֹ:

מִמְּקוֹמְךָ מַלְכֵּנוּ תוֹפִיעַ וְתִמְלוֹךְ עָלֵינוּ כִּי מְחַכִּים אֲנַחְנוּ לָךְ: מָתַי תִּמְלוֹךְ בְּצִיּוֹן. בְּקָרוֹב בְּיָמֵינוּ לְעוֹלָם וָעֶד תִּשְׁכּוֹן: תִּתְגַּדַּל וְתִתְקַדַּשׁ בְּתוֹךְ יְרוּשָׁלַיִם עִירְךָ לְדוֹר וָדוֹר וּלְנֵצַח נְצָחִים: וְעֵינֵינוּ תִרְאֶינָה מַלְכוּתֶךָ כַּדָּבָר הָאָמוּר בְּשִׁירֵי עֻזֶּךָ עַל־יְדֵי דָוִד מְשִׁיחַ צִדְקֶךָ:

יִמְלֹךְ יְיָ לְעוֹלָם. אֱלֹהַיִךְ צִיּוֹן לְדֹר וָדֹר. הַלְלוּיָהּ:

לְדוֹר וָדוֹר נַגִּיד גָּדְלֶךָ. וּלְנֵצַח נְצָחִים קְדֻשָּׁתְךָ נַקְדִּישׁ. וְשִׁבְחֲךָ אֱלֹהֵינוּ מִפִּינוּ לֹא יָמוּשׁ לְעוֹלָם וָעֶד. כִּי אֵל מֶלֶךְ גָּדוֹל וְקָדוֹשׁ אָתָּה:

Kadosh, kadosh, kadosh, Adonai tz'vaot,
M'lo ḥol ha-aretz k'vodo.

Baruḥ k'vod Adonai mi-m'komo.

Yimloḥ Adonai l'olam,
Eloha-yiḥ tzion l'dor va-dor, Hallelujah.

KEDUSHAH: A vision of God's holiness

We sanctify Your name on earth
As it is sanctified in the heavenly heights.
We chant the words which angels sang,
In the mystic vision of Your prophet:

"Holy, holy, holy is the Lord of hosts;
The whole world is filled with God's glory."

Then, their heavenly voices thunder forth in a resounding majestic chorus; and, rising toward the Seraphim, they respond in blessing, saying:

"Praised be the glory of the Lord
Which fills the universe."

O our Sovereign, reveal Yourself throughout the universe and establish Your rule over us; for we await You. When, O Lord, will Your sovereignty be established in Zion? May it be soon, in our day, and for all time. May You be magnified and sanctified in Jerusalem, Your city, for all generations. May we soon behold the establishment of Your rule, as promised in the Psalms of David, Your righteous anointed king:

"The Lord shall reign forever;
Your God, O Zion, through all generations; Hallelujah!"

Throughout all generations we will declare Your greatness, and to all eternity we will proclaim Your holiness. We will never cease praising You, for You are a great and holy God and Sovereign.

וּבְכֵן תֵּן פַּחְדְּךָ יְיָ אֱלֹהֵינוּ עַל כָּל־מַעֲשֶׂיךָ וְאֵימָתְךָ עַל כָּל־מַה־שֶּׁבָּרָאתָ. וְיִירָאוּךָ כָּל־הַמַּעֲשִׂים וְיִשְׁתַּחֲווּ לְפָנֶיךָ כָּל־הַבְּרוּאִים. וְיֵעָשׂוּ כֻלָּם אֲגֻדָּה אֶחָת לַעֲשׂוֹת רְצוֹנְךָ בְּלֵבָב שָׁלֵם. כְּמוֹ שֶׁיָּדַעְנוּ יְיָ אֱלֹהֵינוּ שֶׁהַשִּׁלְטוֹן לְפָנֶיךָ עֹז בְּיָדְךָ וּגְבוּרָה בִּימִינֶךָ וְשִׁמְךָ נוֹרָא עַל כָּל־מַה־שֶּׁבָּרָאתָ:

וּבְכֵן תֵּן כָּבוֹד יְיָ לְעַמֶּךָ תְּהִלָּה לִירֵאֶיךָ וְתִקְוָה לְדוֹרְשֶׁיךָ וּפִתְחוֹן פֶּה לַמְיַחֲלִים לָךְ. שִׂמְחָה לְאַרְצֶךָ וְשָׂשׂוֹן לְעִירֶךָ בִּמְהֵרָה בְיָמֵינוּ:

וּבְכֵן צַדִּיקִים יִרְאוּ וְיִשְׂמָחוּ וִישָׁרִים יַעֲלֹזוּ וַחֲסִידִים בְּרִנָּה יָגִילוּ. וְעוֹלָתָה תִּקְפָּץ־פִּיהָ וְכָל־הָרִשְׁעָה כֻּלָּהּ כְּעָשָׁן תִּכְלֶה. כִּי תַעֲבִיר מֶמְשֶׁלֶת זָדוֹן מִן הָאָרֶץ:

וְתִמְלוֹךְ אַתָּה יְיָ לְבַדֶּךָ עַל כָּל־מַעֲשֶׂיךָ בְּהַר צִיּוֹן מִשְׁכַּן כְּבוֹדֶךָ וּבִירוּשָׁלַיִם עִיר קָדְשֶׁךָ כַּכָּתוּב בְּדִבְרֵי קָדְשֶׁךָ. יִמְלֹךְ יְיָ לְעוֹלָם. אֱלֹהַיִךְ צִיּוֹן לְדֹר וָדֹר. הַלְלוּיָהּ:

קָדוֹשׁ אַתָּה וְנוֹרָא שְׁמֶךָ וְאֵין אֱלוֹהַּ מִבַּלְעָדֶיךָ כַּכָּתוּב. וַיִּגְבַּהּ יְיָ צְבָאוֹת בַּמִּשְׁפָּט וְהָאֵל הַקָּדוֹשׁ נִקְדַּשׁ בִּצְדָקָה. בָּרוּךְ אַתָּה יְיָ הַמֶּלֶךְ הַקָּדוֹשׁ:

אַתָּה בְחַרְתָּנוּ מִכָּל־הָעַמִּים. אָהַבְתָּ אוֹתָנוּ וְרָצִיתָ בָּנוּ. וְרוֹמַמְתָּנוּ מִכָּל־הַלְּשׁוֹנוֹת. וְקִדַּשְׁתָּנוּ בְּמִצְוֹתֶיךָ. וְקֵרַבְתָּנוּ מַלְכֵּנוּ לַעֲבוֹדָתֶךָ. וְשִׁמְךָ הַגָּדוֹל וְהַקָּדוֹשׁ עָלֵינוּ קָרָאתָ:

O GOD, IN YOUR HOLINESS, ESTABLISH YOUR REIGN!

Lord our God, imbue all Your creatures with reverence for You, and fill all that You have created with awe of You. May they all bow before You and unite in one fellowship to do Your will wholeheartedly. May they all acknowledge, as we do, that sovereignty is Yours, that Yours is the power and the majesty, and that You reign supreme over all You have created.

Grant honor, O Lord, to Your people, glory to those who revere You, hope to those who seek You, and confidence to those who trust in You. Grant joy to Your land and gladness to Your holy city, speedily in our own days.

Then the righteous will see and be glad, the upright will exult, and the pious will rejoice in song. Wickedness will be silenced, and all evil will vanish like smoke when You remove the dominion of tyranny from the earth.

Then You alone, O Lord, will rule over all Your works, from Mount Zion, the dwelling place of Your presence, from Jerusalem, Your holy city. Thus it is written in the Psalms: "The Lord shall reign forever; your God, Zion, through all generations; Hallelujah!"

You are holy, Your name is awe-inspiring, and there is no God but You. Thus the prophet wrote: "The Lord of hosts is exalted by justice, and the holy God is sanctified through righteousness." Praised are You, O Lord, the holy Sovereign.

YOU SANCTIFY ISRAEL AND THIS DAY OF REMEMBRANCE

You have chosen us of all peoples for Your service; and, in Your gracious love, You have exalted us by teaching us the way of holiness through Your *Mitzvot*. Thus You have linked us with Your great and holy name.

On Shabbat add the words in brackets.

וַתִּתֶּן־לָנוּ יְיָ אֱלֹהֵינוּ בְּאַהֲבָה אֶת־יוֹם [הַשַּׁבָּת הַזֶּה וְאֶת־יוֹם] הַזִּכָּרוֹן הַזֶּה יוֹם [זִכְרוֹן] תְּרוּעָה [בְּאַהֲבָה] מִקְרָא קֹדֶשׁ. זֵכֶר לִיצִיאַת מִצְרָיִם:

אֱלֹהֵינוּ וֵאלֹהֵי אֲבוֹתֵינוּ. יַעֲלֶה וְיָבֹא וְיַגִּיעַ. וְיֵרָאֶה וְיֵרָצֶה וְיִשָּׁמַע. וְיִפָּקֵד וְיִזָּכֵר זִכְרוֹנֵנוּ וּפִקְדוֹנֵנוּ. וְזִכְרוֹן אֲבוֹתֵינוּ. וְזִכְרוֹן מָשִׁיחַ בֶּן־דָּוִד עַבְדֶּךָ. וְזִכְרוֹן יְרוּשָׁלַיִם עִיר קָדְשֶׁךָ. וְזִכְרוֹן כָּל־עַמְּךָ בֵּית יִשְׂרָאֵל לְפָנֶיךָ. לִפְלֵיטָה לְטוֹבָה לְחֵן וּלְחֶסֶד וּלְרַחֲמִים לְחַיִּים וּלְשָׁלוֹם בְּיוֹם הַזִּכָּרוֹן הַזֶּה: זָכְרֵנוּ יְיָ אֱלֹהֵינוּ בּוֹ לְטוֹבָה. וּפָקְדֵנוּ בוֹ לִבְרָכָה. וְהוֹשִׁיעֵנוּ בוֹ לְחַיִּים. וּבִדְבַר יְשׁוּעָה וְרַחֲמִים חוּס וְחָנֵּנוּ וְרַחֵם עָלֵינוּ וְהוֹשִׁיעֵנוּ. כִּי אֵלֶיךָ עֵינֵינוּ. כִּי אֵל מֶלֶךְ חַנּוּן וְרַחוּם אָתָּה:

אֱלֹהֵינוּ וֵאלֹהֵי אֲבוֹתֵינוּ מְלוֹךְ עַל כָּל־הָעוֹלָם כֻּלּוֹ בִּכְבוֹדֶךָ וְהִנָּשֵׂא עַל כָּל־הָאָרֶץ בִּיקָרֶךָ וְהוֹפַע בַּהֲדַר גְּאוֹן עֻזֶּךָ עַל כָּל־יוֹשְׁבֵי תֵבֵל אַרְצֶךָ. וְיֵדַע כָּל־פָּעוּל כִּי אַתָּה פְעַלְתּוֹ וְיָבִין כָּל־יָצוּר כִּי אַתָּה יְצַרְתּוֹ. וְיֹאמַר כֹּל אֲשֶׁר נְשָׁמָה בְאַפּוֹ יְיָ אֱלֹהֵי יִשְׂרָאֵל מֶלֶךְ וּמַלְכוּתוֹ בַּכֹּל מָשָׁלָה: אֱלֹהֵינוּ וֵאלֹהֵי אֲבוֹתֵינוּ [רְצֵה בִמְנוּחָתֵנוּ] קַדְּשֵׁנוּ בְּמִצְוֹתֶיךָ וְתֵן חֶלְקֵנוּ בְּתוֹרָתֶךָ שַׂבְּעֵנוּ מִטּוּבֶךָ וְשַׂמְּחֵנוּ בִּישׁוּעָתֶךָ. [וְהַנְחִילֵנוּ יְיָ אֱלֹהֵינוּ בְּאַהֲבָה וּבְרָצוֹן שַׁבַּת קָדְשֶׁךָ וְיָנוּחוּ בָהּ יִשְׂרָאֵל מְקַדְּשֵׁי שְׁמֶךָ] וְטַהֵר לִבֵּנוּ לְעָבְדְּךָ בֶּאֱמֶת. כִּי אַתָּה אֱלֹהִים אֱמֶת וּדְבָרְךָ אֱמֶת וְקַיָּם לָעַד. בָּרוּךְ אַתָּה יְיָ מֶלֶךְ עַל כָּל־הָאָרֶץ מְקַדֵּשׁ [הַשַּׁבָּת וְ]יִשְׂרָאֵל וְיוֹם הַזִּכָּרוֹן:

On Shabbat add the words in brackets.

In love have You given us, O Lord our God, [this Sabbath day, and] this Day of Remembrance, a day for [recalling in love] the sounding of the Shofar, a holy convocation, commemorating the Exodus from Egypt.

Our God and God of our ancestors, we recall and invoke the remembrance of our ancestors, the piety of their prayers for Messianic deliverance, the glory of Jerusalem, Your holy city, and the destiny of the entire household of Israel. As we seek Your love and mercy, we pray for deliverance and for life, for happiness and for peace, on this Day of Remembrance.

Remember us, O Lord; bless us with all that is good. Recall Your promise of merciful redemption; spare us, have compassion upon us, and graciously save us. To You we lift our eyes in hope; for You, our Sovereign, are a gracious and merciful God.

Our God and God of our ancestors, establish Your glorious sovereignty over all the world and Your glorious majesty over all the earth. Show all who dwell on earth the splendor of Your power.

Then every creature will know that You created it; every living thing will recognize that You fashioned it; and everything that breathes will declare: The Lord, God of Israel, is the Sovereign, whose dominion extends over all creation.

Our God and God of our ancestors, [may our Sabbath rest be acceptable to You;] may Your *Mitzvot* lead us to holiness; and may we be among those who devote themselves to Your Torah. May we find contentment in Your blessings, and joy in Your sustaining power.

[Help us to enjoy, in love and favor, the heritage of Your holy Sabbath. May Your people Israel, who hallow Your name, find rest on this day.]

Purify our hearts to serve You in truth, for You are the God of truth; Your word is truth, and endures forever.

Praised are You, O Lord, Sovereign over all the earth, who hallows [the Sabbath,] Israel, and this Day of Remembrance.

רְצֵה יְיָ אֱלֹהֵינוּ בְּעַמְּךָ יִשְׂרָאֵל. וּתְפִלָּתָם בְּאַהֲבָה תְקַבֵּל בְּרָצוֹן. וּתְהִי לְרָצוֹן תָּמִיד עֲבוֹדַת יִשְׂרָאֵל עַמֶּךָ:

וְתֶחֱזֶינָה עֵינֵינוּ בְּשׁוּבְךָ לְצִיּוֹן בְּרַחֲמִים. בָּרוּךְ אַתָּה יְיָ הַמַּחֲזִיר שְׁכִינָתוֹ לְצִיּוֹן:

מוֹדִים אֲנַחְנוּ לָךְ שָׁאַתָּה הוּא יְיָ אֱלֹהֵינוּ וֵאלֹהֵי אֲבוֹתֵינוּ לְעוֹלָם וָעֶד. צוּר חַיֵּינוּ מָגֵן יִשְׁעֵנוּ אַתָּה הוּא לְדוֹר וָדוֹר. נוֹדֶה לְךָ וּנְסַפֵּר תְּהִלָּתֶךָ עַל חַיֵּינוּ הַמְּסוּרִים בְּיָדֶךָ וְעַל נִשְׁמוֹתֵינוּ הַפְּקוּדוֹת לָךְ וְעַל נִסֶּיךָ שֶׁבְּכָל־יוֹם עִמָּנוּ וְעַל נִפְלְאוֹתֶיךָ וְטוֹבוֹתֶיךָ שֶׁבְּכָל־עֵת עֶרֶב וָבֹקֶר וְצָהֳרָיִם. הַטּוֹב כִּי לֹא־כָלוּ רַחֲמֶיךָ. וְהַמְרַחֵם כִּי לֹא־תַמּוּ חֲסָדֶיךָ. מֵעוֹלָם קִוִּינוּ לָךְ:

The following may be said in an undertone:

מוֹדִים אֲנַחְנוּ לָךְ שָׁאַתָּה הוּא יְיָ אֱלֹהֵינוּ וֵאלֹהֵי אֲבוֹתֵינוּ אֱלֹהֵי כָל־בָּשָׂר יוֹצְרֵנוּ יוֹצֵר בְּרֵאשִׁית. בְּרָכוֹת וְהוֹדָאוֹת לְשִׁמְךָ הַגָּדוֹל וְהַקָּדוֹשׁ עַל שֶׁהֶחֱיִיתָנוּ וְקִיַּמְתָּנוּ. כֵּן תְּחַיֵּנוּ וּתְקַיְּמֵנוּ וְתֶאֱסוֹף גָּלֻיּוֹתֵינוּ לְאֶרֶץ קָדְשֶׁךָ לִשְׁמֹר חֻקֶּיךָ וְלַעֲשׂוֹת רְצוֹנֶךָ וּלְעָבְדְךָ בְּלֵבָב שָׁלֵם עַל שֶׁאֲנַחְנוּ מוֹדִים לָךְ. בָּרוּךְ אֵל הַהוֹדָאוֹת:

וְעַל־כֻּלָּם יִתְבָּרַךְ וְיִתְרוֹמַם שִׁמְךָ מַלְכֵּנוּ תָּמִיד לְעוֹלָם וָעֶד:

וּכְתוֹב לְחַיִּים טוֹבִים כָּל־בְּנֵי בְרִיתֶךָ:

ACCEPT OUR PRAYER AND BLESS ZION

Be gracious to Your people Israel, O Lord our God, and lovingly accept their prayers. May our worship ever be acceptable to You.

May our eyes behold Your merciful return to Zion. Praise to You, O Lord, who restores the Divine Presence to Zion.

THANKSGIVING FOR DAILY MIRACLES

We thankfully acknowledge You, our God and God of our ancestors, Lord of eternity. You are the source of our strength, even as You have been Israel's protecting shield in every generation.

We thank You and proclaim Your praise for our lives which are in Your hand, for our souls which are in Your care, for Your miracles which are daily with us, and for Your wondrous kindness at all times–morning, noon, and night. Source of all goodness, Your mercies never fail. Source of compassion, Your kindnesses never cease. You are our abiding hope.

The following may be said in an undertone:

We thankfully acknowledge You, Lord our God and God of our ancestors, God of all flesh, our Creator, Lord of all creation.

We utter blessings and thanksgiving to Your greatness and holiness, for You have given us life and sustained us.

May You continue to bless us with life and sustenance, and gather our dispersed, so that we may fulfill Your commandments, do Your will, and serve You wholeheartedly.

Praised be God to whom all thanks are due.

For all Your blessings we shall praise and exalt You, O our Sovereign, forever.

Inscribe all the children of Your covenant for a good life.

וְכל הַחַיִּים יוֹדוּךָ סֶּלָה וִיהַלְלוּ אֶת שִׁמְךָ בֶּאֱמֶת הָאֵל יְשׁוּעָתֵנוּ וְעֶזְרָתֵנוּ סֶלָה. בָּרוּךְ אַתָּה יְיָ הַטּוֹב שִׁמְךָ וּלְךָ נָאֶה לְהוֹדוֹת:

אֱלֹהֵינוּ וֵאלֹהֵי אֲבוֹתֵינוּ. בָּרְכֵנוּ בַבְּרָכָה הַמְשֻׁלֶּשֶׁת בַּתּוֹרָה הַכְּתוּבָה עַל יְדֵי משֶׁה עַבְדֶּךָ. הָאֲמוּרָה מִפִּי אַהֲרן וּבָנָיו כֹּהֲנִים. עַם קְדוֹשֶׁךָ כָּאָמוּר:

Congregation: **Keyn y'hi ratzon.**

יְבָרֶכְךָ יְיָ וְיִשְׁמְרֶךָ: כֵּן יְהִי רָצוֹן:

יָאֵר יְיָ פָּנָיו אֵלֶיךָ וִיחֻנֶּךָּ: כֵּן יְהִי רָצוֹן:

יִשָּׂא יְיָ פָּנָיו אֵלֶיךָ וְיָשֵׂם לְךָ שָׁלוֹם: כֵּן יְהִי רָצוֹן:

שִׂים שָׁלוֹם טוֹבָה וּבְרָכָה בָּעוֹלָם חֵן וָחֶסֶד וְרַחֲמִים עָלֵינוּ וְעַל כָּל־יִשְׂרָאֵל עַמֶּךָ. בָּרְכֵנוּ אָבִינוּ כֻּלָּנוּ כְּאֶחָד בְּאוֹר פָּנֶיךָ. כִּי בְאוֹר פָּנֶיךָ נָתַתָּ לָּנוּ יְיָ אֱלֹהֵינוּ תּוֹרַת חַיִּים וְאַהֲבַת חֶסֶד וּצְדָקָה וּבְרָכָה וְרַחֲמִים וְחַיִּים וְשָׁלוֹם. וְטוֹב בְּעֵינֶיךָ לְבָרֵךְ אֶת־עַמְּךָ יִשְׂרָאֵל בְּכָל־עֵת וּבְכָל־שָׁעָה בִּשְׁלוֹמֶךָ:

בְּסֵפֶר חַיִּים בְּרָכָה וְשָׁלוֹם וּפַרְנָסָה טוֹבָה. נִזָּכֵר וְנִכָּתֵב לְפָנֶיךָ. אֲנַחְנוּ וְכָל־עַמְּךָ בֵּית יִשְׂרָאֵל. לְחַיִּים טוֹבִים וּלְשָׁלוֹם. בָּרוּךְ אַתָּה יְיָ עוֹשֵׂה הַשָּׁלוֹם:

B'seyfer ḥa-yim b'raḥah v'shalom ufar-nasah tovah,
Niza-ḥeyr v'nikateyv l'faneḥa,
Anaḥnu v'ḥol amḥa beyt yisrael,
L'ḥa-yim tovim ul-shalom.

May all living creatures always thank You and praise You in truth. O God, You are our deliverance and our help. Praised are You, beneficent Lord, to whom all praise is due.

THE THREEFOLD BLESSING

Our God and God of our ancestors, bless us with the threefold blessing written in the Torah by Moses, Your servant, pronounced in ancient days by Aaron and his sons, the consecrated priests of Your people:

Congregation:

"May the Lord bless you
and protect you." *May this be God's will.*

"May the Lord show you kindness
and be gracious to you." *May this be God's will.*

"May the Lord bestow favor upon you
and grant you peace." *May this be God's will.*

SIM SHALOM: Prayer for peace

Grant peace, goodness, and blessing to the world; graciousness, kindness, and mercy to us and to all Your people Israel.

Bless us all, O our Creator, with the divine light of Your presence.

For by that divine light You have revealed to us Your life-giving Torah, and taught us lovingkindness, righteousness, mercy, and peace.

May it please You to bless Your people Israel, in every season and at every hour, with Your peace.

In the book of life and blessing, peace and prosperity, may we and all Your people, the house of Israel, be inscribed for a good and peaceful life.

Praised are You, O Lord, Source of peace.

Guard my tongue from evil

O Lord, guard my tongue from evil
and my lips from speaking falsehood.

Help me to ignore those who slander me,
and to be humble and forgiving to all.

Open my heart to Your Torah,
that I may know Your teachings and eagerly do Your will.

Frustrate the plans of those who wish me ill,
that I may praise Your power, Your holiness, and Your law.

Save Your loved ones, O Lord;
Answer us with Your redeeming power.

"May the words of my mouth
and the meditation of my heart
find favor before You,
my Rock and my Redeemer."

O Maker of harmony in the universe,
grant peace to us, to Israel, and to people everywhere.

יִהְיוּ לְרָצוֹן אִמְרֵי־פִי וְהֶגְיוֹן לִבִּי לְפָנֶיךָ.
יְיָ צוּרִי וְגֹאֲלִי:
עֹשֶׂה שָׁלוֹם בִּמְרוֹמָיו הוּא יַעֲשֶׂה שָׁלוֹם
עָלֵינוּ וְעַל כָּל־יִשְׂרָאֵל. וְאִמְרוּ אָמֵן:

Yi-h'yu l'ratzon imrey fi v'heg-yon libi l'fa-neḥa,
Adonai tzuri v'go-ali.

Oseh shalom bi-m'romav, hu ya-aseh shalom
Aleynu v'al kol yisrael, v'imru amen.

Draw us near to that which You love

May it be Your will, Lord our God,
to cause love and harmony,
peace and comradeship
to abide among us.

Imbue us with reverence for You;
strengthen our good impulse,
thus may we serve You
and perform Your *Mitzvot* wholeheartedly.

May no one hate us or envy us;
and may no hatred or envy of others be found in us.

Keep us far from that which You despise;
draw us near to that which You love;
and deal mercifully with us
for the sake of Your great name.

Amen.

Personal prayers of Talmudic sages (adapted)

On Shabbat omit.

אָבִינוּ מַלְכֵּנוּ חָטָאנוּ לְפָנֶיךָ:

אָבִינוּ מַלְכֵּנוּ אֵין לָנוּ מֶלֶךְ אֶלָּא אָתָּה:

אָבִינוּ מַלְכֵּנוּ הַחֲזִירֵנוּ בִּתְשׁוּבָה שְׁלֵמָה לְפָנֶיךָ:

אָבִינוּ מַלְכֵּנוּ חַדֵּשׁ עָלֵינוּ שָׁנָה טוֹבָה:

אָבִינוּ מַלְכֵּנוּ שְׁלַח רְפוּאָה שְׁלֵמָה לְחוֹלֵי עַמֶּךָ:

אָבִינוּ מַלְכֵּנוּ הָפֵר עֲצַת אוֹיְבֵינוּ:

אָבִינוּ מַלְכֵּנוּ זָכְרֵנוּ בְּזִכְרוֹן טוֹב לְפָנֶיךָ:

אָבִינוּ מַלְכֵּנוּ כָּתְבֵנוּ בְּסֵפֶר חַיִּים טוֹבִים:

אָבִינוּ מַלְכֵּנוּ כָּתְבֵנוּ בְּסֵפֶר גְּאֻלָּה וִישׁוּעָה:

אָבִינוּ מַלְכֵּנוּ כָּתְבֵנוּ בְּסֵפֶר פַּרְנָסָה וְכַלְכָּלָה:

אָבִינוּ מַלְכֵּנוּ כָּתְבֵנוּ בְּסֵפֶר זְכֻיּוֹת:

אָבִינוּ מַלְכֵּנוּ כָּתְבֵנוּ בְּסֵפֶר סְלִיחָה וּמְחִילָה:

אָבִינוּ מַלְכֵּנוּ הַצְמַח לָנוּ יְשׁוּעָה בְּקָרוֹב:

אָבִינוּ מַלְכֵּנוּ הָרֵם קֶרֶן יִשְׂרָאֵל עַמֶּךָ:

אָבִינוּ מַלְכֵּנוּ שְׁמַע קוֹלֵנוּ חוּס וְרַחֵם עָלֵינוּ:

אָבִינוּ מַלְכֵּנוּ קַבֵּל בְּרַחֲמִים וּבְרָצוֹן אֶת־תְּפִלָּתֵנוּ:

אָבִינוּ מַלְכֵּנוּ חֲמוֹל עָלֵינוּ וְעַל עוֹלָלֵינוּ וְטַפֵּנוּ:

אָבִינוּ מַלְכֵּנוּ עֲשֵׂה לְמַעַן בָּאֵי בָאֵשׁ וּבַמַּיִם עַל קִדּוּשׁ שְׁמֶךָ:

אָבִינוּ מַלְכֵּנוּ עֲשֵׂה לְמַעַנְךָ אִם לֹא לְמַעֲנֵנוּ:

אָבִינוּ מַלְכֵּנוּ חָנֵּנוּ וַעֲנֵנוּ כִּי אֵין בָּנוּ מַעֲשִׂים
עֲשֵׂה עִמָּנוּ צְדָקָה וָחֶסֶד וְהוֹשִׁיעֵנוּ:

Avinu mal-keynu, ḥoney-nu va-aneynu, ki eyn banu ma-asim,
Asey imanu tz'dakah va-ḥesed, v'ho-shi-eynu.

AVINU MALKEYNU

Avinu Malkeynu, we have sinned before You.

Avinu Malkeynu, we have no Sovereign but You.

Avinu Malkeynu, help us to return to You fully repentant.

Avinu Malkeynu, grant us a good new year.

Avinu Malkeynu, send complete healing for our afflicted.

Avinu Malkeynu, frustrate the designs of our adversaries.

Avinu Malkeynu, remember us favorably.

Avinu Malkeynu, inscribe us in the book of goodness.

Avinu Malkeynu, inscribe us in the book of redemption.

Avinu Malkeynu, inscribe us in the book of sustenance.

Avinu Malkeynu, inscribe us in the book of merit.

Avinu Malkeynu, inscribe us in the book of forgiveness.

Avinu Malkeynu, hasten our deliverance.

Avinu Malkeynu, grant glory to Your people Israel.

Avinu Malkeynu, hear us, pity us, and spare us.

Avinu Malkeynu, accept our prayer with mercy and favor.

Avinu Malkeynu, have pity on us and on our children.

*Avinu Malkeynu, act for those who went through fire
and water for the sanctification of Your name.*

Avinu Malkeynu, act for Your sake if not for ours.

*Avinu Malkeynu, graciously answer us,
although we are without merits;
Deal with us charitably and lovingly save us.*

A Note on Avinu Malkeynu appears on page 886.

Reader:

יִתְגַּדַּל וְיִתְקַדַּשׁ שְׁמֵהּ רַבָּא. בְּעָלְמָא דִּי־בְרָא כִרְעוּתֵהּ. וְיַמְלִיךְ מַלְכוּתֵהּ בְּחַיֵּיכוֹן וּבְיוֹמֵיכוֹן וּבְחַיֵּי דְכָל־בֵּית יִשְׂרָאֵל בַּעֲגָלָא וּבִזְמַן קָרִיב. וְאִמְרוּ אָמֵן:

Congregation and Reader:

יְהֵא שְׁמֵהּ רַבָּא מְבָרַךְ לְעָלַם וּלְעָלְמֵי עָלְמַיָּא:

Reader:

יִתְבָּרַךְ וְיִשְׁתַּבַּח וְיִתְפָּאַר וְיִתְרוֹמַם וְיִתְנַשֵּׂא וְיִתְהַדַּר וְיִתְעַלֶּה וְיִתְהַלַּל שְׁמֵהּ דְּקֻדְשָׁא. בְּרִיךְ הוּא. לְעֵלָּא לְעֵלָּא מִכָּל־בִּרְכָתָא וְשִׁירָתָא תֻּשְׁבְּחָתָא וְנֶחֱמָתָא דַּאֲמִירָן בְּעָלְמָא. וְאִמְרוּ אָמֵן:

תִּתְקַבֵּל צְלוֹתְהוֹן וּבָעוּתְהוֹן דְּכָל־יִשְׂרָאֵל קֳדָם אֲבוּהוֹן דִּי־בִשְׁמַיָּא. וְאִמְרוּ אָמֵן:

יְהֵא שְׁלָמָא רַבָּא מִן שְׁמַיָּא וְחַיִּים עָלֵינוּ וְעַל כָּל־יִשְׂרָאֵל. וְאִמְרוּ אָמֵן:

עֹשֶׂה שָׁלוֹם בִּמְרוֹמָיו הוּא יַעֲשֶׂה שָׁלוֹם עָלֵינוּ וְעַל כָּל־יִשְׂרָאֵל. וְאִמְרוּ אָמֵן:

Congregation and Reader:

Y'hey sh'mey raba m'varaḥ l'alam ul-almey alma-ya (yit-baraḥ).

Oseh shalom bi-m'romav, hu ya-aseh shalom
Aleynu v'al kol yisrael, v'imru **amen.**

KADDISH SHALEM

Magnified and sanctified be the great name of God, in the world created according to the Divine will. May God's sovereignty soon be established, in our lifetime and that of the entire house of Israel. And let us say: Amen.

Congregation and Reader:

May God's great name be praised to all eternity.

Hallowed and honored, extolled and exalted, adored and acclaimed be the name of the blessed Holy One, whose glory is infinitely beyond all the praises, hymns, and songs of adoration which human beings can utter. And let us say: Amen.

May the prayers and pleas of the whole house of Israel be accepted by the universal Parent of us all. And let us say: Amen.

May God grant abundant peace and life to us and to all Israel. And let us say: Amen.

May God, who ordains harmony in the universe, grant peace to us and to all Israel. And let us say: Amen.

קְרִיאַת הַתּוֹרָה לְרֹאשׁ הַשָּׁנָה

KERIAT HA-TORAH / TORAH SERVICE

ROSH HASHANAH

אֵין־כָּמְוֹךָ בָאֱלֹהִים אֲדֹנָי וְאֵין כְּמַעֲשֶׂיךָ:
מַלְכוּתְךָ מַלְכוּת כָּל־עֹלָמִים וּמֶמְשַׁלְתְּךָ בְּכָל־דּוֹר וָדֹר:

יְיָ מֶלֶךְ יְיָ מָלָךְ יְיָ יִמְלֹךְ לְעֹלָם וָעֶד:
יְיָ עֹז לְעַמּוֹ יִתֵּן יְיָ יְבָרֵךְ אֶת־עַמּוֹ בַשָּׁלוֹם:

אַב הָרַחֲמִים הֵיטִיבָה בִרְצוֹנְךָ אֶת־צִיּוֹן
תִּבְנֶה חוֹמוֹת יְרוּשָׁלָיִם:
כִּי בְךָ לְבַד בָּטָחְנוּ מֶלֶךְ אֵל רָם וְנִשָּׂא אֲדוֹן עוֹלָמִים:

The Ark is opened.

וַיְהִי בִּנְסֹעַ הָאָרֹן וַיֹּאמֶר מֹשֶׁה.
קוּמָה יְיָ וְיָפֻצוּ אֹיְבֶיךָ וְיָנֻסוּ מְשַׂנְאֶיךָ מִפָּנֶיךָ:
כִּי מִצִּיּוֹן תֵּצֵא תוֹרָה וּדְבַר־יְיָ מִירוּשָׁלָיִם:
בָּרוּךְ שֶׁנָּתַן תּוֹרָה לְעַמּוֹ יִשְׂרָאֵל בִּקְדֻשָּׁתוֹ:

Eyn ka-moḥa va-Elohim Adonai v'eyn k'ma-aseḥa.
Malḥutḥa malḥut kol olamim, umem-shalt'ḥa b'ḥol dor va-dor.

Adonai meleḥ, Adonai malaḥ, Adonai yimloḥ l'olam va-ed.
Adonai oz l'amo yiteyn, Adonai y'vareyḥ et amo va-shalom.

Av ha-raḥamim, hey-tiva vir-tzonḥa et tzion,
Tivneh ḥomot y'ru-shala-yim.
Ki v'ḥa l'vad ba-taḥnu, meleḥ Eyl ram v'nisa adon olamim.

The Ark is opened.

Va-y'hi bin-soa ha-aron va-yomer moshe,
Kuma Adonai v'ya-futzu oy-veḥa,
V'yanusu m'san-eḥa mi-paneḥa.

Ki mi-tzion tey-tzey torah,
U-d'var Adonai mi-ru-shala-yim.
Baruḥ sheh-natan torah l'amo yisrael bi-k'du-shato.

Torah service

"There is none like You, O Lord,
among those acclaimed as divine;
There are no deeds like Yours.

Your sovereignty is everlasting,
Your dominion endures through all generations."

The Lord reigns, the Lord has reigned,
"The Lord shall reign forever."

May the Lord give strength to our people,
And bless our people with peace.

Merciful God, "favor Zion with Your goodness;
Build the walls of Jerusalem."

For in You alone do we trust,
Exalted God and Sovereign, Ruler of the universe.

VA-Y'HI BIN-SOA

"Whenever the Ark moved forward,
Moses would exclaim:

'Arise, O Lord, and may Your enemies be scattered;
May Your foes be put to flight before You.'"

"From Zion shall come forth Torah,
And the word of the Lord from Jerusalem."

Praised be God who, in Divine holiness,
Gave the Torah to the people Israel.

On a weekday recite this page.

יְיָ יְיָ אֵל רַחוּם וְחַנּוּן. אֶרֶךְ אַפַּיִם וְרַב־חֶסֶד וֶאֱמֶת:
נֹצֵר חֶסֶד לָאֲלָפִים. נֹשֵׂא עָוֹן וָפֶשַׁע וְחַטָּאָה וְנַקֵּה:

יִהְיוּ לְרָצוֹן אִמְרֵי־פִי וְהֶגְיוֹן לִבִּי לְפָנֶיךָ יְיָ צוּרִי וְגֹאֲלִי:

וַאֲנִי תְפִלָּתִי לְךָ יְיָ עֵת רָצוֹן
אֱלֹהִים בְּרָב־חַסְדֶּךָ עֲנֵנִי בֶּאֱמֶת יִשְׁעֶךָ:

"The Lord is ever-present, all-merciful, gracious, compassionate, patient, abounding in kindness and faithfulness, treasuring up love for a thousand generations, forgiving iniquity, transgression, and sin, and pardoning the penitent."

"May the words of my mouth and the meditation of my heart
Find favor before You, my Rock and my Redeemer."

"In kindness, Lord, answer my prayer;
Mercifully grant me Your abiding help."

Adonai Adonai Eyl raḥum v'ḥanun,
ereḥ apa-yim v'rav ḥesed ve-emet.
No-tzeyr ḥesed la-alafim,
nosey avon va-fe-sha v'ḥata-a v'nakey.

Yi-h'yu l'ratzon imrey fi v'heg-yon libi l'fa-neḥa,
Adonai tzuri v'go-ali.

Va-ani t'filati l'ḥa Adonai eyt ratzon
Elohim b'rov ḥas-deḥa aneyni be-emet yish-eḥa.

Optional selections:

תּוֹרַת יְיָ תְּמִימָה מְשִׁיבַת נָֽפֶשׁ
עֵדוּת יְיָ נֶאֱמָנָה מַחְכִּֽימַת פֶּֽתִי׃
פִּקּוּדֵי יְיָ יְשָׁרִים מְשַׂמְּחֵי־לֵב
מִצְוַת יְיָ בָּרָה מְאִירַת עֵינָֽיִם׃
יִרְאַת יְיָ טְהוֹרָה עוֹמֶֽדֶת לָעַד
מִשְׁפְּטֵי־יְיָ אֱמֶת צָֽדְקוּ יַחְדָּו׃

The teaching of the Lord is perfect, reviving the spirit;
The testimony of the Lord is trustworthy,
Teaching wisdom to the simple.

The precepts of the Lord are just, rejoicing the heart;
The commandment of the Lord is pure, enlightening the eyes.

Reverence for the Lord is pure, enduring forever.
The judgments of the Lord are true; they are altogether just.

From Psalm 19

וְהַעֲרֶב־נָא יְיָ אֱלֹהֵֽינוּ אֶת־דִּבְרֵי תוֹרָתְךָ בְּפִֽינוּ וּבְפִי עַמְּךָ בֵּית יִשְׂרָאֵל. וְנִהְיֶה אֲנַֽחְנוּ וְצֶאֱצָאֵֽינוּ וְצֶאֱצָאֵי עַמְּךָ בֵּית יִשְׂרָאֵל כֻּלָּֽנוּ יוֹדְעֵי שְׁמֶֽךָ וְלוֹמְדֵי תוֹרָתֶֽךָ לִשְׁמָהּ. בָּרוּךְ אַתָּה יְיָ הַמְלַמֵּד תּוֹרָה לְעַמּוֹ יִשְׂרָאֵל׃

May the words of Your Torah, Lord our God, be pleasant to us and to Your people, the house of Israel. May we, our children, and all future generations of the house of Israel know You and study Your Torah with devotion. Praised are You, O Lord, who teaches Torah to Your people Israel.

בְּרִיךְ שְׁמֵהּ דְּמָרֵא עָלְמָא. בְּרִיךְ כִּתְרָךְ וְאַתְרָךְ: יְהֵא רְעוּתָךְ
עִם עַמָּךְ יִשְׂרָאֵל לְעָלַם. וּפֻרְקַן יְמִינָךְ אַחֲזֵי לְעַמָּךְ בְּבֵית
מִקְדְּשָׁךְ. וּלְאַמְטוּיֵי לֱנָא מִטּוּב נְהוֹרָךְ. וּלְקַבֵּל צְלוֹתָֽנָא בְּרַחֲמִין:
יְהֵא רַעֲוָא קֳדָמָךְ. דְּתוֹרִיךְ לָן חַיִּין בְּטִיבוּתָא. וְלֶהֱוֵי אֲנָא פְּקִידָא
בְּגוֹ צַדִּיקַיָּא. לְמִרְחַם עֲלַי וּלְמִנְטַר יָתִי וְיַת כָּל־דִּי לִי וְדִי
לְעַמָּךְ יִשְׂרָאֵל: אַנְתְּ הוּא זָן לְכֹלָּא וּמְפַרְנֵס לְכֹלָּא. אַנְתְּ הוּא
שַׁלִּיט עַל כֹּלָּא. אַנְתְּ הוּא דְּשַׁלִּיט עַל מַלְכַיָּא. וּמַלְכוּתָא דִּי־לָךְ
הִיא: אֲנָא עַבְדָּא דְקֻדְשָׁא בְּרִיךְ הוּא. דְּסָגִדְנָא קַמֵּהּ וּמִקַּמָּא
דִּיקַר אוֹרַיְתֵהּ. בְּכָל עִדָּן וְעִדָּן: לָא עַל אֱנָשׁ רָחֵיצְנָא. וְלָא עַל
בַּר אֱלָהִין סָמֵיכְנָא. אֶלָּא בֶּאֱלָהָא דִשְׁמַיָּא. דְּהוּא אֱלָהָא קְשׁוֹט
וְאוֹרַיְתֵהּ קְשׁוֹט וּנְבִיאוֹהִי קְשׁוֹט. וּמַסְגֵּא לְמֶעְבַּד טַבְוָן וּקְשׁוֹט:

בֵּהּ אֲנָא רָחֵץ וְלִשְׁמֵהּ קַדִּישָׁא יַקִּירָא אֲנָא אֵמַר תֻּשְׁבְּחָן: יְהֵא
רַעֲוָא קֳדָמָךְ דְּתִפְתַּח לִבִּי בְּאוֹרַיְתָא. וְתַשְׁלִים מִשְׁאֲלִין דְּלִבִּי.
וְלִבָּא דְכָל־עַמָּךְ יִשְׂרָאֵל. לְטָב וּלְחַיִּין וְלִשְׁלָם: אָמֵן:

Lord of the universe, praised be Your name and praised be Your sovereignty. May Your love abide with Your people Israel forever. In Your sanctuary reveal to them Your redeeming power.

Grant us the precious gift of Your light; and mercifully accept our prayers. May it be Your will to grant us a long and good life so that we may be counted among the righteous. Show us Your compassion; guard us and our dear ones and all Your people Israel. You nourish and sustain all; You rule over all, even monarchs, for all dominion is Yours.

We are the servants of the Holy One, praised be God, before whom and before whose glorious Torah we bow in reverence. We do not put our trust in any mortal or in any angelic being. Our trust is in the God of the heavens, the God of truth, whose Torah is truth, whose prophets are prophets of truth, and who abounds in deeds of goodness and truth. In God we put our trust, and to God we utter praises.

May it be Your will to open our hearts to Your Torah and to fulfill the worthy desires of our hearts and the hearts of all Your people Israel, for good, for life, and for peace. Amen.

Zohar, Va-yakheyl

Bey ana raḥeytz, v'lish-mey kadi-sha yakira ana eymar tush-b'ḥan.
Y'hey ra-ava kodamaḥ d'tiftaḥ libi b'oraita,
V'tash-lim mish-alin d'libi v'liba d'ḥol amaḥ yisrael,
L'tav u-l'ḥa-yin v'lish-lam. Amen.

Prayers before the Ark

Our God and God of our ancestors, we stand before the Ark of Your Covenant on this Rosh Hashanah to acknowledge Your sovereignty in our lives, and to seek further knowledge of Your Torah. Help us, O Lord, to behold the wonders of Your Torah. Endow us with wisdom so that we may understand its precepts; inspire us with loyalty, so that we may live by its teachings at all times.

We are grateful to You, O Keeper of Israel, for Your many bounties, and for the protecting care with which Your love shelters and guides us. Throughout the new year, may we be ever mindful that, wherever we are, we are in Your presence. May our words and deeds hallow Your name and thus make us worthy of Your blessings. Amen.

Almighty God, reverently we stand before the Torah, Your most precious gift to us—the sacred Scriptures which our ancestors learned and taught, preserved for us, a heritage unto all generations. May we, their children's children, ponder its every word; may we find, as did they, new evidence of You in its precepts, enriching wisdom in its teachings.

As we begin a new year, may the Torah be our tree of life, our shield and guide; may we take its teachings to our hearts, and thus draw nearer to You in loyalty, in truth, and in love. Amen.

Lord of the universe, accept our prayers on this Rosh Hashanah. Fulfill the worthy desires of our hearts, and in Your loving kindness pardon our iniquities. Remember us for good, for blessing, and for life. Endow us with health and vigor and grant us a year of achievement and serenity. Give us sustenance for our bodies and nourishment for our souls. Send healing for our sorrows, strength for our burdens, and hope to brighten each new day. Imbue us with the will to study Your Torah and to obey Your commandments. Bless the work of our hands and the thoughts of our minds. "Happy are all who know You and delight in Your commandments."

The Torah Scrolls are removed from the Ark.

Reader, then congregation:

שְׁמַע יִשְׂרָאֵל יְיָ אֱלֹהֵינוּ יְיָ אֶחָד:

Reader, then congregation:

אֶחָד אֱלֹהֵינוּ גָּדוֹל אֲדוֹנֵינוּ קָדוֹשׁ וְנוֹרָא שְׁמוֹ:

Reader:

גַּדְּלוּ לַייָ אִתִּי וּנְרוֹמְמָה שְׁמוֹ יַחְדָּו:

Congregation and Reader:

לְךָ יְיָ הַגְּדֻלָּה וְהַגְּבוּרָה וְהַתִּפְאֶרֶת וְהַנֵּצַח וְהַהוֹד.
כִּי־כֹל בַּשָּׁמַיִם וּבָאָרֶץ
לְךָ יְיָ הַמַּמְלָכָה וְהַמִּתְנַשֵּׂא לְכֹל לְרֹאשׁ:
רוֹמְמוּ יְיָ אֱלֹהֵינוּ וְהִשְׁתַּחֲווּ לַהֲדֹם רַגְלָיו. קָדוֹשׁ הוּא:
רוֹמְמוּ יְיָ אֱלֹהֵינוּ וְהִשְׁתַּחֲווּ לְהַר קָדְשׁוֹ.
כִּי־קָדוֹשׁ יְיָ אֱלֹהֵינוּ:

Reader proclaims and congregation repeats:

Shema Yisrael, Adonai Eloheynu, Adonai Eḥad.

Reader, then congregation:

Eḥad Eloheynu, gadol adoneynu, kadosh v'nora sh'mo.

L'ḥa Adonai ha-g'dula v'ha-g'vura v'ha-tiferet
V'ha-neytzaḥ v'ha-hod.
Ki ḥol ba-shama-yim u-va-aretz,
L'ḥa Adonai ha-mamlaḥa v'ha-mit-nasey l'ḥol l'rosh.

Rom'mu Adonai Eloheynu
V'hish-taḥavu la-hadom rag-lav, kadosh hu.
Rom'mu Adonai Eloheynu v'hish-taḥavu l'har kod-sho,
Ki kadosh Adonai Eloheynu.

The Torah Scrolls are removed from the Ark.

Reader, then congregation:

"HEAR, O ISRAEL: THE LORD IS OUR GOD, THE LORD IS ONE."

Reader, then congregation:

One is our God; exalted is our Lord;
Holy and awesome is God's name.

Reader:

"Glorify the Lord with me; let us exalt God together."

Congregation and Reader:

"Yours, O Lord, is the greatness, the power,
and the splendor;
Yours is the victory and the majesty;
For all in heaven and on earth is Yours.
Dominion, O Lord, is Yours; and You rule over all."

"Exalt the Lord our God and worship the One who is holy."
"Exalt and worship at God's holy mountain;
For holy is the Lord our God."

Reader:

וְיַעֲזֹר וְיָגֵן וְיוֹשִׁיעַ לְכֹל הַחוֹסִים בּוֹ. וְנֹאמַר אָמֵן:
הַכֹּל הָבוּ גֹדֶל לֵאלֹהֵינוּ וּתְנוּ כָבוֹד לַתּוֹרָה:

(The first honoree is called.)

בָּרוּךְ שֶׁנָּתַן תּוֹרָה לְעַמּוֹ יִשְׂרָאֵל בִּקְדֻשָּׁתוֹ:

Congregation, then Reader:

וְאַתֶּם הַדְּבֵקִים בַּיְיָ אֱלֹהֵיכֶם חַיִּים כֻּלְּכֶם הַיּוֹם:

TORAH BLESSINGS

Each person honored with an Aliyah, recites the following blessings:

בָּרְכוּ אֶת־יְיָ הַמְבֹרָךְ:

בָּרוּךְ יְיָ הַמְבֹרָךְ לְעוֹלָם וָעֶד:

בָּרוּךְ אַתָּה יְיָ אֱלֹהֵינוּ מֶלֶךְ הָעוֹלָם אֲשֶׁר בָּחַר־בָּנוּ מִכָּל־הָעַמִּים וְנָתַן־לָנוּ אֶת־תּוֹרָתוֹ. בָּרוּךְ אַתָּה יְיָ נוֹתֵן הַתּוֹרָה:

After a section of the Torah has been read, recite the following:

בָּרוּךְ אַתָּה יְיָ אֱלֹהֵינוּ מֶלֶךְ הָעוֹלָם אֲשֶׁר נָתַן־לָנוּ תּוֹרַת אֱמֶת וְחַיֵּי עוֹלָם נָטַע בְּתוֹכֵנוּ. בָּרוּךְ אַתָּה יְיָ נוֹתֵן הַתּוֹרָה:

Torah Reading for the first day, page 202;
Torah Reading for the second day, page 220.

Reader:

May God help, protect, and save all whose trust is in the Lord.
Let us exalt our God and render homage to the Torah.

Praised be God who, in Divine holiness,
Gave the Torah to the people Israel.

Congregation, then Reader:

V'atem ha-d'veykim ba-donai Eloheyḥem
Ḥa-yim kulḥem ha-yom.

"And you, by clinging to the Lord your God,
Have all been kept alive to this day."

TORAH BLESSINGS

Each person honored with an Aliyah, recites the following blessings:

Barḥu et Adonai ha-m'voraḥ.

Baruḥ Adonai ha-m'voraḥ l'olam va-ed.

Baruḥ ata Adonai, Eloheynu meleḥ ha-olam, asher baḥar banu mi-kol ha-amim, v'natan lanu et torato, baruḥ ata Adonai noteyn ha-torah.

After a section of the Torah has been read, recite the following:

Baruḥ ata Adonai, Eloheynu meleḥ ha-olam, asher natan lanu torat emet, v'ḥa-yey olam nata b'toḥeynu, baruḥ ata Adonai noteyn ha-torah.

Praise the Lord, Source of all blessing;

Praised be the Lord, Source of all blessing, forever.

Praised are You, Lord our God, Ruler of the universe, who chose us from among the peoples for Divine service by giving us the Torah. Praised are You, O Lord, Giver of the Torah.

Praised are You, Lord our God, Ruler of the universe, who has given us the Torah of truth, thereby planting within us life eternal. Praised are You, O Lord, Giver of the Torah.

FIRST ALIYAH

וַיהוָה פָּקַד אֶת־שָׂרָה כַּאֲשֶׁר אָמָר וַיַּעַשׂ יְהוָה
לְשָׂרָה כַּאֲשֶׁר דִּבֵּר׃ וַתַּהַר וַתֵּלֶד שָׂרָה לְאַבְרָהָם בֵּן
לִזְקֻנָיו לַמּוֹעֵד אֲשֶׁר־דִּבֶּר אֹתוֹ אֱלֹהִים׃ וַיִּקְרָא אַבְרָהָם
אֶת־שֶׁם־בְּנוֹ הַנּוֹלַד־לוֹ אֲשֶׁר־יָלְדָה־לּוֹ שָׂרָה יִצְחָק׃ וַיָּמָל
אַבְרָהָם אֶת־יִצְחָק בְּנוֹ בֶּן־שְׁמֹנַת יָמִים כַּאֲשֶׁר צִוָּה אֹתוֹ
אֱלֹהִים׃

SECOND ALIYAH

וְאַבְרָהָם בֶּן־מְאַת שָׁנָה בְּהִוָּלֶד לוֹ אֵת יִצְחָק בְּנוֹ׃
וַתֹּאמֶר שָׂרָה צְחֹק עָשָׂה לִי אֱלֹהִים כָּל־הַשֹּׁמֵעַ יִצְחַק־לִי׃
וַתֹּאמֶר מִי מִלֵּל לְאַבְרָהָם הֵינִיקָה בָנִים שָׂרָה כִּי־יָלַדְתִּי
בֵן לִזְקֻנָיו׃ וַיִּגְדַּל הַיֶּלֶד וַיִּגָּמַל וַיַּעַשׂ אַבְרָהָם מִשְׁתֶּה
גָדוֹל בְּיוֹם הִגָּמֵל אֶת־יִצְחָק׃

On Shabbat, Third Aliyah

וַתֵּרֶא שָׂרָה אֶת־בֶּן־הָגָר הַמִּצְרִית אֲשֶׁר־יָלְדָה לְאַבְרָהָם
מְצַחֵק׃ וַתֹּאמֶר לְאַבְרָהָם גָּרֵשׁ הָאָמָה הַזֹּאת וְאֶת־בְּנָהּ כִּי
לֹא יִירַשׁ בֶּן־הָאָמָה הַזֹּאת עִם־בְּנִי עִם־יִצְחָק׃ וַיֵּרַע
הַדָּבָר מְאֹד בְּעֵינֵי אַבְרָהָם עַל אוֹדֹת בְּנוֹ׃ וַיֹּאמֶר אֱלֹהִים
אֶל־אַבְרָהָם אַל־יֵרַע בְּעֵינֶיךָ עַל־הַנַּעַר וְעַל־אֲמָתֶךָ כֹּל
אֲשֶׁר תֹּאמַר אֵלֶיךָ שָׂרָה שְׁמַע בְּקֹלָהּ כִּי בְיִצְחָק יִקָּרֵא לְךָ
זָרַע׃

Torah reading, first day

Genesis 21:1–34

The LORD took note of Sarah as He had promised, and the LORD did for Sarah as He had spoken. Sarah conceived and bore a son to Abraham in his old age, at the set time of which God had spoken. Abraham gave his new-born son, whom Sarah had borne him, the name of Isaac. And when his son Isaac was eight days old, Abraham circumcised him, as God had commanded him.

Now Abraham was a hundred years old when his son Isaac was born to him. Sarah said, "God has brought me laughter; everyone who hears will laugh with me." And she added,

> "Who would have said to Abraham
> That Sarah would suckle children!
> Yet I have borne a son in his old age."

The child grew up and was weaned, and Abraham held a great feast on the day that Isaac was weaned.

Sarah saw the son, whom Hagar the Egyptian had borne to Abraham, playing. She said to Abraham, "Cast out that slave-woman and her son, for the son of that slave shall not share in the inheritance with my son Isaac." The matter distressed Abraham greatly, for it concerned a son of his. But God said to Abraham, "Do not be distressed over the boy or your slave; whatever Sarah tells you, do as she says, for it is through Isaac that offspring shall be continued for you.

English texts of the Torah and Haftarah readings are reproduced here, unchanged, from The Jewish Publication Society's Bible translations.

THIRD ALIYAH
On Shabbat, Fourth Aliyah

וְגַ֥ם אֶת־בֶּן־הָאָמָ֖ה לְג֣וֹי אֲשִׂימֶ֑נּוּ כִּ֥י זַרְעֲךָ֖ הֽוּא׃ וַיַּשְׁכֵּ֣ם אַבְרָהָ֣ם ׀ בַּבֹּ֡קֶר וַיִּֽקַּֽח־לֶחֶם֩ וְחֵ֨מַת מַ֜יִם וַיִּתֵּ֣ן אֶל־הָ֠גָר שָׂ֧ם עַל־שִׁכְמָ֛הּ וְאֶת־הַיֶּ֖לֶד וַֽיְשַׁלְּחֶ֑הָ וַתֵּ֣לֶךְ וַתֵּ֔תַע בְּמִדְבַּ֖ר בְּאֵ֥ר שָֽׁבַע׃ וַיִּכְל֥וּ הַמַּ֖יִם מִן־הַחֵ֑מֶת וַתַּשְׁלֵ֣ךְ אֶת־הַיֶּ֔לֶד תַּ֖חַת אַחַ֥ד הַשִּׂיחִֽם׃ וַתֵּ֨לֶךְ וַתֵּ֜שֶׁב לָ֣הּ מִנֶּ֗גֶד הַרְחֵק֙ כִּמְטַחֲוֵ֣י קֶ֔שֶׁת כִּ֣י אָֽמְרָ֔ה אַל־אֶרְאֶ֖ה בְּמ֣וֹת הַיָּ֑לֶד וַתֵּ֣שֶׁב מִנֶּ֔גֶד וַתִּשָּׂ֥א אֶת־קֹלָ֖הּ וַתֵּֽבְךְּ׃ וַיִּשְׁמַ֣ע אֱלֹהִים֮ אֶת־ק֣וֹל הַנַּעַר֒ וַיִּקְרָא֩ מַלְאַ֨ךְ אֱלֹהִ֤ים ׀ אֶל־הָגָר֙ מִן־הַשָּׁמַ֔יִם וַיֹּ֥אמֶר לָ֖הּ מַה־לָּ֣ךְ הָגָ֑ר אַל־תִּ֣ירְאִ֔י כִּֽי־שָׁמַ֧ע אֱלֹהִ֛ים אֶל־ק֥וֹל הַנַּ֖עַר בַּאֲשֶׁ֥ר הוּא־שָֽׁם׃

On Shabbat, Fifth Aliyah

ק֚וּמִי שְׂאִ֣י אֶת־הַנַּ֔עַר וְהַחֲזִ֥יקִי אֶת־יָדֵ֖ךְ בּ֑וֹ כִּֽי־לְג֥וֹי גָּד֖וֹל אֲשִׂימֶֽנּוּ׃ וַיִּפְקַ֤ח אֱלֹהִים֙ אֶת־עֵינֶ֔יהָ וַתֵּ֖רֶא בְּאֵ֣ר מָ֑יִם וַתֵּ֜לֶךְ וַתְּמַלֵּ֤א אֶת־הַחֵ֙מֶת֙ מַ֔יִם וַתַּ֖שְׁקְ אֶת־הַנָּֽעַר׃ וַיְהִ֧י אֱלֹהִ֛ים אֶת־הַנַּ֖עַר וַיִּגְדָּ֑ל וַיֵּ֙שֶׁב֙ בַּמִּדְבָּ֔ר וַיְהִ֖י רֹבֶ֥ה קַשָּֽׁת׃ וַיֵּ֖שֶׁב בְּמִדְבַּ֣ר פָּארָ֑ן וַתִּֽקַּֽח־ל֥וֹ אִמּ֛וֹ אִשָּׁ֖ה מֵאֶ֥רֶץ מִצְרָֽיִם׃

"As for the son of the slave-woman, I will make a nation of him, too, for he is your seed." Early next morning Abraham took some bread and a skin of water, and gave them to Hagar. He placed them over her shoulder, together with the child, and sent her away. And she wandered about in the wilderness of Beer-sheba. When the water was gone from the skin, she left the child under one of the bushes, and went and sat down at a distance, a bowshot away; for she thought, "Let me not look on as the child dies." And sitting thus afar, she burst into tears.

God heard the cry of the boy, and an angel of God called to Hagar from heaven and said to her, "What troubles you, Hagar? Fear not, for God has heeded the cry of the boy where he is.

"Come, lift up the boy and hold him by the hand, for I will make a great nation of him." Then God opened her eyes and she saw a well of water. She went and filled the skin with water, and let the boy drink. God was with the boy and he grew up; he dwelt in the wilderness and became a bowman. He lived in the wilderness of Paran; and his mother got a wife for him from the land of Egypt.

FOURTH ALIYAH
On Shabbat, Sixth Aliyah

וַֽיְהִי֙ בָּעֵ֣ת הַהִ֔וא וַיֹּ֣אמֶר אֲבִימֶ֗לֶךְ וּפִיכֹל֙ שַׂר־צְבָא֔וֹ אֶל־אַבְרָהָ֖ם לֵאמֹ֑ר אֱלֹהִ֣ים עִמְּךָ֔ בְּכֹ֥ל אֲשֶׁר־אַתָּ֖ה עֹשֶֽׂה׃ וְעַתָּ֗ה הִשָּׁ֨בְעָה לִּ֤י בֵֽאלֹהִים֙ הֵ֔נָּה אִם־תִּשְׁקֹ֣ר לִ֔י וּלְנִינִ֖י וּלְנֶכְדִּ֑י כַּחֶ֜סֶד אֲשֶׁר־עָשִׂ֤יתִי עִמְּךָ֙ תַּעֲשֶׂ֣ה עִמָּדִ֔י וְעִם־הָאָ֖רֶץ אֲשֶׁר־גַּ֥רְתָּה בָּֽהּ׃ וַיֹּ֙אמֶר֙ אַבְרָהָ֔ם אָנֹכִ֖י אִשָּׁבֵֽעַ׃ וְהוֹכִ֥חַ אַבְרָהָ֖ם אֶת־אֲבִימֶ֑לֶךְ עַל־אֹדוֹת֙ בְּאֵ֣ר הַמַּ֔יִם אֲשֶׁ֥ר גָּזְל֖וּ עַבְדֵ֥י אֲבִימֶֽלֶךְ׃ וַיֹּ֣אמֶר אֲבִימֶ֔לֶךְ לֹ֣א יָדַ֔עְתִּי מִ֥י עָשָׂ֖ה אֶת־הַדָּבָ֣ר הַזֶּ֑ה וְגַם־אַתָּ֞ה לֹא־הִגַּ֣דְתָּ לִּ֗י וְגַ֧ם אָנֹכִ֛י לֹ֥א שָׁמַ֖עְתִּי בִּלְתִּ֥י הַיּֽוֹם׃ וַיִּקַּ֤ח אַבְרָהָם֙ צֹ֣אן וּבָקָ֔ר וַיִּתֵּ֖ן לַאֲבִימֶ֑לֶךְ וַיִּכְרְת֥וּ שְׁנֵיהֶ֖ם בְּרִֽית׃

FIFTH ALIYAH
On Shabbat, Seventh Aliyah

וַיַּצֵּ֣ב אַבְרָהָ֗ם אֶת־שֶׁ֛בַע כִּבְשֹׂ֥ת הַצֹּ֖אן לְבַדְּהֶֽן׃ וַיֹּ֥אמֶר אֲבִימֶ֖לֶךְ אֶל־אַבְרָהָ֑ם מָ֣ה הֵ֗נָּה שֶׁ֤בַע כְּבָשֹׂת֙ הָאֵ֔לֶּה אֲשֶׁ֥ר הִצַּ֖בְתָּ לְבַדָּֽנָה׃ וַיֹּ֗אמֶר כִּ֚י אֶת־שֶׁ֣בַע כְּבָשֹׂ֔ת תִּקַּ֖ח מִיָּדִ֑י בַּעֲבוּר֙ תִּֽהְיֶה־לִּ֣י לְעֵדָ֔ה כִּ֥י חָפַ֖רְתִּי אֶת־הַבְּאֵ֥ר הַזֹּֽאת׃ עַל־כֵּ֗ן קָרָ֛א לַמָּק֥וֹם הַה֖וּא בְּאֵ֣ר שָׁ֑בַע כִּ֛י שָׁ֥ם נִשְׁבְּע֖וּ שְׁנֵיהֶֽם׃ וַיִּכְרְת֥וּ בְרִ֖ית בִּבְאֵ֣ר שָׁ֑בַע וַיָּ֣קָם אֲבִימֶ֗לֶךְ וּפִיכֹל֙ שַׂר־צְבָא֔וֹ וַיָּשֻׁ֖בוּ אֶל־אֶ֥רֶץ פְּלִשְׁתִּֽים׃ וַיִּטַּ֥ע אֶ֖שֶׁל בִּבְאֵ֣ר שָׁ֑בַע וַיִּ֨קְרָא־שָׁ֔ם בְּשֵׁ֥ם יְהוָ֖ה אֵ֥ל עוֹלָֽם׃ וַיָּ֧גָר אַבְרָהָ֛ם בְּאֶ֥רֶץ פְּלִשְׁתִּ֖ים יָמִ֥ים רַבִּֽים׃

At that time Abimelech and Phicol, chief of his troops, said to Abraham, "God is with you in everything that you do. Therefore swear to me here by God that you will not deal falsely with me or with my kith and kin, but will deal with me and with the land in which you have sojourned as loyally as I have dealt with you." And Abraham said, "I swear it."

Then Abraham reproached Abimelech for the well of water which the servants of Abimelech had seized. But Abimelech said, "I do not know who did this; you did not tell me, nor have I heard of it until today." Abraham took sheep and oxen and gave them to Abimelech, and the two of them made a pact.

Abraham then set seven ewes of the flock by themselves, and Abimelech said to Abraham, "What mean these seven ewes which you have set apart?" He replied, "You are to accept these seven ewes from me as proof that I dug this well." Hence that place was called Beer-sheba, for there the two of them swore an oath. When they had concluded the pact at Beer-sheba, Abimelech and Phicol, chief of his troops, departed and returned to the land of the Philistines. [Abraham] planted a tamarisk at Beer-sheba, and invoked there the name of the Lord, the Everlasting God. And Abraham resided in the land of the Philistines a long time.

Reader:

יִתְגַּדַּל וְיִתְקַדַּשׁ שְׁמֵהּ רַבָּא. בְּעָלְמָא דִּי־בְרָא כִרְעוּתֵהּ. וְיַמְלִיךְ מַלְכוּתֵהּ בְּחַיֵּיכוֹן וּבְיוֹמֵיכוֹן וּבְחַיֵּי דְכָל־בֵּית יִשְׂרָאֵל בַּעֲגָלָא וּבִזְמַן קָרִיב. וְאִמְרוּ אָמֵן:

Congregation and Reader:

יְהֵא שְׁמֵהּ רַבָּא מְבָרַךְ לְעָלַם וּלְעָלְמֵי עָלְמַיָּא:

Reader:

יִתְבָּרַךְ וְיִשְׁתַּבַּח וְיִתְפָּאַר וְיִתְרוֹמַם וְיִתְנַשֵּׂא וְיִתְהַדַּר וְיִתְעַלֶּה וְיִתְהַלַּל שְׁמֵהּ דְּקֻדְשָׁא. בְּרִיךְ הוּא. לְעֵלָּא לְעֵלָּא מִכָּל־בִּרְכָתָא וְשִׁירָתָא תֻּשְׁבְּחָתָא וְנֶחֱמָתָא דַּאֲמִירָן בְּעָלְמָא. וְאִמְרוּ אָמֵן:

As the first Torah Scroll is raised, the congregation recites:

וְזֹאת הַתּוֹרָה אֲשֶׁר־שָׂם מֹשֶׁה לִפְנֵי בְּנֵי יִשְׂרָאֵל עַל־פִּי יְיָ בְּיַד־מֹשֶׁה:

V'zot ha-torah asher sam mo-sheh lifney b'ney yisrael al pi Adonai b'yad mo-sheh.

This is the Torah proclaimed by Moses to the Children of Israel at the command of the Lord.

ḤATZI KADDISH

Yit-gadal v'yit-kadash sh'mey raba,
B'alma di v'ra ḥiru-tey, v'yam-liḥ mal-ḥutey
B'ḥa-yey-ḥon u-v'yomey-ḥon
U-v'ḥa-yey d'ḥol beyt yisrael
Ba-agala u-viz-man kariv, v'imru **amen.**

Congregation and Reader:

Y'hey sh'mey raba m'varaḥ l'alam ul-almey alma-ya.

Reader:

Yit-baraḥ v'yish-tabaḥ v'yit-pa-ar v'yit-romam v'yit-na-sey
V'yit-hadar v'yit-aleh v'yit-halal sh'mey d'kud-sha—
B'riḥ hu, *l'eyla l'eyla mi-kol bir-ḥata v'shi-rata*
Tush-b'ḥata v'ne-ḥemata da-amiran b'alma, v'imru **amen.**

Magnified and sanctified be the great name of God, in the world created according to the Divine will. May God's sovereignty soon be established, in our lifetime and that of the entire house of Israel. And let us say: Amen.

Congregation and Reader:

May God's great name be praised to all eternity.

Hallowed and honored, extolled and exalted, adored and acclaimed be the name of the blessed Holy One, whose glory is infinitely beyond all the praises, hymns, and songs of adoration which human beings can utter. And let us say: Amen.

וּבַחֹ֨דֶשׁ הַשְּׁבִיעִ֜י בְּאֶחָ֣ד לַחֹ֗דֶשׁ מִֽקְרָא־קֹ֙דֶשׁ֙ יִהְיֶ֣ה לָכֶ֔ם כָּל־מְלֶ֥אכֶת עֲבֹדָ֖ה לֹ֣א תַעֲשׂ֑וּ י֥וֹם תְּרוּעָ֖ה יִהְיֶ֥ה לָכֶֽם׃ וַעֲשִׂיתֶ֨ם עֹלָ֜ה לְרֵ֣יחַ נִיחֹ֗חַ לַֽיהוָ֔ה פַּ֧ר בֶּן־בָּקָ֛ר אֶחָ֖ד אַ֣יִל אֶחָ֑ד כְּבָשִׂ֧ים בְּנֵי־שָׁנָ֛ה שִׁבְעָ֖ה תְּמִימִֽם׃ וּמִ֨נְחָתָ֔ם סֹ֖לֶת בְּלוּלָ֣ה בַשָּׁ֑מֶן שְׁלֹשָׁ֤ה עֶשְׂרֹנִים֙ לַפָּ֔ר שְׁנֵ֥י עֶשְׂרֹנִ֖ים לָאָֽיִל׃ וְעִשָּׂר֣וֹן אֶחָ֔ד לַכֶּ֖בֶשׂ הָאֶחָ֑ד לְשִׁבְעַ֖ת הַכְּבָשִֽׂים׃ וּשְׂעִיר־עִזִּ֥ים אֶחָ֖ד חַטָּ֑את לְכַפֵּ֖ר עֲלֵיכֶֽם׃ מִלְּבַד֩ עֹלַ֨ת הַחֹ֜דֶשׁ וּמִנְחָתָ֗הּ וְעֹלַ֤ת הַתָּמִיד֙ וּמִנְחָתָ֔הּ וְנִסְכֵּיהֶ֖ם כְּמִשְׁפָּטָ֑ם לְרֵ֣יחַ נִיחֹ֔חַ אִשֶּׁ֖ה לַֽיהוָֽה׃

As the second Torah Scroll is raised, the congregation recites:

וְזֹאת הַתּוֹרָה אֲשֶׁר־שָׂם מֹשֶׁה לִפְנֵי בְּנֵי יִשְׂרָאֵל
עַל־פִּי יְיָ בְּיַד־מֹשֶׁה׃

V'zot ha-torah asher sam mo-sheh lifney b'ney yisrael
al pi Adonai b'yad mo-sheh.

THE MAFTIR, FIRST DAY

Numbers 29:1–6

In the seventh month, on the first day of the month, you shall observe a sacred occasion: you shall not work at your occupations. You shall observe it as a day when the horn is sounded. You shall present a burnt offering of pleasing odor to the LORD: one bull of the herd, one ram, and seven yearling lambs, without blemish. The meal offering with them—choice flour with oil mixed in—shall be: three-tenths of a measure for a bull, two-tenths for a ram, and one-tenth for each of the seven lambs. And there shall be one goat for a sin offering, to make expiation in your behalf—in addition to the burnt offering of the new moon with its meal offering and the regular burnt offering with its meal offering, each with its libation as prescribed, offerings by fire of pleasing odor to the LORD.

As the second Torah Scroll is raised, the congregation recites:

This is the Torah proclaimed by Moses to the Children of Israel at the command of the Lord.

Before the Haftarah, recite the following blessings:

בָּרוּךְ אַתָּה יְיָ אֱלֹהֵינוּ מֶלֶךְ הָעוֹלָם אֲשֶׁר בָּחַר בִּנְבִיאִים טוֹבִים וְרָצָה בְדִבְרֵיהֶם הַנֶּאֱמָרִים בֶּאֱמֶת. בָּרוּךְ אַתָּה יְיָ הַבּוֹחֵר בַּתּוֹרָה וּבְמשֶׁה עַבְדּוֹ וּבְיִשְׂרָאֵל עַמּוֹ וּבִנְבִיאֵי הָאֱמֶת וָצֶדֶק:

וַיְהִי אִישׁ אֶחָד מִן־הָרָמָתַיִם צוֹפִים מֵהַר אֶפְרָיִם וּשְׁמוֹ אֶלְקָנָה בֶּן־יְרֹחָם בֶּן־אֱלִיהוּא בֶּן־תֹּחוּ בֶן־צוּף אֶפְרָתִי: וְלוֹ שְׁתֵּי נָשִׁים שֵׁם אַחַת חַנָּה וְשֵׁם הַשֵּׁנִית פְּנִנָּה וַיְהִי לִפְנִנָּה יְלָדִים וּלְחַנָּה אֵין יְלָדִים: וְעָלָה הָאִישׁ הַהוּא מֵעִירוֹ מִיָּמִים יָמִימָה לְהִשְׁתַּחֲוֺת וְלִזְבֹּחַ לַיהוָה צְבָאוֹת בְּשִׁלֹה וְשָׁם שְׁנֵי בְנֵי־עֵלִי חָפְנִי וּפִנְחָס כֹּהֲנִים לַיהוָה: וַיְהִי הַיּוֹם וַיִּזְבַּח אֶלְקָנָה וְנָתַן לִפְנִנָּה אִשְׁתּוֹ וּלְכָל־בָּנֶיהָ וּבְנוֹתֶיהָ מָנוֹת: וּלְחַנָּה יִתֵּן מָנָה אַחַת אַפָּיִם כִּי אֶת־חַנָּה אָהֵב וַיהוָה סָגַר רַחְמָהּ: וְכִעֲסַתָּה צָרָתָהּ גַּם־כַּעַס בַּעֲבוּר הַרְּעִמָהּ כִּי־סָגַר יְהוָה בְּעַד רַחְמָהּ: וְכֵן יַעֲשֶׂה שָׁנָה בְשָׁנָה מִדֵּי עֲלֹתָהּ בְּבֵית יְהוָה כֵּן תַּכְעִסֶנָּה וַתִּבְכֶּה וְלֹא תֹאכַל: וַיֹּאמֶר לָהּ אֶלְקָנָה אִישָׁהּ חַנָּה לָמֶה תִבְכִּי וְלָמֶה לֹא תֹאכְלִי וְלָמֶה יֵרַע

Haftarah, first day

Before the Haftarah, recite the following blessings:

Praised are You, Lord our God, Ruler of the universe, who chose good prophets and found delight in their words which were spoken in truth.

Praised are You, O Lord, for giving the Torah through Your servant Moses to Your people Israel and for sending us Your prophets of truth and righteousness.

I Samuel 1:1–2:10

There was a man of Ramathaim-zophim, of the hill-country of Ephraim, whose name was Elkanah, son of Jeroham, son of Elihu, son of Tohu, son of Zuph, an Ephraimite. He had two wives, one named Hannah, and the other Peninnah. Peninnah had children, but Hannah was childless. Each year this man would go up from his town to worship and to offer sacrifice to the LORD of hosts in Shiloh where two sons of Eli, Hophni and Phinehas, served as priests of the LORD.

Whenever Elkanah offered sacrifices, he would give portions to his wife Peninnah, and to all her sons and daughters; but he would give a double portion to Hannah, for he loved her, though the LORD had made her childless. Her rival would taunt her severely because she was childless. This went on year after year. Whenever she went up to the house of the LORD, Peninnah would so distress her that she wept and would not eat. Elkanah her husband would ask her: "Hannah, why do you weep, and why do you not eat, and why is your heart so sad? Am I not better to you than ten sons?"

לְבָבֵ֔ךְ הֲל֥וֹא אָנֹכִ֛י ט֖וֹב לָ֑ךְ מֵעֲשָׂרָ֖ה בָּנִֽים: וַתָּ֣קָם חַנָּ֗ה
אַחֲרֵ֛י אָכְלָ֥ה בְשִׁלֹ֖ה וְאַחֲרֵ֣י שָׁתֹ֑ה וְעֵלִ֣י הַכֹּהֵ֗ן יֹשֵׁב֙ עַל־
הַכִּסֵּ֔א עַל־מְזוּזַ֖ת הֵיכַ֥ל יְהוָֽה: וְהִ֖יא מָ֣רַת נָ֑פֶשׁ וַתִּתְפַּלֵּ֥ל
עַל־יְהוָ֖ה וּבָכֹ֥ה תִבְכֶּֽה: וַתִּדֹּ֨ר נֶ֜דֶר וַתֹּאמַ֗ר יְהוָ֨ה צְבָא֜וֹת
אִם־רָאֹ֥ה תִרְאֶ֣ה ׀ בׇּעֳנִ֣י אֲמָתֶ֗ךָ וּזְכַרְתַּ֙נִי֙ וְלֹֽא־תִשְׁכַּ֣ח אֶת־
אֲמָתֶ֔ךָ וְנָתַתָּ֥ה לַאֲמָתְךָ֖ זֶ֣רַע אֲנָשִׁ֑ים וּנְתַתִּ֤יו לַֽיהוָה֙ כׇּל־
יְמֵ֣י חַיָּ֔יו וּמוֹרָ֖ה לֹא־יַעֲלֶ֥ה עַל־רֹאשֽׁוֹ: וְהָיָה֙ כִּ֣י הִרְבְּתָ֔ה
לְהִתְפַּלֵּ֖ל לִפְנֵ֣י יְהוָ֑ה וְעֵלִ֖י שֹׁמֵ֥ר אֶת־פִּֽיהָ: וְחַנָּ֗ה הִ֚יא
מְדַבֶּ֣רֶת עַל־לִבָּ֔הּ רַ֚ק שְׂפָתֶ֣יהָ נָּע֔וֹת וְקוֹלָ֖הּ לֹ֣א יִשָּׁמֵ֑עַ
וַיַּחְשְׁבֶ֥הָ עֵלִ֖י לְשִׁכֹּרָֽה: וַיֹּ֤אמֶר אֵלֶ֙יהָ֙ עֵלִ֔י עַד־מָתַ֖י
תִּשְׁתַּכָּרִ֑ין הָסִ֥ירִי אֶת־יֵינֵ֖ךְ מֵעָלָֽיִךְ: וַתַּ֨עַן חַנָּ֤ה וַתֹּ֙אמֶר֙
לֹ֣א אֲדֹנִ֔י אִשָּׁ֤ה קְשַׁת־רוּ֙חַ֙ אָנֹ֔כִי וְיַ֥יִן וְשֵׁכָ֖ר לֹ֣א שָׁתִ֑יתִי
וָאֶשְׁפֹּ֥ךְ אֶת־נַפְשִׁ֖י לִפְנֵ֥י יְהוָֽה: אַל־תִּתֵּן֙ אֶת־אֲמָ֣תְךָ֔ לִפְנֵ֖י
בַּת־בְּלִיָּ֑עַל כִּ֣י מֵרֹ֤ב שִׂיחִי֙ וְכַעְסִ֔י דִּבַּ֖רְתִּי עַד־הֵֽנָּה:
וַיַּ֧עַן עֵלִ֛י וַיֹּ֖אמֶר לְכִ֣י לְשָׁל֑וֹם וֵאלֹהֵ֣י יִשְׂרָאֵ֗ל יִתֵּן֙ אֶת־
שֵֽׁלָתֵ֔ךְ אֲשֶׁ֥ר שָׁאַ֖לְתְּ מֵעִמּֽוֹ: וַתֹּ֕אמֶר תִּמְצָ֧א שִׁפְחָתְךָ֛ חֵ֖ן
בְּעֵינֶ֑יךָ וַתֵּ֨לֶךְ הָאִשָּׁ֤ה לְדַרְכָּהּ֙ וַתֹּאכַ֔ל וּפָנֶ֥יהָ לֹא־הָיוּ־לָ֖הּ
עֽוֹד: וַיַּשְׁכִּ֣מוּ בַבֹּ֗קֶר וַיִּֽשְׁתַּחֲווּ֙ לִפְנֵ֣י יְהוָ֔ה וַיָּשֻׁ֖בוּ וַיָּבֹ֣אוּ אֶל־
בֵּיתָ֖ם הָרָמָ֑תָה וַיֵּ֤דַע אֶלְקָנָה֙ אֶת־חַנָּ֣ה אִשְׁתּ֔וֹ וַיִּֽזְכְּרֶ֖הָ
יְהוָֽה:

Once Hannah rose to pray after eating and drinking in Shiloh, while Eli the priest was sitting on his seat at the entrance to the Temple of the LORD. With a heavy heart she prayed to the LORD, weeping bitterly. And she took a vow, saying, "O LORD of hosts, if You will look upon the plight of Your servant, and remember me, and not forget me, and give me a son, then I will dedicate him to the LORD for all the days of his life, and a razor shall never touch his head."

As she continued to pray before the LORD, Eli watched her mouth. For Hannah was speaking to herself; her lips moved, but her voice could not be heard. Therefore Eli thought that she was drunk, and he said to her: "How long will you go on with your drunkenness? Put away your wine from yourself!"

But Hannah answered:

"No, my lord, I am a very troubled woman. I have drunk neither wine nor strong drink, but I have been pouring out my soul before the LORD. Do not regard me as a worthless woman for I have spoken out of my deep pain and distress." Then Eli answered, saying: "Go in peace, and may the God of Israel grant the request that you have made of Him." And she replied: "Let your servant find favor in your sight." So the woman went her way. She ate, and her face was no longer sad.

They arose early in the morning, worshiped before the LORD, and returned to their home in Ramah. And Elkanah loved his wife Hannah, and the LORD remembered her.

If the Haftarah is concluded here,
recite the concluding blessings on page 232.

וַיְהִי֙ לִתְקֻפ֣וֹת הַיָּמִ֔ים וַתַּ֥הַר חַנָּ֖ה וַתֵּ֣לֶד בֵּ֑ן וַתִּקְרָ֤א אֶת־שְׁמוֹ֙ שְׁמוּאֵ֔ל כִּ֥י מֵיְהוָֹ֖ה שְׁאִלְתִּֽיו׃ וַיַּ֛עַל הָאִ֥ישׁ אֶלְקָנָ֖ה וְכָל־בֵּית֑וֹ לִזְבֹּ֧חַ לַיהוָֹ֛ה אֶת־זֶ֥בַח הַיָּמִ֖ים וְאֶת־נִדְרֽוֹ׃ וְחַנָּ֖ה לֹ֣א עָלָ֑תָה כִּֽי־אָמְרָ֣ה לְאִישָׁ֗הּ עַ֣ד־יִגָּמֵ֤ל הַנַּ֙עַר֙ וַהֲבִאֹתִ֗יו וְנִרְאָה֙ אֶת־פְּנֵ֣י יְהוָֹ֔ה וְיָ֥שַׁב שָׁ֖ם עַד־עוֹלָֽם׃ וַיֹּ֣אמֶר לָהּ֩ אֶלְקָנָ֨ה אִישָׁ֜הּ עֲשִׂ֧י הַטּ֣וֹב בְּעֵינַ֗יִךְ שְׁבִי֙ עַד־גָּמְלֵ֣ךְ אֹת֔וֹ אַ֛ךְ יָקֵ֥ם יְהוָֹ֖ה אֶת־דְּבָר֑וֹ וַתֵּ֤שֶׁב הָֽאִשָּׁה֙ וַתֵּ֣ינֶק אֶת־בְּנָ֔הּ עַד־גָמְלָ֖הּ אֹתֽוֹ׃ וַתַּעֲלֵ֨הוּ עִמָּ֜הּ כַּאֲשֶׁ֣ר גְּמָלַ֗תּוּ בְּפָרִ֤ים שְׁלֹשָׁה֙ וְאֵיפָ֨ה אַחַ֥ת קֶ֙מַח֙ וְנֵ֣בֶל יַ֔יִן וַתְּבִאֵ֥הוּ בֵית־יְהוָֹ֖ה שִׁל֑וֹ וְהַנַּ֖עַר נָֽעַר׃ וַֽיִּשְׁחֲט֖וּ אֶת־הַפָּ֑ר וַיָּבִ֥אוּ אֶת־הַנַּ֖עַר אֶל־עֵלִֽי׃ וַתֹּ֙אמֶר֙ בִּ֣י אֲדֹנִ֔י חֵ֥י נַפְשְׁךָ֖ אֲדֹנִ֑י אֲנִ֣י הָאִשָּׁ֗ה הַנִּצֶּ֤בֶת עִמְּכָה֙ בָּזֶ֔ה לְהִתְפַּלֵּ֖ל אֶל־יְהוָֹֽה׃ אֶל־הַנַּ֥עַר הַזֶּ֖ה הִתְפַּלָּ֑לְתִּי וַיִּתֵּ֨ן יְהוָֹ֥ה לִי֙ אֶת־שְׁאֵ֣לָתִ֔י אֲשֶׁ֥ר שָׁאַ֖לְתִּי מֵעִמּֽוֹ׃ וְגַ֣ם אָנֹכִ֗י הִשְׁאִלְתִּ֙הוּ֙ לַֽיהוָֹ֔ה כָּל־הַיָּמִים֙ אֲשֶׁ֣ר הָיָ֔ה ה֥וּא שָׁא֖וּל לַיהוָֹ֑ה וַיִּשְׁתַּ֥חוּ שָׁ֖ם לַיהוָֹֽה׃

וַתִּתְפַּלֵּ֤ל חַנָּה֙ וַתֹּאמַ֔ר
עָלַ֤ץ לִבִּי֙ בַּֽיהוָֹ֔ה רָ֥מָה קַרְנִ֖י בַּֽיהוָֹ֑ה
רָ֤חַב פִּי֙ עַל־א֣וֹיְבַ֔י כִּ֥י שָׂמַ֖חְתִּי בִּישׁוּעָתֶֽךָ׃
אֵין־קָד֥וֹשׁ כַּיהוָֹ֖ה כִּ֣י אֵ֣ין בִּלְתֶּ֑ךָ
וְאֵ֥ין צ֖וּר כֵּאלֹהֵֽינוּ׃
אַל־תַּרְבּ֤וּ תְדַבְּרוּ֙ גְּבֹהָ֣ה גְבֹהָ֔ה יֵצֵ֥א עָתָ֖ק מִפִּיכֶ֑ם
כִּ֣י אֵ֤ל דֵּעוֹת֙ יְהוָֹ֔ה וְל֥וֹ* נִתְכְּנ֖וּ עֲלִלֽוֹת׃

*כתיב: וְלֹ֥א

And Hannah conceived and in due time gave birth to a son, and she named him Samuel [*Shmu'el*] because, she said, I have asked him of the LORD [*Sh'al me-El*].

Elkanah and all his household went up to sacrifice to the LORD the yearly offering and to fulfill his vow. But Hannah did not go up; for she said to her husband: "When the boy is weaned, I will bring him, that he may appear before the LORD, and remain there forever." And Elkanah, her husband, said to her: "Do what seems good to you; remain until you have weaned him. And may the LORD fulfill His promise." So the woman remained behind and nursed her son until she weaned him.

When she had weaned him, she took him up with her, together with three bullocks and one ephah of meal, and a bottle of wine, and brought him to the house of the LORD in Shiloh; and the boy was still a child. After the bullock was slaughtered, they brought the boy to Eli. Then she said, "Oh, my lord, as surely as you live, I am the woman who stood near you here, praying to the LORD. For this child I prayed; and the LORD has granted my petition which I asked of Him; therefore have I dedicated him to the LORD; as long as he lives he is lent to the LORD." And they worshiped the LORD there.

HANNAH'S PRAYER OF PRAISE– SHIRAT ḤANNAH

Then Hannah prayed, and said:

"My heart rejoices in the LORD,
My strength is increased through my God.
I can now answer my enemies,
Because I rejoice in Your deliverance.
There is none holy as the LORD
For there is none except You,
Neither is there any rock like our God.
Speak no more so arrogantly;
Let not boasting come out of your mouth;
For the LORD is a God of knowledge,
And by Him deeds are weighed.

קֶשֶׁת גִּבֹּרִים חַתִּים וְנִכְשָׁלִים אָזְרוּ חָיִל׃
שְׂבֵעִים בַּלֶּחֶם נִשְׂכָּרוּ וּרְעֵבִים חָדֵלּוּ
עַד־עֲקָרָה יָלְדָה שִׁבְעָה וְרַבַּת בָּנִים אֻמְלָלָה׃
יְהוָֹה מֵמִית וּמְחַיֶּה מוֹרִיד שְׁאוֹל וַיָּעַל׃
יְהוָֹה מוֹרִישׁ וּמַעֲשִׁיר מַשְׁפִּיל אַף־מְרוֹמֵם׃
מֵקִים מֵעָפָר דָּל מֵאַשְׁפֹּת יָרִים אֶבְיוֹן
לְהוֹשִׁיב עִם־נְדִיבִים וְכִסֵּא כָבוֹד יַנְחִלֵם
כִּי לַיהוָֹה מְצֻקֵי אֶרֶץ וַיָּשֶׁת עֲלֵיהֶם תֵּבֵל׃
רַגְלֵי חֲסִידָו יִשְׁמֹר וּרְשָׁעִים בַּחֹשֶׁךְ יִדָּמּוּ
כִּי־לֹא בְכֹחַ יִגְבַּר־אִישׁ׃
יְהוָֹה יֵחַתּוּ מְרִיבָו עָלָו בַּשָּׁמַיִם יַרְעֵם
יְהוָֹה יָדִין אַפְסֵי־אָרֶץ
וְיִתֶּן־עֹז לְמַלְכּוֹ וְיָרֵם קֶרֶן מְשִׁיחוֹ׃

Continue with the concluding blessings, page 232.

"The bows of the mighty shall be broken.
While they that stumble shall be girded with strength.
They who were secure must hire themselves for bread;
And they who were hungry have ceased to hunger.
She who was barren has borne seven,
While the mother of many children is left desolate.

"It is the Lord who causes death and gives life;
He brings down to the grave and brings up again,
The Lord makes poor and makes rich;
He humbles and He exalts.
He raises the poor from out of the dust,
And lifts the needy from the dust-heap,
To make them sit with princes,
And bestow upon them a seat of honor.
For the foundations of the earth are the Lord's,
And He has set the world upon them.

"He guards the steps of His faithful ones,
But the wicked shall be silenced in darkness;
For not by his own might shall man prevail.
They that strive with the Lord shall be shattered;
Against them will He thunder from heaven.
The Lord brings judgment to the very ends of the earth;
He will give strength to His king,
And exalt His anointed."

Continue with the concluding blessings, page 232.

FIRST ALIYAH

וַיְהִ֗י אַחַר֙ הַדְּבָרִ֣ים הָאֵ֔לֶּה וְהָ֣אֱלֹהִ֔ים נִסָּ֖ה אֶת־אַבְרָהָ֑ם וַיֹּ֣אמֶר אֵלָ֔יו אַבְרָהָ֖ם וַיֹּ֥אמֶר הִנֵּֽנִי: וַיֹּ֡אמֶר קַח־נָ֠א אֶת־בִּנְךָ֙ אֶת־יְחִידְךָ֤ אֲשֶׁר־אָהַ֙בְתָּ֙ אֶת־יִצְחָ֔ק וְלֶךְ־לְךָ֔ אֶל־אֶ֖רֶץ הַמֹּרִיָּ֑ה וְהַעֲלֵ֤הוּ שָׁם֙ לְעֹלָ֔ה עַ֚ל אַחַ֣ד הֶֽהָרִ֔ים אֲשֶׁ֖ר אֹמַ֥ר אֵלֶֽיךָ: וַיַּשְׁכֵּ֨ם אַבְרָהָ֜ם בַּבֹּ֗קֶר וַֽיַּחֲבֹשׁ֙ אֶת־חֲמֹר֔וֹ וַיִּקַּ֞ח אֶת־שְׁנֵ֤י נְעָרָיו֙ אִתּ֔וֹ וְאֵ֖ת יִצְחָ֣ק בְּנ֑וֹ וַיְבַקַּע֙ עֲצֵ֣י עֹלָ֔ה וַיָּ֣קָם וַיֵּ֔לֶךְ אֶל־הַמָּק֖וֹם אֲשֶׁר־אָֽמַר־ל֥וֹ הָאֱלֹהִֽים:

SECOND ALIYAH

בַּיּ֣וֹם הַשְּׁלִישִׁ֗י וַיִּשָּׂ֨א אַבְרָהָ֧ם אֶת־עֵינָ֛יו וַיַּ֥רְא אֶת־הַמָּק֖וֹם מֵרָחֹֽק: וַיֹּ֨אמֶר אַבְרָהָ֜ם אֶל־נְעָרָ֗יו שְׁבוּ־לָכֶ֥ם פֹּה֙ עִֽם־הַחֲמ֔וֹר וַאֲנִ֣י וְהַנַּ֔עַר נֵלְכָ֖ה עַד־כֹּ֑ה וְנִֽשְׁתַּחֲוֶ֖ה וְנָשׁ֥וּבָה אֲלֵיכֶֽם: וַיִּקַּ֨ח אַבְרָהָ֜ם אֶת־עֲצֵ֣י הָעֹלָ֗ה וַיָּ֙שֶׂם֙ עַל־יִצְחָ֣ק בְּנ֔וֹ וַיִּקַּ֣ח בְּיָד֔וֹ אֶת־הָאֵ֖שׁ וְאֶת־הַֽמַּאֲכֶ֑לֶת וַיֵּלְכ֥וּ שְׁנֵיהֶ֖ם יַחְדָּֽו: וַיֹּ֨אמֶר יִצְחָ֜ק אֶל־אַבְרָהָ֤ם אָבִיו֙ וַיֹּ֣אמֶר אָבִ֔י וַיֹּ֖אמֶר הִנֶּ֣נִּֽי בְנִ֑י וַיֹּ֗אמֶר הִנֵּ֤ה הָאֵשׁ֙ וְהָ֣עֵצִ֔ים וְאַיֵּ֥ה הַשֶּׂ֖ה לְעֹלָֽה: וַיֹּ֙אמֶר֙ אַבְרָהָ֔ם אֱלֹהִ֞ים יִרְאֶה־לּ֥וֹ הַשֶּׂ֛ה לְעֹלָ֖ה בְּנִ֑י וַיֵּלְכ֥וּ שְׁנֵיהֶ֖ם יַחְדָּֽו:

Torah reading, second day

Genesis 22:1–24

Some time afterward, God put Abraham to the test. He said to him, "Abraham," and he answered, "Here I am." And He said, "Take your son, your favored one, Isaac, whom you love, and go to the land of Moriah, and offer him there as a burnt offering on one of the heights which I will point out to you." So early next morning, Abraham saddled his ass and took with him two of his servants and his son Isaac. He split the wood for the burnt offering, and he set out for the place of which God had told him.

On the third day Abraham looked up and saw the place from afar. Then Abraham said to his servants, "You stay here with the ass. The boy and I will go up there; we will worship and we will return to you."

Abraham took the wood for the burnt offering and put it on his son Isaac. He himself took the firestone and the knife; and the two walked off together. Then Isaac said to his father Abraham, "Father!" And he answered, "Yes, my son." And he said, "Here are the firestone and the wood; but where is the sheep for the burnt offering?" And Abraham said, "God will see to the sheep for His burnt offering, my son." And the two of them walked on together.

וַיָּבֹ֗אוּ אֶֽל־הַמָּקוֹם֮ אֲשֶׁ֣ר אָֽמַר־ל֣וֹ הָאֱלֹהִים֒ וַיִּ֨בֶן שָׁ֤ם
אַבְרָהָם֙ אֶת־הַמִּזְבֵּ֔חַ וַֽיַּעֲרֹ֖ךְ אֶת־הָעֵצִ֑ים וַֽיַּעֲקֹד֙ אֶת־יִצְחָ֣ק
בְּנ֔וֹ וַיָּ֤שֶׂם אֹתוֹ֙ עַל־הַמִּזְבֵּ֔חַ מִמַּ֖עַל לָעֵצִֽים׃ וַיִּשְׁלַ֤ח
אַבְרָהָם֙ אֶת־יָד֔וֹ וַיִּקַּ֖ח אֶת־הַֽמַּאֲכֶ֑לֶת לִשְׁחֹ֖ט אֶת־בְּנֽוֹ׃
וַיִּקְרָ֨א אֵלָ֜יו מַלְאַ֤ךְ יְהוָה֙ מִן־הַשָּׁמַ֔יִם וַיֹּ֖אמֶר אַבְרָהָ֣ם ׀
אַבְרָהָ֑ם וַיֹּ֖אמֶר הִנֵּֽנִי׃ וַיֹּ֗אמֶר אַל־תִּשְׁלַ֤ח יָֽדְךָ֙ אֶל־הַנַּ֔עַר
וְאַל־תַּ֥עַשׂ ל֖וֹ מְא֑וּמָה כִּ֣י ׀ עַתָּ֣ה יָדַ֗עְתִּי כִּֽי־יְרֵ֤א אֱלֹהִים֙
אַ֔תָּה וְלֹ֥א חָשַׂ֛כְתָּ אֶת־בִּנְךָ֥ אֶת־יְחִידְךָ֖ מִמֶּֽנִּי׃ וַיִּשָּׂ֨א אַבְרָהָ֜ם
אֶת־עֵינָ֗יו וַיַּרְא֙ וְהִנֵּה־אַ֔יִל אַחַ֕ר נֶאֱחַ֥ז בַּסְּבַ֖ךְ בְּקַרְנָ֑יו וַיֵּ֤לֶךְ
אַבְרָהָם֙ וַיִּקַּ֣ח אֶת־הָאַ֔יִל וַיַּעֲלֵ֥הוּ לְעֹלָ֖ה תַּ֥חַת בְּנֽוֹ׃
וַיִּקְרָ֧א אַבְרָהָ֛ם שֵֽׁם־הַמָּק֥וֹם הַה֖וּא יְהוָ֣ה ׀ יִרְאֶ֑ה אֲשֶׁר֙
יֵאָמֵ֣ר הַיּ֔וֹם בְּהַ֥ר יְהוָ֖ה יֵרָאֶֽה׃

וַיִּקְרָ֛א מַלְאַ֥ךְ יְהוָ֖ה אֶל־אַבְרָהָ֑ם שֵׁנִ֖ית מִן־הַשָּׁמָֽיִם׃
וַיֹּ֕אמֶר בִּ֥י נִשְׁבַּ֖עְתִּי נְאֻם־יְהוָ֑ה כִּ֗י יַ֚עַן אֲשֶׁ֤ר עָשִׂ֙יתָ֙ אֶת־
הַדָּבָ֣ר הַזֶּ֔ה וְלֹ֥א חָשַׂ֖כְתָּ אֶת־בִּנְךָ֥ אֶת־יְחִידֶֽךָ׃ כִּֽי־בָרֵ֣ךְ
אֲבָרֶכְךָ֗ וְהַרְבָּ֨ה אַרְבֶּ֤ה אֶֽת־זַרְעֲךָ֙ כְּכוֹכְבֵ֣י הַשָּׁמַ֔יִם וְכַח֕וֹל
אֲשֶׁ֖ר עַל־שְׂפַ֣ת הַיָּ֑ם וְיִרַ֣שׁ זַרְעֲךָ֔ אֵ֖ת שַׁ֥עַר אֹיְבָֽיו׃ וְהִתְבָּרֲכ֣וּ
בְזַרְעֲךָ֔ כֹּ֖ל גּוֹיֵ֣י הָאָ֑רֶץ עֵ֕קֶב אֲשֶׁ֥ר שָׁמַ֖עְתָּ בְּקֹלִֽי׃ וַיָּ֤שָׁב
אַבְרָהָם֙ אֶל־נְעָרָ֔יו וַיָּקֻ֛מוּ וַיֵּלְכ֥וּ יַחְדָּ֖ו אֶל־בְּאֵ֣ר שָׁ֑בַע
וַיֵּ֥שֶׁב אַבְרָהָ֖ם בִּבְאֵ֥ר שָֽׁבַע׃

They arrived at the place of which God had told him. Abraham built an altar there; he laid out the wood; he bound his son Isaac; he laid him on the altar, on top of the wood. And Abraham picked up the knife to slay his son. Then an angel of the LORD called to him from heaven: "Abraham! Abraham!" And he answered, "Here I am." And he said, "Do not raise your hand against the boy, or do anything to him. For now I know that you fear God, since you have not withheld your son, your favored one, from Me." When Abraham looked up, his eye fell upon a ram, caught in the thicket by its horns. So Abraham went and took the ram and offered it up as a burnt offering in place of his son. And Abraham named that site Adonai-yireh, whence the present saying, "On the mount of the LORD there is vision."

The angel of the LORD called to Abraham a second time from heaven, and said, "By Myself I swear, the LORD declares: because you have done this and have not withheld your son, your favored one, I will bestow My blessing upon you and make your descendants as numerous as the stars of heaven and the sands on the seashore; and your descendants shall seize the gates of their foes. All the nations of the earth shall bless themselves by your descendants, because you have obeyed My command." Abraham then returned to his servants, and they departed together for Beer-sheba; and Abraham stayed in Beer-sheba.

וַיְהִ֗י אַחֲרֵי֙ הַדְּבָרִ֣ים הָאֵ֔לֶּה וַיֻּגַּ֥ד לְאַבְרָהָ֖ם לֵאמֹ֑ר הִ֠נֵּה יָלְדָ֨ה מִלְכָּ֥ה גַם־הִ֛וא בָּנִ֖ים לְנָח֥וֹר אָחִֽיךָ׃ אֶת־ע֥וּץ בְּכֹר֖וֹ וְאֶת־בּ֣וּז אָחִ֑יו וְאֶת־קְמוּאֵ֖ל אֲבִ֥י אֲרָֽם׃ וְאֶת־כֶּ֣שֶׂד וְאֶת־חֲז֗וֹ וְאֶת־פִּלְדָּ֛שׁ וְאֶת־יִדְלָ֖ף וְאֵ֥ת בְּתוּאֵֽל׃ וּבְתוּאֵ֖ל יָלַ֣ד אֶת־רִבְקָ֑ה שְׁמֹנָ֣ה אֵ֗לֶּה יָלְדָ֣ה מִלְכָּ֔ה לְנָח֖וֹר אֲחִ֥י אַבְרָהָֽם׃ וּפִילַגְשׁ֖וֹ וּשְׁמָ֣הּ רְאוּמָ֑ה וַתֵּ֤לֶד גַּם־הִוא֙ אֶת־טֶ֣בַח וְאֶת־גַּ֔חַם וְאֶת־תַּ֖חַשׁ וְאֶת־מַעֲכָֽה׃

Reader:

יִתְגַּדַּל וְיִתְקַדַּשׁ שְׁמֵהּ רַבָּא. בְּעָלְמָא דִּי־בְרָא כִרְעוּתֵהּ. וְיַמְלִיךְ מַלְכוּתֵהּ בְּחַיֵּיכוֹן וּבְיוֹמֵיכוֹן וּבְחַיֵּי דְכָל־בֵּית יִשְׂרָאֵל בַּעֲגָלָא וּבִזְמַן קָרִיב. וְאִמְרוּ אָמֵן:

Congregation and Reader:

יְהֵא שְׁמֵהּ רַבָּא מְבָרַךְ לְעָלַם וּלְעָלְמֵי עָלְמַיָּא:

Reader:

יִתְבָּרַךְ וְיִשְׁתַּבַּח וְיִתְפָּאַר וְיִתְרוֹמַם וְיִתְנַשֵּׂא וְיִתְהַדַּר וְיִתְעַלֶּה וְיִתְהַלַּל שְׁמֵהּ דְּקֻדְשָׁא. בְּרִיךְ הוּא. לְעֵלָּא לְעֵלָּא מִכָּל־בִּרְכָתָא וְשִׁירָתָא תֻּשְׁבְּחָתָא וְנֶחֱמָתָא דַּאֲמִירָן בְּעָלְמָא. וְאִמְרוּ אָמֵן:

As the first Torah Scroll is raised, the congregation recites:

וְזֹאת הַתּוֹרָה אֲשֶׁר־שָׂם מֹשֶׁה לִפְנֵי בְּנֵי יִשְׂרָאֵל עַל־פִּי יְיָ בְּיַד־מֹשֶׁה:

V'zot ha-torah asher sam mo-sheh lifney b'ney yisrael al pi Adonai b'yad mo-sheh.

Some time later, Abraham was told, "Milcah too has borne children to your brother Nahor: Uz the first-born, and Buz his brother, and Kemuel the father of Aram; and Chesed, Hazo, Pildash, Jidlaph, and Bethuel"—Bethuel being the father of Rebekah. These eight Milcah bore to Nahor, Abraham's brother. And his concubine, whose name was Reumah, also bore children: Tebah, Gaham, Tahash, and Maacah.

ḤATZI KADDISH

Yit-gadal v'yit-kadash sh'mey raba,
B'alma di v'ra ḥiru-tey, v'yam-liḥ mal-ḥutey
B'ḥa-yey-ḥon u-v'yomey-ḥon u-v'ḥa-yey d'ḥol beyt yisrael
Ba-agala u-viz-man kariv, v'imru **amen.**

Congregation and Reader:

Y'hey sh'mey raba m'varaḥ l'alam ul-almey alma-ya.

Reader:

Yit-baraḥ v'yish-tabaḥ v'yit-pa-ar v'yit-romam v'yit-na-sey
V'yit-hadar v'yit-aleh v'yit-halal sh'mey d'kud-sha—
B'riḥ hu, *l'eyla l'eyla mi-kol bir-ḥata v'shi-rata*
Tush-b'ḥata v'ne-ḥemata da-amiran b'alma, v'imru **amen.**

Magnified and sanctified be the great name of God, in the world created according to the Divine will. May God's sovereignty soon be established, in our lifetime and that of the entire house of Israel. And let us say: Amen.

As the first Torah Scroll is raised, the congregation recites:

This is the Torah proclaimed by Moses to the Children of Israel at the command of the Lord.

וּבַחֹ֨דֶשׁ הַשְּׁבִיעִ֜י בְּאֶחָ֣ד לַחֹ֗דֶשׁ מִֽקְרָא־קֹ֙דֶשׁ֙ יִהְיֶ֣ה לָכֶ֔ם
כָּל־מְלֶ֥אכֶת עֲבֹדָ֖ה לֹ֣א תַעֲשׂ֑וּ י֥וֹם תְּרוּעָ֖ה יִהְיֶ֥ה לָכֶֽם׃
וַעֲשִׂיתֶ֨ם עֹלָ֜ה לְרֵ֤יחַ נִיחֹ֙חַ֙ לַֽיהוָ֔ה פַּ֧ר בֶּן־בָּקָ֛ר אֶחָ֖ד אַ֣יִל
אֶחָ֑ד כְּבָשִׂ֧ים בְּנֵי־שָׁנָ֛ה שִׁבְעָ֖ה תְּמִימִֽם׃ וּמִ֨נְחָתָ֔ם סֹ֖לֶת
בְּלוּלָ֣ה בַשָּׁ֑מֶן שְׁלֹשָׁ֤ה עֶשְׂרֹנִים֙ לַפָּ֔ר שְׁנֵ֥י עֶשְׂרֹנִ֖ים לָאָֽיִל׃
וְעִשָּׂר֣וֹן אֶחָ֔ד לַכֶּ֖בֶשׂ הָאֶחָ֑ד לְשִׁבְעַ֖ת הַכְּבָשִֽׂים׃ וּשְׂעִיר־
עִזִּ֥ים אֶחָ֖ד חַטָּ֑את לְכַפֵּ֖ר עֲלֵיכֶֽם׃ מִלְּבַד֩ עֹלַ֨ת הַחֹ֜דֶשׁ
וּמִנְחָתָ֗הּ וְעֹלַ֤ת הַתָּמִיד֙ וּמִנְחָתָ֔הּ וְנִסְכֵּיהֶ֖ם כְּמִשְׁפָּטָ֑ם לְרֵ֣יחַ
נִיחֹ֔חַ אִשֶּׁ֖ה לַיהוָֽה׃

As the second Torah Scroll is raised, the congregation recites:

וְזֹאת הַתּוֹרָה אֲשֶׁר־שָׂם מֹשֶׁה לִפְנֵי בְּנֵי יִשְׂרָאֵל
עַל־פִּי יְיָ בְּיַד־מֹשֶׁה׃

V'zot ha-torah asher sam mo-sheh lifney b'ney yisrael al pi Adonai b'yad mo-sheh.

THE MAFTIR, SECOND DAY

Numbers 29:1-6

In the seventh month, on the first day of the month, you shall observe a sacred occasion: you shall not work at your occupations. You shall observe it as a day when the horn is sounded. You shall present a burnt offering of pleasing odor to the LORD: one bull of the herd, one ram, and seven yearling lambs, without blemish. The meal offering with them—choice flour with oil mixed in—shall be: three-tenths of a measure for a bull, two-tenths for a ram, and one-tenth for each of the seven lambs. And there shall be one goat for a sin offering, to make expiation in your behalf—in addition to the burnt offering of the new moon with its meal offering and the regular burnt offering with its meal offering, each with its libation as prescribed, offerings by fire of pleasing odor to the LORD.

As the second Torah Scroll is raised, the congregation recites:

This is the Torah proclaimed by Moses to the Children of Israel at the command of the Lord.

Before the Haftarah, recite the following blessings:

בָּרוּךְ אַתָּה יְיָ אֱלֹהֵינוּ מֶלֶךְ הָעוֹלָם אֲשֶׁר בָּחַר בִּנְבִיאִים טוֹבִים וְרָצָה בְדִבְרֵיהֶם הַנֶּאֱמָרִים בֶּאֱמֶת. בָּרוּךְ אַתָּה יְיָ הַבּוֹחֵר בַּתּוֹרָה וּבְמֹשֶׁה עַבְדּוֹ וּבְיִשְׂרָאֵל עַמּוֹ וּבִנְבִיאֵי הָאֱמֶת וָצֶדֶק:

כֹּה אָמַר יְהוָֹה מָצָא חֵן בַּמִּדְבָּר עַם שְׂרִידֵי חָרֶב הָלוֹךְ לְהַרְגִּיעוֹ יִשְׂרָאֵל: מֵרָחוֹק יְהוָֹה נִרְאָה לִי וְאַהֲבַת עוֹלָם אֲהַבְתִּיךְ עַל־כֵּן מְשַׁכְתִּיךְ חָסֶד: עוֹד אֶבְנֵךְ וְנִבְנֵית בְּתוּלַת יִשְׂרָאֵל עוֹד תַּעְדִּי תֻפַּיִךְ וְיָצָאת בִּמְחוֹל מְשַׂחֲקִים: עוֹד תִּטְּעִי כְרָמִים בְּהָרֵי שֹׁמְרוֹן נָטְעוּ נֹטְעִים וְחִלֵּלוּ: כִּי יֶשׁ־יוֹם קָרְאוּ נֹצְרִים בְּהַר אֶפְרָיִם קוּמוּ וְנַעֲלֶה צִיּוֹן אֶל־יְהוָֹה אֱלֹהֵינוּ: כִּי־כֹה אָמַר יְהוָֹה רָנּוּ לְיַעֲקֹב שִׂמְחָה וְצַהֲלוּ בְּרֹאשׁ הַגּוֹיִם הַשְׁמִיעוּ הַלְלוּ וְאִמְרוּ הוֹשַׁע יְהוָֹה אֶת־עַמְּךָ אֵת שְׁאֵרִית יִשְׂרָאֵל: הִנְנִי מֵבִיא אוֹתָם מֵאֶרֶץ צָפוֹן וְקִבַּצְתִּים מִיַּרְכְּתֵי־אָרֶץ בָּם עִוֵּר וּפִסֵּחַ הָרָה וְיֹלֶדֶת יַחְדָּו קָהָל גָּדוֹל יָשׁוּבוּ הֵנָּה: בִּבְכִי יָבֹאוּ וּבְתַחֲנוּנִים אוֹבִילֵם אוֹלִיכֵם אֶל־נַחֲלֵי מַיִם בְּדֶרֶךְ יָשָׁר לֹא יִכָּשְׁלוּ בָּהּ כִּי־הָיִיתִי לְיִשְׂרָאֵל לְאָב וְאֶפְרַיִם בְּכֹרִי הוּא: שִׁמְעוּ דְבַר־יְהוָֹה גּוֹיִם וְהַגִּידוּ בָאִיִּים מִמֶּרְחָק וְאִמְרוּ מְזָרֵה יִשְׂרָאֵל יְקַבְּצֶנּוּ וּשְׁמָרוֹ כְּרֹעֶה עֶדְרוֹ: כִּי־פָדָה יְהוָֹה אֶת־

Haftarah, second day

Before the Haftarah, recite the following blessings:

Praised are You, Lord our God, Ruler of the universe, who chose good prophets and found delight in their words which were spoken in truth.

Praised are You, O Lord, for giving the Torah through Your servant Moses to Your people Israel and for sending us Your prophets of truth and righteousness.

Jeremiah 31:2–20

Thus said the LORD: The people escaped from the sword, found favor in the wilderness; when Israel was marching homeward, the LORD revealed Himself to me of old. Eternal love I conceived for you then; therefore I continue My grace to you. I will build you firmly again, O Maiden Israel! Again you shall take up your timbrels and go forth to the rhythm of the dancers. Again you shall plant vineyards on the hills of Samaria; men shall plant and live to enjoy them. For the day is coming when watchmen shall proclaim on the heights of Ephraim: Come, let us go up to Zion, to the LORD our God!

For thus said the LORD: Cry out in joy for Jacob, shout at the crossroads of the nations! Sing aloud in praise, and say: Save, O LORD, Your people, the remnant of Israel. I will bring them in from the northland, gather them from the ends of the earth—the blind and the lame among them, those with child and those in labor—in a vast throng they shall return here. They shall come with weeping, and graciously will I guide them. I will lead them to streams of water, by a level road where they will not stumble. For I am ever a Father to Israel, Ephraim is My firstborn.

Hear the word of the LORD, O nations, and tell it in the isles afar. Say: He who scattered Israel will gather them, and will guard them as a shepherd his flock. For the LORD will

יַעֲקֹב וּגְאָל֖וֹ מִיַּ֥ד חָזָ֣ק מִמֶּֽנּוּ: וּבָ֙אוּ֙ וְרִנְּנ֣וּ בִמְרוֹם־צִיּ֔וֹן
וְנָהֲר֞וּ אֶל־ט֣וּב יְהֹוָ֗ה עַל־דָּגָן֙ וְעַל־תִּירֹ֣שׁ וְעַל־יִצְהָ֔ר וְעַל־
בְּנֵי־צֹ֖אן וּבָקָ֑ר וְהָיְתָ֤ה נַפְשָׁם֙ כְּגַ֣ן רָוֶ֔ה וְלֹֽא־יוֹסִ֥יפוּ
לְדַאֲבָ֖ה עֽוֹד: אָ֣ז תִּשְׂמַ֤ח בְּתוּלָה֙ בְּמָח֔וֹל וּבַחֻרִ֥ים וּזְקֵנִ֖ים
יַחְדָּ֑ו וְהָפַכְתִּ֨י אֶבְלָ֤ם לְשָׂשׂוֹן֙ וְנִ֣חַמְתִּ֔ים וְשִׂמַּחְתִּ֖ים
מִיגוֹנָֽם: וְרִוֵּיתִ֛י נֶ֥פֶשׁ הַכֹּהֲנִ֖ים דָּ֑שֶׁן וְעַמִּ֛י אֶת־טוּבִ֥י יִשְׂבָּ֖עוּ
נְאֻם־יְהֹוָֽה: כֹּ֣ה | אָמַ֣ר יְהֹוָ֗ה ק֣וֹל בְּרָמָ֤ה נִשְׁמָע֙ נְהִי֙
בְּכִ֣י תַמְרוּרִ֔ים רָחֵ֖ל מְבַכָּ֣ה עַל־בָּנֶ֑יהָ מֵאֲנָ֛ה לְהִנָּחֵ֥ם עַל־
בָּנֶ֖יהָ כִּ֥י אֵינֶֽנּוּ: כֹּ֣ה | אָמַ֣ר יְהֹוָ֗ה מִנְעִ֤י קוֹלֵךְ֙ מִבֶּ֔כִי
וְעֵינַ֖יִךְ מִדִּמְעָ֑ה כִּי֩ יֵ֨שׁ שָׂכָ֤ר לִפְעֻלָּתֵךְ֙ נְאֻם־יְהֹוָ֔ה וְשָׁ֖בוּ
מֵאֶ֥רֶץ אוֹיֵֽב: וְיֵשׁ־תִּקְוָ֥ה לְאַחֲרִיתֵ֖ךְ נְאֻם־יְהֹוָ֑ה וְשָׁ֥בוּ בָנִ֖ים
לִגְבוּלָֽם: שָׁמ֣וֹעַ שָׁמַ֗עְתִּי אֶפְרַ֙יִם֙ מִתְנוֹדֵ֔ד יִסַּרְתַּ֙נִי֙ וָֽאִוָּסֵ֔ר
כְּעֵ֖גֶל לֹ֣א לֻמָּ֑ד הֲשִׁיבֵ֤נִי וְאָשׁ֙וּבָה֙ כִּ֥י אַתָּ֖ה יְהֹוָ֥ה אֱלֹהָֽי: כִּֽי־
אַחֲרֵ֤י שׁוּבִי֙ נִחַ֔מְתִּי וְאַֽחֲרֵי֙ הִוָּ֣דְעִ֔י סָפַ֖קְתִּי עַל־יָרֵ֑ךְ
בֹּ֣שְׁתִּי וְגַם־נִכְלַ֔מְתִּי כִּ֥י נָשָׂ֖אתִי חֶרְפַּ֥ת נְעוּרָֽי: הֲבֵן֩ יַקִּ֨יר לִ֜י
אֶפְרַ֗יִם אִ֚ם יֶ֣לֶד שַׁעֲשׁוּעִ֔ים כִּֽי־מִדֵּ֤י דַבְּרִי֙ בּ֔וֹ זָכֹ֥ר
אֶזְכְּרֶ֖נּוּ ע֑וֹד עַל־כֵּ֗ן הָמ֤וּ מֵעַי֙ ל֔וֹ רַחֵ֥ם אֲ‍ֽרַחֲמֶ֖נּוּ נְאֻם־יְהֹוָֽה:

ransom Jacob, redeem him from one too strong for him. They shall come and shout on the heights of Zion, radiant over the bounty of the LORD—over new grain and wine and oil, and over sheep and cattle. They shall fare like a watered garden, they shall never languish again. Then shall maidens dance gaily, young men and old alike. I will turn their mourning to joy, I will comfort them and cheer them in their grief. I will give the priests their fill of fatness, and My people shall enjoy My full bounty—declares the LORD.

Thus said the LORD: A cry is heard in Ramah—wailing, bitter weeping—Rachel weeping for her children. She refuses to be comforted for her children, who are gone.

Thus said the LORD: Restrain your voice from weeping, your eyes from shedding tears; for there is a reward for your labor—declares the LORD: they shall return from the enemy's land. And there is hope for your future—declares the LORD: your children shall return to their country.

I can hear Ephraim lamenting: You have chastised me, and I am chastised like a calf that has not been broken. Receive me back, let me return, for You, O LORD, are my God. Now that I have turned back, I am filled with remorse; now that I am made aware, I strike my thigh. I am ashamed and humiliated, for I bear the disgrace of my youth. Truly, Ephraim is a dear son to Me, a child that is dandled! Whenever I have turned against him, My thoughts would dwell on him still. That is why My heart yearns for him; I will receive him back in love—declares the LORD.

בָּרוּךְ אַתָּה יְיָ אֱלֹהֵינוּ מֶלֶךְ הָעוֹלָם צוּר כָּל־הָעוֹלָמִים צַדִּיק בְּכָל־הַדּוֹרוֹת הָאֵל הַנֶּאֱמָן הָאוֹמֵר וְעוֹשֶׂה הַמְדַבֵּר וּמְקַיֵּם שֶׁכָּל־דְּבָרָיו אֱמֶת וָצֶדֶק:

נֶאֱמָן אַתָּה הוּא יְיָ אֱלֹהֵינוּ וְנֶאֱמָנִים דְּבָרֶיךָ וְדָבָר אֶחָד מִדְּבָרֶיךָ אָחוֹר לֹא יָשׁוּב רֵיקָם כִּי אֵל מֶלֶךְ נֶאֱמָן וְרַחֲמָן אָתָּה. בָּרוּךְ אַתָּה יְיָ הָאֵל הַנֶּאֱמָן בְּכָל־דְּבָרָיו:

רַחֵם עַל־צִיּוֹן כִּי הִיא בֵּית חַיֵּינוּ וְלַעֲלוּבַת נֶפֶשׁ תּוֹשִׁיעַ בִּמְהֵרָה בְיָמֵינוּ. בָּרוּךְ אַתָּה יְיָ מְשַׂמֵּחַ צִיּוֹן בְּבָנֶיהָ:

שַׂמְּחֵנוּ יְיָ אֱלֹהֵינוּ בְּאֵלִיָּהוּ הַנָּבִיא עַבְדֶּךָ וּבְמַלְכוּת בֵּית דָּוִד מְשִׁיחֶךָ בִּמְהֵרָה יָבֹא וְיָגֵל לִבֵּנוּ. עַל־כִּסְאוֹ לֹא־יֵשֵׁב זָר וְלֹא־יִנְחֲלוּ עוֹד אֲחֵרִים אֶת־כְּבוֹדוֹ. כִּי בְשֵׁם קָדְשְׁךָ נִשְׁבַּעְתָּ לּוֹ שֶׁלֹּא־יִכְבֶּה נֵרוֹ לְעוֹלָם וָעֶד. בָּרוּךְ אַתָּה יְיָ מָגֵן דָּוִד:

On Shabbat add the words in brackets.

עַל־הַתּוֹרָה וְעַל־הָעֲבוֹדָה וְעַל־הַנְּבִיאִים וְעַל־יוֹם [הַשַּׁבָּת הַזֶּה וְעַל־יוֹם] הַזִּכָּרוֹן הַזֶּה שֶׁנָּתַתָּ לָּנוּ יְיָ אֱלֹהֵינוּ [לִקְדֻשָּׁה וְלִמְנוּחָה] לְכָבוֹד וּלְתִפְאָרֶת: עַל־הַכֹּל יְיָ אֱלֹהֵינוּ אֲנַחְנוּ מוֹדִים לָךְ וּמְבָרְכִים אוֹתָךְ. יִתְבָּרַךְ שִׁמְךָ בְּפִי כָּל־חַי תָּמִיד לְעוֹלָם וָעֶד. וּדְבָרְךָ אֱמֶת וְקַיָּם לָעַד. בָּרוּךְ אַתָּה יְיָ מֶלֶךְ עַל־כָּל־הָאָרֶץ מְקַדֵּשׁ [הַשַּׁבָּת וְ]יִשְׂרָאֵל וְיוֹם הַזִּכָּרוֹן:

BLESSINGS AFTER THE HAFTARAH

Praised are You, Lord our God, Ruler of the universe, source of strength in all ages, source of righteousness in all generations, faithful God who promises and performs, who speaks and fulfills, whose every word is true and just.

Faithful are You, Lord our God, and faithful are Your words. Not one of Your promises shall remain unfulfilled, for You are a faithful and merciful God and Sovereign. Praised are You, Lord God, faithful in all Your promises.

Show compassion to Zion, for it is the fountain of our life. May the city, which so long was humbled in spirit, know complete deliverance in our day. Praised are You, O Lord, who brings joy to Zion through her returning children.

Gladden us, Lord our God, with the redemption which was to be heralded by the prophet Elijah and embodied in a descendant of the house of David, Your anointed. May this come soon and bring joy to our hearts. May every tyrant be dethroned and stripped of all honor. For You have promised by Your holy name that the light of justice shall never be extinguished. Praised are You, O Lord, Shield of David.

On Shabbat add the words in brackets.

We thank You and praise You, Lord our God, for the Torah, for worship, for the prophets, [for this Sabbath day,] and for this Day of Remembrance, which You have given us to add to our lives [sanctity and rest,] dignity and beauty.

May every living creature glorify You always and evermore; for Your word is truth, and endures forever. Praised are You, O Lord, Sovereign over all the earth, who hallows [the Sabbath,] Israel, and this Day of Remembrance.

יְקוּם פֻּרְקָן מִן שְׁמַיָּא חִנָּא וְחִסְדָּא וְרַחֲמֵי וְחַיֵּי אֲרִיכֵי וּמְזוֹנֵי רְוִיחֵי וְסִיַּעְתָּא דִשְׁמַיָּא וּבַרְיוּת גּוּפָא וּנְהוֹרָא מַעַלְיָא. זַרְעָא חַיָּא וְקַיָּמָא. זַרְעָא דִּי לָא־יִפְסֻק וְדִי לָא־יִבְטֻל מִפִּתְגָּמֵי אוֹרַיְתָא. לְמָרָנָן וְרַבָּנָן חֲבוּרָתָא קַדִּישָׁתָא. דִּי בְאַרְעָא דְיִשְׂרָאֵל וְדִי בְּכָל־אַרְעַת גָּלְוָתָנָא. לְרֵישֵׁי כַלֵּי וּלְרֵישֵׁי גַלְוָתָא וּלְרֵישֵׁי מְתִיבָתָא וּלְדַיָּנֵי דִי בָבָא: לְכָל־תַּלְמִידֵיהוֹן וּלְכָל־תַּלְמִידֵי תַלְמִידֵיהוֹן וּלְכָל־מָן דְּעָסְקִין בְּאוֹרַיְתָא. מַלְכָּא דְעָלְמָא יְבָרֵךְ יַתְהוֹן יַפִּישׁ חַיֵּיהוֹן וְיַסְגֵּא יוֹמֵיהוֹן וְיִתֵּן אַרְכָה לִשְׁנֵיהוֹן. וְיִתְפָּרְקוּן וְיִשְׁתֵּזְבוּן מִן כָּל־עָקָא וּמִן כָּל־מַרְעִין בִּישִׁין. מָרָן דִּי בִשְׁמַיָּא יְהֵא בְסַעְדְּהוֹן כָּל־זְמַן וְעִדָּן. וְנֹאמַר אָמֵן:

יְקוּם פֻּרְקָן מִן שְׁמַיָּא חִנָּא וְחִסְדָּא וְרַחֲמֵי וְחַיֵּי אֲרִיכֵי וּמְזוֹנֵי רְוִיחֵי וְסִיַּעְתָּא דִשְׁמַיָּא וּבַרְיוּת גּוּפָא וּנְהוֹרָא מַעַלְיָא. זַרְעָא חַיָּא וְקַיָּמָא. זַרְעָא דִּי לָא־יִפְסֻק וְדִי לָא־יִבְטֻל מִפִּתְגָּמֵי אוֹרַיְתָא. לְכָל־קְהָלָא קַדִּישָׁא הָדֵין. רַבְרְבַיָּא עִם זְעֵרַיָּא טַפְלָא וּנְשַׁיָּא. מַלְכָּא דְעָלְמָא יְבָרֵךְ יַתְכוֹן יַפִּישׁ חַיֵּיכוֹן וְיַשְׂגֵּא יוֹמֵיכוֹן וְיִתֵּן אַרְכָה לִשְׁנֵיכוֹן. וְתִתְפָּרְקוּן וְתִשְׁתֵּזְבוּן מִן כָּל־עָקָא וּמִן כָּל־מַרְעִין בִּישִׁין. מָרָן דִּי בִשְׁמַיָּא יְהֵא בְסַעְדְּכוֹן כָּל־זְמַן וְעִדָּן. וְנֹאמַר אָמֵן:

מִי שֶׁבֵּרַךְ אֲבוֹתֵינוּ אַבְרָהָם יִצְחָק וְיַעֲקֹב שָׂרָה רִבְקָה רָחֵל וְלֵאָה. הוּא יְבָרֵךְ אֶת־כָּל־הַקָּהָל הַקָּדוֹשׁ הַזֶּה עִם כָּל־קְהִלּוֹת הַקֹּדֶשׁ. הֵם וּבְנֵיהֶם וּבְנוֹתֵיהֶם וְכׇל אֲשֶׁר לָהֶם. וּמִי שֶׁמְּיַחֲדִים בָּתֵּי כְנֵסִיּוֹת לִתְפִלָּה. וּמִי שֶׁבָּאִים בְּתוֹכָם לְהִתְפַּלֵּל. וּמִי שֶׁנּוֹתְנִים נֵר לַמָּאוֹר וְיַיִן לְקִדּוּשׁ וּלְהַבְדָּלָה וּפַת לָאוֹרְחִים וּצְדָקָה לָעֲנִיִּים. וְכָל־מִי שֶׁעוֹסְקִים בְּצָרְכֵי צִבּוּר וּבְבִנְיַן אֶרֶץ יִשְׂרָאֵל בֶּאֱמוּנָה. הַקָּדוֹשׁ בָּרוּךְ הוּא יְשַׁלֵּם שְׂכָרָם וְיָסִיר מֵהֶם כָּל־מַחֲלָה וְיִרְפָּא לְכָל־גּוּפָם וְיִסְלַח לְכָל־עֲוֹנָם. וְיִשְׁלַח בְּרָכָה וְהַצְלָחָה בְּכָל־מַעֲשֵׂה יְדֵיהֶם עִם כָּל־יִשְׂרָאֵל אֲחֵיהֶם. וְנֹאמַר אָמֵן:

Y'KUM PURKAN: Prayer in behalf of scholars

May heavenly blessings be granted to our teachers and rabbis in the land of Israel and throughout the world; to the heads of rabbinic colleges and institutions of Jewish learning; to our community leaders, to their disciples and pupils; and to all who engage in the study of Torah.

May they be granted kindness and compassion, long life, ample sustenance, divine support, health of body and health of spirit, and healthy children who do not neglect the Torah.

May the Lord of the universe bless them, guard them from all distress and disease, and be their help at all times. And let us say: Amen.

Y'KUM PURKAN: Prayer in behalf of the congregation

May heavenly blessings be granted to all the members of this congregation and to all their loved ones.

May they be granted kindness and compassion, long life, ample sustenance, divine support, health of body and health of spirit, and healthy children who do not neglect the Torah.

May the Lord of the universe bless them, guard them from all distress and disease, and be their help at all times. And let us say: Amen.

MI SHEH-BEYRAḤ: May God bless . . .
For the community and for those who support and serve it

May God who blessed our ancestors, Abraham, Isaac, and Jacob, Sarah, Rebecca, Rachel, and Leah, bless this congregation together with all other congregations: them, their families, and all their dear ones.

May God bless those who consecrate synagogues for prayer and those who come to them to pray; those who maintain synagogues; those who provide for the wayfarer and for the poor; those who faithfully devote themselves to the needs of the community and of the land of Israel.

May the Holy One, praised be God, bless them for their labors, remove from them all sickness, heal all their hurts, and forgive all their sins. May God bless them and all the Household of Israel by prospering all their worthy endeavors. And let us say: Amen.

Prayer for our country

Our God and God of our ancestors, we invoke Your blessing upon our country, on the government and leaders of our nation, and on all who exercise rightful authority in our community. Instruct them out of Your Law, that they may administer all affairs of state in justice and equity. May peace and security, happiness and prosperity, right and freedom forever abide among us.

Unite the inhabitants of our country, of all backgrounds and creeds, into a bond of true kinship, to banish hatred and bigotry, and to safeguard our ideals and institutions of freedom.

May this land under Your Providence be an influence for good throughout the world, uniting all people in peace and freedom, and helping to fulfill the vision of Your prophets:

"Nation shall not lift up sword against nation,
Neither shall they learn war any more."

"For all people, both great and small,
Shall know the Lord."

Amen.

Louis Ginzberg (adapted)

For Jewish communities of the world

May God grant the blessings of peace and tranquillity, honor and abundance, joy and achievement to our brothers and sisters in Jewish communities throughout the world.

May they know the comfort and the inspiration of our faith,
the strength and the solidarity of our people,
the meaning and the hope of our heritage.

May they draw confidence from the knowledge that they are in our prayers; and may they see the fulfillment of all their worthy desires. Amen.

O Guardian of Israel, we ask Your blessings
Upon the People of Israel and the Land of Israel.

Bless them with peace, tranquillity, and achievement,
Bless them—even as they have been a blessing to us.

For they have nurtured our pride,
And renewed our hopes.

They have gathered in our homeless;
They have healed the bruised and the broken.

Their struggles have strengthened us;
Their sacrifices have humbled us.

Their victories have exalted us;
Their achievements have enriched us.

They have translated into fulfillment
The promises of Your ancient prophets:

"They shall build the waste cities and inhabit them;
They shall plant vineyards and drink their wine."

Truly, they have made the wilderness like Eden,
And the desert like the garden of the Lord.

Watch over the Land, we pray;
Protect it from every enemy and disaster.

Fulfill the prophetic promises
Which still await realization.

"Violence shall no more be heard in your land,
There shall be no desolation within your borders."

"Zion shall be redeemed through justice,
And they that dwell therein through righteousness."

Amen.

תְּקִיעַת
שׁוֹפָר

SHOFAR SERVICE

TEKIAT SHOFAR

Preludes to the Shofar service

On Shabbat, the Shofar is not sounded; the service continues on page 250.

כָּל־הָעַמִּים תִּקְעוּ־כָף הָרִֽיעוּ לֵאלֹהִים בְּקוֹל רִנָּה:
כִּי־יְיָ עֶלְיוֹן נוֹרָא מֶֽלֶךְ גָּדוֹל עַל־כָּל־הָאָֽרֶץ:

All you nations clap your hands;
Sing aloud to God with a voice of triumph.
For the Lord is awesome and supreme,
And is a great Sovereign over all the earth.

Psalms 47:2-3

בַּחֲצֹצְרוֹת וְקוֹל שׁוֹפָר הָרִֽיעוּ לִפְנֵי הַמֶּֽלֶךְ יְיָ:

With trumpets and the sound of the Shofar
Acclaim our Sovereign, the Lord.

Psalms 98:6

In the seventh month, on the first day of the month, you shall observe a sacred occasion: you shall not work at your occupations. You shall observe it as a day when the Shofar is sounded. *Numbers 29:1*

Sound the Shofar on the New Moon,
At the time appointed for our New Year.
Its observance is a law for Israel,
Ordained by the God of Jacob. *Psalms 81:4-5*

Awake from your slumber, and rouse yourselves from your lethargy. Scrutinize your deeds and return in repentance. Remember your Creator, you who forget eternal truth in the trifles of the hour, who go astray after vain illusions which can neither profit nor deliver. Carefully examine your souls; mend your ways and your actions; forsake the evil path and unworthy purposes. Return to God, so that God may have mercy upon you.

Maimonides

מִן־הַמֵּצַר קָרֶאתִי יָּהּ עָנָֽנִי בַמֶּרְחָב יָהּ׃

קוֹלִי שָׁמָֽעְתָּ אַל־תַּעְלֵם אָזְנְךָ לְרַוְחָתִי לְשַׁוְעָתִי׃

רֹאשׁ־דְּבָרְךָ אֱמֶת וּלְעוֹלָם כָּל־מִשְׁפַּט צִדְקֶֽךָ׃

עֲרֹב עַבְדְּךָ לְטוֹב אַל־יַעַשְׁקֻֽנִי זֵדִים׃

שָׂשׂ אָנֹכִי עַל־אִמְרָתֶֽךָ כְּמוֹצֵא שָׁלָל רָב׃

טוּב טַֽעַם וָדַֽעַת לַמְּדֵֽנִי כִּי בְמִצְוֹתֶֽיךָ הֶאֱמָֽנְתִּי׃

נִדְבוֹת פִּי רְצֵה־נָא יְיָ וּמִשְׁפָּטֶֽיךָ לַמְּדֵֽנִי׃

In my distress I cried out to the Lord,
Who answered me and set me free.

You have heard my voice;
Do not turn away from my cry of distress.

The beginning of Your word is truth;
Your righteous judgments are everlasting.

Protect me, O Lord;
Let not the arrogant oppress me.

I rejoice over Your word,
Like one who finds great treasure.

Grant me discernment and knowledge,
For I have put my trust in Your commandments.

Accept the offerings of my lips, O Lord,
And teach me Your laws.

Biblical verses

Continue on page 244 or on page 248.

The sound of the Shofar

May the sound of the Shofar shatter our complacency,
And make us conscious of the corruptions in our lives.

May the sound of the Shofar penetrate our souls,
And cause us to turn to our Creator in truth.

May the sound of the Shofar break the bonds of our enslavement to the evil impulse,
And enable us to serve the Lord with a whole heart.

May the sound of the Shofar renew our loyalty to the one true God,
And strengthen our determination to defy the false gods.

May the sound of the Shofar awaken us to the enormity of our sins,
And the vastness of God's mercy for those who truly repent.

May the sound of the Shofar summon us to service,
And stir us to respond, as did Abraham, "Here am I."

May the sound of the Shofar recall the moment
When we stood at Mount Sinai and uttered the promise:
"All that the Lord has spoken, we will keep and obey."

May the sound of the Shofar recall the promise of the ingathering of the exiles,
And stir within us renewed devotion to the Land of Israel.

May the sound of the Shofar recall the vision of the prophets,
Of the day when all people will live in peace.

May the sound of the Shofar awaken us to the flight of time,
And summon us to spend our days with purpose.

May the sound of the Shofar remind us that it is time to
"Proclaim liberty throughout the land
To all the inhabitants thereof."

May the sound of the Shofar become our jubilant shout of joy
On the day of the promised, long-awaited redemption.

May the sound of the Shofar enter our hearts;
For blessed is the people that hearkens to its call.

Hershel J. Matt (adapted)

Give heed to the sound of the Shofar,
The *sharp, piercing blasts* of the Shofar,
Rending the air with its message,
Its call for wholehearted repentance;
Summoning us to our Creator
To render God true devotion.

Renounce your sins and transgressions,
False aims and unworthy striving;
Fill your hearts with a new spirit
Of loving concern and forgiveness.
Give heed to the sound of the Shofar,
The blast that is blown, O my people.

בָּרוּךְ אַתָּה יְיָ אֱלֹהֵינוּ מֶלֶךְ הָעוֹלָם אֲשֶׁר קִדְּשָׁנוּ
בְּמִצְוֹתָיו וְצִוָּנוּ לִשְׁמֹעַ קוֹל שׁוֹפָר:

בָּרוּךְ אַתָּה יְיָ אֱלֹהֵינוּ מֶלֶךְ הָעוֹלָם שֶׁהֶחֱיָנוּ וְקִיְּמָנוּ
וְהִגִּיעָנוּ לַזְּמַן הַזֶּה:

Praised are You, Lord our God, Ruler of the universe, who has taught us the way of holiness through the *Mitzvot*, and has commanded us to hear the sound of the Shofar.

Praised are You, Lord our God, Ruler of the universe, who has kept us in life, sustained us, and enabled us to reach this season.

The Shofar is sounded:

תְּקִיעָה שְׁבָרִים תְּרוּעָה תְּקִיעָה
תְּקִיעָה שְׁבָרִים תְּרוּעָה תְּקִיעָה
תְּקִיעָה שְׁבָרִים תְּרוּעָה תְּקִיעָה

Give heed to the sound of the Shofar,
The *shrill, quiv'ring notes* of the Shofar,
Sounding its message of warning,
Its cry of alarm and awakening;
Urging us to labor together
To combat war and violence.

Accept the challenge to battle
Against fear, hate, and destruction.
Remove from your midst all oppression,
Banish all greed and contention.
Give heed to the sound of the Shofar,
The blast that is blown, O my people.

The Shofar is sounded:

תְּקִיעָה שְׁבָרִים תְּקִיעָה
תְּקִיעָה שְׁבָרִים תְּקִיעָה
תְּקִיעָה שְׁבָרִים תְּקִיעָה

Give heed to the sound of the Shofar,
The *loud clarion call* of the Shofar,
Bringing new hope to the suffering,
And strength to those stricken with sorrow;
Bringing to Israel assurance
Of healing, peace, and redemption.

Renew your faith and devotion
To God's Torah, People, and Land.
Remember the Covenant and fashion
A kingdom of law and compassion.
Give heed to the sound of the Shofar,
The blast that is blown, O my people.

The Shofar is sounded:

תְּקִיעָה תְּרוּעָה תְּקִיעָה
תְּקִיעָה תְּרוּעָה תְּקִיעָה
תְּקִיעָה תְּרוּעָה תְּקִיעָה גְדוֹלָה

אַשְׁרֵי הָעָם יוֹדְעֵי תְרוּעָה.
יְיָ בְּאוֹר־פָּנֶיךָ יְהַלֵּכוּן:

Ashrey ha-am yod'ey teruah,
Adonai b'or paneḥa y'haleyḥun.

Blessed are the people who hear in the Shofar
A summons to walk by the light of Your presence.

(An alternate Shofar service begins on page 248.)

The calls of the Shofar

For untold generations, on this day, our ancestors listened to the sound of the Shofar. What did they hear in its piercing tones? What solemn truths did they detect in its calls which stirred them so profoundly each year?

And what does the Shofar say to us today, as we stand at the dawn of the New Year, groping for a light to guide us and a faith to sustain us?

Tekiah! Awake! Let not habit dull your minds, nor comfort harden your hearts. Examine your deeds, look well into your soul, mend your ways, turn to God.

As we hear the sharp Tekiah *blast, let us rouse ourselves from smugness and self-satisfaction, from callousness and self-righteousness.*

Shevarim! The broken refrain! Listen to the staccato cry. Hear the echoes of sighing and weeping. The deprived and the distressed, the neglected and the enslaved, the bruised and the broken—all cry out for relief from their pain, for release from their torment.

As we hear the anguished wail of Shevarim, *let us open our ears to the cries of the afflicted and the oppressed, and let our hearts respond with compassion and love.*

Teruah! The call to battle is sounded: Join the struggle against evil and suffering. Give of your bread to those who hunger; give of your strength to those who stumble; give of your time to the lonely and forsaken; heal the wounded; comfort the bereaved.

Let us hearken to the Teruah's *call to action.*
For in our hands, in our hearts, and in our minds
Are the means for building a better world,
For fulfilling the promise of peace and justice,
And for hastening the day when all will hear
The sound of the great Shofar of liberation.

Milton Steinberg *(adapted)*

Tekiat Shofar

בָּרוּךְ אַתָּה יְיָ אֱלֹהֵינוּ מֶלֶךְ הָעוֹלָם אֲשֶׁר קִדְּשָׁנוּ בְּמִצְוֹתָיו וְצִוָּנוּ לִשְׁמֹעַ קוֹל שׁוֹפָר:

בָּרוּךְ אַתָּה יְיָ אֱלֹהֵינוּ מֶלֶךְ הָעוֹלָם שֶׁהֶחֱיָנוּ וְקִיְּמָנוּ וְהִגִּיעָנוּ לַזְּמַן הַזֶּה:

Praised are You, Lord our God, Ruler of the universe, who has taught us the way of holiness through the *Mitzvot,* and has commanded us to hear the sound of the Shofar.

Praised are You, Lord our God, Ruler of the universe, who has kept us in life, sustained us, and enabled us to reach this season.

The Shofar is sounded:

תְּקִיעָה שְׁבָרִים תְּרוּעָה תְּקִיעָה
תְּקִיעָה שְׁבָרִים תְּרוּעָה תְּקִיעָה
תְּקִיעָה שְׁבָרִים תְּרוּעָה תְּקִיעָה

תְּקִיעָה שְׁבָרִים תְּקִיעָה
תְּקִיעָה שְׁבָרִים תְּקִיעָה
תְּקִיעָה שְׁבָרִים תְּקִיעָה

תְּקִיעָה תְּרוּעָה תְּקִיעָה
תְּקִיעָה תְּרוּעָה תְּקִיעָה
תְּקִיעָה תְּרוּעָה תְּקִיעָה גְדוֹלָה

אַשְׁרֵי הָעָם יוֹדְעֵי תְרוּעָה. יְיָ בְּאוֹר־פָּנֶיךָ יְהַלֵּכוּן:

Blessed are the people who hear in the Shofar
A summons to walk by the light of Your presence.

אַשְׁרֵי יוֹשְׁבֵי בֵיתֶךָ עוֹד יְהַלְלוּךָ סֶּלָה:

אַשְׁרֵי הָעָם שֶׁכָּכָה לּוֹ אַשְׁרֵי הָעָם שֶׁיְיָ אֱלֹהָיו:

תְּהִלָּה לְדָוִד

אֲרוֹמִמְךָ אֱלוֹהַי הַמֶּלֶךְ וַאֲבָרְכָה שִׁמְךָ לְעוֹלָם וָעֶד:

בְּכָל־יוֹם אֲבָרְכֶךָּ וַאֲהַלְלָה שִׁמְךָ לְעוֹלָם וָעֶד:

גָּדוֹל יְיָ וּמְהֻלָּל מְאֹד וְלִגְדֻלָּתוֹ אֵין חֵקֶר:

דּוֹר לְדוֹר יְשַׁבַּח מַעֲשֶׂיךָ וּגְבוּרֹתֶיךָ יַגִּידוּ:

הֲדַר כְּבוֹד הוֹדֶךָ וְדִבְרֵי נִפְלְאֹתֶיךָ אָשִׂיחָה:

וֶעֱזוּז נוֹרְאֹתֶיךָ יֹאמֵרוּ וּגְדֻלָּתְךָ אֲסַפְּרֶנָּה:

זֵכֶר רַב־טוּבְךָ יַבִּיעוּ וְצִדְקָתְךָ יְרַנֵּנוּ:

חַנּוּן וְרַחוּם יְיָ אֶרֶךְ אַפַּיִם וּגְדָל־חָסֶד:

טוֹב־יְיָ לַכֹּל וְרַחֲמָיו עַל־כָּל־מַעֲשָׂיו:

יוֹדוּךָ יְיָ כָּל־מַעֲשֶׂיךָ וַחֲסִידֶיךָ יְבָרְכוּכָה:

כְּבוֹד מַלְכוּתְךָ יֹאמֵרוּ וּגְבוּרָתְךָ יְדַבֵּרוּ:

לְהוֹדִיעַ לִבְנֵי הָאָדָם גְּבוּרֹתָיו וּכְבוֹד הֲדַר מַלְכוּתוֹ:

מַלְכוּתְךָ מַלְכוּת כָּל־עֹלָמִים וּמֶמְשַׁלְתְּךָ בְּכָל־דּוֹר וָדֹר:

סוֹמֵךְ יְיָ לְכָל־הַנֹּפְלִים וְזוֹקֵף לְכָל־הַכְּפוּפִים:

ASHREY

Happy are they who dwell in Your house;
Forever shall they praise You.

Happy is the people so favored;
Happy is the people whose God is the Lord.

A PSALM OF DAVID.

I extol You, my God and Sovereign;
I will praise You for ever and ever.

Every day I praise You,
Glorifying You forever.

Great is the Lord, eminently to be praised;
God's greatness cannot be fathomed.

One generation to another lauds Your works,
Recounting Your mighty deeds.

They speak of the splendor of Your majesty
And of Your glorious works.

They tell of Your awesome acts,
Declaring Your greatness.

They recount Your abundant goodness,
Celebrating Your righteousness.

The Lord is gracious and compassionate,
Exceedingly patient, abounding in love.

The Lord is good to all,
God's tenderness embraces all Creation.

All Your creatures shall thank You;
And Your faithful shall praise You.

They shall speak of the glory of Your dominion,
Proclaiming Your power,

That all may know of Your might,
The splendor of Your sovereignty.

Your sovereignty is everlasting,
Your dominion endures for all generations.

The Lord supports all who stumble,
And makes all who are bent stand straight.

עֵינֵי־כֹל אֵלֶיךָ יְשַׂבֵּרוּ. וְאַתָּה נוֹתֵן־לָהֶם אֶת־אָכְלָם בְּעִתּוֹ:

פּוֹתֵחַ אֶת־יָדֶךָ וּמַשְׂבִּיעַ לְכָל־חַי רָצוֹן:

צַדִּיק יְיָ בְּכָל־דְּרָכָיו וְחָסִיד בְּכָל־מַעֲשָׂיו:

קָרוֹב יְיָ לְכָל־קֹרְאָיו לְכֹל אֲשֶׁר יִקְרָאֻהוּ בֶאֱמֶת:

רְצוֹן־יְרֵאָיו יַעֲשֶׂה וְאֶת־שַׁוְעָתָם יִשְׁמַע וְיוֹשִׁיעֵם:

שׁוֹמֵר יְיָ אֶת־כָּל־אֹהֲבָיו וְאֵת כָּל־הָרְשָׁעִים יַשְׁמִיד:

תְּהִלַּת יְיָ יְדַבֶּר־פִּי וִיבָרֵךְ כָּל־בָּשָׂר שֵׁם קָדְשׁוֹ
לְעוֹלָם וָעֶד:

וַאֲנַחְנוּ נְבָרֵךְ יָהּ מֵעַתָּה וְעַד־עוֹלָם. הַלְלוּיָהּ:

RETURNING THE SCROLLS TO THE ARK

Reader:

יְהַלְלוּ אֶת־שֵׁם יְיָ. כִּי־נִשְׂגָּב שְׁמוֹ לְבַדּוֹ—

Congregation:

הוֹדוֹ עַל־אֶרֶץ וְשָׁמָיִם:
וַיָּרֶם קֶרֶן לְעַמּוֹ. תְּהִלָּה לְכָל־חֲסִידָיו.
לִבְנֵי יִשְׂרָאֵל עַם קְרֹבוֹ. הַלְלוּיָהּ:

Hodo al eretz v'shama-yim.
Va-yarem keren l'amo, t'hila l'ḥol ḥasidav,
li-v'ney yisrael am k'rovo, Hallelujah.

The eyes of all look hopefully to You;
You give them their food when it is due.

You open Your hand,
You satisfy the needs of all the living.

O Lord, how beneficent are Your ways!
How loving are Your deeds!

The Lord is near to all who call out—
To all who call out in truth,

Fulfilling the desires of those who are reverent,
Hearing their cry and delivering them.

The Lord preserves those who are faithful,
But destroys those who are wicked.

My mouth shall speak the praise of the Lord,
Whose praise shall be uttered by all, forever.

We shall praise the Lord,
Now and evermore. Hallelujah.

Psalms 84:5, 144:15, 145, 115:18

RETURNING THE SCROLLS TO THE ARK

Reader:

"Praise the Lord, who alone is to be exalted!"

Congregation:

"God's glory is revealed on earth and in the heavens.
God has raised the honor of our people,
The glory of the faithful,
Thus exalting the Children of Israel,
The people near to the Lord, Hallelujah."

On Shabbat:

מִזְמוֹר לְדָוִד

הָבוּ לַייָ בְּנֵי אֵלִים הָבוּ לַייָ כָּבוֹד וָעֹז:

הָבוּ לַייָ כְּבוֹד שְׁמוֹ הִשְׁתַּחֲווּ לַייָ בְּהַדְרַת־קֹדֶשׁ:

קוֹל יְיָ עַל־הַמָּיִם אֵל־הַכָּבוֹד הִרְעִים

יְיָ עַל־מַיִם רַבִּים:

קוֹל־יְיָ בַּכֹּחַ קוֹל יְיָ בֶּהָדָר:

קוֹל יְיָ שֹׁבֵר אֲרָזִים וַיְשַׁבֵּר יְיָ אֶת־אַרְזֵי הַלְּבָנוֹן:

וַיַּרְקִידֵם כְּמוֹ־עֵגֶל לְבָנוֹן וְשִׂרְיוֹן כְּמוֹ בֶן־רְאֵמִים:

קוֹל־יְיָ חֹצֵב לַהֲבוֹת אֵשׁ:

קוֹל יְיָ יָחִיל מִדְבָּר יָחִיל יְיָ מִדְבַּר קָדֵשׁ:

קוֹל יְיָ יְחוֹלֵל אַיָּלוֹת וַיֶּחֱשֹׂף יְעָרוֹת

וּבְהֵיכָלוֹ כֻּלּוֹ אֹמֵר כָּבוֹד:

יְיָ לַמַּבּוּל יָשָׁב וַיֵּשֶׁב יְיָ מֶלֶךְ לְעוֹלָם:

יְיָ עֹז לְעַמּוֹ יִתֵּן יְיָ יְבָרֵךְ אֶת־עַמּוֹ בַשָּׁלוֹם:

On Shabbat:

Mizmor l'David.

Havu la-donai b'ney eylim,
Havu la-donai kavod va-oz.
Havu la-donai k'vod sh'mo,
Hish-taḥavu la-donai b'had-rat kodesh.

Kol Adonai al ha-ma-yim,
Eyl ha-kavod hir-im,
Adonai al ma-yim rabim.

Kol Adonai ba-koaḥ,
Kol Adonai be-hadar.
Kol Adonai shoveyr arazim,
Va-y'shabeyr Adonai et arzey ha-l'vanon.

Va-yar-kideym k'mo eygel,
L'vanon v'sir-yon k'mo ven r'eymim.

Kol Adonai ḥotzeyv la-havot eysh.
Kol Adonai yaḥil midbar,
Yaḥil Adonai midbar kadeysh.

Kol Adonai y'ḥoleyl aya-lot, va-yeḥe-sof y'arot,
Uv-hey-ḥalo kulo omeyr kavod.

Adonai la-mabul ya-shav,
Va-yey-shev Adonai meleḥ l'olam.

Adonai oz l'amo yiteyn,
Adonai y'vareyḥ et amo va-shalom. Psalm 29

Praise the Lord's glory and power;
Worship the Lord in the beauty of holiness.
The voice of the Lord is mighty;
The voice of the Lord is full of majesty.
May the Lord give strength to our people,
And bless our people with peace.

Selected from Psalm 29

On a weekday:

לְדָוִד מִזְמוֹר

לַייָ הָאָרֶץ וּמְלוֹאָהּ תֵּבֵל וְיֹשְׁבֵי בָהּ:

כִּי־הוּא עַל־יַמִּים יְסָדָהּ וְעַל־נְהָרוֹת יְכוֹנְנֶהָ:

מִי־יַעֲלֶה בְהַר יְיָ וּמִי־יָקוּם בִּמְקוֹם קָדְשׁוֹ:

נְקִי כַפַּיִם וּבַר־לֵבָב אֲשֶׁר לֹא־נָשָׂא לַשָּׁוְא נַפְשִׁי

וְלֹא נִשְׁבַּע לְמִרְמָה:

יִשָּׂא בְרָכָה מֵאֵת יְיָ וּצְדָקָה מֵאֱלֹהֵי יִשְׁעוֹ:

זֶה דּוֹר דֹּרְשָׁיו מְבַקְשֵׁי פָנֶיךָ יַעֲקֹב סֶלָה:

שְׂאוּ שְׁעָרִים רָאשֵׁיכֶם וְהִנָּשְׂאוּ פִּתְחֵי עוֹלָם

וְיָבוֹא מֶלֶךְ הַכָּבוֹד:

מִי זֶה מֶלֶךְ הַכָּבוֹד יְיָ עִזּוּז וְגִבּוֹר

יְיָ גִּבּוֹר מִלְחָמָה:

שְׂאוּ שְׁעָרִים רָאשֵׁיכֶם וּשְׂאוּ פִּתְחֵי עוֹלָם

וְיָבֹא מֶלֶךְ הַכָּבוֹד:

מִי הוּא זֶה מֶלֶךְ הַכָּבוֹד יְיָ צְבָאוֹת

הוּא מֶלֶךְ הַכָּבוֹד סֶלָה:

Se-u sh'arim ro-shey-ḥem, v'hinasu pit-ḥey olam,
V'yavo meleḥ ha-kavod.

Mi zeh meleḥ ha-kavod, Adonai izuz v'gibor,
Adonai gibor mil-ḥama.

Se-u sh'arim ro-shey-ḥem, us-u pit-ḥey olam,
V'yavo meleḥ ha-kavod.

Mi hu zeh meleḥ ha-kavod,
Adonai tz'vaot hu meleḥ ha-kavod, Selah.

On a weekday:

A PSALM OF DAVID.

The earth is the Lord's, and its fullness,
The world and those who dwell in it.

For it is God who founded it upon the seas,
And established it upon the waters.

Who may ascend the mountain of the Lord?
Who may stand in the Lord's holy place?

One who has clean hands and a pure heart,
Who does not strive after vanity,
And does not swear deceitfully;

Thus meriting a blessing from the Lord,
And vindication from the God of deliverance.

Such are the people who seek the Lord,
Who seek the presence of the God of Jacob.

Lift up your heads, O gates!
Lift up high, O ancient doors,
So that the Sovereign of glory may enter!

Who is the Sovereign of glory?
The Lord, who is strong and mighty,
The Lord, who is valiant in battle.

Lift up your heads, O gates!
Lift them up, O ancient doors,
So that the Sovereign of glory may enter!

Who is the Sovereign of glory?
The Lord of hosts is, truly, the Sovereign of glory.

Psalm 24

As the Torah Scrolls are placed in the Ark, recite:

וּבְנֻחֹה יֹאמַר שׁוּבָה יְיָ רִבְבוֹת אַלְפֵי יִשְׂרָאֵל׃
קוּמָה יְיָ לִמְנוּחָתֶךָ אַתָּה וַאֲרוֹן עֻזֶּךָ׃
כֹּהֲנֶיךָ יִלְבְּשׁוּ־צֶדֶק וַחֲסִידֶיךָ יְרַנֵּנוּ׃
בַּעֲבוּר דָּוִד עַבְדֶּךָ אַל־תָּשֵׁב פְּנֵי מְשִׁיחֶךָ׃

כִּי לֶקַח טוֹב נָתַתִּי לָכֶם תּוֹרָתִי אַל־תַּעֲזֹבוּ׃

עֵץ־חַיִּים הִיא לַמַּחֲזִיקִים בָּהּ וְתֹמְכֶיהָ מְאֻשָּׁר׃
דְּרָכֶיהָ דַרְכֵי־נֹעַם וְכָל־נְתִיבוֹתֶיהָ שָׁלוֹם׃
הֲשִׁיבֵנוּ יְיָ אֵלֶיךָ וְנָשׁוּבָה חַדֵּשׁ יָמֵינוּ כְּקֶדֶם׃

Ki lekaḥ tov na-tati laḥem, torati al ta-azovu.

Eytz ḥa-yim hi la-maḥa-zikim bah,
V'tom-ḥeha m'u-shar.
D'raḥeha darḥey no-am, v'ḥol n'tivo-teha shalom.
Ha-shiveynu Adonai eyleḥa v'na-shuva,
Ḥadeysh yameynu k'kedem.

As the Torah Scrolls are placed in the Ark, recite:

When the Ark was set down, Moses prayed: "O Lord, dwell among the myriad families of Israel." Come up, O Lord, to Your sanctuary, together with the Ark of Your glory. Let Your *Kohanim* be clothed in righteousness, let Your faithful ones rejoice.

I have given you precious teaching,
Forsake not My Torah.

It is a tree of life to those who cling to it,
Blessed are they who uphold it.

Its ways are ways of pleasantness,
All its paths are peace.

Turn us to You, O Lord, and we shall return;
Renew us as in days of old.

Biblical verses

MEDITATION

O Lord, standing before these sacred scrolls at the beginning of the new year, we renew the ancient covenant, speaking again the words of our ancestors: "All that the Lord has spoken we will do."

Our God and God of our ancestors, we thank You for Your Torah, our priceless heritage. May the portion we have read today inspire us to do Your will and to seek further knowledge of Your word. Thus our minds will be enriched and our lives endowed with purpose. May we take to heart Your laws by which we can truly live. Happy are all who love You and delight in fulfilling Your commandments. Amen.

To go forward in hope

O God, source of our strength,
Who gives meaning to our days and years,
Help us to feel Your presence—

In the marvelous beauty which we see,
In worthy deeds which are done,
In opportunities for service which beckon.

Above the clamor and the tedium in our lives,
Help us to sense Your power and nearness—

In great thoughts and in noble hopes,
In expressions of love and in moments of joy,
In all striving for justice and truth.

As we look ahead to a year of unknown tomorrows,
Mindful of our frailties and weaknesses,
Acknowledging our anxieties and our doubts—

Help us to go forward unafraid,
With hope renewed, confidence restored,

Knowing that Your power and creative love,
Which, in bygone years,
Wrought wondrous deeds and noble lives,

Will yet bring forth new grace and beauty,
Will yet inspire new deeds of righteousness
In the new year which now begins.

To do these things now

As we begin the new year we thank You, O God, for the privilege of greeting it; and we pray for the guidance to live it fully.

Help us, during the coming year, to do all the fine things which we meant to do "some day," but which we have postponed and neglected.

If we have been waiting to show someone a kindness, to speak a kind word, to make an overdue visit—let us do these things now.

If we have been waiting to perform an act of charity, to discharge a duty, to assume a responsibility—let us do these things now.

If we have been waiting to uproot a debasing habit, to set aside a festering hatred, to discipline and take charge of our lives—let us do these things now.

Your years, O God, have no measure; but You have set a limit to our days upon earth. So help us to treasure each precious moment. Help us to proceed with all haste to do now—this day, this week, this year, all the things which will make the new year a year of achievement, growth, and blessing.

מוּסָף
לְרֹאשׁ
הַשָּׁנָה

MUSAF SERVICE

ROSH HASHANAH

Hineni (p. 279) may be recited here or before the congregational Amidah.

Reader:

יִתְגַּדַּל וְיִתְקַדַּשׁ שְׁמֵהּ רַבָּא. בְּעָלְמָא דִּי־בְרָא כִרְעוּתֵהּ.
וְיַמְלִיךְ מַלְכוּתֵהּ בְּחַיֵּיכוֹן וּבְיוֹמֵיכוֹן וּבְחַיֵּי דְכָל־בֵּית
יִשְׂרָאֵל בַּעֲגָלָא וּבִזְמַן קָרִיב. וְאִמְרוּ אָמֵן:

Congregation and Reader:

יְהֵא שְׁמֵהּ רַבָּא מְבָרַךְ לְעָלַם וּלְעָלְמֵי עָלְמַיָּא:

Reader:

יִתְבָּרַךְ וְיִשְׁתַּבַּח וְיִתְפָּאַר וְיִתְרוֹמַם וְיִתְנַשֵּׂא וְיִתְהַדַּר
וְיִתְעַלֶּה וְיִתְהַלַּל שְׁמֵהּ דְּקֻדְשָׁא. בְּרִיךְ הוּא. לְעֵלָּא
לְעֵלָּא מִכָּל־בִּרְכָתָא וְשִׁירָתָא תֻּשְׁבְּחָתָא וְנֶחֱמָתָא
דַּאֲמִירָן בְּעָלְמָא. וְאִמְרוּ אָמֵן:

The Musaf Amidah begins on page 280.

In congregations where a silent Amidah is said, continue on page 268.

Yit-gadal v'yit-kadash sh'mey raba,
B'alma di v'ra ḥiru-tey, v'yam-liḥ mal-ḥutey
B'ḥa-yey-ḥon u-v'yomey-ḥon
U-v'ḥa-yey d'ḥol beyt yisrael
Ba-agala u-viz-man kariv, v'imru **amen.**

Congregation and Reader:

Y'hey sh'mey raba m'varaḥ l'alam ul-almey alma-ya.

Reader:

Yit-baraḥ v'yish-tabaḥ v'yit-pa-ar v'yit-romam v'yit-na-sey
V'yit-hadar v'yit-aleh v'yit-halal sh'mey d'kud-sha—
B'riḥ hu, *l'eyla l'eyla mi-kol bir-ḥata v'shi-rata*
Tush-b'ḥata v'ne-ḥemata da-amiran b'alma, v'imru **amen.**

ḤATZI KADDISH

Magnified and sanctified be the great name of God, in the world created according to the Divine will. May God's sovereignty soon be established, in our lifetime and that of the entire house of Israel. And let us say: Amen.

Congregation and Reader:

May God's great name be praised to all eternity.

Reader:

Hallowed and honored, extolled and exalted, adored and acclaimed be the name of the blessed Holy One, whose glory is infinitely beyond all the praises, hymns, and songs of adoration which human beings can utter. And let us say: Amen.

The Musaf Amidah begins on page 280.

In congregations where a silent Amidah is said, continue on page 268.

For the congregational Amidah, see page 280.

כִּי שֵׁם יְיָ אֶקְרָא הָבוּ גֹדֶל לֵאלֹהֵינוּ:
אֲדֹנָי שְׂפָתַי תִּפְתָּח וּפִי יַגִּיד תְּהִלָּתֶךָ:

בָּרוּךְ אַתָּה יְיָ אֱלֹהֵינוּ וֵאלֹהֵי אֲבוֹתֵינוּ. אֱלֹהֵי אַבְרָהָם אֱלֹהֵי יִצְחָק וֵאלֹהֵי יַעֲקֹב. הָאֵל הַגָּדוֹל הַגִּבּוֹר וְהַנּוֹרָא אֵל עֶלְיוֹן. גּוֹמֵל חֲסָדִים טוֹבִים וְקֹנֵה הַכֹּל. וְזוֹכֵר חַסְדֵי אָבוֹת וּמֵבִיא גוֹאֵל לִבְנֵי בְנֵיהֶם לְמַעַן שְׁמוֹ בְּאַהֲבָה:

זָכְרֵנוּ לְחַיִּים מֶלֶךְ חָפֵץ בַּחַיִּים. וְכָתְבֵנוּ בְּסֵפֶר הַחַיִּים. לְמַעַנְךָ אֱלֹהִים חַיִּים:

מֶלֶךְ עוֹזֵר וּמוֹשִׁיעַ וּמָגֵן. בָּרוּךְ אַתָּה יְיָ מָגֵן אַבְרָהָם:

אַתָּה גִּבּוֹר לְעוֹלָם אֲדֹנָי מְחַיֵּה מֵתִים אַתָּה רַב לְהוֹשִׁיעַ: מְכַלְכֵּל חַיִּים בְּחֶסֶד מְחַיֵּה מֵתִים בְּרַחֲמִים רַבִּים. סוֹמֵךְ נוֹפְלִים וְרוֹפֵא חוֹלִים וּמַתִּיר אֲסוּרִים וּמְקַיֵּם אֱמוּנָתוֹ לִישֵׁנֵי עָפָר. מִי כָמוֹךָ בַּעַל גְּבוּרוֹת וּמִי דּוֹמֶה לָּךְ מֶלֶךְ מֵמִית וּמְחַיֶּה וּמַצְמִיחַ יְשׁוּעָה:

מִי כָמוֹךָ אַב הָרַחֲמִים. זוֹכֵר יְצוּרָיו לְחַיִּים בְּרַחֲמִים: וְנֶאֱמָן אַתָּה לְהַחֲיוֹת מֵתִים. בָּרוּךְ אַתָּה יְיָ מְחַיֵּה הַמֵּתִים:

אַתָּה קָדוֹשׁ וְשִׁמְךָ קָדוֹשׁ וּקְדוֹשִׁים בְּכָל־יוֹם יְהַלְלוּךָ סֶּלָה:

וּבְכֵן תֵּן פַּחְדְּךָ יְיָ אֱלֹהֵינוּ עַל כָּל־מַעֲשֶׂיךָ וְאֵימָתְךָ עַל כָּל־מַה־שֶּׁבָּרָאתָ. וְיִירָאוּךָ כָּל־הַמַּעֲשִׂים וְיִשְׁתַּחֲווּ לְפָנֶיךָ כָּל־הַבְּרוּאִים. וְיֵעָשׂוּ כֻלָּם אֲגֻדָּה אֶחָת לַעֲשׂוֹת רְצוֹנְךָ

"When I call upon the Lord, ascribe greatness to our God."
"O Lord, open my lips that my mouth may declare Your praise."

GOD OF ALL GENERATIONS

Praised are You, O Lord our God and God of our ancestors,
God of Abraham, God of Isaac, and God of Jacob;
God of Sarah, God of Rebecca, God of Rachel, and God of Leah;
Great, mighty, awesome God, supreme over all.

You are abundantly kind, O Creator of all.
Remembering the piety of our ancestors,
You lovingly bring redemption to their children's children.

Remember us for life, O Sovereign who delights in life;
Inscribe us in the book of life, for Your sake, O God of life.

You are our Sovereign who helps, redeems, and protects.
Praised are You, O Lord,
Shield of Abraham and Sustainer of Sarah.

SOURCE OF LIFE AND MASTER OF NATURE

O Lord, mighty for all eternity,
With Your saving power You grant immortal life.

You sustain the living with lovingkindness,
And with great mercy You bestow eternal life upon the dead.
You support the falling, heal the sick, and free the captives.
You keep faith with those who sleep in the dust.

Who is like You, almighty God?
Who can be compared to You, Ruler over life and death,
Source of redemption?

Who is like You, compassionate God?
Mercifully You remember Your creatures for life.

You are faithful in granting eternal life to the departed.
Praised are You, O Lord, who grants immortality to the departed.

O GOD, IN YOUR HOLINESS, ESTABLISH YOUR REIGN!

Holy are You and hallowed is Your name, and holy ones praise You daily.

Lord our God, imbue all Your creatures with reverence for You, and fill all that You have created with awe of You.

בְּלֵבָב שָׁלֵם. כְּמוֹ שֶׁיָּדַעְנוּ יְיָ אֱלֹהֵינוּ שֶׁהַשִּׁלְטוֹן לְפָנֶיךָ עֹז בְּיָדְךָ וּגְבוּרָה בִּימִינֶךָ וְשִׁמְךָ נוֹרָא עַל כָּל־מַה־שֶּׁבָּרָאתָ׃

וּבְכֵן תֵּן כָּבוֹד יְיָ לְעַמֶּךָ תְּהִלָּה לִירֵאֶיךָ וְתִקְוָה לְדוֹרְשֶׁיךָ וּפִתְחוֹן פֶּה לַמְיַחֲלִים לָךְ. שִׂמְחָה לְאַרְצֶךָ וְשָׂשׂוֹן לְעִירֶךָ בִּמְהֵרָה בְיָמֵינוּ׃

וּבְכֵן צַדִּיקִים יִרְאוּ וְיִשְׂמָחוּ וִישָׁרִים יַעֲלֹזוּ וַחֲסִידִים בְּרִנָּה יָגִילוּ. וְעוֹלָתָה תִּקְפָּץ־פִּיהָ וְכָל־הָרִשְׁעָה כֻּלָּהּ כְּעָשָׁן תִּכְלֶה. כִּי תַעֲבִיר מֶמְשֶׁלֶת זָדוֹן מִן הָאָרֶץ׃

וְתִמְלוֹךְ אַתָּה יְיָ לְבַדֶּךָ עַל כָּל־מַעֲשֶׂיךָ בְּהַר צִיּוֹן מִשְׁכַּן כְּבוֹדֶךָ וּבִירוּשָׁלַיִם עִיר קָדְשֶׁךָ כַּכָּתוּב בְּדִבְרֵי קָדְשֶׁךָ. יִמְלֹךְ יְיָ לְעוֹלָם. אֱלֹהַיִךְ צִיּוֹן לְדֹר וָדֹר. הַלְלוּיָהּ׃

קָדוֹשׁ אַתָּה וְנוֹרָא שְׁמֶךָ וְאֵין אֱלוֹהַ מִבַּלְעָדֶיךָ כַּכָּתוּב. וַיִּגְבַּהּ יְיָ צְבָאוֹת בַּמִּשְׁפָּט וְהָאֵל הַקָּדוֹשׁ נִקְדַּשׁ בִּצְדָקָה. בָּרוּךְ אַתָּה יְיָ הַמֶּלֶךְ הַקָּדוֹשׁ׃

אַתָּה בְחַרְתָּנוּ מִכָּל־הָעַמִּים. אָהַבְתָּ אוֹתָנוּ וְרָצִיתָ בָּנוּ. וְרוֹמַמְתָּנוּ מִכָּל־הַלְּשׁוֹנוֹת. וְקִדַּשְׁתָּנוּ בְּמִצְוֹתֶיךָ. וְקֵרַבְתָּנוּ מַלְכֵּנוּ לַעֲבוֹדָתֶךָ. וְשִׁמְךָ הַגָּדוֹל וְהַקָּדוֹשׁ עָלֵינוּ קָרָאתָ׃

On Shabbat add the words in brackets.

וַתִּתֶּן־לָנוּ יְיָ אֱלֹהֵינוּ בְּאַהֲבָה אֶת־יוֹם [הַשַּׁבָּת הַזֶּה וְאֶת־יוֹם] הַזִּכָּרוֹן הַזֶּה יוֹם [זִכְרוֹן] תְּרוּעָה [בְּאַהֲבָה] מִקְרָא קֹדֶשׁ. זֵכֶר לִיצִיאַת מִצְרָיִם׃

May they all bow before You and unite in one fellowship to do Your will wholeheartedly. May they all acknowledge, as we do, that sovereignty is Yours, that Yours is the power and the majesty, and that You reign supreme over all You have created.

Grant honor, O Lord, to Your people, glory to those who revere You, hope to those who seek You, and confidence to those who trust in You. Grant joy to Your land and gladness to Your holy city, speedily in our own days.

Then the righteous will see and be glad, the upright will exult, and the pious will rejoice in song. Wickedness will be silenced, and all evil will vanish like smoke when You remove the dominion of tyranny from the earth.

Then You alone, O Lord, will rule over all Your works, from Mount Zion, the dwelling place of Your presence, from Jerusalem, Your holy city. Thus it is written in the Psalms: "The Lord shall reign forever; your God, Zion, through all generations; Hallelujah!"

You are holy, Your name is awe-inspiring, and there is no God but You. Thus the prophet wrote: "The Lord of hosts is exalted by justice, and the holy God is sanctified through righteousness." Praised are You, O Lord, the holy Sovereign.

YOU SANCTIFY ISRAEL AND THIS DAY OF REMEMBRANCE

You have chosen us of all peoples for Your service; and, in Your gracious love, You have exalted us by teaching us the way of holiness through Your *Mitzvot*. Thus You have linked us with Your great and holy name.

On Shabbat add the words in brackets.

In love have You given us, O Lord our God, [this Sabbath day, and] this Day of Remembrance, a day for [recalling in love] the sounding of the Shofar, a holy convocation, commemorating the Exodus from Egypt.

Some congregations recite:

וּמִפְּנֵי חֲטָאֵינוּ גָּלִינוּ מֵאַרְצֵנוּ וְנִתְרַחַקְנוּ מֵעַל אַדְמָתֵנוּ וְאֵין אֲנַחְנוּ יְכוֹלִים לַעֲשׂוֹת חוֹבוֹתֵינוּ בְּבֵית בְּחִירָתֶךָ בַּבַּיִת הַגָּדוֹל וְהַקָּדוֹשׁ שֶׁנִּקְרָא שִׁמְךָ עָלָיו מִפְּנֵי הַיָּד שֶׁנִּשְׁתַּלְּחָה בְּמִקְדָּשֶׁךָ:

יְהִי רָצוֹן מִלְּפָנֶיךָ יְיָ אֱלֹהֵינוּ וֵאלֹהֵי אֲבוֹתֵינוּ מֶלֶךְ רַחֲמָן שֶׁתָּשׁוּב וּתְרַחֵם עָלֵינוּ וְעַל אַרְצְךָ בְּרַחֲמֶיךָ הָרַבִּים. וְתִבְנֶהָ מְהֵרָה וּתְגַדֵּל כְּבוֹדָהּ: אָבִינוּ מַלְכֵּנוּ גַּלֵּה כְּבוֹד מַלְכוּתְךָ עָלֵינוּ מְהֵרָה. וְהוֹפַע וְהִנָּשֵׂא עָלֵינוּ לְעֵינֵי כָּל־חָי. וְקָרֵב פְּזוּרֵינוּ מִבֵּין הַגּוֹיִם. וּנְפוּצוֹתֵינוּ כַּנֵּס מִיַּרְכְּתֵי אָרֶץ: וַהֲבִיאֵנוּ לְצִיּוֹן עִירְךָ בְּרִנָּה. וְלִירוּשָׁלַיִם בֵּית מִקְדָּשְׁךָ בְּשִׂמְחַת עוֹלָם. שֶׁשָּׁם עָשׂוּ אֲבוֹתֵינוּ לְפָנֶיךָ אֶת־קָרְבְּנוֹת חוֹבוֹתֵיהֶם. תְּמִידִים כְּסִדְרָם וּמוּסָפִים כְּהִלְכָתָם:

On Shabbat add the words in brackets.

יְהִי רָצוֹן מִלְּפָנֶיךָ יְיָ אֱלֹהֵינוּ וֵאלֹהֵי אֲבוֹתֵינוּ שֶׁתְּרַחֵם עַל אַחֵינוּ בֵּית־יִשְׂרָאֵל הַנְּתוּנִים בְּצָרָה. וְתוֹצִיאֵם מֵאֲפֵלָה לְאוֹרָה. מִשִּׁעְבּוּד לִגְאֻלָּה. וּמִיָּגוֹן לְשִׂמְחָה. בִּמְהֵרָה בְיָמֵינוּ: וְקַבֵּל בְּרַחֲמִים וּבְרָצוֹן אֶת־תְּפִלַּת כָּל־עַמְּךָ בֵּית־יִשְׂרָאֵל בְּיוֹם [הַשַּׁבָּת הַזֶּה וּבְיוֹם] הַזִּכָּרוֹן הַזֶּה:

On Shabbat add:

יִשְׂמְחוּ בְמַלְכוּתְךָ שׁוֹמְרֵי שַׁבָּת וְקוֹרְאֵי עֹנֶג. עַם מְקַדְּשֵׁי שְׁבִיעִי כֻּלָּם יִשְׂבְּעוּ וְיִתְעַנְּגוּ מִטּוּבֶךָ. וְהַשְּׁבִיעִי רָצִיתָ בּוֹ וְקִדַּשְׁתּוֹ. חֶמְדַּת יָמִים אוֹתוֹ קָרָאתָ. זֵכֶר לְמַעֲשֵׂה בְרֵאשִׁית:

Some congregations recite:

HOW OUR ANCESTORS EXPLAINED THEIR EXILE

Because of our sins we were exiled from our Land, and removed far from our soil. And because the ancient Temple was destroyed we cannot perform our sacred duties in the great and holy Sanctuary dedicated to Your service.

TO ZION WITH SONG AND PRAYER

Lord our God and God of our ancestors, merciful Ruler, have compassion upon us and upon Your land; rebuild and glorify it. Speedily reveal the glory of Your sovereignty: let all humanity witness that You are our Sovereign. Gather the dispersed of our people from among the nations and assemble our scattered ones from the farthest ends of the earth. Lead us to Zion, Your city, with song, and to Jerusalem, the home of Your ancient Temple, with everlasting joy. For it was there that our ancestors brought to You the prescribed offerings.

DELIVERANCE TO OUR OPPRESSED

On Shabbat add the words in brackets.

May it be Your will, Lord our God and God of our ancestors, that You be merciful to those of our people who are victimized and oppressed; lead them from darkness to light, from enslavement to redemption, from sorrow to joy, speedily in our own time. Accept in mercy and in love the worship of Your people, the house of Israel, [on this Sabbath day and] on this Day of Remembrance.

SHABBAT: A heritage of holiness and joy

On Shabbat add:

They who keep the Sabbath, calling it a delight, rejoice in Your sovereignty. They who hallow the seventh day find satisfaction and pleasure in Your goodness. For You favored the seventh day and hallowed it, proclaiming it the most precious of all days, recalling the work of creation.

עָלֵינוּ לְשַׁבֵּחַ לַאֲדוֹן הַכֹּל לָתֵת גְּדֻלָּה לְיוֹצֵר בְּרֵאשִׁית. שֶׁלֹּא עָשָׂנוּ כְּגוֹיֵי הָאֲרָצוֹת וְלֹא שָׂמָנוּ כְּמִשְׁפְּחוֹת הָאֲדָמָה. שֶׁלֹּא שָׂם חֶלְקֵנוּ כָּהֶם וְגוֹרָלֵנוּ כְּכָל־הֲמוֹנָם: וַאֲנַחְנוּ כּוֹרְעִים וּמִשְׁתַּחֲוִים וּמוֹדִים לִפְנֵי מֶלֶךְ מַלְכֵי הַמְּלָכִים הַקָּדוֹשׁ בָּרוּךְ הוּא. שֶׁהוּא נוֹטֶה שָׁמַיִם וְיוֹסֵד אָרֶץ וּמוֹשַׁב יְקָרוֹ בַּשָּׁמַיִם מִמַּעַל וּשְׁכִינַת עֻזּוֹ בְּגָבְהֵי מְרוֹמִים: הוּא אֱלֹהֵינוּ אֵין עוֹד. אֱמֶת מַלְכֵּנוּ אֶפֶס זוּלָתוֹ. כַּכָּתוּב בְּתוֹרָתוֹ. וְיָדַעְתָּ הַיּוֹם וַהֲשֵׁבֹתָ אֶל־לְבָבֶךָ כִּי יְיָ הוּא הָאֱלֹהִים בַּשָּׁמַיִם מִמַּעַל וְעַל־הָאָרֶץ מִתָּחַת. אֵין עוֹד:

עַל־כֵּן נְקַוֶּה לְךָ יְיָ אֱלֹהֵינוּ לִרְאוֹת מְהֵרָה בְּתִפְאֶרֶת עֻזֶּךָ לְהַעֲבִיר גִּלּוּלִים מִן הָאָרֶץ וְהָאֱלִילִים כָּרוֹת יִכָּרֵתוּן. לְתַקֵּן עוֹלָם בְּמַלְכוּת שַׁדַּי. וְכָל־בְּנֵי בָשָׂר יִקְרְאוּ בִשְׁמֶךָ לְהַפְנוֹת אֵלֶיךָ כָּל־רִשְׁעֵי אָרֶץ. יַכִּירוּ וְיֵדְעוּ כָּל־יוֹשְׁבֵי תֵבֵל. כִּי־לְךָ תִּכְרַע כָּל־בֶּרֶךְ תִּשָּׁבַע כָּל־לָשׁוֹן: לְפָנֶיךָ יְיָ אֱלֹהֵינוּ יִכְרְעוּ וְיִפֹּלוּ. וְלִכְבוֹד שִׁמְךָ יְקָר יִתֵּנוּ. וִיקַבְּלוּ כֻלָּם אֶת עֹל מַלְכוּתֶךָ. וְתִמְלֹךְ עֲלֵיהֶם מְהֵרָה לְעוֹלָם וָעֶד. כִּי הַמַּלְכוּת שֶׁלְּךָ הִיא וּלְעוֹלְמֵי עַד תִּמְלוֹךְ בְּכָבוֹד:

כַּכָּתוּב בְּתוֹרָתֶךָ. יְיָ יִמְלֹךְ לְעֹלָם וָעֶד: וְנֶאֱמַר. לֹא־הִבִּיט אָוֶן בְּיַעֲקֹב וְלֹא־רָאָה עָמָל בְּיִשְׂרָאֵל. יְיָ אֱלֹהָיו עִמּוֹ וּתְרוּעַת מֶלֶךְ בּוֹ: וְנֶאֱמַר. וַיְהִי בִישֻׁרוּן מֶלֶךְ בְּהִתְאַסֵּף רָאשֵׁי עָם יַחַד שִׁבְטֵי יִשְׂרָאֵל:

MALḤUYOT: God's sovereignty proclaimed

Let us now praise the Lord of all; let us acclaim the Author of creation, who made us unlike the pagans who surrounded us, unlike the heathens of the ancient world, who made our heritage different from theirs, and assigned to us a unique destiny. For we bend the knee and reverently bow before the *supreme Sovereign,* the Holy One, praised be God, who spread forth the heavens and established the earth, whose glorious presence is everywhere. The Lord is our God; there is no other. Truly, our *sovereign Lord* is incomparable. As it is written in the Torah: "This day accept with mind and heart, that God is the Lord of heaven and earth; there is no other."

Because we believe in You, O God, we hope for the day when Your majesty will prevail, when all false gods will be removed, and all idolatry will be abolished; when the world will be made a *kingdom of God,* when all humanity will invoke Your name, and the wicked will be turned to You. May all who live be convinced that to You every knee must bend, every tongue must vow loyalty. Before You may all bow in reverence, proclaiming Your glory, accepting Your *sovereignty.* May Your reign come soon and last forever; for *sovereignty* is Yours alone, now and evermore.

Thus is it written in Your Torah: "The Lord *shall be Sovereign* for ever and ever." "No iniquity was seen in Jacob, nor any perverseness in Israel; the Lord their God is with them and their acclaim of the *Sovereign* is heard in their midst." "The Lord was *enthroned as Sovereign* in Jeshurun, when the heads of the people assembled, when all the tribes of Israel gathered together."

Exodus 15:18; Numbers 23:21; Deuteronomy 33:5

וּבְדִבְרֵי קָדְשְׁךָ כָּתוּב לֵאמֹר. כִּי לַייָ הַמְּלוּכָה וּמשֵׁל בַּגּוֹיִם: וְנֶאֱמַר. יְיָ מָלָךְ גֵּאוּת לָבֵשׁ. לָבֵשׁ יְיָ עֹז הִתְאַזָּר. אַף־תִּכּוֹן תֵּבֵל בַּל־תִּמּוֹט: וְנֶאֱמַר. שְׂאוּ שְׁעָרִים רָאשֵׁיכֶם. וְהִנָּשְׂאוּ פִּתְחֵי עוֹלָם. וְיָבוֹא מֶלֶךְ הַכָּבוֹד: מִי זֶה מֶלֶךְ הַכָּבוֹד. יְיָ עִזּוּז וְגִבּוֹר. יְיָ גִּבּוֹר מִלְחָמָה: שְׂאוּ שְׁעָרִים רָאשֵׁיכֶם. וּשְׂאוּ פִּתְחֵי עוֹלָם. וְיָבֹא מֶלֶךְ הַכָּבוֹד: מִי הוּא זֶה מֶלֶךְ הַכָּבוֹד. יְיָ צְבָאוֹת הוּא מֶלֶךְ הַכָּבוֹד סֶלָה:

וְעַל יְדֵי עֲבָדֶיךָ הַנְּבִיאִים כָּתוּב לֵאמֹר. כֹּה אָמַר יְיָ מֶלֶךְ־יִשְׂרָאֵל וְגֹאֲלוֹ יְיָ צְבָאוֹת. אֲנִי רִאשׁוֹן וַאֲנִי אַחֲרוֹן וּמִבַּלְעָדַי אֵין אֱלֹהִים: וְנֶאֱמַר. וְעָלוּ מוֹשִׁעִים בְּהַר צִיּוֹן לִשְׁפֹּט אֶת־הַר עֵשָׂו וְהָיְתָה לַייָ הַמְּלוּכָה: וְנֶאֱמַר. וְהָיָה יְיָ לְמֶלֶךְ עַל־כָּל־הָאָרֶץ. בַּיּוֹם הַהוּא יִהְיֶה יְיָ אֶחָד וּשְׁמוֹ אֶחָד:

וּבְתוֹרָתְךָ כָּתוּב לֵאמֹר.
שְׁמַע יִשְׂרָאֵל יְיָ אֱלֹהֵינוּ יְיָ אֶחָד:

On Shabbat add the words in brackets.

אֱלֹהֵינוּ וֵאלֹהֵי אֲבוֹתֵינוּ מְלוֹךְ עַל כָּל־הָעוֹלָם כֻּלּוֹ בִּכְבוֹדֶךָ וְהִנָּשֵׂא עַל כָּל־הָאָרֶץ בִּיקָרֶךָ וְהוֹפַע בַּהֲדַר גְּאוֹן עֻזֶּךָ עַל כָּל־יוֹשְׁבֵי תֵבֵל אַרְצֶךָ. וְיֵדַע כָּל־פָּעוּל כִּי אַתָּה פְעַלְתּוֹ וְיָבִין כָּל־יָצוּר כִּי אַתָּה יְצַרְתּוֹ. וְיֹאמַר כֹּל אֲשֶׁר נְשָׁמָה בְאַפּוֹ יְיָ אֱלֹהֵי יִשְׂרָאֵל מֶלֶךְ וּמַלְכוּתוֹ בַּכֹּל מָשָׁלָה: אֱלֹהֵינוּ וֵאלֹהֵי אֲבוֹתֵינוּ [רְצֵה בִמְנוּחָתֵנוּ] קַדְּשֵׁנוּ בְּמִצְוֹתֶיךָ וְתֵן חֶלְקֵנוּ בְּתוֹרָתֶךָ שַׂבְּעֵנוּ מִטּוּבֶךָ וְשַׂמְּחֵנוּ בִּישׁוּעָתֶךָ. [וְהַנְחִילֵנוּ יְיָ אֱלֹהֵינוּ בְּאַהֲבָה וּבְרָצוֹן שַׁבַּת קָדְשֶׁךָ וְיָנוּחוּ בָהּ יִשְׂרָאֵל מְקַדְּשֵׁי שְׁמֶךָ] וְטַהֵר לִבֵּנוּ לְעָבְדְּךָ בֶּאֱמֶת. כִּי אַתָּה אֱלֹהִים אֱמֶת וּדְבָרְךָ אֱמֶת וְקַיָּם לָעַד. בָּרוּךְ אַתָּה יְיָ מֶלֶךְ עַל כָּל־הָאָרֶץ מְקַדֵּשׁ [הַשַּׁבָּת וְ]יִשְׂרָאֵל וְיוֹם הַזִּכָּרוֹן:

And so the Psalmist sang: "*Sovereignty* belongs to the Lord, who rules over nations." "You, O Lord, are *Sovereign,* crowned with majesty, adorned with splendor, supreme in strength. You established the earth securely, You created a world that stands firm." "Lift up your heads, O gates! Lift up high, O ancient doors, so that the *Sovereign of glory* may enter! Who is the Sovereign of glory? The Lord, who is strong and mighty; the Lord who is valiant in battle. Lift up your heads, O gates! Lift them up, O ancient doors, so that the *Sovereign of glory* may enter! Who is the Sovereign of glory? The Lord of hosts is, truly, the *Sovereign of glory.* *Psalms 22:29, 93:1, 24:7-10*

And thus Your prophets proclaimed: "Thus says the Lord, the *Sovereign and Redeemer* of Israel: I am the first and I am the last, and besides Me there is no God." "Liberators shall ascend Mount Zion to bring judgment upon Mount Esau and *God's sovereignty* will be acknowledged in the world." "The Lord *shall be Sovereign* over all the earth; on that day the Lord shall be One and the Lord's name One."

Isaiah 44:6; Obadiah 1:21; Zechariah 14:9

And thus is it written in Your Torah:

"HEAR, O ISRAEL: THE LORD IS OUR GOD, THE LORD IS ONE."

Deuteronomy 6:4

ESTABLISH YOUR SOVEREIGNTY

On Shabbat add the words in brackets.

Our God and God of our ancestors, establish Your glorious sovereignty over all the world and Your glorious majesty over all the earth. Show all who dwell on earth the splendor of Your power. Then every creature will know that You created it; every living thing will recognize that You fashioned it; and everything that breathes will declare: The Lord, God of Israel, is the Sovereign, whose dominion extends over all creation. Our God and God of our ancestors, [may our Sabbath rest be acceptable to You;] may Your *Mitzvot* lead us to holiness; and may we be among those who devote themselves to Your Torah. May we find contentment in Your blessings, and joy in Your sustaining power. [Help us to enjoy, in love and favor, the heritage of Your holy Sabbath. May Your people Israel, who hallow Your name, find rest on this day.] Purify our hearts to serve You in truth, for You are a God of truth; Your word is truth, and endures forever. Praised are You, O Lord, Sovereign over all the earth, who hallows [the Sabbath,] Israel, and this Day of Remembrance.

אַתָּה זוֹכֵר מַעֲשֵׂה עוֹלָם וּפוֹקֵד כָּל־יְצוּרֵי קֶדֶם. לְפָנֶיךָ נִגְלוּ כָּל־תַּעֲלֻמוֹת וַהֲמוֹן נִסְתָּרוֹת שֶׁמִּבְּרֵאשִׁית. כִּי אֵין שִׁכְחָה לִפְנֵי כִסֵּא כְבוֹדֶךָ וְאֵין נִסְתָּר מִנֶּגֶד עֵינֶיךָ:

אַתָּה זוֹכֵר אֶת־כָּל־הַמִּפְעָל. וְגַם כָּל־הַיְּצוּר לֹא נִכְחַד מִמֶּךָּ: הַכֹּל גָּלוּי וְיָדוּעַ לְפָנֶיךָ יְיָ אֱלֹהֵינוּ. צוֹפֶה וּמַבִּיט עַד סוֹף כָּל־הַדּוֹרוֹת. כִּי תָבִיא חֹק זִכָּרוֹן לְהִפָּקֵד כָּל־רוּחַ וָנֶפֶשׁ. לְהִזָּכֵר מַעֲשִׂים רַבִּים וַהֲמוֹן בְּרִיּוֹת לְאֵין תַּכְלִית: מֵרֵאשִׁית כָּזֹאת הוֹדָעְתָּ. וּמִלְּפָנִים אוֹתָהּ גִּלִּיתָ:

זֶה הַיּוֹם תְּחִלַּת מַעֲשֶׂיךָ זִכָּרוֹן לְיוֹם רִאשׁוֹן. כִּי חֹק לְיִשְׂרָאֵל הוּא מִשְׁפָּט לֵאלֹהֵי יַעֲקֹב:

וְעַל הַמְּדִינוֹת בּוֹ יֵאָמֵר. אֵיזוֹ לַחֶרֶב וְאֵיזוֹ לַשָּׁלוֹם. אֵיזוֹ לָרָעָב וְאֵיזוֹ לַשֹּׂבַע: וּבְרִיּוֹת בּוֹ יִפָּקֵדוּ לְהַזְכִּירָם לַחַיִּים וְלַמָּוֶת: מִי לֹא נִפְקַד כְּהַיּוֹם הַזֶּה. כִּי זֵכֶר כָּל־הַיְּצוּר לְפָנֶיךָ בָּא. מַעֲשֵׂה אִישׁ וּפְקֻדָּתוֹ וַעֲלִילוֹת מִצְעֲדֵי גָבֶר. מַחְשְׁבוֹת אָדָם וְתַחְבּוּלוֹתָיו וְיִצְרֵי מַעַלְלֵי אִישׁ:

אַשְׁרֵי אִישׁ שֶׁלֹּא יִשְׁכָּחֶךָּ. וּבֶן אָדָם יִתְאַמֶּץ־בָּךְ. כִּי דוֹרְשֶׁיךָ לְעוֹלָם לֹא יִכָּשֵׁלוּ. וְלֹא יִכָּלְמוּ לָנֶצַח כָּל־הַחוֹסִים בָּךְ: כִּי זֵכֶר כָּל־הַמַּעֲשִׂים לְפָנֶיךָ בָּא. וְאַתָּה דוֹרֵשׁ מַעֲשֵׂה כֻלָּם:

וְגַם אֶת־נֹחַ בְּאַהֲבָה זָכַרְתָּ וַתִּפְקְדֵהוּ בִּדְבַר יְשׁוּעָה וְרַחֲמִים. בַּהֲבִיאֲךָ אֶת־מֵי הַמַּבּוּל לְשַׁחֵת כָּל־בָּשָׂר מִפְּנֵי רֹעַ מַעַלְלֵיהֶם: עַל־כֵּן זִכְרוֹנוֹ בָּא לְפָנֶיךָ יְיָ אֱלֹהֵינוּ לְהַרְבּוֹת זַרְעוֹ כְּעַפְרוֹת תֵּבֵל וְצֶאֱצָאָיו כְּחוֹל הַיָּם:

ZIḤRONOT: God remembers

You *remember* all that has transpired since the beginning of time. Before You all the secrets, all the hidden things of the ages are revealed. For You there is no forgetfulness; from You nothing is concealed.

You *remember* all deeds; and their authors are not forgotten by You. To You everything is clear, O Lord our God; You foresee the generations to the end of time.

You have appointed a time for bringing to judgment a multitude of human beings and their countless actions. From the beginning You made this known; in ancient days You revealed it to us.

This day commemorates the beginning of Your creation, a *remembrance* of the very first day. Its observance is a statute for Israel, ordained by the God of Jacob.

And on this day the destiny of nations hangs in the balance: war or peace, famine or plenty. Individuals too are judged on this day, for life or for death.

Who is not judged on this day? Every human being comes before You; deeds and designs, ways and wishes—all are judged.

Blessed is the person who does not forget You, who draws courage and strength from You. For those who seek You shall not stumble; those who trust in You shall not be put to shame when the record of all deeds is set before You and You examine every action.

You *remembered* Noah in love, mercifully saving him when You brought the flood to destroy all creatures because of their evil deeds. Because the record of his righteousness was known to You, Lord our God, You multiplied his children like the dust of the earth and his descendants as the sand of the sea.

כַּכָּתוּב בְּתוֹרָתֶךָ. וַיִּזְכֹּר אֱלֹהִים אֶת־נֹחַ וְאֵת כָּל־הַחַיָּה וְאֶת־כָּל־הַבְּהֵמָה אֲשֶׁר אִתּוֹ בַּתֵּבָה וַיַּעֲבֵר אֱלֹהִים רוּחַ עַל־הָאָרֶץ וַיָּשֹׁכּוּ הַמָּיִם: וְנֶאֱמַר. וַיִּשְׁמַע אֱלֹהִים אֶת־נַאֲקָתָם וַיִּזְכֹּר אֱלֹהִים אֶת־בְּרִיתוֹ אֶת־אַבְרָהָם אֶת־יִצְחָק וְאֶת־יַעֲקֹב: וְנֶאֱמַר. וְזָכַרְתִּי אֶת־בְּרִיתִי יַעֲקוֹב וְאַף אֶת־בְּרִיתִי יִצְחָק וְאַף אֶת־בְּרִיתִי אַבְרָהָם אֶזְכֹּר וְהָאָרֶץ אֶזְכֹּר:

וּבְדִבְרֵי קָדְשְׁךָ כָּתוּב לֵאמֹר. זֵכֶר עָשָׂה לְנִפְלְאֹתָיו חַנּוּן וְרַחוּם יְיָ: וְנֶאֱמַר. טֶרֶף נָתַן לִירֵאָיו יִזְכֹּר לְעוֹלָם בְּרִיתוֹ: וְנֶאֱמַר. וַיִּזְכֹּר לָהֶם בְּרִיתוֹ וַיִּנָּחֵם כְּרֹב חֲסָדָיו:

וְעַל יְדֵי עֲבָדֶיךָ הַנְּבִיאִים כָּתוּב לֵאמֹר. הָלֹךְ וְקָרָאתָ בְאָזְנֵי יְרוּשָׁלַיִם לֵאמֹר. כֹּה אָמַר יְיָ זָכַרְתִּי לָךְ חֶסֶד נְעוּרַיִךְ אַהֲבַת כְּלוּלֹתָיִךְ. לֶכְתֵּךְ אַחֲרַי בַּמִּדְבָּר בְּאֶרֶץ לֹא זְרוּעָה: וְנֶאֱמַר. וְזָכַרְתִּי אֲנִי אֶת־בְּרִיתִי אוֹתָךְ בִּימֵי נְעוּרָיִךְ וַהֲקִימוֹתִי לָךְ בְּרִית עוֹלָם: וְנֶאֱמַר. הֲבֵן יַקִּיר לִי אֶפְרַיִם אִם יֶלֶד שַׁעֲשׁוּעִים. כִּי־מִדֵּי דַבְּרִי בּוֹ זָכֹר אֶזְכְּרֶנּוּ עוֹד. עַל־כֵּן הָמוּ מֵעַי לוֹ רַחֵם אֲרַחֲמֶנּוּ. נְאֻם־יְיָ:

אֱלֹהֵינוּ וֵאלֹהֵי אֲבוֹתֵינוּ. זָכְרֵנוּ בְּזִכְרוֹן טוֹב לְפָנֶיךָ וּפָקְדֵנוּ בִּפְקֻדַּת יְשׁוּעָה וְרַחֲמִים מִשְּׁמֵי שְׁמֵי קֶדֶם: וּזְכָר־לָנוּ יְיָ אֱלֹהֵינוּ אֶת־הַבְּרִית וְאֶת־הַחֶסֶד וְאֶת־הַשְּׁבוּעָה אֲשֶׁר נִשְׁבַּעְתָּ לְאַבְרָהָם אָבִינוּ בְּהַר הַמֹּרִיָּה. וְתֵרָאֶה לְפָנֶיךָ עֲקֵדָה שֶׁעָקַד אַבְרָהָם אָבִינוּ אֶת־יִצְחָק בְּנוֹ עַל גַּב הַמִּזְבֵּחַ וְכָבַשׁ רַחֲמָיו לַעֲשׂוֹת רְצוֹנְךָ בְּלֵבָב שָׁלֵם. כֵּן יִכְבְּשׁוּ רַחֲמֶיךָ אֶת־כַּעַסְךָ מֵעָלֵינוּ. וּבְטוּבְךָ הַגָּדוֹל יָשׁוּב חֲרוֹן אַפְּךָ מֵעַמְּךָ וּמֵעִירְךָ וּמִנַּחֲלָתֶךָ: וְקַיֶּם־לָנוּ יְיָ אֱלֹהֵינוּ אֶת־הַדָּבָר שֶׁהִבְטַחְתָּנוּ בְּתוֹרָתֶךָ עַל־יְדֵי מֹשֶׁה עַבְדְּךָ מִפִּי כְבוֹדֶךָ כָּאָמוּר. וְזָכַרְתִּי לָהֶם בְּרִית רִאשֹׁנִים אֲשֶׁר הוֹצֵאתִי אֹתָם מֵאֶרֶץ מִצְרַיִם לְעֵינֵי הַגּוֹיִם לִהְיוֹת לָהֶם

Thus is it written in Your Torah: "And God *remembered* Noah and all the animals and all the cattle that were with him in the ark, and God caused a wind to blow across the earth and the waters subsided." "And God heard their groaning in Egyptian bondage and *remembered* the Covenant with Abraham and Isaac and Jacob." "I will *remember* My covenant with Jacob; I will *remember* also My covenant with Isaac, and also My covenant with Abraham; and I will *remember* the land."

Genesis 8:1; Exodus 2:24; Leviticus 26:42

And so the Psalmist sang: "Gracious and merciful is the Lord, whose wonders are to be *remembered*." The Lord sustains those who are reverent, and will *remember* the Covenant forever." "The Lord *remembered* the Covenant and, in abundant kindness, forgave them.

Psalms 111:4, 111:5, 106:45

And thus Your prophets proclaimed: "Go and proclaim to Jerusalem: Thus says the Lord: I *remember* in your favor the devotion of your youth, the love of your bridal days, when you followed Me in the wilderness, through a barren land." "I will *remember* the covenant I made with you in the days of your youth, and I will establish with you an everlasting covenant." "Is not Ephraim My precious son, My beloved child? Even when I rebuke him, I *remember* him with tenderness, My heart yearns for him. I will surely show him compassion, says the Lord." *Jeremiah 2:2; Ezekiel 16:60; Jeremiah 31:20*

REMEMBER US WITH BLESSING

Our God and God of our ancestors, *remember* us with blessing, with deliverance, and with Your mercy. Remember the covenant which You made with Abraham, our father, and the pledge which You lovingly gave him on Mount Moriah. Remember how he bound his son, Isaac, on the altar, subduing his fatherly compassion so that he might do Your will wholeheartedly. So may Your compassion for us subdue Your wrath. In Your great goodness, favor Your people and Your city Jerusalem. Fulfill for us the promise contained in Your Torah, transmitted by Your servant Moses: "For their sake will I remember the Covenant with their ancestors whom I brought out of the land of Egypt in the sight of the nations to be their God. I am the Lord."

לֵאלֹהִים אֲנִי יְיָ: כִּי זוֹכֵר כָּל־הַנִּשְׁכָּחוֹת אַתָּה הוּא מֵעוֹלָם וְאֵין שִׁכְחָה לִפְנֵי כִסֵּא כְבוֹדֶךָ. וַעֲקֵדַת יִצְחָק לְזַרְעוֹ הַיּוֹם בְּרַחֲמִים תִּזְכּוֹר. בָּרוּךְ אַתָּה יְיָ זוֹכֵר הַבְּרִית:

אַתָּה נִגְלֵיתָ בַּעֲנַן כְּבוֹדְךָ עַל עַם קָדְשֶׁךָ לְדַבֵּר עִמָּם: מִן הַשָּׁמַיִם הִשְׁמַעְתָּם קוֹלֶךָ וְנִגְלֵיתָ עֲלֵיהֶם בְּעַרְפַלֵּי טֹהַר:

גַּם כָּל־הָעוֹלָם כֻּלּוֹ חָל מִפָּנֶיךָ וּבְרִיּוֹת בְּרֵאשִׁית חָרְדוּ מִמֶּךָּ. בְּהִגָּלוֹתְךָ מַלְכֵּנוּ עַל הַר סִינַי לְלַמֵּד לְעַמְּךָ תּוֹרָה וּמִצְוֹת. וַתַּשְׁמִיעֵם אֶת־הוֹד קוֹלֶךָ וְדִבְּרוֹת קָדְשְׁךָ מִלַּהֲבוֹת אֵשׁ: בְּקוֹלֹת וּבְרָקִים עֲלֵיהֶם נִגְלֵיתָ וּבְקוֹל שׁוֹפָר עֲלֵיהֶם הוֹפָעְתָּ:

כַּכָּתוּב בְּתוֹרָתֶךָ. וַיְהִי בַיּוֹם הַשְּׁלִישִׁי בִּהְיֹת הַבֹּקֶר וַיְהִי קֹלֹת וּבְרָקִים וְעָנָן כָּבֵד עַל־הָהָר וְקֹל שֹׁפָר חָזָק מְאֹד וַיֶּחֱרַד כָּל־הָעָם אֲשֶׁר בַּמַּחֲנֶה: וְנֶאֱמַר. וַיְהִי קוֹל הַשֹּׁפָר הוֹלֵךְ וְחָזֵק מְאֹד. מֹשֶׁה יְדַבֵּר וְהָאֱלֹהִים יַעֲנֶנּוּ בְקוֹל: וְנֶאֱמַר. וְכָל־הָעָם רֹאִים אֶת־הַקּוֹלֹת וְאֶת־הַלַּפִּידִם וְאֵת קוֹל הַשֹּׁפָר וְאֶת־הָהָר עָשֵׁן. וַיַּרְא הָעָם וַיָּנֻעוּ וַיַּעַמְדוּ מֵרָחֹק:

וּבְדִבְרֵי קָדְשְׁךָ כָּתוּב לֵאמֹר. עָלָה אֱלֹהִים בִּתְרוּעָה יְיָ בְּקוֹל שׁוֹפָר: וְנֶאֱמַר. בַּחֲצֹצְרוֹת וְקוֹל שׁוֹפָר הָרִיעוּ לִפְנֵי הַמֶּלֶךְ יְיָ: וְנֶאֱמַר. תִּקְעוּ בַחֹדֶשׁ שׁוֹפָר בַּכֶּסֶה לְיוֹם חַגֵּנוּ: כִּי חֹק לְיִשְׂרָאֵל הוּא מִשְׁפָּט לֵאלֹהֵי יַעֲקֹב: וְנֶאֱמַר. הַלְלוּיָהּ. הַלְלוּ־אֵל בְּקָדְשׁוֹ הַלְלוּהוּ בִּרְקִיעַ עֻזּוֹ: הַלְלוּהוּ בִגְבוּרֹתָיו הַלְלוּהוּ כְּרֹב גֻּדְלוֹ: הַלְלוּהוּ בְּתֵקַע שׁוֹפָר הַלְלוּהוּ בְּנֵבֶל וְכִנּוֹר: הַלְלוּהוּ בְתֹף וּמָחוֹל הַלְלוּהוּ בְּמִנִּים וְעֻגָב: הַלְלוּהוּ בְצִלְצְלֵי־שָׁמַע הַלְלוּהוּ בְּצִלְצְלֵי תְרוּעָה: כֹּל הַנְּשָׁמָה תְּהַלֵּל יָהּ. הַלְלוּיָהּ:

You remember all things forgotten; for You there is no forgetfulness. Remember today the binding of Isaac and may it arouse Your mercy for his descendants. Praised are You, O Lord, who remembers the Covenant.

SHOFAROT: Recalling the revelation

You revealed Yourself to Your holy people at Mount Sinai amid clouds of glory. Your voice was heard in a mist of purity.

The whole world trembled before You, all creation stood in awe, when You, our Sovereign, manifested Your presence to teach Your people Torah and *Mitzvot*.

Out of flaming fire, amid peals of thunder and flashes of lightning, amid blasts of the *Shofar*, You enabled them to hear Your divine words.

Thus is it written in Your Torah: "On the third day, as morning dawned, there was thunder and lightning, a thick cloud upon the mountain and the mighty blast of a *Shofar*; everyone in the camp trembled." "The sound of the *Shofar* grew louder and louder. Moses spoke and God answered him." "As all the people witnessed the thunder and lightning, the sound of the *Shofar* and the mountain smoking, they trembled and stood at a distance."

Exodus 19:16, 19:19, 20:15

And so the Psalmist sang: "God has ascended with the sound of the *Shofar*, the piercing cry of the *Shofar*." "With trumpets and *Shofar* acclaim our Sovereign, the Lord." "Sound the *Shofar* on the New Moon, at the time appointed for our New Year. Its observance is a law for Israel, ordained by the God of Jacob." "Hallelujah! Praise God in the sacred sanctuary; praise God in the mighty heavens. Praise God who is vast in power; praise God who abounds in greatness. Praise God with the sound of the *Shofar*, praise God with lute and lyre. Praise God with drum and dance, praise God with strings and flute. Praise God with resounding cymbals, praise God with clanging cymbals. Praise God for all that breathe. Hallelujah! Praise the Lord!

Psalms 46:6, 98:6, 81:4-5, 150

וְעַל יְדֵי עֲבָדֶיךָ הַנְּבִיאִים כָּתוּב לֵאמֹר. כָּל־יֹשְׁבֵי תֵבֵל וְשֹׁכְנֵי אָרֶץ. כִּנְשֹׂא־נֵס הָרִים תִּרְאוּ וְכִתְקֹעַ שׁוֹפָר תִּשְׁמָעוּ: וְנֶאֱמַר. וְהָיָה בַּיּוֹם הַהוּא יִתָּקַע בְּשׁוֹפָר גָּדוֹל. וּבָאוּ הָאֹבְדִים בְּאֶרֶץ אַשּׁוּר וְהַנִּדָּחִים בְּאֶרֶץ מִצְרָיִם. וְהִשְׁתַּחֲווּ לַייָ בְּהַר הַקֹּדֶשׁ בִּירוּשָׁלָיִם: וְנֶאֱמַר. וַייָ עֲלֵיהֶם יֵרָאֶה וְיָצָא כַבָּרָק חִצּוֹ. וַאדֹנָי אֱלֹהִים בַּשּׁוֹפָר יִתְקָע וְהָלַךְ בְּסַעֲרוֹת תֵּימָן: יְיָ צְבָאוֹת יָגֵן עֲלֵיהֶם: כֵּן תָּגֵן עַל עַמְּךָ יִשְׂרָאֵל בִּשְׁלוֹמֶךָ:

אֱלֹהֵינוּ וֵאלֹהֵי אֲבוֹתֵינוּ. תְּקַע בְּשׁוֹפָר גָּדוֹל לְחֵרוּתֵנוּ. וְשָׂא נֵס לְקַבֵּץ גָּלֻיּוֹתֵינוּ. וְקָרֵב פְּזוּרֵינוּ מִבֵּין הַגּוֹיִם. וּנְפוּצוֹתֵינוּ כַּנֵּס מִיַּרְכְּתֵי אָרֶץ: וַהֲבִיאֵנוּ לְצִיּוֹן עִירְךָ בְּרִנָּה. וְלִירוּשָׁלַיִם בֵּית מִקְדָּשְׁךָ בְּשִׂמְחַת עוֹלָם. שֶׁשָּׁם עָשׂוּ אֲבוֹתֵינוּ לְפָנֶיךָ אֶת־קָרְבְּנוֹת חוֹבוֹתֵיהֶם כְּמוֹ שֶׁכָּתַבְתָּ בְּתוֹרָתֶךָ עַל יְדֵי מֹשֶׁה עַבְדֶּךָ מִפִּי כְבוֹדֶךָ כָּאָמוּר. וּבְיוֹם שִׂמְחַתְכֶם וּבְמוֹעֲדֵיכֶם וּבְרָאשֵׁי חָדְשֵׁכֶם וּתְקַעְתֶּם בַּחֲצֹצְרֹת עַל עֹלֹתֵיכֶם וְעַל זִבְחֵי שַׁלְמֵיכֶם וְהָיוּ לָכֶם לְזִכָּרוֹן לִפְנֵי אֱלֹהֵיכֶם. אֲנִי יְיָ אֱלֹהֵיכֶם:

כִּי אַתָּה שׁוֹמֵעַ קוֹל שׁוֹפָר וּמַאֲזִין תְּרוּעָה וְאֵין דּוֹמֶה־לָּךְ: בָּרוּךְ אַתָּה יְיָ שׁוֹמֵעַ קוֹל תְּרוּעַת עַמּוֹ יִשְׂרָאֵל בְּרַחֲמִים:

רְצֵה יְיָ אֱלֹהֵינוּ בְּעַמְּךָ יִשְׂרָאֵל. וּתְפִלָּתָם בְּאַהֲבָה תְקַבֵּל בְּרָצוֹן. וּתְהִי לְרָצוֹן תָּמִיד עֲבוֹדַת יִשְׂרָאֵל עַמֶּךָ:

וְתֶחֱזֶינָה עֵינֵינוּ בְּשׁוּבְךָ לְצִיּוֹן בְּרַחֲמִים. בָּרוּךְ אַתָּה יְיָ הַמַּחֲזִיר שְׁכִינָתוֹ לְצִיּוֹן:

And thus Your prophets proclaimed: "All inhabitants of the world, all dwellers on earth: look when a banner is raised upon the mountains, and when the *Shofar* is sounded, listen." "On that day a great *Shofar* will be sounded, and the exiles in Assyria and those cast away in the land of Egypt will come to bow down to the Lord on the Lord's holy mountain in Jerusalem." "The Lord will be revealed to them with a piercing Presence which will flash like lightning. The Lord God will sound the *Shofar* and march amid the storm-winds of the South. The Lord of hosts will defend them."

Isaiah 18:3, 27:13; Zechariah 9:14-15

SOUND THE GREAT SHOFAR FOR OUR LIBERATION

Our God and God of our ancestors, sound the great *Shofar* for our liberation and lift high a banner to gather our exiles.

Gather the dispersed of our people from among the nations and assemble our scattered ones from the farthest ends of the earth.

Lead us to Zion, Your city, with song, and to Jerusalem, the home of Your ancient Temple, with everlasting joy.

For it was there that our ancestors brought to You the offerings prescribed in Your Torah, given to us by Your inspired servant Moses:

"On your joyous occasions, your fixed festivals, and on your new moons, you shall sound the trumpets as you bring the designated offerings and they shall be a reminder to you before the Lord your God; I, the Lord, am your God."

For You hear the sound of the *Shofar* and heed its summons; none may be compared to You.

Praised are You, O Lord, who mercifully listens to Your people Israel as they call on You with the sound of the *Shofar*.

ACCEPT OUR PRAYER AND BLESS ZION

Be gracious to Your people Israel, O Lord our God, and lovingly accept their prayers. May our worship ever be acceptable to You.

May our eyes behold Your merciful return to Zion. Praise to You, O Lord, who restores the Divine Presence to Zion.

מוֹדִים אֲנַחְנוּ לָךְ שָׁאַתָּה הוּא יְיָ אֱלֹהֵינוּ וֵאלֹהֵי אֲבוֹתֵינוּ לְעוֹלָם וָעֶד. צוּר חַיֵּינוּ מָגֵן יִשְׁעֵנוּ אַתָּה הוּא לְדוֹר וָדוֹר. נוֹדֶה לְּךָ וּנְסַפֵּר תְּהִלָּתֶךָ עַל חַיֵּינוּ הַמְּסוּרִים בְּיָדֶךָ וְעַל נִשְׁמוֹתֵינוּ הַפְּקוּדוֹת לָךְ וְעַל נִסֶּיךָ שֶׁבְּכָל־יוֹם עִמָּנוּ וְעַל נִפְלְאוֹתֶיךָ וְטוֹבוֹתֶיךָ שֶׁבְּכָל־עֵת עֶרֶב וָבֹקֶר וְצָהֳרָיִם. הַטּוֹב כִּי לֹא־כָלוּ רַחֲמֶיךָ. וְהַמְרַחֵם כִּי לֹא־תַמּוּ חֲסָדֶיךָ. מֵעוֹלָם קִוִּינוּ לָךְ:

וְעַל־כֻּלָּם יִתְבָּרַךְ וְיִתְרוֹמַם שִׁמְךָ מַלְכֵּנוּ תָּמִיד לְעוֹלָם וָעֶד:

וּכְתוֹב לְחַיִּים טוֹבִים כָּל־בְּנֵי בְרִיתֶךָ:

וְכֹל הַחַיִּים יוֹדוּךָ סֶּלָה וִיהַלְלוּ אֶת שִׁמְךָ בֶּאֱמֶת הָאֵל יְשׁוּעָתֵנוּ וְעֶזְרָתֵנוּ סֶלָה. בָּרוּךְ אַתָּה יְיָ הַטּוֹב שִׁמְךָ וּלְךָ נָאֶה לְהוֹדוֹת:

שִׂים שָׁלוֹם טוֹבָה וּבְרָכָה בָּעוֹלָם חֵן וָחֶסֶד וְרַחֲמִים עָלֵינוּ וְעַל כָּל־יִשְׂרָאֵל עַמֶּךָ. בָּרְכֵנוּ אָבִינוּ כֻּלָּנוּ כְּאֶחָד בְּאוֹר פָּנֶיךָ. כִּי בְאוֹר פָּנֶיךָ נָתַתָּ לָּנוּ יְיָ אֱלֹהֵינוּ תּוֹרַת חַיִּים וְאַהֲבַת חֶסֶד וּצְדָקָה וּבְרָכָה וְרַחֲמִים וְחַיִּים וְשָׁלוֹם. וְטוֹב בְּעֵינֶיךָ לְבָרֵךְ אֶת־עַמְּךָ יִשְׂרָאֵל בְּכָל־עֵת וּבְכָל־שָׁעָה בִּשְׁלוֹמֶךָ:

בְּסֵפֶר חַיִּים בְּרָכָה וְשָׁלוֹם וּפַרְנָסָה טוֹבָה. נִזָּכֵר וְנִכָּתֵב לְפָנֶיךָ. אֲנַחְנוּ וְכָל־עַמְּךָ בֵּית יִשְׂרָאֵל. לְחַיִּים טוֹבִים וּלְשָׁלוֹם. בָּרוּךְ אַתָּה יְיָ עוֹשֵׂה הַשָּׁלוֹם:

THANKSGIVING FOR DAILY MIRACLES

We thankfully acknowledge You, our God and God of our ancestors, Lord of eternity. You are the source of our strength, even as You have been Israel's protecting shield in every generation.

We thank You and proclaim Your praise for our lives which are in Your hand, for our souls which are in Your care, for Your miracles which are daily with us, and for Your wondrous kindness at all times—morning, noon, and night. Source of all goodness, Your mercies never fail. Source of compassion, Your kindnesses never cease. You are our abiding hope.

For all Your blessings we shall praise and exalt You, O our Sovereign, forever.

Inscribe all the children of Your covenant for a good life.

May all living creatures always thank You and praise You in truth. O God, You are our deliverance and our help. Praised are You, beneficent Lord, to whom all praise is due.

SIM SHALOM: Prayer for peace

Grant peace, goodness, and blessing to the world; graciousness, kindness, and mercy to us and to all Your people Israel.

Bless us all, O our Creator, with the divine light of Your presence.

For by that divine light You have revealed to us Your life-giving Torah, and taught us lovingkindness, righteousness, mercy, and peace.

May it please You to bless Your people Israel, in every season and at every hour, with Your peace.

In the book of life and blessing, peace and prosperity, may we and all Your people, the house of Israel, be inscribed for a good and peaceful life.

Praised are You, O Lord, Source of peace.

אֱלֹהַי. נְצוֹר לְשׁוֹנִי מֵרָע וּשְׂפָתַי מִדַּבֵּר מִרְמָה.
וְלִמְקַלְלַי נַפְשִׁי תִדּוֹם וְנַפְשִׁי כֶּעָפָר לַכֹּל תִּהְיֶה:
פְּתַח לִבִּי בְּתוֹרָתֶךָ וּבְמִצְוֹתֶיךָ תִּרְדּוֹף נַפְשִׁי.
וְכֹל הַחוֹשְׁבִים עָלַי רָעָה.
מְהֵרָה הָפֵר עֲצָתָם וְקַלְקֵל מַחֲשַׁבְתָּם:
עֲשֵׂה לְמַעַן שְׁמֶךָ עֲשֵׂה לְמַעַן יְמִינֶךָ
עֲשֵׂה לְמַעַן קְדֻשָּׁתֶךָ עֲשֵׂה לְמַעַן תּוֹרָתֶךָ:
לְמַעַן יֵחָלְצוּן יְדִידֶיךָ הוֹשִׁיעָה יְמִינְךָ וַעֲנֵנִי:
יִהְיוּ לְרָצוֹן אִמְרֵי־פִי וְהֶגְיוֹן לִבִּי לְפָנֶיךָ.
יְיָ צוּרִי וְגֹאֲלִי:
עֹשֶׂה שָׁלוֹם בִּמְרוֹמָיו הוּא יַעֲשֶׂה שָׁלוֹם
עָלֵינוּ וְעַל כָּל־יִשְׂרָאֵל. וְאִמְרוּ אָמֵן:

Yi-h'yu l'ratzon imrey fi v'heg-yon libi l'fa-neḥa.
Adonai tzuri v'go-ali.

Oseh shalom bi-m'romav, hu ya-aseh shalom
Aleynu v'al kol yisrael, v'imru amen.

GUARD MY TONGUE FROM EVIL

O Lord, guard my tongue from evil
and my lips from speaking falsehood.

Help me to ignore those who slander me,
and to be humble and forgiving to all.

Open my heart to Your Torah,
that I may know Your teachings and eagerly do Your will.

Frustrate the plans of those who wish me ill,
that I may praise Your power, Your holiness, and Your law.

Save Your loved ones, O Lord;
Answer us with Your redeeming power.

"May the words of my mouth
and the meditation of my heart
find favor before You,
my Rock and my Redeemer."

O Maker of harmony in the universe,
grant peace to us, to Israel, and to all people everywhere.

Amen.

Adapted from the Hebrew

הִנְנִי הֶעָנִי מִמַּעַשׂ. נִרְעָשׁ וְנִפְחָד מִפַּחַד יוֹשֵׁב תְּהִלּוֹת
יִשְׂרָאֵל: בָּאתִי לַעֲמֹד וּלְהִתְחַנֵּן לְפָנֶיךָ עַל עַמְּךָ יִשְׂרָאֵל
אֲשֶׁר שְׁלָחוּנִי. אַף עַל פִּי שֶׁאֵינִי כְדַי וְהָגוּן לְכָךְ:
לָכֵן אֲבַקֵּשׁ מִמְּךָ אֱלֹהֵי אַבְרָהָם אֱלֹהֵי יִצְחָק וֵאלֹהֵי יַעֲקֹב.
אֱלֹהֵי שָׂרָה אֱלֹהֵי רִבְקָה אֱלֹהֵי רָחֵל וֵאלֹהֵי לֵאָה.
יְיָ יְיָ אֵל רַחוּם וְחַנּוּן אֱלֹהֵי יִשְׂרָאֵל. שַׁדַּי אָיוֹם וְנוֹרָא.
הֱיֵה־נָא מַצְלִיחַ דַּרְכִּי אֲשֶׁר אֲנִי הוֹלֵךְ
לַעֲמֹד וּלְבַקֵּשׁ רַחֲמִים עָלַי וְעַל שׁוֹלְחָי:

נָא אַל תַּפְשִׁיעֵם בְּחַטֹּאתַי וְאַל תְּחַיְּבֵם בַּעֲוֹנוֹתַי כִּי חוֹטֵא וּפוֹשֵׁעַ אָנִי. וְאַל יִכָּלְמוּ בִּפְשָׁעַי וְאַל יֵבוֹשׁוּ הֵם בִּי וְאַל אֵבוֹשׁ אֲנִי בָּהֶם. קַבֵּל תְּפִלָּתִי כִּתְפִלַּת זָקֵן וְרָגִיל וּפִרְקוֹ נָאֶה וּזְקָנוֹ מְגֻדָּל וְקוֹלוֹ נָעִים וּמְעֹרָב בְּדַעַת עִם הַבְּרִיּוֹת. וִיהִי נָא דִלּוּגֵנוּ עָלֶיךָ אַהֲבָה. וְעַל כָּל־פְּשָׁעִים תְּכַסֶּה בְּאַהֲבָה. כָּל־צָרוֹת וְרָעוֹת הֲפָךְ־נָא לָנוּ וּלְכָל־יִשְׂרָאֵל לְשָׂשׂוֹן וּלְשִׂמְחָה. לְחַיִּים וּלְשָׁלוֹם. הָאֱמֶת וְהַשָּׁלוֹם אֱהָבוּ וְלֹא יְהִי שׁוּם מִכְשׁוֹל בִּתְפִלָּתִי:

וִיהִי רָצוֹן מִלְּפָנֶיךָ יְיָ אֱלֹהֵי אַבְרָהָם יִצְחָק וְיַעֲקֹב. הָאֵל הַגָּדוֹל הַגִּבּוֹר וְהַנּוֹרָא אֵל עֶלְיוֹן. אֶהְיֶה אֲשֶׁר אֶהְיֶה. שֶׁתָּבֹא תְפִלָּתִי לִפְנֵי כִסֵּא כְבוֹדֶךָ בַּעֲבוּר כָּל־הַצַּדִּיקִים וְהַחֲסִידִים. הַתְּמִימִים וְהַיְשָׁרִים. וּבַעֲבוּר כְּבוֹד שִׁמְךָ הַגָּדוֹל וְהַנּוֹרָא:

כִּי אַתָּה שׁוֹמֵעַ תְּפִלַּת עַמְּךָ יִשְׂרָאֵל בְּרַחֲמִים.
בָּרוּךְ אַתָּה שׁוֹמֵעַ תְּפִלָּה:

Continue with the congregational Amidah, page 280,
or with the silent Amidah, preceded by Ḥatzi Kaddish on page 266.

HINENI: The Ḥazzan's prayer

Here I stand, deficient in good deeds,
Overcome by awe and trembling,
In the presence of One who abides
Amid the praises of Israel.

I have come to plead with You
On behalf of Your people Israel who have sent me,
Though I am unworthy for this sacred task.

God of Abraham, God of Isaac, and God of Jacob,
God of Sarah, God of Rebeccah, God of Rachel, and God of Leah,
Gracious and merciful God, God of Israel,
Awesome and majestic God,
I beseech You to help me
As I seek mercy for myself
And for those who have sent me.

Do not charge them with my sins;
May they not be blamed for my transgressions;
For I have sinned and I have transgressed.
May they not be shamed by my actions,
And may their actions bring me no shame.

Accept my prayer as though I were
Supremely qualified for this task,
Imposing in appearance, pleasant of voice,
And acceptable to all.

Help me to overcome every obstacle;
Cover all our faults with Your veil of love.

Turn our afflictions to joy, life, and peace;
May truth and peace be precious to us;
And may I offer my prayer without faltering.

O Lord, God of Abraham, of Isaac, and of Jacob,
Great, mighty, revered, and exalted God,
"I will be what I will be,"
May my prayer reach Your throne,
For the sake of all the upright and the pious,
The innocent and the saintly,
And for the sake of Your glorious and revered name.

For You mercifully hear the prayers of Your people Israel;
Praised are You who hears prayer.

בָּרוּךְ אַתָּה יְיָ אֱלֹהֵינוּ וֵאלֹהֵי אֲבוֹתֵינוּ. אֱלֹהֵי אַבְרָהָם אֱלֹהֵי יִצְחָק וֵאלֹהֵי יַעֲקֹב. הָאֵל הַגָּדוֹל הַגִּבּוֹר וְהַנּוֹרָא אֵל עֶלְיוֹן. גּוֹמֵל חֲסָדִים טוֹבִים וְקוֹנֵה הַכֹּל. וְזוֹכֵר חַסְדֵי אָבוֹת וּמֵבִיא גוֹאֵל לִבְנֵי בְנֵיהֶם לְמַעַן שְׁמוֹ בְּאַהֲבָה:

מִסּוֹד חֲכָמִים וּנְבוֹנִים. וּמִלֶּמֶד דַּעַת מְבִינִים. אֶפְתְּחָה פִּי בִּתְפִלָּה וּבְתַחֲנוּנִים. לְחַלּוֹת וּלְחַנֵּן פְּנֵי מֶלֶךְ מַלְכֵי הַמְּלָכִים וַאֲדוֹנֵי הָאֲדוֹנִים:

זָכְרֵנוּ לְחַיִּים מֶלֶךְ חָפֵץ בַּחַיִּים.
וְכָתְבֵנוּ בְּסֵפֶר הַחַיִּים.
לְמַעַנְךָ אֱלֹהִים חַיִּים:

מֶלֶךְ עוֹזֵר וּמוֹשִׁיעַ וּמָגֵן. בָּרוּךְ אַתָּה יְיָ מָגֵן אַבְרָהָם:

אַתָּה גִּבּוֹר לְעוֹלָם אֲדֹנָי מְחַיֵּה מֵתִים אַתָּה רַב לְהוֹשִׁיעַ: מְכַלְכֵּל חַיִּים בְּחֶסֶד מְחַיֵּה מֵתִים בְּרַחֲמִים רַבִּים. סוֹמֵךְ נוֹפְלִים וְרוֹפֵא חוֹלִים וּמַתִּיר אֲסוּרִים וּמְקַיֵּם אֱמוּנָתוֹ לִישֵׁנֵי עָפָר. מִי כָמוֹךָ בַּעַל גְּבוּרוֹת וּמִי דוֹמֶה לָּךְ מֶלֶךְ מֵמִית וּמְחַיֶּה וּמַצְמִיחַ יְשׁוּעָה:

מִי כָמוֹךָ אַב הָרַחֲמִים.
זוֹכֵר יְצוּרָיו לְחַיִּים בְּרַחֲמִים:

וְנֶאֱמָן אַתָּה לְהַחֲיוֹת מֵתִים. בָּרוּךְ אַתָּה יְיָ מְחַיֵּה הַמֵּתִים:

Zoḥreynu l'ḥa-yim meleḥ ḥafeytz ba-ḥa-yim,
V'ḥot-veynu b'seyfer ha-ḥa-yim, l'ma-anḥa Elohim ḥa-yim.

The Amidah

GOD OF ALL GENERATIONS*

Praised are You, O Lord our God and God of our ancestors,
God of Abraham, God of Isaac, and God of Jacob;
God of Sarah, God of Rebecca, God of Rachel, and God of Leah;
Great, mighty, awesome God, supreme over all.

You are abundantly kind, O Creator of all.
Remembering the piety of our ancestors,
You lovingly bring redemption to their children's children.

With the inspired words of the wise and the discerning,
I open my mouth in prayer and supplication,
To implore mercy from the supreme Ruler, the Lord of lords.

Remember us for life, O Sovereign who delights in life;
Inscribe us in the book of life, for Your sake, O God of life.

You are our Sovereign who helps, redeems, and protects.
Praised are You, O Lord,
Shield of Abraham and Sustainer of Sarah.

SOURCE OF LIFE AND MASTER OF NATURE

O Lord, mighty for all eternity,
With Your saving power You grant immortal life.

You sustain the living with lovingkindness,
And with great mercy You bestow eternal life upon the dead.
You support the falling, heal the sick, and free the captives.
You keep faith with those who sleep in the dust.

Who is like You, almighty God?
Who can be compared to You, Ruler over life and death,
Source of redemption?

Who is like You, compassionate God?
Mercifully You remember Your creatures for life.

You are faithful in granting eternal life to the departed.
Praised are You, O Lord, who grants immortality to the departed.

* *This English version of the Avot Blessing reflects the egalitarian rendering which appears in the "Interpretive Amidah Blessings" (p. 891).*

וּבְכֵן לְךָ תַעֲלֶה קְדֻשָּׁה כִּי אַתָּה אֱלֹהֵינוּ מֶלֶךְ:

וּנְתַנֶּה תֹּקֶף קְדֻשַּׁת הַיּוֹם. כִּי הוּא נוֹרָא וְאָיוֹם. וּבוֹ תִנָּשֵׂא מַלְכוּתֶךָ. וְיִכּוֹן בְּחֶסֶד כִּסְאֶךָ. וְתֵשֵׁב עָלָיו בֶּאֱמֶת: אֱמֶת כִּי אַתָּה הוּא דַיָּן וּמוֹכִיחַ וְיוֹדֵעַ וָעֵד. וְכוֹתֵב וְחוֹתֵם וְסוֹפֵר וּמוֹנֶה. וְתִזְכּוֹר כָּל־הַנִּשְׁכָּחוֹת. וְתִפְתַּח אֶת־סֵפֶר הַזִּכְרוֹנוֹת. וּמֵאֵלָיו יִקָּרֵא. וְחוֹתַם יַד כָּל־אָדָם בּוֹ:

וּבְשׁוֹפָר גָּדוֹל יִתָּקַע. וְקוֹל דְּמָמָה דַקָּה יִשָּׁמַע. וּמַלְאָכִים יֵחָפֵזוּן. וְחִיל וּרְעָדָה יֹאחֵזוּן. וְיֹאמְרוּ הִנֵּה יוֹם הַדִּין. לִפְקוֹד עַל־צְבָא מָרוֹם בַּדִּין. כִּי לֹא־יִזְכּוּ בְעֵינֶיךָ בַּדִּין. וְכָל־בָּאֵי עוֹלָם יַעַבְרוּן לְפָנֶיךָ כִּבְנֵי מָרוֹן: כְּבַקָּרַת רוֹעֶה עֶדְרוֹ. מַעֲבִיר צֹאנוֹ תַּחַת שִׁבְטוֹ. כֵּן תַּעֲבִיר וְתִסְפּוֹר וְתִמְנֶה. וְתִפְקוֹד נֶפֶשׁ כָּל־חָי. וְתַחְתּוֹךְ קִצְבָה לְכָל־בְּרִיָּה. וְתִכְתּוֹב אֶת־גְּזַר דִּינָם:

UNETANEH TOKEF

The Day of Judgment as envisioned by our ancestors

We proclaim the great sanctity of this day, a day filled with awe and trembling. On this day, O Lord, we sense Your dominion, as we envision You on the throne of judgment, judging us in truth, but with compassion. You, indeed, judge and admonish, discerning our motives, and witnessing our actions. You record and seal, count and measure; You remember even what we have forgotten.

You open the Book of Remembrance, and the record speaks for itself, for each of us has signed it with deeds.

The great Shofar is sounded; a still small voice is heard. Even the angels are dismayed; in fear and trembling they cry out: "The Day of Judgment has arrived!" For even the heavenly hosts feel they are judged, and sense that they are not without fault.

On this day we all pass before You, one by one, like a flock of sheep. As a shepherd counts his sheep, making each of them pass under his staff, so You review every living being, measuring the years and decreeing the destiny of every creature.

B'rosh ha-shanah yika-teyvun,
Uv-yom tzom kippur yey-ḥateymun.

בְּרֹאשׁ הַשָּׁנָה יִכָּתֵבוּן. וּבְיוֹם צוֹם כִּפּוּר יֵחָתֵמוּן. כַּמָּה יַעַבְרוּן. וְכַמָּה יִבָּרֵאוּן. מִי יִחְיֶה. וּמִי יָמוּת. מִי בְקִצּוֹ. וּמִי לֹא בְקִצּוֹ. מִי בָאֵשׁ. וּמִי בַמַּיִם. מִי בַחֶרֶב. וּמִי בַחַיָּה. מִי בָרָעָב. וּמִי בַצָּמָא. מִי בָרַעַשׁ. וּמִי בַמַּגֵּפָה. מִי בַחֲנִיקָה. וּמִי בַסְּקִילָה. מִי יָנוּחַ. וּמִי יָנוּעַ. מִי יִשָּׁקֵט. וּמִי יִטָּרֵף. מִי יִשָּׁלֵו. וּמִי יִתְיַסָּר. מִי יֵעָנִי. וּמִי יֵעָשֵׁר. מִי יִשָּׁפֵל. וּמִי יָרוּם:

וּתְשׁוּבָה וּתְפִלָּה וּצְדָקָה
מַעֲבִירִין אֶת־רֹעַ הַגְּזֵרָה:

כִּי כְּשִׁמְךָ כֵּן תְּהִלָּתֶךָ. קָשֶׁה לִכְעוֹס וְנוֹחַ לִרְצוֹת. כִּי לֹא תַחְפּוֹץ בְּמוֹת הַמֵּת. כִּי אִם בְּשׁוּבוֹ מִדַּרְכּוֹ וְחָיָה. וְעַד יוֹם מוֹתוֹ תְּחַכֶּה לוֹ. אִם יָשׁוּב מִיַּד תְּקַבְּלוֹ: אֱמֶת כִּי אַתָּה הוּא יוֹצְרָם. וְאַתָּה יוֹדֵעַ יִצְרָם. כִּי הֵם בָּשָׂר וָדָם:

אָדָם יְסוֹדוֹ מֵעָפָר וְסוֹפוֹ לֶעָפָר. בְּנַפְשׁוֹ יָבִיא לַחְמוֹ. מָשׁוּל כַּחֶרֶס הַנִּשְׁבָּר. כְּחָצִיר יָבֵשׁ. וּכְצִיץ נוֹבֵל. כְּצֵל עוֹבֵר. וּכְעָנָן כָּלָה. וּכְרוּחַ נוֹשָׁבֶת. וּכְאָבָק פּוֹרֵחַ. וְכַחֲלוֹם יָעוּף:

וְאַתָּה הוּא מֶלֶךְ אֵל חַי וְקַיָּם:

On Rosh Hashanah it is written,
And on Yom Kippur it is sealed:

How many shall leave this world, and how many shall be born; who shall live and who shall die, who in the fullness of years and who before; who shall perish by fire and who by water, who by sword and who by a wild beast; who by famine and who by thirst, who by earthquake and who by plague; who by strangling and who by stoning, who shall rest and who shall wander; who shall be serene and who disturbed, who shall be at ease and who afflicted; who shall be impoverished and who enriched, who shall be humbled and who exalted.

BUT REPENTANCE, PRAYER, AND DEEDS OF KINDNESS
CAN REMOVE THE SEVERITY OF THE DECREE.

We offer praises to You, for You are slow to anger, ready to forgive. You do not wish that the sinner die; You would have the sinner repent and live.

You wait for us to return to You, even until our final day. You welcome us, O our Creator, whenever we repent, knowing the weaknesses of Your creatures; for we are mere flesh and blood.

Our origin is dust and our end is dust. At the hazard of our life we earn our bread. We are like a fragile vessel, like the grass that withers, the flower that fades, the shadow that passes, the cloud that vanishes, the wind that blows, the dust that floats, the dream that flies away.

BUT YOU, SOVEREIGN OF ALL,
ARE THE LIVING AND EVERLASTING GOD.

Each of us is an author

"You open the Book of Remembrance, and it speaks for itself,
For each of us has signed it with deeds."
This is the sobering truth,
Which both frightens and consoles us:

Each of us is an author,
Writing, with deeds, in life's Great Book.
And to each You have given the power
To write lines that will never be lost.

No song is so trivial,
No story is so commonplace,
No deed is so insignificant,
That You do not record it.

No kindness is ever done in vain;
Each mean act leaves its imprint;
All our deeds, the good and the bad,
Are noted and remembered by You.

So help us to remember always
That what we do will live forever;
That the echoes of the words we speak
Will resound until the end of time.

May our lives reflect this awareness;
May our deeds bring no shame or reproach.
May the entries we make in the Book of Remembrance
Be ever acceptable to You.

To face the future

We look to the future with hope—yet with trembling,
Knowing that uncertainties accompany the new year.

Help us, O God, to look forward with faith,
And to learn from whatever the future may bring.

If we must face disappointment,
Help us to learn patience.

If we must face sorrow,
Help us to learn sympathy.

If we must face pain,
Help us to learn strength.

If we must face danger,
Help us to learn courage.

If we must face failure,
Help us to learn endurance.

If we achieve success,
Help us to learn gratitude.

If we attain prosperity,
Help us to learn generosity.

If we win praise,
Help us to learn humility.

If we are blessed with joy,
Help us to learn sharing.

If we are blessed with health,
Help us to learn caring.

Whatever the new year may bring,
May we confront it honorably and faithfully.

May we know the serenity which comes to those
Who find their strength and hope in the Lord.

נַעֲרִיצְךָ וְנַקְדִּישְׁךָ כְּסוֹד שִׂיחַ שַׂרְפֵי קֹדֶשׁ הַמַּקְדִּישִׁים שִׁמְךָ בַּקֹּדֶשׁ. כַּכָּתוּב עַל־יַד נְבִיאֶךָ. וְקָרָא זֶה אֶל־זֶה וְאָמַר.

קָדוֹשׁ קָדוֹשׁ קָדוֹשׁ יְיָ צְבָאוֹת. מְלֹא כָל־הָאָרֶץ כְּבוֹדוֹ:

כְּבוֹדוֹ מָלֵא עוֹלָם. מְשָׁרְתָיו שׁוֹאֲלִים זֶה לָזֶה אַיֵּה מְקוֹם כְּבוֹדוֹ. לְעֻמָּתָם בָּרוּךְ יֹאמֵרוּ.

בָּרוּךְ כְּבוֹד־יְיָ מִמְּקוֹמוֹ:

מִמְּקוֹמוֹ הוּא יִפֶן בְּרַחֲמִים וְיָחוֹן עַם הַמְיַחֲדִים שְׁמוֹ עֶרֶב וָבֹקֶר בְּכָל־יוֹם תָּמִיד פַּעֲמַיִם בְּאַהֲבָה שְׁמַע אוֹמְרִים.

שְׁמַע יִשְׂרָאֵל יְיָ אֱלֹהֵינוּ יְיָ אֶחָד:

הוּא אֱלֹהֵינוּ הוּא אָבִינוּ הוּא מַלְכֵּנוּ הוּא מוֹשִׁיעֵנוּ. וְהוּא יַשְׁמִיעֵנוּ בְּרַחֲמָיו שֵׁנִית לְעֵינֵי כָּל־חָי. לִהְיוֹת לָכֶם לֵאלֹהִים.

אֲנִי יְיָ אֱלֹהֵיכֶם:

אַדִּיר אַדִּירֵנוּ יְיָ אֲדוֹנֵינוּ מָה־אַדִּיר שִׁמְךָ בְּכָל־הָאָרֶץ: וְהָיָה יְיָ לְמֶלֶךְ עַל־כָּל־הָאָרֶץ בַּיּוֹם הַהוּא יִהְיֶה יְיָ אֶחָד וּשְׁמוֹ אֶחָד: וּבְדִבְרֵי קָדְשְׁךָ כָּתוּב לֵאמֹר.

יִמְלֹךְ יְיָ לְעוֹלָם. אֱלֹהַיִךְ צִיּוֹן לְדֹר וָדֹר. הַלְלוּיָהּ:

לְדוֹר וָדוֹר נַגִּיד גָּדְלֶךָ. וּלְנֵצַח נְצָחִים קְדֻשָּׁתְךָ נַקְדִּישׁ. וְשִׁבְחֲךָ אֱלֹהֵינוּ מִפִּינוּ לֹא־יָמוּשׁ לְעוֹלָם וָעֶד. כִּי אֵל מֶלֶךְ גָּדוֹל וְקָדוֹשׁ אָתָּה:

Kadosh, kadosh, kadosh, Adonai tz'vaot,
M'lo ḥol ha-aretz k'vodo.

Baruḥ k'vod Adonai mi-m'komo.

Shema Yisrael, Adonai Eloheynu, Adonai eḥad.

Ani Adonai Elohey-ḥem.

Yimloḥ Adonai l'olam,
Eloha-yiḥ tzion l'dor va-dor, Hallelujah.

KEDUSHAH: A vision of God's holiness

We adore and sanctify You in the words uttered by the holy Seraphim in the mystic vision of Your prophet:

> "Holy, holy, holy is the Lord of hosts;
> The whole world is filled with God's glory."

God's glory pervades the universe. When one chorus of ministering angels asks: "Where is God's glory?" another adoringly responds:

> "Praised be the glory of the Lord
> Which fills the universe."

May God deal mercifully and compassionately with our people, who speak of the Divine oneness twice each day, morning and evening, lovingly proclaiming—

"HEAR, O ISRAEL: THE LORD IS OUR GOD, THE LORD IS ONE."

The Lord is our God; the Lord is our Creator, our Sovereign, and our Redeemer, who mercifully will again proclaim before all the world: "I am the Lord your God."

O Lord, our Almighty God, how glorious is Your name in all the earth. "The Lord shall reign over all the earth; on that day the Lord shall be One and God's name One." And thus the Psalmist sang:

> "The Lord shall reign forever;
> Your God, O Zion, through all generations; Hallelujah!"

Throughout all generations we will declare Your greatness, and to all eternity we will proclaim Your holiness. We will never cease praising You, for You are a great and holy God and Sovereign.

חֲמוֹל עַל מַעֲשֶׂיךָ וְתִשְׂמַח בְּמַעֲשֶׂיךָ. וְיֹאמְרוּ לְךָ חוֹסֶיךָ בְּצַדֶּקְךָ עֲמוּסֶיךָ. תֻּקְדַּשׁ אָדוֹן עַל כָּל־מַעֲשֶׂיךָ: כִּי מַקְדִּישֶׁיךָ בִּקְדֻשָּׁתְךָ קִדַּשְׁתָּ. נָאֶה לְקָדוֹשׁ פְּאֵר מִקְּדוֹשִׁים:

וּבְכֵן יִתְקַדַּשׁ שִׁמְךָ יְיָ אֱלֹהֵינוּ עַל יִשְׂרָאֵל עַמֶּךָ. וְעַל יְרוּשָׁלַיִם עִירֶךָ. וְעַל צִיּוֹן מִשְׁכַּן כְּבוֹדֶךָ. בִּמְהֵרָה בְיָמֵינוּ:

עוֹד יִזְכָּר־לָנוּ אַהֲבַת אֵיתָן. אֲדוֹנֵנוּ. וּבַבֵּן הַנֶּעֱקַד יַשְׁבִּית מְדַיְּנֵנוּ. וּבִזְכוּת הַתָּם יוֹצִיא אָיוֹם לְצֶדֶק דִּינֵנוּ. כִּי קָדוֹשׁ הַיּוֹם לַאדוֹנֵינוּ:

בְּאֵין מֵלִיץ יֹשֶׁר מוּל מַגִּיד פֶּשַׁע. תַּגִּיד לְיַעֲקֹב דְּבַר חֹק וּמִשְׁפָּט. וְצַדְּקֵנוּ בַּמִּשְׁפָּט הַמֶּלֶךְ הַמִּשְׁפָּט:

Have compassion upon Your creatures, and may Your creatures bring joy to You. When You vindicate Your people, those who trust in You shall proclaim: O Lord, be sanctified over all Your creation! For You impart of Your holiness to those who sanctify You; therefore, praise from those whom You have endowed with holiness is fitting for You, O Holy One.

Lord our God, may Your name be sanctified through Israel Your people, Jerusalem Your city, Zion the site of Your glory, speedily in our own time.

Remember in our favor the love for You that was displayed by Abraham, who was firm in his faith. Silence our enemies for the sake of his son, Isaac, who was ready to offer his life for You. Vindicate us in judgment for the sake of Jacob who was wholehearted in his devotion to You. For on this day we proclaim Your holiness.

Since there is no advocate to plead our cause, may You, who taught us statutes and judgments, speak on our behalf and acquit us in judgment, O Sovereign of judgment.

Have compassion upon us

Have compassion upon us, Your handiwork;
We are so frail and so weak.

Disease and misfortune come without warning.
The wrath of nature can sweep us away.

Trouble and tragedy are our common lot.
Disappointment and heartbreak visit us all.

The good for which we strive often eludes us,
Confusion and uncertainty frequently torment us.

We stand in need of Your mercy, O Lord;
Watch over us and protect us.

Keep us from yielding to bleak despair.
Keep shining before us the gentle light of hope.

Help us in all our worthy endeavors.
Bless and "establish the work of our hands."

Keep us firm and steady and true,
Whenever we labor for what is just and right.

May our lives daily proclaim the truth,
That You have fashioned us in Your image,

And endowed us with the ability to grow,
In heart, in mind, and in spirit.

To us, You have entrusted Your holy name;
You have given us the power to sanctify it.

May our every deed bring joy to You,
O merciful God, our Creator.

And may our lives in the year ahead
Bring glory to Your holy name.

Amen.

הָאוֹחֵז בְּיָד מִדַּת מִשְׁפָּט:
וְכֹל מַאֲמִינִים שֶׁהוּא אֵל אֱמוּנָה:
הַבּוֹחֵן וּבוֹדֵק גִּנְזֵי נִסְתָּרוֹת:
וְכֹל מַאֲמִינִים שֶׁהוּא בּוֹחֵן כְּלָיוֹת:
הַגּוֹאֵל מִמָּוֶת וּפוֹדֶה מִשַּׁחַת:
וְכֹל מַאֲמִינִים שֶׁהוּא גּוֹאֵל חָזָק:
הַדָּן יְחִידִי לְבָאֵי עוֹלָם:
וְכֹל מַאֲמִינִים שֶׁהוּא דַּיַּן אֱמֶת:
הֶהָגוּי בְּאֶהְיֶה אֲשֶׁר אֶהְיֶה:
וְכֹל מַאֲמִינִים שֶׁהוּא הָיָה וְהֹוֶה וְיִהְיֶה:
הַוַּדַּאי שְׁמוֹ כֵּן תְּהִלָּתוֹ:
וְכֹל מַאֲמִינִים שֶׁהוּא וְאֵין בִּלְתּוֹ:
הַזּוֹכֵר לְמַזְכִּירָיו טוֹבוֹת זִכְרוֹנוֹת:
וְכֹל מַאֲמִינִים שֶׁהוּא זוֹכֵר הַבְּרִית:
הַחוֹתֵךְ חַיִּים לְכָל־חָי:
וְכֹל מַאֲמִינִים שֶׁהוּא חַי וְקַיָּם:
הַטּוֹב וּמֵטִיב לָרָעִים וְלַטּוֹבִים:
וְכֹל מַאֲמִינִים שֶׁהוּא טוֹב לַכֹּל:
הַיּוֹדֵעַ יֵצֶר כָּל־יְצוּרִים:
וְכֹל מַאֲמִינִים שֶׁהוּא יוֹצְרָם בַּבָּטֶן:
הַכֹּל יָכוֹל וְכוֹלְלָם יַחַד:
וְכֹל מַאֲמִינִים שֶׁהוּא כֹּל יָכוֹל:

V'ḤOL MA-AMINIM: Attributes of God

God holds the scales of judgment,
And, we believe, is a faithful God.

God searches and probes all secrets,
And, we believe, knows our innermost thoughts.

God redeems from death and delivers from the grave,
And, we believe, is the mighty Redeemer.

God alone is the judge of all who come into the world,
And, we believe, is the true Judge.

God bestows good upon those who are faithful,
And, we believe, remembers the Covenant.

God is good and does good even to the wicked,
And, we believe, is good to all.

God knows the nature of all creatures,
And, we believe, formed them all.

God enthrones monarchs, but sovereignty is God's,
And, we believe, God is Sovereign of all the world.

God guides every generation in mercy,
And, we believe, preserves kindness.

God opens the gate to those who knock in repentance,
And, we believe, welcomes the penitent.

God waits for the wicked and longs for their return,
And, we believe, is just and upright.

God is just, and to God great and small are alike;
We believe God is the righteous Judge.

Selected from the Hebrew (pages 292 and 622)

תֶּשְׁגַּב לְבַדֶּךָ וְתִמְלוֹךְ עַל כֹּל בְּיִחוּד.
כַּכָּתוּב עַל־יַד נְבִיאֶךָ.
וְהָיָה יְיָ לְמֶלֶךְ עַל־כָּל־הָאָרֶץ.
בַּיּוֹם הַהוּא יִהְיֶה יְיָ אֶחָד וּשְׁמוֹ אֶחָד:

וּבְכֵן תֵּן פַּחְדְּךָ יְיָ אֱלֹהֵינוּ עַל כָּל־מַעֲשֶׂיךָ וְאֵימָתְךָ עַל כָּל־מַה־שֶּׁבָּרָאתָ. וְיִירָאוּךָ כָּל־הַמַּעֲשִׂים וְיִשְׁתַּחֲווּ לְפָנֶיךָ כָּל־הַבְּרוּאִים. וְיֵעָשׂוּ כֻלָּם אֲגֻדָּה אֶחָת לַעֲשׂוֹת רְצוֹנְךָ בְּלֵבָב שָׁלֵם. כְּמוֹ שֶׁיָּדַעְנוּ יְיָ אֱלֹהֵינוּ שֶׁהַשִּׁלְטוֹן לְפָנֶיךָ עֹז בְּיָדְךָ וּגְבוּרָה בִּימִינֶךָ וְשִׁמְךָ נוֹרָא עַל כָּל־מַה־שֶּׁבָּרָאתָ:

וּבְכֵן תֵּן כָּבוֹד יְיָ לְעַמֶּךָ תְּהִלָּה לִירֵאֶיךָ וְתִקְוָה לְדוֹרְשֶׁיךָ וּפִתְחוֹן פֶּה לַמְיַחֲלִים לָךְ. שִׂמְחָה לְאַרְצֶךָ וְשָׂשׂוֹן לְעִירֶךָ בִּמְהֵרָה בְיָמֵינוּ:

וּבְכֵן צַדִּיקִים יִרְאוּ וְיִשְׂמָחוּ וִישָׁרִים יַעֲלֹזוּ וַחֲסִידִים בְּרִנָּה יָגִילוּ. וְעוֹלָתָה תִּקְפָּץ־פִּיהָ וְכָל־הָרִשְׁעָה כֻּלָּהּ כְּעָשָׁן תִּכְלֶה. כִּי תַעֲבִיר מֶמְשֶׁלֶת זָדוֹן מִן הָאָרֶץ:

MAY GOD'S SOVEREIGNTY SOON BE ESTABLISHED

You alone will be exalted;
and You will rule over all in Your Oneness,
as promised by Your prophet:
"The Lord shall be Sovereign over all the earth;
on that day the Lord shall be One and God's name One."

Lord our God, imbue all Your creatures with reverence for You, and fill all that You have created with awe of You. May they all bow before You and unite in one fellowship to do Your will wholeheartedly. May they all acknowledge, as we do, that sovereignty is Yours, that Yours is the power and the majesty, and that You reign supreme over all You have created.

Grant honor, O Lord, to Your people, glory to those who revere You, hope to those who seek You, and confidence to those who trust in You. Grant joy to Your land and gladness to Your holy city speedily in our own days.

Then the righteous will see and be glad, the upright will exult, and the pious will rejoice in song. Wickedness will be silenced, and all evil will vanish like smoke when You remove the dominion of tyranny from the earth.

וְיֶאֱתָיוּ כֹּל לְעָבְדֶךָ. וִיבָרְכוּ שֵׁם כְּבוֹדֶךָ. וְיַגִּידוּ בָאִיִּים צִדְקֶךָ: וְיִדְרְשׁוּךָ עַמִּים לֹא יְדָעוּךָ. וִיהַלְלוּךָ כָּל־אַפְסֵי אָרֶץ. וְיֹאמְרוּ תָמִיד יִגְדַּל יְיָ: וְיִזְבְּחוּ לְךָ אֶת־זִבְחֵיהֶם. וְיִזְנְחוּ אֶת־עֲצַבֵּיהֶם. וְיַחְפְּרוּ עִם פְּסִילֵיהֶם: וְיַטּוּ שְׁכֶם אֶחָד לְעָבְדֶךָ. וְיִירָאוּךָ עִם שֶׁמֶשׁ מְבַקְשֵׁי פָנֶיךָ. וְיַכִּירוּ כֹּחַ מַלְכוּתֶךָ. וִילַמְּדוּ תוֹעִים בִּינָה: וִימַלְּלוּ אֶת־גְּבוּרָתֶךָ. וִינַשְּׂאוּךָ מִתְנַשֵּׂא לְכֹל לְרֹאשׁ. וִיסַלְּדוּ בְחִילָה פָּנֶיךָ. וִיעַטְּרוּךָ נֵזֶר תִּפְאָרָה: וְיִפְצְחוּ הָרִים רִנָּה. וְיִצְהֲלוּ אִיִּים בְּמָלְכֶךָ. וִיקַבְּלוּ עֹל מַלְכוּתְךָ עֲלֵיהֶם. וִירוֹמְמוּךָ בִּקְהַל עָם: וְיִשְׁמְעוּ רְחוֹקִים וְיָבוֹאוּ. וְיִתְּנוּ לְךָ כֶּתֶר מְלוּכָה:

V'ye-eta-yu kol l'ov-deḥa, vi-varḥu sheym k'vodeḥa,
v'yagidu va-iyim tzid-keḥa.

V'yidr'shuḥa amim lo y'dauḥa, vi-hal'luḥa kol afsey aretz,
v'yomru tamid yigdal Adonai.

V'yiz-b'ḥu l'ḥa et ziv-ḥeyhem, v'yiz-n'ḥu et atza-beyhem,
v'yaḥ-p'ru im p'si-leyhem.

V'yatu sh'ḥem eḥad l'ov-deḥa, v'yirauḥa im shemesh
m'vak-shey faneḥa,
v'yakiru koaḥ malḥuteḥa, vi-lamdu toim binah.

Vi-mal'lu et g'vuroteḥa, vi-nas-uḥa mitnasey l'ḥol l'rosh,
vi-saldu v'ḥilah paneḥa, vi-atruḥa nezer tif-arah.

V'yif-tz'ḥu harim rinah, v'yitz-halu iyim b'malḥeḥa,
vi-kablu ol malḥutḥa aleyhem, vi-rom'muḥa bi-k'hal am.

V'yish-m'u r'ḥokim v'yavou,
v'yitnu l'ḥa keter m'luḥah.

V'YE-ETAYU: A medieval "vision of the future"

All the world shall come to serve Thee
And bless Thy glorious name,
And Thy righteousness triumphant
The islands shall proclaim.

And the peoples shall go seeking
Who knew Thee not before,
And the ends of earth shall praise Thee,
And tell Thy greatness o'er.

They shall build for Thee their altars,
Their idols overthrown,
And their graven gods shall shame them,
As they turn to Thee alone.

They shall worship Thee at sunrise,
And feel Thy kingdom's might,
And impart Thy understanding
To those astray in night.

They shall testify Thy greatness,
And of Thy power speak,
And extol Thee, shrined, uplifted
Beyond the highest peak.

And with reverential homage,
Of love and wonder born,
With the ruler's crown of beauty
Thy head they shall adorn.

With the coming of Thy kingdom
The hills shall break into song,
And the islands laugh exultant
That they to God belong.

And through all Thy congregations
So loud Thy praise shall sing,
That the uttermost peoples, hearing,
Shall hail Thee crowned King.

English version by Israel Zangwill

וְתִמְלוֹךְ אַתָּה יְיָ לְבַדֶּךָ עַל כָּל־מַעֲשֶׂיךָ בְּהַר צִיּוֹן מִשְׁכַּן כְּבוֹדֶךָ וּבִירוּשָׁלַיִם עִיר קָדְשֶׁךָ כַּכָּתוּב בְּדִבְרֵי קָדְשֶׁךָ. יִמְלֹךְ יְיָ לְעוֹלָם. אֱלֹהַיִךְ צִיּוֹן לְדֹר וָדֹר. הַלְלוּיָהּ:

קָדוֹשׁ אַתָּה וְנוֹרָא שְׁמֶךָ וְאֵין אֱלוֹהַּ מִבַּלְעָדֶיךָ כַּכָּתוּב. וַיִּגְבַּהּ יְיָ צְבָאוֹת בַּמִּשְׁפָּט וְהָאֵל הַקָּדוֹשׁ נִקְדַּשׁ בִּצְדָקָה. בָּרוּךְ אַתָּה יְיָ הַמֶּלֶךְ הַקָּדוֹשׁ:

אַתָּה בְחַרְתָּנוּ מִכָּל־הָעַמִּים. אָהַבְתָּ אוֹתָנוּ וְרָצִיתָ בָּנוּ. וְרוֹמַמְתָּנוּ מִכָּל־הַלְּשׁוֹנוֹת. וְקִדַּשְׁתָּנוּ בְּמִצְוֹתֶיךָ. וְקֵרַבְתָּנוּ מַלְכֵּנוּ לַעֲבוֹדָתֶךָ. וְשִׁמְךָ הַגָּדוֹל וְהַקָּדוֹשׁ עָלֵינוּ קָרָאתָ:

On Shabbat add the words in brackets.

וַתִּתֶּן־לָנוּ יְיָ אֱלֹהֵינוּ בְּאַהֲבָה אֶת־יוֹם [הַשַּׁבָּת הַזֶּה וְאֶת־יוֹם] הַזִּכָּרוֹן הַזֶּה יוֹם [זִכְרוֹן] תְּרוּעָה [בְּאַהֲבָה] מִקְרָא קֹדֶשׁ. זֵכֶר לִיצִיאַת מִצְרָיִם:

Some congregations recite:

וּמִפְּנֵי חֲטָאֵינוּ גָּלִינוּ מֵאַרְצֵנוּ וְנִתְרַחַקְנוּ מֵעַל אַדְמָתֵנוּ וְאֵין אֲנַחְנוּ יְכוֹלִים לַעֲשׂוֹת חוֹבוֹתֵינוּ בְּבֵית בְּחִירָתֶךָ בַּבַּיִת הַגָּדוֹל וְהַקָּדוֹשׁ שֶׁנִּקְרָא שִׁמְךָ עָלָיו מִפְּנֵי הַיָּד שֶׁנִּשְׁתַּלְּחָה בְּמִקְדָּשֶׁךָ:

Then You alone, O Lord, will rule over all Your works, from Mount Zion, the dwelling place of Your presence, from Jerusalem, Your holy city. Thus it is written in the Psalms: "The Lord shall reign forever; your God, Zion, through all generations; Hallelujah!"

You are holy, Your name is awe-inspiring, and there is no God but You. Thus the prophet wrote: "The Lord of hosts is exalted by justice, and the holy God is sanctified through righteousness." Praised are You, O Lord, the holy Sovereign.

YOU SANCTIFY ISRAEL AND THIS DAY OF REMEMBRANCE

You have chosen us of all peoples for Your service; and, in Your gracious love, You have exalted us by teaching us the way of holiness through Your *Mitzvot*. Thus You have linked us with Your great and holy name.

On Shabbat add the words in brackets.

In love have You given us, O Lord our God, [this Sabbath day, and] this Day of Remembrance, a day for [recalling in love] the sounding of the Shofar, a holy convocation, commemorating the Exodus from Egypt.

Some congregations recite:

HOW OUR ANCESTORS EXPLAINED THEIR EXILE

Because of our sins we were exiled from our Land, and removed far from our soil. And because the ancient Temple was destroyed we cannot perform our sacred duties in the great and holy Sanctuary dedicated to Your service.

יְהִי רָצוֹן מִלְּפָנֶיךָ יְיָ אֱלֹהֵינוּ וֵאלֹהֵי אֲבוֹתֵינוּ מֶלֶךְ רַחֲמָן שֶׁתָּשׁוּב וּתְרַחֵם עָלֵינוּ וְעַל אַרְצְךָ בְּרַחֲמֶיךָ הָרַבִּים. וְתִבְנֶהָ מְהֵרָה וּתְגַדֵּל כְּבוֹדָהּ: אָבִינוּ מַלְכֵּנוּ גַּלֵּה כְּבוֹד מַלְכוּתְךָ עָלֵינוּ מְהֵרָה. וְהוֹפַע וְהִנָּשֵׂא עָלֵינוּ לְעֵינֵי כָּל־חָי. וְקָרֵב פְּזוּרֵינוּ מִבֵּין הַגּוֹיִם. וּנְפוּצוֹתֵינוּ כַּנֵּס מִיַּרְכְּתֵי אָרֶץ: וַהֲבִיאֵנוּ לְצִיּוֹן עִירְךָ בְּרִנָּה. וְלִירוּשָׁלַיִם בֵּית מִקְדָּשְׁךָ בְּשִׂמְחַת עוֹלָם. שֶׁשָּׁם עָשׂוּ אֲבוֹתֵינוּ לְפָנֶיךָ אֶת־קָרְבְּנוֹת חוֹבוֹתֵיהֶם. תְּמִידִים כְּסִדְרָם וּמוּסָפִים כְּהִלְכָתָם:

On Shabbat add the words in brackets.

יְהִי רָצוֹן מִלְּפָנֶיךָ יְיָ אֱלֹהֵינוּ וֵאלֹהֵי אֲבוֹתֵינוּ שֶׁתְּרַחֵם עַל אַחֵינוּ בֵּית־יִשְׂרָאֵל הַנְּתוּנִים בְּצָרָה. וְתוֹצִיאֵם מֵאֲפֵלָה לְאוֹרָה. מִשִּׁעְבּוּד לִגְאֻלָּה. וּמִיָּגוֹן לְשִׂמְחָה. בִּמְהֵרָה בְיָמֵינוּ: וְקַבֵּל בְּרַחֲמִים וּבְרָצוֹן אֶת־תְּפִלַּת כָּל־עַמְּךָ בֵּית־יִשְׂרָאֵל בְּיוֹם [הַשַּׁבָּת הַזֶּה וּבְיוֹם] הַזִּכָּרוֹן הַזֶּה:

On Shabbat add:

יִשְׂמְחוּ בְמַלְכוּתְךָ שׁוֹמְרֵי שַׁבָּת וְקוֹרְאֵי עֹנֶג. עַם מְקַדְּשֵׁי שְׁבִיעִי כֻּלָּם יִשְׂבְּעוּ וְיִתְעַנְּגוּ מִטּוּבֶךָ. וְהַשְּׁבִיעִי רָצִיתָ בּוֹ וְקִדַּשְׁתּוֹ. חֶמְדַּת יָמִים אוֹתוֹ קָרָאתָ. זֵכֶר לְמַעֲשֵׂה בְרֵאשִׁית:

Yis-m'ḥu v'mal-ḥut-ḥa shomrey shabbat v'korey oneg,
Am m'kad-shey sh'vi-i, kulam yis-b'u v'yit-angu mi-tuveḥa,
V'ha-sh'vi-i ratzita bo v'kidash-to,
Ḥemdat yamim oto karata, zeyḥer l'ma-asey v'reyshit.

TO ZION WITH SONG AND PRAYER

Lord our God and God of our ancestors, merciful Ruler, have compassion upon us and upon Your land; rebuild and glorify it. Speedily reveal the glory of Your sovereignty: let all humanity witness that You are our Sovereign. Gather the dispersed of our people from among the nations and assemble our scattered ones from the farthest ends of the earth. Lead us to Zion, Your city, with song, and to Jerusalem, the home of Your ancient Temple, with everlasting joy. For it was there that our ancestors brought to You the prescribed offerings.

DELIVERANCE TO OUR OPPRESSED

On Shabbat add the words in brackets.

May it be Your will, Lord our God and God of our ancestors, that You be merciful to those of our people who are victimized and oppressed; lead them from darkness to light, from enslavement to redemption, from sorrow to joy, speedily in our own time. Accept in mercy and in love the worship of Your people, the house of Israel, [on this Sabbath day and] on this Day of Remembrance.

SHABBAT: A heritage of holiness and joy

On Shabbat add:

They who keep the Sabbath, calling it a delight, rejoice in Your sovereignty. They who hallow the seventh day find satisfaction and pleasure in Your goodness. For You favored the seventh day and hallowed it, proclaiming it the most precious of all days, recalling the work of creation.

GRANT ME THE CAPACITY FOR PRAYER

אוֹחִילָה לָאֵל. אֲחַלֶּה פָנָיו.
אֶשְׁאֲלָה מִמֶּנּוּ מַעֲנֵה לָשׁוֹן:
אֲשֶׁר בִּקְהַל עָם אָשִׁירָה עֻזּוֹ.
אַבִּיעָה רְנָנוֹת בְּעַד מִפְעָלָיו:
לְאָדָם מַעַרְכֵי לֵב.
וּמֵיְיָ מַעֲנֵה לָשׁוֹן:
אֲדֹנָי שְׂפָתַי תִּפְתָּח
וּפִי יַגִּיד תְּהִלָּתֶךָ:
יִהְיוּ לְרָצוֹן אִמְרֵי־פִי וְהֶגְיוֹן לִבִּי לְפָנֶיךָ.
יְיָ צוּרִי וְגֹאֲלִי:

With hope I come before the Lord to plead;
I ask for the gift of expression,
So that here, before the congregation,
I may sing of God's power,
And celebrate in song
The glory of God's works.

Preparing the heart is a human task;
The power of expression is the gift of God.

"O Lord, open my lips,
That my mouth may declare Your praise."

"May the words of my mouth
And the meditation of my heart
Find favor before You,
My Rock and my Redeemer."

Malḥuyot, Ziḥronot, Shofarot

MALḤUYOT

Sovereign of the universe,
establish Your sovereignty over us.

Help us to acknowledge Your rule
not only with our lips but also with our lives.

May we bend our will to conform to Your will;
and may our hearts find delight in serving You.

May our every act proclaim:
"The Lord God of Israel is Sovereign
and God's sovereignty rules over all."

ZIḤRONOT

O God, who remembers even what we forget,
help us to remember who we are and what we are.

Keep us from forgetting that we are Your children,
and that You want us to love each other as ourselves.

Help us remember the Jewish past we have inherited;
and keep us ever mindful of the Jewish future
which we must secure and enrich.

May the memories which guide our actions
inspire us to lead lives worthy of being remembered.

SHOFAROT

O God, who revealed Yourself to our ancestors at Sinai,
amidst the loud blasts of the Shofar,
wherever we stand we are in Your presence;
may You always be present to us.

Help us to sense Your spirit
when we yearn for truth and righteousness,
when we strive to create the good and the beautiful,
when we work for justice and peace.

May our daily deeds bear witness
that You, who revealed Yourself to our ancestors,
reveal Yourself anew through us.

עָלֵינוּ לְשַׁבֵּחַ לַאֲדוֹן הַכֹּל לָתֵת גְּדֻלָּה לְיוֹצֵר בְּרֵאשִׁית. שֶׁלֹּא עָשָׂנוּ כְּגוֹיֵי הָאֲרָצוֹת וְלֹא שָׂמָנוּ כְּמִשְׁפְּחוֹת הָאֲדָמָה. שֶׁלֹּא שָׂם חֶלְקֵנוּ כָּהֶם וְגֹרָלֵנוּ כְּכָל-הֲמוֹנָם:

וַאֲנַחְנוּ כּוֹרְעִים וּמִשְׁתַּחֲוִים וּמוֹדִים
לִפְנֵי מֶלֶךְ מַלְכֵי הַמְּלָכִים הַקָּדוֹשׁ בָּרוּךְ הוּא.

שֶׁהוּא נוֹטֶה שָׁמַיִם וְיוֹסֵד אָרֶץ וּמוֹשַׁב יְקָרוֹ בַּשָּׁמַיִם מִמַּעַל וּשְׁכִינַת עֻזּוֹ בְּגָבְהֵי מְרוֹמִים: הוּא אֱלֹהֵינוּ אֵין עוֹד. אֱמֶת מַלְכֵּנוּ אֶפֶס זוּלָתוֹ. כַּכָּתוּב בְּתוֹרָתוֹ. וְיָדַעְתָּ הַיּוֹם וַהֲשֵׁבֹתָ אֶל-לְבָבֶךָ כִּי יְיָ הוּא הָאֱלֹהִים בַּשָּׁמַיִם מִמַּעַל וְעַל-הָאָרֶץ מִתָּחַת. אֵין עוֹד:

עַל-כֵּן נְקַוֶּה לְּךָ יְיָ אֱלֹהֵינוּ לִרְאוֹת מְהֵרָה בְּתִפְאֶרֶת עֻזֶּךָ לְהַעֲבִיר גִּלּוּלִים מִן הָאָרֶץ וְהָאֱלִילִים כָּרוֹת יִכָּרֵתוּן. לְתַקֵּן עוֹלָם בְּמַלְכוּת שַׁדַּי. וְכָל-בְּנֵי בָשָׂר יִקְרְאוּ בִשְׁמֶךָ לְהַפְנוֹת אֵלֶיךָ כָּל-רִשְׁעֵי אָרֶץ. יַכִּירוּ וְיֵדְעוּ כָּל-יוֹשְׁבֵי תֵבֵל. כִּי-לְךָ תִּכְרַע כָּל-בֶּרֶךְ תִּשָּׁבַע כָּל-לָשׁוֹן: לְפָנֶיךָ יְיָ אֱלֹהֵינוּ יִכְרְעוּ וְיִפֹּלוּ. וְלִכְבוֹד שִׁמְךָ יְקָר יִתֵּנוּ. וִיקַבְּלוּ כֻלָּם אֶת עֹל מַלְכוּתֶךָ. וְתִמְלֹךְ עֲלֵיהֶם מְהֵרָה לְעוֹלָם וָעֶד. כִּי הַמַּלְכוּת שֶׁלְּךָ הִיא וּלְעוֹלְמֵי עַד תִּמְלֹךְ בְּכָבוֹד:

MALḤUYOT: God's sovereignty proclaimed

Let us now praise the Lord of all;
Let us acclaim the Author of creation,

Who made us unlike the pagans who surrounded us,
Unlike the heathens of the ancient world,

Who made our heritage different from theirs,
And assigned to us a unique destiny.

For we bend the knee and reverently bow
Before the *supreme Sovereign,*
The Holy One, praised be God,

Who spread forth the heavens and established the earth,
Whose glorious presence is everywhere.

The Lord is our God; there is no other.
Truly, our *sovereign Lord* is incomparable.

As it is written in the Torah:
"This day accept with mind and heart,

That God is the Lord of heaven and earth;
There is no other."

Because we believe in You, O God,
We hope for the day when Your majesty will prevail,

When all false gods will be removed,
And all idolatry will be abolished;

When the world will be made a *kingdom of God,*
When all humanity will invoke Your name,
And the wicked will be turned to You.

May all who live be convinced
That to You every knee must bend,
Every tongue must vow loyalty.

Before You may all bow in reverence,
Proclaiming Your glory, accepting Your *sovereignty.*

May Your *reign* come soon and last forever;
For *sovereignty* is Yours alone, now and evermore.

כַּכָּתוּב בְּתוֹרָתֶךָ. יְיָ יִמְלֹךְ לְעֹלָם וָעֶד:

וְנֶאֱמַר. לֹא־הִבִּיט אָוֶן בְּיַעֲקֹב וְלֹא־רָאָה עָמָל בְּיִשְׂרָאֵל. יְיָ אֱלֹהָיו עִמּוֹ וּתְרוּעַת מֶלֶךְ בּוֹ:

וְנֶאֱמַר. וַיְהִי בִישֻׁרוּן מֶלֶךְ בְּהִתְאַסֵּף רָאשֵׁי עָם יַחַד שִׁבְטֵי יִשְׂרָאֵל:

וּבְדִבְרֵי קָדְשְׁךָ כָּתוּב לֵאמֹר. כִּי לַייָ הַמְּלוּכָה וּמשֵׁל בַּגּוֹיִם:

וְנֶאֱמַר. יְיָ מָלָךְ גֵּאוּת לָבֵשׁ. לָבֵשׁ יְיָ עֹז הִתְאַזָּר. אַף־תִּכּוֹן תֵּבֵל בַּל־תִּמּוֹט:

וְנֶאֱמַר. שְׂאוּ שְׁעָרִים רָאשֵׁיכֶם. וְהִנָּשְׂאוּ פִּתְחֵי עוֹלָם. וְיָבוֹא מֶלֶךְ הַכָּבוֹד: מִי זֶה מֶלֶךְ הַכָּבוֹד. יְיָ עִזּוּז וְגִבּוֹר. יְיָ גִּבּוֹר מִלְחָמָה: שְׂאוּ שְׁעָרִים רָאשֵׁיכֶם. וּשְׂאוּ פִּתְחֵי עוֹלָם. וְיָבֹא מֶלֶךְ הַכָּבוֹד: מִי הוּא זֶה מֶלֶךְ הַכָּבוֹד. יְיָ צְבָאוֹת הוּא מֶלֶךְ הַכָּבוֹד סֶלָה:

וְעַל יְדֵי עֲבָדֶיךָ הַנְּבִיאִים כָּתוּב לֵאמֹר. כֹּה אָמַר יְיָ מֶלֶךְ־יִשְׂרָאֵל וְגֹאֲלוֹ יְיָ צְבָאוֹת. אֲנִי רִאשׁוֹן וַאֲנִי אַחֲרוֹן וּמִבַּלְעָדַי אֵין אֱלֹהִים:

וְנֶאֱמַר. וְעָלוּ מוֹשִׁעִים בְּהַר צִיּוֹן לִשְׁפֹּט אֶת־הַר עֵשָׂו וְהָיְתָה לַייָ הַמְּלוּכָה:

וְנֶאֱמַר. וְהָיָה יְיָ לְמֶלֶךְ עַל־כָּל־הָאָרֶץ. בַּיּוֹם הַהוּא יִהְיֶה יְיָ אֶחָד וּשְׁמוֹ אֶחָד:

וּבְתוֹרָתְךָ כָּתוּב לֵאמֹר.
שְׁמַע יִשְׂרָאֵל יְיָ אֱלֹהֵינוּ יְיָ אֶחָד:

SOVEREIGNTY VERSES (Malḥuyot)

Thus is it written in Your Torah:

"The Lord *shall be Sovereign* for ever and ever."

"No iniquity was seen in Jacob, nor any perverseness in Israel; the Lord their God is with them and their acclaim of the *Sovereign* is heard in their midst."

"The Lord was *enthroned as Sovereign* in Jeshurun, when the heads of the people assembled, when all the tribes of Israel gathered together."

Exodus 15:18; Numbers 23:21; Deuteronomy 33:5

And so the Psalmist sang:

"*Sovereignty* belongs to the Lord, who rules over nations."

"You, O Lord, are *Sovereign*, crowned with majesty, adorned with splendor, supreme in strength. You established the earth securely, You created a world that stands firm."

"Lift up your heads, O gates! Lift up high, O ancient doors, so that the *Sovereign of glory* may enter! Who is the Sovereign of glory? The Lord, who is strong and mighty; the Lord who is valiant in battle. Lift up your heads, O gates! Lift them up, O ancient doors, so that the *Sovereign of glory* may enter! Who is the Sovereign of glory? The Lord of hosts is, truly, the *Sovereign of glory*.

Psalms 22:29, 93:1, 24:7-10

And thus Your prophets proclaimed:

"Thus says the Lord, the *Sovereign and Redeemer* of Israel: I am the first and I am the last, and besides Me there is no God."

"Liberators shall ascend Mount Zion to bring judgment upon Mount Esau and *God's sovereignty* will be acknowledged in the world."

"The Lord *shall be Sovereign* over all the earth; on that day the Lord shall be One and the Lord's name One."

Isaiah 44:6; Obadiah 1:21; Zechariah 14:9

And thus is it written in Your Torah:

"HEAR, O ISRAEL: THE LORD IS OUR GOD, THE LORD IS ONE."

Deuteronomy 6:4

The sovereignty of God

Is the "kingship of God," for which we pray,
a utopia—only a vision of a far-off age?

Is it an image from a dead past
when monarchs ruled those who never elected them?

God is our King when our hearts have healed,
no longer pursuing, compulsively, the false gods.

God rules over us when we prepare ourselves
to act in response to Divine commands.

The kingship of God can be here and now
if we accept the burdens of our freedom.

The kingship of God is a yoke
which we can willingly choose and gladly bear.

It is the greater freedom we attain
when we respond to the demands of justice and love.

God is our King when our eyes are open,
When we see God's love and deeds through time.

God can become the King of each of us today,
if we will to build the kingdom which will surely come—
when all people will be united under the oneness of God.

Nahum Waldman

The will of the Living God

What does the sovereignty of God mean in the context of Hebraic religion? Its implications are inexhaustible, but above everything else it means that the God who created the universe is the absolute Lord over nature, life, and history. No aspect of existence escapes God's sovereign rule: "All people must bring *all* their lives under the whole will of God."

Life cannot be departmentalized into secular and sacred, material and spiritual, with the latter alone falling under divine jurisdiction. No such distinction is recognized in Hebraic religion; the attempt to withdraw anything, no matter how seemingly insignificant, from divine rule is branded as an attempt to set up a rival, an idolatrous claim against the sovereignty of God: "I am the Lord thy God ... thou shalt have no other gods before Me" (Ex. 20:2–3). All life, all existence, is governed by one ultimate principle and that principle is the will of the Living God.

Will Herberg

To rule our lives

In the Jewish view, the "Kingdom of God" is not that which is to be established "at the end of time" or "beyond history" or in an other-worldly existence. The "Kingdom" of God is already here, *now*. God's sovereign will established and still maintains the law of heaven and earth (Jer. 33:25); and by God's will the destinies of individuals and nations are decreed. Therefore, it is not the "Kingdom" of God which we must affirm but rather God's *Kingship*. Our moral freedom necessitates our being given the choice of obeying the moral law or of rebelling against it. We must of our own volition "accept the Kingship of God," ordering our conduct in accordance with those imperatives whereby God's will becomes the rule of our lives.

Max Arzt (adapted)

אֱלֹהֵינוּ וֵאלֹהֵי אֲבוֹתֵינוּ מְלוֹךְ עַל כָּל־הָעוֹלָם כֻּלּוֹ בִּכְבוֹדֶךָ וְהִנָּשֵׂא עַל כָּל־הָאָרֶץ בִּיקָרֶךָ וְהוֹפַע בַּהֲדַר גְּאוֹן עֻזֶּךָ עַל כָּל־יוֹשְׁבֵי תֵבֵל אַרְצֶךָ. וְיֵדַע כָּל־פָּעוּל כִּי אַתָּה פְעַלְתּוֹ וְיָבִין כָּל־יָצוּר כִּי אַתָּה יְצַרְתּוֹ. וְיֹאמַר כֹּל אֲשֶׁר נְשָׁמָה בְּאַפּוֹ יְיָ אֱלֹהֵי יִשְׂרָאֵל מֶלֶךְ וּמַלְכוּתוֹ בַּכֹּל מָשָׁלָה: אֱלֹהֵינוּ וֵאלֹהֵי אֲבוֹתֵינוּ [רְצֵה בִמְנוּחָתֵנוּ] קַדְּשֵׁנוּ בְּמִצְוֹתֶיךָ וְתֵן חֶלְקֵנוּ בְּתוֹרָתֶךָ שַׂבְּעֵנוּ מִטּוּבֶךָ וְשַׂמְּחֵנוּ בִּישׁוּעָתֶךָ. [וְהַנְחִילֵנוּ יְיָ אֱלֹהֵינוּ בְּאַהֲבָה וּבְרָצוֹן שַׁבַּת קָדְשֶׁךָ וְיָנוּחוּ בָהּ יִשְׂרָאֵל מְקַדְּשֵׁי שְׁמֶךָ] וְטַהֵר לִבֵּנוּ לְעָבְדְּךָ בֶּאֱמֶת. כִּי אַתָּה אֱלֹהִים אֱמֶת וּדְבָרְךָ אֱמֶת וְקַיָּם לָעַד. בָּרוּךְ אַתָּה יְיָ מֶלֶךְ עַל כָּל־הָאָרֶץ מְקַדֵּשׁ [הַשַּׁבָּת וְ]יִשְׂרָאֵל וְיוֹם הַזִּכָּרוֹן:

The Shofar is sounded. (Omit on Shabbat.)

תְּקִיעָה שְׁבָרִים תְּרוּעָה תְּקִיעָה

Omitted on Shabbat:

אֲרֶשֶׁת שְׂפָתֵינוּ יֶעֱרַב לְפָנֶיךָ אֵל רָם וְנִשָּׂא.
מֵבִין וּמַאֲזִין מַבִּיט וּמַקְשִׁיב לְקוֹל תְּקִיעָתֵנוּ.
וּתְקַבֵּל בְּרַחֲמִים וּבְרָצוֹן סֵדֶר מַלְכֻיּוֹתֵינוּ:

Are-shet s'fateynu ye-erav l'faneḥa Eil ram v'nisa,
meyvin uma-azin, mabit umak-shiv l'kol t'kiateynu,
ut-kabeyl b'ra-ḥamim uv-ratzon seyder mal-ḥuyo-teynu.

הַיּוֹם הֲרַת עוֹלָם. הַיּוֹם יַעֲמִיד בַּמִּשְׁפָּט כָּל־יְצוּרֵי עוֹלָמִים. אִם כְּבָנִים אִם כַּעֲבָדִים: אִם כְּבָנִים רַחֲמֵנוּ כְּרַחֵם אָב עַל בָּנִים. וְאִם כַּעֲבָדִים עֵינֵינוּ לְךָ תְלוּיוֹת. עַד שֶׁתְּחָנֵּנוּ וְתוֹצִיא כָאוֹר מִשְׁפָּטֵנוּ אָיוֹם קָדוֹשׁ:

ESTABLISH YOUR SOVEREIGNTY

On Shabbat add the words in brackets.

Our God and God of our ancestors, establish Your glorious sovereignty over all the world and Your glorious majesty over all the earth. Show all who dwell on earth the splendor of Your power.

Then every creature will know that You created it; every living thing will recognize that You fashioned it; and everything that breathes will declare: The Lord, God of Israel, is the Sovereign, whose dominion extends over all creation.

Our God and God of our ancestors, [may our Sabbath rest be acceptable to You;] may Your *Mitzvot* lead us to holiness; and may we be among those who devote themselves to Your Torah. May we find contentment in Your blessings, and joy in Your sustaining power.

[Help us to enjoy, in love and favor, the heritage of Your holy Sabbath. May Your people Israel, who hallow Your name, find rest on this day.]

Purify our hearts to serve You in truth, for You are the God of truth; Your word is truth, and endures forever.

Praised are You, O Lord, Sovereign over all the earth, who hallows [the Sabbath,] Israel, and this Day of Remembrance.

The Shofar is sounded. (Omit on Shabbat.)

TEKIAH SHEVARIM TERUAH TEKIAH

Omitted on Shabbat:

May the prayers of our lips be pleasing to You, O exalted God, who hears our Shofar sounds. May You lovingly accept our recitation of *Malḥuyot.*

HAYOM HARAT OLAM: Today is the birthday of the world

Today is the birthday of the world! On this day all the world's creatures stand before You in judgment: some as children, some as servants. If You look upon us as children, then pity us as parents pity children. If You look upon us as servants, then we depend on Your graciousness when You judge us, O revered and holy God.

אַתָּה זוֹכֵר מַעֲשֵׂה עוֹלָם וּפוֹקֵד כָּל־יְצוּרֵי קֶדֶם. לְפָנֶיךָ נִגְלוּ כָּל־תַּעֲלֻמוֹת וַהֲמוֹן נִסְתָּרוֹת שֶׁמִּבְּרֵאשִׁית. כִּי אֵין שִׁכְחָה לִפְנֵי כִסֵּא כְבוֹדֶךָ וְאֵין נִסְתָּר מִנֶּגֶד עֵינֶיךָ:

אַתָּה זוֹכֵר אֶת־כָּל־הַמִּפְעָל. וְגַם כָּל־הַיְצוּר לֹא נִכְחַד מִמֶּךָּ: הַכֹּל גָּלוּי וְיָדוּעַ לְפָנֶיךָ יְיָ אֱלֹהֵינוּ. צוֹפֶה וּמַבִּיט עַד סוֹף כָּל־הַדּוֹרוֹת. כִּי תָבִיא חֹק זִכָּרוֹן לְהִפָּקֵד כָּל־רוּחַ וָנֶפֶשׁ. לְהִזָּכֵר מַעֲשִׂים רַבִּים וַהֲמוֹן בְּרִיּוֹת לְאֵין תַּכְלִית: מֵרֵאשִׁית כָּזֹאת הוֹדָעְתָּ. וּמִלְּפָנִים אוֹתָהּ גִּלִּיתָ:

זֶה הַיּוֹם תְּחִלַּת מַעֲשֶׂיךָ זִכָּרוֹן לְיוֹם רִאשׁוֹן. כִּי חֹק לְיִשְׂרָאֵל הוּא מִשְׁפָּט לֵאלֹהֵי יַעֲקֹב:

וְעַל הַמְּדִינוֹת בּוֹ יֵאָמֵר. אֵיזוֹ לַחֶרֶב וְאֵיזוֹ לַשָּׁלוֹם. אֵיזוֹ לָרָעָב וְאֵיזוֹ לַשֹּׂבַע: וּבְרִיּוֹת בּוֹ יִפָּקֵדוּ לְהַזְכִּירָם לַחַיִּים וְלַמָּוֶת: מִי לֹא נִפְקַד כְּהַיּוֹם הַזֶּה. כִּי זֵכֶר כָּל־הַיְצוּר לְפָנֶיךָ בָּא. מַעֲשֵׂה אִישׁ וּפְקֻדָּתוֹ וַעֲלִילוֹת מִצְעֲדֵי גָבֶר. מַחְשְׁבוֹת אָדָם וְתַחְבּוּלוֹתָיו וְיִצְרֵי מַעַלְלֵי אִישׁ:

אַשְׁרֵי אִישׁ שֶׁלֹּא יִשְׁכָּחֶךָּ. וּבֶן אָדָם יִתְאַמֶּץ־בָּךְ. כִּי דוֹרְשֶׁיךָ לְעוֹלָם לֹא יִכָּשֵׁלוּ. וְלֹא יִכָּלְמוּ לָנֶצַח כָּל־הַחוֹסִים בָּךְ: כִּי זֵכֶר כָּל־הַמַּעֲשִׂים לְפָנֶיךָ בָּא. וְאַתָּה דוֹרֵשׁ מַעֲשֵׂה כֻלָּם:

וְגַם אֶת־נֹחַ בְּאַהֲבָה זָכַרְתָּ וַתִּפְקְדֵהוּ בִּדְבַר יְשׁוּעָה וְרַחֲמִים. בַּהֲבִיאֲךָ אֶת־מֵי הַמַּבּוּל לְשַׁחֵת כָּל־בָּשָׂר מִפְּנֵי רֹעַ מַעַלְלֵיהֶם: עַל־כֵּן זִכְרוֹנוֹ בָּא לְפָנֶיךָ יְיָ אֱלֹהֵינוּ לְהַרְבּוֹת זַרְעוֹ כְּעַפְרוֹת תֵּבֵל וְצֶאֱצָאָיו כְּחוֹל הַיָּם:

ZIḤRONOT: God remembers

You *remember* all that has transpired since the beginning of time. Before You all the secrets, all the hidden things of the ages are revealed. For You there is no forgetfulness; from You nothing is concealed.

You *remember* all deeds; and their authors are not forgotten by You. To You everything is clear, O Lord our God; You foresee the generations to the end of time.

You have appointed a time for bringing to judgment a multitude of human beings and their countless actions. From the beginning You made this known; in ancient days You revealed it to us.

This day commemorates the beginning of Your creation, a *remembrance* of the very first day. Its observance is a statute for Israel, ordained by the God of Jacob.

And on this day the destiny of nations hangs in the balance: war or peace, famine or plenty. Individuals too are judged on this day, for life or for death.

Who is not judged on this day? Every human being comes before You; deeds and designs, ways and wishes—all are judged.

Blessed is the person who does not forget You, who draws courage and strength from You. For those who seek You shall not stumble; those who trust in You shall not be put to shame when the record of all deeds is set before You and You examine every action.

You *remembered* Noah in love, mercifully saving him when You brought the flood to destroy all creatures because of their evil deeds. Because the record of his righteousness was known to You, Lord our God, You multiplied his children like the dust of the earth and his descendants as the sand of the sea.

כַּכָּתוּב בְּתוֹרָתֶךָ. וַיִּזְכֹּר אֱלֹהִים אֶת־נֹחַ וְאֵת כָּל־הַחַיָּה וְאֶת־כָּל־הַבְּהֵמָה אֲשֶׁר אִתּוֹ בַּתֵּבָה וַיַּעֲבֵר אֱלֹהִים רוּחַ עַל־הָאָרֶץ וַיָּשֹׁכּוּ הַמָּיִם׃

וְנֶאֱמַר. וַיִּשְׁמַע אֱלֹהִים אֶת־נַאֲקָתָם וַיִּזְכֹּר אֱלֹהִים אֶת־בְּרִיתוֹ אֶת־אַבְרָהָם אֶת־יִצְחָק וְאֶת־יַעֲקֹב׃

וְנֶאֱמַר. וְזָכַרְתִּי אֶת־בְּרִיתִי יַעֲקוֹב וְאַף אֶת־בְּרִיתִי יִצְחָק וְאַף אֶת־בְּרִיתִי אַבְרָהָם אֶזְכֹּר וְהָאָרֶץ אֶזְכֹּר׃

וּבְדִבְרֵי קָדְשְׁךָ כָּתוּב לֵאמֹר. זֵכֶר עָשָׂה לְנִפְלְאֹתָיו חַנּוּן וְרַחוּם יְיָ׃

וְנֶאֱמַר. טֶרֶף נָתַן לִירֵאָיו יִזְכֹּר לְעוֹלָם בְּרִיתוֹ׃

וְנֶאֱמַר. וַיִּזְכֹּר לָהֶם בְּרִיתוֹ וַיִּנָּחֵם כְּרֹב חֲסָדָיו׃

וְעַל יְדֵי עֲבָדֶיךָ הַנְּבִיאִים כָּתוּב לֵאמֹר. הָלֹךְ וְקָרָאתָ בְאָזְנֵי יְרוּשָׁלַיִם לֵאמֹר. כֹּה אָמַר יְיָ זָכַרְתִּי לָךְ חֶסֶד נְעוּרַיִךְ אַהֲבַת כְּלוּלֹתָיִךְ. לֶכְתֵּךְ אַחֲרַי בַּמִּדְבָּר בְּאֶרֶץ לֹא זְרוּעָה׃

וְנֶאֱמַר. וְזָכַרְתִּי אֲנִי אֶת־בְּרִיתִי אוֹתָךְ בִּימֵי נְעוּרָיִךְ וַהֲקִימוֹתִי לָךְ בְּרִית עוֹלָם׃

וְנֶאֱמַר. הֲבֵן יַקִּיר לִי אֶפְרַיִם אִם יֶלֶד שַׁעֲשׁוּעִים. כִּי־מִדֵּי דַבְּרִי בּוֹ זָכֹר אֶזְכְּרֶנּוּ עוֹד. עַל־כֵּן הָמוּ מֵעַי לוֹ רַחֵם אֲרַחֲמֶנּוּ. נְאֻם־יְיָ׃

Zaḥarti laḥ ḥesed n'ura-yiḥ ahavat k'lulota-yiḥ,
Leḥteyḥ aḥarai ba-midbar b'eretz lo z'rua.

Ha-veyn yakir li efra-yim im yeled sha-a-shuim,
Ki mi-dey dabri bo zaḥor ezkerenu od,
Al keyn hamu mey-ai lo raḥeym araḥa-menu, n'um Adonai.

REMEMBRANCE VERSES (Ziḥronot)

Thus is it written in Your Torah:

"And God *remembered* Noah and all the animals and all the cattle that were with him in the ark, and God caused a wind to blow across the earth and the waters subsided."

"And God heard their groaning in Egyptian bondage and *remembered* the Covenant with Abraham and Isaac and Jacob."

"I will *remember* My covenant with Jacob; I will *remember* also My covenant with Isaac, and also My covenant with Abraham; and I will *remember* the land."

Genesis 8:1; Exodus 2:24; Leviticus 26:42

And so the Psalmist sang:

"Gracious and merciful is the Lord, whose wonders are to be *remembered*."

The Lord sustains those who are reverent, and will *remember* the Covenant forever."

"The Lord *remembered* the Covenant and, in abundant kindness, forgave them.

Psalms 111:4, 111:5, 106:45

And thus Your prophets proclaimed:

"Go and proclaim to Jerusalem: Thus says the Lord: I *remember* in your favor the devotion of your youth, the love of your bridal days, when you followed Me in the wilderness, through a barren land."

"I will *remember* the Covenant I made with you in the days of your youth, and I will establish with you an everlasting covenant."

"Is not Ephraim My precious son, My beloved child? Even when I rebuke him, I *remember* him with tenderness, My heart yearns for him. I will surely show him compassion, says the Lord."

Jeremiah 2:2; Ezekiel 16:60; Jeremiah 31:20

Ziḥronot: Remembering

You remember, O Lord our God,
The past which has molded us;
That past which those who went before,
Preserved and bequeathed to us.

Help us to remember that we shall be the past
To countless others who will come after us;
And may we so live that we will transmit to them
Our love and reverence for all that we cherish.

You remember, O Lord our God,
The past which lives in our minds;
The heritage, rooted in the ages, which was nurtured
By psalmist and sage, by poet and prophet.

Help us to remember that we are the guardians
Of this sacred trust we are commanded to honor;
May it be our way of life all the days of our years,
To pass on to future heirs, strengthened and enhanced.

You remember, O Lord our God,
The past which lives in our hearts;
That past, wrought out of the hopes of our people,
Renewed in the dreams of every generation.

Let us remember that we must now renew
Our loyalty, our devotion to those hopes and dreams;
That our lives may be hallowed and our days enriched,
By our links to our people's noblest ideals.

You remember, O Lord our God,
Our past which stressed righteousness,
That past which now summons us to justice and to mercy,
Proclaiming that we meet You in deed as well as prayer.

Help us to remember that we must faithfully champion
Those eternal truths, and inspired teachings,
Which link our lives to Your Torah of love,
And make us worthy of being remembered by You.

Morris Silverman (adapted)

Remembering: I stood with Abraham

I stood with Abraham in his lonely vigil
And read the destiny of my people in the stars.

I was with Isaac when he built the altar
Where his faith and devotion were put to the test.

I stood with Jacob
When he wrestled through the night
With the angel of despair
And won a blessing at the break of dawn.

With Joseph I dreamt of sheaves and stars
And climbed the steps from the pit to a prince's throne.

I was with Moses, an alien prince among an alien people.
Unshod, I stood with him before the vision in the wilderness
And from the fire I heard the Voice summoning him to service.

I was at Sinai and entered there the everlasting covenant
Between my people and its God.
I suffered and I hungered with them
All the way across the wilderness to the Promised Land.

I was with Joshua at Jericho
And with Deborah by the waters of Megiddo
When the stars in their courses fought against Sisera.

I stood with the blind Samson in his agony
And I heard the wild cry of his desperate courage
As he pulled the pillars over the Philistines.

I heard Samuel admonish his people to remain free
And not to reject God by enslaving themselves to a king.

I listened to the harp of David,
And I saw him bow before the wrath of Nathan
And before the truth of his accusation.

I heard Solomon in the Temple
On the day he dedicated it as a House of Prayer for all peoples,
And I learned from him
Of a God whom heaven and the hosts of heaven cannot contain,

Whose compassion extends to all,
Even to the stranger who comes from a far off country.

I was with the prophets
Who came to destroy old worlds
And to build new ones.

I heard them lash out against injustice.
I warmed at their compassion for the weak.
From them I learned what a raging fire within one's soul
An unfilled mandate from God can be.

I was with my people by the rivers of Babylon
And I heard their oath:
"If I forget thee, O Jerusalem."

I entered their makeshift synagogues in Babylon,
And learned there that prayer and study
Can be as beloved to God
As the sacrifices of the priests in the Temple
Or the songs of the Levites.

I returned with them from the captivity
And saw how a people can rebuild upon ruins.

I sat with the sages and the scribes
Who patiently interpreted the word of God
And slowly formed the Oral Law.

I moved among the mountains of Judea
With the lionhearted sons of Mattathias.

I saw the miracle of the single cruse of oil
That illumined the Temple of the Lord.

I was with Hillel
When he summarized the whole Torah
In the commandment to love your neighbor as yourself.

I was with Akiba
When he inspired a revolution,
Defied an empire, and died a martyr.

I wandered with my people into many lands,
Where the cross and the crescent reigned.
I walked with them over all the highways of the world.

I was with them when they drank out of the bitter chalices
Of pain, humiliation, cruelty, and hatred.

I saw them stay sane, in the midst of madness.
I saw them stay civilized, in the midst of brutality.
I saw them lighting candles in the midst of darkness.

Then I saw the night lift and the dawn break;
And into a new world, blessed with liberty and freedom,
I marched with them exultingly.

I saw the shackles fall from off their limbs,
I saw the radiance of their emancipated minds and hearts.
I saw them enrich every land that gave them opportunity.

I was with them when they landed at Ellis Island,
And fell in love with the land that stood for liberty.

Then I saw the night descend again.
I saw them suffer as no people has ever suffered before.
I saw them burned and gassed and tortured.

Then, like a Phoenix, I saw them rise again in the old land.
I saw them begin a new life there,
Based on the ancient teachings of justice and mercy.

I saw them nurture saplings in the wilderness,
And I watched them make the desert bloom.

I was with them in the Six Day War.
I stood by them when their hard-earned state
was in danger on Yom Kippur.
I trembled when they trembled,
And I rejoiced when they rejoiced.
I was at the Wall. I was in the Sinai.
I was on the Golan Heights.

Shall I leave them now?
Can I part company with this immortal band whom I love?
They have become too dear and precious to me.

They are bone of my bone,
Flesh of my flesh,
Soul of my soul.

They are my people.
Their quest is mine.

They will live within me,
And I will live with them, forever.

Abba Hillel Silver (adapted)

אֱלֹהֵינוּ וֵאלֹהֵי אֲבוֹתֵינוּ. זָכְרֵנוּ בְּזִכְרוֹן טוֹב לְפָנֶיךָ וּפָקְדֵנוּ בִּפְקֻדַּת יְשׁוּעָה וְרַחֲמִים מִשְּׁמֵי שְׁמֵי קֶדֶם: וּזְכָר־לָנוּ יְיָ אֱלֹהֵינוּ אֶת־הַבְּרִית וְאֶת־הַחֶסֶד וְאֶת־הַשְּׁבוּעָה אֲשֶׁר נִשְׁבַּעְתָּ לְאַבְרָהָם אָבִינוּ בְּהַר הַמֹּרִיָּה. וְתֵרָאֶה לְפָנֶיךָ עֲקֵדָה שֶׁעָקַד אַבְרָהָם אָבִינוּ אֶת־יִצְחָק בְּנוֹ עַל גַּב הַמִּזְבֵּחַ וְכָבַשׁ רַחֲמָיו לַעֲשׂוֹת רְצוֹנְךָ בְּלֵבָב שָׁלֵם. כֵּן יִכְבְּשׁוּ רַחֲמֶיךָ אֶת־כַּעַסְךָ מֵעָלֵינוּ. וּבְטוּבְךָ הַגָּדוֹל יָשׁוּב חֲרוֹן אַפְּךָ מֵעַמְּךָ וּמֵעִירְךָ וּמִנַּחֲלָתֶךָ: וְקַיֶּם־לָנוּ יְיָ אֱלֹהֵינוּ אֶת־הַדָּבָר שֶׁהִבְטַחְתָּנוּ בְּתוֹרָתֶךָ עַל־יְדֵי מֹשֶׁה עַבְדֶּךָ מִפִּי כְבוֹדֶךָ כָּאָמוּר. וְזָכַרְתִּי לָהֶם בְּרִית רִאשֹׁנִים אֲשֶׁר הוֹצֵאתִי אֹתָם מֵאֶרֶץ מִצְרַיִם לְעֵינֵי הַגּוֹיִם לִהְיוֹת לָהֶם לֵאלֹהִים אֲנִי יְיָ: כִּי זוֹכֵר כָּל־הַנִּשְׁכָּחוֹת אַתָּה הוּא מֵעוֹלָם וְאֵין שִׁכְחָה לִפְנֵי כִסֵּא כְבוֹדֶךָ. וַעֲקֵדַת יִצְחָק לְזַרְעוֹ הַיּוֹם בְּרַחֲמִים תִּזְכּוֹר. בָּרוּךְ אַתָּה יְיָ זוֹכֵר הַבְּרִית:

The Shofar is sounded. (Omit on Shabbat.)

תְּקִיעָה שְׁבָרִים תְּרוּעָה תְּקִיעָה

Omitted on Shabbat:

אֲרֶשֶׁת שְׂפָתֵינוּ יֶעֱרַב לְפָנֶיךָ אֵל רָם וְנִשָּׂא.
מֵבִין וּמַאֲזִין מַבִּיט וּמַקְשִׁיב לְקוֹל תְּקִיעָתֵנוּ.
וּתְקַבֵּל בְּרַחֲמִים וּבְרָצוֹן סֵדֶר זִכְרוֹנוֹתֵינוּ:

Are-shet s'fateynu ye-erav l'faneḥa Eil ram v'nisa,
meyvin uma-azin, mabit umak-shiv l'kol t'kiateynu,
ut-kabeyl b'ra-ḥamim uv-ratzon seyder ziḥrono-teynu.

הַיּוֹם הֲרַת עוֹלָם. הַיּוֹם יַעֲמִיד בַּמִּשְׁפָּט כָּל־יְצוּרֵי עוֹלָמִים. אִם כְּבָנִים אִם כַּעֲבָדִים: אִם כְּבָנִים רַחֲמֵנוּ כְּרַחֵם אָב עַל בָּנִים. וְאִם כַּעֲבָדִים עֵינֵינוּ לְךָ תְלוּיוֹת. עַד שֶׁתְּחָנֵּנוּ וְתוֹצִיא כָאוֹר מִשְׁפָּטֵנוּ אָיוֹם קָדוֹשׁ:

REMEMBER US WITH BLESSING

Our God and God of our ancestors, *remember* us with blessing, with deliverance, and with Your mercy.

Remember the covenant which You made with Abraham our father and the pledge which You lovingly gave him on Mount Moriah.

Remember how he bound his son Isaac on the altar, subduing his fatherly compassion so that he might do Your will wholeheartedly. So may Your compassion for us subdue Your wrath. In Your great goodness, favor Your people and Your city Jerusalem. Fulfill for us the promise contained in Your Torah, transmitted by Your servant Moses:

"For their sake will I remember the covenant with their ancestors whom I brought out of the land of Egypt in the sight of the nations to be their God. I am the Lord."

You remember all things forgotten; for You there is no forgetfulness. Remember today the binding of Isaac and may it arouse Your mercy for his descendants. Praised are You, O Lord, who remembers the covenant.

The Shofar is sounded. (Omit on Shabbat.)

TEKIAH SHEVARIM TERUAH TEKIAH

Omitted on Shabbat:

May the prayers of our lips be pleasing to You, O exalted God, who hears our Shofar sounds. May You lovingly accept our recitation of *Ziḥronot.*

HAYOM HARAT OLAM: Today is the birthday of the world

Today is the birthday of the world! On this day all the world's creatures stand before You in judgment: some as children, some as servants. If You look upon us as children, then pity us as parents pity children. If You look upon us as servants, then we depend on Your graciousness when You judge us, O revered and holy God.

אַתָּה נִגְלֵיתָ בַּעֲנַן כְּבוֹדְךָ עַל עַם קָדְשְׁךָ לְדַבֵּר עִמָּם: מִן הַשָּׁמַיִם הִשְׁמַעְתָּם קוֹלֶךָ וְנִגְלֵיתָ עֲלֵיהֶם בְּעַרְפַלֵּי טֹהַר:

גַּם כָּל־הָעוֹלָם כֻּלּוֹ חָל מִפָּנֶיךָ וּבְרִיּוֹת בְּרֵאשִׁית חָרְדוּ מִמֶּךָּ. בְּהִגָּלוֹתְךָ מַלְכֵּנוּ עַל הַר סִינַי לְלַמֵּד לְעַמְּךָ תּוֹרָה וּמִצְוֹת. וַתַּשְׁמִיעֵם אֶת־הוֹד קוֹלֶךָ וְדִבְּרוֹת קָדְשְׁךָ מִלַּהֲבוֹת אֵשׁ: בְּקוֹלֹת וּבְרָקִים עֲלֵיהֶם נִגְלֵיתָ וּבְקוֹל שׁוֹפָר עֲלֵיהֶם הוֹפָעְתָּ:

כַּכָּתוּב בְּתוֹרָתֶךָ. וַיְהִי בַיּוֹם הַשְּׁלִישִׁי בִּהְיֹת הַבֹּקֶר וַיְהִי קֹלֹת וּבְרָקִים וְעָנָן כָּבֵד עַל־הָהָר וְקֹל שֹׁפָר חָזָק מְאֹד וַיֶּחֱרַד כָּל־הָעָם אֲשֶׁר בַּמַּחֲנֶה: וְנֶאֱמַר. וַיְהִי קוֹל הַשֹּׁפָר הוֹלֵךְ וְחָזֵק מְאֹד. מֹשֶׁה יְדַבֵּר וְהָאֱלֹהִים יַעֲנֶנּוּ בְקוֹל: וְנֶאֱמַר. וְכָל־הָעָם רֹאִים אֶת־הַקּוֹלֹת וְאֶת־הַלַּפִּידִם וְאֵת קוֹל הַשֹּׁפָר וְאֶת־הָהָר עָשֵׁן. וַיַּרְא הָעָם וַיָּנֻעוּ וַיַּעַמְדוּ מֵרָחֹק:

וּבְדִבְרֵי קָדְשְׁךָ כָּתוּב לֵאמֹר. עָלָה אֱלֹהִים בִּתְרוּעָה יְיָ בְּקוֹל שׁוֹפָר: וְנֶאֱמַר. בַּחֲצֹצְרוֹת וְקוֹל שׁוֹפָר הָרִיעוּ לִפְנֵי הַמֶּלֶךְ יְיָ: וְנֶאֱמַר. תִּקְעוּ בַחֹדֶשׁ שׁוֹפָר בַּכֶּסֶה לְיוֹם חַגֵּנוּ: כִּי חֹק לְיִשְׂרָאֵל הוּא מִשְׁפָּט לֵאלֹהֵי יַעֲקֹב: וְנֶאֱמַר. הַלְלוּיָהּ. הַלְלוּ־אֵל בְּקָדְשׁוֹ הַלְלוּהוּ בִּרְקִיעַ עֻזּוֹ: הַלְלוּהוּ בִגְבוּרֹתָיו הַלְלוּהוּ כְּרֹב גֻּדְלוֹ: הַלְלוּהוּ בְּתֵקַע שׁוֹפָר הַלְלוּהוּ בְּנֵבֶל וְכִנּוֹר: הַלְלוּהוּ בְתֹף וּמָחוֹל הַלְלוּהוּ בְּמִנִּים וְעֻגָב: הַלְלוּהוּ בְצִלְצְלֵי־שָׁמַע הַלְלוּהוּ בְּצִלְצְלֵי תְרוּעָה: כֹּל הַנְּשָׁמָה תְּהַלֵּל יָהּ. הַלְלוּיָהּ:

וְעַל יְדֵי עֲבָדֶיךָ הַנְּבִיאִים כָּתוּב לֵאמֹר. כָּל־יֹשְׁבֵי תֵבֵל וְשֹׁכְנֵי אָרֶץ. כִּנְשֹׂא־נֵס הָרִים תִּרְאוּ וְכִתְקֹעַ שׁוֹפָר תִּשְׁמָעוּ: וְנֶאֱמַר. וְהָיָה בַּיּוֹם הַהוּא יִתָּקַע בְּשׁוֹפָר גָּדוֹל. וּבָאוּ הָאֹבְדִים בְּאֶרֶץ אַשּׁוּר וְהַנִּדָּחִים בְּאֶרֶץ מִצְרָיִם. וְהִשְׁתַּחֲווּ לַייָ בְּהַר הַקֹּדֶשׁ בִּירוּשָׁלָיִם: וְנֶאֱמַר. וַייָ עֲלֵיהֶם יֵרָאֶה וְיָצָא כַבָּרָק חִצּוֹ. וַאדֹנָי אֱלֹהִים בַּשּׁוֹפָר יִתְקָע וְהָלַךְ בְּסַעֲרוֹת תֵּימָן: יְיָ צְבָאוֹת יָגֵן עֲלֵיהֶם: כֵּן תָּגֵן עַל עַמְּךָ יִשְׂרָאֵל בִּשְׁלוֹמֶךָ:

SHOFAROT: Recalling the revelation

You revealed Yourself to Your holy people at Mount Sinai amid clouds of glory. Your voice was heard in a mist of purity.

The whole world trembled before You, all creation stood in awe, when You, our Sovereign, manifested Your presence to teach Your people Torah and *Mitzvot.*

Out of flaming fire, amid peals of thunder and flashes of lightning, amid blasts of the *Shofar,* You enabled them to hear Your divine words.

SHOFAROT VERSES

Thus is it written in Your Torah: "On the third day, as morning dawned, there was thunder and lightning, a thick cloud upon the mountain and the mighty blast of a *Shofar;* everyone in the camp trembled." "The sound of the *Shofar* grew louder and louder. Moses spoke and God answered him." "As all the people witnessed the thunder and lightning, the sound of the *Shofar* and the mountain smoking, they trembled and stood at a distance."

Exodus 19:16, 19:19, 20:15

And so the Psalmist sang: "God has ascended with the sound of the *Shofar,* the piercing cry of the *Shofar.*" "With trumpets and *Shofar* acclaim our Sovereign, the Lord." "Sound the *Shofar* on the New Moon, at the time appointed for our New Year. Its observance is a law for Israel, ordained by the God of Jacob." "Hallelujah! Praise God in the sacred sanctuary; praise God in the mighty heavens. Praise God who is vast in power; praise God who abounds in greatness. Praise God with the sound of the *Shofar,* praise God with lute and lyre. Praise God with drum and dance, praise God with strings and flute. Praise God with resounding cymbals, praise God with clanging cymbals. Praise God for all that breathe. Hallelujah! Praise the Lord!

Psalms 47:6, 98:6, 81:4-5, 150

And thus Your prophets proclaimed: "All inhabitants of the world, all dwellers on earth: look when a banner is raised upon the mountains, and when the *Shofar* is sounded, listen." "On that day a great *Shofar* will be sounded, and the exiles in Assyria and those cast away in the land of Egypt will come to bow down to the Lord on the Lord's holy mountain in Jerusalem." "The Lord will be revealed to them with a piercing Presence which will flash like lightning. The Lord God will sound the *Shofar* and march amid the storm-winds of the South. The Lord of hosts will defend them."

Isaiah 18:3, 27:13; Zechariah 9:14-15

Reveal Yourself anew

You revealed Yourself, O Lord, amid Sinai's thunder,
Amid the sounds of the Shofar, which we recall today.
O Lord of wondrous revelation,
Reveal Yourself to us anew!
As we seek to grow, as we seek to learn
Your truth, Your law, and Your will—
Amid the sounds of today's Shofar,
Reveal Yourself to us anew!
And may the knowledge thus revealed
Be as the echo of Your voice
Which our ancestors heard at Sinai,
So that we may respond, as did they,
"All that the Lord has spoken we will do."
Open our hearts to Your great love,
Our eyes to the beauty of Your world.
Let not selfishness or pride blind us
To the glory of Your revelations,
Nor willfulness obscure the splendor of Your creation.
May Your Torah be a light unto our path,
Dispelling mists of doubt and shadows of despair,
Guiding us safely past all snares and pitfalls
On the road to fulfillment and serenity.
Keep us ever grateful for our heritage,
So that the teachings of our prophets and sages
May enrich and guide our lives.
May we teach Your precepts to our children
With love and with diligence,
While sitting at home and walking on the way,
Speaking of them when lying down and when rising up.
Renew in us the memory of Your covenant,
So that neither the allure of ease nor the threat of pain
Will swerve us from loyalty to You.
May the time come soon when all the world will know
That the fruit of righteousness is peace,
And that You reveal Yourself anew
To those who seek You with a perfect heart.

Ben Aronin (adapted)

The Shofar calls us

The Shofar calls us to remember the revelation at Mount Sinai, accompanied by "trembling, and thunderous Shofar blasts . . ."

May we answer the Shofar's call by studying Torah, and by transmitting our heritage to future generations.

The Shofar calls us to proclaim the sovereignty of God, echoing the ancient rite of royal coronation.

May we answer the Shofar's call by making God our Sovereign, by permitting God's will to guide our thoughts and deeds.

The Shofar summons us to sacrificial devotion, recalling the ram which replaced Isaac on the altar; recalling Abraham's readiness to offer all to God.

May we answer the Shofar's call by doing God's will, sacrificing greed and vanity on the altar of service.

The Shofar sounds a call to wholehearted *T'shuvah*, summoning us to return to God, in humility and contrition.

May we answer the Shofar's call by examining our ways, by admitting our failures and our transgressions, and by striving to live more nobly in the year ahead.

The Shofar sounds a call to liberation from bondage, recalling the Shofar blasts of the Jubilee Year, when slaves were set free.

May we answer the Shofar's call by heeding the command to proclaim liberty throughout the land, to all its inhabitants.

The Shofar proclaims the promise of Jewish redemption, anticipating the sounding of the great Shofar, when our oppressed and homeless will return to Zion in joy.

May we answer the Shofar's call through dedication to our people, by sharing our strength, our love, and our means.

The Shofar sounds the hope for the coming of God's rule, when justice and peace will reign throughout the world.

May we answer the Shofar's call by nurturing this hope, and by living in a manner which will hasten its fulfillment.

אֱלֹהֵינוּ וֵאלֹהֵי אֲבוֹתֵינוּ. תְּקַע בְּשׁוֹפָר גָּדוֹל לְחֵרוּתֵנוּ. וְשָׂא נֵס לְקַבֵּץ גָּלֻיּוֹתֵינוּ. וְקָרֵב פְּזוּרֵינוּ מִבֵּין הַגּוֹיִם. וּנְפוּצוֹתֵינוּ כַּנֵּס מִיַּרְכְּתֵי אָרֶץ: וַהֲבִיאֵנוּ לְצִיּוֹן עִירְךָ בְּרִנָּה. וְלִירוּשָׁלַיִם בֵּית מִקְדָּשְׁךָ בְּשִׂמְחַת עוֹלָם. שֶׁשָּׁם עָשׂוּ אֲבוֹתֵינוּ לְפָנֶיךָ אֶת־קָרְבְּנוֹת חוֹבוֹתֵיהֶם כְּמוֹ שֶׁכָּתַבְתָּ בְּתוֹרָתֶךָ עַל יְדֵי מֹשֶׁה עַבְדֶּךָ מִפִּי כְבוֹדֶךָ כָּאָמוּר. וּבְיוֹם שִׂמְחַתְכֶם וּבְמוֹעֲדֵיכֶם וּבְרָאשֵׁי חָדְשֵׁכֶם וּתְקַעְתֶּם בַּחֲצֹצְרֹת עַל עֹלֹתֵיכֶם וְעַל זִבְחֵי שַׁלְמֵיכֶם וְהָיוּ לָכֶם לְזִכָּרוֹן לִפְנֵי אֱלֹהֵיכֶם. אֲנִי יְיָ אֱלֹהֵיכֶם: כִּי אַתָּה שׁוֹמֵעַ קוֹל שׁוֹפָר וּמַאֲזִין תְּרוּעָה וְאֵין דּוֹמֶה־לָּךְ: בָּרוּךְ אַתָּה יְיָ שׁוֹמֵעַ קוֹל תְּרוּעַת עַמּוֹ יִשְׂרָאֵל בְּרַחֲמִים:

The Shofar is sounded. (Omit on Shabbat.)

תְּקִיעָה שְׁבָרִים תְּרוּעָה תְּקִיעָה

Omitted on Shabbat:

אֲרֶשֶׁת שְׂפָתֵינוּ יֶעֱרַב לְפָנֶיךָ אֵל רָם וְנִשָּׂא.
מֵבִין וּמַאֲזִין מַבִּיט וּמַקְשִׁיב לְקוֹל תְּקִיעָתֵנוּ.
וּתְקַבֵּל בְּרַחֲמִים וּבְרָצוֹן סֵדֶר שׁוֹפְרוֹתֵינוּ:

Are-shet s'fateynu ye-erav l'faneḥa Eil ram v'nisa,
meyvin uma-azin, mabit umak-shiv l'kol t'kiateynu,
ut-kabeyl b'ra-ḥamim uv-ratzon seyder shofro-teynu.

הַיּוֹם הֲרַת עוֹלָם. הַיּוֹם יַעֲמִיד בַּמִּשְׁפָּט כָּל־יְצוּרֵי עוֹלָמִים. אִם כְּבָנִים אִם כַּעֲבָדִים: אִם כְּבָנִים רַחֲמֵנוּ כְּרַחֵם אָב עַל בָּנִים. וְאִם כַּעֲבָדִים עֵינֵינוּ לְךָ תְלוּיוֹת. עַד שֶׁתְּחָנֵּנוּ וְתוֹצִיא כָאוֹר מִשְׁפָּטֵנוּ אָיוֹם קָדוֹשׁ:

SOUND THE GREAT SHOFAR FOR OUR LIBERATION

Our God and God of our ancestors, sound the great *Shofar* for our liberation and lift high a banner to gather our exiles.

Gather the dispersed of our people from among the nations and assemble our scattered ones from the farthest ends of the earth.

Lead us to Zion, Your city, with song, and to Jerusalem, the home of Your ancient Temple, with everlasting joy.

For it was there that our ancestors brought to You the offerings prescribed in Your Torah, given to us by Your inspired servant Moses:

"On your joyous occasions, your fixed festivals, and on your new moons, you shall sound the trumpets as you bring the designated offerings and they shall be a reminder to you before the Lord your God; I, the Lord, am your God."

For You hear the sound of the *Shofar* and heed its summons; none may be compared to You.

Praised are You, O Lord, who mercifully listens to Your people Israel as they call on You with the sound of the *Shofar*.

The Shofar is sounded. (Omit on Shabbat.)

TEKIAH SHEVARIM TERUAH TEKIAH

Omitted on Shabbat:

May the prayers of our lips be pleasing to You, O exalted God, who hears our Shofar sounds. May You lovingly accept our recitation of *Shofarot*.

HAYOM HARAT OLAM: Today is the birthday of the world

Today is the birthday of the world! On this day all the world's creatures stand before You in judgment: some as children, some as servants. If You look upon us as children, then pity us as parents pity children. If You look upon us as servants, then we depend on Your graciousness when You judge us, O revered and holy God.

"Today is the birthday of the world"

(HAYOM HARAT OLAM)

THE GLORY OF CREATION—Psalm 8

O Lord, our Lord,
How glorious is Your name in all the earth,
Whose majesty is proclaimed above the heavens.

Out of the mouths of babes and sucklings
You have founded strength,
Because of Your adversaries;
That You might still the enemy and the avenger.

When I behold Your heavens, the work of Your fingers,
The moon and the stars, which You have established;

What are we, that You are mindful of us,
Mere mortals, that You take account of us?

Yet You have made us but little lower than the angels,
And have crowned us with glory and honor.

You have given us dominion over the works of Your hands;
You have put all things at our feet:

Sheep and oxen, all of them, and the beasts of the field;
The fowl of the air, and the fish of the sea;
Whatever travels the paths of the seas.

O Lord, our Lord,
How glorious is Your name in all the earth!

TO GUARD THE WORLD

When God created Adam, God showed him all the trees in the Garden of Eden and said. "See how beautiful and perfect are My works! All that I have created, I have created for you. Therefore, be ever-mindful: Do not abuse or desolate My world. For if you abuse or desolate it, there is no one to repair it after you."

Ecclesiastes Rabbah 7:28

A SINGLE PERSON WAS CREATED

Only a single person was created in the beginning, to teach that if any individual causes a single person to perish, Scripture considers it as though an entire world had been destroyed; and if anyone saves a single person, Scripture considers it as though a whole world had been saved. Again, just a single person was created, for the sake of peace—so that no one could say to another: "My parent was greater than yours"; also that the heretics could not say, "There are many ruling powers in heaven." Moreover, only a single person was created, in order to emphasize the greatness of God: for when a human being stamps many coins using one die, they are all alike; but when God stamps every individual with the die of the first human being, each one of them is, nevertheless, unique. Therefore every one must say, "For my sake was the world created."

Mishnah, Sanhedrin 4:5

CREATION IS CONTINUOUS

Creation, we are taught, is not an act that happened once upon a time, once and for ever. The act of bringing the world into existence is a continuous process. God called the world into being, and that call goes on. There is this present moment because God is present. Every instant is an act of creation. A moment is not a terminal but a flash, a signal of Beginning. Time is a perpetual innovation, a synonym for continuous creation. Time is God's gift to the world of space.

Abraham J. Heschel

TO SANCTIFY AND ENJOY

To love God one need not hate the world. Life should not be feared or condemned or renounced, but sanctified and enjoyed through wholesome living in which the whole person—body, mind, and soul—is fulfilled.

Abba Hillel Silver

רְצֵה יְיָ אֱלֹהֵינוּ בְּעַמְּךָ יִשְׂרָאֵל. וּתְפִלָּתָם בְּאַהֲבָה תְקַבֵּל בְּרָצוֹן. וּתְהִי לְרָצוֹן תָּמִיד עֲבוֹדַת יִשְׂרָאֵל עַמֶּךָ:

וְתֶחֱזֶינָה עֵינֵינוּ בְּשׁוּבְךָ לְצִיּוֹן בְּרַחֲמִים. בָּרוּךְ אַתָּה יְיָ הַמַּחֲזִיר שְׁכִינָתוֹ לְצִיּוֹן:

מוֹדִים אֲנַחְנוּ לָךְ שָׁאַתָּה הוּא יְיָ אֱלֹהֵינוּ וֵאלֹהֵי אֲבוֹתֵינוּ לְעוֹלָם וָעֶד. צוּר חַיֵּינוּ מָגֵן יִשְׁעֵנוּ אַתָּה הוּא לְדוֹר וָדוֹר. נוֹדֶה לְךָ וּנְסַפֵּר תְּהִלָּתֶךָ עַל חַיֵּינוּ הַמְּסוּרִים בְּיָדֶךָ וְעַל נִשְׁמוֹתֵינוּ הַפְּקוּדוֹת לָךְ וְעַל נִסֶּיךָ שֶׁבְּכָל־יוֹם עִמָּנוּ וְעַל נִפְלְאוֹתֶיךָ וְטוֹבוֹתֶיךָ שֶׁבְּכָל־עֵת עֶרֶב וָבֹקֶר וְצָהֳרָיִם. הַטּוֹב כִּי לֹא־כָלוּ רַחֲמֶיךָ. וְהַמְרַחֵם כִּי לֹא־תַמּוּ חֲסָדֶיךָ. מֵעוֹלָם קִוִּינוּ לָךְ:

The following may be said in an undertone:

מוֹדִים אֲנַחְנוּ לָךְ שָׁאַתָּה הוּא יְיָ אֱלֹהֵינוּ וֵאלֹהֵי אֲבוֹתֵינוּ אֱלֹהֵי כָל־בָּשָׂר יוֹצְרֵנוּ יוֹצֵר בְּרֵאשִׁית. בְּרָכוֹת וְהוֹדָאוֹת לְשִׁמְךָ הַגָּדוֹל וְהַקָּדוֹשׁ עַל שֶׁהֶחֱיִיתָנוּ וְקִיַּמְתָּנוּ. כֵּן תְּחַיֵּנוּ וּתְקַיְּמֵנוּ וְתֶאֱסוֹף גָּלֻיּוֹתֵינוּ לְאֶרֶץ קָדְשֶׁךָ לִשְׁמֹר חֻקֶּיךָ וְלַעֲשׂוֹת רְצוֹנֶךָ וּלְעָבְדְךָ בְּלֵבָב שָׁלֵם עַל שֶׁאֲנַחְנוּ מוֹדִים לָךְ. בָּרוּךְ אֵל הַהוֹדָאוֹת:

ACCEPT OUR PRAYER AND BLESS ZION

Be gracious to Your people Israel, O Lord our God, and lovingly accept their prayers. May our worship ever be acceptable to You.

May our eyes behold Your merciful return to Zion. Praise to You, O Lord, who restores the Divine Presence to Zion.

THANKSGIVING FOR DAILY MIRACLES

We thankfully acknowledge You, our God and God of our ancestors, Lord of eternity. You are the source of our strength, even as You have been Israel's protecting shield in every generation.

We thank You and proclaim Your praise for our lives which are in Your hand, for our souls which are in Your care, for Your miracles which are daily with us, and for Your wondrous kindness at all times—morning, noon, and night. Source of all goodness, Your mercies never fail. Source of compassion, Your kindnesses never cease. You are our abiding hope.

The following may be said in an undertone:

We thankfully acknowledge You, Lord our God and God of our ancestors, God of all flesh, our Creator, Lord of all creation.

We utter blessings and thanksgiving to Your greatness and holiness, for You have given us life and sustained us.

May You continue to bless us with life and sustenance, and gather our dispersed, so that we may fulfill Your commandments, do Your will, and serve You wholeheartedly.

Praised be God to whom all thanks are due.

וְעַל־כֻּלָּם יִתְבָּרַךְ וְיִתְרוֹמַם שִׁמְךָ מַלְכֵּנוּ תָּמִיד לְעוֹלָם וָעֶד:

אָבִינוּ מַלְכֵּנוּ זְכוֹר רַחֲמֶיךָ וּכְבוֹשׁ כַּעַסְךָ וְכַלֵּה דֶבֶר וְחֶרֶב וְרָעָב וּשְׁבִי וּמַשְׁחִית וְעָוֹן וּשְׁמַד וּמַגֵּפָה וּפֶגַע רַע וְכָל־מַחֲלָה וְכָל־תְּקָלָה וְכָל־קְטָטָה וְכָל־מִינֵי פֻרְעָנִיּוֹת וְכָל־גְּזֵרָה רָעָה וְשִׂנְאַת חִנָּם. מֵעָלֵינוּ וּמֵעַל כָּל־בְּנֵי בְרִיתֶךָ:

וּכְתוֹב לְחַיִּים טוֹבִים כָּל־בְּנֵי בְרִיתֶךָ:

וְכֹל הַחַיִּים יוֹדוּךָ סֶּלָה וִיהַלְלוּ אֶת שִׁמְךָ בֶּאֱמֶת הָאֵל יְשׁוּעָתֵנוּ וְעֶזְרָתֵנוּ סֶלָה. בָּרוּךְ אַתָּה יְיָ הַטּוֹב שִׁמְךָ וּלְךָ נָאֶה לְהוֹדוֹת:

אֱלֹהֵינוּ וֵאלֹהֵי אֲבוֹתֵינוּ. בָּרְכֵנוּ בַבְּרָכָה הַמְשֻׁלֶּשֶׁת בַּתּוֹרָה הַכְּתוּבָה עַל יְדֵי משֶׁה עַבְדֶּךָ. הָאֲמוּרָה מִפִּי אַהֲרֹן וּבָנָיו כֹּהֲנִים. עַם קְדוֹשֶׁךָ כָּאָמוּר:

Congregation: **Keyn y'hi ratzon.**

יְבָרֶכְךָ יְיָ וְיִשְׁמְרֶךָ:	כֵּן יְהִי רָצוֹן:
יָאֵר יְיָ פָּנָיו אֵלֶיךָ וִיחֻנֶּךָּ:	כֵּן יְהִי רָצוֹן:
יִשָּׂא יְיָ פָּנָיו אֵלֶיךָ וְיָשֵׂם לְךָ שָׁלוֹם:	כֵּן יְהִי רָצוֹן:

For all Your blessings we shall praise and exalt You, O our Sovereign, forever.

Avinu Malkeynu, remember Your compassion and suppress Your anger. Remove from us and from all the people of Your covenant, pestilence and sword, famine and plundering, destruction and iniquity, persecution, plague, and affliction, every disease and disaster, all strife and calamity, every evil decree and causeless hatred.

Inscribe all the children of Your covenant for a good life.

May all living creatures always thank You and praise You in truth. O God, You are our deliverance and our help. Praised are You, beneficent Lord, to whom all praise is due.

THE THREEFOLD BLESSING

Our God and God of our ancestors, bless us with the threefold blessing written in the Torah by Moses, Your servant, pronounced in ancient days by Aaron and his sons, the consecrated priests of Your people:

Congregation:

"May the Lord bless you
and protect you." *May this be God's will.*

"May the Lord show you kindness
and be gracious to you." *May this be God's will.*

"May the Lord bestow favor upon you
and grant you peace." *May this be God's will.*

שִׂים שָׁלוֹם טוֹבָה וּבְרָכָה בָּעוֹלָם חֵן וָחֶסֶד וְרַחֲמִים עָלֵינוּ וְעַל כָּל־יִשְׂרָאֵל עַמֶּךָ. בָּרְכֵנוּ אָבִינוּ כֻּלָּנוּ כְּאֶחָד בְּאוֹר פָּנֶיךָ. כִּי בְאוֹר פָּנֶיךָ נָתַתָּ לָנוּ יְיָ אֱלֹהֵינוּ תּוֹרַת חַיִּים וְאַהֲבַת חֶסֶד וּצְדָקָה וּבְרָכָה וְרַחֲמִים וְחַיִּים וְשָׁלוֹם. וְטוֹב בְּעֵינֶיךָ לְבָרֵךְ אֶת־עַמְּךָ יִשְׂרָאֵל בְּכָל־עֵת וּבְכָל־שָׁעָה בִּשְׁלוֹמֶךָ:

בְּסֵפֶר חַיִּים בְּרָכָה וְשָׁלוֹם וּפַרְנָסָה טוֹבָה. נִזָּכֵר וְנִכָּתֵב לְפָנֶיךָ. אֲנַחְנוּ וְכָל־עַמְּךָ בֵּית יִשְׂרָאֵל. לְחַיִּים טוֹבִים וּלְשָׁלוֹם:

Sim shalom tovah uv-raḥah ba-olam,
Ḥeyn va-ḥesed v'raḥamim aleynu v'al kol yisrael ameḥa.
Bar-ḥeynu avinu kulanu k'eḥad b'or paneḥa,
Ki v'or paneḥa natata lanu Adonai Eloheynu
torat ḥa-yim, v'ahavat ḥesed,
U-tz'dakah, uv-raḥah, v'raḥamim, v'ḥa-yim, v'shalom.
V'tov b'eyneḥa l'vareyḥ et am-ḥa yisrael
B'ḥol eyt uv-ḥol sha-a bi-sh'lomeḥa.

B'seyfer ḥa-yim b'raḥah v'shalom ufar-nasah tovah,
Niza-ḥeyr v'nikateyv l'faneḥa,
Anaḥnu v'ḥol amḥa beyt yisrael,
L'ḥa-yim tovim ul-shalom.

SIM SHALOM: Prayer for peace

Grant peace, goodness, and blessing to the world; graciousness, kindness, and mercy to us and to all Your people Israel.

Bless us all, O our Creator, with the divine light of Your presence.

For by that divine light You have revealed to us Your life-giving Torah, and taught us lovingkindness, righteousness, mercy, and peace.

May it please You to bless Your people Israel, in every season and at every hour, with Your peace.

INSCRIBE US IN THE BOOK OF LIFE

In the book of life and blessing, peace and prosperity, may we and all Your people, the house of Israel, be inscribed for a good and peaceful life.

WE INSCRIBE OURSELVES

"In the Book of Life" must be understood in a spiritual sense. We are not asking for mere existence; we are asking for a life of special quality. And whether or not the prayer is answered depends largely on us.

If we remain enslaved by our passions, if we are so unmoved by the love of God that we fail to repent and to return to God, then we have forfeited a year of true life.

However, if we love God, if we put our trust in God, if we enlist in God's service and take upon ourselves the yoke of serving the Will of Heaven, we thereby inscribe ourselves in the Book of Life!

Based on the Baal Shem Tov

וְנֶאֱמַר כִּי בִי יִרְבּוּ יָמֶיךָ וְיוֹסִיפוּ לְךָ שְׁנוֹת חַיִּים: לְחַיִּים טוֹבִים תִּכְתְּבֵנוּ. אֱלֹהִים חַיִּים כָּתְבֵנוּ בְּסֵפֶר הַחַיִּים. כַּכָּתוּב. וְאַתֶּם הַדְּבֵקִים בַּיְיָ אֱלֹהֵיכֶם חַיִּים כֻּלְּכֶם הַיּוֹם:

הַיּוֹם תְּאַמְּצֵנוּ: אָמֵן:
הַיּוֹם תְּבָרְכֵנוּ: אָמֵן:
הַיּוֹם תְּגַדְּלֵנוּ: אָמֵן:
הַיּוֹם תִּדְרְשֵׁנוּ לְטוֹבָה: אָמֵן:
הַיּוֹם תִּכְתְּבֵנוּ לְחַיִּים טוֹבִים: אָמֵן:
הַיּוֹם תִּשְׁמַע שַׁוְעָתֵנוּ: אָמֵן:
הַיּוֹם תְּקַבֵּל בְּרַחֲמִים וּבְרָצוֹן אֶת־תְּפִלָּתֵנוּ: אָמֵן:
הַיּוֹם תִּתְמְכֵנוּ בִּימִין צִדְקֶךָ: אָמֵן:

הַיּוֹם תְּקָרְבֵנוּ לַעֲבוֹדָתֶךָ לְטוֹב לָנוּ כָּל־הַיָּמִים לְחַיּוֹתֵנוּ כְּהַיּוֹם הַזֶּה: וּצְדָקָה וּבְרָכָה וְרַחֲמִים וְחַיִּים וְשָׁלוֹם יִהְיֶה־לָנוּ וּלְכָל־יִשְׂרָאֵל עַד הָעוֹלָם. בָּרוּךְ אַתָּה יְיָ עוֹשֵׂה הַשָּׁלוֹם:

Ha-yom t'amtzeynu. AMEN.
Ha-yom t'varḥeynu. AMEN.
Ha-yom t'gadleynu. AMEN.
Ha-yom tid-r'sheynu l'tovah. AMEN.
Ha-yom tiḥ-t'veynu l'ḥa-yim tovim. AMEN.
Ha-yom tish-ma shav-ateynu. AMEN.
Ha-yom t'kabeyl b'raḥamim uv-ratzon et t'filateynu. AMEN.
Ha-yom tit-m'ḥeynu bi-min tzid-keḥa. AMEN.

In the Book of Proverbs it is written: "Through Me will your days be multiplied, and the years of your life be increased." O God of life, inscribe us for a good life, inscribe us in the book of life, as it is written in the Torah: "And you, by clinging to the Lord our God, have all been kept alive to this day."

HAYOM: On this day

On this day, give us strength!	*Amen.*
On this day, bless us!	*Amen.*
On this day, help us to grow!	*Amen.*
On this day, be mindful of us!	*Amen.*
On this day, inscribe us for a good life!	*Amen.*
On this day, hear our plea!	*Amen.*
On this day, mercifully accept our prayer!	*Amen.*
On this day, support us with Your just strength!	*Amen.*

On this day, bring us closer to Your service, so that we may be well and so that we may be spiritually alive all of our days, as we are on this day.

May righteousness, blessing, mercy, life, and peace be ever granted to us and to the entire household of Israel. Praised are You, O Lord, Source of peace.

O Lord, Source of peace

May we have peace in our hearts and peace in our homes,
Peace in our community and peace in our land,
Peace in Israel and peace throughout the world.

Reader:

יִתְגַּדַּל וְיִתְקַדַּשׁ שְׁמֵהּ רַבָּא. בְּעָלְמָא דִּי־בְרָא כִרְעוּתֵהּ. וְיַמְלִיךְ מַלְכוּתֵהּ בְּחַיֵּיכוֹן וּבְיוֹמֵיכוֹן וּבְחַיֵּי דְכָל־בֵּית יִשְׂרָאֵל בַּעֲגָלָא וּבִזְמַן קָרִיב. וְאִמְרוּ אָמֵן:

Congregation and Reader:

יְהֵא שְׁמֵהּ רַבָּא מְבָרַךְ לְעָלַם וּלְעָלְמֵי עָלְמַיָּא:

Reader:

יִתְבָּרַךְ וְיִשְׁתַּבַּח וְיִתְפָּאַר וְיִתְרוֹמַם וְיִתְנַשֵּׂא וְיִתְהַדַּר וְיִתְעַלֶּה וְיִתְהַלַּל שְׁמֵהּ דְּקֻדְשָׁא. בְּרִיךְ הוּא. לְעֵלָּא לְעֵלָּא מִכָּל־בִּרְכָתָא וְשִׁירָתָא תֻּשְׁבְּחָתָא וְנֶחֱמָתָא דַּאֲמִירָן בְּעָלְמָא. וְאִמְרוּ אָמֵן:

תִּתְקַבֵּל צְלוֹתְהוֹן וּבָעוּתְהוֹן דְּכָל־יִשְׂרָאֵל קֳדָם אֲבוּהוֹן דִּי־בִשְׁמַיָּא. וְאִמְרוּ אָמֵן:

יְהֵא שְׁלָמָא רַבָּא מִן שְׁמַיָּא וְחַיִּים עָלֵינוּ וְעַל כָּל־יִשְׂרָאֵל. וְאִמְרוּ אָמֵן:

עֹשֶׂה שָׁלוֹם בִּמְרוֹמָיו הוּא יַעֲשֶׂה שָׁלוֹם עָלֵינוּ וְעַל כָּל־יִשְׂרָאֵל. וְאִמְרוּ אָמֵן:

KADDISH SHALEM

Yit-gadal v'yit-kadash sh'mey raba,
B'alma di v'ra ḥiru-tey, v'yam-liḥ mal-ḥutey
B'ḥa-yey-ḥon u-v'yomey-ḥon
U-v'ḥa-yey d'ḥol beyt yisrael
Ba-agala u-viz-man kariv, v'imru **amen.**

Congregation and Reader:

Y'hey sh'mey raba m'varaḥ l'alam ul-almey alma-ya.

Reader:

Yit-baraḥ v'yish-tabaḥ v'yit-pa-ar v'yit-romam v'yit-na-sey
V'yit-hadar v'yit-aleh v'yit-halal sh'mey d'kud-sha—
B'riḥ hu, *l'eyla l'eyla mi-kol bir-ḥata v'shi-rata*
Tush-b'ḥata v'ne-ḥemata da-amiran b'alma, v'imru **amen.**

Tit-kabeyl tz'lot-hon uva-ut-hon d'ḥol yisrael
Kodam avuhon di vi-sh'ma-ya, v'imru **amen.**

Y'hey sh'lama raba min sh'ma-ya, v'ḥa-yim,
Aleynu v'al kol yisrael, v'imru **amen.**

Oseh shalom bi-m'romav, hu ya-aseh shalom
Aleynu v'al kol yisrael, v'imru **amen.**

Magnified and sanctified be the great name of God, in the world created according to the Divine will. May God's sovereignty soon be established, in our lifetime and that of the entire house of Israel. And let us say: Amen.

May God's great name be praised to all eternity.

Hallowed and honored, extolled and exalted, adored and acclaimed be the name of the blessed Holy One, whose glory is infinitely beyond all the praises, hymns, and songs of adoration which human beings can utter. And let us say: Amen.

May the prayers and pleas of the whole house of Israel be accepted by the universal Parent of us all. And let us say: Amen.

May God grant abundant peace and life to us and to all Israel. And let us say: Amen.

May God, who ordains harmony in the universe, grant peace to us and to all Israel. And let us say: Amen.

אֵין כֵּאלֹהֵינוּ. אֵין כַּאדוֹנֵינוּ.
אֵין כְּמַלְכֵּנוּ. אֵין כְּמוֹשִׁיעֵנוּ:

מִי כֵאלֹהֵינוּ. מִי כַאדוֹנֵינוּ.
מִי כְמַלְכֵּנוּ. מִי כְמוֹשִׁיעֵנוּ:

נוֹדֶה לֵאלֹהֵינוּ. נוֹדֶה לַאדוֹנֵינוּ.
נוֹדֶה לְמַלְכֵּנוּ. נוֹדֶה לְמוֹשִׁיעֵנוּ:

בָּרוּךְ אֱלֹהֵינוּ. בָּרוּךְ אֲדוֹנֵינוּ.
בָּרוּךְ מַלְכֵּנוּ. בָּרוּךְ מוֹשִׁיעֵנוּ:

אַתָּה הוּא אֱלֹהֵינוּ. אַתָּה הוּא אֲדוֹנֵינוּ.
אַתָּה הוּא מַלְכֵּנוּ. אַתָּה הוּא מוֹשִׁיעֵנוּ:

אַתָּה הוּא שֶׁהִקְטִירוּ אֲבוֹתֵינוּ לְפָנֶיךָ אֶת קְטֹרֶת הַסַּמִּים:

Eyn keylo-heynu, Eyn ka-do-neynu,
Eyn k'mal-keynu, Eyn k'mo-shi-eynu.

Mi ḥeylo-heynu, Mi ḥa-do-neynu,
Mi ḥ'mal-keynu, Mi ḥ'mo-shi-eynu.

Nodeh leylo-heynu, Nodeh la-do-neynu,
Nodeh l'mal-keynu, Nodeh l'mo-shi-eynu.

Baruḥ Eloheynu, Baruḥ ado-neynu,
Baruḥ mal-keynu, Baruḥ mo-shi-eynu.

Ata hu Eloheynu, Ata hu ado-neynu,
Ata hu mal-keynu, Ata hu mo-shi-eynu.

EYN KEYLOHEYNU

There is none like our God;
There is none like our Lord;
There is none like our Sovereign;
There is none like our Redeemer.

Who is like our God?
Who is like our Lord?
Who is like our Sovereign?
Who is like our Redeemer?

Let us thank our God;
Let us thank our Lord;
Let us thank our Sovereign;
Let us thank our Redeemer.

Let us praise our God;
Let us praise our Lord;
Let us praise our Sovereign;
Let us praise our Redeemer.

You are our God;
You are our Lord;
You are our Sovereign;
You are our Redeemer.

עָלֵינוּ לְשַׁבֵּחַ לַאֲדוֹן הַכֹּל
לָתֵת גְּדֻלָּה לְיוֹצֵר בְּרֵאשִׁית.
שֶׁלֹּא עָשָׂנוּ כְּגוֹיֵי הָאֲרָצוֹת
וְלֹא שָׂמָנוּ כְּמִשְׁפְּחוֹת הָאֲדָמָה.
שֶׁלֹּא שָׂם חֶלְקֵנוּ כָּהֶם
וְגֹרָלֵנוּ כְּכָל־הֲמוֹנָם:

וַאֲנַחְנוּ כּוֹרְעִים וּמִשְׁתַּחֲוִים וּמוֹדִים
לִפְנֵי מֶלֶךְ מַלְכֵי הַמְּלָכִים
הַקָּדוֹשׁ בָּרוּךְ הוּא.

שֶׁהוּא נוֹטֶה שָׁמַיִם וְיוֹסֵד אָרֶץ וּמוֹשַׁב יְקָרוֹ בַּשָּׁמַיִם מִמַּעַל וּשְׁכִינַת עֻזּוֹ בְּגָבְהֵי מְרוֹמִים: הוּא אֱלֹהֵינוּ אֵין עוֹד. אֱמֶת מַלְכֵּנוּ אֶפֶס זוּלָתוֹ. כַּכָּתוּב בְּתוֹרָתוֹ. וְיָדַעְתָּ הַיּוֹם וַהֲשֵׁבֹתָ אֶל־לְבָבֶךָ כִּי יְיָ הוּא הָאֱלֹהִים בַּשָּׁמַיִם מִמַּעַל וְעַל־הָאָרֶץ מִתָּחַת. אֵין עוֹד:

Aleynu l'sha-bey-aḥ la-adon ha-kol,
La-teyt g'dula l'yotzeyr b'reyshit.
Sheh-lo asanu k'go-yey ha-aratzot,
V'lo samanu k'mish-p'ḥot ha-adama.
Sheh-lo sam ḥel-keynu ka-hem,
V'gora-leynu k'ḥol hamonam.
Va-anaḥnu kor-im u-mishta-ḥavim u-modim,
Lifney meleḥ malḥey ha-m'laḥim, ha-kadosh baruḥ hu.

ALENU

Let us now praise the Lord of all;
Let us acclaim the Author of creation,

Who made us unlike the pagans who surrounded us,
Unlike the heathens of the ancient world,

Who made our heritage different from theirs,
And assigned to us a unique destiny.

For we bend the knee and reverently bow
Before the supreme Sovereign,
The Holy One, who is to be praised,

Who spread forth the heavens and established the earth,
And whose glorious presence can be found everywhere.

The Lord is our God; there is no other.
Truly, our sovereign Lord is incomparable.

As it is written in the Torah:
"This day accept, with mind and heart,

That God is the Lord of heaven and earth;
There is no other."

SHEH-HU NOTEH SHAMA-YIM

Sheh-hu noteh shama-yim v'yoseyd aretz,
U-mo-shav y'karo ba-shama-yim mi-maal,
U-sh'ḥinat uzo b'gov-hey m'romim.
Hu Eloheynu eyn od,
Emet mal-keynu efes zu-lato, ka-katuv b'torato,
V'yada-ta ha-yom va-ha-shey-vota el l'va-veḥa
Ki Adonai hu ha-Elohim
Ba-shama-yim mi-maal v'al ha-aretz mi-taḥat, eyn od.

עַל־כֵּן נְקַוֶּה לְּךָ יְיָ אֱלֹהֵינוּ לִרְאוֹת מְהֵרָה בְּתִפְאֶרֶת עֻזֶּךָ לְהַעֲבִיר גִּלּוּלִים מִן הָאָרֶץ וְהָאֱלִילִים כָּרוֹת יִכָּרֵתוּן. לְתַקֵּן עוֹלָם בְּמַלְכוּת שַׁדַּי. וְכָל־בְּנֵי בָשָׂר יִקְרְאוּ בִשְׁמֶךָ לְהַפְנוֹת אֵלֶיךָ כָּל־רִשְׁעֵי אָרֶץ. יַכִּירוּ וְיֵדְעוּ כָּל־יוֹשְׁבֵי תֵבֵל. כִּי־לְךָ תִּכְרַע כָּל־בֶּרֶךְ תִּשָּׁבַע כָּל־לָשׁוֹן: לְפָנֶיךָ יְיָ אֱלֹהֵינוּ יִכְרְעוּ וְיִפּוֹלוּ. וְלִכְבוֹד שִׁמְךָ יְקָר יִתֵּנוּ. וִיקַבְּלוּ כֻלָּם אֶת עֹל מַלְכוּתֶךָ. וְתִמְלֹךְ עֲלֵיהֶם מְהֵרָה לְעוֹלָם וָעֶד. כִּי הַמַּלְכוּת שֶׁלְּךָ הִיא וּלְעוֹלְמֵי עַד תִּמְלוֹךְ בְּכָבוֹד: כַּכָּתוּב בְּתוֹרָתֶךָ. יְיָ יִמְלֹךְ לְעֹלָם וָעֶד:

וְנֶאֱמַר. וְהָיָה יְיָ לְמֶלֶךְ עַל־כָּל־הָאָרֶץ.
בַּיּוֹם הַהוּא יִהְיֶה יְיָ אֶחָד וּשְׁמוֹ אֶחָד:

V'ne-emar, v'ha-ya Adonai l'meleḥ al kol ha-aretz,
Ba-yom ha-hu yi-h'yeh Adonai eḥad u-sh'mo eḥad.

WE HOPE FOR THE DAY

Because we believe in You, O God,
We hope for the day when Your majesty will prevail,

When all false gods will be removed,
And all idolatry will be abolished;

When the world will be made a kingdom of God,
When all humanity will invoke Your name,
And the wicked will be turned to You.

May all who live be convinced
That to You every knee must bend,
Every tongue must vow loyalty.

Before You may all bow in reverence,
Proclaiming Your glory, accepting Your sovereignty.

May Your reign come soon and last forever;
For sovereignty is Yours alone, now and evermore.

So is it written in Your Torah:
"The Lord shall reign for ever and ever."

The prophet too, proclaimed this promise:
"The Lord shall be Sovereign over all the earth;
That day the Lord shall be One and God's name One."

We pause on this Day of Remembrance to remember our loved ones, from whom we have been separated by death, but to whom we remain close through the binding links of memory.

We are grateful, O God, for our capacity to remember, for the ability to retain in treasured possession that which we once held dear. We are grateful for those precious things which death cannot take from us—the lessons and experiences which our loved ones shared with us and bequeathed to us. Above all, we are grateful for the assurance that "there is no forgetting before You," that our loved ones are held in everlasting remembrance.

May the memories of those whom we lovingly recall inspire us to lead lives worth remembering. In tribute to our departed, those who mourn now rise to praise Your holy name.

יִתְגַּדַּל וְיִתְקַדַּשׁ שְׁמֵהּ רַבָּא. בְּעָלְמָא דִּי־בְרָא כִרְעוּתֵהּ.
וְיַמְלִיךְ מַלְכוּתֵהּ בְּחַיֵּיכוֹן וּבְיוֹמֵיכוֹן וּבְחַיֵּי דְכָל־בֵּית
יִשְׂרָאֵל בַּעֲגָלָא וּבִזְמַן קָרִיב. וְאִמְרוּ אָמֵן:

Congregation and mourners:

יְהֵא שְׁמֵהּ רַבָּא מְבָרַךְ לְעָלַם וּלְעָלְמֵי עָלְמַיָּא:

Mourners:

יִתְבָּרַךְ וְיִשְׁתַּבַּח וְיִתְפָּאַר וְיִתְרוֹמַם וְיִתְנַשֵּׂא וְיִתְהַדַּר
וְיִתְעַלֶּה וְיִתְהַלַּל שְׁמֵהּ דְּקֻדְשָׁא. בְּרִיךְ הוּא. לְעֵלָּא
לְעֵלָּא מִכָּל־בִּרְכָתָא וְשִׁירָתָא תֻּשְׁבְּחָתָא וְנֶחֱמָתָא
דַּאֲמִירָן בְּעָלְמָא. וְאִמְרוּ אָמֵן:

יְהֵא שְׁלָמָא רַבָּא מִן שְׁמַיָּא וְחַיִּים עָלֵינוּ וְעַל כָּל־
יִשְׂרָאֵל. וְאִמְרוּ אָמֵן:

עֹשֶׂה שָׁלוֹם בִּמְרוֹמָיו הוּא יַעֲשֶׂה שָׁלוֹם עָלֵינוּ וְעַל כָּל־
יִשְׂרָאֵל. וְאִמְרוּ אָמֵן:

MOURNER'S KADDISH

Yit-gadal v'yit-kadash sh'mey raba,
B'alma di v'ra ḥiru-tey, v'yam-liḥ mal-ḥutey
B'ḥa-yey-ḥon u-v'yomey-ḥon
U-v'ḥa-yey d'ḥol beyt yisrael
Ba-agala u-viz-man kariv, v'imru **amen.**

Congregation and mourners:

Y'hey sh'mey raba m'varaḥ l'alam ul-almey alma-ya.

Mourners:

Yit-baraḥ v'yish-tabaḥ v'yit-pa-ar v'yit-romam v'yit-na-sey
V'yit-hadar v'yit-aleh v'yit-halal sh'mey d'kud-sha—
B'riḥ hu, *l'eyla l'eyla mi-kol bir-ḥata v'shi-rata*
Tush-b'ḥata v'ne-ḥemata da-amiran b'alma, v'imru **amen.**

Y'hey sh'lama raba min sh'ma-ya, v'ḥa-yim,
Aleynu v'al kol yisrael, v'imru **amen.**

Oseh shalom bi-m'romav, hu ya-aseh shalom
Aleynu v'al kol yisrael, v'imru **amen.**

Magnified and sanctified be the great name of God, in the world created according to the Divine will. May God's sovereignty soon be established, in our lifetime and that of the entire house of Israel. And let us say: Amen.

May God's great name be praised to all eternity.

Hallowed and honored, extolled and exalted, adored and acclaimed be the name of the blessed Holy One, whose glory is infinitely beyond all the praises, hymns, and songs of adoration which human beings can utter. And let us say: Amen.

May God grant abundant peace and life to us and to all Israel. And let us say: Amen.

May God, who ordains harmony in the universe, grant peace to us and to all Israel. And let us say: Amen.

אֲדוֹן עוֹלָם אֲשֶׁר מָלַךְ   בְּטֶרֶם כָּל יְצִיר נִבְרָא:
לְעֵת נַעֲשָׂה בְחֶפְצוֹ כֹּל   אֲזַי מֶלֶךְ שְׁמוֹ נִקְרָא:
וְאַחֲרֵי כִּכְלוֹת הַכֹּל   לְבַדּוֹ יִמְלוֹךְ נוֹרָא:
וְהוּא הָיָה וְהוּא הֹוֶה   וְהוּא יִהְיֶה בְּתִפְאָרָה:
וְהוּא אֶחָד וְאֵין שֵׁנִי   לְהַמְשִׁיל לוֹ לְהַחְבִּירָה:
בְּלִי רֵאשִׁית בְּלִי תַכְלִית   וְלוֹ הָעֹז וְהַמִּשְׂרָה:
וְהוּא אֵלִי וְחַי גּוֹאֲלִי   וְצוּר חֶבְלִי בְּעֵת צָרָה:
וְהוּא נִסִּי וּמָנוֹס לִי   מְנָת כּוֹסִי בְּיוֹם אֶקְרָא:
בְּיָדוֹ אַפְקִיד רוּחִי   בְּעֵת אִישַׁן וְאָעִירָה:
וְעִם רוּחִי גְּוִיָּתִי   יְיָ לִי וְלֹא אִירָא:

Adon olam asher malaḥ, b'terem kol y'tzir niv-ra.
L'eyt na-asa v'ḥeftzo kol, azai meleḥ sh'mo nikra.

V'aḥarey kiḥ-lot ha-kol, l'vado yim-loḥ nora.
V'hu ha-ya v'hu ho-veh, v'hu yi-h'yeh b'tif-ara.

V'hu eḥad v'eyn shey-ni, l'ham-shil lo l'haḥ-bira.
B'li reyshit b'li taḥlit, v'lo ha-oz v'ha-misra.

V'hu Eyli v'ḥai go-ali, v'tzur ḥevli b'eyt tzara.
V'hu nisi u-manos li, m'nat kosi b'yom ekra.

B'yado afkid ruḥi, b'eyt ishan v'a-ira.
V'im ruḥi g'vi-yati, Adonai li v'lo ira.

ADON OLAM

The Eternal Lord reigned alone
While yet the universe was naught;
When by Divine Will all things were wrought,
God's sovereign name was first known.

And when this all shall cease to be,
In dread splendor shall God yet reign;
God was, God is, God shall remain
In glorious eternity.

For God is one, no other shares
God's nature or uniqueness;
Unending and beginningless,
All strength is God's; all sway God bears.

Acclaim the living God to save,
My Rock while sorrow's toils endure,
My banner and my stronghold sure,
The cup of life whene'er I crave.

I place my soul within God's palm
Before I sleep as when I wake,
And though my body I forsake,
Rest in the Lord in fearless calm.

Transl. Israel Zangwill (adapted by Adina N. Samuelson)

The prayer of our lips

"Areshet sefateynu ye-erav lefaneḥa . . . "
"May the prayers of our lips be pleasing to You, O God."

May our prayers be pleasing to You because they are spoken with sincerity and with truth.

May our prayers be pleasing to You because they are uttered in humility, as we acknowledge our frailty and our need for Your sustaining strength.

May our prayers be pleasing to You because they are offered in gratitude for Your manifold blessings, too numerous to be counted, too constant to be deserved.

May our prayers be pleasing to You because we firmly resolve to take these noble words with us and to permit them to guide our actions in the year ahead.

May our prayers be pleasing to You because the lips which speak them also speak words of hope to the discouraged, cheer to the distressed, solace to the bereaved, and kindness to all.

May our prayers be pleasing to You because they reflect not only our own needs but also the needs of others, and the needs of our people.

May our prayers be pleasing to You because they remind us of what You expect of us and because they challenge us to become all that we are capable of being.

Grant us life

May it be Your will, O Lord our God and God of our ancestors, that the new year bring us well-being and blessing.

Inscribe us in the book of life, O God,
and grant us in the new year:

a life of peace and goodness;
a life of blessing, sustenance, and health;
a life marked by true piety and the avoidance of sin;
a life free from all shame and reproach;
a life of abundance and honor;
a life ennobled by love of Torah and reverence for You;
a life in which all the worthy desires of our hearts will be fulfilled.

Based on Talmud, Berakhot 16b

"A GOOD AND SWEET NEW YEAR"

יְהִי רָצוֹן מִלְּפָנֶיךָ יְיָ אֱלֹהֵינוּ וֵאלֹהֵי אֲבוֹתֵינוּ.
שֶׁתְּחַדֵּשׁ עָלֵינוּ שָׁנָה טוֹבָה וּמְתוּקָה:

Y'hi ratzon mil-faneḥa
Adonai Eloheynu vey-lohey avo-teynu,
Sheh-t'ḥadeysh aleynu shanah tovah um-tukah.

May it be Your will, Lord our God and God of our ancestors,
That we be blessed with a good and sweet new year.

תַּשְׁלִיךְ

TASHLIḤ SERVICE

ROSH HASHANAH AFTERNOON

Tashliḥ: To cast away our sins*

During this season of repentance, we are called upon to do *T'shuvah,* to return to God in sincerity and in truth. Through prayer and study, reflection and ritual, we strive to begin the new year in a spirit of humility, self-scrutiny, and spiritual renewal.

Today we have come to this body of water to perform the *Tashliḥ* ceremony; seeking, symbolically, to "cast away" our accumulated sins and transgressions, to send away our unworthy thoughts, to purify our hearts and our souls, as the new year begins.

הַשְׁלִיכוּ מֵעֲלֵיכֶם אֶת־כָּל־פִּשְׁעֵיכֶם אֲשֶׁר פְּשַׁעְתֶּם בָּם.
וַעֲשׂוּ לָכֶם לֵב חָדָשׁ וְרוּחַ חֲדָשָׁה:

Cast away from yourselves all your transgressions,
And create within yourselves a new heart and a new spirit.

Ezekiel 18:31

אָבִינוּ מַלְכֵּנוּ חָנֵּנוּ וַעֲנֵנוּ כִּי אֵין בָּנוּ מַעֲשִׂים.
עֲשֵׂה עִמָּנוּ צְדָקָה וָחֶסֶד וְהוֹשִׁיעֵנוּ:

Avinu mal-keynu, ḥoney-nu va-aneynu,
ki eyn banu ma-asim,
Asey imanu tz'dakah va-ḥesed v'ho-shi-eynu.

Avinu Malkeynu, graciously answer us,
although we are without merits;
Deal with us charitably and lovingly save us.

**Tashliḥ is said during the afternoon of the first day of Rosh Hashanah. If the first day falls on Shabbat, Tashliḥ is said on the second day.*

מִן־הַמֵּצַר קָרָֽאתִי יָּהּ. עָנָֽנִי בַמֶּרְחָב יָהּ:

מִי־אֵל כָּמוֹךָ נֹשֵׂא עָוֹן וְעֹבֵר עַל־פֶּשַׁע לִשְׁאֵרִית נַחֲלָתוֹ.
לֹא־הֶחֱזִיק לָעַד אַפּוֹ כִּי־חָפֵץ חֶסֶד הוּא:
יָשׁוּב יְרַחֲמֵנוּ יִכְבֹּשׁ עֲוֹנֹתֵינוּ.
וְתַשְׁלִיךְ בִּמְצֻלוֹת יָם כָּל־חַטֹּאתָם:
תִּתֵּן אֱמֶת לְיַעֲקֹב חֶסֶד לְאַבְרָהָם.
אֲשֶׁר־נִשְׁבַּעְתָּ לַאֲבֹתֵינוּ מִימֵי קֶדֶם:

לֹא־יָרֵעוּ וְלֹא־יַשְׁחִיתוּ בְּכָל־הַר קָדְשִׁי.
כִּי־מָלְאָה הָאָרֶץ דֵּעָה אֶת־יְיָ. כַּמַּיִם לַיָּם מְכַסִּים:

In my distress I cried out to the Lord,
Who answered me and set me free.

Who is like You, O God, forgiving iniquity and pardoning the transgression of the remnant of Your people!

You do not retain Your anger forever, for You delight in lovingkindness.

You will again have compassion upon us, subdue our iniquities, and cast all our sins into the depths of the sea.

You will show faithfulness to Jacob and lovingkindness to Abraham, as You promised our ancestors from days of old.

They shall not hurt nor destroy in all My holy mountain;
For the earth shall be full of the love of the Lord
As the sea is full of the waters that cover it.

Psalms 118:5; Micah 7:18–20; Isaiah 11:9

Let us cast away the sin of deception, so that we will mislead no one in word or deed, nor pretend to be what we are not.

Let us cast away the sin of vain ambition which prompts us to strive for goals which bring neither true fulfillment nor genuine contentment.

Let us cast away the sin of stubbornness, so that we will neither persist in foolish habits nor fail to acknowledge our will to change.

Let us cast away the sin of envy, so that we will neither be consumed by desire for what we lack nor grow unmindful of the blessings which are already ours.

Let us cast away the sin of selfishness, which keeps us from enriching our lives through wider concerns and greater sharing, and from reaching out in love to other human beings.

Let us cast away the sin of indifference, so that we may be sensitive to the sufferings of others and responsive to the needs of our people everywhere.

Let us cast away the sin of pride and arrogance, so that we can worship God and serve God's purposes in humility and truth.

(Additional passages may be recited here.)

הֲשִׁיבֵנוּ יְיָ אֵלֶיךָ וְנָשׁוּבָה חַדֵּשׁ יָמֵינוּ כְּקֶדֶם:

Ha-shiveynu Adonai eyleḥa v'na-shuva,
Ḥadeysh yameynu k'kedem.

Turn us to You, O Lord, and we shall return;
Renew us as in days of old.

THE THIRTEEN ATTRIBUTES

יְיָ יְיָ אֵל רַחוּם וְחַנּוּן. אֶרֶךְ אַפַּיִם וְרַב־חֶסֶד וֶאֱמֶת:
נֹצֵר חֶסֶד לָאֲלָפִים. נֹשֵׂא עָוֹן וָפֶשַׁע וְחַטָּאָה וְנַקֵּה:

Adonai Adonai Eyl raḥum v'ḥanun,
ereḥ apa-yim v'rav ḥesed ve-emet.
No-tzeyr ḥesed la-alafim,
nosey avon va-fe-sha v'ḥata-a v'nakey.

The Lord is ever-present, all-merciful, gracious, compassionate, patient, abounding in kindness and faithfulness, treasuring up love for a thousand generations, forgiving iniquity, transgression, and sin, and pardoning the penitent.

Exodus 34:6–7

Sing forth to the Lord

Sing forth to the Lord, O ye righteous;
Joyously sing a new song.

God loves what is right and just;
The earth is full of the Lord's faithful care.

For God spoke and the world came to be;
God commanded and it endured.

Happy is the people whose God is the Lord,
The people chosen to be God's own.

God fashions the hearts of all
And discerns all their doings.

We set our hope on the Lord,
Who is our help and shield,

In whom our hearts rejoice,
In whose holy name we trust.

May we enjoy Your faithful care, O Lord,
As we have put our hope in You.

Selected from Psalm 33

SHANAH TOVAH! שָׁנָה טוֹבָה

Minḥah for Rosh Hashanah

ASHREY: *Psalms 84:5, 144:15, 145, 115:18*

אַשְׁרֵי יוֹשְׁבֵי בֵיתֶךָ עוֹד יְהַלְלוּךָ סֶּלָה:
אַשְׁרֵי הָעָם שֶׁכָּכָה לּוֹ אַשְׁרֵי הָעָם שֶׁיְיָ אֱלֹהָיו:

תְּהִלָּה לְדָוִד

אֲרוֹמִמְךָ אֱלוֹהַי הַמֶּלֶךְ וַאֲבָרְכָה שִׁמְךָ לְעוֹלָם וָעֶד:
בְּכָל־יוֹם אֲבָרְכֶךָּ וַאֲהַלְלָה שִׁמְךָ לְעוֹלָם וָעֶד:
גָּדוֹל יְיָ וּמְהֻלָּל מְאֹד וְלִגְדֻלָּתוֹ אֵין חֵקֶר:
דּוֹר לְדוֹר יְשַׁבַּח מַעֲשֶׂיךָ וּגְבוּרֹתֶיךָ יַגִּידוּ:
הֲדַר כְּבוֹד הוֹדֶךָ וְדִבְרֵי נִפְלְאֹתֶיךָ אָשִׂיחָה:
וֶעֱזוּז נוֹרְאֹתֶיךָ יֹאמֵרוּ וּגְדֻלָּתְךָ אֲסַפְּרֶנָּה:
זֵכֶר רַב־טוּבְךָ יַבִּיעוּ וְצִדְקָתְךָ יְרַנֵּנוּ:
חַנּוּן וְרַחוּם יְיָ אֶרֶךְ אַפַּיִם וּגְדָל־חָסֶד:
טוֹב־יְיָ לַכֹּל וְרַחֲמָיו עַל־כָּל־מַעֲשָׂיו:
יוֹדוּךָ יְיָ כָּל־מַעֲשֶׂיךָ וַחֲסִידֶיךָ יְבָרְכוּכָה:
כְּבוֹד מַלְכוּתְךָ יֹאמֵרוּ וּגְבוּרָתְךָ יְדַבֵּרוּ:
לְהוֹדִיעַ לִבְנֵי הָאָדָם גְּבוּרֹתָיו וּכְבוֹד הֲדַר מַלְכוּתוֹ:
מַלְכוּתְךָ מַלְכוּת כָּל־עֹלָמִים וּמֶמְשַׁלְתְּךָ בְּכָל־דּוֹר וָדֹר:
סוֹמֵךְ יְיָ לְכָל־הַנֹּפְלִים וְזוֹקֵף לְכָל־הַכְּפוּפִים:
עֵינֵי־כֹל אֵלֶיךָ יְשַׂבֵּרוּ. וְאַתָּה נוֹתֵן־לָהֶם אֶת־אָכְלָם בְּעִתּוֹ:
פּוֹתֵחַ אֶת־יָדֶךָ וּמַשְׂבִּיעַ לְכָל־חַי רָצוֹן:
צַדִּיק יְיָ בְּכָל־דְּרָכָיו וְחָסִיד בְּכָל־מַעֲשָׂיו:
קָרוֹב יְיָ לְכָל־קֹרְאָיו לְכֹל אֲשֶׁר יִקְרָאֻהוּ בֶאֱמֶת:

רְצוֹן־יְרֵאָיו יַעֲשֶׂה וְאֶת־שַׁוְעָתָם יִשְׁמַע וְיוֹשִׁיעֵם׃
שׁוֹמֵר יְיָ אֶת־כָּל־אֹהֲבָיו וְאֵת כָּל־הָרְשָׁעִים יַשְׁמִיד׃
תְּהִלַּת יְיָ יְדַבֶּר־פִּי וִיבָרֵךְ כָּל־בָּשָׂר שֵׁם קָדְשׁוֹ
לְעוֹלָם וָעֶד׃

וַאֲנַחְנוּ נְבָרֵךְ יָהּ מֵעַתָּה וְעַד־עוֹלָם. הַלְלוּיָהּ׃

UVA LE-TZION

Biblical verses

וּבָא לְצִיּוֹן גּוֹאֵל וּלְשָׁבֵי פֶשַׁע בְּיַעֲקֹב נְאֻם יְיָ׃ וַאֲנִי זֹאת בְּרִיתִי אֹתָם אָמַר יְיָ רוּחִי אֲשֶׁר עָלֶיךָ וּדְבָרַי אֲשֶׁר־שַׂמְתִּי בְּפִיךָ לֹא־יָמוּשׁוּ מִפִּיךָ וּמִפִּי זַרְעֲךָ וּמִפִּי זֶרַע זַרְעֲךָ אָמַר יְיָ מֵעַתָּה וְעַד עוֹלָם׃ וְאַתָּה קָדוֹשׁ יוֹשֵׁב תְּהִלּוֹת יִשְׂרָאֵל׃ וְקָרָא זֶה אֶל־זֶה וְאָמַר קָדוֹשׁ קָדוֹשׁ קָדוֹשׁ יְיָ צְבָאוֹת מְלֹא כָל־הָאָרֶץ כְּבוֹדוֹ׃ וּמְקַבְּלִין דֵּין מִן דֵּין וְאָמְרִין קַדִּישׁ בִּשְׁמֵי מְרוֹמָא עִלָּאָה. בֵּית שְׁכִינְתֵּהּ. קַדִּישׁ עַל אַרְעָא עוֹבַד גְּבוּרְתֵּהּ קַדִּישׁ לְעָלַם וּלְעָלְמֵי עָלְמַיָּא יְיָ צְבָאוֹת מַלְיָא כָל־אַרְעָא זִיו יְקָרֵהּ׃ וַתִּשָּׂאֵנִי רוּחַ וָאֶשְׁמַע אַחֲרַי קוֹל רַעַשׁ גָּדוֹל. בָּרוּךְ כְּבוֹד־יְיָ מִמְּקוֹמוֹ׃ וּנְטָלַתְנִי רוּחָא וְשִׁמְעֵת בַּתְרַי קָל זִיעַ סַגִּיא דִּי־מְשַׁבְּחִין וְאָמְרִין. בְּרִיךְ יְקָרָא דַיְיָ מֵאֲתַר בֵּית שְׁכִינְתֵּהּ׃ יְיָ יִמְלֹךְ לְעֹלָם וָעֶד׃ יְיָ מַלְכוּתֵהּ קָאֵם לְעָלַם וּלְעָלְמֵי עָלְמַיָּא׃

יְיָ אֱלֹהֵי אַבְרָהָם יִצְחָק וְיִשְׂרָאֵל אֲבֹתֵינוּ שָׁמְרָה־זֹּאת לְעוֹלָם לְיֵצֶר מַחְשְׁבוֹת לְבַב עַמֶּךָ וְהָכֵן לְבָבָם אֵלֶיךָ׃ וְהוּא רַחוּם יְכַפֵּר עָוֹן וְלֹא־יַשְׁחִית וְהִרְבָּה לְהָשִׁיב אַפּוֹ

וְלֹא־יָעִיר כָּל־חֲמָתוֹ: כִּי־אַתָּה אֲדֹנָי טוֹב וְסַלָּח וְרַב־חֶסֶד לְכָל־קֹרְאֶיךָ: צִדְקָתְךָ צֶדֶק לְעוֹלָם וְתוֹרָתְךָ אֱמֶת: תִּתֵּן אֱמֶת לְיַעֲקֹב חֶסֶד לְאַבְרָהָם אֲשֶׁר נִשְׁבַּעְתָּ לַאֲבֹתֵינוּ מִימֵי קֶדֶם: בָּרוּךְ אֲדֹנָי יוֹם יוֹם יַעֲמָס־לָנוּ הָאֵל יְשׁוּעָתֵנוּ סֶלָה: יְיָ צְבָאוֹת עִמָּנוּ מִשְׂגָּב לָנוּ אֱלֹהֵי יַעֲקֹב סֶלָה: יְיָ צְבָאוֹת אַשְׁרֵי אָדָם בֹּטֵחַ בָּךְ: יְיָ הוֹשִׁיעָה הַמֶּלֶךְ יַעֲנֵנוּ בְיוֹם־קָרְאֵנוּ:

בָּרוּךְ הוּא אֱלֹהֵינוּ שֶׁבְּרָאָנוּ לִכְבוֹדוֹ וְהִבְדִּילָנוּ מִן הַתּוֹעִים וְנָתַן־לָנוּ תּוֹרַת אֱמֶת וְחַיֵּי עוֹלָם נָטַע בְּתוֹכֵנוּ. הוּא יִפְתַּח לִבֵּנוּ בְּתוֹרָתוֹ וְיָשֵׂם בְּלִבֵּנוּ אַהֲבָתוֹ וְיִרְאָתוֹ וְלַעֲשׂוֹת רְצוֹנוֹ וּלְעָבְדוֹ בְּלֵבָב שָׁלֵם לְמַעַן לֹא נִיגַע לָרִיק וְלֹא נֵלֵד לַבֶּהָלָה: יְהִי רָצוֹן מִלְּפָנֶיךָ יְיָ אֱלֹהֵינוּ וֵאלֹהֵי אֲבוֹתֵינוּ שֶׁנִּשְׁמוֹר חֻקֶּיךָ בָּעוֹלָם הַזֶּה וְנִזְכֶּה וְנִחְיֶה וְנִרְאֶה וְנִירַשׁ טוֹבָה וּבְרָכָה לִשְׁנֵי יְמוֹת הַמָּשִׁיחַ וּלְחַיֵּי הָעוֹלָם הַבָּא: לְמַעַן יְזַמֶּרְךָ כָבוֹד וְלֹא יִדֹּם יְיָ אֱלֹהַי לְעוֹלָם אוֹדֶךָּ: בָּרוּךְ הַגֶּבֶר אֲשֶׁר יִבְטַח בַּייָ וְהָיָה יְיָ מִבְטַחוֹ: בִּטְחוּ בַייָ עֲדֵי־עַד כִּי בְּיָהּ יְיָ צוּר עוֹלָמִים: וְיִבְטְחוּ בְךָ יוֹדְעֵי שְׁמֶךָ כִּי לֹא־עָזַבְתָּ דֹרְשֶׁיךָ יְיָ: יְיָ חָפֵץ לְמַעַן צִדְקוֹ יַגְדִּיל תּוֹרָה וְיַאְדִּיר:

ḤATZI KADDISH

Reader:

יִתְגַּדַּל וְיִתְקַדַּשׁ שְׁמֵהּ רַבָּא. בְּעָלְמָא דִּי־בְרָא כִרְעוּתֵהּ.
וְיַמְלִיךְ מַלְכוּתֵהּ בְּחַיֵּיכוֹן וּבְיוֹמֵיכוֹן וּבְחַיֵּי דְכָל־בֵּית
יִשְׂרָאֵל בַּעֲגָלָא וּבִזְמַן קָרִיב. וְאִמְרוּ אָמֵן:

Congregation and Reader:

יְהֵא שְׁמֵהּ רַבָּא מְבָרַךְ לְעָלַם וּלְעָלְמֵי עָלְמַיָּא:

Reader:

יִתְבָּרַךְ וְיִשְׁתַּבַּח וְיִתְפָּאַר וְיִתְרוֹמַם וְיִתְנַשֵּׂא וְיִתְהַדַּר
וְיִתְעַלֶּה וְיִתְהַלַּל שְׁמֵהּ דְּקֻדְשָׁא. בְּרִיךְ הוּא. לְעֵלָּא
לְעֵלָּא מִכָּל־בִּרְכָתָא וְשִׁירָתָא תֻּשְׁבְּחָתָא וְנֶחֱמָתָא
דַּאֲמִירָן בְּעָלְמָא. וְאִמְרוּ אָמֵן:

On a weekday the service continues with the Amidah on page 370.

Torah service for Shabbat

וַאֲנִי תְפִלָּתִי־לְךָ יְיָ עֵת רָצוֹן

אֱלֹהִים בְּרָב־חַסְדֶּךָ עֲנֵנִי בֶּאֱמֶת יִשְׁעֶךָ:

The Ark is opened.

וַיְהִי בִּנְסֹעַ הָאָרֹן וַיֹּאמֶר מֹשֶׁה.

קוּמָה יְיָ וְיָפֻצוּ אֹיְבֶיךָ וְיָנֻסוּ מְשַׂנְאֶיךָ מִפָּנֶיךָ:

כִּי מִצִּיּוֹן תֵּצֵא תוֹרָה וּדְבַר־יְיָ מִירוּשָׁלָיִם:

בָּרוּךְ שֶׁנָּתַן תּוֹרָה לְעַמּוֹ יִשְׂרָאֵל בִּקְדֻשָּׁתוֹ:

The Torah Scroll is removed from the Ark.

Reader:

גַּדְּלוּ לַייָ אִתִּי וּנְרוֹמְמָה שְׁמוֹ יַחְדָּו:

Congregation and Reader:

לְךָ יְיָ הַגְּדֻלָּה וְהַגְּבוּרָה וְהַתִּפְאֶרֶת וְהַנֵּצַח וְהַהוֹד.

כִּי־כֹל בַּשָּׁמַיִם וּבָאָרֶץ

לְךָ יְיָ הַמַּמְלָכָה וְהַמִּתְנַשֵּׂא לְכֹל לְרֹאשׁ:

רוֹמְמוּ יְיָ אֱלֹהֵינוּ וְהִשְׁתַּחֲווּ לַהֲדֹם רַגְלָיו. קָדוֹשׁ הוּא:

רוֹמְמוּ יְיָ אֱלֹהֵינוּ וְהִשְׁתַּחֲווּ לְהַר קָדְשׁוֹ.

כִּי־קָדוֹשׁ יְיָ אֱלֹהֵינוּ:

Reader:

וְתִגָּלֶה וְתֵרָאֶה מַלְכוּתוֹ עָלֵינוּ בִּזְמַן קָרוֹב. וְיָחוֹן פְּלֵיטָתֵנוּ וּפְלֵיטַת עַמּוֹ בֵּית יִשְׂרָאֵל לְחֵן וּלְחֶסֶד לְרַחֲמִים וּלְרָצוֹן. וְנֹאמַר אָמֵן: הַכֹּל הָבוּ גֹדֶל לֵאלֹהֵינוּ וּתְנוּ כָבוֹד לַתּוֹרָה:

(The first honoree is called.)

בָּרוּךְ שֶׁנָּתַן תּוֹרָה לְעַמּוֹ יִשְׂרָאֵל בִּקְדֻשָּׁתוֹ:

Congregation, then Reader:

וְאַתֶּם הַדְּבֵקִים בַּיְיָ אֱלֹהֵיכֶם חַיִּים כֻּלְּכֶם הַיּוֹם:

TORAH BLESSINGS

Each person honored with an Aliyah, recites the following blessings:

בָּרְכוּ אֶת־יְיָ הַמְבֹרָךְ:

בָּרוּךְ יְיָ הַמְבֹרָךְ לְעוֹלָם וָעֶד:

בָּרוּךְ אַתָּה יְיָ אֱלֹהֵינוּ מֶלֶךְ הָעוֹלָם אֲשֶׁר בָּחַר־בָּנוּ מִכָּל־הָעַמִּים וְנָתַן־לָנוּ אֶת־תּוֹרָתוֹ. בָּרוּךְ אַתָּה יְיָ נוֹתֵן הַתּוֹרָה:

After a section of the Torah has been read, recite the following:

בָּרוּךְ אַתָּה יְיָ אֱלֹהֵינוּ מֶלֶךְ הָעוֹלָם אֲשֶׁר נָתַן־לָנוּ תּוֹרַת אֱמֶת וְחַיֵּי עוֹלָם נָטַע בְּתוֹכֵנוּ. בָּרוּךְ אַתָּה יְיָ נוֹתֵן הַתּוֹרָה:

FIRST ALIYAH

הַאֲזִינוּ הַשָּׁמַיִם וַאֲדַבֵּרָה   וְתִשְׁמַע הָאָרֶץ אִמְרֵי־פִי׃
יַעֲרֹף כַּמָּטָר לִקְחִי   תִּזַּל כַּטַּל אִמְרָתִי
כִּשְׂעִירִם עֲלֵי־דֶשֶׁא   וְכִרְבִיבִים עֲלֵי־עֵשֶׂב׃
כִּי שֵׁם יְהוָה אֶקְרָא   הָבוּ גֹדֶל לֵאלֹהֵינוּ׃

SECOND ALIYAH

הַצּוּר תָּמִים פָּעֳלוֹ   כִּי כָל־דְּרָכָיו מִשְׁפָּט
אֵל אֱמוּנָה וְאֵין עָוֶל   צַדִּיק וְיָשָׁר הוּא׃
שִׁחֵת לוֹ לֹא בָּנָיו מוּמָם   דּוֹר עִקֵּשׁ וּפְתַלְתֹּל׃
הַ לְיהוָה תִּגְמְלוּ־זֹאת   עַם נָבָל וְלֹא חָכָם
הֲלוֹא־הוּא אָבִיךָ קָּנֶךָ   הוּא עָשְׂךָ וַיְכֹנְנֶךָ׃

THIRD ALIYAH

זְכֹר יְמוֹת עוֹלָם   בִּינוּ שְׁנוֹת דֹּר־וָדֹר
שְׁאַל אָבִיךָ וְיַגֵּדְךָ   זְקֵנֶיךָ וְיֹאמְרוּ־לָךְ׃
בְּהַנְחֵל עֶלְיוֹן גּוֹיִם   בְּהַפְרִידוֹ בְּנֵי אָדָם
יַצֵּב גְּבֻלֹת עַמִּים   לְמִסְפַּר בְּנֵי יִשְׂרָאֵל׃
כִּי חֵלֶק יְהוָה עַמּוֹ   יַעֲקֹב חֶבֶל נַחֲלָתוֹ׃
יִמְצָאֵהוּ בְּאֶרֶץ מִדְבָּר   וּבְתֹהוּ יְלֵל יְשִׁמֹן
יְסֹבְבֶנְהוּ יְבוֹנְנֵהוּ   יִצְּרֶנְהוּ כְּאִישׁוֹן עֵינוֹ׃
כְּנֶשֶׁר יָעִיר קִנּוֹ   עַל־גּוֹזָלָיו יְרַחֵף
יִפְרֹשׂ כְּנָפָיו יִקָּחֵהוּ   יִשָּׂאֵהוּ עַל־אֶבְרָתוֹ׃
יְהוָה בָּדָד יַנְחֶנּוּ   וְאֵין עִמּוֹ אֵל נֵכָר׃

Torah reading

Deuteronomy 31:1–12

Give ear, O heavens, let me speak; let the earth hear the words I utter!
May my discourse come down as the rain, my speech distill as the dew,
Like showers on young growth, like droplets on the grass.
For the name of the Lord I proclaim; give glory to our God!

The Rock!—His deeds are perfect, yea, all His ways are just;
A faithful God, never false, true and upright is He.
Children unworthy of Him, that crooked and twisted generation—
Their baseness has played Him false.
Do you thus requite the Lord, O dull and witless people?
Is not He the Father who created you, fashioned you, and made you endure?

Remember the days of old, consider the years of ages past;
Ask your father, he will inform you, your elders, they will tell you:
When the Most High gave nations their homes and set the divisions of man,
He fixed the boundaries of peoples in relation to Israel's numbers.
But the Lord's portion is His people, Jacob His own allotment.
He found him in a desert region, in an empty howling waste.
He engirded him, watched over him, guarded him as the pupil of His eye.
Like an eagle who rouses his nestlings, gliding down to his young,
So did He spread His wings and took him, bore him along on His pinions;
The Lord alone did guide him, no alien god at His side.

(English text from the Jewish Publication Society's Bible translation.)

As the Torah Scroll is raised, the congregation recites:

וְזֹאת הַתּוֹרָה אֲשֶׁר־שָׂם מֹשֶׁה לִפְנֵי בְּנֵי יִשְׂרָאֵל
עַל־פִּי יְיָ בְּיַד־מֹשֶׁה:

RETURNING THE TORAH SCROLL TO THE ARK

Reader:

יְהַלְלוּ אֶת־שֵׁם יְיָ. כִּי־נִשְׂגָּב שְׁמוֹ לְבַדּוֹ—

Congregation:

הוֹדוֹ עַל־אֶרֶץ וְשָׁמָיִם:
וַיָּרֶם קֶרֶן לְעַמּוֹ. תְּהִלָּה לְכָל־חֲסִידָיו.
לִבְנֵי יִשְׂרָאֵל עַם קְרֹבוֹ. הַלְלוּיָהּ:

לְדָוִד מִזְמוֹר *Psalm 24*

לַיְיָ הָאָרֶץ וּמְלוֹאָהּ תֵּבֵל וְיֹשְׁבֵי בָהּ: כִּי הוּא עַל־יַמִּים יְסָדָהּ וְעַל־נְהָרוֹת יְכוֹנְנֶהָ: מִי־יַעֲלֶה בְהַר יְיָ וּמִי־יָקוּם בִּמְקוֹם קָדְשׁוֹ: נְקִי כַפַּיִם וּבַר־לֵבָב אֲשֶׁר לֹא־נָשָׂא לַשָּׁוְא נַפְשִׁי וְלֹא נִשְׁבַּע לְמִרְמָה: יִשָּׂא בְרָכָה מֵאֵת יְיָ וּצְדָקָה מֵאֱלֹהֵי יִשְׁעוֹ: זֶה דּוֹר דֹּרְשָׁיו מְבַקְשֵׁי פָנֶיךָ יַעֲקֹב סֶלָה: שְׂאוּ שְׁעָרִים רָאשֵׁיכֶם וְהִנָּשְׂאוּ פִּתְחֵי עוֹלָם וְיָבוֹא מֶלֶךְ הַכָּבוֹד: מִי זֶה מֶלֶךְ הַכָּבוֹד יְיָ עִזּוּז וְגִבּוֹר יְיָ גִּבּוֹר מִלְחָמָה: שְׂאוּ שְׁעָרִים רָאשֵׁיכֶם וּשְׂאוּ פִּתְחֵי עוֹלָם וְיָבֹא מֶלֶךְ הַכָּבוֹד: מִי הוּא זֶה מֶלֶךְ הַכָּבוֹד יְיָ צְבָאוֹת הוּא מֶלֶךְ הַכָּבוֹד סֶלָה:

As the Torah Scroll is placed in the Ark, recite:

וּבְנֻחֹה יֹאמַר שׁוּבָה יְיָ רִבְבוֹת אַלְפֵי יִשְׂרָאֵל:
קוּמָה יְיָ לִמְנוּחָתֶךָ אַתָּה וַאֲרוֹן עֻזֶּךָ:
כֹּהֲנֶיךָ יִלְבְּשׁוּ־צֶדֶק וַחֲסִידֶיךָ יְרַנֵּנוּ:
בַּעֲבוּר דָּוִד עַבְדֶּךָ אַל־תָּשֵׁב פְּנֵי מְשִׁיחֶךָ:

כִּי לֶקַח טוֹב נָתַתִּי לָכֶם תּוֹרָתִי אַל־תַּעֲזֹבוּ:

עֵץ־חַיִּים הִיא לַמַּחֲזִיקִים בָּהּ וְתֹמְכֶיהָ מְאֻשָּׁר:
דְּרָכֶיהָ דַרְכֵי־נֹעַם וְכָל־נְתִיבוֹתֶיהָ שָׁלוֹם:
הֲשִׁיבֵנוּ יְיָ אֵלֶיךָ וְנָשׁוּבָה חַדֵּשׁ יָמֵינוּ כְּקֶדֶם:

ḤATZI KADDISH

Reader:

יִתְגַּדַּל וְיִתְקַדַּשׁ שְׁמֵהּ רַבָּא. בְּעָלְמָא דִּי־בְרָא כִרְעוּתֵהּ. וְיַמְלִיךְ מַלְכוּתֵהּ בְּחַיֵּיכוֹן וּבְיוֹמֵיכוֹן וּבְחַיֵּי דְכָל־בֵּית יִשְׂרָאֵל בַּעֲגָלָא וּבִזְמַן קָרִיב. וְאִמְרוּ אָמֵן:

Congregation and Reader:

יְהֵא שְׁמֵהּ רַבָּא מְבָרַךְ לְעָלַם וּלְעָלְמֵי עָלְמַיָּא:

Reader:

יִתְבָּרַךְ וְיִשְׁתַּבַּח וְיִתְפָּאַר וְיִתְרוֹמַם וְיִתְנַשֵּׂא וְיִתְהַדַּר וְיִתְעַלֶּה וְיִתְהַלַּל שְׁמֵהּ דְּקֻדְשָׁא. בְּרִיךְ הוּא. לְעֵלָּא לְעֵלָּא מִכָּל־בִּרְכָתָא וְשִׁירָתָא תֻּשְׁבְּחָתָא וְנֶחֱמָתָא דַּאֲמִירָן בְּעָלְמָא. וְאִמְרוּ אָמֵן:

כִּי שֵׁם יְיָ אֶקְרָא הָבוּ גֹדֶל לֵאלֹהֵינוּ:
אֲדֹנָי שְׂפָתַי תִּפְתָּח וּפִי יַגִּיד תְּהִלָּתֶךָ:

בָּרוּךְ אַתָּה יְיָ אֱלֹהֵינוּ וֵאלֹהֵי אֲבוֹתֵינוּ. אֱלֹהֵי אַבְרָהָם אֱלֹהֵי יִצְחָק וֵאלֹהֵי יַעֲקֹב. הָאֵל הַגָּדוֹל הַגִּבּוֹר וְהַנּוֹרָא אֵל עֶלְיוֹן. גּוֹמֵל חֲסָדִים טוֹבִים וְקֹנֵה הַכֹּל. וְזוֹכֵר חַסְדֵי אָבוֹת וּמֵבִיא גוֹאֵל לִבְנֵי בְנֵיהֶם לְמַעַן שְׁמוֹ בְּאַהֲבָה:

זָכְרֵנוּ לְחַיִּים מֶלֶךְ חָפֵץ בַּחַיִּים. וְכָתְבֵנוּ בְּסֵפֶר הַחַיִּים. לְמַעַנְךָ אֱלֹהִים חַיִּים:

מֶלֶךְ עוֹזֵר וּמוֹשִׁיעַ וּמָגֵן. בָּרוּךְ אַתָּה יְיָ מָגֵן אַבְרָהָם:

אַתָּה גִּבּוֹר לְעוֹלָם אֲדֹנָי מְחַיֵּה מֵתִים אַתָּה רַב לְהוֹשִׁיעַ: מְכַלְכֵּל חַיִּים בְּחֶסֶד מְחַיֵּה מֵתִים בְּרַחֲמִים רַבִּים. סוֹמֵךְ נוֹפְלִים וְרוֹפֵא חוֹלִים וּמַתִּיר אֲסוּרִים וּמְקַיֵּם אֱמוּנָתוֹ לִישֵׁנֵי עָפָר. מִי כָמוֹךָ בַּעַל גְּבוּרוֹת וּמִי דּוֹמֶה לָּךְ מֶלֶךְ מֵמִית וּמְחַיֶּה וּמַצְמִיחַ יְשׁוּעָה:

מִי כָמוֹךָ אַב הָרַחֲמִים. זוֹכֵר יְצוּרָיו לְחַיִּים בְּרַחֲמִים:

וְנֶאֱמָן אַתָּה לְהַחֲיוֹת מֵתִים. בָּרוּךְ אַתָּה יְיָ מְחַיֵּה הַמֵּתִים:

**When the Reader chants the Amidah, the following Kedushah is added:*

נְקַדֵּשׁ אֶת־שִׁמְךָ בָּעוֹלָם כְּשֵׁם שֶׁמַּקְדִּישִׁים אוֹתוֹ בִּשְׁמֵי מָרוֹם. כַּכָּתוּב עַל־יַד נְבִיאֶךָ. וְקָרָא זֶה אֶל־זֶה וְאָמַר.

קָדוֹשׁ קָדוֹשׁ קָדוֹשׁ יְיָ צְבָאוֹת. מְלֹא כָל־הָאָרֶץ כְּבוֹדוֹ:

לְעֻמָּתָם בָּרוּךְ יֹאמֵרוּ.

בָּרוּךְ כְּבוֹד־יְיָ מִמְּקוֹמוֹ:

וּבְדִבְרֵי קָדְשְׁךָ כָּתוּב לֵאמֹר.

יִמְלֹךְ יְיָ לְעוֹלָם. אֱלֹהַיִךְ צִיּוֹן לְדֹר וָדֹר. הַלְלוּיָהּ:

Reader:

לְדוֹר וָדוֹר נַגִּיד גָּדְלֶךָ. וּלְנֵצַח נְצָחִים קְדֻשָּׁתְךָ נַקְדִּישׁ. וְשִׁבְחֲךָ אֱלֹהֵינוּ מִפִּינוּ לֹא יָמוּשׁ לְעוֹלָם וָעֶד. כִּי אֵל מֶלֶךְ גָּדוֹל וְקָדוֹשׁ אָתָּה:

אַתָּה קָדוֹשׁ וְשִׁמְךָ קָדוֹשׁ וּקְדוֹשִׁים בְּכָל־יוֹם יְהַלְלוּךָ סֶּלָה:

וּבְכֵן תֵּן פַּחְדְּךָ יְיָ אֱלֹהֵינוּ עַל כָּל־מַעֲשֶׂיךָ וְאֵימָתְךָ עַל כָּל־מַה־שֶּׁבָּרָאתָ. וְיִירָאוּךָ כָּל־הַמַּעֲשִׂים וְיִשְׁתַּחֲווּ לְפָנֶיךָ כָּל־הַבְּרוּאִים. וְיֵעָשׂוּ כֻלָּם אֲגֻדָּה אֶחָת לַעֲשׂוֹת רְצוֹנְךָ בְּלֵבָב שָׁלֵם. כְּמוֹ שֶׁיָּדַעְנוּ יְיָ אֱלֹהֵינוּ שֶׁהַשִּׁלְטוֹן לְפָנֶיךָ עֹז בְּיָדְךָ וּגְבוּרָה בִּימִינֶךָ וְשִׁמְךָ נוֹרָא עַל כָּל־מַה־שֶּׁבָּרָאתָ:

וּבְכֵן תֵּן כָּבוֹד יְיָ לְעַמֶּךָ תְּהִלָּה לִירֵאֶיךָ וְתִקְוָה לְדוֹרְשֶׁיךָ וּפִתְחוֹן פֶּה לַמְיַחֲלִים לָךְ. שִׂמְחָה לְאַרְצֶךָ וְשָׂשׂוֹן לְעִירֶךָ בִּמְהֵרָה בְיָמֵינוּ:

וּבְכֵן צַדִּיקִים יִרְאוּ וְיִשְׂמָחוּ וִישָׁרִים יַעֲלֹזוּ וַחֲסִידִים בְּרִנָּה יָגִילוּ. וְעוֹלָתָה תִּקְפָּץ־פִּיהָ וְכָל־הָרִשְׁעָה כֻּלָּהּ כְּעָשָׁן תִּכְלֶה. כִּי תַעֲבִיר מֶמְשֶׁלֶת זָדוֹן מִן הָאָרֶץ:

וְתִמְלוֹךְ אַתָּה יְיָ לְבַדֶּךָ עַל כָּל־מַעֲשֶׂיךָ בְּהַר צִיּוֹן מִשְׁכַּן כְּבוֹדֶךָ וּבִירוּשָׁלַיִם עִיר קָדְשֶׁךָ כַּכָּתוּב בְּדִבְרֵי קָדְשֶׁךָ. יִמְלֹךְ יְיָ לְעוֹלָם. אֱלֹהַיִךְ צִיּוֹן לְדֹר וָדֹר. הַלְלוּיָהּ:

קָדוֹשׁ אַתָּה וְנוֹרָא שְׁמֶךָ וְאֵין אֱלוֹהַּ מִבַּלְעָדֶיךָ כַּכָּתוּב. וַיִּגְבַּהּ יְיָ צְבָאוֹת בַּמִּשְׁפָּט וְהָאֵל הַקָּדוֹשׁ נִקְדַּשׁ בִּצְדָקָה. בָּרוּךְ אַתָּה יְיָ הַמֶּלֶךְ הַקָּדוֹשׁ:

אַתָּה בְחַרְתָּנוּ מִכָּל־הָעַמִּים. אָהַבְתָּ אוֹתָנוּ וְרָצִיתָ בָּנוּ. וְרוֹמַמְתָּנוּ מִכָּל־הַלְּשׁוֹנוֹת. וְקִדַּשְׁתָּנוּ בְּמִצְוֹתֶיךָ. וְקֵרַבְתָּנוּ מַלְכֵּנוּ לַעֲבוֹדָתֶךָ. וְשִׁמְךָ הַגָּדוֹל וְהַקָּדוֹשׁ עָלֵינוּ קָרָאתָ׃

On Shabbat add the words in brackets.

וַתִּתֶּן־לָנוּ יְיָ אֱלֹהֵינוּ בְּאַהֲבָה אֶת־יוֹם [הַשַּׁבָּת הַזֶּה וְאֶת־יוֹם] הַזִּכָּרוֹן הַזֶּה יוֹם [זִכְרוֹן] תְּרוּעָה [בְּאַהֲבָה] מִקְרָא קֹדֶשׁ. זֵכֶר לִיצִיאַת מִצְרָיִם׃

אֱלֹהֵינוּ וֵאלֹהֵי אֲבוֹתֵינוּ. יַעֲלֶה וְיָבֹא וְיַגִּיעַ. וְיֵרָאֶה וְיֵרָצֶה וְיִשָּׁמַע. וְיִפָּקֵד וְיִזָּכֵר זִכְרוֹנֵנוּ וּפִקְדוֹנֵנוּ. וְזִכְרוֹן אֲבוֹתֵינוּ. וְזִכְרוֹן מָשִׁיחַ בֶּן־דָּוִד עַבְדֶּךָ. וְזִכְרוֹן יְרוּשָׁלַיִם עִיר קָדְשֶׁךָ. וְזִכְרוֹן כָּל־עַמְּךָ בֵּית יִשְׂרָאֵל לְפָנֶיךָ. לִפְלֵיטָה לְטוֹבָה לְחֵן וּלְחֶסֶד וּלְרַחֲמִים לְחַיִּים וּלְשָׁלוֹם בְּיוֹם הַזִּכָּרוֹן הַזֶּה׃ זָכְרֵנוּ יְיָ אֱלֹהֵינוּ בּוֹ לְטוֹבָה. וּפָקְדֵנוּ בוֹ לִבְרָכָה. וְהוֹשִׁיעֵנוּ בוֹ לְחַיִּים. וּבִדְבַר יְשׁוּעָה וְרַחֲמִים חוּס וְחָנֵּנוּ וְרַחֵם עָלֵינוּ וְהוֹשִׁיעֵנוּ. כִּי אֵלֶיךָ עֵינֵינוּ. כִּי אֵל מֶלֶךְ חַנּוּן וְרַחוּם אָתָּה׃

On Shabbat add the words in brackets.

אֱלֹהֵינוּ וֵאלֹהֵי אֲבוֹתֵינוּ מְלוֹךְ עַל כָּל־הָעוֹלָם כֻּלּוֹ בִּכְבוֹדֶךָ וְהִנָּשֵׂא עַל כָּל־הָאָרֶץ בִּיקָרֶךָ וְהוֹפַע בַּהֲדַר גְּאוֹן עֻזֶּךָ עַל כָּל־יוֹשְׁבֵי תֵבֵל אַרְצֶךָ. וְיֵדַע כָּל־פָּעוּל כִּי אַתָּה פְעַלְתּוֹ וְיָבִין כָּל־יָצוּר כִּי אַתָּה יְצַרְתּוֹ. וְיֹאמַר כֹּל אֲשֶׁר נְשָׁמָה בְאַפּוֹ יְיָ אֱלֹהֵי יִשְׂרָאֵל מֶלֶךְ וּמַלְכוּתוֹ בַּכֹּל מָשָׁלָה׃

אֱלֹהֵינוּ וֵאלֹהֵי אֲבוֹתֵינוּ [רְצֵה בִמְנוּחָתֵנוּ] קַדְּשֵׁנוּ בְּמִצְוֹתֶיךָ וְתֵן חֶלְקֵנוּ בְּתוֹרָתֶךָ שַׂבְּעֵנוּ מִטּוּבֶךָ וְשַׂמְּחֵנוּ בִּישׁוּעָתֶךָ. [וְהַנְחִילֵנוּ יְיָ אֱלֹהֵינוּ בְּאַהֲבָה וּבְרָצוֹן שַׁבַּת קָדְשֶׁךָ וְיָנוּחוּ בָהּ יִשְׂרָאֵל מְקַדְּשֵׁי שְׁמֶךָ] וְטַהֵר לִבֵּנוּ לְעָבְדְּךָ בֶּאֱמֶת. כִּי אַתָּה אֱלֹהִים אֱמֶת וּדְבָרְךָ אֱמֶת וְקַיָּם לָעַד. בָּרוּךְ אַתָּה יְיָ מֶלֶךְ עַל כָּל־הָאָרֶץ מְקַדֵּשׁ [הַשַּׁבָּת וְ]יִשְׂרָאֵל וְיוֹם הַזִּכָּרוֹן:

רְצֵה יְיָ אֱלֹהֵינוּ בְּעַמְּךָ יִשְׂרָאֵל. וּתְפִלָּתָם בְּאַהֲבָה תְקַבֵּל בְּרָצוֹן. וּתְהִי לְרָצוֹן תָּמִיד עֲבוֹדַת יִשְׂרָאֵל עַמֶּךָ:

וְתֶחֱזֶינָה עֵינֵינוּ בְּשׁוּבְךָ לְצִיּוֹן בְּרַחֲמִים. בָּרוּךְ אַתָּה יְיָ הַמַּחֲזִיר שְׁכִינָתוֹ לְצִיּוֹן:

*מוֹדִים אֲנַחְנוּ לָךְ שָׁאַתָּה הוּא יְיָ אֱלֹהֵינוּ וֵאלֹהֵי אֲבוֹתֵינוּ לְעוֹלָם וָעֶד. צוּר חַיֵּינוּ מָגֵן יִשְׁעֵנוּ אַתָּה הוּא לְדוֹר וָדוֹר. נוֹדֶה לְּךָ וּנְסַפֵּר תְּהִלָּתֶךָ עַל חַיֵּינוּ הַמְּסוּרִים בְּיָדֶךָ וְעַל נִשְׁמוֹתֵינוּ הַפְּקוּדוֹת לָךְ וְעַל נִסֶּיךָ שֶׁבְּכָל־יוֹם עִמָּנוּ וְעַל נִפְלְאוֹתֶיךָ וְטוֹבוֹתֶיךָ שֶׁבְּכָל־עֵת עֶרֶב וָבֹקֶר וְצָהֳרָיִם. הַטּוֹב כִּי לֹא־כָלוּ רַחֲמֶיךָ. וְהַמְרַחֵם כִּי לֹא־תַמּוּ חֲסָדֶיךָ. מֵעוֹלָם קִוִּינוּ לָךְ:

When the Reader chants the Amidah, the congregation says:

מוֹדִים אֲנַחְנוּ לָךְ שָׁאַתָּה הוּא יְיָ אֱלֹהֵינוּ וֵאלֹהֵי אֲבוֹתֵינוּ אֱלֹהֵי כָל־בָּשָׂר יוֹצְרֵנוּ יוֹצֵר בְּרֵאשִׁית. בְּרָכוֹת וְהוֹדָאוֹת לְשִׁמְךָ הַגָּדוֹל וְהַקָּדוֹשׁ עַל שֶׁהֶחֱיִיתָנוּ וְקִיַּמְתָּנוּ. כֵּן תְּחַיֵּנוּ וּתְקַיְּמֵנוּ וְתֶאֱסוֹף גָּלֻיּוֹתֵינוּ לְאֶרֶץ קָדְשֶׁךָ לִשְׁמֹר חֻקֶּיךָ וְלַעֲשׂוֹת רְצוֹנֶךָ וּלְעָבְדְּךָ בְּלֵבָב שָׁלֵם עַל שֶׁאֲנַחְנוּ מוֹדִים לָךְ. בָּרוּךְ אֵל הַהוֹדָאוֹת:

וְעַל־כֻּלָּם יִתְבָּרַךְ וְיִתְרוֹמַם שִׁמְךָ מַלְכֵּנוּ תָּמִיד לְעוֹלָם וָעֶד:

וּכְתוֹב לְחַיִּים טוֹבִים כָּל־בְּנֵי בְרִיתֶךָ:

וְכֹל הַחַיִּים יוֹדוּךָ סֶּלָה וִיהַלְלוּ אֶת שִׁמְךָ בֶּאֱמֶת הָאֵל יְשׁוּעָתֵנוּ וְעֶזְרָתֵנוּ סֶלָה. בָּרוּךְ אַתָּה יְיָ הַטּוֹב שִׁמְךָ וּלְךָ נָאֶה לְהוֹדוֹת:

שָׁלוֹם רָב עַל יִשְׂרָאֵל עַמְּךָ תָּשִׂים לְעוֹלָם. כִּי אַתָּה הוּא מֶלֶךְ אָדוֹן לְכָל־הַשָּׁלוֹם. וְטוֹב בְּעֵינֶיךָ לְבָרֵךְ אֶת־עַמְּךָ יִשְׂרָאֵל בְּכָל־עֵת וּבְכָל־שָׁעָה בִּשְׁלוֹמֶךָ:

בְּסֵפֶר חַיִּים בְּרָכָה וְשָׁלוֹם וּפַרְנָסָה טוֹבָה. נִזָּכֵר וְנִכָּתֵב לְפָנֶיךָ. אֲנַחְנוּ וְכָל־עַמְּךָ בֵּית יִשְׂרָאֵל. לְחַיִּים טוֹבִים וּלְשָׁלוֹם. בָּרוּךְ אַתָּה יְיָ עוֹשֵׂה הַשָּׁלוֹם:

אֱלֹהַי. נְצוֹר לְשׁוֹנִי מֵרָע וּשְׂפָתַי מִדַּבֵּר מִרְמָה. וְלִמְקַלְלַי נַפְשִׁי תִדּוֹם וְנַפְשִׁי כֶּעָפָר לַכֹּל תִּהְיֶה: פְּתַח לִבִּי בְּתוֹרָתֶךָ וּבְמִצְוֹתֶיךָ תִּרְדּוֹף נַפְשִׁי. וְכֹל הַחוֹשְׁבִים עָלַי רָעָה. מְהֵרָה הָפֵר עֲצָתָם וְקַלְקֵל מַחֲשַׁבְתָּם: עֲשֵׂה לְמַעַן שְׁמֶךָ עֲשֵׂה לְמַעַן יְמִינֶךָ עֲשֵׂה לְמַעַן קְדֻשָּׁתֶךָ עֲשֵׂה לְמַעַן תּוֹרָתֶךָ: לְמַעַן יֵחָלְצוּן יְדִידֶיךָ הוֹשִׁיעָה יְמִינְךָ וַעֲנֵנִי: יִהְיוּ לְרָצוֹן אִמְרֵי־פִי וְהֶגְיוֹן לִבִּי לְפָנֶיךָ. יְיָ צוּרִי וְגֹאֲלִי: עֹשֶׂה שָׁלוֹם בִּמְרוֹמָיו הוּא יַעֲשֶׂה שָׁלוֹם עָלֵינוּ וְעַל כָּל־יִשְׂרָאֵל. וְאִמְרוּ אָמֵן:

AVINU MALKENU

On Shabbat omit.

אָבִינוּ מַלְכֵּנוּ חָטָאנוּ לְפָנֶיךָ:

אָבִינוּ מַלְכֵּנוּ אֵין לָנוּ מֶלֶךְ אֶלָּא אָתָּה:

אָבִינוּ מַלְכֵּנוּ הַחֲזִירֵנוּ בִּתְשׁוּבָה שְׁלֵמָה לְפָנֶיךָ:

אָבִינוּ מַלְכֵּנוּ חַדֵּשׁ עָלֵינוּ שָׁנָה טוֹבָה:

אָבִינוּ מַלְכֵּנוּ שְׁלַח רְפוּאָה שְׁלֵמָה לְחוֹלֵי עַמֶּךָ:

אָבִינוּ מַלְכֵּנוּ הָפֵר עֲצַת אוֹיְבֵינוּ:

אָבִינוּ מַלְכֵּנוּ זָכְרֵנוּ בְּזִכְּרוֹן טוֹב לְפָנֶיךָ:

אָבִינוּ מַלְכֵּנוּ כָּתְבֵנוּ בְּסֵפֶר חַיִּים טוֹבִים:

אָבִינוּ מַלְכֵּנוּ כָּתְבֵנוּ בְּסֵפֶר גְּאֻלָּה וִישׁוּעָה:

אָבִינוּ מַלְכֵּנוּ כָּתְבֵנוּ בְּסֵפֶר פַּרְנָסָה וְכַלְכָּלָה:

אָבִינוּ מַלְכֵּנוּ כָּתְבֵנוּ בְּסֵפֶר זְכֻיּוֹת:

אָבִינוּ מַלְכֵּנוּ כָּתְבֵנוּ בְּסֵפֶר סְלִיחָה וּמְחִילָה:

אָבִינוּ מַלְכֵּנוּ הַצְמַח לָנוּ יְשׁוּעָה בְּקָרוֹב:

אָבִינוּ מַלְכֵּנוּ הָרֵם קֶרֶן יִשְׂרָאֵל עַמֶּךָ:

אָבִינוּ מַלְכֵּנוּ שְׁמַע קוֹלֵנוּ חוּס וְרַחֵם עָלֵינוּ:

אָבִינוּ מַלְכֵּנוּ קַבֵּל בְּרַחֲמִים וּבְרָצוֹן אֶת־תְּפִלָּתֵנוּ:

אָבִינוּ מַלְכֵּנוּ חֲמוֹל עָלֵינוּ וְעַל עוֹלָלֵינוּ וְטַפֵּנוּ:

אָבִינוּ מַלְכֵּנוּ עֲשֵׂה לְמַעַן בָּאֵי בָאֵשׁ וּבַמַּיִם עַל קִדּוּשׁ שְׁמֶךָ:

אָבִינוּ מַלְכֵּנוּ עֲשֵׂה לְמַעַנְךָ אִם לֹא לְמַעֲנֵנוּ:

אָבִינוּ מַלְכֵּנוּ חָנֵּנוּ וַעֲנֵנוּ כִּי אֵין בָּנוּ מַעֲשִׂים עֲשֵׂה עִמָּנוּ
צְדָקָה וָחֶסֶד וְהוֹשִׁיעֵנוּ:

קַדִּישׁ שָׁלֵם–KADDISH SHALEM, *page 338;* עָלֵינוּ–ALENU, *pages 342-344;*
קַדִּישׁ יָתוֹם–MOURNER'S KADDISH, *page 346.*

מִנְחָה
לְעֶרֶב
יוֹם
כִּפּוּר

MINḤAH / AFTERNOON SERVICE

EREV YOM KIPPUR

Minḥah: Afternoon service

ASHREY: *Psalms 84:5, 144:15, 145, 115:18*

אַשְׁרֵי יוֹשְׁבֵי בֵיתֶךָ   עוֹד יְהַלְלוּךָ סֶּלָה:
אַשְׁרֵי הָעָם שֶׁכָּכָה לּוֹ   אַשְׁרֵי הָעָם שֶׁיְיָ אֱלֹהָיו:

תְּהִלָּה לְדָוִד.

אֲרוֹמִמְךָ אֱלוֹהַי הַמֶּלֶךְ   וַאֲבָרְכָה שִׁמְךָ לְעוֹלָם וָעֶד:
בְּכָל־יוֹם אֲבָרְכֶךָּ   וַאֲהַלְלָה שִׁמְךָ לְעוֹלָם וָעֶד:
גָּדוֹל יְיָ וּמְהֻלָּל מְאֹד   וְלִגְדֻלָּתוֹ אֵין חֵקֶר:
דּוֹר לְדוֹר יְשַׁבַּח מַעֲשֶׂיךָ   וּגְבוּרֹתֶיךָ יַגִּידוּ:
הֲדַר כְּבוֹד הוֹדֶךָ   וְדִבְרֵי נִפְלְאֹתֶיךָ אָשִׂיחָה:
וֶעֱזוּז נוֹרְאֹתֶיךָ יֹאמֵרוּ   וּגְדֻלָּתְךָ אֲסַפְּרֶנָּה:
זֵכֶר רַב־טוּבְךָ יַבִּיעוּ   וְצִדְקָתְךָ יְרַנֵּנוּ:
חַנּוּן וְרַחוּם יְיָ   אֶרֶךְ אַפַּיִם וּגְדָל־חָסֶד:
טוֹב־יְיָ לַכֹּל   וְרַחֲמָיו עַל־כָּל־מַעֲשָׂיו:
יוֹדוּךָ יְיָ כָּל־מַעֲשֶׂיךָ   וַחֲסִידֶיךָ יְבָרְכוּכָה:
כְּבוֹד מַלְכוּתְךָ יֹאמֵרוּ   וּגְבוּרָתְךָ יְדַבֵּרוּ:
לְהוֹדִיעַ לִבְנֵי הָאָדָם גְּבוּרֹתָיו   וּכְבוֹד הֲדַר מַלְכוּתוֹ:
מַלְכוּתְךָ מַלְכוּת כָּל־עֹלָמִים   וּמֶמְשַׁלְתְּךָ בְּכָל־דּוֹר וָדוֹר:
סוֹמֵךְ יְיָ לְכָל־הַנֹּפְלִים   וְזוֹקֵף לְכָל־הַכְּפוּפִים:
עֵינֵי כֹל אֵלֶיךָ יְשַׂבֵּרוּ   וְאַתָּה נוֹתֵן לָהֶם אֶת־אָכְלָם בְּעִתּוֹ:
פּוֹתֵחַ אֶת־יָדֶךָ   וּמַשְׂבִּיעַ לְכָל־חַי רָצוֹן:
צַדִּיק יְיָ בְּכָל־דְּרָכָיו   וְחָסִיד בְּכָל־מַעֲשָׂיו:
קָרוֹב יְיָ לְכָל־קֹרְאָיו   לְכֹל אֲשֶׁר יִקְרָאֻהוּ בֶאֱמֶת:
רְצוֹן־יְרֵאָיו יַעֲשֶׂה   וְאֶת־שַׁוְעָתָם יִשְׁמַע וְיוֹשִׁיעֵם:
שׁוֹמֵר יְיָ אֶת־כָּל־אֹהֲבָיו   וְאֵת כָּל־הָרְשָׁעִים יַשְׁמִיד:
תְּהִלַּת יְיָ יְדַבֶּר־פִּי   וִיבָרֵךְ כָּל־בָּשָׂר שֵׁם קָדְשׁוֹ
לְעוֹלָם וָעֶד:

וַאֲנַחְנוּ נְבָרֵךְ יָהּ   מֵעַתָּה וְעַד־עוֹלָם הַלְלוּיָהּ:

ḤATZI KADDISH

Reader:

יִתְגַּדַּל וְיִתְקַדַּשׁ שְׁמֵהּ רַבָּא. בְּעָלְמָא דִּי־בְרָא כִרְעוּתֵהּ. וְיַמְלִיךְ מַלְכוּתֵהּ בְּחַיֵּיכוֹן וּבְיוֹמֵיכוֹן וּבְחַיֵּי דְכָל־בֵּית יִשְׂרָאֵל בַּעֲגָלָא וּבִזְמַן קָרִיב. וְאִמְרוּ אָמֵן:

Congregation and Reader:

יְהֵא שְׁמֵהּ רַבָּא מְבָרַךְ לְעָלַם וּלְעָלְמֵי עָלְמַיָּא:

Reader:

יִתְבָּרַךְ וְיִשְׁתַּבַּח וְיִתְפָּאַר וְיִתְרוֹמַם וְיִתְנַשֵּׂא וְיִתְהַדָּר וְיִתְעַלֶּה וְיִתְהַלָּל שְׁמֵהּ דְּקֻדְשָׁא. בְּרִיךְ הוּא. לְעֵלָּא לְעֵלָּא מִכָּל־בִּרְכָתָא וְשִׁירָתָא. תֻּשְׁבְּחָתָא וְנֶחֱמָתָא דַּאֲמִירָן בְּעָלְמָא. וְאִמְרוּ אָמֵן:

THE AMIDAH

כִּי שֵׁם יְיָ אֶקְרָא הָבוּ גֹדֶל לֵאלֹהֵינוּ:

אֲדֹנָי שְׂפָתַי תִּפְתָּח וּפִי יַגִּיד תְּהִלָּתֶךָ:

בָּרוּךְ אַתָּה יְיָ אֱלֹהֵינוּ וֵאלֹהֵי אֲבוֹתֵינוּ. אֱלֹהֵי אַבְרָהָם אֱלֹהֵי יִצְחָק וֵאלֹהֵי יַעֲקֹב. הָאֵל הַגָּדוֹל הַגִּבּוֹר וְהַנּוֹרָא אֵל עֶלְיוֹן. גּוֹמֵל חֲסָדִים טוֹבִים וְקוֹנֵה הַכֹּל. וְזוֹכֵר חַסְדֵי אָבוֹת וּמֵבִיא גוֹאֵל לִבְנֵי בְנֵיהֶם לְמַעַן שְׁמוֹ בְּאַהֲבָה:

זָכְרֵנוּ לְחַיִּים מֶלֶךְ חָפֵץ בַּחַיִּים. וְכָתְבֵנוּ בְּסֵפֶר הַחַיִּים. לְמַעַנְךָ אֱלֹהִים חַיִּים.

מֶלֶךְ עוֹזֵר וּמוֹשִׁיעַ וּמָגֵן. בָּרוּךְ אַתָּה יְיָ מָגֵן אַבְרָהָם:

אַתָּה גִּבּוֹר לְעוֹלָם אֲדֹנָי מְחַיֵּה מֵתִים אַתָּה רַב לְהוֹשִׁיעַ:

מְכַלְכֵּל חַיִּים בְּחֶסֶד מְחַיֵּה מֵתִים בְּרַחֲמִים רַבִּים. סוֹמֵךְ נוֹפְלִים וְרוֹפֵא חוֹלִים וּמַתִּיר אֲסוּרִים. וּמְקַיֵּם אֱמוּנָתוֹ לִישֵׁנֵי עָפָר. מִי כָמוֹךָ בַּעַל גְּבוּרוֹת וּמִי דוֹמֶה לָּךְ. מֶלֶךְ מֵמִית וּמְחַיֶּה וּמַצְמִיחַ יְשׁוּעָה:

מִי כָמְוֹךָ אַב הָרַחֲמִים. זוֹכֵר יְצוּרָיו לְחַיִּים בְּרַחֲמִים:
וְנֶאֱמָן אַתָּה לְהַחֲיוֹת מֵתִים. בָּרוּךְ אַתָּה יְיָ מְחַיֵּה הַמֵּתִים:*

אַתָּה קָדוֹשׁ וְשִׁמְךָ קָדוֹשׁ. וּקְדוֹשִׁים בְּכָל־יוֹם יְהַלְלְוּךָ סֶּלָה. בָּרוּךְ אַתָּה יְיָ הָאֵל הַקָּדוֹשׁ:

אַתָּה חוֹנֵן לְאָדָם דַּעַת וּמְלַמֵּד לֶאֱנוֹשׁ בִּינָה. חָנֵּנוּ מֵאִתְּךָ דֵּעָה בִּינָה וְהַשְׂכֵּל. בָּרוּךְ אַתָּה יְיָ חוֹנֵן הַדָּעַת:

הֲשִׁיבֵנוּ אָבִינוּ לְתוֹרָתֶךָ. וְקָרְבֵנוּ מַלְכֵּנוּ לַעֲבוֹדָתֶךָ. וְהַחֲזִירֵנוּ בִּתְשׁוּבָה שְׁלֵמָה לְפָנֶיךָ. בָּרוּךְ אַתָּה יְיָ הָרוֹצֶה בִּתְשׁוּבָה:

סְלַח לָנוּ אָבִינוּ כִּי חָטָאנוּ. מְחַל לָנוּ מַלְכֵּנוּ כִּי פָשָׁעְנוּ. כִּי מוֹחֵל וְסוֹלֵחַ אָתָּה. בָּרוּךְ אַתָּה יְיָ חַנּוּן הַמַּרְבֶּה לִסְלוֹחַ:

רְאֵה בְעָנְיֵנוּ וְרִיבָה רִיבֵנוּ. וּגְאָלֵנוּ מְהֵרָה לְמַעַן שְׁמֶךָ. כִּי גוֹאֵל חָזָק אָתָּה. בָּרוּךְ אַתָּה יְיָ גּוֹאֵל יִשְׂרָאֵל:

רְפָאֵנוּ יְיָ וְנֵרָפֵא. הוֹשִׁיעֵנוּ וְנִוָּשֵׁעָה. כִּי תְהִלָּתֵנוּ אָתָּה. וְהַעֲלֵה רְפוּאָה שְׁלֵמָה לְכָל מַכּוֹתֵינוּ. כִּי אֵל מֶלֶךְ רוֹפֵא נֶאֱמָן וְרַחֲמָן אָתָּה. בָּרוּךְ אַתָּה יְיָ רוֹפֵא חוֹלֵי עַמּוֹ יִשְׂרָאֵל:

**When the Reader chants the Amidah, the following Kedushah is added:*

נְקַדֵּשׁ אֶת־שִׁמְךָ בָּעוֹלָם כְּשֵׁם שֶׁמַּקְדִּישִׁים אוֹתוֹ בִּשְׁמֵי מָרוֹם. כַּכָּתוּב עַל־יַד נְבִיאֶךָ. וְקָרָא זֶה אֶל־זֶה וְאָמַר.

קָדוֹשׁ קָדוֹשׁ קָדוֹשׁ יְיָ צְבָאוֹת. מְלֹא כָל־הָאָרֶץ כְּבוֹדוֹ:
לְעֻמָּתָם בָּרוּךְ יֹאמֵרוּ.

בָּרוּךְ כְּבוֹד־יְיָ מִמְּקוֹמוֹ:
וּבְדִבְרֵי קָדְשְׁךָ כָּתוּב לֵאמֹר.

יִמְלֹךְ יְיָ לְעוֹלָם. אֱלֹהַיִךְ צִיּוֹן לְדֹר וָדֹר. הַלְלוּיָהּ:

Reader:

לְדוֹר וָדוֹר נַגִּיד גָּדְלֶךָ. וּלְנֵצַח נְצָחִים קְדֻשָּׁתְךָ נַקְדִּישׁ. וְשִׁבְחֲךָ אֱלֹהֵינוּ מִפִּינוּ לֹא יָמוּשׁ לְעוֹלָם וָעֶד. כִּי אֵל מֶלֶךְ גָּדוֹל וְקָדוֹשׁ אָתָּה. בָּרוּךְ אַתָּה יְיָ הַמֶּלֶךְ הַקָּדוֹשׁ:

בָּרֵךְ עָלֵינוּ יְיָ אֱלֹהֵינוּ אֶת־הַשָּׁנָה הַזֹּאת וְאֶת כָּל מִינֵי תְבוּאָתָהּ לְטוֹבָה וְתֵן בְּרָכָה עַל פְּנֵי הָאֲדָמָה. וְשַׂבְּעֵנוּ מִטּוּבֶךָ. וּבָרֵךְ שְׁנָתֵנוּ כַּשָּׁנִים הַטּוֹבוֹת. בָּרוּךְ אַתָּה יְיָ מְבָרֵךְ הַשָּׁנִים:

תְּקַע בְּשׁוֹפָר גָּדוֹל לְחֵרוּתֵנוּ. וְשָׂא נֵס לְקַבֵּץ גָּלֻיּוֹתֵנוּ. וְקַבְּצֵנוּ יַחַד מֵאַרְבַּע כַּנְפוֹת הָאָרֶץ. בָּרוּךְ אַתָּה יְיָ מְקַבֵּץ נִדְחֵי עַמּוֹ יִשְׂרָאֵל:

הָשִׁיבָה שׁוֹפְטֵינוּ כְּבָרִאשׁוֹנָה. וְיוֹעֲצֵינוּ כְּבַתְּחִלָּה. וְהָסֵר מִמֶּנּוּ יָגוֹן וַאֲנָחָה. וּמְלוֹךְ עָלֵינוּ אַתָּה יְיָ לְבַדְּךָ בְּחֶסֶד וּבְרַחֲמִים וְצַדְּקֵנוּ בַּמִּשְׁפָּט. בָּרוּךְ אַתָּה יְיָ הַמֶּלֶךְ הַמִּשְׁפָּט:

וְלַמַּלְשִׁינִים אַל תְּהִי תִקְוָה. וְכָל־הָרִשְׁעָה כְּרֶגַע תֹּאבֵד. וְכָל־אוֹיְבֶיךָ מְהֵרָה יִכָּרֵתוּ. וּמַלְכוּת זָדוֹן מְהֵרָה תְעַקֵּר וּתְשַׁבֵּר וּתְמַגֵּר וְתַכְנִיעַ בִּמְהֵרָה בְיָמֵינוּ. בָּרוּךְ אַתָּה יְיָ שֹׁבֵר אוֹיְבִים וּמַכְנִיעַ זֵדִים:

עַל הַצַּדִּיקִים וְעַל הַחֲסִידִים. וְעַל זִקְנֵי עַמְּךָ בֵּית יִשְׂרָאֵל. וְעַל פְּלֵיטַת סוֹפְרֵיהֶם וְעַל גֵּרֵי הַצֶּדֶק וְעָלֵינוּ. יֶהֱמוּ רַחֲמֶיךָ יְיָ אֱלֹהֵינוּ. וְתֵן שָׂכָר טוֹב לְכֹל הַבּוֹטְחִים בְּשִׁמְךָ בֶּאֱמֶת. וְשִׂים חֶלְקֵנוּ עִמָּהֶם לְעוֹלָם וְלֹא נֵבוֹשׁ כִּי בְךָ בָּטָחְנוּ. בָּרוּךְ אַתָּה יְיָ מִשְׁעָן וּמִבְטָח לַצַּדִּיקִים:

וְלִירוּשָׁלַיִם עִירְךָ בְּרַחֲמִים תָּשׁוּב. וְתִשְׁכּוֹן בְּתוֹכָהּ כַּאֲשֶׁר דִּבַּרְתָּ. וּבְנֵה אוֹתָהּ בְּקָרוֹב בְּיָמֵינוּ בִּנְיַן עוֹלָם. וְכִסֵּא דָוִד מְהֵרָה לְתוֹכָהּ תָּכִין. בָּרוּךְ אַתָּה יְיָ בּוֹנֵה יְרוּשָׁלָיִם:

אֶת־צֶמַח דָּוִד עַבְדְּךָ מְהֵרָה תַצְמִיחַ. וְקַרְנוֹ תָּרוּם בִּישׁוּעָתֶךָ. כִּי לִישׁוּעָתְךָ קִוִּינוּ כָּל־הַיּוֹם. בָּרוּךְ אַתָּה יְיָ מַצְמִיחַ קֶרֶן יְשׁוּעָה:

שְׁמַע קוֹלֵנוּ יְיָ אֱלֹהֵינוּ. חוּס וְרַחֵם עָלֵינוּ. וְקַבֵּל בְּרַחֲמִים וּבְרָצוֹן אֶת־תְּפִלָּתֵנוּ. כִּי אֵל שׁוֹמֵעַ תְּפִלּוֹת וְתַחֲנוּנִים אָתָּה. וּמִלְּפָנֶיךָ מַלְכֵּנוּ רֵיקָם אַל תְּשִׁיבֵנוּ. כִּי אַתָּה שׁוֹמֵעַ תְּפִלַּת עַמְּךָ יִשְׂרָאֵל בְּרַחֲמִים. בָּרוּךְ אַתָּה יְיָ שׁוֹמֵעַ תְּפִלָּה:

רְצֵה יְיָ אֱלֹהֵינוּ בְּעַמְּךָ יִשְׂרָאֵל. וּתְפִלָּתָם בְּאַהֲבָה תְקַבֵּל בְּרָצוֹן. וּתְהִי לְרָצוֹן תָּמִיד עֲבוֹדַת יִשְׂרָאֵל עַמֶּךָ:

וְתֶחֱזֶינָה עֵינֵינוּ בְּשׁוּבְךָ לְצִיּוֹן בְּרַחֲמִים. בָּרוּךְ אַתָּה יְיָ הַמַּחֲזִיר שְׁכִינָתוֹ לְצִיּוֹן:

*מוֹדִים אֲנַחְנוּ לָךְ שָׁאַתָּה הוּא יְיָ אֱלֹהֵינוּ וֵאלֹהֵי אֲבוֹתֵינוּ לְעוֹלָם וָעֶד. צוּר חַיֵּינוּ מָגֵן יִשְׁעֵנוּ אַתָּה הוּא לְדוֹר וָדוֹר. נוֹדֶה לְּךָ וּנְסַפֵּר תְּהִלָּתֶךָ עַל חַיֵּינוּ הַמְּסוּרִים בְּיָדֶךָ וְעַל נִשְׁמוֹתֵינוּ הַפְּקוּדוֹת לָךְ. וְעַל נִסֶּיךָ שֶׁבְּכָל־יוֹם עִמָּנוּ וְעַל נִפְלְאוֹתֶיךָ וְטוֹבוֹתֶיךָ שֶׁבְּכָל־עֵת עֶרֶב וָבֹקֶר וְצָהֳרָיִם. הַטּוֹב כִּי לֹא־כָלוּ רַחֲמֶיךָ. וְהַמְרַחֵם כִּי לֹא־תַמּוּ חֲסָדֶיךָ מֵעוֹלָם קִוִּינוּ לָךְ:

וְעַל כֻּלָּם יִתְבָּרַךְ וְיִתְרוֹמַם שִׁמְךָ מַלְכֵּנוּ תָּמִיד לְעוֹלָם וָעֶד:

וּכְתוֹב לְחַיִּים טוֹבִים כָּל־בְּנֵי בְרִיתֶךָ:

וְכֹל הַחַיִּים יוֹדוּךָ סֶּלָה וִיהַלְלוּ אֶת־שִׁמְךָ בֶּאֱמֶת הָאֵל יְשׁוּעָתֵנוּ וְעֶזְרָתֵנוּ סֶלָה. בָּרוּךְ אַתָּה יְיָ הַטּוֹב שִׁמְךָ וּלְךָ נָאֶה לְהוֹדוֹת:

שָׁלוֹם רָב עַל יִשְׂרָאֵל עַמְּךָ תָּשִׂים לְעוֹלָם. כִּי אַתָּה הוּא מֶלֶךְ אָדוֹן לְכָל־הַשָּׁלוֹם. וְטוֹב בְּעֵינֶיךָ לְבָרֵךְ אֶת־עַמְּךָ יִשְׂרָאֵל בְּכָל־עֵת וּבְכָל־שָׁעָה בִּשְׁלוֹמֶךָ:

בְּסֵפֶר חַיִּים בְּרָכָה וְשָׁלוֹם וּפַרְנָסָה טוֹבָה. נִזָּכֵר וְנִכָּתֵב לְפָנֶיךָ. אֲנַחְנוּ וְכָל־עַמְּךָ בֵּית יִשְׂרָאֵל. לְחַיִּים טוֹבִים וּלְשָׁלוֹם. בָּרוּךְ אַתָּה יְיָ עוֹשֵׂה הַשָּׁלוֹם:

In congregations which repeat the Amidah, continue on page 338.

אֱלֹהֵינוּ וֵאלֹהֵי אֲבוֹתֵינוּ. תָּבֹא לְפָנֶיךָ תְּפִלָּתֵנוּ וְאַל תִּתְעַלַּם מִתְּחִנָּתֵנוּ. שֶׁאֵין אֲנַחְנוּ עַזֵּי פָנִים וּקְשֵׁי עֹרֶף לוֹמַר לְפָנֶיךָ יְיָ אֱלֹהֵינוּ וֵאלֹהֵי אֲבוֹתֵינוּ צַדִּיקִים אֲנַחְנוּ וְלֹא חָטָאנוּ אֲבָל אֲנַחְנוּ חָטָאנוּ:

**When the Reader chants the Amidah, the congregation says:*

מוֹדִים אֲנַחְנוּ לָךְ שָׁאַתָּה הוּא יְיָ אֱלֹהֵינוּ וֵאלֹהֵי אֲבוֹתֵינוּ אֱלֹהֵי כָל־בָּשָׂר יוֹצְרֵנוּ יוֹצֵר בְּרֵאשִׁית. בְּרָכוֹת וְהוֹדָאוֹת לְשִׁמְךָ הַגָּדוֹל וְהַקָּדוֹשׁ עַל שֶׁהֶחֱיִיתָנוּ וְקִיַּמְתָּנוּ. כֵּן תְּחַיֵּנוּ וּתְקַיְּמֵנוּ וְתֶאֱסוֹף גָּלֻיּוֹתֵינוּ לְאֶרֶץ קָדְשֶׁךָ לִשְׁמֹר חֻקֶּיךָ וְלַעֲשׂוֹת רְצוֹנֶךָ וּלְעָבְדְךָ בְּלֵבָב שָׁלֵם עַל שֶׁאֲנַחְנוּ מוֹדִים לָךְ. בָּרוּךְ אֵל הַהוֹדָאוֹת:

אָשַׁמְנוּ. בָּגַדְנוּ. גָּזַלְנוּ. דִּבַּרְנוּ דֹפִי.
הֶעֱוִינוּ. וְהִרְשַׁעְנוּ. זַדְנוּ. חָמַסְנוּ. טָפַלְנוּ שֶׁקֶר.
יָעַצְנוּ רָע. כִּזַּבְנוּ. לַצְנוּ. מָרַדְנוּ. נִאַצְנוּ.
סָרַרְנוּ. עָוִינוּ. פָּשַׁעְנוּ. צָרַרְנוּ. קִשִּׁינוּ עֹרֶף.
רָשַׁעְנוּ. שִׁחַתְנוּ. תִּעַבְנוּ. תָּעִינוּ. תִּעְתָּעְנוּ:

סַרְנוּ מִמִּצְוֹתֶיךָ וּמִמִּשְׁפָּטֶיךָ הַטּוֹבִים וְלֹא שָׁוָה לָנוּ: וְאַתָּה צַדִּיק עַל כָּל־הַבָּא עָלֵינוּ. כִּי אֱמֶת עָשִׂיתָ וַאֲנַחְנוּ הִרְשָׁעְנוּ:

מַה־נֹּאמַר לְפָנֶיךָ יוֹשֵׁב מָרוֹם וּמַה־נְּסַפֵּר לְפָנֶיךָ שׁוֹכֵן שְׁחָקִים. הֲלֹא כָּל־הַנִּסְתָּרוֹת וְהַנִּגְלוֹת אַתָּה יוֹדֵעַ:

אַתָּה יוֹדֵעַ רָזֵי עוֹלָם. וְתַעֲלוּמוֹת סִתְרֵי כָל־חָי: אַתָּה חוֹפֵשׂ כָּל־חַדְרֵי בָטֶן וּבוֹחֵן כְּלָיוֹת וָלֵב: אֵין דָּבָר נֶעְלָם מִמֶּךָּ. וְאֵין נִסְתָּר מִנֶּגֶד עֵינֶיךָ:

וּבְכֵן יְהִי רָצוֹן מִלְּפָנֶיךָ יְיָ אֱלֹהֵינוּ וֵאלֹהֵי אֲבוֹתֵינוּ. שֶׁתִּסְלַח־לָנוּ עַל כָּל־חַטֹּאתֵינוּ. וְתִמְחַל־לָנוּ עַל כָּל־עֲוֹנוֹתֵינוּ. וּתְכַפֶּר־לָנוּ עַל כָּל־פְּשָׁעֵינוּ:

עַל חֵטְא שֶׁחָטָאנוּ לְפָנֶיךָ בְּאֹנֶס וּבְרָצוֹן.
וְעַל חֵטְא שֶׁחָטָאנוּ לְפָנֶיךָ בְּאִמּוּץ הַלֵּב:
עַל חֵטְא שֶׁחָטָאנוּ לְפָנֶיךָ בִּבְלִי דָעַת.
וְעַל חֵטְא שֶׁחָטָאנוּ לְפָנֶיךָ בְּבִטּוּי שְׂפָתָיִם:
עַל חֵטְא שֶׁחָטָאנוּ לְפָנֶיךָ בְּגִלּוּי עֲרָיוֹת.
וְעַל חֵטְא שֶׁחָטָאנוּ לְפָנֶיךָ בַּגָּלוּי וּבַסָּתֶר:
עַל חֵטְא שֶׁחָטָאנוּ לְפָנֶיךָ בְּדַעַת וּבְמִרְמָה.
וְעַל חֵטְא שֶׁחָטָאנוּ לְפָנֶיךָ בְּדִבּוּר פֶּה:
עַל חֵטְא שֶׁחָטָאנוּ לְפָנֶיךָ בְּהוֹנָאַת רֵעַ.
וְעַל חֵטְא שֶׁחָטָאנוּ לְפָנֶיךָ בְּהַרְהוֹר הַלֵּב:
עַל חֵטְא שֶׁחָטָאנוּ לְפָנֶיךָ בִּוְעִידַת זְנוּת.
וְעַל חֵטְא שֶׁחָטָאנוּ לְפָנֶיךָ בְּוִדּוּי פֶּה:
עַל חֵטְא שֶׁחָטָאנוּ לְפָנֶיךָ בְּזִלְזוּל הוֹרִים וּמוֹרִים.
וְעַל חֵטְא שֶׁחָטָאנוּ לְפָנֶיךָ בְּזָדוֹן וּבִשְׁגָגָה:

עַל חֵטְא שֶׁחָטָאנוּ לְפָנֶיךָ בְּחֹזֶק יָד.
וְעַל חֵטְא שֶׁחָטָאנוּ לְפָנֶיךָ בְּחִלּוּל הַשֵּׁם:
עַל חֵטְא שֶׁחָטָאנוּ לְפָנֶיךָ בְּטֻמְאַת שְׂפָתָיִם.
וְעַל חֵטְא שֶׁחָטָאנוּ לְפָנֶיךָ בְּטִפְּשׁוּת פֶּה:
עַל חֵטְא שֶׁחָטָאנוּ לְפָנֶיךָ בְּיֵצֶר הָרָע.
וְעַל חֵטְא שֶׁחָטָאנוּ לְפָנֶיךָ בְּיוֹדְעִים וּבְלֹא יוֹדְעִים:
וְעַל כֻּלָּם אֱלוֹהַּ סְלִיחוֹת סְלַח־לָנוּ. מְחַל־לָנוּ. כַּפֶּר־לָנוּ:

עַל חֵטְא שֶׁחָטָאנוּ לְפָנֶיךָ בְּכַחַשׁ וּבְכָזָב.
וְעַל חֵטְא שֶׁחָטָאנוּ לְפָנֶיךָ בְּכַפַּת שֹׁחַד:
עַל חֵטְא שֶׁחָטָאנוּ לְפָנֶיךָ בְּלָצוֹן.
וְעַל חֵטְא שֶׁחָטָאנוּ לְפָנֶיךָ בִּלְשׁוֹן הָרָע:
עַל חֵטְא שֶׁחָטָאנוּ לְפָנֶיךָ בְּמַשָּׂא וּבְמַתָּן.
וְעַל חֵטְא שֶׁחָטָאנוּ לְפָנֶיךָ בְּמַאֲכָל וּבְמִשְׁתֶּה:
עַל חֵטְא שֶׁחָטָאנוּ לְפָנֶיךָ בְּנֶשֶׁךְ וּבְמַרְבִּית.
וְעַל חֵטְא שֶׁחָטָאנוּ לְפָנֶיךָ בִּנְטִיַּת גָּרוֹן:
עַל חֵטְא שֶׁחָטָאנוּ לְפָנֶיךָ בְּשִׂיחַ שִׂפְתוֹתֵינוּ.
וְעַל חֵטְא שֶׁחָטָאנוּ לְפָנֶיךָ בְּשִׂקּוּר עָיִן:
עַל חֵטְא שֶׁחָטָאנוּ לְפָנֶיךָ בְּעֵינַיִם רָמוֹת.
וְעַל חֵטְא שֶׁחָטָאנוּ לְפָנֶיךָ בְּעַזּוּת מֶצַח:
וְעַל כֻּלָּם אֱלוֹהַּ סְלִיחוֹת סְלַח־לָנוּ. מְחַל־לָנוּ. כַּפֶּר־לָנוּ:

עַל חֵטְא שֶׁחָטָאנוּ לְפָנֶיךָ בִּפְרִיקַת עֹל.
וְעַל חֵטְא שֶׁחָטָאנוּ לְפָנֶיךָ בִּפְלִילוּת:
עַל חֵטְא שֶׁחָטָאנוּ לְפָנֶיךָ בִּצְדִיַּת רֵעַ.
וְעַל חֵטְא שֶׁחָטָאנוּ לְפָנֶיךָ בְּצָרוּת עָיִן:
עַל חֵטְא שֶׁחָטָאנוּ לְפָנֶיךָ בְּקַלּוּת רֹאשׁ.
וְעַל חֵטְא שֶׁחָטָאנוּ לְפָנֶיךָ בְּקַשְׁיוּת עֹרֶף:
עַל חֵטְא שֶׁחָטָאנוּ לְפָנֶיךָ בְּרִיצַת רַגְלַיִם לְהָרַע.
וְעַל חֵטְא שֶׁחָטָאנוּ לְפָנֶיךָ בִּרְכִילוּת:

עַל חֵטְא שֶׁחָטָאנוּ לְפָנֶיךָ בִּשְׁבוּעַת שָׁוְא.
וְעַל חֵטְא שֶׁחָטָאנוּ לְפָנֶיךָ בְּשִׂנְאַת חִנָּם:
עַל חֵטְא שֶׁחָטָאנוּ לְפָנֶיךָ בִּתְשׂוּמֶת־יָד.
וְעַל חֵטְא שֶׁחָטָאנוּ לְפָנֶיךָ בְּתִמְהוֹן לֵבָב:
וְעַל כֻּלָּם אֱלוֹהַּ סְלִיחוֹת סְלַח־לָנוּ. מְחַל־לָנוּ. כַּפֶּר־לָנוּ:

וְעַל מִצְוַת עֲשֵׂה וְעַל מִצְוַת לֹא תַעֲשֶׂה. בֵּין שֶׁיֵּשׁ בָּהּ קוּם עֲשֵׂה וּבֵין שֶׁאֵין בָּהּ קוּם עֲשֵׂה. אֶת־הַגְּלוּיִם לָנוּ וְאֶת־שֶׁאֵינָם גְּלוּיִם לָנוּ: אֶת הַגְּלוּיִם לָנוּ כְּבָר אֲמַרְנוּם לְפָנֶיךָ וְהוֹדִינוּ לְךָ עֲלֵיהֶם. וְאֶת־שֶׁאֵינָם גְּלוּיִם לָנוּ לְפָנֶיךָ הֵם גְּלוּיִם וִידוּעִים. כַּדָּבָר שֶׁנֶּאֱמַר. הַנִּסְתָּרֹת לַייָ אֱלֹהֵינוּ. וְהַנִּגְלֹת לָנוּ וּלְבָנֵינוּ עַד־עוֹלָם. לַעֲשׂוֹת אֶת־כָּל־דִּבְרֵי הַתּוֹרָה הַזֹּאת: כִּי אַתָּה סָלְחָן לְיִשְׂרָאֵל וּמָחֳלָן לְשִׁבְטֵי יְשֻׁרוּן בְּכָל־דּוֹר וָדוֹר וּמִבַּלְעָדֶיךָ אֵין לָנוּ מֶלֶךְ מוֹחֵל וְסוֹלֵחַ אֶלָּא אָתָּה:

אֱלֹהַי. עַד שֶׁלֹּא נוֹצַרְתִּי אֵינִי כְדַי. וְעַכְשָׁו שֶׁנּוֹצַרְתִּי כְּאִלּוּ לֹא נוֹצַרְתִּי. עָפָר אֲנִי בְּחַיָּי. קַל וָחֹמֶר בְּמִיתָתִי. הֲרֵי אֲנִי לְפָנֶיךָ כִּכְלִי מָלֵא בוּשָׁה וּכְלִמָּה: יְהִי רָצוֹן מִלְּפָנֶיךָ יְיָ אֱלֹהַי וֵאלֹהֵי אֲבוֹתַי שֶׁלֹּא אֶחֱטָא עוֹד. וּמַה־שֶּׁחָטָאתִי לְפָנֶיךָ מָרֵק בְּרַחֲמֶיךָ הָרַבִּים. אֲבָל לֹא עַל יְדֵי יִסּוּרִים וָחֳלָיִם רָעִים:

אֱלֹהַי. נְצוֹר לְשׁוֹנִי מֵרָע וּשְׂפָתַי מִדַּבֵּר מִרְמָה וְלִמְקַלְלַי נַפְשִׁי תִדּוֹם וְנַפְשִׁי כֶּעָפָר לַכֹּל תִּהְיֶה: פְּתַח לִבִּי בְּתוֹרָתֶךָ וּבְמִצְוֹתֶיךָ תִּרְדּוֹף נַפְשִׁי. וְכֹל הַחוֹשְׁבִים עָלַי רָעָה מְהֵרָה הָפֵר עֲצָתָם וְקַלְקֵל מַחֲשַׁבְתָּם: עֲשֵׂה לְמַעַן שְׁמֶךָ עֲשֵׂה לְמַעַן יְמִינֶךָ עֲשֵׂה לְמַעַן קְדֻשָּׁתֶךָ עֲשֵׂה לְמַעַן תּוֹרָתֶךָ: לְמַעַן יֵחָלְצוּן יְדִידֶיךָ הוֹשִׁיעָה יְמִינְךָ וַעֲנֵנִי: יִהְיוּ לְרָצוֹן אִמְרֵי־פִי וְהֶגְיוֹן לִבִּי לְפָנֶיךָ יְיָ צוּרִי וְגוֹאֲלִי: עֹשֶׂה שָׁלוֹם בִּמְרוֹמָיו הוּא יַעֲשֶׂה שָׁלוֹם עָלֵינוּ וְעַל כָּל־יִשְׂרָאֵל וְאִמְרוּ אָמֵן:

קַדִּישׁ שָׁלֵם–KADDISH SHALEM, *page 338;* **עָלֵינוּ**–ALENU, *pages 342-344;*
קַדִּישׁ יָתוֹם–MOURNER'S KADDISH, *page 346.*

מַעֲרִיב
לְיוֹם
כִּפּוּר

MAARIV / EVENING SERVICE

YOM KIPPUR—Kol Nidre

The Tallit: a symbol of holiness

On putting on the Tallit, say:

בָּרוּךְ אַתָּה יְיָ אֱלֹהֵינוּ מֶלֶךְ הָעוֹלָם
אֲשֶׁר קִדְּשָׁנוּ בְּמִצְוֹתָיו וְצִוָּנוּ לְהִתְעַטֵּף בַּצִּיצִת:

Baruḥ ata Adonai, Eloheynu meleḥ ha-olam,
asher kid-shanu b'mitz-votav,
v'tzivanu l'hit-ateyf ba-tzitzit.

Praised are You, Lord our God, Ruler of the universe, who has taught us the way of holiness through the *Mitzvot*, and enjoined upon us the wearing of the *Tallit*.

How can we enter?

On this sacred night, O Lord,
We have entered Your house–
We who are unworthy to enter.

For who may sojourn in Your sanctuary?
Who may dwell upon Your holy mountain?

They who walk before You in innocence and integrity,
Who act with perfect righteousness,
And speak the truth even in their hearts.

How, then, dare we enter Your house, O Lord,
Knowing that our failings are so many?

We come strengthened by the assuring promise:
"The Lord is near to all who call–
To all who call upon the Lord in truth."

O cleanse us of all self-righteousness and conceit;
Teach us to speak to You in humility and in truth;
And teach us, O Lord, to listen . . .

Hershel J. Matt (adapted)

Out of the depths

שִׁיר הַמַּעֲלוֹת.

מִמַּעֲמַקִּים קְרָאתִֽיךָ יְיָ:

אֲדֹנָי שִׁמְעָה בְקוֹלִי. תִּהְיֶֽינָה אָזְנֶֽיךָ קַשֻּׁבוֹת לְקוֹל תַּחֲנוּנָי:

אִם עֲוֹנוֹת תִּשְׁמָר־יָהּ אֲדֹנָי מִי יַעֲמֹד:

כִּי־עִמְּךָ הַסְּלִיחָה לְמַֽעַן תִּוָּרֵא:

קִוִּֽיתִי יְיָ קִוְּתָה נַפְשִׁי וְלִדְבָרוֹ הוֹחָֽלְתִּי:

נַפְשִׁי לַאדֹנָי מִשֹּׁמְרִים לַבֹּֽקֶר שֹׁמְרִים לַבֹּֽקֶר:

יַחֵל יִשְׂרָאֵל אֶל־יְיָ. כִּי־עִם־יְיָ הַחֶֽסֶד וְהַרְבֵּה עִמּוֹ פְדוּת:

וְהוּא יִפְדֶּה אֶת־יִשְׂרָאֵל מִכֹּל עֲוֹנוֹתָיו:

Out of the depths I call to You, O Lord.
Hear my cry, O Lord;
Be attentive to my plea.

If You kept account of all sins,
O Lord, who could survive?

But with You there is forgiveness;
Therefore we revere You.

I wait for the Lord with all my being,
With hope I await God's word.

My soul yearns for the Lord
More anxiously than watchmen yearn for the dawn.

O Israel, put your hope in the Lord,
For the Lord is abundantly kind.

Great is the Lord's power to redeem;
May God redeem our people from all their iniquities.

Psalm 130

Forgiving

Ribono shel olam,
I hereby forgive
Whoever has hurt me,
And whoever has done me any wrong;
Whether deliberately or accidentally,
Whether by word or by deed.

May no one be punished on my account.
May it be Your will,
O Lord my God and God of my ancestors,
That I sin no more,
That I not revert to my old ways,
That I not anger You any more with my actions,
And that I not do that which is evil in Your sight.

Wipe away my sins
With Your great compassion,
Rather than through sickness or suffering.
May these words of my mouth
And the prayers that are in my heart
Be acceptable before You, O Lord,
My Rock and my Redeemer.

Medieval prayer, adapted by Jack Riemer

Seek the Lord while the Lord may be found;
Call upon the Lord while the Lord is near.

Let the wicked abandon their ways,
And the evil their designs.

Let them return to the Lord,
Who will have mercy upon them;

Let them return to our God,
Who is ever ready to forgive.

Based on Isaiah 55:6-7

To serve You in truth

Eternal God, source of hope in every generation,
Source of strength to those who seek You,
Grant us, we pray, a clearer vision of Your truth,
A greater faith in Your redeeming power,
And a more confident assurance of Your sustaining love.

When the path before us seems dark,
Help us to walk trustingly;
When Your presence seems hidden,
Help us to hold fast to Your commandments;

When insight falters, let loyalty stand firm;
When courage wavers, let conviction remain steadfast;
When faith is weak, let love prevail.

Speak to us again with the still small voice of Your spirit,
And purify our hearts to serve You in truth.

May we speak the truth

O Lord our God, many are the evasions and deceits which we practice upon others and upon ourselves.

We long to speak and hear truth only, yet time and again, from fear of loss or hope of gain, from dull habit or cruel deliberation, we speak half-truths, we twist facts, we are silent when others lie, and we lie to ourselves.

But we stand now before You, and our words and our thoughts speed to One who knows them before we utter them. We know we cannot lie in Your presence.

May our worship teach us to practice truth in speech and in thought before You, and before one another.

Chaim Stern

We stand before our God

Read in the Synagogues of Germany, Kol Nidre Eve 1935

In this hour all Israel stands before God, the Judge and Forgiver. In God's presence let us all examine our ways, our deeds, and what we have failed to do.

Where we transgressed, let us openly confess:
"We have sinned!"
Determined to return to God, let us pray: "Forgive us."
We confess our sins; the sins of the individual
and the sins of the community.

We express our contempt for the lies concerning us and the defamation of our religion and its testimonies. We have trust in our faith and in our future.

Who made known to the world the mystery of the Eternal, the One God? Who imparted to the world the comprehension of purity of conduct and purity of family life?

Who taught the world respect for the human being, created in the image of God? Who spoke of the commandment of righteousness of social justice?

In all this we see manifest the spirit of the prophets, the divine revelation to the Jewish people. It grew out of our faith and it is still growing.

We stand before our God, on whom we rely. From God issue the truth and the glory of our history, our fortitude amidst all changes of fortune, our endurance in distress.

Our history is a history of nobility of soul, of human dignity. It is a history to which we have recourse when attack and grievous wrong are directed against us, when affliction and calamity befall us.

God has led our ancestors from generation to generation. God will guide us and our children through these days. We stand before our God, strengthened by the commandments that we fulfill.

We bow to God and stand erect before mortals. We worship God and remain firm in all vicissitudes. Humbly we trust in God and our path lies clear before us; we see our future.

All Israel stands before God in this hour. In our prayers, in our hope, in our confession, we are one with all Jews on earth. We look upon each other and know who we are; we look up to our God and know what shall abide.

Leo Baeck (adapted)

A meditation before Kol Nidre

Eternal God, who calls us to repentance, we are grateful for the opportunity to answer Your call, to forsake our sins, and to turn to You with all our hearts.

Yet we know that repentance is difficult. We know that there have been times when we resolved to mend our ways and did not succeed.

Even the admission that we have done wrong does not come easily: our pride is as tall as the mountains; our vanity is as wide as the sea; and excuses abound.

But before You there are no secrets. To You all stands revealed. Our pettiness and our greed, our selfishness and our weakness, our running to do evil and our limping to do good—all these are known to You.

On this night of atonement, we yearn to become better than we have been. For You, O Lord, have given us the great gift of atonement, enabling individuals and communities to return to You and to do Your will.

Open our hearts to the call of this sacred night, so that the words of our prayers may remain with us to renew us and to refine us. May our deeds make us worthy to hear Your divine assurance, "*Salaḥti*—I have forgiven."

אוֹר זָרֻעַ לַצַּדִּיק וּלְיִשְׁרֵי־לֵב שִׂמְחָה׃

Or zarua la-tzadik, ul-yish-rey leyv simḥah.

Light is sown for the righteous, joy for the upright in heart.

Reader:

בִּישִׁיבָה שֶׁל מַעֲלָה. וּבִישִׁיבָה שֶׁל מַטָּה.

עַל דַּעַת הַמָּקוֹם. וְעַל דַּעַת הַקָּהָל.

אָנוּ מַתִּירִין לְהִתְפַּלֵּל עִם הָעֲבַרְיָנִים:

כָּל נִדְרֵי וֶאֱסָרֵי וַחֲרָמֵי וְקוֹנָמֵי וְכִנּוּיֵי וְקִנּוּסֵי וּשְׁבוּעוֹת

דִּנְדַרְנָא וּדְאִשְׁתְּבַעְנָא וּדְאַחֲרִימְנָא

וְדִאֲסַרְנָא עַל נַפְשָׁתָנָא

מִיּוֹם כִּפֻּרִים *שֶׁעָבַר עַד יוֹם כִּפֻּרִים זֶה

הַבָּא עָלֵינוּ לְטוֹבָה

כֻּלְּהוֹן אִחֲרַטְנָא בְהוֹן. כֻּלְּהוֹן יְהוֹן שָׁרָן.

שְׁבִיקִין. שְׁבִיתִין. בְּטֵלִין וּמְבֻטָּלִין.

לָא שְׁרִירִין וְלָא קַיָּמִין:

נִדְרָנָא לָא נִדְרֵי. וֶאֱסָרָנָא לָא אֱסָרֵי.

וּשְׁבוּעָתָנָא לָא שְׁבוּעוֹת:

Kol nidrey ve-esarey va-ḥa-ramey v'konamey v'ḥinu-yey v'kinusey u-sh'vuot, di-n'darna u-d'ish-t'vana, u-d'aḥ-rimna, v'di-asarna al naf-sha-tana mi-yom kipurim sheh-avar ad yom kipurim zeh ha-ba aleynu l'tovah, kol-hon iḥ-ratna v'hon, kol-hon y'hon sharan. Sh'vikin, sh'vitin, b'teylin u-m'vutalin, la sh'ririn v'la ka-yamin. Nidrana la nidrey, ve-esarana la esarey, u-sh'vuatana la sh'vuot.

* [וְזֶה עַד יוֹם כִּפֻּרִים]

TO CONVENE AND CONSENT

By the authority of the heavenly court
And by the authority of this earthly court,
With Divine consent
And with the consent of this congregation,
We hereby declare it permissible
To pray with those who have transgressed.

Kol Nidre

All vows, oaths, and promises which we made to God
And were not able to fulfill—
From last Yom Kippur to this Yom Kippur—
May all such vows between ourselves and God be annulled.
May they be void and of no effect.
May we be absolved of them and released from them.
May these vows not be considered vows,
These oaths not be considered oaths,
And these promises not be considered promises.

TO SEEK ATONEMENT

For transgressions between a human being and God, repentance on Yom Kippur brings atonement. For transgressions between one human being and another, Yom Kippur brings no atonement until the injured party is reconciled.

Mishnah, Yoma 8:9

Reader and congregation:

וְנִסְלַח לְכָל־עֲדַת בְּנֵי יִשְׂרָאֵל וְלַגֵּר הַגָּר בְּתוֹכָם.
כִּי לְכָל־הָעָם בִּשְׁגָגָה:

Reader:

סְלַח־נָא לַעֲוֹן הָעָם הַזֶּה כְּגֹדֶל חַסְדֶּךָ
וְכַאֲשֶׁר נָשָׂאתָה לָעָם הַזֶּה מִמִּצְרַיִם וְעַד־הֵנָּה:
וְשָׁם נֶאֱמַר.

Congregation:

וַיֹּאמֶר יְיָ סָלַחְתִּי כִּדְבָרֶךָ:

Reader, followed by congregation:

בָּרוּךְ אַתָּה יְיָ אֱלֹהֵינוּ מֶלֶךְ הָעוֹלָם
שֶׁהֶחֱיָנוּ וְקִיְּמָנוּ וְהִגִּיעָנוּ לַזְּמַן הַזֶּה:

Reader and congregation:

May forgiveness be granted to the whole congregation of Israel and to the stranger in their midst, for all the people have transgressed unwittingly. Numbers 15:26

Reader:

In Your unbounded mercy, forgive the sin of this people, as You have ever forgiven our people from the days of Egypt until now.

Numbers 14:19

Congregation:

And the Lord said:
"I have pardoned them as you have asked." Numbers 14:20

Reader, followed by congregation:

Praised are You, Lord our God, Ruler of the universe, who has kept us in life, sustained us, and enabled us to reach this season.

Baruḥ ata Adonai, Eloheynu meleḥ ha-olam,
sheh-heh-ḥeh-yanu, v'kiy'manu, v'higi-anu la-z'man ha-zeh.

On this night of atonement

O God of forgiveness,
on this night of atonement we come before You,
haunted by memories of duties unperformed,
of promptings disobeyed, of beckonings ignored.

We confess
that there were opportunities for kindness and service
which we allowed to pass by in the year just ended.

We are ashamed
of sins committed with evil intent,
as well as of follies committed unwittingly,
or even with good intentions.

Make us honest enough to recognize our transgressions,
big enough to admit them, strong enough to forsake them.

Humble us by showing us what we are;
exalt us with a vision of what we may yet grow to be.

Keep us ever mindful of our dependence upon You,
and help us to understand Your need of us.

United with You in a holy partnership,
may we dedicate our lives to Your law of love.

Help us to create homes filled with joy and harmony,
and to labor for peace among communities and nations.

On this sacred night, grant us atonement,
and help us to find serenity within ourselves.

Kindle within us the fires of faith,
and set aglow our courage to live the words we pray.

All vows

All vows, promises, and commitments made in Your presence—
May we be given the strength to keep them:

Our vows to ourselves, commitments to self-discipline—
May we take our own lives seriously enough to heed them,
Honoring our resolves in the way we eat and drink,
The way we work and rest, the way we regulate our lives.

Commitments made to loved ones and friends,
Pledges made to worthwhile causes—
Help us to become as compassionate and generous
As we sought to be at those noble moments.

The promises we made to worship and to study—
We meant them when we made them,
But distractions were many, and our wills were weak.
This time, may we be strong enough;
May our better selves prevail.

Promises made in the synagogue by young people
Who glimpsed what life as Jews might hold in store for them—
May devotion and idealism be with them all their days.

Our marriage vows—may they endure
Through dark days and through dull days,
Through fatigue and through frustration—
May our love prove strong and our faith firm.

O God, we meant the promises we made
To You, to each other, and to ourselves,
Even as we mean the vows we silently make tonight.

Reach down to us as we strive to reach up toward You;
Give us the strength and self-respect, the fidelity and vision,
To grow to become the people we have sworn to be.

All worthy vows and commitments which we make
From this Yom Kippur until the next—
May we be faithful enough and firm enough to keep them.

Harold Kushner (adapted)

Every word for the sake of Heaven

Sovereign of the universe, God of mercy and compassion,
May it be Your will this day and every day,
That I guard my mouth and my tongue
From stumbling into sinful speech.

Keep me from the sin of gossip, as the Torah says:
"You shall not carry a false report."

Keep me also from the sin of talebearing, as the Torah says:
"You shall not go about as a talebearer among your people."

May I be careful never to speak against a single person,
And, surely, never to speak against the house of Israel.

Keep me from the grievous sin of speaking
Against the ways of the Holy One, who is blessed.

Keep me from speaking falsehood, as the Torah says:
"From every false matter, keep far away."

Keep me from flattery, frivolity, and deception,
From humiliating another human being with words.

May my words be free from pride;
May they never be spoken in anger.

May every word that I speak, and every deed I perform
Be uttered and done for the sake of Heaven.

Based on a prayer by the Ḥafetz Ḥayyim

מִזְמוֹר שִׁיר לְיוֹם הַשַּׁבָּת:

טוֹב לְהֹדוֹת לַייָ   וּלְזַמֵּר לְשִׁמְךָ עֶלְיוֹן:

לְהַגִּיד בַּבֹּקֶר חַסְדֶּךָ   וֶאֱמוּנָתְךָ בַּלֵּילוֹת:

עֲלֵי־עָשׂוֹר וַעֲלֵי־נָבֶל   עֲלֵי הִגָּיוֹן בְּכִנּוֹר:

כִּי שִׂמַּחְתַּנִי יְיָ בְּפָעֳלֶךָ   בְּמַעֲשֵׂי יָדֶיךָ אֲרַנֵּן:

מַה־גָּדְלוּ מַעֲשֶׂיךָ יְיָ   מְאֹד עָמְקוּ מַחְשְׁבֹתֶיךָ:

אִישׁ־בַּעַר לֹא יֵדָע   וּכְסִיל לֹא־יָבִין אֶת־זֹאת:

בִּפְרֹחַ רְשָׁעִים כְּמוֹ־עֵשֶׂב   וַיָּצִיצוּ כָּל־פֹּעֲלֵי אָוֶן

לְהִשָּׁמְדָם עֲדֵי־עַד:

וְאַתָּה מָרוֹם לְעֹלָם יְיָ:

כִּי הִנֵּה אֹיְבֶיךָ יְיָ   כִּי־הִנֵּה אֹיְבֶיךָ יֹאבֵדוּ

יִתְפָּרְדוּ כָּל־פֹּעֲלֵי אָוֶן:

וַתָּרֶם כִּרְאֵים קַרְנִי   בַּלֹּתִי בְּשֶׁמֶן רַעֲנָן:

וַתַּבֵּט עֵינִי בְּשׁוּרָי   בַּקָּמִים עָלַי מְרֵעִים

תִּשְׁמַעְנָה אָזְנָי:

צַדִּיק כַּתָּמָר יִפְרָח   כְּאֶרֶז בַּלְּבָנוֹן יִשְׂגֶּה:

שְׁתוּלִים בְּבֵית יְיָ   בְּחַצְרוֹת אֱלֹהֵינוּ יַפְרִיחוּ:

עוֹד יְנוּבוּן בְּשֵׂיבָה   דְּשֵׁנִים וְרַעֲנַנִּים יִהְיוּ:

לְהַגִּיד כִּי־יָשָׁר יְיָ   צוּרִי וְלֹא־עַוְלָתָה בּוֹ:

Tzadik ka-tamar yif-raḥ,   k'erez ba-l'vanon yis-geh.
Sh'tulim b'veyt Adonai,   b'ḥatz-rot Eloheynu yaf-riḥu.
Od y'nu-vun b'sey-va,   d'shey-nim v'ra-a-nanim yi-h'yu.
L'hagid ki ya-shar Adonai,   tzuri v'lo av-lata bo.

THE SABBATH PSALM

It is good to thank You, O Lord,
To sing praises to Your name,

To proclaim Your love every morning,
And Your faithfulness every night.

To the sound of the ten-string lyre,
With the music of the lute and harp.

Your works, O Lord, bring me gladness;
Of Your deeds, I joyously sing.

How great are Your deeds, O Lord;
How profound are Your designs.

The superficial cannot comprehend,
The foolish cannot grasp this:

Though the wicked may thrive like grass,
And doers of evil seem to flourish,

Yet their doom is sure to come,
For Yours is the ultimate triumph.

Those who oppose You shall be destroyed;
Workers of evil are sure to be routed.

You have given me extraordinary power;
I am like one who has been anointed.

I see the defeat of my foes,
I hear the doom of my enemies.

The righteous will grow strong like the palm tree,
They will thrive like the cedar of Lebanon.

Planted in the house of the Lord,
They will flourish in the courts of our God.

They will bear fruit even in old age,
They will remain vital and vigorous,

Proclaiming that the Lord is just,
My Rock, in whom there is no unrighteousness. *Psalm 92*

As we praise God's greatness and might in the "Sabbath Psalm," we look forward, with the Psalmist, to the day when the righteous will flourish, when all of God's children will live in harmony and justice, and when the spirit of Shabbat, symbol of a perfected world, will inspire all human conduct. *(Ben Saul)*

GOD RULES SUPREME

On Shabbat:

יְיָ מָלָךְ גֵּאוּת לָבֵשׁ   לָבֵשׁ יְיָ עֹז הִתְאַזָּר
אַף־תִּכּוֹן תֵּבֵל בַּל־תִּמּוֹט:
נָכוֹן כִּסְאֲךָ מֵאָז   מֵעוֹלָם אָתָּה:
נָשְׂאוּ נְהָרוֹת יְיָ   נָשְׂאוּ נְהָרוֹת קוֹלָם
יִשְׂאוּ נְהָרוֹת דָּכְיָם:
מִקֹּלוֹת מַיִם רַבִּים   אַדִּירִים מִשְׁבְּרֵי־יָם
אַדִּיר בַּמָּרוֹם יְיָ:
עֵדֹתֶיךָ נֶאֶמְנוּ מְאֹד   לְבֵיתְךָ נַאֲוָה־קֹּדֶשׁ
יְיָ לְאֹרֶךְ יָמִים:

You, O Lord, are Sovereign, crowned with majesty,
Adorned with splendor, supreme in strength.

You established the earth securely;
You created a world that stands firm.

Your throne is established from of old;
You are eternal.

The rivers lift up their voice,
They raise a mighty roar.

The mighty breakers of the sea declare,
"God rules supreme."

Your decrees are dependable;
Holiness befits Your creation;
You are the Lord of eternity.

Psalm 93

Mourner's Kaddish, page 482, may be recited.

We acclaim God in song and prayer

The God who calls us to repentance
Is the God we acclaim in song and prayer.

It is God who gives meaning to our lives,
Guiding us through darkness and light.
To God we lift our voices, in hope and thanksgiving.

Lord, Your word brings on the evening twilight;
The heavens proclaim Your glory;

And we, Your creatures on earth,
Behold in wonder Your endless miracles.

Help us to recognize Your guiding power
In distant galaxies and in our own souls.

Teach us Your law of righteousness and love
So that Your spirit may govern our lives.

Source of peace, bless our worship;
May our meditations find favor in Your sight.

May our gratitude for Your wonders
Lead us, in love, to Your service,

So that, like the changing seasons, the days, the nights,
Our lives, too, will proclaim Your glory.

Amen.

Reader:

בָּרְכוּ אֶת־יְיָ הַמְבֹרָךְ:

Congregation and Reader:

בָּרוּךְ יְיָ הַמְבֹרָךְ לְעוֹלָם וָעֶד:

Baruḥ Adonai ha-m'voraḥ l'olam va-ed.

בָּרוּךְ אַתָּה יְיָ אֱלֹהֵינוּ מֶלֶךְ הָעוֹלָם אֲשֶׁר בִּדְבָרוֹ מַעֲרִיב עֲרָבִים בְּחָכְמָה פּוֹתֵחַ שְׁעָרִים וּבִתְבוּנָה מְשַׁנֶּה עִתִּים וּמַחֲלִיף אֶת־הַזְּמַנִּים וּמְסַדֵּר אֶת־הַכֹּכָבִים בְּמִשְׁמְרֹתֵיהֶם בָּרָקִיעַ כִּרְצוֹנוֹ. בּוֹרֵא יוֹם וָלָיְלָה גּוֹלֵל אוֹר מִפְּנֵי חֹשֶׁךְ וְחֹשֶׁךְ מִפְּנֵי אוֹר. וּמַעֲבִיר יוֹם וּמֵבִיא לָיְלָה וּמַבְדִּיל בֵּין יוֹם וּבֵין לָיְלָה. יְיָ צְבָאוֹת שְׁמוֹ. אֵל חַי וְקַיָּם תָּמִיד יִמְלוֹךְ עָלֵינוּ לְעוֹלָם וָעֶד. בָּרוּךְ אַתָּה יְיָ הַמַּעֲרִיב עֲרָבִים:

Baruḥ ata Adonai, Eloheynu meleḥ ha-olam,
Asher bi-d'varo ma-ariv aravim,
B'ḥoḥma potey-aḥ sh'arim u-vitvuna m'shaneh itim,
U-maḥa-lif et ha-z'manim u-m'sadeyr et ha-koḥavim
B'mish-m'ro-teyhem ba-rakia kir-tzono.
Borey yom va-laila,
Goleyl ohr mipney ḥo-sheḥ v'ḥo-sheḥ mipney ohr.
U-ma-avir yom u-meyvi laila,
U-mavdil beyn yom u-veyn laila,
Adonai tz'va-ot sh'mo.
Eyl ḥai v'ka-yam tamid yimloḥ aleynu l'olam va-ed,
Baruḥ ata Adonai, ha-ma-ariv aravim.

BARḤU: The call to worship

Reader:

Praise the Lord, Source of all blessing.

Congregation and Reader:

Praised be the Lord, Source of all blessing, forever.

MAARIV ARAVIM: Lord of night and day

Praised are You, Lord our God, Ruler of the universe,
Whose word brings on the dusk of evening.

Your wisdom opens the gates of dawn;
Your understanding regulates time and seasons.

The stars above follow their appointed rounds,
In response to Your divine will.

You create day and night;
You alternate darkness and light.

You remove the day and bring on the night;
You separate one from the other.

We call You "Lord of heavenly hosts";
You are our living God.

May You rule over us as You rule over nature;
Praised are You, O Lord, who brings the evening dusk.

AHAVAT OLAM: God's love expressed through Torah

אַהֲבַת עוֹלָם בֵּית יִשְׂרָאֵל עַמְּךָ אָהָבְתָּ. תּוֹרָה וּמִצְוֹת
חֻקִּים וּמִשְׁפָּטִים אוֹתָנוּ לִמַּדְתָּ. עַל־כֵּן יְיָ אֱלֹהֵינוּ בְּשָׁכְבֵנוּ
וּבְקוּמֵנוּ נָשִׂיחַ בְּחֻקֶּיךָ. וְנִשְׂמַח בְּדִבְרֵי תוֹרָתֶךָ וּבְמִצְוֹתֶיךָ
לְעוֹלָם וָעֶד. כִּי הֵם חַיֵּינוּ וְאֹרֶךְ יָמֵינוּ וּבָהֶם נֶהְגֶּה יוֹמָם
וָלָיְלָה. וְאַהֲבָתְךָ אַל תָּסִיר מִמֶּנּוּ לְעוֹלָמִים. בָּרוּךְ אַתָּה
יְיָ אוֹהֵב עַמּוֹ יִשְׂרָאֵל:

With everlasting love You have loved Your people Israel, teaching us the Torah and its *Mitzvot*, instructing us in its laws and judgments.

Therefore, O Lord our God, when we lie down and when we rise up we shall speak of Your commandments and rejoice in Your Torah and *Mitzvot*.

For they are our life and the length of our days; on them we will meditate day and night. May Your love never depart from us. Praised are You, O Lord, who loves Your people Israel.

Ahavat olam beyt yisrael am-ḥa ahavta,
Torah u-mitzvot, ḥukim u-mish-patim otanu limad'ta.
Al keyn Adonai Eloheynu,
B'shoḥ-beynu u-v'ku-meynu nasi-aḥ b'ḥukeḥa,
V'nismaḥ b'divrey torateḥa u-v'mitz-voteḥa l'olam va-ed.
Ki heym ḥa-yeynu v'oreḥ ya-meynu,
U-va-hem neh-geh yomam va-laila.
V'aha-vat-ḥa al tasir mimenu l'olamim,
Baruḥ ata Adonai, oheyv amo yisrael.

Let us commit our hearts and might
to accept, in love, the sovereignty of Heaven,
to do that which is expected of us,
to live the Covenant day and night.

"HEAR"

Let no egotism, personal or national, seal our ears
to the cry for compassion
or to the voice of divine command.

"O ISRAEL"

We are linked by a bond we are not free to break.
We are of the covenant people whose ancestors
heard God's voice, whose prophets beheld God in visions.
We have been compared to the lamb,
torn by vicious wolves,
and to the lion, unafraid to walk alone among the peoples.

"THE LORD OUR GOD"

In a pagan world, which treated nature as divine
and adored gods with the vices of mortals,
our people stood apart, witnesses to a daring faith;
The God of holiness, who loves us,
demands justice and mercy,
and will, one day, be the God of all humanity.

"THE LORD IS ONE"

The universe,
its diversity, complexity, and seeming contradictions,
all derive from one source, the One Creator.
People, unlike by history, race, and temperament,
are yet of one family, the children of One Parent.
God is our King, whose kingship is not in a far-off age.
It is in us, and upon us, if we will now accept its yoke.

Nahum Waldman (adapted)

שְׁמַע יִשְׂרָאֵל יְהוָה אֱלֹהֵינוּ יְהוָה אֶחָד:

Aloud:

בָּרוּךְ שֵׁם כְּבוֹד מַלְכוּתוֹ לְעוֹלָם וָעֶד:

וְאָהַבְתָּ אֵת יְהוָה אֱלֹהֶיךָ בְּכָל־לְבָבְךָ וּבְכָל־נַפְשְׁךָ
וּבְכָל־מְאֹדֶךָ: וְהָיוּ הַדְּבָרִים הָאֵלֶּה אֲשֶׁר אָנֹכִי מְצַוְּךָ
הַיּוֹם עַל־לְבָבֶךָ: וְשִׁנַּנְתָּם לְבָנֶיךָ וְדִבַּרְתָּ בָּם בְּשִׁבְתְּךָ
בְּבֵיתֶךָ וּבְלֶכְתְּךָ בַדֶּרֶךְ וּבְשָׁכְבְּךָ וּבְקוּמֶךָ: וּקְשַׁרְתָּם
לְאוֹת עַל־יָדֶךָ וְהָיוּ לְטֹטָפֹת בֵּין עֵינֶיךָ: וּכְתַבְתָּם עַל־
מְזֻזוֹת בֵּיתֶךָ וּבִשְׁעָרֶיךָ:

Shema Yisrael, Adonai Eloheynu, Adonai Eḥad.

Baruḥ sheym k'vod mal-ḥuto l'olam va-ed.

V'ahavta eyt Adonai Eloheḥa
B'ḥol l'vavḥa, u-v'ḥol naf-sh'ḥa, u-v'ḥol m'odeḥa.
V'ha-yu ha-d'varim ha-eyleh
Asher anoḥi m'tza-v'ḥa ha-yom al l'va-veḥa.
V'shi-nan-tam l'va-neḥa v'dibarta bam
B'shiv-t'ḥa b'vey-teḥa, u-v'leḥ-t'ḥa va-dereḥ,
U-v'shoḥ-b'ḥa u-v'ku-meḥa.
U-k'shar-tam l'ot al ya-deḥa,
V'ha-yu l'totafot beyn eyneḥa.
U-ḥ'tav-tam al m'zuzot bey-teḥa u-vish-areḥa.

Hear, O Israel: the Lord is our God, the Lord is One.

Aloud:

Praised be God's glorious sovereignty for ever and ever.

V'AHAVTA: You shall love the Lord

You shall love the Lord your God with all your heart, with all your soul, with all your might. You shall take to heart these words which I command you this day. You shall teach them diligently to your children, speaking of them when you are at home and when you are away, when you lie down at night and when you rise up in the morning. You shall bind them as a sign upon your arm, and they shall be a reminder above your eyes. You shall inscribe them on the doorposts of your homes and on your gates.

Deuteronomy 6:4-9

THE SHEMA: A call to witness

In the Torah scroll, the word *"Sh'ma"* is written with an enlarged final *ayin* (ע); and the word *"Eḥad"* with an enlarged final *daled* (ד). These two letters form the Hebrew word עֵד *(Eyd)* which means "witness."

Whenever we recite the *Sh'ma*, we are responding to the Divine call: You are My witnesses, *Atem Eydai* (Isaiah 43:10); and we are reminded of our vocation to be God's "witnesses"—in both our personal and collective lives. *(Ben Saul)*

V'AHAVTA: You shall love the Lord

Whether a person really loves God can be determined by the love which that person bears toward others. *(Levi Yitzḥak of Berditchev)*

In Judaism, love of God is never a mere feeling; it belongs to the sphere of ethical action. *(Leo Baeck)*

וְהָיָה אִם־שָׁמֹעַ תִּשְׁמְעוּ אֶל־מִצְוֺתַי אֲשֶׁר אָנֹכִי מְצַוֶּה אֶתְכֶם
הַיּוֹם לְאַהֲבָה אֶת־יְהוָֹה אֱלֹהֵיכֶם וּלְעָבְדוֹ בְּכָל־לְבַבְכֶם
וּבְכָל־נַפְשְׁכֶם: וְנָתַתִּי מְטַר־אַרְצְכֶם בְּעִתּוֹ יוֹרֶה וּמַלְקוֹשׁ
וְאָסַפְתָּ דְגָנֶךָ וְתִירֹשְׁךָ וְיִצְהָרֶךָ: וְנָתַתִּי עֵשֶׂב בְּשָׂדְךָ לִבְהֶמְתֶּךָ
וְאָכַלְתָּ וְשָׂבָעְתָּ: הִשָּׁמְרוּ לָכֶם פֶּן־יִפְתֶּה לְבַבְכֶם וְסַרְתֶּם
וַעֲבַדְתֶּם אֱלֹהִים אֲחֵרִים וְהִשְׁתַּחֲוִיתֶם לָהֶם: וְחָרָה אַף־יְהוָֹה
בָּכֶם וְעָצַר אֶת־הַשָּׁמַיִם וְלֹא־יִהְיֶה מָטָר וְהָאֲדָמָה לֹא תִתֵּן
אֶת־יְבוּלָהּ וַאֲבַדְתֶּם מְהֵרָה מֵעַל הָאָרֶץ הַטֹּבָה אֲשֶׁר יְהוָֹה
נֹתֵן לָכֶם: וְשַׂמְתֶּם אֶת־דְּבָרַי אֵלֶּה עַל־לְבַבְכֶם וְעַל־נַפְשְׁכֶם
וּקְשַׁרְתֶּם אֹתָם לְאוֹת עַל־יֶדְכֶם וְהָיוּ לְטוֹטָפֹת בֵּין עֵינֵיכֶם:
וְלִמַּדְתֶּם אֹתָם אֶת־בְּנֵיכֶם לְדַבֵּר בָּם בְּשִׁבְתְּךָ בְּבֵיתֶךָ
וּבְלֶכְתְּךָ בַדֶּרֶךְ וּבְשָׁכְבְּךָ וּבְקוּמֶךָ: וּכְתַבְתָּם עַל־מְזוּזוֹת בֵּיתֶךָ
וּבִשְׁעָרֶיךָ: לְמַעַן יִרְבּוּ יְמֵיכֶם וִימֵי בְנֵיכֶם עַל הָאֲדָמָה אֲשֶׁר
נִשְׁבַּע יְהוָֹה לַאֲבֹתֵיכֶם לָתֵת לָהֶם כִּימֵי הַשָּׁמַיִם עַל־הָאָרֶץ:

Do not be like servants who serve their master for the sake of receiving a reward; be rather like servants who devotedly serve their master with no thought of a reward; and may the awe of God be upon you.

(Pirkey Avot 1:3)

The reward for a good deed is another good deed; and the penalty for a transgression is another transgression. *(Pirkey Avot 4:2)*

If you think of reward, you think of yourself, not God. *(Salanter)*

The main purpose of the *Mitzvot* performed through physical action is to make us sensitive to those *Mitzvot* performed with the heart and mind, which are the pillars of the service of God. *(Baḥya)*

KEEP THESE WORDS

If you will faithfully obey the commandments which I command you this day, to love the Lord your God and to serve the Lord with all your heart and all your soul, then I will favor your land with rain at the proper season, in autumn and in spring; and you will harvest your grain and wine and oil. I will give grass in the fields for your cattle. You will eat and be satisfied.

Take care not to be lured away to worship other gods. For then the wrath of the Lord will be directed against you: The heavens will close and there will be no rain; the earth will not yield its produce; and you will soon perish from the good land which the Lord gave you.

Therefore, keep these words of Mine in your heart and in your soul. Bind them as a sign upon your arm, and let them be a reminder above your eyes. Teach them to your children, speaking of them when you are at home and when you are away, when you lie down at night and when you rise up in the morning. Write them upon the doorposts of your homes and upon your gates. Thus your days and the days of your children will be multiplied on the land which the Lord promised to your ancestors for as long as the heavens remain over the earth.

Deuteronomy 11:13-21

It is not enough to serve God in anticipation of future reward. One must do right and avoid wrong because as a human being one is obliged to seek perfection. *(Maimonides)*

Rejoice so greatly in performing a *Mitzvah* that you will desire no other reward than the opportunity to perform another *Mitzvah!* *(Naḥman of Bratzlav)*

Rav Aḥa said: God has made uncertain the reward of those who perform the commandments of the Torah so that we might perform them in fidelity. *(Talmud Yerushalmi, Peah)*

וַיֹּאמֶר יְהוָֹה אֶל־מֹשֶׁה לֵּאמֹר: דַּבֵּר אֶל־בְּנֵי יִשְׂרָאֵל
וְאָמַרְתָּ אֲלֵהֶם וְעָשׂוּ לָהֶם צִיצִת עַל־כַּנְפֵי בִגְדֵיהֶם
לְדֹרֹתָם וְנָתְנוּ עַל־צִיצִת הַכָּנָף פְּתִיל תְּכֵלֶת: וְהָיָה
לָכֶם לְצִיצִת וּרְאִיתֶם אֹתוֹ וּזְכַרְתֶּם אֶת־כָּל־מִצְוֹת יְהוָֹה
וַעֲשִׂיתֶם אֹתָם וְלֹא תָתוּרוּ אַחֲרֵי לְבַבְכֶם וְאַחֲרֵי עֵינֵיכֶם
אֲשֶׁר־אַתֶּם זֹנִים אַחֲרֵיהֶם: לְמַעַן תִּזְכְּרוּ וַעֲשִׂיתֶם אֶת־
כָּל־מִצְוֹתָי וִהְיִיתֶם קְדֹשִׁים לֵאלֹהֵיכֶם: אֲנִי יְהוָֹה אֱלֹהֵיכֶם
אֲשֶׁר הוֹצֵאתִי אֶתְכֶם מֵאֶרֶץ מִצְרַיִם לִהְיוֹת לָכֶם
לֵאלֹהִים אֲנִי יְהוָֹה אֱלֹהֵיכֶם: *Reader* יְהוָֹה אֱלֹהֵיכֶם אֱמֶת:

TO SEE, TO REMEMBER, AND TO OBSERVE!

The Lord said to Moses: "Speak to the Children of Israel, and bid them to make fringes in the corners of their garments throughout their generations, putting upon the fringe of each corner a thread of blue.

"When you look upon the fringe you will be reminded of all the commandments of the Lord and obey them. You will not be led astray by the inclination of your heart or by the attraction of your eyes.

"Thus will you be reminded to fulfill all My commandments and be consecrated to your God. I am the Lord your God who brought you out of the land of Egypt to be your God. I, the Lord, am your God."

Numbers 15:37–41

And seeing them, recall

The Children of Israel were taught by Moses
New laws, new ways,
An ethos unknown to Canaan and Babylon
And pagans of other lands.

Remember them, he said out of his mighty vision,
Always; fulfill them;
Be not led astray by temptation or evil desire.

To that end sew fringes on your garments
With thread of blue,
And seeing them, recall the laws and commandments.

Think of them as true and firm,
Ever enduring, constant, right,
Beloved, precious, fearful, mighty,
Cherished, treasured, good, and beautiful;

And as a sweet remembrance of our ancestors,
For your children,
And your children's children,
And of the Children of Israel,

That they may live to the end of days;
Sew fringes of blue on your garments;
Remember the teachings,
The visions of Moses.

Emil Weitzner

The fringes are the sign

In antiquity, slaves carried on their persons the seals of their masters. The fringes are the sign and "seal" of our submission to the will of the Holy One.

Tosafot, Menaḥot 43b

אֱמֶת וֶאֱמוּנָה כָּל־זֹאת וְקַיָּם עָלֵינוּ כִּי הוּא יְיָ אֱלֹהֵינוּ וְאֵין זוּלָתוֹ וַאֲנַחְנוּ יִשְׂרָאֵל עַמּוֹ הַפּוֹדֵנוּ מִיַּד מְלָכִים מַלְכֵּנוּ הַגּוֹאֲלֵנוּ מִכַּף כָּל־הֶעָרִיצִים הָאֵל הַנִּפְרָע לָנוּ מִצָּרֵינוּ וְהַמְשַׁלֵּם גְּמוּל לְכָל־אוֹיְבֵי נַפְשֵׁנוּ: הָעֹשֶׂה גְדֹלוֹת עַד אֵין חֵקֶר וְנִפְלָאוֹת עַד אֵין מִסְפָּר: הַשָּׂם נַפְשֵׁנוּ בַּחַיִּים וְלֹא נָתַן לַמּוֹט רַגְלֵנוּ: הַמַּדְרִיכֵנוּ עַל בָּמוֹת אוֹיְבֵינוּ וַיָּרֶם קַרְנֵנוּ עַל כָּל־שׂנְאֵינוּ: הָעֹשֶׂה לָּנוּ נִסִּים וּנְקָמָה בְּפַרְעֹה אוֹתוֹת וּמוֹפְתִים בְּאַדְמַת בְּנֵי חָם הַמַּכֶּה בְעֶבְרָתוֹ כָּל־בְּכוֹרֵי מִצְרָיִם וַיּוֹצֵא אֶת עַמּוֹ יִשְׂרָאֵל מִתּוֹכָם לְחֵרוּת עוֹלָם: הַמַּעֲבִיר בָּנָיו בֵּין גִּזְרֵי יַם־סוּף אֶת רוֹדְפֵיהֶם וְאֶת שׂוֹנְאֵיהֶם בִּתְהוֹמוֹת טִבַּע. וְרָאוּ בָנָיו גְּבוּרָתוֹ שִׁבְּחוּ וְהוֹדוּ לִשְׁמוֹ וּמַלְכוּתוֹ בְּרָצוֹן קִבְּלוּ עֲלֵיהֶם. מֹשֶׁה וּבְנֵי יִשְׂרָאֵל לְךָ עָנוּ שִׁירָה בְּשִׂמְחָה רַבָּה וְאָמְרוּ כֻלָּם.

מִי־כָמֹכָה בָּאֵלִם יְיָ. מִי כָּמֹכָה נֶאְדָּר בַּקֹּדֶשׁ. נוֹרָא תְהִלֹּת. עֹשֵׂה פֶלֶא:

מַלְכוּתְךָ רָאוּ בָנֶיךָ בּוֹקֵעַ יָם לִפְנֵי מֹשֶׁה זֶה אֵלִי עָנוּ וְאָמְרוּ.

יְיָ יִמְלֹךְ לְעֹלָם וָעֶד:

וְנֶאֱמַר. כִּי־פָדָה יְיָ אֶת־יַעֲקֹב וּגְאָלוֹ מִיַּד חָזָק מִמֶּנּוּ. בָּרוּךְ אַתָּה יְיָ גָּאַל יִשְׂרָאֵל:

Mi ḥamoḥa ba-eylim Adonai,
Mi kamoḥa nedar ba-kodesh,
Nora t'hilot osey fe-leh . . .
Adonai yimloḥ l'olam va-ed.

EMET VE-EMUNAH: God our Redeemer

True and certain it is that there is One God;
And there is none like our Lord.

It is God who redeemed us from the might of tyrants,
And delivered us from slavery to freedom.

Great are the things that God has done;
The Lord's wonders are without number.

God brought forth Israel from Egyptian bondage;
And has been our hope in every generation.

May You continue Your protecting care over Israel,
And guard all Your children from disaster.

When the Children of Israel beheld Your might,
They gave thanks to You and praised Your name.

They accepted Your sovereignty willingly,
And sang in joyous thanksgiving.

Moses and the Children of Israel
Proclaimed in great exultation:

"Who is like You, O Lord, among the mighty?
Who is like You, glorious in holiness,
Revered in praises, doing wonders?"

"When You rescued Israel at the Sea,
Your children beheld Your power.

"This is my God!" they exclaimed, and said:
"The Lord shall reign for ever and ever!"

As You delivered Israel from a mightier power,
So may You redeem all Your children from oppression.

Praised are You, O Lord,
Redeemer of Israel.

Morris Silverman (adapted)

הַשְׁכִּיבֵנוּ יְיָ אֱלֹהֵינוּ לְשָׁלוֹם וְהַעֲמִידֵנוּ מַלְכֵּנוּ לְחַיִּים. וּפְרוֹשׂ עָלֵינוּ סֻכַּת שְׁלוֹמֶךָ וְתַקְּנֵנוּ בְּעֵצָה טוֹבָה מִלְּפָנֶיךָ וְהוֹשִׁיעֵנוּ לְמַעַן שְׁמֶךָ. וְהָגֵן בַּעֲדֵנוּ וְהָסֵר מֵעָלֵינוּ אוֹיֵב דֶּבֶר וְחֶרֶב וְרָעָב וְיָגוֹן וְהָסֵר שָׂטָן מִלְּפָנֵינוּ וּמֵאַחֲרֵינוּ. וּבְצֵל כְּנָפֶיךָ תַּסְתִּירֵנוּ כִּי אֵל שׁוֹמְרֵנוּ וּמַצִּילֵנוּ אָתָּה כִּי אֵל מֶלֶךְ חַנּוּן וְרַחוּם אָתָּה. וּשְׁמוֹר צֵאתֵנוּ וּבוֹאֵנוּ לְחַיִּים וּלְשָׁלוֹם מֵעַתָּה וְעַד עוֹלָם. וּפְרוֹשׂ עָלֵינוּ סֻכַּת שְׁלוֹמֶךָ. בָּרוּךְ אַתָּה יְיָ הַפּוֹרֵשׂ סֻכַּת שָׁלוֹם עָלֵינוּ וְעַל כָּל־עַמּוֹ יִשְׂרָאֵל וְעַל יְרוּשָׁלָיִם:

VESHAMRU: Shabbat—an everlasting covenant

וְשָׁמְרוּ בְנֵי־יִשְׂרָאֵל אֶת־הַשַּׁבָּת לַעֲשׂוֹת אֶת־הַשַּׁבָּת לְדֹרֹתָם בְּרִית עוֹלָם: בֵּינִי וּבֵין בְּנֵי יִשְׂרָאֵל אוֹת הִיא לְעֹלָם כִּי־שֵׁשֶׁת יָמִים עָשָׂה יְיָ אֶת־הַשָּׁמַיִם וְאֶת־הָאָרֶץ וּבַיּוֹם הַשְּׁבִיעִי שָׁבַת וַיִּנָּפַשׁ:

V'shamru v'ney yisrael et ha-shabbat, la-asot et ha-shabbat l'dorotam b'rit olam. Bey-ni uveyn b'ney yisrael ot hi l'olam. Ki shey-shet yamim asa Adonai et ha-shamayim v'et ha-aretz uva-yom ha-sh'vi-i shavat va-yina-fash.

TO PROCLAIM THIS DAY

כִּי־בַיּוֹם הַזֶּה יְכַפֵּר עֲלֵיכֶם לְטַהֵר אֶתְכֶם.
מִכֹּל חַטֹּאתֵיכֶם לִפְנֵי יְיָ תִּטְהָרוּ:

Ki va-yom ha-zeh y'ḥapeyr aley-ḥem l'taheyr etḥem,
Mi-kol ḥato-teyḥem lifney Adonai titharu.

HASHKIVENU: Help us to lie down in peace

Help us, O God, to lie down in peace,
And awaken us to life on the morrow.

May we always be guided by Your good counsel,
And thus find shelter in Your tent of peace.

Shield us, we pray, against our foes,
Against plague, destruction, and sorrow.

Strengthen us against the evil forces
Which abound on every side.

May we always sense Your care,
For You are our merciful Sovereign.

Guard us always and everywhere;
Bless us with life and peace.

Praise to You, O God of peace,
Whose love is always with us,

Who shelters Your people Israel,
And protects Jerusalem in love.

VESHAMRU: Shabbat—an everlasting covenant

The Children of Israel shall observe the Sabbath, maintaining it throughout their generations as an everlasting covenant. It is a sign between Me and the Children of Israel for all time; in six days the Lord made heaven and earth; and on the seventh day the Lord ceased this work and rested.

Exodus 31:16-17

TO PROCLAIM THIS DAY

For on this day
Atonement shall be made for you to cleanse you;
Of all your sins shall you be clean before the Lord.

Leviticus 16:30

Reader:

יִתְגַּדַּל וְיִתְקַדַּשׁ שְׁמֵהּ רַבָּא. בְּעָלְמָא דִּי־בְרָא כִרְעוּתֵהּ.
וְיַמְלִיךְ מַלְכוּתֵהּ בְּחַיֵּיכוֹן וּבְיוֹמֵיכוֹן וּבְחַיֵּי דְכָל־בֵּית
יִשְׂרָאֵל בַּעֲגָלָא וּבִזְמַן קָרִיב. וְאִמְרוּ אָמֵן:

Congregation and Reader:

יְהֵא שְׁמֵהּ רַבָּא מְבָרַךְ לְעָלַם וּלְעָלְמֵי עָלְמַיָּא:

Reader:

יִתְבָּרַךְ וְיִשְׁתַּבַּח וְיִתְפָּאַר וְיִתְרֹמַם וְיִתְנַשֵּׂא וְיִתְהַדַּר
וְיִתְעַלֶּה וְיִתְהַלָּל שְׁמֵהּ דְּקֻדְשָׁא. בְּרִיךְ הוּא. לְעֵלָּא
לְעֵלָּא מִכָּל־בִּרְכָתָא וְשִׁירָתָא תֻּשְׁבְּחָתָא וְנֶחֱמָתָא
דַּאֲמִירָן בְּעָלְמָא. וְאִמְרוּ אָמֵן:

Yit-gadal v'yit-kadash sh'mey raba,
B'alma di v'ra ḥiru-tey, v'yam-liḥ mal-ḥutey
B'ḥa-yey-ḥon uv-yomey-ḥon uv-ḥa-yey d'ḥol beyt yisrael
Ba-agala u-viz-man kariv, v'imru **amen.**

Congregation and Reader:

Y'hey sh'mey raba m'varaḥ l'alam ul-almey alma-ya.

Reader:

Yit-baraḥ v'yish-tabaḥ v'yit-pa-ar v'yit-romam v'yit-na-sey
V'yit-hadar v'yit-aleh v'yit-halal sh'mey d'kud-sha—
B'riḥ hu, *l'eyla l'eyla mi-kol bir-ḥata v'shi-rata*
Tush-b'ḥata v'ne-ḥemata da-amiran b'alma, v'imru **amen.**

"Magnified and sanctified be God's great name in the world created according to the Divine will. May God's sovereignty soon be established, in our lifetime and that of the entire house of Israel. And let us say: Amen."

Preludes to the Amidah

ABRAHAM, ISAAC, AND JACOB

Abraham, Isaac, and Jacob are not principles to be comprehended but lives to be continued. The life of the person who joins the covenant of Abraham continues the life of Abraham. For the present is not apart from the past. "Abraham is still standing before God" (Genesis 18:22); Abraham endures forever. We are Abraham, Isaac, and Jacob.

Abraham J. Heschel

TO REMEMBER WITH REVERENCE

Let us be silent with our ancestors,
Remember with reverence their ancient prayer,
Pronounced for millennia, their words, their faith.

Gather the gleanings with thanks,
The marvelous gleanings,
Those we can share in truth to ourselves
And our sense, and our thinking.

Shine in the glow of their vision with gladness,
That we may build as their seed
Upon their soul's searching
Seeking for meaning in the mystery of life and of being,

Through justice, mercy, truth, and peace,
Through love of others, and through humility.

Emil Weitzner (adapted)

אֲדֹנָי שְׂפָתַי תִּפְתָּח וּפִי יַגִּיד תְּהִלָּתֶךָ:

בָּרוּךְ אַתָּה יְיָ אֱלֹהֵינוּ וֵאלֹהֵי אֲבוֹתֵינוּ. אֱלֹהֵי אַבְרָהָם אֱלֹהֵי יִצְחָק וֵאלֹהֵי יַעֲקֹב. הָאֵל הַגָּדוֹל הַגִּבּוֹר וְהַנּוֹרָא אֵל עֶלְיוֹן. גּוֹמֵל חֲסָדִים טוֹבִים וְקוֹנֵה הַכֹּל. וְזוֹכֵר חַסְדֵי אָבוֹת וּמֵבִיא גוֹאֵל לִבְנֵי בְנֵיהֶם לְמַעַן שְׁמוֹ בְּאַהֲבָה:

זָכְרֵנוּ לְחַיִּים מֶלֶךְ חָפֵץ בַּחַיִּים.
וְכָתְבֵנוּ בְּסֵפֶר הַחַיִּים.
לְמַעַנְךָ אֱלֹהִים חַיִּים:

מֶלֶךְ עוֹזֵר וּמוֹשִׁיעַ וּמָגֵן. בָּרוּךְ אַתָּה יְיָ מָגֵן אַבְרָהָם:

אַתָּה גִּבּוֹר לְעוֹלָם אֲדֹנָי מְחַיֵּה מֵתִים אַתָּה רַב לְהוֹשִׁיעַ: מְכַלְכֵּל חַיִּים בְּחֶסֶד מְחַיֵּה מֵתִים בְּרַחֲמִים רַבִּים. סוֹמֵךְ נוֹפְלִים וְרוֹפֵא חוֹלִים וּמַתִּיר אֲסוּרִים וּמְקַיֵּם אֱמוּנָתוֹ לִישֵׁנֵי עָפָר. מִי כָמוֹךָ בַּעַל גְּבוּרוֹת וּמִי דּוֹמֶה לָּךְ מֶלֶךְ מֵמִית וּמְחַיֶּה וּמַצְמִיחַ יְשׁוּעָה:

מִי כָמוֹךָ אַב הָרַחֲמִים.
זוֹכֵר יְצוּרָיו לְחַיִּים בְּרַחֲמִים:

וְנֶאֱמָן אַתָּה לְהַחֲיוֹת מֵתִים. בָּרוּךְ אַתָּה יְיָ מְחַיֵּה הַמֵּתִים:

The Amidah

"O Lord, open my lips that my mouth may declare Your praise."

GOD OF ALL GENERATIONS*

Praised are You, O Lord our God and God of our ancestors,
God of Abraham, God of Isaac, and God of Jacob;
God of Sarah, God of Rebecca, God of Rachel, and God of Leah;
Great, mighty, awesome God, supreme over all.
You are abundantly kind, O Creator of all.
Remembering the piety of our ancestors,
You lovingly bring redemption to their children's children.

Remember us for life, O Sovereign who delights in life;
Inscribe us in the book of life, for Your sake, O God of life.

You are our Sovereign who helps, redeems, and protects.
Praised are You, O Lord,
Shield of Abraham and Sustainer of Sarah.

SOURCE OF LIFE AND MASTER OF NATURE

O Lord, mighty for all eternity,
With Your saving power You grant immortal life.
You sustain the living with lovingkindness,
And with great mercy You bestow eternal life upon the dead.
You support the falling, heal the sick, and free the captives.
You keep faith with those who sleep in the dust.
Who is like You, almighty God?
Who can be compared to You, Ruler over life and death,
Source of redemption?

Who is like You, compassionate God?
Mercifully You remember Your creatures for life.

You are faithful in granting eternal life to the departed.
Praised are You, O Lord, who grants immortality to the departed.

* *This English version of the Avot Blessing reflects the egalitarian rendering which appears in the "Interpretive Amidah Blessings"* *(p. 891)*.

אַתָּה קָדוֹשׁ וְשִׁמְךָ קָדוֹשׁ וּקְדוֹשִׁים בְּכָל־יוֹם יְהַלְלוּךָ סֶּלָה:

וּבְכֵן תֵּן פַּחְדְּךָ יְיָ אֱלֹהֵינוּ עַל כָּל־מַעֲשֶׂיךָ וְאֵימָתְךָ עַל כָּל־מַה־שֶּׁבָּרָאתָ. וְיִירָאוּךָ כָּל־הַמַּעֲשִׂים וְיִשְׁתַּחֲווּ לְפָנֶיךָ כָּל־הַבְּרוּאִים. וְיֵעָשׂוּ כֻלָּם אֲגֻדָּה אֶחָת לַעֲשׂוֹת רְצוֹנְךָ בְּלֵבָב שָׁלֵם. כְּמוֹ שֶׁיָּדַעְנוּ יְיָ אֱלֹהֵינוּ שֶׁהַשִּׁלְטוֹן לְפָנֶיךָ עֹז בְּיָדְךָ וּגְבוּרָה בִּימִינֶךָ וְשִׁמְךָ נוֹרָא עַל כָּל־מַה־שֶּׁבָּרָאתָ:

וּבְכֵן תֵּן כָּבוֹד יְיָ לְעַמֶּךָ תְּהִלָּה לִירֵאֶיךָ וְתִקְוָה לְדוֹרְשֶׁיךָ וּפִתְחוֹן פֶּה לַמְיַחֲלִים לָךְ. שִׂמְחָה לְאַרְצֶךָ וְשָׂשׂוֹן לְעִירֶךָ בִּמְהֵרָה בְיָמֵינוּ:

וּבְכֵן צַדִּיקִים יִרְאוּ וְיִשְׂמָחוּ וִישָׁרִים יַעֲלֹזוּ וַחֲסִידִים בְּרִנָּה יָגִילוּ. וְעוֹלָתָה תִּקְפָּץ־פִּיהָ וְכָל־הָרִשְׁעָה כֻּלָּהּ כְּעָשָׁן תִּכְלֶה. כִּי תַעֲבִיר מֶמְשֶׁלֶת זָדוֹן מִן הָאָרֶץ:

וְתִמְלוֹךְ אַתָּה יְיָ לְבַדֶּךָ עַל כָּל־מַעֲשֶׂיךָ בְּהַר צִיּוֹן מִשְׁכַּן כְּבוֹדֶךָ וּבִירוּשָׁלַיִם עִיר קָדְשֶׁךָ כַּכָּתוּב בְּדִבְרֵי קָדְשֶׁךָ. יִמְלֹךְ יְיָ לְעוֹלָם. אֱלֹהַיִךְ צִיּוֹן לְדֹר וָדֹר. הַלְלוּיָהּ:

קָדוֹשׁ אַתָּה וְנוֹרָא שְׁמֶךָ וְאֵין אֱלוֹהַּ מִבַּלְעָדֶיךָ כַּכָּתוּב. וַיִּגְבַּהּ יְיָ צְבָאוֹת בַּמִּשְׁפָּט וְהָאֵל הַקָּדוֹשׁ נִקְדַּשׁ בִּצְדָקָה. בָּרוּךְ אַתָּה יְיָ הַמֶּלֶךְ הַקָּדוֹשׁ:

O GOD, IN YOUR HOLINESS, ESTABLISH YOUR REIGN!

Holy are You and hallowed is Your name, and holy ones praise You daily.

Lord our God, imbue all Your creatures with reverence for You, and fill all that You have created with awe of You. May they all bow before You and unite in one fellowship to do Your will wholeheartedly. May they all acknowledge, as we do, that sovereignty is Yours, that Yours is the power and the majesty, and that You reign supreme over all You have created.

Grant honor, O Lord, to Your people, glory to those who revere You, hope to those who seek You, and confidence to those who trust in You. Grant joy to Your land and gladness to Your holy city, speedily in our own days.

Then the righteous will see and be glad, the upright will exult, and the pious will rejoice in song. Wickedness will be silenced, and all evil will vanish like smoke when You remove the dominion of tyranny from the earth.

Then You alone, O Lord, will rule over all Your works, from Mount Zion, the dwelling place of Your presence, from Jerusalem, Your holy city. Thus it is written in the Psalms: "The Lord shall reign forever; your God, Zion, through all generations; Hallelujah!"

You are holy, Your name is awe-inspiring, and there is no God but You. Thus the prophet wrote: "The Lord of hosts is exalted by justice, and the holy God is sanctified through righteousness." Praised are You, O Lord, the holy Sovereign.

אַתָּה בְחַרְתָּנוּ מִכָּל־הָעַמִּים. אָהַבְתָּ אוֹתָנוּ וְרָצִיתָ בָּנוּ. וְרוֹמַמְתָּנוּ מִכָּל־הַלְּשׁוֹנוֹת. וְקִדַּשְׁתָּנוּ בְּמִצְוֹתֶיךָ. וְקֵרַבְתָּנוּ מַלְכֵּנוּ לַעֲבוֹדָתֶךָ. וְשִׁמְךָ הַגָּדוֹל וְהַקָּדוֹשׁ עָלֵינוּ קָרָאתָ:

On Shabbat add the words in brackets.

וַתִּתֶּן־לָנוּ יְיָ אֱלֹהֵינוּ בְּאַהֲבָה אֶת־יוֹם [הַשַּׁבָּת הַזֶּה לִקְדֻשָּׁה וְלִמְנוּחָה וְאֶת־יוֹם] הַכִּפֻּרִים הַזֶּה לִמְחִילָה וְלִסְלִיחָה וּלְכַפָּרָה וְלִמְחָל־בּוֹ אֶת־כָּל־עֲוֹנוֹתֵינוּ [בְּאַהֲבָה] מִקְרָא קֹדֶשׁ. זֵכֶר לִיצִיאַת מִצְרָיִם:

אֱלֹהֵינוּ וֵאלֹהֵי אֲבוֹתֵינוּ. יַעֲלֶה וְיָבֹא וְיַגִּיעַ. וְיֵרָאֶה וְיֵרָצֶה וְיִשָּׁמַע. וְיִפָּקֵד וְיִזָּכֵר זִכְרוֹנֵנוּ וּפִקְדוֹנֵנוּ. וְזִכְרוֹן אֲבוֹתֵינוּ. וְזִכְרוֹן מָשִׁיחַ בֶּן־דָּוִד עַבְדֶּךָ. וְזִכְרוֹן יְרוּשָׁלַיִם עִיר קָדְשֶׁךָ. וְזִכְרוֹן כָּל־עַמְּךָ בֵּית יִשְׂרָאֵל לְפָנֶיךָ. לִפְלֵיטָה לְטוֹבָה לְחֵן וּלְחֶסֶד וּלְרַחֲמִים לְחַיִּים וּלְשָׁלוֹם בְּיוֹם הַכִּפֻּרִים הַזֶּה: זָכְרֵנוּ יְיָ אֱלֹהֵינוּ בּוֹ לְטוֹבָה. וּפָקְדֵנוּ בוֹ לִבְרָכָה. וְהוֹשִׁיעֵנוּ בוֹ לְחַיִּים. וּבִדְבַר יְשׁוּעָה וְרַחֲמִים חוּס וְחָנֵּנוּ וְרַחֵם עָלֵינוּ וְהוֹשִׁיעֵנוּ. כִּי אֵלֶיךָ עֵינֵינוּ. כִּי אֵל מֶלֶךְ חַנּוּן וְרַחוּם אָתָּה:

On Shabbat add the words in brackets.

אֱלֹהֵינוּ וֵאלֹהֵי אֲבוֹתֵינוּ מְחַל לַעֲוֹנוֹתֵינוּ בְּיוֹם [הַשַּׁבָּת הַזֶּה וּבְיוֹם] הַכִּפֻּרִים הַזֶּה מְחֵה וְהַעֲבֵר פְּשָׁעֵינוּ וְחַטֹּאתֵינוּ מִנֶּגֶד עֵינֶיךָ. כָּאָמוּר אָנֹכִי אָנֹכִי הוּא מֹחֶה פְשָׁעֶיךָ לְמַעֲנִי וְחַטֹּאתֶיךָ לֹא אֶזְכֹּר: וְנֶאֱמַר מָחִיתִי כָעָב פְּשָׁעֶיךָ וְכֶעָנָן

YOU SANCTIFY ISRAEL AND THIS DAY OF ATONEMENT

You have chosen us of all peoples for Your service; and, in Your gracious love, You have exalted us by teaching us the way of holiness through Your *Mitzvot*. Thus You have linked us with Your great and holy name.

On Shabbat add the words in brackets.

In love have You given us, O Lord our God, [this Sabbath day for sanctity and rest, and] this Day of Atonement for pardon, forgiveness, and atonement for all our sins. It is for us [in love] a holy convocation, commemorating the Exodus from Egypt.

YAALEH V'YAVO: Invoking the merits of our ancestors as we pray for redemption

Our God and God of our ancestors, we recall and invoke the remembrance of our ancestors, the piety of their prayers for Messianic deliverance, the glory of Jerusalem, Your holy city, and the destiny of the entire household of Israel. As we seek Your love and mercy, we pray for deliverance and for life, for happiness and for peace, on this Day of Atonement.

Remember us, O Lord; bless us with all that is good. Recall Your promise of merciful redemption; spare us, have compassion upon us, and graciously save us. To You we lift our eyes in hope; for You, our Sovereign, are a gracious and merciful God.

On Shabbat add the words in brackets.

Our God and God of our ancestors, forgive our sins [on this Sabbath day and] on this Day of Atonement.

Blot out and remove our sins and transgressions as Isaiah promised in Your name: "I blot out your transgressions, for My own sake; and your sins I shall not recall."

You promised further: "I have blotted out your transgressions like a cloud, your sins like a mist. Return to Me for I have redeemed you."

חַטֹּאתֶיךָ שׁוּבָה אֵלַי כִּי גְאַלְתִּיךָ: וְנֶאֱמַר כִּי־בַיּוֹם הַזֶּה יְכַפֵּר עֲלֵיכֶם לְטַהֵר אֶתְכֶם מִכֹּל חַטֹּאתֵיכֶם לִפְנֵי יְיָ תִּטְהָרוּ: אֱלֹהֵינוּ וֵאלֹהֵי אֲבוֹתֵינוּ [רְצֵה בִמְנוּחָתֵנוּ] קַדְּשֵׁנוּ בְּמִצְוֹתֶיךָ וְתֵן חֶלְקֵנוּ בְּתוֹרָתֶךָ שַׂבְּעֵנוּ מִטּוּבֶךָ וְשַׂמְּחֵנוּ בִּישׁוּעָתֶךָ. [וְהַנְחִילֵנוּ יְיָ אֱלֹהֵינוּ בְּאַהֲבָה וּבְרָצוֹן שַׁבַּת קָדְשֶׁךָ וְיָנוּחוּ בָהּ יִשְׂרָאֵל מְקַדְּשֵׁי שְׁמֶךָ] וְטַהֵר לִבֵּנוּ לְעָבְדְּךָ בֶּאֱמֶת. כִּי אַתָּה סָלְחָן לְיִשְׂרָאֵל וּמָחֳלָן לְשִׁבְטֵי יְשֻׁרוּן בְּכָל־דּוֹר וָדוֹר וּמִבַּלְעָדֶיךָ אֵין לָנוּ מֶלֶךְ מוֹחֵל וְסוֹלֵחַ אֶלָּא אָתָּה. בָּרוּךְ אַתָּה יְיָ מֶלֶךְ מוֹחֵל וְסוֹלֵחַ לַעֲוֹנוֹתֵינוּ וְלַעֲוֹנוֹת עַמּוֹ בֵּית יִשְׂרָאֵל. וּמַעֲבִיר אַשְׁמוֹתֵינוּ בְּכָל־שָׁנָה וְשָׁנָה. מֶלֶךְ עַל כָּל־הָאָרֶץ מְקַדֵּשׁ [הַשַּׁבָּת וְ]יִשְׂרָאֵל וְיוֹם הַכִּפֻּרִים:

רְצֵה יְיָ אֱלֹהֵינוּ בְּעַמְּךָ יִשְׂרָאֵל. וּתְפִלָּתָם בְּאַהֲבָה תְקַבֵּל בְּרָצוֹן. וּתְהִי לְרָצוֹן תָּמִיד עֲבוֹדַת יִשְׂרָאֵל עַמֶּךָ:

וְתֶחֱזֶינָה עֵינֵינוּ בְּשׁוּבְךָ לְצִיּוֹן בְּרַחֲמִים. בָּרוּךְ אַתָּה יְיָ הַמַּחֲזִיר שְׁכִינָתוֹ לְצִיּוֹן:

מוֹדִים אֲנַחְנוּ לָךְ שָׁאַתָּה הוּא יְיָ אֱלֹהֵינוּ וֵאלֹהֵי אֲבוֹתֵינוּ לְעוֹלָם וָעֶד. צוּר חַיֵּינוּ מָגֵן יִשְׁעֵנוּ אַתָּה הוּא לְדוֹר וָדוֹר. נוֹדֶה לְּךָ וּנְסַפֵּר תְּהִלָּתֶךָ עַל חַיֵּינוּ הַמְּסוּרִים בְּיָדֶךָ וְעַל נִשְׁמוֹתֵינוּ הַפְּקוּדוֹת לָךְ וְעַל נִסֶּיךָ שֶׁבְּכָל־יוֹם עִמָּנוּ וְעַל נִפְלְאוֹתֶיךָ וְטוֹבוֹתֶיךָ שֶׁבְּכָל־עֵת עֶרֶב וָבֹקֶר וְצָהֳרָיִם. הַטּוֹב כִּי לֹא־כָלוּ רַחֲמֶיךָ. וְהַמְרַחֵם כִּי לֹא־תַמּוּ חֲסָדֶיךָ. מֵעוֹלָם קִוִּינוּ לָךְ:

And in the Torah it is written: "For on this day atonement shall be made for you to cleanse you; of all your sins shall you be clean before the Lord."

Our God and God of our ancestors [may our Sabbath rest be acceptable to You;] may Your *Mitzvot* lead us to holiness; and may we be among those who devote themselves to Your Torah. May we find contentment in Your blessings, and joy in Your sustaining power.

[Help us to enjoy, in love and favor, the heritage of Your holy Sabbath. May Your people Israel, who hallow Your name, find rest on this day.]

Purify our hearts to serve You in truth. For You forgive the people Israel and pardon the tribes of Jeshurun in every generation; and we acknowledge only You as Sovereign who grants us pardon and forgiveness.

Praised are You, O Lord, who forgives and pardons our sins and the sins of the house of Israel. Year after year, You absolve us of our guilt, Sovereign over all the earth, who hallows [the Sabbath,] Israel, and this Day of Atonement.

ACCEPT OUR PRAYER AND BLESS ZION

Be gracious to Your people Israel, O Lord our God, and lovingly accept their prayers. May our worship ever be acceptable to You.

May our eyes behold Your merciful return to Zion. Praise to You, O Lord, who restores the Divine Presence to Zion.

THANKSGIVING FOR DAILY MIRACLES

We thankfully acknowledge You, our God and God of our ancestors, Lord of eternity. You are the source of our strength, even as You have been Israel's protecting shield in every generation. We thank You and proclaim Your praise for our lives which are in Your hand, for our souls which are in Your care, for Your miracles which are daily with us, and for Your wondrous kindness at all times–morning, noon, and night. Source of all goodness, Your mercies never fail. Source of compassion, Your kindnesses never cease. You are our abiding hope.

וְעַל־כֻּלָּם יִתְבָּרַךְ וְיִתְרוֹמַם שִׁמְךָ מַלְכֵּנוּ תָּמִיד לְעוֹלָם וָעֶד:

וּכְתוֹב לְחַיִּים טוֹבִים כָּל־בְּנֵי בְרִיתֶךָ:

וְכֹל הַחַיִּים יוֹדוּךָ סֶּלָה וִיהַלְלוּ אֶת שִׁמְךָ בֶּאֱמֶת הָאֵל יְשׁוּעָתֵנוּ וְעֶזְרָתֵנוּ סֶלָה. בָּרוּךְ אַתָּה יְיָ הַטּוֹב שִׁמְךָ וּלְךָ נָאֶה לְהוֹדוֹת:

*שָׁלוֹם רָב עַל יִשְׂרָאֵל עַמְּךָ תָּשִׂים לְעוֹלָם. כִּי אַתָּה הוּא מֶלֶךְ אָדוֹן לְכָל־הַשָּׁלוֹם. וְטוֹב בְּעֵינֶיךָ לְבָרֵךְ אֶת־עַמְּךָ יִשְׂרָאֵל בְּכָל־עֵת וּבְכָל־שָׁעָה בִּשְׁלוֹמֶךָ:

בְּסֵפֶר חַיִּים בְּרָכָה וְשָׁלוֹם וּפַרְנָסָה טוֹבָה. נִזָּכֵר וְנִכָּתֵב לְפָנֶיךָ. אֲנַחְנוּ וְכָל־עַמְּךָ בֵּית יִשְׂרָאֵל. לְחַיִּים טוֹבִים וּלְשָׁלוֹם. בָּרוּךְ אַתָּה יְיָ עוֹשֵׂה הַשָּׁלוֹם:

**In the Morning Service, substitute the following paragraph:*

שִׂים שָׁלוֹם טוֹבָה וּבְרָכָה בָּעוֹלָם חֵן וָחֶסֶד וְרַחֲמִים עָלֵינוּ וְעַל כָּל־יִשְׂרָאֵל עַמֶּךָ. בָּרְכֵנוּ אָבִינוּ כֻּלָּנוּ כְּאֶחָד בְּאוֹר פָּנֶיךָ. כִּי בְאוֹר פָּנֶיךָ נָתַתָּ לָּנוּ יְיָ אֱלֹהֵינוּ תּוֹרַת חַיִּים וְאַהֲבַת חֶסֶד וּצְדָקָה וּבְרָכָה וְרַחֲמִים וְחַיִּים וְשָׁלוֹם. וְטוֹב בְּעֵינֶיךָ לְבָרֵךְ אֶת־עַמְּךָ יִשְׂרָאֵל בְּכָל־עֵת וּבְכָל־שָׁעָה בִּשְׁלוֹמֶךָ: בְּסֵפֶר חַיִּים בְּרָכָה וְשָׁלוֹם וּפַרְנָסָה טוֹבָה. נִזָּכֵר וְנִכָּתֵב לְפָנֶיךָ. אֲנַחְנוּ וְכָל־עַמְּךָ בֵּית יִשְׂרָאֵל. לְחַיִּים טוֹבִים וּלְשָׁלוֹם. בָּרוּךְ אַתָּה יְיָ עוֹשֵׂה הַשָּׁלוֹם:

For all Your blessings we shall praise and exalt You, O our Sovereign, forever.

Inscribe all the children of Your covenant for a good life.

May all living creatures always thank You and praise You in truth. O God, You are our deliverance and our help. Praised are You, beneficent Lord, to whom all praise is due.

BLESS US WITH PEACE

*Grant lasting peace to Your people Israel, for You are the sovereign Lord of peace. May it please You to bless Your people Israel, in every season and at every hour, with Your peace.

INSCRIBE US IN THE BOOK OF LIFE

In the book of life and blessing, peace and prosperity, may we and all Your people, the house of Israel, be inscribed for a good and peaceful life. Praised are You, O Lord, Source of peace.

**In the Morning Service, substitute the following paragraph:*

Grant peace, goodness, and blessing to the world; graciousness, kindness, and mercy to us and to all Your people Israel. Bless us, O Divine Parent of us all, with the light of Your sacred presence. For by that divine light You have revealed to us Your life-giving Torah, and taught us lovingkindness, righteousness, mercy, and peace. May it please You to bless Your people Israel, in every season and at every hour, with Your peace. In the book of life and blessing, peace and prosperity, may we and all Your people, the house of Israel, be inscribed for a good and peaceful life. Praised are You, O Lord, Source of peace.

אֱלֹהֵינוּ וֵאלֹהֵי אֲבוֹתֵינוּ. תָּבֹא לְפָנֶיךָ תְּפִלָּתֵנוּ וְאַל תִּתְעַלַּם מִתְּחִנָּתֵנוּ. שֶׁאֵין אֲנַחְנוּ עַזֵּי פָנִים וּקְשֵׁי עֹרֶף לוֹמַר לְפָנֶיךָ יְיָ אֱלֹהֵינוּ וֵאלֹהֵי אֲבוֹתֵינוּ צַדִּיקִים אֲנַחְנוּ וְלֹא חָטָאנוּ אֲבָל אֲנַחְנוּ חָטָאנוּ:

אָשַׁמְנוּ. **בָּ**גַדְנוּ. **גָּ**זַלְנוּ. **דִּ**בַּרְנוּ דֹפִי.
הֶעֱוִינוּ. **וְ**הִרְשַׁעְנוּ. **זַ**דְנוּ. **חָ**מַסְנוּ. **טָ**פַלְנוּ שֶׁקֶר.
יָעַצְנוּ רָע. **כִּ**זַּבְנוּ. **לַ**צְנוּ. **מָ**רַדְנוּ. **נִ**אַצְנוּ.
סָרַרְנוּ. **עָ**וִינוּ. **פָּ**שַׁעְנוּ. **צָ**רַרְנוּ. **קִ**שִּׁינוּ עֹרֶף.
רָשַׁעְנוּ. **שִׁ**חַתְנוּ. **תִּ**עַבְנוּ. **תָּ**עִינוּ. **תִּ**עְתָּעְנוּ:

סַרְנוּ מִמִּצְוֹתֶיךָ וּמִמִּשְׁפָּטֶיךָ הַטּוֹבִים וְלֹא שָׁוָה לָנוּ: וְאַתָּה צַדִּיק עַל כָּל־הַבָּא עָלֵינוּ. כִּי אֱמֶת עָשִׂיתָ וַאֲנַחְנוּ הִרְשָׁעְנוּ:

מַה־נֹּאמַר לְפָנֶיךָ יוֹשֵׁב מָרוֹם וּמַה־נְּסַפֵּר לְפָנֶיךָ שׁוֹכֵן שְׁחָקִים. הֲלֹא כָּל־הַנִּסְתָּרוֹת וְהַנִּגְלוֹת אַתָּה יוֹדֵעַ:

אַתָּה יוֹדֵעַ רָזֵי עוֹלָם. וְתַעֲלוּמוֹת סִתְרֵי כָל־חָי: אַתָּה חוֹפֵשׂ כָּל־חַדְרֵי בָטֶן וּבוֹחֵן כְּלָיוֹת וָלֵב: אֵין דָּבָר נֶעְלָם מִמֶּךָּ. וְאֵין נִסְתָּר מִנֶּגֶד עֵינֶיךָ:

וּבְכֵן יְהִי רָצוֹן מִלְּפָנֶיךָ יְיָ אֱלֹהֵינוּ וֵאלֹהֵי אֲבוֹתֵינוּ. שֶׁתִּסְלַח־לָנוּ עַל כָּל־חַטֹּאתֵינוּ. וְתִמְחַל־לָנוּ עַל כָּל־עֲוֹנוֹתֵינוּ. וּתְכַפֶּר־לָנוּ עַל כָּל־פְּשָׁעֵינוּ:

THE CONFESSIONAL

Our God and God of our ancestors, may our prayers come before You and may You not ignore our pleas. We are neither so arrogant nor so stubborn as to declare that we are righteous and have not sinned; for, indeed, we have sinned.

ASHAMNU: We have trespassed

We have trespassed; we have dealt treacherously;
we have robbed; we have spoken slander;
we have acted perversely; we have done wrong;
we have acted presumptuously; we have done violence;
we have practiced deceit; we have counseled evil;
we have spoken falsehood; we have scoffed;
we have revolted; we have blasphemed;
we have rebelled; we have committed iniquity;
we have transgressed; we have oppressed;
we have been stiff-necked; we have acted wickedly;
we have dealt corruptly; we have committed abomination;
we have gone astray; we have led others astray.

We have turned away from Your *Mitzvot* and Your goodly laws, and we are poorer for our disobedience. You are just in all that has come upon us. You have been faithful; yet, we have done evil.

What can we say to You, exalted God? What can we tell You, Lord of the universe? For You know everything, the hidden and the open.

You know the mysteries of the universe as well as the secrets of every mortal. You search the deepest recesses of the human soul, and probe all our thoughts and motives. Nothing escapes You, nothing is concealed from You.

Therefore, may it be Your will, Lord our God and God of our ancestors, to forgive all our sins, to pardon all our iniquities, and to grant us atonement for all our transgressions.

עַל חֵטְא שֶׁחָטָאנוּ לְפָנֶיךָ בְּאֹנֶס וּבְרָצוֹן.

וְעַל חֵטְא שֶׁחָטָאנוּ לְפָנֶיךָ בְּאִמּוּץ הַלֵּב:

עַל חֵטְא שֶׁחָטָאנוּ לְפָנֶיךָ בִּבְלִי דָעַת.

וְעַל חֵטְא שֶׁחָטָאנוּ לְפָנֶיךָ בְּבִטּוּי שְׂפָתָיִם:

עַל חֵטְא שֶׁחָטָאנוּ לְפָנֶיךָ בְּגִלּוּי עֲרָיוֹת.

וְעַל חֵטְא שֶׁחָטָאנוּ לְפָנֶיךָ בַּגָּלוּי וּבַסָּתֶר:

עַל חֵטְא שֶׁחָטָאנוּ לְפָנֶיךָ בְּדַעַת וּבְמִרְמָה.

וְעַל חֵטְא שֶׁחָטָאנוּ לְפָנֶיךָ בְּדִבּוּר פֶּה:

עַל חֵטְא שֶׁחָטָאנוּ לְפָנֶיךָ בְּהוֹנָאַת רֵעַ.

וְעַל חֵטְא שֶׁחָטָאנוּ לְפָנֶיךָ בְּהַרְהוֹר הַלֵּב:

עַל חֵטְא שֶׁחָטָאנוּ לְפָנֶיךָ בִּוְעִידַת זְנוּת.

וְעַל חֵטְא שֶׁחָטָאנוּ לְפָנֶיךָ בְּוִדּוּי פֶה:

עַל חֵטְא שֶׁחָטָאנוּ לְפָנֶיךָ בְּזִלְזוּל הוֹרִים וּמוֹרִים.

וְעַל חֵטְא שֶׁחָטָאנוּ לְפָנֶיךָ בְּזָדוֹן וּבִשְׁגָגָה:

עַל חֵטְא שֶׁחָטָאנוּ לְפָנֶיךָ בְּחֹזֶק יָד.

וְעַל חֵטְא שֶׁחָטָאנוּ לְפָנֶיךָ בְּחִלּוּל הַשֵּׁם:

עַל חֵטְא שֶׁחָטָאנוּ לְפָנֶיךָ בְּטֻמְאַת שְׂפָתָיִם.

וְעַל חֵטְא שֶׁחָטָאנוּ לְפָנֶיךָ בְּטִפְּשׁוּת פֶּה:

עַל חֵטְא שֶׁחָטָאנוּ לְפָנֶיךָ בְּיֵצֶר הָרָע.

וְעַל חֵטְא שֶׁחָטָאנוּ לְפָנֶיךָ בְּיוֹדְעִים וּבְלֹא יוֹדְעִים:

וְעַל כֻּלָּם אֱלוֹהַּ סְלִיחוֹת סְלַח־לָנוּ. מְחַל־לָנוּ. כַּפֶּר־לָנוּ:

AL ḤET: The multitude of our sins

We have sinned against you willingly and unwillingly;
And we have sinned against You by hardening our hearts.

We have sinned against You by acting without thinking;
And we have sinned against You by speaking perversely.

We have sinned against You through sexual immorality;
And we have sinned against You publicly and privately.

We have sinned against You knowingly and deceitfully;
And we have sinned against You by corrupt speech.

We have sinned against You by wronging others;
And we have sinned against You by evil thoughts.

We have sinned against You by licentiousness;
And we have sinned against You by insincere confession.

We have sinned against You by disrespecting parents and teachers;
And we have sinned against You intentionally and unintentionally.

We have sinned against You by violence;
And we have sinned against You by desecrating Your name.

We have sinned against You by foul speech;
And we have sinned against You by foolish talk.

We have sinned against You through the inclination to evil;
And we have sinned against You knowingly and unknowingly.

For all these sins, O God of forgiveness,
forgive us, pardon us, grant us atonement.

עַל חֵטְא שֶׁחָטָאנוּ לְפָנֶיךָ בְּכַחַשׁ וּבְכָזָב.
וְעַל חֵטְא שֶׁחָטָאנוּ לְפָנֶיךָ בְּכַפַּת שֹׁחַד:
עַל חֵטְא שֶׁחָטָאנוּ לְפָנֶיךָ בְּלָצוֹן.
וְעַל חֵטְא שֶׁחָטָאנוּ לְפָנֶיךָ בְּלָשׁוֹן הָרָע:
עַל חֵטְא שֶׁחָטָאנוּ לְפָנֶיךָ בְּמַשָּׂא וּבְמַתָּן.
וְעַל חֵטְא שֶׁחָטָאנוּ לְפָנֶיךָ בְּמַאֲכָל וּבְמִשְׁתֶּה:
עַל חֵטְא שֶׁחָטָאנוּ לְפָנֶיךָ בְּנֶשֶׁךְ וּבְמַרְבִּית.
וְעַל חֵטְא שֶׁחָטָאנוּ לְפָנֶיךָ בִּנְטִיַּת גָּרוֹן:
עַל חֵטְא שֶׁחָטָאנוּ לְפָנֶיךָ בְּשִׂיחַ שִׂפְתוֹתֵינוּ.
וְעַל חֵטְא שֶׁחָטָאנוּ לְפָנֶיךָ בְּשִׂקּוּר עָיִן:
עַל חֵטְא שֶׁחָטָאנוּ לְפָנֶיךָ בְּעֵינַיִם רָמוֹת.
וְעַל חֵטְא שֶׁחָטָאנוּ לְפָנֶיךָ בְּעַזּוּת מֵצַח:

וְעַל כֻּלָּם אֱלוֹהַ סְלִיחוֹת סְלַח־לָנוּ. מְחַל־לָנוּ. כַּפֶּר־לָנוּ:

עַל חֵטְא שֶׁחָטָאנוּ לְפָנֶיךָ בִּפְרִיקַת עֹל.
וְעַל חֵטְא שֶׁחָטָאנוּ לְפָנֶיךָ בִּפְלִילוּת:
עַל חֵטְא שֶׁחָטָאנוּ לְפָנֶיךָ בִּצְדִיַּת רֵעַ.
וְעַל חֵטְא שֶׁחָטָאנוּ לְפָנֶיךָ בְּצָרוּת עָיִן:
עַל חֵטְא שֶׁחָטָאנוּ לְפָנֶיךָ בְּקַלּוּת רֹאשׁ.
וְעַל חֵטְא שֶׁחָטָאנוּ לְפָנֶיךָ בְּקַשְׁיוּת עֹרֶף:
עַל חֵטְא שֶׁחָטָאנוּ לְפָנֶיךָ בְּרִיצַת רַגְלַיִם לְהָרַע.
וְעַל חֵטְא שֶׁחָטָאנוּ לְפָנֶיךָ בִּרְכִילוּת:

We have sinned against You by fraud and falsehood;
And we have sinned against You by bribery.

We have sinned against You by mocking;
And we have sinned against You by slander.

We have sinned against You in our business affairs;
And we have sinned against You in eating and drinking.

We have sinned against You by usury and extortion;
And we have sinned against You by false pride.

We have sinned against You by idle gossip;
And we have sinned against You by wanton glances.

We have sinned against You by haughtiness;
And we have sinned against You by effrontery.

For all these sins, O God of forgiveness,
forgive us, pardon us, grant us atonement.

We have sinned against You by rejecting Your commandments;
And we have sinned against You by perverting justice.

We have sinned against You by betraying others;
And we have sinned against You by envy.

We have sinned against You by being irreverent;
And we have sinned against You by being stubborn.

We have sinned against You by running to do evil;
And we have sinned against You by talebearing.

עַל חֵטְא שֶׁחָטָאנוּ לְפָנֶיךָ בִּ**שְׁ**בוּעַת שָׁוְא.

וְעַל חֵטְא שֶׁחָטָאנוּ לְפָנֶיךָ בְּ**שִׂ**נְאַת חִנָּם:

עַל חֵטְא שֶׁחָטָאנוּ לְפָנֶיךָ בִּ**תְ**שֽׂוּמֶת־יָד.

וְעַל חֵטְא שֶׁחָטָאנוּ לְפָנֶיךָ בְּ**תִ**מְהוֹן לֵבָב:

וְעַל כֻּלָּם אֱלֽוֹהַּ סְלִיחוֹת סְלַח־לָֽנוּ. מְחַל־לָֽנוּ. כַּפֶּר־לָֽנוּ:

וְעַל מִצְוַת עֲשֵׂה וְעַל מִצְוַת לֹא תַעֲשֶׂה. בֵּין שֶׁיֵּשׁ בָּהּ
קוּם עֲשֵׂה וּבֵין שֶׁאֵין בָּהּ קוּם עֲשֵׂה. אֶת־הַגְּלוּיִם לָֽנוּ וְאֶת־
שֶׁאֵינָם גְּלוּיִם לָֽנוּ: אֶת־הַגְּלוּיִם לָֽנוּ כְּבָר אֲמַרְנוּם לְפָנֶיךָ
וְהוֹדִֽינוּ לְךָ עֲלֵיהֶם. וְאֶת־שֶׁאֵינָם גְּלוּיִם לָֽנוּ לְפָנֶיךָ הֵם
גְּלוּיִם וִידוּעִים. כַּדָּבָר שֶׁנֶּאֱמַר. הַנִּסְתָּרֹת לַיְיָ אֱלֹהֵֽינוּ.
וְהַנִּגְלֹת לָֽנוּ וּלְבָנֵֽינוּ עַד־עוֹלָם. לַעֲשׂוֹת אֶת־כָּל־דִּבְרֵי
הַתּוֹרָה הַזֹּאת:

כִּי אַתָּה סָלְחָן לְיִשְׂרָאֵל וּמָחֳלָן לְשִׁבְטֵי יְשֻׁרוּן בְּכָל־דּוֹר
וָדוֹר וּמִבַּלְעָדֶֽיךָ אֵין לָֽנוּ מֶֽלֶךְ מוֹחֵל וְסוֹלֵחַ אֶלָּא אָֽתָּה:

אֱלֹהַי. נְצוֹר לְשׁוֹנִי מֵרָע וּשְׂפָתַי מִדַּבֵּר מִרְמָה. וְלִמְקַלְלַי
נַפְשִׁי תִדֹּם וְנַפְשִׁי כֶּעָפָר לַכֹּל תִּהְיֶה: פְּתַח לִבִּי בְּתוֹרָתֶֽךָ
וּבְמִצְוֹתֶֽיךָ תִּרְדּוֹף נַפְשִׁי. וְכֹל הַחוֹשְׁבִים עָלַי רָעָה. מְהֵרָה
הָפֵר עֲצָתָם וְקַלְקֵל מַחֲשַׁבְתָּם: עֲשֵׂה לְמַֽעַן שְׁמֶֽךָ עֲשֵׂה
לְמַֽעַן יְמִינֶֽךָ עֲשֵׂה לְמַֽעַן קְדֻשָּׁתֶֽךָ עֲשֵׂה לְמַֽעַן תּוֹרָתֶֽךָ:
לְמַֽעַן יֵחָלְצוּן יְדִידֶֽיךָ הוֹשִֽׁיעָה יְמִינְךָ וַעֲנֵֽנִי: יִהְיוּ לְרָצוֹן
אִמְרֵי־פִי וְהֶגְיוֹן לִבִּי לְפָנֶֽיךָ. יְיָ צוּרִי וְגֹאֲלִי: עֹשֶׂה שָׁלוֹם
בִּמְרוֹמָיו הוּא יַעֲשֶׂה שָׁלוֹם עָלֵֽינוּ וְעַל כָּל־יִשְׂרָאֵל. וְאִמְרוּ
אָמֵן:

We have sinned against You by swearing falsely;
And we have sinned against You by causeless hatred.

We have sinned against You by breach of trust;
And we have sinned against You by confusion of values.

For all these sins, O God of forgiveness,
forgive us, pardon us, grant us atonement.

Forgive us for the breach of positive commandments and negative commandments, whether done actively or passively, whether known to us or unknown to us.

The sins known to us we have already confessed; and those unknown to us are certainly known to You, as it is written in the Torah:

"The secret things belong to the Lord our God; but the things that are known belong to us and to our children forever, that we may fulfill all the words of this Torah."

For You forgive the people Israel and pardon the tribes of Jeshurun in every generation; and we acknowledge only You as our Sovereign, who grants us pardon and forgiveness.

GUARD MY TONGUE FROM EVIL

O Lord, guard my tongue from evil and my lips from speaking falsehood. Help me to ignore those who slander me, and to be humble and forgiving to all. Open my heart to Your Torah, that I may know Your teachings and eagerly do Your will. Frustrate the plans of those who wish me ill, that I may praise Your power, Your holiness, and Your law. Save Your loved ones, O Lord; answer us with Your redeeming power. "May the words of my mouth and the meditation of my heart find favor before You, my Rock and my Redeemer." O Maker of harmony in the universe, grant peace to us, to Israel, and to all people everywhere. Amen.

Adapted from the Hebrew

On Shabbat:

וַיְכֻלּוּ הַשָּׁמַיִם וְהָאָרֶץ וְכָל־צְבָאָם: וַיְכַל אֱלֹהִים בַּיּוֹם הַשְּׁבִיעִי מְלַאכְתּוֹ אֲשֶׁר עָשָׂה וַיִּשְׁבֹּת בַּיּוֹם הַשְּׁבִיעִי מִכָּל־מְלַאכְתּוֹ אֲשֶׁר עָשָׂה: וַיְבָרֶךְ אֱלֹהִים אֶת־יוֹם הַשְּׁבִיעִי וַיְקַדֵּשׁ אֹתוֹ. כִּי בוֹ שָׁבַת מִכָּל־מְלַאכְתּוֹ אֲשֶׁר־בָּרָא אֱלֹהִים לַעֲשׂוֹת:

Reader:

בָּרוּךְ אַתָּה יְיָ אֱלֹהֵינוּ וֵאלֹהֵי אֲבוֹתֵינוּ. אֱלֹהֵי אַבְרָהָם. אֱלֹהֵי יִצְחָק וֵאלֹהֵי יַעֲקֹב. הָאֵל הַגָּדוֹל הַגִּבּוֹר וְהַנּוֹרָא. אֵל עֶלְיוֹן קֹנֵה שָׁמַיִם וָאָרֶץ:

Congregation and Reader:

מָגֵן אָבוֹת בִּדְבָרוֹ מְחַיֵּה מֵתִים בְּמַאֲמָרוֹ הַמֶּלֶךְ הַקָּדוֹשׁ שֶׁאֵין כָּמוֹהוּ הַמֵּנִיחַ לְעַמּוֹ בְּיוֹם שַׁבַּת קָדְשׁוֹ. כִּי בָם רָצָה לְהָנִיחַ לָהֶם. לְפָנָיו נַעֲבוֹד בְּיִרְאָה וָפַחַד וְנוֹדֶה לִשְׁמוֹ בְּכָל־יוֹם תָּמִיד מֵעֵין הַבְּרָכוֹת. אֵל הַהוֹדָאוֹת אֲדוֹן הַשָּׁלוֹם מְקַדֵּשׁ הַשַּׁבָּת וּמְבָרֵךְ שְׁבִיעִי. וּמֵנִיחַ בִּקְדֻשָּׁה לְעַם מְדֻשְּׁנֵי עֹנֶג. זֵכֶר לְמַעֲשֵׂה בְרֵאשִׁית:

אֱלֹהֵינוּ וֵאלֹהֵי אֲבוֹתֵינוּ רְצֵה בִמְנוּחָתֵנוּ קַדְּשֵׁנוּ בְּמִצְוֹתֶיךָ וְתֵן חֶלְקֵנוּ בְּתוֹרָתֶךָ. שַׂבְּעֵנוּ מִטּוּבֶךָ וְשַׂמְּחֵנוּ בִּישׁוּעָתֶךָ. וְטַהֵר לִבֵּנוּ לְעָבְדְּךָ בֶּאֱמֶת. וְהַנְחִילֵנוּ יְיָ אֱלֹהֵינוּ בְּאַהֲבָה וּבְרָצוֹן שַׁבַּת קָדְשֶׁךָ. וְיָנוּחוּ בָהּ יִשְׂרָאֵל מְקַדְּשֵׁי שְׁמֶךָ. בָּרוּךְ אַתָּה יְיָ מְקַדֵּשׁ הַשַּׁבָּת:

On Shabbat:

VAY'ḤULU: God blessed the seventh day

The heavens and the earth, and all within them, were finished. By the seventh day God had completed the work of Creation; and so God rested from all this work. Then God blessed the seventh day and sanctified it because on it God ceased all the Divine work of Creation.

Genesis 2:1-3

MAGEYN AVOT: Our shield in all generations

Praised are You, O Lord our God and God of our ancestors,
God of Abraham, God of Isaac, and God of Jacob;
God of Sarah, God of Rebecca, God of Rachel, and God of Leah;
Great and mighty, revered and supreme,
You are Lord of heaven and of earth!

God's word was a shield to our ancestors; and it confers immortal life. God alone is the holy Sovereign, who gives rest to our people on the holy Sabbath, taking delight in them. Let us serve the Lord in reverence and awe, and offer thanks every day. For God is the source of our blessings, the One to whom all thanks are due. The Lord of peace sanctifies the Sabbath and blesses the seventh day, giving our people the joy of Sabbath rest, as a commemoration of Creation.

MEKADEYSH HA-SHABBAT: Holiness and joy

Our God and God of our ancestors, may our Sabbath rest be acceptable to You. May Your *Mitzvot* lead us to holiness, and may we be among those who devote themselves to Your Torah. May we find contentment in Your blessings, and joy in Your sustaining power.

Purify our hearts to serve You in truth, and help us to enjoy, in love and favor, the heritage of Your holy Sabbath. May Your people Israel, who sanctify Your name, rest on this day. Praised are You, O Lord, who sanctifies the Sabbath.

Prayer: The service of the heart

Our Sages taught: "Prayer is the service of the heart."
For the Jew, "to pray" means more than to request.

It means to seek God's help–
"To keep our tongue from evil,"
"To purify our heart,"
"To fulfill in love the words of the Torah."

To pray means to teach ourselves to be grateful
For the miracles which God bestows upon us daily:
Love and fellowship, health and understanding.

It means to pledge ourselves anew to those ideals
With which we can build a decent world.

To pray means to meditate upon those moments in ages past
When God became real in people's lives,
When God's spirit moved them and guided their actions–

And to permit those moments to give us, today,
The courage to work for justice, peace, and freedom.

To pray means to sense the reality of God in our own lives,
In our acts, and in our thoughts;

To feel the purity and the exaltation
Which come from being near God;

And to gain for our souls that peace
Which neither worldly wealth nor worldly failure,
Neither love of life nor fear of death can shatter.

Simon Greenberg (adapted)

An invitation to God

The focus of prayer is not the self. Prayer comes to pass in a complete turning of the heart toward God, toward God's goodness and power. It is the momentary disregard of our personal concerns, the absence of self-centered thoughts, which constitute the art of prayer. Feeling becomes prayer in the moment in which we forget ourselves and become aware of God. . . .

Prayer is an invitation to God to intervene in our lives, to let the Divine Will prevail in our affairs; it is the opening of a window to God in our will, an effort to make God the Lord of our soul.

Abraham J. Heschel (adapted)

As we call upon Your name

On this night of Atonement, grant us, O God,
A sense of Your presence, as we call upon Your name.

Speak Your hopeful message to each yearning heart;
And answer the worthy petitions of each searching soul.

Purify and strengthen our noble strivings;
And cleanse us of all our unworthy desires.

Join us together in fellowship and in love;
And grant us the joy which comes from enriching other lives.

Help us to be loyal to the heritage we share;
Draw us near to Torah in wisdom and in faith.

Strengthen our devotion to our people everywhere;
Keep alive our faith in righteousness and truth.

Bless us with hopes to uplift our daily lives;
And keep steadfast our courage and our resolve at all times.

On this night of Atonement, help us, O God,
To be worthy of Your presence, as we call upon Your name.

יַעֲלֶה תַּחֲנוּנֵנוּ מֵעֶרֶב.
וְיָבֹא שַׁוְעָתֵנוּ מִבֹּקֶר.
וְיֵרָאֶה רִנּוּנֵנוּ עַד עָרֶב:

יַעֲלֶה קוֹלֵנוּ מֵעֶרֶב.
וְיָבֹא צִדְקָתֵנוּ מִבֹּקֶר.
וְיֵרָאֶה פִּדְיוֹנֵנוּ עַד עָרֶב:

יַעֲלֶה עִנּוּיֵנוּ מֵעֶרֶב.
וְיָבֹא סְלִיחָתֵנוּ מִבֹּקֶר.
וְיֵרָאֶה נַאֲקָתֵנוּ עַד עָרֶב:

יַעֲלֶה מְנוּסֵנוּ מֵעֶרֶב.
וְיָבֹא לְמַעֲנוֹ מִבֹּקֶר.
וְיֵרָאֶה כִּפּוּרֵנוּ עַד עָרֶב:

יַעֲלֶה יִשְׁעֵנוּ מֵעֶרֶב.
וְיָבֹא טָהֳרֵנוּ מִבֹּקֶר.
וְיֵרָאֶה חִנּוּנֵנוּ עַד עָרֶב:

יַעֲלֶה זִכְרוֹנֵנוּ מֵעֶרֶב.
וְיָבֹא וְעוּדֵנוּ מִבֹּקֶר.
וְיֵרָאֶה הַדְרָתֵנוּ עַד עָרֶב:

יַעֲלֶה דָּפְקֵנוּ מֵעֶרֶב.
וְיָבֹא גִּילֵנוּ מִבֹּקֶר.
וְיֵרָאֶה בַּקָּשָׁתֵנוּ עַד עָרֶב:

יַעֲלֶה אֶנְקָתֵנוּ מֵעֶרֶב.
וְיָבֹא אֵלֶיךָ מִבֹּקֶר.
וְיֵרָאֶה אֵלֵינוּ עַד עָרֶב:

YAALEH: May our prayers be accepted

May our supplication rise at nightfall,
Our plea approach Your presence in the morning,
And our exultation come at dusk.

May our voices rise in prayer at nightfall,
Our cause ascend to You in the morning,
And redemption come to us at dusk.

May our penitence rise to You at nightfall,
Our pardon come before You in the morning,
And our cry be heard by You at dusk.

May our trust in You rise up at nightfall,
Our hope be granted for Your sake in the morning,
And our atonement come at dusk.

May our deliverance mount at nightfall,
Our cleansing come to us in the morning,
And Your favor come to us at dusk.

May our remembrance rise to You at nightfall,
Our assemblage be acceptable to You in the morning,
And Your glory shine upon us at dusk.

May our knocking at Your gates be heard at nightfall,
Our joy come to us in the morning,
And our petition be granted at dusk.

May our cry rise up to You at nightfall,
Our plea reach Your presence in the morning,
And Your mercy be shown to us at dusk.

שְׁמַע תְּפִלָּה עָדֶיךָ כָּל־בָּשָׂר יָבֹאוּ:
יָבוֹאוּ וְיִשְׁתַּחֲווּ לְפָנֶיךָ אֲדֹנָי וִיכַבְּדוּ לִשְׁמֶךָ:
בֹּאוּ נִשְׁתַּחֲוֶה וְנִכְרָעָה נִבְרְכָה לִפְנֵי־יְיָ עֹשֵׂנוּ:

לְכוּ נְרַנְּנָה לַייָ נָרִיעָה לְצוּר יִשְׁעֵנוּ:
נְקַדְּמָה פָנָיו בְּתוֹדָה בִּזְמִרוֹת נָרִיעַ לוֹ:
צֶדֶק וּמִשְׁפָּט מְכוֹן כִּסְאֶךָ חֶסֶד וֶאֱמֶת יְקַדְּמוּ פָנֶיךָ:
אֲשֶׁר־לוֹ הַיָּם וְהוּא עָשָׂהוּ וְיַבֶּשֶׁת יָדָיו יָצָרוּ:
אֲשֶׁר בְּיָדוֹ נֶפֶשׁ כָּל־חָי וְרוּחַ כָּל־בְּשַׂר־אִישׁ:

הַנְּשָׁמָה לָךְ וְהַגּוּף פָּעֳלָךְ חוּסָה עַל עֲמָלָךְ:
הַנְּשָׁמָה לָךְ וְהַגּוּף שֶׁלָּךְ יְיָ עֲשֵׂה לְמַעַן שְׁמֶךָ:
אָתָאנוּ עַל שִׁמְךָ יְיָ עֲשֵׂה לְמַעַן שְׁמֶךָ:
בַּעֲבוּר כְּבוֹד שִׁמְךָ כִּי אֵל חַנּוּן וְרַחוּם שְׁמֶךָ:
לְמַעַן שִׁמְךָ יְיָ וְסָלַחְתָּ לַעֲוֹנֵנוּ כִּי רַב הוּא:

IN REVERENCE AND THANKSGIVING

O God who hears prayer,
To You shall all creatures come.

They shall come and worship before You,
And render homage to Your name.

Come, let us worship and bow down;
Let us bend the knee before the Lord, our Maker.

Come, let us sing to the Lord;
Let us acclaim the Rock of our deliverance.

Let us draw near to the Lord with thankfulness;
Let us acclaim the Lord with songs of praise.

Righteousness and justice sustain God's throne;
Love and truth attend God always.

The sea is God's, who made it,
Whose hands formed the dry land.

In God's hand is the life of every creature,
The spirit of every human being.

Biblical verses

SHOW COMPASSION, O LORD, TO YOUR HANDIWORK

The soul is Yours, the body is Your creation;
Have compassion on Your handiwork.

The soul is Yours, the body is Yours;
Forgive us Lord, for the sake of Your name.

We have come trusting in You,
Lord, deal kindly for Your name's sake.

Gracious and compassionate God,
Forgive us, for numerous are our sins.

La-b'rit habeyt, v'al teyfen la-yey-tzer.

כִּי הִנֵּה כַּחֹמֶר בְּיַד הַיּוֹצֵר. בִּרְצוֹתוֹ מַרְחִיב וּבִרְצוֹתוֹ מְקַצֵּר. כֵּן אֲנַחְנוּ בְּיָדְךָ חֶסֶד נוֹצֵר.

לַבְּרִית הַבֵּט וְאַל תֵּפֶן לַיֵּצֶר:

כִּי הִנֵּה כָּאֶבֶן בְּיַד הַמְסַתֵּת. בִּרְצוֹתוֹ אוֹחֵז וּבִרְצוֹתוֹ מְכַתֵּת. כֵּן אֲנַחְנוּ בְּיָדְךָ מְחַיֶּה וּמְמוֹתֵת.

לַבְּרִית הַבֵּט וְאַל תֵּפֶן לַיֵּצֶר:

כִּי הִנֵּה כְּגַרְזֶן בְּיַד הֶחָרָשׁ. בִּרְצוֹתוֹ דִּבֵּק לָאוֹר וּבִרְצוֹתוֹ פֵּרַשׁ. כֵּן אֲנַחְנוּ בְּיָדְךָ תּוֹמֵךְ עָנִי וָרָשׁ.

לַבְּרִית הַבֵּט וְאַל תֵּפֶן לַיֵּצֶר:

כִּי הִנֵּה כְּהֶגֶה בְּיַד הַמַּלָּח. בִּרְצוֹתוֹ אוֹחֵז וּבִרְצוֹתוֹ שִׁלַּח. כֵּן אֲנַחְנוּ בְּיָדְךָ אֵל טוֹב וְסַלָּח.

לַבְּרִית הַבֵּט וְאַל תֵּפֶן לַיֵּצֶר:

כִּי הִנֵּה כִּזְכוּכִית בְּיַד הַמְזַגֵּג. בִּרְצוֹתוֹ חוֹגֵג וּבִרְצוֹתוֹ מְמוֹגֵג. כֵּן אֲנַחְנוּ בְּיָדְךָ מַעֲבִיר זָדוֹן וְשׁוֹגֵג.

לַבְּרִית הַבֵּט וְאַל תֵּפֶן לַיֵּצֶר:

כִּי הִנֵּה כַּיְרִיעָה בְּיַד הָרוֹקֵם. בִּרְצוֹתוֹ מְיַשֵּׁר וּבִרְצוֹתוֹ מְעַקֵּם. כֵּן אֲנַחְנוּ בְּיָדְךָ אֵל קַנּוֹא וְנוֹקֵם.

לַבְּרִית הַבֵּט וְאַל תֵּפֶן לַיֵּצֶר:

כִּי הִנֵּה כַּכֶּסֶף בְּיַד הַצּוֹרֵף. בִּרְצוֹתוֹ מְסַגְסֵג וּבִרְצוֹתוֹ מְצָרֵף. כֵּן אֲנַחְנוּ בְּיָדְךָ מַמְצִיא לְמָזוֹר תֶּרֶף.

לַבְּרִית הַבֵּט וְאַל תֵּפֶן לַיֵּצֶר:

KI HINEY KA-ḤOMER: We are in Your hand

As clay in the hand of the potter,
Who thickens or thins it at will,
So are we in Your hand, O God of love;

Recall Your covenant, forgive our sin.

As stone in the hand of the mason,
Who preserves or breaks it at will,
So are we in Your hand, O God of life;

Recall Your covenant, forgive our sin.

As iron in the hand of the artisan,
Who forges or rejects it at will,
So are we in Your hand, O God who saves;

Recall Your covenant, forgive our sin.

As glass in the hand of the blower,
Who shapes or melts it at will,
So are we in Your hand, O gracious God;

Recall Your covenant, forgive our sin.

As cloth in the hand of the draper,
Who drapes or twists it at will,
So are we in Your hand, O righteous God;

Recall Your covenant, forgive our sin.

As silver in the hand of the smelter,
Who alloys or refines it at will,
So are we in Your hand, O healing God;

Recall Your covenant, forgive our sin.

Morris Silverman (adapted)

We are clay

"We are clay.
You are the potter
Who shapes us at Your will."
Mold us into worthy vessels
Even though we're only clay.
Do not smash us if we prove imperfect,
Remember we are only clay.

"We are glass.
You are the artisan
Who can form us into many shapes."
Form us into finest crystal—
Even if You have to twist and turn us.
But do not smash us if we are not pure,
Remember we are only glass.

"We are silver.
You are the smith
Who molds us as You wish."
Hammer us as You design
Even though we are not gold.
Do not smash us if we tarnish,
Remember we are only silver.

"We are the rudder.
You are the helmsman
Who steers us to the left or to the right."
Direct us to the shore You choose.
Do not let us idly spin
Even if we consistantly resist Your grasp,
Remember that the waves are very strong.

"We are threads.
You are the weaver
Who creates the patterns that You like."
Weave us. God, into Your plan.
Make us supple, straight, and true.
And do not discard us
If we should be imperfect.
Remember we are only threads.

Michael Hecht (adapted)

Prelude to the "Thirteen Attributes"

Who has ever lived who did not sin?
Is there any mortal untainted by iniquity?

No one is free of all transgression;
All, therefore, stand in need of God's forgiveness.

Our ancestors sinned at the very foot of Sinai,
Where the command of God had just been proclaimed.

Though they had pledged "we will do, we will obey,"
They soon broke their promise of loyalty to God.

Faithlessly, they broke the commandments of the Lord;
They fashioned and worshiped a calf of gold.

How wondrous then, was God's compassion;
For God did not destroy the rebellious people.

Subduing the Divine wrath, God forgave our ancestors,
Revealing the thirteen aspects of Divine mercy.

Now we, O Lord, come before You in contrition,
Recalling those same attributes of Your compassion.

As You had mercy upon our ancestors,
Have mercy also upon us, we pray;
For we, O God, have also sinned.

We, too, forsake and break our pledge;
We, too, worship the work of our own hands;
We, too, make of gold a god;
We, too, cast off the Torah's yoke.

Show compassion, O Lord; forgive our sins;
For we, like our ancestors, need Your pardon.

Hershel J. Matt (adapted)

אֵל מֶֽלֶךְ יוֹשֵׁב עַל כִּסֵּא רַחֲמִים.
מִתְנַהֵג בַּחֲסִידוּת מוֹחֵל עֲוֹנוֹת עַמּוֹ.
מַעֲבִיר רִאשׁוֹן רִאשׁוֹן.
מַרְבֶּה מְחִילָה לְחַטָּאִים וּסְלִיחָה לְפוֹשְׁעִים.
עוֹשֶׂה צְדָקוֹת עִם כָּל־בָּשָׂר וָרֽוּחַ.
לֹא כְרָעָתָם תִּגְמוֹל.
אֵל הוֹרֵֽיתָ לָּֽנוּ לוֹמַר שְׁלֹשׁ עֶשְׂרֵה.
זְכָר־לָֽנוּ הַיּוֹם בְּרִית שְׁלֹשׁ עֶשְׂרֵה.
כְּמוֹ שֶׁהוֹדַֽעְתָּ לֶעָנָו מִקֶּֽדֶם כְּמוֹ שֶׁכָּתוּב.
וַיֵּֽרֶד יְיָ בֶּעָנָן וַיִּתְיַצֵּב עִמּוֹ שָׁם וַיִּקְרָא בְשֵׁם יְיָ:

וַיַּעֲבֹר יְיָ עַל־פָּנָיו וַיִּקְרָא.

יְיָ יְיָ אֵל רַחוּם וְחַנּוּן. אֶֽרֶךְ אַפַּֽיִם וְרַב־חֶֽסֶד וֶאֱמֶת:
נֹצֵר חֶֽסֶד לָאֲלָפִים. נֹשֵׂא עָוֹן וָפֶֽשַׁע וְחַטָּאָה וְנַקֵּה:

וְסָלַחְתָּ לַעֲוֹנֵֽנוּ וּלְחַטָּאתֵֽנוּ וּנְחַלְתָּֽנוּ:

סְלַח־לָֽנוּ אָבִֽינוּ כִּי חָטָֽאנוּ. מְחַל־לָֽנוּ מַלְכֵּֽנוּ כִּי פָשָֽׁעְנוּ:
כִּי אַתָּה אֲדֹנָי טוֹב וְסַלָּח וְרַב־חֶֽסֶד לְכָל־קֹרְאֶֽיךָ:

Adonai Adonai Eyl raḥum v'ḥanun,
ereḥ apa-yim v'rav ḥesed ve-emet.
No-tzeyr ḥesed la-alafim,
nosey avon va-fe-sha v'ḥata-a v'nakey.

THE THRONE OF MERCY

O God our Sovereign, enthroned in mercy,
You rule with lovingkindness.

You pardon Your people's transgressions,
Forgiving them again and again.

You are generous in forgiveness to sinners;
You deal mercifully with all creatures,
Not according to the evil of their deeds.

Lord, You taught us through the humble one, Moses,
To recite Your thirteen attributes of mercy.

Remember, as You judge us,
The covenant of mercy which You then revealed.

Thus is it written in Your Torah:
"The Lord descended in a cloud,
And Moses was with the Lord there,
And proclaimed the name of the Lord."

THE COVENANT OF MERCY: The Thirteen Attributes

"Then the Lord passed before Moses and proclaimed:

"The Lord is ever-present, all-merciful, gracious, compassionate, patient, abounding in kindness and faithfulness, treasuring up love for a thousand generations, forgiving iniquity, transgression, and sin, and pardoning the penitent."

"Pardon our iniquity and our sin; take us to be Your own."

Forgive us, our Lord, for we have sinned;
Pardon us, our Sovereign, for we have transgressed.

For You, O Lord, generously forgive;
Great is Your love for all who call upon You.

זְכֹר־רַחֲמֶיךָ יְיָ וַחֲסָדֶיךָ כִּי מֵעוֹלָם הֵמָּה: זָכְרֵנוּ יְיָ בִּרְצוֹן עַמֶּךָ. פָּקְדֵנוּ בִּישׁוּעָתֶךָ: זְכֹר עֲדָתְךָ קָנִיתָ קֶּדֶם. גָּאַלְתָּ שֵׁבֶט נַחֲלָתֶךָ. הַר־צִיּוֹן זֶה שָׁכַנְתָּ בּוֹ: זְכֹר יְיָ חִבַּת יְרוּשָׁלָיִם. אַהֲבַת צִיּוֹן אַל תִּשְׁכַּח לָנֶצַח:

זְכָר־לָנוּ בְּרִית אָבוֹת כַּאֲשֶׁר אָמַרְתָּ. וְזָכַרְתִּי אֶת־בְּרִיתִי יַעֲקוֹב וְאַף אֶת־בְּרִיתִי יִצְחָק וְאַף אֶת־בְּרִיתִי אַבְרָהָם אֶזְכֹּר וְהָאָרֶץ אֶזְכֹּר: זְכָר־לָנוּ בְּרִית רִאשׁוֹנִים כַּאֲשֶׁר אָמַרְתָּ. וְזָכַרְתִּי לָהֶם בְּרִית רִאשֹׁנִים. אֲשֶׁר הוֹצֵאתִי אֹתָם מֵאֶרֶץ מִצְרַיִם לְעֵינֵי הַגּוֹיִם לִהְיוֹת לָהֶם לֵאלֹהִים. אֲנִי יְיָ:

רַחֵם עָלֵינוּ וְאַל תַּשְׁחִיתֵנוּ כְּמָה שֶׁכָּתוּב. כִּי אֵל רַחוּם יְיָ אֱלֹהֶיךָ לֹא יַרְפְּךָ וְלֹא יַשְׁחִיתֶךָ וְלֹא יִשְׁכַּח אֶת־בְּרִית אֲבֹתֶיךָ אֲשֶׁר נִשְׁבַּע לָהֶם: מוֹל אֶת־לְבָבֵנוּ לְאַהֲבָה וּלְיִרְאָה אֶת־שְׁמֶךָ כַּכָּתוּב בְּתוֹרָתֶךָ. וּמָל יְיָ אֱלֹהֶיךָ אֶת־לְבָבְךָ וְאֶת־לְבַב זַרְעֶךָ לְאַהֲבָה אֶת־יְיָ אֱלֹהֶיךָ בְּכָל־לְבָבְךָ וּבְכָל־נַפְשְׁךָ לְמַעַן חַיֶּיךָ:

קַבֵּץ נִדָּחֵינוּ כְּמָה שֶׁכָּתוּב. אִם־יִהְיֶה נִדַּחֲךָ בִּקְצֵה הַשָּׁמָיִם. מִשָּׁם יְקַבֶּצְךָ יְיָ אֱלֹהֶיךָ וּמִשָּׁם יִקָּחֶךָ: הִמָּצֵא לָנוּ בְּבַקָּשָׁתֵנוּ כְּמָה שֶׁכָּתוּב. וּבִקַּשְׁתֶּם מִשָּׁם אֶת־יְיָ אֱלֹהֶיךָ וּמָצָאתָ. כִּי תִדְרְשֶׁנּוּ בְּכָל־לְבָבְךָ וּבְכָל־נַפְשֶׁךָ:

כַּפֵּר חֲטָאֵינוּ בַּיּוֹם הַזֶּה וְטַהֲרֵנוּ כְּמָה שֶׁכָּתוּב. כִּי־בַיּוֹם הַזֶּה יְכַפֵּר עֲלֵיכֶם לְטַהֵר אֶתְכֶם. מִכֹּל חַטֹּאתֵיכֶם לִפְנֵי יְיָ תִּטְהָרוּ:

REMEMBER US, RECALL THE COVENANT, AND PURIFY US

O Lord, remember Your mercy and Your kindness,
For they are everlasting.

Remember us, O Lord, and show us Your favor;
Remember us and deliver us.

Remember the people You redeemed from bondage,
And Mount Zion, the site of Your presence.

Remember, O Lord, Your love of Jerusalem;
Forget not Your love for Zion.

Remember, O Lord, Your covenant with the patriarchs:

"I will remember My covenant with Jacob, Isaac, and Abraham, and I will remember the land."

Remember, O Lord, your covenant with our ancestors:

"I will remember My covenant with your ancestors, whom I brought out of the land of Egypt, in the sight of all the nations, to be their God; I am the Lord."

Have mercy upon us, O Lord, and do not destroy us:

"The Lord is a merciful God who will not forsake you, nor destroy you, nor ever forget the covenant."

Open our hearts that we may love and revere You:

"The Lord your God will open your heart and the heart of your children, so that you will love God with all your heart and with all your soul, that you may live."

Gather our dispersed and our homeless, as was promised:

"Even if you are dispersed in the remotest parts of the world, from there the Lord your God will gather and fetch you."

Be with us, O Lord, when we seek You:

"If you seek the Lord your God, you shall find God—if you seek with all your heart and all your soul."

Forgive our sins on this day, O Lord, and purify us:

"On this day atonement shall be made for you to cleanse you; of all your sins shall you be clean before the Lord."

שְׁמַע קוֹלֵנוּ יְיָ אֱלֹהֵינוּ חוּס וְרַחֵם עָלֵינוּ וְקַבֵּל בְּרַחֲמִים וּבְרָצוֹן אֶת־תְּפִלָּתֵנוּ:

הֲשִׁיבֵנוּ יְיָ אֵלֶיךָ וְנָשׁוּבָה חַדֵּשׁ יָמֵינוּ כְּקֶדֶם:

אַל־תַּשְׁלִיכֵנוּ מִלְּפָנֶיךָ וְרוּחַ קָדְשְׁךָ אַל־תִּקַּח מִמֶּנּוּ:

אַל־תַּשְׁלִיכֵנוּ לְעֵת זִקְנָה כִּכְלוֹת כֹּחֵנוּ אַל־תַּעַזְבֵנוּ:

אַל־תַּעַזְבֵנוּ יְיָ אֱלֹהֵינוּ אַל־תִּרְחַק מִמֶּנּוּ:

אֱלֹהֵינוּ וֵאלֹהֵי אֲבוֹתֵינוּ. אַל־תַּעַזְבֵנוּ. וְאַל־תִּטְּשֵׁנוּ. וְאַל־תַּכְלִימֵנוּ. וְאַל־תָּפֵר בְּרִיתְךָ אִתָּנוּ. קָרְבֵנוּ לְתוֹרָתֶךָ. לַמְּדֵנוּ מִצְוֹתֶיךָ. הוֹרֵנוּ דְרָכֶיךָ. הַט לִבֵּנוּ לְיִרְאָה אֶת שְׁמֶךָ. וּמוֹל אֶת־לְבָבֵנוּ לְאַהֲבָתֶךָ. וְנָשׁוּב אֵלֶיךָ בֶּאֱמֶת וּבְלֵב שָׁלֵם. וּלְמַעַן שִׁמְךָ הַגָּדוֹל תִּמְחוֹל וְתִסְלַח לַעֲוֹנֵינוּ כַּכָּתוּב בְּדִבְרֵי קָדְשֶׁךָ. לְמַעַן־שִׁמְךָ יְיָ וְסָלַחְתָּ לַעֲוֹנִי כִּי רַב־הוּא:

Sh'ma koleynu, Adonai Eloheynu, ḥus v'raḥeym aleynu,
V'kabeyl b'raḥamim uv-ratzon et t'filateynu.

Ha-shiveynu Adonai eyleḥa v'na-shuva,
Ḥadeysh yameynu k'kedem.

Al tashli-ḥeynu mil-faneḥa,
V'ruaḥ kod-sh'ḥa al tikaḥ mimenu.

Al tashli-ḥeynu l'eyt zikna,
Kiḥ-lot koḥeynu al ta-azveynu.

Al ta-azveynu Adonai Eloheynu, al tirḥak mimenu.

SHEMA KOLEYNU: Hear our voice

Hear our voice, Lord our God; spare us, pity us,
Accept our prayer in Your gracious love.

Turn us to You, O Lord, and we shall return;
Renew us as in days of old.

Do not banish us from Your presence;
Do not deprive us of Your holy spirit.

Do not cast us off in old age;
When our strength declines, do not forsake us.

Do not forsake us, O Lord our God;
Do not make Yourself distant from us.

DO NOT FORSAKE US: Teach, purify, and forgive us

Our God and God of our ancestors,
Do not abandon or forsake us;
Do not shame us;
Do not break Your covenant with us.

Bring us closer to Your Torah;
Teach us Your commandments; show us Your ways.

Incline our hearts to revere You;
Purify our hearts to love You,
So that we return to You sincerely and wholeheartedly.

Forgive and pardon our iniquities,
As it is written in Your Holy Scriptures:

"For Your own sake, O Lord,
Pardon my sin though it is great."

אֱלֹהֵינוּ וֵאלֹהֵי אֲבוֹתֵינוּ סְלַח־לָנוּ. מְחַל־לָנוּ. כַּפֶּר־לָנוּ:

כִּי אָנוּ עַמֶּךָ וְאַתָּה אֱלֹהֵינוּ. אָנוּ בָנֶיךָ וְאַתָּה אָבִינוּ:
אָנוּ עֲבָדֶיךָ וְאַתָּה אֲדוֹנֵנוּ. אָנוּ קְהָלֶךָ וְאַתָּה חֶלְקֵנוּ:
אָנוּ נַחֲלָתֶךָ וְאַתָּה גוֹרָלֵנוּ. אָנוּ צֹאנֶךָ וְאַתָּה רוֹעֵנוּ:
אָנוּ כַרְמֶךָ וְאַתָּה נוֹטְרֵנוּ. אָנוּ פְעֻלָּתֶךָ וְאַתָּה יוֹצְרֵנוּ:
אָנוּ רַעְיָתֶךָ וְאַתָּה דוֹדֵנוּ. אָנוּ סְגֻלָּתֶךָ וְאַתָּה קְרוֹבֵנוּ:
אָנוּ עַמֶּךָ וְאַתָּה מַלְכֵּנוּ. אָנוּ מַאֲמִירֶךָ וְאַתָּה מַאֲמִירֵנוּ:

אָנוּ עַזֵּי פָנִים וְאַתָּה רַחוּם וְחַנּוּן. אָנוּ קְשֵׁי עֹרֶף וְאַתָּה אֶרֶךְ אַפַּיִם. אָנוּ מְלֵאֵי עָוֹן וְאַתָּה מָלֵא רַחֲמִים. אָנוּ יָמֵינוּ כְּצֵל עוֹבֵר. וְאַתָּה הוּא וּשְׁנוֹתֶיךָ לֹא יִתָּמּוּ:

Ki anu ameḥa v'ata Eloheynu,
Anu vaneḥa v'ata avinu.

Anu avadeḥa v'ata adoneynu,
Anu k'haleḥa v'ata ḥel-keynu.

Anu naḥ-lateḥa v'ata gora-leynu,
Anu tzoneḥa v'ata ro-eynu.

Anu ḥarmeḥa v'ata notreynu,
Anu f'u-lateḥa v'ata yotz-reynu.

Anu ra-yateḥa v'ata do-deynu,
Anu s'gulateḥa v'ata k'roveynu.

Anu ameḥa v'ata malkeynu,
Anu ma-amireḥa v'ata ma-amireynu.

KI ANU AMEḤA:
We are Your people, and You are our God

Our God and God of our ancestors,
Forgive us, pardon us, grant us atonement.

For we are Your people, and You are our God.

We are Your children, and You are our Parent.

We are Your servants, and You are our Master.

We are Your congregation, and You are our Heritage.

We are Your possession, and You are our Destiny.

We are Your flock, and You are our Shepherd.

We are Your vineyard, and You are our Guardian.

We are Your creatures, and You are our Creator.

We are Your faithful, and You are our Beloved.

We are Your treasure, and You are our Protector.

We are Your subjects, and You are our Ruler.

We are Your chosen ones, and You are our Chosen One.

We are arrogant; but You are merciful.
We are obstinate; but You are patient.
We are laden with sin; but You abound in compassion.
We are as a passing shadow; but You are eternal.

אֱלֹהֵינוּ וֵאלֹהֵי אֲבוֹתֵינוּ. תָּבֹא לְפָנֶיךָ תְּפִלָּתֵנוּ וְאַל תִּתְעַלַּם מִתְּחִנָּתֵנוּ. שֶׁאֵין אֲנַחְנוּ עַזֵּי פָנִים וּקְשֵׁי עֹרֶף לוֹמַר לְפָנֶיךָ יְיָ אֱלֹהֵינוּ וֵאלֹהֵי אֲבוֹתֵינוּ צַדִּיקִים אֲנַחְנוּ וְלֹא חָטָאנוּ אֲבָל אֲנַחְנוּ חָטָאנוּ:

אָשַׁמְנוּ. בָּגַדְנוּ. גָּזַלְנוּ. דִּבַּרְנוּ דֹפִי.
הֶעֱוִינוּ. וְהִרְשַׁעְנוּ. זַדְנוּ. חָמַסְנוּ. טָפַלְנוּ שֶׁקֶר.
יָעַצְנוּ רָע. כִּזַּבְנוּ. לַצְנוּ. מָרַדְנוּ. נִאַצְנוּ.
סָרַרְנוּ. עָוִינוּ. פָּשַׁעְנוּ. צָרַרְנוּ. קִשִּׁינוּ עֹרֶף.
רָשַׁעְנוּ. שִׁחַתְנוּ. תִּעַבְנוּ. תָּעִינוּ. תִּעְתָּעְנוּ:

סַרְנוּ מִמִּצְוֹתֶיךָ וּמִמִּשְׁפָּטֶיךָ הַטּוֹבִים וְלֹא שָׁוָה לָנוּ: וְאַתָּה צַדִּיק עַל כָּל־הַבָּא עָלֵינוּ. כִּי אֱמֶת עָשִׂיתָ וַאֲנַחְנוּ הִרְשָׁעְנוּ:

Ashamnu, bagadnu, gazalnu, dibarnu dofi;
he-evinu, v'hir-shanu, zadnu, ḥamasnu, tafalnu sheker;
ya-atznu ra, kizavnu, latznu, maradnu, niatznu,
sararnu, avinu, pa-shanu, tza-rarnu, ki-shinu oref;
ra-shanu, shi-ḥatnu, tiavnu, tainu, ti-tanu.

THE CONFESSIONAL

Our God and God of our ancestors, may our prayers come before You and may You not ignore our pleas. We are neither so arrogant nor so stubborn as to declare that we are righteous and have not sinned; for, indeed, we have sinned.

ASHAMNU: We have trespassed

We have trespassed; we have dealt treacherously;
we have robbed; we have spoken slander;
we have acted perversely; we have done wrong;
we have acted presumptuously; we have done violence;
we have practiced deceit; we have counseled evil;
we have spoken falsehood; we have scoffed;
we have revolted; we have blasphemed;
we have rebelled; we have committed iniquity;
we have transgressed; we have oppressed;
we have been stiff-necked; we have acted wickedly;
we have dealt corruptly; we have committed abomination;
we have gone astray; we have led others astray.

We have turned away from Your *Mitzvot* and Your goodly laws, and we are poorer for our disobedience. You are just in all that has come upon us. You have been faithful; yet, we have done evil.

THE GREAT TRANSGRESSION

The great transgression is not that we commit sins—for temptation is strong and our power is slight. Rather the great transgression is that at every instant we could turn to God in repentance—and yet we do not do so!

Rabbi Simḥah Bunam

On Shabbat add the words in brackets.

אֱלֹהֵינוּ וֵאלֹהֵי אֲבוֹתֵינוּ. סְלַח וּמְחַל לַעֲוֹנוֹתֵינוּ בְּיוֹם [הַשַּׁבָּת הַזֶּה וּבְיוֹם] הַכִּפּוּרִים הַזֶּה. וְהֵעָתֶר־לָנוּ בִּתְפִלָּתֵנוּ. מְחֵה וְהַעֲבֵר פְּשָׁעֵינוּ מִנֶּגֶד עֵינֶיךָ. וְכוֹף אֶת־יִצְרֵנוּ לְהִשְׁתַּעְבֶּד־לָךְ. וְהַכְנַע עָרְפֵּנוּ לָשׁוּב אֵלֶיךָ. וְחַדֵּשׁ כִּלְיוֹתֵינוּ לִשְׁמוֹר פִּקֻּדֶיךָ. וּמוֹל אֶת־לְבָבֵנוּ לְאַהֲבָה וּלְיִרְאָה אֶת־שְׁמֶךָ כַּכָּתוּב בְּתוֹרָתֶךָ. וּמָל יְיָ אֱלֹהֶיךָ אֶת־לְבָבְךָ וְאֶת־לְבַב זַרְעֶךָ לְאַהֲבָה אֶת־יְיָ אֱלֹהֶיךָ בְּכָל־לְבָבְךָ וּבְכָל־נַפְשְׁךָ לְמַעַן חַיֶּיךָ:

מַה־נֹּאמַר לְפָנֶיךָ יוֹשֵׁב מָרוֹם.
וּמַה־נְּסַפֵּר לְפָנֶיךָ שׁוֹכֵן שְׁחָקִים.
הֲלֹא כָּל־הַנִּסְתָּרוֹת וְהַנִּגְלוֹת אַתָּה יוֹדֵעַ:

אַתָּה יוֹדֵעַ רָזֵי עוֹלָם וְתַעֲלוּמוֹת סִתְרֵי כָל־חָי:
אַתָּה חוֹפֵשׂ כָּל־חַדְרֵי בָטֶן וּבוֹחֵן כְּלָיוֹת וָלֵב:
אֵין דָּבָר נֶעְלָם מִמֶּךָּ וְאֵין נִסְתָּר מִנֶּגֶד עֵינֶיךָ:

וּבְכֵן יְהִי רָצוֹן מִלְּפָנֶיךָ יְיָ אֱלֹהֵינוּ וֵאלֹהֵי אֲבוֹתֵינוּ. שֶׁתִּסְלַח־לָנוּ עַל כָּל־חַטֹּאתֵינוּ. וְתִמְחַל־לָנוּ עַל כָּל־עֲוֹנוֹתֵינוּ. וּתְכַפֶּר־לָנוּ עַל כָּל־פְּשָׁעֵינוּ:

FORGIVE OUR SINS

On Shabbat add the words in brackets.

Our God and God of our ancestors, forgive and pardon our sins [on this Sabbath day and] on this Day of Atonement.

Answer our prayers; blot out and remove our transgressions from Your sight. Direct our impulses that we may serve You, and humble our pride that we may return to You.

Renew our inner being so that we may observe Your commandments, and open our hearts so that we may love and revere You; as it is written in Your Torah: "The Lord your God will open your heart and the heart of your children, so that you will love the Lord with all your heart and with all your soul, that you may live."

What can we say to You, exalted God?
What can we tell You, Lord of the universe?
For You know everything, the hidden and the open.

YOU KNOW OUR DEEPEST THOUGHTS

You know the mysteries of the universe
as well as the secrets of every mortal.
You search the deepest recesses of the human soul,
and probe all our thoughts and motives.
Nothing escapes You,
nothing is concealed from You.

Therefore, may it be Your will, Lord our God and God of our ancestors, to forgive all our sins, to pardon all our iniquities, and to grant us atonement for all our transgressions.

עַל חֵטְא שֶׁחָטָאנוּ לְפָנֶיךָ בְּאִמּוּץ הַלֵּב.
וְעַל חֵטְא שֶׁחָטָאנוּ לְפָנֶיךָ בְּבִטּוּי שְׂפָתָיִם:
עַל חֵטְא שֶׁחָטָאנוּ לְפָנֶיךָ בַּגָּלוּי וּבַסָּתֶר.
וְעַל חֵטְא שֶׁחָטָאנוּ לְפָנֶיךָ בְּדִבּוּר פֶּה:
עַל חֵטְא שֶׁחָטָאנוּ לְפָנֶיךָ בְּהַרְהוֹר הַלֵּב.
וְעַל חֵטְא שֶׁחָטָאנוּ לְפָנֶיךָ בְּוִדּוּי פֶּה:
עַל חֵטְא שֶׁחָטָאנוּ לְפָנֶיךָ בְּזָדוֹן וּבִשְׁגָגָה.
וְעַל חֵטְא שֶׁחָטָאנוּ לְפָנֶיךָ בְּחִלּוּל הַשֵּׁם:

וְעַל כֻּלָּם אֱלוֹהַּ סְלִיחוֹת סְלַח־לָנוּ. מְחַל־לָנוּ. כַּפֶּר־לָנוּ:

עַל חֵטְא שֶׁחָטָאנוּ לְפָנֶיךָ בְּטִפְּשׁוּת פֶּה.
וְעַל חֵטְא שֶׁחָטָאנוּ לְפָנֶיךָ בְּיוֹדְעִים וּבְלֹא יוֹדְעִים:
עַל חֵטְא שֶׁחָטָאנוּ לְפָנֶיךָ בְּכַפַּת שֹׁחַד.
וְעַל חֵטְא שֶׁחָטָאנוּ לְפָנֶיךָ בִּלְשׁוֹן הָרָע:
עַל חֵטְא שֶׁחָטָאנוּ לְפָנֶיךָ בְּמַאֲכָל וּבְמִשְׁתֶּה.
וְעַל חֵטְא שֶׁחָטָאנוּ לְפָנֶיךָ בִּנְטִיַּת גָּרוֹן:

וְעַל כֻּלָּם אֱלוֹהַּ סְלִיחוֹת סְלַח־לָנוּ. מְחַל־לָנוּ. כַּפֶּר־לָנוּ:

עַל חֵטְא שֶׁחָטָאנוּ לְפָנֶיךָ בְּשִׂקּוּר עָיִן.
וְעַל חֵטְא שֶׁחָטָאנוּ לְפָנֶיךָ בְּעַזּוּת מֶצַח:
עַל חֵטְא שֶׁחָטָאנוּ לְפָנֶיךָ בִּפְלִילוּת.
וְעַל חֵטְא שֶׁחָטָאנוּ לְפָנֶיךָ בְּצָרוּת עָיִן:
עַל חֵטְא שֶׁחָטָאנוּ לְפָנֶיךָ בְּקַשְׁיוּת עֹרֶף.
וְעַל חֵטְא שֶׁחָטָאנוּ לְפָנֶיךָ בִּרְכִילוּת:
עַל חֵטְא שֶׁחָטָאנוּ לְפָנֶיךָ בְּשִׂנְאַת חִנָּם.
וְעַל חֵטְא שֶׁחָטָאנוּ לְפָנֶיךָ בְּתִמְהוֹן לֵבָב: וְעַל כֻּלָּם . . .

AL ḤET: The multitude of our sins

We have sinned against You by hardening our hearts;
And we have sinned against You by speaking perversely.
We have sinned against You publicly and privately;
And we have sinned against You by corrupt speech.
We have sinned against You by evil thoughts;
And we have sinned against You by insincere confession.
We have sinned against You intentionally and unintentionally;
And we have sinned against You by desecrating Your name.

For all these sins, O God of forgiveness,
forgive us, pardon us, grant us atonement.

V'al kulam Elo-ha s'liḥot, s'laḥ lanu, m'ḥal lanu, ka-per lanu.

We have sinned against You by foolish talk;
And we have sinned against You knowingly and unknowingly.
We have sinned against You by bribery;
And we have sinned against You by slander.
We have sinned against You in eating and drinking;
And we have sinned against You by false pride.

For all these sins, O God of forgiveness,
forgive us, pardon us, grant us atonement.

V'al kulam Elo-ha s'liḥot, s'laḥ lanu, m'ḥal lanu, ka-per lanu.

We have sinned against You by wanton glances;
And we have sinned against You by effrontery.
We have sinned against You by perverting justice;
And we have sinned against You by envy.
We have sinned against You by being stubborn;
And we have sinned against You by talebearing.
We have sinned against You by causeless hatred;
And we have sinned against You by confusion of values.

For all these sins, O God of forgiveness,
forgive us, pardon us, grant us atonement.

V'al kulam Elo-ha s'liḥot, s'laḥ lanu, m'ḥal lanu, ka-per lanu.

For the sin of the hardened heart,
And for the sin of the talebearing lips;
For the sin of the lustful look,
And for the sin of the pious mask;
For the sin of enjoying violence,
And for the sin of polluting Your earth;
For the sin of debasing our speech,
And for the sin of degrading Your name;
For the sin of the yes that was no,
And for the sin of the promise unkept;

For all these sins, O God of forgiveness,
forgive us, pardon us, grant us atonement.

V'al kulam Elo-ha s'liḥot, s'laḥ lanu, m'ḥal lanu, ka-per lanu.

For the sin of the covetous eye,
And for the sin of the haughty head;
For the sin of the insensitive soul,
And for the sin of the mocking voice;
For the sin of the clenched fist,
And for the sin of the deceitful smile;
For the sin of eating too much,
And for the sin of drinking too hard;
For the sin of not hearing the oppressed,
And for the sin of closing our eyes;

For all these sins, O God of forgiveness,
forgive us, pardon us, grant us atonement.

V'al kulam Elo-ha s'liḥot, s'laḥ lanu, m'ḥal lanu, ka-per lanu.

Richard Levy (adapted)

Repentance: God is our ally

Our physical characteristics may be determined by heredity, but our human stature, we fashion for ourselves.

Our environment determines the language we speak; but it is we who determine whether our words are cruel or gentle, cutting or comforting.

Passions, appetites, and instincts are part of our animal equipment; but whether they rule us or we rule them, we ourselves determine.

We are neither robots nor puppets; we are human beings, capable of choosing between right and wrong, and morally responsible for our deeds.

Because we are free to choose, we are capable of change. We can give new direction to our lives.

This is the liberating glory of *T'shuvah!* We can throw off the tyranny of debasing habits. We can conquer the greed which gnaws at us, the selfishness which shrinks us, the prejudice which enslaves us, the indifference which dehumanizes us.

We can reach great moral heights if we so choose—if we will it with all our hearts, with all our souls, and with all our might.

In this struggle for repentance, we are not alone. God is our ally. God, who calls us to *T'shuvah*, has given us the power to repent.

God helps us in our effort to refine our characters, to reshape our goals, to redirect our lives.

This is the meaning of Yom Kippur: responsibility for yesterday, opportunity for tomorrow, and *choices* to be made today!

מִי שֶׁעָנָה לְאַבְרָהָם אָבִינוּ בְּהַר הַמּוֹרִיָּה הוּא יַעֲנֵנוּ:
מִי שֶׁעָנָה לְיִצְחָק בְּנוֹ כְּשֶׁנֶּעֱקַד עַל גַּב הַמִּזְבֵּחַ הוּא יַעֲנֵנוּ:
מִי שֶׁעָנָה לְיַעֲקֹב בְּבֵית אֵל הוּא יַעֲנֵנוּ:
מִי שֶׁעָנָה לְיוֹסֵף בְּבֵית הָאֲסוּרִים הוּא יַעֲנֵנוּ:
מִי שֶׁעָנָה לַאֲבוֹתֵינוּ עַל יַם סוּף הוּא יַעֲנֵנוּ:
מִי שֶׁעָנָה לְמֹשֶׁה בְּחוֹרֵב הוּא יַעֲנֵנוּ:
מִי שֶׁעָנָה לְאַהֲרֹן בְּמַחְתָּה הוּא יַעֲנֵנוּ:
מִי שֶׁעָנָה לְפִינְחָס בְּקוּמוֹ מִתּוֹךְ הָעֵדָה הוּא יַעֲנֵנוּ:
מִי שֶׁעָנָה לִיהוֹשֻׁעַ בַּגִּלְגָּל הוּא יַעֲנֵנוּ:
מִי שֶׁעָנָה לִשְׁמוּאֵל בַּמִּצְפָּה הוּא יַעֲנֵנוּ:
מִי שֶׁעָנָה לְדָוִד וּשְׁלֹמֹה בְנוֹ בִּירוּשָׁלָיִם הוּא יַעֲנֵנוּ:
מִי שֶׁעָנָה לְאֵלִיָּהוּ בְּהַר הַכַּרְמֶל הוּא יַעֲנֵנוּ:
מִי שֶׁעָנָה לֶאֱלִישָׁע בִּירִיחוֹ הוּא יַעֲנֵנוּ:
מִי שֶׁעָנָה לְיוֹנָה בִּמְעֵי הַדָּגָה הוּא יַעֲנֵנוּ:
מִי שֶׁעָנָה לְחִזְקִיָּהוּ בְּחָלְיוֹ הוּא יַעֲנֵנוּ:
מִי שֶׁעָנָה לַחֲנַנְיָה מִישָׁאֵל וַעֲזַרְיָה בְּתוֹךְ
כִּבְשַׁן הָאֵשׁ הוּא יַעֲנֵנוּ:
מִי שֶׁעָנָה לְדָנִיֵּאל בְּגוֹב הָאֲרָיוֹת הוּא יַעֲנֵנוּ:
מִי שֶׁעָנָה לְמָרְדְּכַי וְאֶסְתֵּר בְּשׁוּשַׁן הַבִּירָה הוּא יַעֲנֵנוּ:
מִי שֶׁעָנָה לְעֶזְרָא בַּגּוֹלָה הוּא יַעֲנֵנוּ:
מִי שֶׁעָנָה לְכָל־הַצַּדִּיקִים וְהַחֲסִידִים וְהַתְּמִימִים
וְהַיְשָׁרִים הוּא יַעֲנֵנוּ:

AS GOD ANSWERED IN AGES PAST...

As God answered Abraham, our father, on Mount Moriah,
And his son, Isaac, when bound upon the altar,
So may God answer us!

As God answered Jacob in Beth El,
And Joseph unjustly imprisoned in Egypt,
So may God answer us!

As God answered our ancestors at the Sea,
And Moses in the wilderness of Horeb,
So may God answer us!

As God answered Aaron bearing an offering,
And Phinehas when he fought for the right,
So may God answer us!

As God answered Joshua in Gilgal,
And Samuel in Mizpah,
So may God answer us!

As God answered David and Solomon in Jerusalem,
Elijah on Mount Carmel, and Elisha in Jericho,
So may God answer us!

As God answered Jonah inside the fish,
And Hezekiah in his illness,
So may God answer us!

As God answered Hananiah, Mishael and Azariah,
Thrown into the fiery furnace,
So may God answer us!

As God answered Daniel in the lions' den,
And Mordecai and Esther in Shushan,
So may God answer us!

As God answered Ezra in exile,
And all the righteous, the faithful, and the upright,
So may God answer us!

On Shabbat omit.

אָבִינוּ מַלְכֵּנוּ חָטָאנוּ לְפָנֶיךָ:

אָבִינוּ מַלְכֵּנוּ אֵין לָנוּ מֶלֶךְ אֶלָּא אָתָּה:

אָבִינוּ מַלְכֵּנוּ הַחֲזִירֵנוּ בִּתְשׁוּבָה שְׁלֵמָה לְפָנֶיךָ:

אָבִינוּ מַלְכֵּנוּ חַדֵּשׁ עָלֵינוּ שָׁנָה טוֹבָה:

אָבִינוּ מַלְכֵּנוּ שְׁלַח רְפוּאָה שְׁלֵמָה לְחוֹלֵי עַמֶּךָ:

אָבִינוּ מַלְכֵּנוּ הָפֵר עֲצַת אוֹיְבֵינוּ:

אָבִינוּ מַלְכֵּנוּ זָכְרֵנוּ בְּזִכְרוֹן טוֹב לְפָנֶיךָ:

אָבִינוּ מַלְכֵּנוּ כָּתְבֵנוּ בְּסֵפֶר חַיִּים טוֹבִים:

אָבִינוּ מַלְכֵּנוּ כָּתְבֵנוּ בְּסֵפֶר גְּאֻלָּה וִישׁוּעָה:

אָבִינוּ מַלְכֵּנוּ כָּתְבֵנוּ בְּסֵפֶר פַּרְנָסָה וְכַלְכָּלָה:

אָבִינוּ מַלְכֵּנוּ כָּתְבֵנוּ בְּסֵפֶר זְכֻיּוֹת:

אָבִינוּ מַלְכֵּנוּ כָּתְבֵנוּ בְּסֵפֶר סְלִיחָה וּמְחִילָה:

אָבִינוּ מַלְכֵּנוּ הַצְמַח לָנוּ יְשׁוּעָה בְּקָרוֹב:

אָבִינוּ מַלְכֵּנוּ הָרֵם קֶרֶן יִשְׂרָאֵל עַמֶּךָ:

אָבִינוּ מַלְכֵּנוּ שְׁמַע קוֹלֵנוּ חוּס וְרַחֵם עָלֵינוּ:

אָבִינוּ מַלְכֵּנוּ קַבֵּל בְּרַחֲמִים וּבְרָצוֹן אֶת־תְּפִלָּתֵנוּ:

אָבִינוּ מַלְכֵּנוּ חֲמוֹל עָלֵינוּ וְעַל עוֹלָלֵינוּ וְטַפֵּנוּ:

אָבִינוּ מַלְכֵּנוּ עֲשֵׂה לְמַעַן בָּאֵי בָאֵשׁ וּבַמַּיִם עַל קִדּוּשׁ שְׁמֶךָ:

אָבִינוּ מַלְכֵּנוּ עֲשֵׂה לְמַעַנְךָ אִם לֹא לְמַעֲנֵנוּ:

אָבִינוּ מַלְכֵּנוּ חָנֵּנוּ וַעֲנֵנוּ כִּי אֵין בָּנוּ מַעֲשִׂים
עֲשֵׂה עִמָּנוּ צְדָקָה וָחֶסֶד וְהוֹשִׁיעֵנוּ:

Avinu mal-keynu, ḥoney-nu va-aneynu, ki eyn banu ma-asim,
Asey imanu tz'dakah va-ḥesed, v'ho-shi-eynu.

AVINU MALKEYNU

Avinu Malkeynu, we have sinned before You.

Avinu Malkeynu, we have no Sovereign but You.

Avinu Malkeynu, help us to return to You fully repentant.

Avinu Malkeynu, grant us a good new year.

Avinu Malkeynu, send complete healing for our afflicted.

Avinu Malkeynu, frustrate the designs of our adversaries.

Avinu Malkeynu, remember us favorably.

Avinu Malkeynu, inscribe us in the book of goodness.

Avinu Malkeynu, inscribe us in the book of redemption.

Avinu Malkeynu, inscribe us in the book of sustenance.

Avinu Malkeynu, inscribe us in the book of merit.

Avinu Malkeynu, inscribe us in the book of forgiveness.

Avinu Malkeynu, hasten our deliverance.

Avinu Malkeynu, grant glory to Your people Israel.

Avinu Malkeynu, hear us, pity us, and spare us.

Avinu Malkeynu, accept our prayer with mercy and favor.

Avinu Malkeynu, have pity on us and on our children.

Avinu Malkeynu, act for those who went through fire
and water for the sanctification of Your name.

Avinu Malkeynu, act for Your sake if not for ours.

Avinu Malkeynu, graciously answer us,
although we are without merits;
Deal with us charitably and lovingly save us.

A Note on Avinu Malkeynu appears on page 886.

Avinu Malkeynu, give us honesty and strength

Avinu Malkeynu, give us the honesty to call a sin a sin.

Avinu Malkeynu, help us to renounce the idols we worship.

Avinu Malkeynu, give us the strength to seek forgiveness.

Avinu Malkeynu, give us the understanding to grant forgiveness.

Avinu Malkeynu, keep us from being our own worst enemies.

Avinu Malkeynu, liberate us from the chains we forge for ourselves.

Avinu Malkeynu, keep us from surrendering our hopes.

Avinu Malkeynu, help us to use our strength to do Your work.

Avinu Malkeynu, free us from needless worry and useless anxiety.

Avinu Malkeynu, keep us mindful of the needs of all Your children.

Avinu Malkeynu, teach us to cherish the good we have abandoned.

Avinu Malkeynu, help us to abandon the evil we cherish.

Avinu Malkeynu, help us to love You with all our hearts.

Avinu Malkeynu, help us to seek You with all our souls.

Avinu Malkeynu, help us to serve You with all our might.

Avinu Malkeynu, help us in our quest for truth and beauty.

Avinu Malkeynu, teach us the joy of studying Torah.

Avinu Malkeynu, give us the strength to walk in its ways.

Avinu Malkeynu, show us the way to harmony and reconciliation.

Avinu Malkeynu, may our words and deeds proclaim
That You are, truly, our Parent and Sovereign.

The righteous live their faith

Pledging allegiance to God and to God's Law cannot suffice; professing unswerving faith in the truth and the right is not enough.

We must live our allegiance, and weave our faith into the pattern of all for which we strive.

Justice and love dare not remain mere iridescent dreams for the spirit to indulge in on Sabbaths and solemn days.

The Kingdom of God cannot be defended by those of mere passive faith, by those who are persuaded that God causes righteousness to triumph, regardless of what we do.

Only that faith which impels us to live in mutual helpfulness can enable us to overcome the deadly enemies of God and humanity.

God is a Lord of hosts. To be numbered among those hosts we must engage in unyielding struggle to make this world safe for all who want to be free and just and kind;

For only thus will the ancient vision be fulfilled:
"The impious, their power shall fail them,
If they who profess righteousness will *live* by their faith."

Mordecai M. Kaplan

Reader:

יִתְגַּדַּל וְיִתְקַדַּשׁ שְׁמֵהּ רַבָּא. בְּעָלְמָא דִּי־בְרָא כִרְעוּתֵהּ.
וְיַמְלִיךְ מַלְכוּתֵהּ בְּחַיֵּיכוֹן וּבְיוֹמֵיכוֹן וּבְחַיֵּי דְכָל־בֵּית
יִשְׂרָאֵל בַּעֲגָלָא וּבִזְמַן קָרִיב. וְאִמְרוּ אָמֵן:

Congregation and Reader:

יְהֵא שְׁמֵהּ רַבָּא מְבָרַךְ לְעָלַם וּלְעָלְמֵי עָלְמַיָּא:

Reader:

יִתְבָּרַךְ וְיִשְׁתַּבַּח וְיִתְפָּאַר וְיִתְרוֹמַם וְיִתְנַשֵּׂא וְיִתְהַדַּר
וְיִתְעַלֶּה וְיִתְהַלַּל שְׁמֵהּ דְּקֻדְשָׁא. בְּרִיךְ הוּא. לְעֵלָּא
לְעֵלָּא מִכָּל־בִּרְכָתָא וְשִׁירָתָא תֻּשְׁבְּחָתָא וְנֶחֱמָתָא
דַּאֲמִירָן בְּעָלְמָא. וְאִמְרוּ אָמֵן:

תִּתְקַבֵּל צְלוֹתְהוֹן וּבָעוּתְהוֹן דְּכָל־יִשְׂרָאֵל קֳדָם
אֲבוּהוֹן דִּי־בִשְׁמַיָּא. וְאִמְרוּ אָמֵן:

יְהֵא שְׁלָמָא רַבָּא מִן שְׁמַיָּא וְחַיִּים עָלֵינוּ וְעַל כָּל־
יִשְׂרָאֵל. וְאִמְרוּ אָמֵן:

עֹשֶׂה שָׁלוֹם בִּמְרוֹמָיו הוּא יַעֲשֶׂה שָׁלוֹם עָלֵינוּ וְעַל כָּל־
יִשְׂרָאֵל. וְאִמְרוּ אָמֵן:

KADDISH SHALEM

Yit-gadal v'yit-kadash sh'mey raba,
B'alma di v'ra ḥiru-tey, v'yam-liḥ mal-ḥutey
B'ḥa-yey-ḥon u-v'yomey-ḥon
U-v'ḥa-yey d'ḥol beyt yisrael
Ba-agala u-viz-man kariv, v'imru **amen.**

Congregation and Reader:

Y'hey sh'mey raba m'varaḥ l'alam ul-almey alma-ya.

Reader:

Yit-baraḥ v'yish-tabaḥ v'yit-pa-ar v'yit-romam v'yit-na-sey
V'yit-hadar v'yit-aleh v'yit-halal sh'mey d'kud-sha—
B'riḥ hu, *l'eyla l'eyla mi-kol bir-ḥata v'shi-rata*
Tush-b'ḥata v'ne-ḥemata da-amiran b'alma, v'imru **amen.**

Tit-kabeyl tz'lot-hon uva-ut-hon d'ḥol yisrael
Kodam avuhon di vi-sh'ma-ya, v'imru **amen.**

Y'hey sh'lama raba min sh'ma-ya, v'ḥa-yim,
Aleynu v'al kol yisrael, v'imru **amen.**

Oseh shalom bi-m'romav, hu ya-aseh shalom
Aleynu v'al kol yisrael, v'imru **amen.**

Magnified and sanctified be the great name of God, in the world created according to the Divine will. May God's sovereignty soon be established, in our lifetime and that of the entire house of Israel. And let us say: Amen.

May God's great name be praised to all eternity.

Hallowed and honored, extolled and exalted, adored and acclaimed be the name of the blessed Holy One, whose glory is infinitely beyond all the praises, hymns, and songs of adoration which human beings can utter. And let us say: Amen.

May the prayers and pleas of the whole house of Israel be accepted by the universal Parent of us all. And let us say: Amen.

May God grant abundant peace and life to us and to all Israel. And let us say: Amen.

May God, who ordains harmony in the universe, grant peace to us and to all Israel. And let us say: Amen.

עָלֵינוּ לְשַׁבֵּחַ לַאֲדוֹן הַכֹּל
לָתֵת גְּדֻלָּה לְיוֹצֵר בְּרֵאשִׁית.
שֶׁלֹּא עָשָׂנוּ כְּגוֹיֵי הָאֲרָצוֹת
וְלֹא שָׂמָנוּ כְּמִשְׁפְּחוֹת הָאֲדָמָה.
שֶׁלֹּא שָׂם חֶלְקֵנוּ כָּהֶם
וְגֹרָלֵנוּ כְּכָל־הֲמוֹנָם:

וַאֲנַחְנוּ כּוֹרְעִים וּמִשְׁתַּחֲוִים וּמוֹדִים
לִפְנֵי מֶלֶךְ מַלְכֵי הַמְּלָכִים
הַקָּדוֹשׁ בָּרוּךְ הוּא.

שֶׁהוּא נוֹטֶה שָׁמַיִם וְיוֹסֵד אָרֶץ וּמוֹשַׁב יְקָרוֹ בַּשָּׁמַיִם מִמַּעַל וּשְׁכִינַת עֻזּוֹ בְּגָבְהֵי מְרוֹמִים: הוּא אֱלֹהֵינוּ אֵין עוֹד. אֱמֶת מַלְכֵּנוּ אֶפֶס זוּלָתוֹ. כַּכָּתוּב בְּתוֹרָתוֹ. וְיָדַעְתָּ הַיּוֹם וַהֲשֵׁבֹתָ אֶל־לְבָבֶךָ כִּי יְיָ הוּא הָאֱלֹהִים בַּשָּׁמַיִם מִמַּעַל וְעַל־הָאָרֶץ מִתָּחַת. אֵין עוֹד:

Aleynu l'sha-bey-aḥ la-adon ha-kol,
La-teyt g'dula l'yotzeyr b'reyshit.
Sheh-lo asanu k'go-yey ha-aratzot,
V'lo samanu k'mish-p'ḥot ha-adama.
Sheh-lo sam ḥel-keynu ka-hem,
V'gora-leynu k'ḥol hamonam.
Va-anaḥnu kor-im u-mishta-ḥavim u-modim,
Lifney meleḥ malḥey ha-m'laḥim, ha-kadosh baruḥ hu.

ALENU

Let us now praise the Lord of all;
Let us acclaim the Author of creation,

Who made us unlike the pagans who surrounded us,
Unlike the heathens of the ancient world,

Who made our heritage different from theirs,
And assigned to us a unique destiny.

For we bend the knee and reverently bow
Before the supreme Sovereign,
The Holy One, who is to be praised,

Who spread forth the heavens and established the earth,
And whose glorious presence can be found everywhere.

The Lord is our God; there is no other.
Truly, our sovereign Lord is incomparable.

As it is written in the Torah:
"This day accept, with mind and heart,

That God is the Lord of heaven and earth;
There is no other."

SHEH-HU NOTEH SHAMA-YIM

Sheh-hu noteh shama-yim v'yoseyd aretz,
U-mo-shav y'karo ba-shama-yim mi-maal,
U-sh'ḥinat uzo b'gov-hey m'romim.
Hu Eloheynu eyn od,
Emet mal-keynu efes zu-lato, ka-katuv b'torato,
V'yada-ta ha-yom va-ha-shey-vota el l'va-veḥa
Ki Adonai hu ha-Elohim
Ba-shama-yim mi-maal v'al ha-aretz mi-taḥat, eyn od.

עַל־כֵּן נְקַוֶּה לְּךָ יְיָ אֱלֹהֵינוּ לִרְאוֹת מְהֵרָה בְּתִפְאֶרֶת עֻזֶּךָ לְהַעֲבִיר גִּלּוּלִים מִן הָאָרֶץ וְהָאֱלִילִים כָּרוֹת יִכָּרֵתוּן. לְתַקֵּן עוֹלָם בְּמַלְכוּת שַׁדַּי. וְכָל־בְּנֵי בָשָׂר יִקְרְאוּ בִשְׁמֶךָ לְהַפְנוֹת אֵלֶיךָ כָּל־רִשְׁעֵי אָרֶץ. יַכִּירוּ וְיֵדְעוּ כָּל־יוֹשְׁבֵי תֵבֵל. כִּי־לְךָ תִּכְרַע כָּל־בֶּרֶךְ תִּשָּׁבַע כָּל־לָשׁוֹן: לְפָנֶיךָ יְיָ אֱלֹהֵינוּ יִכְרְעוּ וְיִפֹּלוּ. וְלִכְבוֹד שִׁמְךָ יְקָר יִתֵּנוּ. וִיקַבְּלוּ כֻלָּם אֶת עֹל מַלְכוּתֶךָ. וְתִמְלֹךְ עֲלֵיהֶם מְהֵרָה לְעוֹלָם וָעֶד. כִּי הַמַּלְכוּת שֶׁלְּךָ הִיא וּלְעוֹלְמֵי עַד תִּמְלֹךְ בְּכָבוֹד: כַּכָּתוּב בְּתוֹרָתֶךָ. יְיָ יִמְלֹךְ לְעֹלָם וָעֶד:

וְנֶאֱמַר. וְהָיָה יְיָ לְמֶלֶךְ עַל־כָּל־הָאָרֶץ.
בַּיּוֹם הַהוּא יִהְיֶה יְיָ אֶחָד וּשְׁמוֹ אֶחָד:

V'ne-emar, v'ha-ya Adonai l'meleḥ al kol ha-aretz,
Ba-yom ha-hu yi-h'yeh Adonai eḥad u-sh'mo eḥad.

WE HOPE FOR THE DAY

Because we believe in You, O God,
We hope for the day when Your majesty will prevail,

When all false gods will be removed,
And all idolatry will be abolished;

When the world will be made a kingdom of God,
When all humanity will invoke Your name,
And the wicked will be turned to You.

May all who live be convinced
That to You every knee must bend,
Every tongue must vow loyalty.

Before You may all bow in reverence,
Proclaiming Your glory, accepting Your sovereignty.

May Your reign come soon and last forever;
For sovereignty is Yours alone, now and evermore.

So is it written in Your Torah:
"The Lord shall reign for ever and ever."

The prophet too, proclaimed this promise:
"The Lord shall be Sovereign over all the earth;
That day the Lord shall be One and God's name One."

A meditation before the Kaddish

Eternal God, who remembers our deeds and our lives, we turn to You for solace and hope when we are bowed in grief.

As we recall with affection those who have been taken from our midst, we thank You for our years of love and companionship with them, and for the memories and the undying inspiration which they have left behind.

In solemn testimony to the unbroken faith which links the generations of the house of Israel, those who mourn now rise to sanctify Your name.

Mourners:

יִתְגַּדַּל וְיִתְקַדַּשׁ שְׁמֵהּ רַבָּא. בְּעָלְמָא דִּי־בְרָא כִרְעוּתֵהּ.
וְיַמְלִיךְ מַלְכוּתֵהּ בְּחַיֵּיכוֹן וּבְיוֹמֵיכוֹן וּבְחַיֵּי דְכָל־בֵּית
יִשְׂרָאֵל בַּעֲגָלָא וּבִזְמַן קָרִיב. וְאִמְרוּ אָמֵן:

Congregation and mourners:

יְהֵא שְׁמֵהּ רַבָּא מְבָרַךְ לְעָלַם וּלְעָלְמֵי עָלְמַיָּא:

Mourners:

יִתְבָּרַךְ וְיִשְׁתַּבַּח וְיִתְפָּאַר וְיִתְרֹמַם וְיִתְנַשֵּׂא וְיִתְהַדַּר
וְיִתְעַלֶּה וְיִתְהַלַּל שְׁמֵהּ דְּקֻדְשָׁא. בְּרִיךְ הוּא. לְעֵלָּא
לְעֵלָּא מִכָּל־בִּרְכָתָא וְשִׁירָתָא תֻּשְׁבְּחָתָא וְנֶחֱמָתָא
דַּאֲמִירָן בְּעָלְמָא. וְאִמְרוּ אָמֵן:

יְהֵא שְׁלָמָא רַבָּא מִן שְׁמַיָּא וְחַיִּים עָלֵינוּ וְעַל כָּל־
יִשְׂרָאֵל. וְאִמְרוּ אָמֵן:

עֹשֶׂה שָׁלוֹם בִּמְרוֹמָיו הוּא יַעֲשֶׂה שָׁלוֹם עָלֵינוּ וְעַל כָּל־
יִשְׂרָאֵל. וְאִמְרוּ אָמֵן:

MOURNER'S KADDISH

Yit-gadal v'yit-kadash sh'mey raba,
B'alma di v'ra ḥiru-tey, v'yam-liḥ mal-ḥutey
B'ḥa-yey-ḥon u-v'yomey-ḥon
U-v'ḥa-yey d'ḥol beyt yisrael
Ba-agala u-viz-man kariv, v'imru **amen.**

Congregation and mourners:

Y'hey sh'mey raba m'varaḥ l'alam ul-almey alma-ya.

Mourners:

Yit-baraḥ v'yish-tabaḥ v'yit-pa-ar v'yit-romam v'yit-na-sey
V'yit-hadar v'yit-aleh v'yit-halal sh'mey d'kud-sha—
B'riḥ hu, *l'eyla l'eyla mi-kol bir-ḥata v'shi-rata*
Tush-b'ḥata v'ne-ḥemata da-amiran b'alma, v'imru **amen.**

Y'hey sh'lama raba min sh'ma-ya, v'ḥa-yim,
Aleynu v'al kol yisrael, v'imru **amen.**

Oseh shalom bi-m'romav, hu ya-aseh shalom
Aleynu v'al kol yisrael, v'imru **amen.**

Magnified and sanctified be the great name of God, in the world created according to the Divine will. May God's sovereignty soon be established, in our lifetime and that of the entire house of Israel. And let us say: Amen.

May God's great name be praised to all eternity.

Hallowed and honored, extolled and exalted, adored and acclaimed be the name of the blessed Holy One, whose glory is infinitely beyond all the praises, hymns, and songs of adoration which human beings can utter. And let us say: Amen.

May God grant abundant peace and life to us and to all Israel. And let us say: Amen.

May God, who ordains harmony in the universe, grant peace to us and to all Israel. And let us say: Amen.

(We reflect upon the twin themes of Divine Judgment and Divine Mercy, as the Psalmist calls upon us to put our hope and trust in the Lord.)

לְדָוִד. יְיָ אוֹרִי וְיִשְׁעִי מִמִּי אִירָא יְיָ מָעוֹז חַיַּי מִמִּי אֶפְחָד: בִּקְרֹב עָלַי מְרֵעִים לֶאֱכֹל אֶת־בְּשָׂרִי צָרַי וְאֹיְבַי לִי הֵמָּה כָּשְׁלוּ וְנָפָלוּ: אִם־תַּחֲנֶה עָלַי מַחֲנֶה לֹא־יִירָא לִבִּי אִם־תָּקוּם עָלַי מִלְחָמָה בְּזֹאת אֲנִי בוֹטֵחַ: אַחַת שָׁאַלְתִּי מֵאֵת יְיָ אוֹתָהּ אֲבַקֵּשׁ שִׁבְתִּי בְּבֵית־יְיָ כָּל־יְמֵי חַיַּי לַחֲזוֹת בְּנֹעַם־יְיָ וּלְבַקֵּר בְּהֵיכָלוֹ: כִּי יִצְפְּנֵנִי בְּסֻכֹּה בְּיוֹם רָעָה יַסְתִּרֵנִי בְּסֵתֶר אָהֳלוֹ בְּצוּר יְרוֹמְמֵנִי: וְעַתָּה יָרוּם רֹאשִׁי עַל־אֹיְבַי סְבִיבוֹתַי וְאֶזְבְּחָה בְאָהֳלוֹ זִבְחֵי תְרוּעָה אָשִׁירָה וַאֲזַמְּרָה לַייָ: שְׁמַע־יְיָ קוֹלִי אֶקְרָא וְחָנֵּנִי וַעֲנֵנִי: לְךָ אָמַר לִבִּי בַּקְּשׁוּ פָנָי אֶת־פָּנֶיךָ יְיָ אֲבַקֵּשׁ: אַל־תַּסְתֵּר פָּנֶיךָ מִמֶּנִּי אַל־תַּט בְּאַף עַבְדֶּךָ עֶזְרָתִי הָיִיתָ אַל־תִּטְּשֵׁנִי וְאַל־תַּעַזְבֵנִי אֱלֹהֵי יִשְׁעִי: כִּי־אָבִי וְאִמִּי עֲזָבוּנִי וַייָ יַאַסְפֵנִי: הוֹרֵנִי יְיָ דַּרְכֶּךָ וּנְחֵנִי בְּאֹרַח מִישׁוֹר לְמַעַן שׁוֹרְרָי: אַל־תִּתְּנֵנִי בְּנֶפֶשׁ צָרָי כִּי קָמוּ־בִי עֵדֵי־שֶׁקֶר וִיפֵחַ חָמָס: לוּלֵא הֶאֱמַנְתִּי לִרְאוֹת בְּטוּב־יְיָ בְּאֶרֶץ חַיִּים: קַוֵּה אֶל־יְיָ חֲזַק וְיַאֲמֵץ לִבֶּךָ וְקַוֵּה אֶל־יְיָ:

Alternate Penitential Psalm

מִמַּעֲמַקִּים קְרָאתִיךָ יְיָ:
אֲדֹנָי שִׁמְעָה בְקוֹלִי. תִּהְיֶינָה אָזְנֶיךָ קַשֻּׁבוֹת לְקוֹל תַּחֲנוּנָי:
אִם עֲוֹנוֹת תִּשְׁמָר־יָהּ אֲדֹנָי מִי יַעֲמֹד:
כִּי־עִמְּךָ הַסְּלִיחָה לְמַעַן תִּוָּרֵא:
קִוִּיתִי יְיָ קִוְּתָה נַפְשִׁי וְלִדְבָרוֹ הוֹחָלְתִּי:
נַפְשִׁי לַאדֹנָי מִשֹּׁמְרִים לַבֹּקֶר שֹׁמְרִים לַבֹּקֶר:
יַחֵל יִשְׂרָאֵל אֶל־יְיָ. כִּי־עִם־יְיָ הַחֶסֶד וְהַרְבֵּה עִמּוֹ פְדוּת:
וְהוּא יִפְדֶּה אֶת־יִשְׂרָאֵל מִכֹּל עֲוֹנוֹתָיו:

PSALMS FOR THE PENITENTIAL SEASON

TRUST IN THE LORD—*Psalm 27 (selected from the Hebrew)*

The Lord is my light and my help; whom shall I fear?
The Lord is the strength of my life; whom shall I dread?

Should an army be arrayed against me, I would not fear.
Should war beset me, still would I be confident.

One thing I ask of the Lord, for this do I yearn:
That I may dwell in the house of the Lord all my life,
To feel the goodness of the Lord in the Lord's sanctuary.

On the day of trouble God will shield me,
Lifting me to safety; my head will be high above my foes.

In God's Tabernacle I will bring offerings of jubilation,
With chanting and joyous singing.

O Lord, hear my voice when I call;
Be gracious to me and answer me.

O Lord, I truly seek You. Do not hide Yourself from me;
Turn not in anger from Your servant.

You have always been my help;
Do not forsake me, O God, my Deliverer.

Teach me Your way, O Lord; lead me on a straight path.
Deliver me not to the will of my enemies.

Trust in the Lord and be strong;
Take courage and hope in the Lord.

Alternate Penitential Psalm—Psalm 130

Out of the depths I call to You, O Lord.
Hear my cry, O Lord; be attentive to my plea.
If You kept account of all sins,
O Lord, who could survive?
But with You there is forgiveness;
Therefore we revere You.
With all my being I wait for the Lord,
Whose word I await with hope.
My soul yearns for the Lord
More anxiously than watchmen yearn for the dawn.
O Israel, put your hope in the Lord,
For the Lord is abundantly kind.
Great is the saving power of the Lord,
Who will redeem our people from all their iniquities.

יִגְדַּל אֱלֹהִים חַי וְיִשְׁתַּבַּח   נִמְצָא וְאֵין עֵת אֶל מְצִיאוּתוֹ:

אֶחָד וְאֵין יָחִיד כְּיִחוּדוֹ   נֶעְלָם וְגַם אֵין סוֹף לְאַחְדוּתוֹ:

אֵין לוֹ דְּמוּת הַגּוּף וְאֵינוֹ גוּף   לֹא נַעֲרוֹךְ אֵלָיו קְדֻשָּׁתוֹ:

קַדְמוֹן לְכָל־דָּבָר אֲשֶׁר נִבְרָא   רִאשׁוֹן וְאֵין רֵאשִׁית לְרֵאשִׁיתוֹ:

הִנּוֹ אֲדוֹן עוֹלָם וְכָל־נוֹצָר   יוֹרֶה גְדֻלָּתוֹ וּמַלְכוּתוֹ:

שֶׁפַע נְבוּאָתוֹ נְתָנוֹ   אֶל אַנְשֵׁי סְגֻלָּתוֹ וְתִפְאַרְתּוֹ:

לֹא קָם בְּיִשְׂרָאֵל כְּמֹשֶׁה עוֹד   נָבִיא וּמַבִּיט אֶת־תְּמוּנָתוֹ:

תּוֹרַת אֱמֶת נָתַן לְעַמּוֹ אֵל   עַל־יַד נְבִיאוֹ נֶאֱמַן בֵּיתוֹ:

לֹא יַחֲלִיף הָאֵל וְלֹא יָמִיר דָּתוֹ לְעוֹלָמִים לְזוּלָתוֹ:

צוֹפֶה וְיוֹדֵעַ סְתָרֵינוּ   מַבִּיט לְסוֹף דָּבָר בְּקַדְמָתוֹ:

גּוֹמֵל לְאִישׁ חֶסֶד כְּמִפְעָלוֹ   נוֹתֵן לְרָשָׁע רַע כְּרִשְׁעָתוֹ:

יִשְׁלַח לְקֵץ יָמִין מְשִׁיחֵנוּ   לִפְדּוֹת מְחַכֵּי קֵץ יְשׁוּעָתוֹ:

מֵתִים יְחַיֶּה אֵל בְּרֹב חַסְדּוֹ   בָּרוּךְ עֲדֵי עַד שֵׁם תְּהִלָּתוֹ:

Yigdal, a poetic summary of the thirteen principles of faith as formulated by Moses Maimonides in his Commentary on the Mishnah (Sanhedrin 10:1), is believed to have been written by Daniel ben Judah, a fourteenth-century Italian poet.

YIGDAL

Yigdal Elohim ḥai v'yish-tabaḥ,
Nimtza v'eyn eyt el m'tzi-uto.

Eḥad v'eyn yaḥid k'yi-ḥudo,
Ne-lam v'gam eyn sof l'aḥ-duto.

Eyn lo d'mut ha-guf v'eyno guf,
Lo na-aroḥ eylav k'dushato.

Kadmon l'ḥol davar asher niv-ra,
Rishon v'eyn reyshit l'reyshito.

Hino adon olam v'ḥol notzar,
Yoreh g'dulato u-mal-ḥuto.

She-fa n'vu-ato n'tano,
El an-shey s'gulato v'tif-arto.

Lo kam b'yisrael k'moshe od,
Navi u-mabit et t'munato.

Torat emet natan l'amo Eyl,
Al yad n'vi-o ne-eman beyto.

Lo yaḥa-lif ha-Eyl v'lo yamir dato,
L'olamim l'zulato.

Tzo-feh v'yo-dey-a s'ta-reynu,
Ma-bit l'sof davar b'kad-mato.

Gomeyl l'ish ḥesed k'mif-alo,
Noteyn l'rasha ra k'rish-ato.

Yish-laḥ l'keytz yamin m'shi-ḥeynu,
Lifdot m'ḥakey keytz y'shu-ato.

Meytim y'ḥa-yeh Eyl b'rov ḥasdo,
Baruḥ adey ad sheym t'hilato.

---

1. God is Eternal; 2. God is One; 3. God is incorporeal; 4. God created the universe in time; 5. God alone is to be worshiped; 6. God revealed Divine truth to the prophets; 7. Moses was the greatest prophet; 8. The Torah is true; 9. The Torah is immutable; 10. God knows our thoughts and the future; 11. God rewards those who obey the Divine will and punishes those who transgress; 12. A Messiah will come; 13. God grants eternal life.

אֲדוֹן עוֹלָם אֲשֶׁר מָלַךְ   בְּטֶרֶם כָּל יְצִיר נִבְרָא:

לְעֵת נַעֲשָׂה בְחֶפְצוֹ כֹּל   אֲזַי מֶלֶךְ שְׁמוֹ נִקְרָא:

וְאַחֲרֵי כִּכְלוֹת הַכֹּל   לְבַדּוֹ יִמְלוֹךְ נוֹרָא:

וְהוּא הָיָה וְהוּא הֹוֶה   וְהוּא יִהְיֶה בְּתִפְאָרָה:

וְהוּא אֶחָד וְאֵין שֵׁנִי   לְהַמְשִׁיל לוֹ לְהַחְבִּירָה:

בְּלִי רֵאשִׁית בְּלִי תַכְלִית   וְלוֹ הָעֹז וְהַמִּשְׂרָה:

וְהוּא אֵלִי וְחַי גּוֹאֲלִי   וְצוּר חֶבְלִי בְּעֵת צָרָה:

וְהוּא נִסִּי וּמָנוֹס לִי   מְנָת כּוֹסִי בְּיוֹם אֶקְרָא:

בְּיָדוֹ אַפְקִיד רוּחִי   בְּעֵת אִישַׁן וְאָעִירָה:

וְעִם רוּחִי גְּוִיָּתִי   יְיָ לִי וְלֹא אִירָא:

Adon olam asher malaḥ, b'terem kol y'tzir niv-ra.
L'eyt na-asa v'ḥeftzo kol, azai meleḥ sh'mo nikra.

V'aḥarey kiḥ-lot ha-kol, l'vado yim-loḥ nora.
V'hu ha-ya v'hu ho-veh, v'hu yi-h'yeh b'tif-ara.

V'hu eḥad v'eyn shey-ni, l'ham-shil lo l'haḥ-bira.
B'li reyshit b'li taḥlit, v'lo ha-oz v'ha-misra.

V'hu Eyli v'ḥai go-ali, v'tzur ḥevli b'eyt tzara.
V'hu nisi u-manos li, m'nat kosi b'yom ekra.

B'yado afkid ruḥi, b'eyt ishan v'a-ira.
V'im ruḥi g'vi-yati, Adonai li v'lo ira.

ADON OLAM

The Eternal Lord reigned alone
While yet the universe was naught;
When by Divine Will all things were wrought,
God's sovereign name was first known.

And when this all shall cease to be,
In dread splendor shall God yet reign;
God was, God is, God shall remain
In glorious eternity.

For God is one, no other shares
God's nature or uniqueness;
Unending and beginningless,
All strength is God's; all sway God bears.

Acclaim the living God to save,
My Rock while sorrow's toils endure,
My banner and my stronghold sure,
The cup of life whene'er I crave.

I place my soul within God's palm
Before I sleep as when I wake,
And though my body I forsake,
Rest in the Lord in fearless calm.

Israel Zangwill (adapted by Adina N. Samuelson)

Draw us closer

Eternal God, in whose name we have gathered, lift our thoughts that we may renew our minds; and lead us beside the still waters so that we may restore our souls.

We thank You, O Lord, for our hallowed memories and for our abiding hopes.

Help us to show that we are Your children by giving ourselves faithfully to Your tasks.

Help us to convert our convictions into conduct and our commitments into deeds.

Help us to narrow the gap between our principles and our practices, between our aspirations and our actions.

Keep us from blaming others for our own faults; help us to heal the wounds we have thoughtlessly inflicted.

Help us to face defeat with courage and to carry success with humility.

Keep us from the pride that blinds the mind and from the anger that locks the heart.

Make us loyal to our convictions in the face of falsehood; but help us to speak the truth in love.

On this sacred night, draw us closer to Your teachings, closer to our people, and closer to You.

Amen.

A Yom Kippur prayer

On this night of atonement, we pray,
Sustain us and strengthen us.

Keep us mindful of the meaning of the prayers we utter;
Make us sensitive to the purposes of the fast we have begun.

Keep us hungry for truth,
And give us the will to seek it.

Keep us hungry for justice,
And give us the courage to pursue it.

Keep us hungry for peace,
And give us the strength to work for it.

Keep us hungry for righteousness,
And give us the determination to live it.

Keep us hungry for love,
And give us the understanding to earn it.

Keep us hungry for reconciliation,
And give us the wisdom to obtain it.

Keep us hungry for Your forgiveness,
And give us the humility to ask for it.

On this night of atonement, O God,
Sustain us and strengthen us.

שַׁחֲרִית
לְיוֹם
כִּפּוּר

SHAḤARIT / MORNING SERVICE

YOM KIPPUR

The Morning Service for Yom Kippur begins on page 78.

בָּרוּךְ אַתָּה יְיָ אֱלֹהֵינוּ וֵאלֹהֵי אֲבוֹתֵינוּ. אֱלֹהֵי אַבְרָהָם אֱלֹהֵי יִצְחָק וֵאלֹהֵי יַעֲקֹב. הָאֵל הַגָּדוֹל הַגִּבּוֹר וְהַנּוֹרָא אֵל עֶלְיוֹן. גּוֹמֵל חֲסָדִים טוֹבִים וְקֹנֵה הַכֹּל. וְזוֹכֵר חַסְדֵי אָבוֹת וּמֵבִיא גוֹאֵל לִבְנֵי בְנֵיהֶם לְמַעַן שְׁמוֹ בְּאַהֲבָה:

מִסּוֹד חֲכָמִים וּנְבוֹנִים. וּמִלֶּמֶד דַּעַת מְבִינִים. אֶפְתְּחָה פִּי בִּתְפִלָּה וּבְתַחֲנוּנִים. לְחַלּוֹת וּלְחַנֵּן פְּנֵי מֶלֶךְ מָלֵא רַחֲמִים מוֹחֵל וְסוֹלֵחַ לַעֲוֹנִים:

אֵמֶיךָ נָשָׂאתִי חִין בְּעָרְכִי. בְּמַלְאֲכוּת עַמְּךָ בֶּרֶךְ בְּבָרְכִי. גֹּחִי מִבֶּטֶן הַגִּיהַּ חָשְׁכִּי. דַּבֵּר צָחוֹת וּבַאֲמִתְּךָ הַדְרִיכִי: הוֹרֵנִי שְׁפוֹךְ שִׂיחַ עָרֵב. וְלוֹנְנִי בְּצִלְּךָ אוֹתִי לְקָרֵב. זַעַק יוֹפַק בְּכִוּוּן קֶרֶב. חַלּוֹתִי פָּנֶיךָ וְצִדְקָתְךָ תְקָרֵב: טְהוֹר עֵינַיִם מְאֹד נַעֲלָה. יַדְּעֵנִי בִּין עֶרֶךְ תְּפִלָּה. כַּדָּת לְחַנֵּן בְּלִי תִפְלָה. לְהַמְצִיא לְשׁוֹלְחַי אֶרֶךְ וּתְעָלָה: מִפְתַּח שְׂפָתַי תְּבָרֵר וּתְיַשֵּׁר. נִדְבוֹת פִּי רְצֵה וְהַכְשֵׁר. סֶדֶר הֲגִיגִי כְּשַׁי יְתֻשַּׁר. עֵתֶר פִּצְחִי כְּזִלַּת חֲשַׁר: פְּעָמַי הָכֵן פְּצוֹתִי מִכֶּשֶׁל. צוּר תְּמוֹךְ אֲשׁוּרַי מֵהִנָּשֵׁל. קוֹמְמֵנִי וְחַזְּקֵנִי מֵרִפְיוֹן וָחֵשֶׁל. רְצוֹת אֲמָרַי וְלֹא אֶכָּשֵׁל: שָׁמְרֵנִי כְּאִישׁוֹן מִפֶּלֶץ וּבְעָתָה. שׁוּר בְּשִׁפְלוּתִי וּלְכָה לִישׁוּעָתָה. תָּחֹן דִּכְאוּתִי כְּלַחוֹזָךְ פַּצְתָּ. תְּרַחֵם עַל בֵּן אִמַּצְתָּ:

זָכְרֵנוּ לְחַיִּים מֶלֶךְ חָפֵץ בַּחַיִּים.
וְכָתְבֵנוּ בְּסֵפֶר הַחַיִּים. לְמַעַנְךָ אֱלֹהִים חַיִּים:

מֶלֶךְ עוֹזֵר וּמוֹשִׁיעַ וּמָגֵן. בָּרוּךְ אַתָּה יְיָ מָגֵן אַבְרָהָם:

Zoḥreynu l'ḥa-yim meleḥ ḥafeytz ba-ḥa-yim,
V'ḥot-veynu b'seyfer ha-ḥa-yim, l'ma-anḥa Elohim ḥa-yim.

The Amidah

GOD OF ALL GENERATIONS

Praised are You, O Lord our God and God of our ancestors,
God of Abraham, God of Isaac, and God of Jacob;
God of Sarah, God of Rebecca, God of Rachel, and God of Leah;
Great, mighty, awesome God, supreme over all.

You are abundantly kind, O Creator of all.
Remembering the piety of our ancestors,
You lovingly bring redemption to their children's children.

With the inspired words of the wise and the discerning, I open my mouth in prayer and supplication, to implore mercy from the supreme Ruler, who abounds in compassion, who forgives and pardons transgressions.

Overwhelmed with awe I set forth my plea, praying for Your people with bended knee. You who gave me life, illumine my darkness now; help me to speak clearly, guide me in Your truth. Teach me to pour forth inspiring prayers, protect me and draw me close to You. My cry comes from the depths of my soul, praying that I may feel the nearness of Your mercy. You who see all and are greatly exalted, teach me to pray with understanding, so that my entreaty may be proper and unblemished, and bring healing to those who have sent me.

Direct my steps, O Lord, keep me from stumbling; O Rock, support me, lest I fall. Uphold and strengthen me, lest I grow weary; accept my words and let me not falter. From terror and trembling tenderly keep me; consider my contrition and come to my aid. Be gracious to the lowly, as You assured Your prophet; and show mercy, I pray, to Your people Israel.

Selected from the Hebrew

Remember us for life, O Sovereign who delights in life;
Inscribe us in the book of life, for Your sake, O God of life.

You are our Sovereign who helps, redeems, and protects.
Praised are You, O Lord,
Shield of Abraham and Sustainer of Sarah.

אַתָּה גִּבּוֹר לְעוֹלָם אֲדֹנָי מְחַיֵּה מֵתִים אַתָּה רַב לְהוֹשִׁיעַ: מְכַלְכֵּל חַיִּים בְּחֶסֶד מְחַיֵּה מֵתִים בְּרַחֲמִים רַבִּים. סוֹמֵךְ נוֹפְלִים וְרוֹפֵא חוֹלִים וּמַתִּיר אֲסוּרִים וּמְקַיֵּם אֱמוּנָתוֹ לִישֵׁנֵי עָפָר. מִי כָמוֹךָ בַּעַל גְּבוּרוֹת וּמִי דּוֹמֶה לָּךְ מֶלֶךְ מֵמִית וּמְחַיֶּה וּמַצְמִיחַ יְשׁוּעָה:

מִי כָמוֹךָ אַב הָרַחֲמִים. זוֹכֵר יְצוּרָיו לְחַיִּים בְּרַחֲמִים: וְנֶאֱמָן אַתָּה לְהַחֲיוֹת מֵתִים. בָּרוּךְ אַתָּה יְיָ מְחַיֵּה הַמֵּתִים:

יִמְלֹךְ יְיָ לְעוֹלָם. אֱלֹהַיִךְ צִיּוֹן לְדֹר וָדֹר. הַלְלוּיָהּ:
וְאַתָּה קָדוֹשׁ יוֹשֵׁב תְּהִלּוֹת יִשְׂרָאֵל אֵל נָא:

אַתָּה הוּא אֱלֹהֵינוּ — בַּשָּׁמַיִם וּבָאָרֶץ:
גִּבּוֹר וְנַעֲרָץ — דָּגוּל מֵרְבָבָה:
הוּא שָׂח וַיֶּהִי — וְצִוָּה וְנִבְרָאוּ:
זִכְרוֹ לָנֶצַח — חַי עוֹלָמִים:
טְהוֹר עֵינַיִם — יוֹשֵׁב סֵתֶר:
כִּתְרוֹ יְשׁוּעָה — לְבוּשׁוֹ צְדָקָה:
מַעֲטֵהוּ קִנְאָה — נֶאְפָּד נְקָמָה:
סִתְרוֹ יֹשֶׁר — עֲצָתוֹ אֱמוּנָה:
פְּעֻלָּתוֹ אֱמֶת — צַדִּיק וְיָשָׁר:
קָרוֹב לְקוֹרְאָיו בֶּאֱמֶת — רָם וּמִתְנַשֵּׂא:
שׁוֹכֵן שְׁחָקִים — תֹּלֶה אֶרֶץ עַל בְּלִימָה:

חַי וְקַיָּם נוֹרָא וּמָרוֹם וְקָדוֹשׁ:

SOURCE OF LIFE AND MASTER OF NATURE

O Lord, mighty for all eternity, with Your saving power You grant immortal life.

You sustain the living with lovingkindness, and with great mercy You bestow eternal life upon the dead. You support the falling, heal the sick, free the captives. You keep faith with those who sleep in the dust.

Who is like You, almighty God? Who can be compared to You, O supreme Ruler over life and death, Source of redemption? Who is like You, compassionate God? Mercifully You remember Your creatures for life. You are faithful in granting eternal life to the departed. Praised are You, O Lord, who confers immortality upon the departed.

"The Lord shall reign forever;
Your God, Zion, through all generations; Hallelujah!"
"You are the Holy One,
Enthroned amidst the praises of Israel."

Our God, mighty and revered on earth as in heaven above,
To You the multitudes unnumbered, express their enduring love.

You spoke and the world was created,
In response to Your command it came,
You are everlasting, eternal is Your fame.

You see everything, even in the secret abode;
Deliverance is Your crown, righteousness, Your robe.

You are clothed in zeal; justice Your garment provides;
You dwell in righteousness, Your counsel abides.

Unfailing is Your work, You act righteously;
Near to all who call in truth,
High and exalted though You be.

Abiding in the highest heavens,
And on the earth suspended in air,

You are our living, awesome God, whose glory is everywhere.

וּבְכֵן לְךָ הַכֹּל יַכְתִּירוּ:

לְאֵל עוֹרֵךְ דִּין:

לְבוֹחֵן לְבָבוֹת בְּיוֹם דִּין לְגוֹלֶה עֲמֻקּוֹת בַּדִּין:
לְדוֹבֵר מֵישָׁרִים בְּיוֹם דִּין לְהוֹגֶה דֵעוֹת בַּדִּין:
לְוָתִיק וְעֹשֶׂה חֶסֶד בְּיוֹם דִּין לְזוֹכֵר בְּרִיתוֹ בַּדִּין:
לְחוֹמֵל מַעֲשָׂיו בְּיוֹם דִּין לְטַהֵר חוֹסָיו בַּדִּין:
לְיוֹדֵעַ מַחֲשָׁבוֹת בְּיוֹם דִּין לְכוֹבֵשׁ כַּעְסוֹ בַּדִּין:
לְלוֹבֵשׁ צְדָקוֹת בְּיוֹם דִּין לְמוֹחֵל עֲוֹנוֹת בַּדִּין:
לְנוֹרָא תְהִלּוֹת בְּיוֹם דִּין לְסוֹלֵחַ לַעֲמוּסָיו בַּדִּין:
לְעוֹנֶה לְקוֹרְאָיו בְּיוֹם דִּין לְפוֹעֵל רַחֲמָיו בַּדִּין:
לְצוֹפֶה נִסְתָּרוֹת בְּיוֹם דִּין לְקוֹנֶה עֲבָדָיו בַּדִּין:
לְרַחֵם עַמּוֹ בְּיוֹם דִּין לְשׁוֹמֵר אוֹהֲבָיו בַּדִּין:
לְתוֹמֵךְ תְּמִימָיו בְּיוֹם דִּין:

L'EYL OREYḤ DIN: Acclaiming the God of judgment

Let us proclaim the sovereignty of God,
Who calls us to judgment:

Who searches all hearts on the Day of Judgment—

And reveals the hidden things, in judgment;

Who decides righteously on the Day of Judgment—

And knows our innermost secrets, in judgment;

Who bestows mercy on the Day of Judgment—

And remembers the Covenant, in judgment;

Who spares all creatures on the Day of Judgment—

And clears those who are faithful, in judgment;

Who knows our thoughts on the Day of Judgment—

And restrains Divine wrath, in judgment;

Who is clothed in charity on the Day of Judgment—

And pardons wrongdoing, in judgment;

Who is profoundly revered on the Day of Judgment—

And forgives our people, in judgment;

Who answers their pleas on the Day of Judgment—

And invokes Divine love and pity, in judgment;

Who understands all mysteries on the Day of Judgment—

And accepts the faithful, in judgment;

Who shows mercy to our people on the Day of Judgment—

And preserves those who love God, in judgment;

Who sustains the upright on the Day of Judgment—

And is the One who calls us to judgment!

נַעֲרִיצְךָ וְנַקְדִּישְׁךָ כְּסוֹד שִׂיחַ שַׂרְפֵי קֹדֶשׁ הַמַּקְדִּישִׁים שִׁמְךָ בַּקֹּדֶשׁ. כַּכָּתוּב עַל־יַד נְבִיאֶךָ. וְקָרָא זֶה אֶל־זֶה וְאָמַר.

קָדוֹשׁ קָדוֹשׁ קָדוֹשׁ יְיָ צְבָאוֹת. מְלֹא כָל־הָאָרֶץ כְּבוֹדוֹ:

כְּבוֹדוֹ מָלֵא עוֹלָם. מְשָׁרְתָיו שׁוֹאֲלִים זֶה לָזֶה אַיֵּה מְקוֹם כְּבוֹדוֹ. לְעֻמָּתָם בָּרוּךְ יֹאמֵרוּ.

בָּרוּךְ כְּבוֹד־יְיָ מִמְּקוֹמוֹ:

מִמְּקוֹמוֹ הוּא יִפֶן בְּרַחֲמִים וְיָחוֹן עַם הַמְיַחֲדִים שְׁמוֹ עֶרֶב וָבֹקֶר בְּכָל־יוֹם תָּמִיד פַּעֲמַיִם בְּאַהֲבָה שְׁמַע אוֹמְרִים.

שְׁמַע יִשְׂרָאֵל יְיָ אֱלֹהֵינוּ יְיָ אֶחָד:

הוּא אֱלֹהֵינוּ הוּא אָבִינוּ הוּא מַלְכֵּנוּ הוּא מוֹשִׁיעֵנוּ. וְהוּא יַשְׁמִיעֵנוּ בְּרַחֲמָיו שֵׁנִית לְעֵינֵי כָּל־חָי. לִהְיוֹת לָכֶם לֵאלֹהִים.

אֲנִי יְיָ אֱלֹהֵיכֶם:

אַדִּיר אַדִּירֵנוּ יְיָ אֲדוֹנֵינוּ מָה־אַדִּיר שִׁמְךָ בְּכָל־הָאָרֶץ: וְהָיָה יְיָ לְמֶלֶךְ עַל־כָּל־הָאָרֶץ בַּיּוֹם הַהוּא יִהְיֶה יְיָ אֶחָד וּשְׁמוֹ אֶחָד: וּבְדִבְרֵי קָדְשְׁךָ כָּתוּב לֵאמֹר.

יִמְלֹךְ יְיָ לְעוֹלָם. אֱלֹהַיִךְ צִיּוֹן לְדֹר וָדֹר. הַלְלוּיָהּ:

לְדוֹר וָדוֹר נַגִּיד גָּדְלֶךָ. וּלְנֵצַח נְצָחִים קְדֻשָּׁתְךָ נַקְדִּישׁ. וְשִׁבְחֲךָ אֱלֹהֵינוּ מִפִּינוּ לֹא־יָמוּשׁ לְעוֹלָם וָעֶד. כִּי אֵל מֶלֶךְ גָּדוֹל וְקָדוֹשׁ אָתָּה:

Kadosh, kadosh, kadosh, Adonai tz'vaot,
M'lo ḥol ha-aretz k'vodo.

Baruḥ k'vod Adonai mi-m'komo.

Shema Yisrael, Adonai Eloheynu, Adonai eḥad.

Ani Adonai Elohey-ḥem.

Yimloḥ Adonai l'olam,
Eloha-yiḥ tzion l'dor va-dor, Hallelujah.

KEDUSHAH: A vision of God's holiness

We adore and sanctify You in the words uttered by the holy Seraphim in the mystic vision of Your prophet:

"Holy, holy, holy is the Lord of hosts;
The whole world is filled with God's glory."

God's glory pervades the universe. When one chorus of ministering angels asks: "Where is God's glory?" another adoringly responds:

"Praised be the glory of the Lord
Which fills the universe."

May God deal mercifully and compassionately with our people, who speak of the Divine oneness twice each day, morning and evening, lovingly proclaiming—

"HEAR, O ISRAEL: THE LORD IS OUR GOD, THE LORD IS ONE."

The Lord is our God; the Lord is our Creator, our Sovereign, and our Redeemer, who mercifully will again proclaim before all the world: "I am the Lord your God."

O Lord, our Almighty God, how glorious is Your name in all the earth. "The Lord shall reign over all the earth; on that day the Lord shall be One and God's name One." And thus the Psalmist sang:

"The Lord shall reign forever;
Your God, O Zion, through all generations; Hallelujah!"

Throughout all generations we will declare Your greatness, and to all eternity we will proclaim Your holiness. We will never cease praising You, for You are a great and holy God and Sovereign.

חֲמוֹל עַל מַעֲשֶׂיךָ וְתִשְׂמַח בְּמַעֲשֶׂיךָ. וְיֹאמְרוּ לְךָ חוֹסֶיךָ בְּצַדֶּקְךָ עֲמוּסֶיךָ תֻּקְדַּשׁ אָדוֹן עַל כָּל־מַעֲשֶׂיךָ:

וּבְכֵן תֵּן פַּחְדְּךָ יְיָ אֱלֹהֵינוּ עַל כָּל־מַעֲשֶׂיךָ וְאֵימָתְךָ עַל כָּל־מַה־שֶּׁבָּרָאתָ. וְיִירָאוּךָ כָּל־הַמַּעֲשִׂים וְיִשְׁתַּחֲווּ לְפָנֶיךָ כָּל־הַבְּרוּאִים. וְיֵעָשׂוּ כֻלָּם אֲגֻדָּה אֶחָת לַעֲשׂוֹת רְצוֹנְךָ בְּלֵבָב שָׁלֵם. כְּמוֹ שֶׁיָּדַעְנוּ יְיָ אֱלֹהֵינוּ שֶׁהַשִּׁלְטוֹן לְפָנֶיךָ עֹז בְּיָדְךָ וּגְבוּרָה בִּימִינֶךָ וְשִׁמְךָ נוֹרָא עַל כָּל־מַה־שֶּׁבָּרָאתָ:

וּבְכֵן תֵּן כָּבוֹד יְיָ לְעַמֶּךָ תְּהִלָּה לִירֵאֶיךָ וְתִקְוָה לְדוֹרְשֶׁיךָ וּפִתְחוֹן פֶּה לַמְיַחֲלִים לָךְ. שִׂמְחָה לְאַרְצֶךָ וְשָׂשׂוֹן לְעִירֶךָ בִּמְהֵרָה בְיָמֵינוּ:

וּבְכֵן צַדִּיקִים יִרְאוּ וְיִשְׂמָחוּ וִישָׁרִים יַעֲלֹזוּ וַחֲסִידִים בְּרִנָּה יָגִילוּ. וְעוֹלָתָה תִּקְפָּץ־פִּיהָ וְכָל־הָרִשְׁעָה כֻּלָּהּ כְּעָשָׁן תִּכְלֶה. כִּי תַעֲבִיר מֶמְשֶׁלֶת זָדוֹן מִן הָאָרֶץ:

וְתִמְלוֹךְ אַתָּה יְיָ לְבַדֶּךָ עַל כָּל־מַעֲשֶׂיךָ בְּהַר צִיּוֹן מִשְׁכַּן כְּבוֹדֶךָ וּבִירוּשָׁלַיִם עִיר קָדְשֶׁךָ כַּכָּתוּב בְּדִבְרֵי קָדְשֶׁךָ. יִמְלֹךְ יְיָ לְעוֹלָם. אֱלֹהַיִךְ צִיּוֹן לְדֹר וָדֹר. הַלְלוּיָהּ:

קָדוֹשׁ אַתָּה וְנוֹרָא שְׁמֶךָ וְאֵין אֱלוֹהַּ מִבַּלְעָדֶיךָ כַּכָּתוּב. וַיִּגְבַּהּ יְיָ צְבָאוֹת בַּמִּשְׁפָּט וְהָאֵל הַקָּדוֹשׁ נִקְדַּשׁ בִּצְדָקָה. בָּרוּךְ אַתָּה יְיָ הַמֶּלֶךְ הַקָּדוֹשׁ:

O GOD, IN YOUR HOLINESS, ESTABLISH YOUR REIGN!

Have compassion upon Your creatures and may Your creatures bring joy to You. When You vindicate Your people, those who trust in You shall proclaim: O Lord, be sanctified over all Your creation!

Lord our God, imbue all Your creatures with reverence for You, and fill all that You have created with awe of You. May they all bow before You and unite in one fellowship to do Your will wholeheartedly. May they all acknowledge, as we do, that sovereignty is Yours, that Yours is the power and the majesty, and that You reign supreme over all You have created.

Grant honor, O Lord, to Your people, glory to those who revere You, hope to those who seek You, and confidence to those who trust in You. Grant joy to Your land and gladness to Your holy city, speedily in our own days.

Then the righteous will see and be glad, the upright will exult, and the pious will rejoice in song. Wickedness will be silenced, and all evil will vanish like smoke when You remove the dominion of tyranny from the earth.

Then You alone, O Lord, will rule over all Your works, from Mount Zion, the dwelling place of Your presence, from Jerusalem, Your holy city. Thus it is written in the Psalms: "The Lord shall reign forever; your God, Zion, through all generations; Hallelujah!"

You are holy, Your name is awe-inspiring, and there is no God but You. Thus the prophet wrote: "The Lord of hosts is exalted by justice, and the holy God is sanctified through righteousness." Praised are You, O Lord, the holy Sovereign.

אַתָּה בְחַרְתָּנוּ מִכָּל־הָעַמִּים. אָהַבְתָּ אוֹתָנוּ וְרָצִיתָ בָּנוּ. וְרוֹמַמְתָּנוּ מִכָּל־הַלְּשׁוֹנוֹת. וְקִדַּשְׁתָּנוּ בְּמִצְוֹתֶיךָ. וְקֵרַבְתָּנוּ מַלְכֵּנוּ לַעֲבוֹדָתֶךָ. וְשִׁמְךָ הַגָּדוֹל וְהַקָּדוֹשׁ עָלֵינוּ קָרָאתָ:

On Shabbat add the words in brackets.

וַתִּתֶּן־לָנוּ יְיָ אֱלֹהֵינוּ בְּאַהֲבָה אֶת־יוֹם [הַשַּׁבָּת הַזֶּה לִקְדֻשָּׁה וְלִמְנוּחָה וְאֶת־יוֹם] הַכִּפֻּרִים הַזֶּה לִמְחִילָה וְלִסְלִיחָה וּלְכַפָּרָה וְלִמְחָל־בּוֹ אֶת־כָּל־עֲוֹנוֹתֵינוּ [בְּאַהֲבָה] מִקְרָא קֹדֶשׁ. זֵכֶר לִיצִיאַת מִצְרָיִם:

אֱלֹהֵינוּ וֵאלֹהֵי אֲבוֹתֵינוּ. יַעֲלֶה וְיָבֹא וְיַגִּיעַ. וְיֵרָאֶה וְיֵרָצֶה וְיִשָּׁמַע. וְיִפָּקֵד וְיִזָּכֵר זִכְרוֹנֵנוּ וּפִקְדוֹנֵנוּ. וְזִכְרוֹן אֲבוֹתֵינוּ. וְזִכְרוֹן מָשִׁיחַ בֶּן־דָּוִד עַבְדֶּךָ. וְזִכְרוֹן יְרוּשָׁלַיִם עִיר קָדְשֶׁךָ. וְזִכְרוֹן כָּל־עַמְּךָ בֵּית יִשְׂרָאֵל לְפָנֶיךָ. לִפְלֵיטָה לְטוֹבָה לְחֵן וּלְחֶסֶד וּלְרַחֲמִים לְחַיִּים וּלְשָׁלוֹם בְּיוֹם הַכִּפֻּרִים הַזֶּה: זָכְרֵנוּ יְיָ אֱלֹהֵינוּ בּוֹ לְטוֹבָה. וּפָקְדֵנוּ בוֹ לִבְרָכָה. וְהוֹשִׁיעֵנוּ בוֹ לְחַיִּים. וּבִדְבַר יְשׁוּעָה וְרַחֲמִים חוּס וְחָנֵּנוּ וְרַחֵם עָלֵינוּ וְהוֹשִׁיעֵנוּ. כִּי אֵלֶיךָ עֵינֵינוּ. כִּי אֵל מֶלֶךְ חַנּוּן וְרַחוּם אָתָּה:

YOU SANCTIFY ISRAEL AND THIS DAY OF ATONEMENT

You have chosen us of all peoples for Your service; and, in Your gracious love, You have exalted us by teaching us the way of holiness through Your *Mitzvot*. Thus You have linked us with Your great and holy name.

On Shabbat add the words in brackets.

In love have You given us, O Lord our God, [this Sabbath day for sanctity and rest, and] this Day of Atonement for pardon, forgiveness, and atonement for all our sins. It is for us [in love] a holy convocation, commemorating the Exodus from Egypt.

YAALEH V'YAVO: Invoking the merits of our ancestors as we pray for redemption

Our God and God of our ancestors, we recall and invoke the remembrance of our ancestors, the piety of their prayers for Messianic deliverance, the glory of Jerusalem, Your holy city, and the destiny of the entire household of Israel. As we seek Your love and mercy, we pray for deliverance and for life, for happiness and for peace, on this Day of Atonement.

Remember us, O Lord; bless us with all that is good. Recall Your promise of merciful redemption; spare us, have compassion upon us, and graciously save us. To You we lift our eyes in hope; for You, our Sovereign, are a gracious and merciful God.

זְכֹר־רַחֲמֶיךָ יְיָ וַחֲסָדֶיךָ כִּי מֵעוֹלָם הֵמָּה: זָכְרֵנוּ יְיָ בִּרְצוֹן עַמֶּךָ. פָּקְדֵנוּ בִּישׁוּעָתֶךָ: זְכֹר עֲדָתְךָ קָנִיתָ קֶּדֶם. גָּאַלְתָּ שֵׁבֶט נַחֲלָתֶךָ. הַר־צִיּוֹן זֶה שָׁכַנְתָּ בּוֹ: זְכֹר יְיָ חִבַּת יְרוּשָׁלָיִם. אַהֲבַת צִיּוֹן אַל תִּשְׁכַּח לָנֶצַח:

זְכָר־לָנוּ בְּרִית אָבוֹת כַּאֲשֶׁר אָמַרְתָּ. וְזָכַרְתִּי אֶת־בְּרִיתִי יַעֲקוֹב וְאַף אֶת־בְּרִיתִי יִצְחָק וְאַף אֶת־בְּרִיתִי אַבְרָהָם אֶזְכֹּר וְהָאָרֶץ אֶזְכֹּר: זְכָר־לָנוּ בְּרִית רִאשׁוֹנִים כַּאֲשֶׁר אָמַרְתָּ. וְזָכַרְתִּי לָהֶם בְּרִית רִאשֹׁנִים. אֲשֶׁר הוֹצֵאתִי אֹתָם מֵאֶרֶץ מִצְרַיִם לְעֵינֵי הַגּוֹיִם לִהְיוֹת לָהֶם לֵאלֹהִים. אֲנִי יְיָ:

רַחֵם עָלֵינוּ וְאַל תַּשְׁחִיתֵנוּ כְּמָה שֶׁכָּתוּב. כִּי אֵל רַחוּם יְיָ אֱלֹהֶיךָ לֹא יַרְפְּךָ וְלֹא יַשְׁחִיתֶךָ וְלֹא יִשְׁכַּח אֶת־בְּרִית אֲבֹתֶיךָ אֲשֶׁר נִשְׁבַּע לָהֶם: מוֹל אֶת־לְבָבֵנוּ לְאַהֲבָה וּלְיִרְאָה אֶת־שְׁמֶךָ כַּכָּתוּב בְּתוֹרָתֶךָ. וּמָל יְיָ אֱלֹהֶיךָ אֶת־לְבָבְךָ וְאֶת־לְבַב זַרְעֶךָ לְאַהֲבָה אֶת־יְיָ אֱלֹהֶיךָ בְּכָל־לְבָבְךָ וּבְכָל־נַפְשְׁךָ לְמַעַן חַיֶּיךָ:

קַבֵּץ נִדָּחֵינוּ כְּמָה שֶׁכָּתוּב. אִם־יִהְיֶה נִדַּחֲךָ בִּקְצֵה הַשָּׁמָיִם. מִשָּׁם יְקַבֶּצְךָ יְיָ אֱלֹהֶיךָ וּמִשָּׁם יִקָּחֶךָ: הִמָּצֵא לָנוּ בְּבַקָּשָׁתֵנוּ כְּמָה שֶׁכָּתוּב. וּבִקַּשְׁתֶּם מִשָּׁם אֶת־יְיָ אֱלֹהֶיךָ וּמָצָאתָ. כִּי תִדְרְשֶׁנּוּ בְּכָל־לְבָבְךָ וּבְכָל־נַפְשֶׁךָ:

כַּפֵּר חֲטָאֵינוּ בַּיּוֹם הַזֶּה וְטַהֲרֵנוּ כְּמָה שֶׁכָּתוּב. כִּי־בַיּוֹם הַזֶּה יְכַפֵּר עֲלֵיכֶם לְטַהֵר אֶתְכֶם. מִכֹּל חַטֹּאתֵיכֶם לִפְנֵי יְיָ תִּטְהָרוּ:

REMEMBER US, RECALL THE COVENANT, AND PURIFY US

O Lord, remember Your mercy and Your kindness,
For they are everlasting.

Remember us, O Lord, and show us Your favor;
Remember us and deliver us.

Remember the people You redeemed from bondage,
And Mount Zion, the site of Your presence.

Remember, O Lord, Your love of Jerusalem;
Forget not Your love for Zion.

Remember, O Lord, Your covenant with the patriarchs:

"I will remember My covenant with Jacob, Isaac, and Abraham, and I will remember the land."

Remember, O Lord, your covenant with our ancestors:

"I will remember My covenant with your ancestors, whom I brought out of the land of Egypt, in the sight of all the nations, to be their God; I am the Lord."

Have mercy upon us, O Lord, and do not destroy us:

"The Lord is a merciful God who will not forsake you, nor destroy you, nor ever forget the covenant."

Open our hearts that we may love and revere You:

"The Lord your God will open your heart and the heart of your children, so that you will love God with all your heart and with all your soul, that you may live."

Gather our dispersed and our homeless, as was promised:

"Even if you are dispersed in the remotest parts of the world, from there the Lord your God will gather and fetch you."

Be with us, O Lord, when we seek You:

"If you seek the Lord your God, you shall find God—if you seek with all your heart and all your soul."

Forgive our sins on this day, O Lord, and purify us:

"On this day atonement shall be made for you to cleanse you; of all your sins shall you be clean before the Lord."

שְׁמַע קוֹלֵנוּ יְיָ אֱלֹהֵינוּ חוּס וְרַחֵם עָלֵינוּ וְקַבֵּל בְּרַחֲמִים וּבְרָצוֹן אֶת־תְּפִלָּתֵנוּ:

הֲשִׁיבֵנוּ יְיָ אֵלֶיךָ וְנָשׁוּבָה חַדֵּשׁ יָמֵינוּ כְּקֶדֶם:

אַל־תַּשְׁלִיכֵנוּ מִלְּפָנֶיךָ וְרוּחַ קָדְשְׁךָ אַל־תִּקַּח מִמֶּנּוּ:

אַל־תַּשְׁלִיכֵנוּ לְעֵת זִקְנָה כִּכְלוֹת כֹּחֵנוּ אַל־תַּעַזְבֵנוּ:

אַל־תַּעַזְבֵנוּ יְיָ אֱלֹהֵינוּ אַל־תִּרְחַק מִמֶּנּוּ:

אֱלֹהֵינוּ וֵאלֹהֵי אֲבוֹתֵינוּ. אַל־תַּעַזְבֵנוּ. וְאַל־תִּטְּשֵׁנוּ. וְאַל־תַּכְלִימֵנוּ. וְאַל־תָּפֵר בְּרִיתְךָ אִתָּנוּ. קָרְבֵנוּ לְתוֹרָתֶךָ. לַמְּדֵנוּ מִצְוֹתֶיךָ. הוֹרֵנוּ דְרָכֶיךָ. הַט לִבֵּנוּ לְיִרְאָה אֶת שְׁמֶךָ. וּמוֹל אֶת־לְבָבֵנוּ לְאַהֲבָתֶךָ. וְנָשׁוּב אֵלֶיךָ בֶּאֱמֶת וּבְלֵב שָׁלֵם. וּלְמַעַן שִׁמְךָ הַגָּדוֹל תִּמְחוֹל וְתִסְלַח לַעֲוֹנֵינוּ כַּכָּתוּב בְּדִבְרֵי קָדְשֶׁךָ. לְמַעַן־שִׁמְךָ יְיָ וְסָלַחְתָּ לַעֲוֹנִי כִּי רַב־הוּא:

Sh'ma koleynu, Adonai Eloheynu, ḥus v'raḥeym aleynu,
V'kabeyl b'raḥamim uv-ratzon et t'filateynu.

Ha-shiveynu Adonai eyleḥa v'na-shuva,
Ḥadeysh yameynu k'kedem.

Al tashli-ḥeynu mil-faneḥa,
V'ruaḥ kod-sh'ḥa al tikaḥ mimenu.

Al tashli-ḥeynu l'eyt zikna,
Kiḥ-lot koḥeynu al ta-azveynu.

Al ta-azveynu Adonai Eloheynu, al tirḥak mimenu.

SHEMA KOLEYNU: Hear our voice

Hear our voice, Lord our God; spare us, pity us,
Accept our prayer in Your gracious love.

Turn us to You, O Lord, and we shall return;
Renew us as in days of old.

Do not banish us from Your presence;
Do not deprive us of Your holy spirit.

Do not cast us off in old age;
When our strength declines, do not forsake us.

Do not forsake us, O Lord our God;
Do not make Yourself distant from us.

DO NOT FORSAKE US: Teach, purify, and forgive us

Our God and God of our ancestors,
Do not abandon or forsake us;
Do not shame us;
Do not break Your covenant with us.

Bring us closer to Your Torah;
Teach us Your commandments; show us Your ways.

Incline our hearts to revere You;
Purify our hearts to love You,
So that we return to You sincerely and wholeheartedly.

Forgive and pardon our iniquities,
As it is written in Your Holy Scriptures:

"For Your own sake, O Lord,
Pardon my sin though it is great."

אֱלֹהֵינוּ וֵאלֹהֵי אֲבוֹתֵינוּ סְלַח־לָנוּ. מְחַל־לָנוּ. כַּפֶּר־לָנוּ:

כִּי אָנוּ עַמֶּךָ וְאַתָּה אֱלֹהֵינוּ. אָנוּ בָנֶיךָ וְאַתָּה אָבִינוּ:
אָנוּ עֲבָדֶיךָ וְאַתָּה אֲדוֹנֵנוּ. אָנוּ קְהָלֶךָ וְאַתָּה חֶלְקֵנוּ:
אָנוּ נַחֲלָתֶךָ וְאַתָּה גוֹרָלֵנוּ. אָנוּ צֹאנֶךָ וְאַתָּה רוֹעֵנוּ:
אָנוּ כַרְמֶךָ וְאַתָּה נוֹטְרֵנוּ. אָנוּ פְעֻלָּתֶךָ וְאַתָּה יוֹצְרֵנוּ:
אָנוּ רַעְיָתֶךָ וְאַתָּה דוֹדֵנוּ. אָנוּ סְגֻלָּתֶךָ וְאַתָּה קְרוֹבֵנוּ:
אָנוּ עַמֶּךָ וְאַתָּה מַלְכֵּנוּ. אָנוּ מַאֲמִירֶךָ וְאַתָּה מַאֲמִירֵנוּ:

אָנוּ עַזֵּי פָנִים וְאַתָּה רַחוּם וְחַנּוּן. אָנוּ קְשֵׁי עֹרֶף וְאַתָּה אֶרֶךְ אַפַּיִם. אָנוּ מְלֵאֵי עָוֹן וְאַתָּה מָלֵא רַחֲמִים. אָנוּ יָמֵינוּ כְּצֵל עוֹבֵר. וְאַתָּה הוּא וּשְׁנוֹתֶיךָ לֹא יִתָּמּוּ:

Ki anu ameḥa v'ata Eloheynu,
Anu vaneḥa v'ata avinu.

Anu avadeḥa v'ata adoneynu,
Anu k'haleḥa v'ata ḥel-keynu.

Anu naḥ-lateḥa v'ata gora-leynu,
Anu tzoneḥa v'ata ro-eynu.

Anu ḥarmeḥa v'ata notreynu,
Anu f'u-lateḥa v'ata yotz-reynu.

Anu ra-yateḥa v'ata do-deynu,
Anu s'gulateḥa v'ata k'roveynu.

Anu ameḥa v'ata malkeynu,
Anu ma-amireḥa v'ata ma-amireynu.

KI ANU AMEḤA:
We are Your people, and You are our God

Our God and God of our ancestors,
Forgive us, pardon us, grant us atonement.

For we are Your people, and You are our God.

We are Your children, and You are our Parent.

We are Your servants, and You are our Master.

We are Your congregation, and You are our Heritage.

We are Your possession, and You are our Destiny.

We are Your flock, and You are our Shepherd.

We are Your vineyard, and You are our Guardian.

We are Your creatures, and You are our Creator.

We are Your faithful, and You are our Beloved.

We are Your treasure, and You are our Protector.

We are Your subjects, and You are our Ruler.

We are Your chosen ones, and You are our Chosen One.

We are arrogant; but You are merciful.
We are obstinate; but You are patient.
We are laden with sin; but You abound in compassion.
We are as a passing shadow; but You are eternal.

אֱלֹהֵינוּ וֵאלֹהֵי אֲבוֹתֵינוּ. תָּבֹא לְפָנֶיךָ תְּפִלָּתֵנוּ וְאַל תִּתְעַלַּם מִתְּחִנָּתֵנוּ. שֶׁאֵין אֲנַחְנוּ עַזֵּי פָנִים וּקְשֵׁי עֹרֶף לוֹמַר לְפָנֶיךָ יְיָ אֱלֹהֵינוּ וֵאלֹהֵי אֲבוֹתֵינוּ צַדִּיקִים אֲנַחְנוּ וְלֹא חָטָאנוּ אֲבָל אֲנַחְנוּ חָטָאנוּ:

אָשַׁמְנוּ. **בָּ**גַדְנוּ. **גָּ**זַלְנוּ. **דִּ**בַּרְנוּ דֹפִי.

הֶעֱוִינוּ. **וְ**הִרְשַׁעְנוּ. **זַ**דְנוּ. **חָ**מַסְנוּ. **טָ**פַלְנוּ שֶׁקֶר.

יָעַצְנוּ רָע. **כִּ**זַּבְנוּ. **לַ**צְנוּ. **מָ**רַדְנוּ. **נִ**אַצְנוּ.

סָרַרְנוּ. **עָ**וִינוּ. **פָּ**שַׁעְנוּ. **צָ**רַרְנוּ. **קִ**שִּׁינוּ עֹרֶף.

רָשַׁעְנוּ. **שִׁ**חַתְנוּ. **תִּ**עַבְנוּ. **תָּ**עִינוּ. **תִּ**עְתָּעְנוּ:

סַרְנוּ מִמִּצְוֹתֶיךָ וּמִמִּשְׁפָּטֶיךָ הַטּוֹבִים וְלֹא שָׁוָה לָנוּ: וְאַתָּה צַדִּיק עַל כָּל־הַבָּא עָלֵינוּ. כִּי אֱמֶת עָשִׂיתָ וַאֲנַחְנוּ הִרְשָׁעְנוּ:

Ashamnu, bagadnu, gazalnu, dibarnu dofi;
he-evinu, v'hir-shanu, zadnu, ḥamasnu, tafalnu sheker;
ya-atznu ra, kizavnu, latznu, maradnu, niatznu,
sararnu, avinu, pa-shanu, tza-rarnu, ki-shinu oref;
ra-shanu, shi-ḥatnu, tiavnu, tainu, ti-tanu.

THE CONFESSIONAL

Our God and God of our ancestors, may our prayers come before You and may You not ignore our pleas. We are neither so arrogant nor so stubborn as to declare that we are righteous and have not sinned; for, indeed, we have sinned.

ASHAMNU: We have trespassed

We have trespassed; we have dealt treacherously;
we have robbed; we have spoken slander;
we have acted perversely; we have done wrong;
we have acted presumptuously; we have done violence;
we have practiced deceit; we have counseled evil;
we have spoken falsehood; we have scoffed;
we have revolted; we have blasphemed;
we have rebelled; we have committed iniquity;
we have transgressed; we have oppressed;
we have been stiff-necked; we have acted wickedly;
we have dealt corruptly; we have committed abomination;
we have gone astray; we have led others astray.

We have turned away from Your *Mitzvot* and Your goodly laws, and we are poorer for our disobedience. You are just in all that has come upon us. You have been faithful; yet, we have done evil.

On Shabbat add the words in brackets.

אֱלֹהֵֽינוּ וֵאלֹהֵי אֲבוֹתֵֽינוּ. סְלַח וּמְחַל לַעֲוֹנוֹתֵֽינוּ בְּיוֹם
(הַשַּׁבָּת הַזֶּה וּבְיוֹם) הַכִּפּוּרִים הַזֶּה. וְהַעֲתֶר־לָֽנוּ בִּתְפִלָּתֵֽנוּ.
מְחֵה וְהַעֲבֵר פְּשָׁעֵֽינוּ מִנֶּֽגֶד עֵינֶֽיךָ. וְכוֹף אֶת־יִצְרֵֽנוּ
לְהִשְׁתַּעְבֶּד־לָךְ. וְהַכְנַע עָרְפֵּֽנוּ לָשׁוּב אֵלֶֽיךָ. וְחַדֵּשׁ
כִּלְיוֹתֵֽינוּ לִשְׁמוֹר פִּקּוּדֶֽיךָ. וּמוֹל אֶת־לְבָבֵֽנוּ לְאַהֲבָה
וּלְיִרְאָה אֶת־שְׁמֶֽךָ כַּכָּתוּב בְּתוֹרָתֶֽךָ. וּמָל יְיָ אֱלֹהֶֽיךָ אֶת־
לְבָבְךָ וְאֶת־לְבַב זַרְעֶֽךָ לְאַהֲבָה אֶת־יְיָ אֱלֹהֶֽיךָ בְּכָל־לְבָבְךָ
וּבְכָל־נַפְשְׁךָ לְמַֽעַן חַיֶּֽיךָ:

הַזְּדוֹנוֹת וְהַשְּׁגָגוֹת אַתָּה מַכִּיר. הָרָצוֹן וְהָאֹֽנֶס הַגְּלוּיִם
וְהַנִּסְתָּרִים לְפָנֶֽיךָ הֵם גְּלוּיִם וִידוּעִים: מָה־אָֽנוּ. מֶה־חַיֵּֽינוּ.
מֶה־חַסְדֵּֽנוּ. מַה־צִּדְקֵֽנוּ. מַה־יְשׁוּעָתֵֽנוּ. מַה־כֹּחֵֽנוּ. מַה־גְּבוּרָתֵֽנוּ.
מַה־נֹּאמַר לְפָנֶֽיךָ יְיָ אֱלֹהֵֽינוּ וֵאלֹהֵי אֲבוֹתֵֽינוּ. הֲלֹא כָל־
הַגִּבּוֹרִים כְּאַֽיִן לְפָנֶֽיךָ וְאַנְשֵׁי הַשֵּׁם כְּלֹא הָיוּ. וַחֲכָמִים כִּבְלִי
מַדָּע וּנְבוֹנִים כִּבְלִי הַשְׂכֵּל. כִּי רֹב מַעֲשֵׂיהֶם תֹּֽהוּ וִימֵי
חַיֵּיהֶם הֶֽבֶל לְפָנֶֽיךָ. וּמוֹתַר הָאָדָם מִן הַבְּהֵמָה אָֽיִן כִּי
הַכֹּל הָֽבֶל:

יְהִי רָצוֹן מִלְּפָנֶֽיךָ יְיָ אֱלֹהֵֽינוּ וֵאלֹהֵי אֲבוֹתֵֽינוּ.
שֶׁתִּסְלַח־לָֽנוּ עַל כָּל־חַטֹּאתֵֽינוּ. וְתִמְחַל־לָֽנוּ עַל כָּל־
עֲוֹנוֹתֵֽינוּ. וּתְכַפֶּר־לָֽנוּ עַל כָּל־פְּשָׁעֵֽינוּ:

FORGIVE OUR SINS

On Shabbat add the words in brackets.

Our God and God of our ancestors, forgive and pardon our sins [on this Sabbath day and] on this Day of Atonement.

Answer our prayers; blot out and remove our transgressions from Your sight. Direct our impulses that we may serve You, and humble our pride that we may return to You.

Renew our inner being so that we may observe Your commandments, and open our hearts so that we may love and revere You; as it is written in Your Torah: "The Lord your God will open your heart and the heart of your children, so that you will love the Lord with all your heart and with all your soul, that you may live."

You are aware of our sins, whether committed consciously or unconsciously, willingly or unwillingly, in public or in private; they are all clearly known to You.

What are we? What is the value of our lives? What substance is there to our kindness, our righteousness, our helpfulness, our strength, our courage? What can we say before You, Lord our God and God of our ancestors?

Before You, the mighty are as nothing, the famous as if they had never been; the wise are without wisdom, the clever without reason. For most of their deeds are worthless, and their days are like a breath.

Measured against Your perfection, our preëminence over the beast is negligible, for we all are so trivial.

May it be Your will, Lord our God and God of our ancestors, to forgive all our sins, to pardon all our iniquities, and to grant us atonement for all our transgressions.

עַל חֵטְא שֶׁחָטָאנוּ לְפָנֶיךָ בְּאֹנֶס וּבְרָצוֹן.
וְעַל חֵטְא שֶׁחָטָאנוּ לְפָנֶיךָ בִּבְלִי דָעַת:
עַל חֵטְא שֶׁחָטָאנוּ לְפָנֶיךָ בְּגִלּוּי עֲרָיוֹת.
וְעַל חֵטְא שֶׁחָטָאנוּ לְפָנֶיךָ בְּדַעַת וּבְמִרְמָה:
עַל חֵטְא שֶׁחָטָאנוּ לְפָנֶיךָ בְּהוֹנָאַת רֵעַ.
וְעַל חֵטְא שֶׁחָטָאנוּ לְפָנֶיךָ בִּוְעִידַת זְנוּת:
עַל חֵטְא שֶׁחָטָאנוּ לְפָנֶיךָ בְּזִלְזוּל הוֹרִים וּמוֹרִים.
וְעַל חֵטְא שֶׁחָטָאנוּ לְפָנֶיךָ בְּחֹזֶק יָד:

וְעַל כֻּלָּם אֱלוֹהַּ סְלִיחוֹת סְלַח־לָנוּ. מְחַל־לָנוּ. כַּפֶּר־לָנוּ:

עַל חֵטְא שֶׁחָטָאנוּ לְפָנֶיךָ בְּטֻמְאַת שְׂפָתָיִם.
וְעַל חֵטְא שֶׁחָטָאנוּ לְפָנֶיךָ בְּיֵצֶר הָרָע:
עַל חֵטְא שֶׁחָטָאנוּ לְפָנֶיךָ בְּכַחַשׁ וּבְכָזָב.
וְעַל חֵטְא שֶׁחָטָאנוּ לְפָנֶיךָ בְּלָצוֹן:
עַל חֵטְא שֶׁחָטָאנוּ לְפָנֶיךָ בְּמַשָּׂא וּבְמַתָּן.
וְעַל חֵטְא שֶׁחָטָאנוּ לְפָנֶיךָ בְּנֶשֶׁךְ וּבְמַרְבִּית:

וְעַל כֻּלָּם אֱלוֹהַּ סְלִיחוֹת סְלַח־לָנוּ. מְחַל־לָנוּ. כַּפֶּר־לָנוּ:

עַל חֵטְא שֶׁחָטָאנוּ לְפָנֶיךָ בְּשִׂיחַ שִׂפְתוֹתֵינוּ.
וְעַל חֵטְא שֶׁחָטָאנוּ לְפָנֶיךָ בְּעֵינַיִם רָמוֹת:
עַל חֵטְא שֶׁחָטָאנוּ לְפָנֶיךָ בִּפְרִיקַת עֹל.
וְעַל חֵטְא שֶׁחָטָאנוּ לְפָנֶיךָ בִּצְדִיַּת רֵעַ:
עַל חֵטְא שֶׁחָטָאנוּ לְפָנֶיךָ בְּקַלּוּת רֹאשׁ.
וְעַל חֵטְא שֶׁחָטָאנוּ לְפָנֶיךָ בְּרִיצַת רַגְלַיִם לְהָרַע:
עַל חֵטְא שֶׁחָטָאנוּ לְפָנֶיךָ בִּשְׁבוּעַת שָׁוְא.
וְעַל חֵטְא שֶׁחָטָאנוּ לְפָנֶיךָ בִּתְשׂוּמֶת־יָד: וְעַל כֻּלָּם . . .

AL ḤET: The multitude of our sins

We have sinned against You willingly and unwillingly;
And we have sinned against You by acting without thinking.
We have sinned against You through sexual immorality;
And we have sinned against You knowingly and deceitfully.
We have sinned against You by wronging others;
And we have sinned against You by licentiousness.
We have sinned against You by disrespecting parents and teachers;
And we have sinned against You by violence.

For all these sins, O God of forgiveness, forgive us, pardon us, grant us atonement.

V'al kulam Elo-ha s'liḥot, s'laḥ lanu, m'ḥal lanu, ka-per lanu.

We have sinned against You by foul speech;
And we have sinned against You through the inclination to evil.
We have sinned against You by fraud and falsehood;
And we have sinned against You by mocking.
We have sinned against You in our business affairs;
And we have sinned against You by usury and extortion.

For all these sins, O God of forgiveness, forgive us, pardon us, grant us atonement.

V'al kulam Elo-ha s'liḥot, s'laḥ lanu, m'ḥal lanu, ka-per lanu.

We have sinned against You by idle gossip;
And we have sinned against You by haughtiness.
We have sinned against You by rejecting Your commandments;
And we have sinned against You by betraying others.
We have sinned against You by being irreverent;
And we have sinned against You by running to do evil.
We have sinned against You by swearing falsely;
And we have sinned against You by breach of trust.

For all these sins, O God of forgiveness, forgive us, pardon us, grant us atonement.

V'al kulam Elo-ha s'liḥot, s'laḥ lanu, m'ḥal lanu, ka-per lanu.

On Shabbat add the words in brackets.

אֱלֹהֵינוּ וֵאלֹהֵי אֲבוֹתֵינוּ מְחַל לַעֲוֹנוֹתֵינוּ בְּיוֹם [הַשַּׁבָּת הַזֶּה וּבְיוֹם] הַכִּפֻּרִים הַזֶּה מְחֵה וְהַעֲבֵר פְּשָׁעֵינוּ וְחַטֹּאתֵינוּ מִנֶּגֶד עֵינֶיךָ. כָּאָמוּר אָנֹכִי אָנֹכִי הוּא מֹחֶה פְשָׁעֶיךָ לְמַעֲנִי וְחַטֹּאתֶיךָ לֹא אֶזְכֹּר: וְנֶאֱמַר מָחִיתִי כָעָב פְּשָׁעֶיךָ וְכֶעָנָן חַטֹּאתֶיךָ שׁוּבָה אֵלַי כִּי גְאַלְתִּיךָ: וְנֶאֱמַר כִּי־בַיּוֹם הַזֶּה יְכַפֵּר עֲלֵיכֶם לְטַהֵר אֶתְכֶם מִכֹּל חַטֹּאתֵיכֶם לִפְנֵי יְיָ תִּטְהָרוּ: אֱלֹהֵינוּ וֵאלֹהֵי אֲבוֹתֵינוּ [רְצֵה בִמְנוּחָתֵנוּ] קַדְּשֵׁנוּ בְּמִצְוֹתֶיךָ וְתֵן חֶלְקֵנוּ בְּתוֹרָתֶךָ שַׂבְּעֵנוּ מִטּוּבֶךָ וְשַׂמְּחֵנוּ בִּישׁוּעָתֶךָ. [וְהַנְחִילֵנוּ יְיָ אֱלֹהֵינוּ בְּאַהֲבָה וּבְרָצוֹן שַׁבַּת קָדְשֶׁךָ וְיָנוּחוּ בָהּ יִשְׂרָאֵל מְקַדְּשֵׁי שְׁמֶךָ] וְטַהֵר לִבֵּנוּ לְעָבְדְּךָ בֶּאֱמֶת. כִּי אַתָּה סָלְחָן לְיִשְׂרָאֵל וּמָחֳלָן לְשִׁבְטֵי יְשֻׁרוּן בְּכָל־דּוֹר וָדוֹר וּמִבַּלְעָדֶיךָ אֵין לָנוּ מֶלֶךְ מוֹחֵל וְסוֹלֵחַ אֶלָּא אָתָּה. בָּרוּךְ אַתָּה יְיָ מֶלֶךְ מוֹחֵל וְסוֹלֵחַ לַעֲוֹנוֹתֵינוּ וְלַעֲוֹנוֹת עַמּוֹ בֵּית יִשְׂרָאֵל. וּמַעֲבִיר אַשְׁמוֹתֵינוּ בְּכָל־שָׁנָה וְשָׁנָה. מֶלֶךְ עַל כָּל־הָאָרֶץ מְקַדֵּשׁ [הַשַּׁבָּת וְ]יִשְׂרָאֵל וְיוֹם הַכִּפֻּרִים:

רְצֵה יְיָ אֱלֹהֵינוּ בְּעַמְּךָ יִשְׂרָאֵל. וּתְפִלָּתָם בְּאַהֲבָה תְקַבֵּל בְּרָצוֹן. וּתְהִי לְרָצוֹן תָּמִיד עֲבוֹדַת יִשְׂרָאֵל עַמֶּךָ:

וְתֶחֱזֶינָה עֵינֵינוּ בְּשׁוּבְךָ לְצִיּוֹן בְּרַחֲמִים. בָּרוּךְ אַתָּה יְיָ הַמַּחֲזִיר שְׁכִינָתוֹ לְצִיּוֹן:

On Shabbat add the words in brackets.

Our God and God of our ancestors, forgive our sins [on this Sabbath day and] on this Day of Atonement.

Blot out and remove our sins and transgressions as Isaiah promised in Your name: "I blot out your transgressions, for My own sake; and your sins I shall not recall."

You promised further: "I have blotted out your transgressions like a cloud, your sins like a mist. Return to Me for I have redeemed you."

And in the Torah it is written: "For on this day atonement shall be made for you to cleanse you; of all your sins shall you be clean before the Lord."

Our God and God of our ancestors [may our Sabbath rest be acceptable to You;] may Your *Mitzvot* lead us to holiness; and may we be among those who devote themselves to Your Torah. May we find contentment in Your blessings, and joy in Your sustaining power.

[Help us to enjoy, in love and favor, the heritage of Your holy Sabbath. May Your people Israel, who hallow Your name, find rest on this day.]

Purify our hearts to serve You in truth. For You forgive the people Israel and pardon the tribes of Jeshurun in every generation; and we acknowledge only You as Sovereign who grants us pardon and forgiveness.

Praised are You, O Lord, who forgives and pardons our sins and the sins of the house of Israel. Year after year, You absolve us of our guilt, Sovereign over all the earth, who hallows [the Sabbath,] Israel, and this Day of Atonement.

ACCEPT OUR PRAYER AND BLESS ZION

Be gracious to Your people Israel, O Lord our God, and lovingly accept their prayers. May our worship ever be acceptable to You.

May our eyes behold Your merciful return to Zion. Praise to You, O Lord, who restores the Divine Presence to Zion.

מוֹדִים אֲנַחְנוּ לָךְ שָׁאַתָּה הוּא יְיָ אֱלֹהֵינוּ וֵאלֹהֵי אֲבוֹתֵינוּ לְעוֹלָם וָעֶד. צוּר חַיֵּינוּ מָגֵן יִשְׁעֵנוּ אַתָּה הוּא לְדוֹר וָדוֹר. נוֹדֶה לְּךָ וּנְסַפֵּר תְּהִלָּתֶךָ עַל חַיֵּינוּ הַמְּסוּרִים בְּיָדֶךָ וְעַל נִשְׁמוֹתֵינוּ הַפְּקוּדוֹת לָךְ וְעַל נִסֶּיךָ שֶׁבְּכָל־יוֹם עִמָּנוּ וְעַל נִפְלְאוֹתֶיךָ וְטוֹבוֹתֶיךָ שֶׁבְּכָל־עֵת עֶרֶב וָבֹקֶר וְצָהֳרָיִם. הַטּוֹב כִּי לֹא־כָלוּ רַחֲמֶיךָ. וְהַמְרַחֵם כִּי לֹא־תַמּוּ חֲסָדֶיךָ. מֵעוֹלָם קִוִּינוּ לָךְ:

The following may be said in an undertone:

מוֹדִים אֲנַחְנוּ לָךְ שָׁאַתָּה הוּא יְיָ אֱלֹהֵינוּ וֵאלֹהֵי אֲבוֹתֵינוּ אֱלֹהֵי כָל־בָּשָׂר יוֹצְרֵנוּ יוֹצֵר בְּרֵאשִׁית. בְּרָכוֹת וְהוֹדָאוֹת לְשִׁמְךָ הַגָּדוֹל וְהַקָּדוֹשׁ עַל שֶׁהֶחֱיִיתָנוּ וְקִיַּמְתָּנוּ. כֵּן תְּחַיֵּנוּ וּתְקַיְּמֵנוּ וְתֶאֱסוֹף גָּלֻיּוֹתֵינוּ לְאֶרֶץ קָדְשֶׁךָ לִשְׁמֹר חֻקֶּיךָ וְלַעֲשׂוֹת רְצוֹנֶךָ וּלְעָבְדְךָ בְּלֵבָב שָׁלֵם עַל שֶׁאֲנַחְנוּ מוֹדִים לָךְ. בָּרוּךְ אֵל הַהוֹדָאוֹת:

וְעַל־כֻּלָּם יִתְבָּרַךְ וְיִתְרוֹמַם שִׁמְךָ מַלְכֵּנוּ תָּמִיד לְעוֹלָם וָעֶד:

אָבִינוּ מַלְכֵּנוּ זְכוֹר רַחֲמֶיךָ וּכְבוֹשׁ כַּעַסְךָ וְכַלֵּה דֶבֶר וְחֶרֶב וְרָעָב וּשְׁבִי וּמַשְׁחִית וְעָוֹן וּשְׁמַד וּמַגֵּפָה וּפֶגַע רַע וְכָל־מַחֲלָה וְכָל־תְּקָלָה וְכָל־קְטָטָה וְכָל־מִינֵי פֻּרְעָנִיּוֹת וְכָל־גְּזֵרָה רָעָה וְשִׂנְאַת חִנָּם. מֵעָלֵינוּ וּמֵעַל כָּל־בְּנֵי בְרִיתֶךָ:

וּכְתוֹב לְחַיִּים טוֹבִים כָּל־בְּנֵי בְרִיתֶךָ:

וְכֹל הַחַיִּים יוֹדוּךָ סֶּלָה וִיהַלְלוּ אֶת שִׁמְךָ בֶּאֱמֶת הָאֵל יְשׁוּעָתֵנוּ וְעֶזְרָתֵנוּ סֶלָה. בָּרוּךְ אַתָּה יְיָ הַטּוֹב שִׁמְךָ וּלְךָ נָאֶה לְהוֹדוֹת:

THANKSGIVING FOR DAILY MIRACLES

We thankfully acknowledge You, our God and God of our ancestors, Lord of eternity. You are the source of our strength, even as You have been Israel's protecting shield in every generation.

We thank You and proclaim Your praise for our lives which are in Your hand, for our souls which are in Your care, for Your miracles which are daily with us, and for Your wondrous kindness at all times—morning, noon, and night. Source of all goodness, Your mercies never fail. Source of compassion, Your kindnesses never cease. You are our abiding hope.

The following may be said in an undertone:

We thankfully acknowledge You, Lord our God and God of our ancestors, God of all flesh, our Creator, Lord of all creation.

We utter blessings and thanksgiving to Your greatness and holiness, for You have given us life and sustained us.

May You continue to bless us with life and sustenance, and gather our dispersed, so that we may fulfill Your commandments, do Your will, and serve You wholeheartedly.

Praised be God to whom all thanks are due.

For all Your blessings we shall praise and exalt You, O our Sovereign, forever.

Avinu Malkeynu, remember Your compassion and suppress Your anger. Remove from us and from all the people of Your covenant, pestilence and sword, famine and plundering, destruction and iniquity, persecution, plague, and affliction, every disease and disaster, all strife and calamity, every evil decree and causeless hatred.

Inscribe all the children of Your covenant for a good life.

May all living creatures always thank You and praise You in truth. O God, You are our deliverance and our help. Praised are You, beneficent Lord, to whom all praise is due.

אֱלֹהֵינוּ וֵאלֹהֵי אֲבוֹתֵינוּ. בָּרְכֵנוּ בַבְּרָכָה הַמְשֻׁלֶּשֶׁת בַּתּוֹרָה הַכְּתוּבָה עַל יְדֵי מֹשֶׁה עַבְדֶּךָ. הָאֲמוּרָה מִפִּי אַהֲרֹן וּבָנָיו כֹּהֲנִים. עַם קְדוֹשֶׁךָ כָּאָמוּר:

Congregation: **Keyn y'hi ratzon.**

יְבָרֶכְךָ יְיָ וְיִשְׁמְרֶךָ: כֵּן יְהִי רָצוֹן:

יָאֵר יְיָ פָּנָיו אֵלֶיךָ וִיחֻנֶּךָּ: כֵּן יְהִי רָצוֹן:

יִשָּׂא יְיָ פָּנָיו אֵלֶיךָ וְיָשֵׂם לְךָ שָׁלוֹם: כֵּן יְהִי רָצוֹן:

שִׂים שָׁלוֹם טוֹבָה וּבְרָכָה בָּעוֹלָם חֵן וָחֶסֶד וְרַחֲמִים עָלֵינוּ וְעַל כָּל־יִשְׂרָאֵל עַמֶּךָ. בָּרְכֵנוּ אָבִינוּ כֻּלָּנוּ כְּאֶחָד בְּאוֹר פָּנֶיךָ. כִּי בְאוֹר פָּנֶיךָ נָתַתָּ לָּנוּ יְיָ אֱלֹהֵינוּ תּוֹרַת חַיִּים וְאַהֲבַת חֶסֶד וּצְדָקָה וּבְרָכָה וְרַחֲמִים וְחַיִּים וְשָׁלוֹם. וְטוֹב בְּעֵינֶיךָ לְבָרֵךְ אֶת־עַמְּךָ יִשְׂרָאֵל בְּכָל־עֵת וּבְכָל־שָׁעָה בִּשְׁלוֹמֶךָ:

בְּסֵפֶר חַיִּים בְּרָכָה וְשָׁלוֹם וּפַרְנָסָה טוֹבָה. נִזָּכֵר וְנִכָּתֵב לְפָנֶיךָ. אֲנַחְנוּ וְכָל־עַמְּךָ בֵּית יִשְׂרָאֵל. לְחַיִּים טוֹבִים וּלְשָׁלוֹם:

בָּרוּךְ אַתָּה יְיָ עוֹשֵׂה הַשָּׁלוֹם:

Sim shalom tovah uv-raḥah ba-olam,
Ḥeyn va-ḥesed v'raḥamim aleynu v'al kol yisrael ameḥa.
Bar-ḥeynu avinu kulanu k'eḥad b'or paneḥa,
Ki v'or paneḥa natata lanu Adonai Eloheynu
torat ḥa-yim, v'ahavat ḥesed,
U-tz'dakah, uv-raḥah, v'raḥamim, v'ḥa-yim, v'shalom.
V'tov b'eyneḥa l'vareyḥ et am-ḥa yisrael
B'ḥol eyt uv-ḥol sha-a bi-sh'lomeḥa.

B'seyfer ḥa-yim b'raḥah v'shalom ufar-nasah tovah,
Niza-ḥeyr v'nikateyv l'faneḥa,
Anaḥnu v'ḥol amḥa beyt yisrael,
L'ḥa-yim tovim ul-shalom.

THE THREEFOLD BLESSING

Our God and God of our ancestors, bless us with the threefold blessing written in the Torah by Moses, Your servant, pronounced in ancient days by Aaron and his sons, the consecrated priests of Your people:

Congregation:

"May the Lord bless you
and protect you." *May this be God's will.*

"May the Lord show you kindness
and be gracious to you." *May this be God's will.*

"May the Lord bestow favor upon you
and grant you peace." *May this be God's will.*

SIM SHALOM: Prayer for peace

Grant peace, goodness, and blessing to the world; graciousness, kindness, and mercy to us and to all Your people Israel.

Bless us all, O our Creator, with the divine light of Your presence.

For by that divine light You have revealed to us Your life-giving Torah, and taught us lovingkindness, righteousness, mercy, and peace.

May it please You to bless Your people Israel, in every season and at every hour, with Your peace.

INSCRIBE US IN THE BOOK OF LIFE

In the book of life and blessing, peace and prosperity, may we and all Your people, the house of Israel, be inscribed for a good and peaceful life.

Praised are You, O Lord, Source of peace.

On Shabbat omit.

אָבִינוּ מַלְכֵּנוּ חָטָאנוּ לְפָנֶיךָ:

אָבִינוּ מַלְכֵּנוּ אֵין לָנוּ מֶלֶךְ אֶלָּא אָתָּה:

אָבִינוּ מַלְכֵּנוּ הַחֲזִירֵנוּ בִּתְשׁוּבָה שְׁלֵמָה לְפָנֶיךָ:

אָבִינוּ מַלְכֵּנוּ חַדֵּשׁ עָלֵינוּ שָׁנָה טוֹבָה:

אָבִינוּ מַלְכֵּנוּ שְׁלַח רְפוּאָה שְׁלֵמָה לְחוֹלֵי עַמֶּךָ:

אָבִינוּ מַלְכֵּנוּ הָפֵר עֲצַת אוֹיְבֵינוּ:

אָבִינוּ מַלְכֵּנוּ זָכְרֵנוּ בְּזִכְרוֹן טוֹב לְפָנֶיךָ:

אָבִינוּ מַלְכֵּנוּ כָּתְבֵנוּ בְּסֵפֶר חַיִּים טוֹבִים:

אָבִינוּ מַלְכֵּנוּ כָּתְבֵנוּ בְּסֵפֶר גְּאֻלָּה וִישׁוּעָה:

אָבִינוּ מַלְכֵּנוּ כָּתְבֵנוּ בְּסֵפֶר פַּרְנָסָה וְכַלְכָּלָה:

אָבִינוּ מַלְכֵּנוּ כָּתְבֵנוּ בְּסֵפֶר זְכֻיּוֹת:

אָבִינוּ מַלְכֵּנוּ כָּתְבֵנוּ בְּסֵפֶר סְלִיחָה וּמְחִילָה:

אָבִינוּ מַלְכֵּנוּ הַצְמַח לָנוּ יְשׁוּעָה בְּקָרוֹב:

אָבִינוּ מַלְכֵּנוּ הָרֵם קֶרֶן יִשְׂרָאֵל עַמֶּךָ:

אָבִינוּ מַלְכֵּנוּ שְׁמַע קוֹלֵנוּ חוּס וְרַחֵם עָלֵינוּ:

אָבִינוּ מַלְכֵּנוּ קַבֵּל בְּרַחֲמִים וּבְרָצוֹן אֶת־תְּפִלָּתֵנוּ:

אָבִינוּ מַלְכֵּנוּ חֲמוֹל עָלֵינוּ וְעַל עוֹלָלֵינוּ וְטַפֵּנוּ:

אָבִינוּ מַלְכֵּנוּ עֲשֵׂה לְמַעַן בָּאֵי בָאֵשׁ וּבַמַּיִם עַל קִדּוּשׁ שְׁמֶךָ:

אָבִינוּ מַלְכֵּנוּ עֲשֵׂה לְמַעַנְךָ אִם לֹא לְמַעֲנֵנוּ:

אָבִינוּ מַלְכֵּנוּ חָנֵּנוּ וַעֲנֵנוּ כִּי אֵין בָּנוּ מַעֲשִׂים
עֲשֵׂה עִמָּנוּ צְדָקָה וָחֶסֶד וְהוֹשִׁיעֵנוּ:

Avinu mal-keynu, ḥoney-nu va-aneynu, ki eyn banu ma-asim,
Asey imanu tz'dakah va-ḥesed, v'ho-shi-eynu.

AVINU MALKEYNU

Avinu Malkeynu, we have sinned before You.

Avinu Malkeynu, we have no Sovereign but You.

Avinu Malkeynu, help us to return to You fully repentant.

Avinu Malkeynu, grant us a good new year.

Avinu Malkeynu, send complete healing for our afflicted.

Avinu Malkeynu, frustrate the designs of our adversaries.

Avinu Malkeynu, remember us favorably.

Avinu Malkeynu, inscribe us in the book of goodness.

Avinu Malkeynu, inscribe us in the book of redemption.

Avinu Malkeynu, inscribe us in the book of sustenance.

Avinu Malkeynu, inscribe us in the book of merit.

Avinu Malkeynu, inscribe us in the book of forgiveness.

Avinu Malkeynu, hasten our deliverance.

Avinu Malkeynu, grant glory to Your people Israel.

Avinu Malkeynu, hear us, pity us, and spare us.

Avinu Malkeynu, accept our prayer with mercy and favor.

Avinu Malkeynu, have pity on us and on our children.

Avinu Malkeynu, act for those who went through fire
and water for the sanctification of Your name.

Avinu Malkeynu, act for Your sake if not for ours.

Avinu Malkeynu, graciously answer us,
although we are without merits;
Deal with us charitably and lovingly save us.

Reader:

יִתְגַּדַּל וְיִתְקַדַּשׁ שְׁמֵהּ רַבָּא. בְּעָלְמָא דִּי־בְרָא כִרְעוּתֵהּ. וְיַמְלִיךְ מַלְכוּתֵהּ בְּחַיֵּיכוֹן וּבְיוֹמֵיכוֹן וּבְחַיֵּי דְכָל־בֵּית יִשְׂרָאֵל בַּעֲגָלָא וּבִזְמַן קָרִיב. וְאִמְרוּ אָמֵן:

Congregation and Reader:

יְהֵא שְׁמֵהּ רַבָּא מְבָרַךְ לְעָלַם וּלְעָלְמֵי עָלְמַיָּא:

Reader:

יִתְבָּרַךְ וְיִשְׁתַּבַּח וְיִתְפָּאַר וְיִתְרוֹמַם וְיִתְנַשֵּׂא וְיִתְהַדַּר וְיִתְעַלֶּה וְיִתְהַלַּל שְׁמֵהּ דְּקֻדְשָׁא. בְּרִיךְ הוּא. לְעֵלָּא לְעֵלָּא מִכָּל־בִּרְכָתָא וְשִׁירָתָא תֻּשְׁבְּחָתָא וְנֶחֱמָתָא דַּאֲמִירָן בְּעָלְמָא. וְאִמְרוּ אָמֵן:

תִּתְקַבֵּל צְלוֹתְהוֹן וּבָעוּתְהוֹן דְּכָל־יִשְׂרָאֵל קֳדָם אֲבוּהוֹן דִּי־בִשְׁמַיָּא. וְאִמְרוּ אָמֵן:

יְהֵא שְׁלָמָא רַבָּא מִן שְׁמַיָּא וְחַיִּים עָלֵינוּ וְעַל כָּל־יִשְׂרָאֵל. וְאִמְרוּ אָמֵן:

עֹשֶׂה שָׁלוֹם בִּמְרוֹמָיו הוּא יַעֲשֶׂה שָׁלוֹם עָלֵינוּ וְעַל כָּל־יִשְׂרָאֵל. וְאִמְרוּ אָמֵן:

Congregation and Reader:

Y'hey sh'mey raba m'varaḥ l'alam ul-almey alma-ya (yit-baraḥ).

Oseh shalom bi-m'romav, hu ya-aseh shalom
Aleynu v'al kol yisrael, v'imru **amen.**

KADDISH SHALEM

Magnified and sanctified be the great name of God, in the world created according to the Divine will. May God's sovereignty soon be established, in our lifetime and that of the entire house of Israel. And let us say: Amen.

Congregation and Reader:

May God's great name be praised to all eternity.

Hallowed and honored, extolled and exalted, adored and acclaimed be the name of the blessed Holy One, whose glory is infinitely beyond all the praises, hymns, and songs of adoration which human beings can utter. And let us say: Amen.

May the prayers and pleas of the whole house of Israel be accepted by the universal Parent of us all. And let us say: Amen.

May God grant abundant peace and life to us and to all Israel. And let us say: Amen.

May God, who ordains harmony in the universe, grant peace to us and to all Israel. And let us say: Amen.

קְרִיאַת הַתּוֹרָה לְיוֹם כִּפּוּר

KERIAT HA-TORAH / TORAH SERVICE

YOM KIPPUR

אֵין־כָּמְוֹךָ בָאֱלֹהִים אֲדֹנָי וְאֵין כְּמַעֲשֶׂיךָ:
מַלְכוּתְךָ מַלְכוּת כָּל־עֹלָמִים וּמֶמְשַׁלְתְּךָ בְּכָל־דּוֹר וָדֹר:

יְיָ מֶלֶךְ יְיָ מָלָךְ יְיָ יִמְלֹךְ לְעֹלָם וָעֶד:
יְיָ עֹז לְעַמּוֹ יִתֵּן יְיָ יְבָרֵךְ אֶת־עַמּוֹ בַשָּׁלוֹם:

אַב הָרַחֲמִים הֵיטִיבָה בִרְצוֹנְךָ אֶת־צִיּוֹן
תִּבְנֶה חוֹמוֹת יְרוּשָׁלָיִם:
כִּי בְךָ לְבַד בָּטָחְנוּ מֶלֶךְ אֵל רָם וְנִשָּׂא אֲדוֹן עוֹלָמִים:

The Ark is opened.

וַיְהִי בִּנְסֹעַ הָאָרֹן וַיֹּאמֶר מֹשֶׁה.
קוּמָה יְיָ וְיָפֻצוּ אֹיְבֶיךָ וְיָנֻסוּ מְשַׂנְאֶיךָ מִפָּנֶיךָ:
כִּי מִצִּיּוֹן תֵּצֵא תוֹרָה וּדְבַר־יְיָ מִירוּשָׁלָיִם:
בָּרוּךְ שֶׁנָּתַן תּוֹרָה לְעַמּוֹ יִשְׂרָאֵל בִּקְדֻשָּׁתוֹ:

Eyn ka-moḥa va-Elohim Adonai v'eyn k'ma-aseḥa.
Malḥutḥa malḥut kol olamim, umem-shalt'ḥa b'ḥol dor va-dor.

Adonai meleḥ, Adonai malaḥ, Adonai yimloḥ l'olam va-ed.
Adonai oz l'amo yiteyn, Adonai y'vareyḥ et amo va-shalom.

Av ha-raḥamim, hey-tiva vir-tzonḥa et tzion,
Tivneh ḥomot y'ru-shala-yim.
Ki v'ḥa l'vad ba-taḥnu, meleḥ Eyl ram v'nisa adon olamim.

The Ark is opened.

Va-y'hi bin-soa ha-aron va-yomer moshe,
Kuma Adonai v'ya-futzu oy-veḥa,
V'yanusu m'san-eḥa mi-paneḥa.

Ki mi-tzion tey-tzey torah,
U-d'var Adonai mi-ru-shala-yim.
Baruḥ sheh-natan torah l'amo yisrael bi-k'du-shato.

Torah service

"There is none like You, O Lord,
among those acclaimed as divine;
There are no deeds like Yours.

Your sovereignty is everlasting,
Your dominion endures through all generations."

The Lord reigns, the Lord has reigned,
"The Lord shall reign forever."

May the Lord give strength to our people,
And bless our people with peace.

Merciful God, "favor Zion with Your goodness;
Build the walls of Jerusalem."

For in You alone do we trust,
Exalted God and Sovereign, Ruler of the universe.

VA-Y'HI BIN-SOA

"Whenever the Ark moved forward,
Moses would exclaim:

'Arise, O Lord, and may Your enemies be scattered;
May Your foes be put to flight before You.' "

"From Zion shall come forth Torah,
And the word of the Lord from Jerusalem."

Praised be God who, in Divine holiness,
Gave the Torah to the people Israel.

On a weekday recite this page.

יְיָ יְיָ אֵל רַחוּם וְחַנּוּן. אֶרֶךְ אַפַּיִם וְרַב־חֶסֶד וֶאֱמֶת:
נֹצֵר חֶסֶד לָאֲלָפִים. נֹשֵׂא עָוֹן וָפֶשַׁע וְחַטָּאָה וְנַקֵּה:

יִהְיוּ לְרָצוֹן אִמְרֵי־פִי וְהֶגְיוֹן לִבִּי לְפָנֶיךָ יְיָ צוּרִי וְגֹאֲלִי:

וַאֲנִי תְפִלָּתִי לְךָ יְיָ עֵת רָצוֹן
אֱלֹהִים בְּרָב־חַסְדֶּךָ עֲנֵנִי בֶּאֱמֶת יִשְׁעֶךָ:

"The Lord is ever-present, all-merciful, gracious, compassionate, patient, abounding in kindness and faithfulness, treasuring up love for a thousand generations, forgiving iniquity, transgression, and sin, and pardoning the penitent."

"May the words of my mouth and the meditation of my heart
Find favor before You, my Rock and my Redeemer."

"In kindness, Lord, answer my prayer;
Mercifully grant me Your abiding help."

Adonai Adonai Eyl raḥum v'ḥanun,
ereḥ apa-yim v'rav ḥesed ve-emet.
No-tzeyr ḥesed la-alafim,
nosey avon va-fe-sha v'ḥata-a v'nakey.

Yi-h'yu l'ratzon imrey fi v'heg-yon libi l'fa-neḥa,
Adonai tzuri v'go-ali.

Va-ani t'filati l'ḥa Adonai eyt ratzon
Elohim b'rov ḥas-deḥa aneyni be-emet yish-eḥa.

Optional selections:

תּוֹרַת יְיָ תְּמִימָה מְשִׁיבַת נָפֶשׁ
עֵדוּת יְיָ נֶאֱמָנָה מַחְכִּימַת פֶּתִי:
פִּקּוּדֵי יְיָ יְשָׁרִים מְשַׂמְּחֵי־לֵב
מִצְוַת יְיָ בָּרָה מְאִירַת עֵינָיִם:
יִרְאַת יְיָ טְהוֹרָה עוֹמֶדֶת לָעַד
מִשְׁפְּטֵי־יְיָ אֱמֶת צָדְקוּ יַחְדָּו:

The teaching of the Lord is perfect, reviving the spirit;
The testimony of the Lord is trustworthy,
Teaching wisdom to the simple.

The precepts of the Lord are just, rejoicing the heart;
The commandment of the Lord is pure, enlightening the eyes.

Reverence for the Lord is pure, enduring forever.
The judgments of the Lord are true; they are altogether just.

From Psalm 19

וְהַעֲרֶב־נָא יְיָ אֱלֹהֵינוּ אֶת־דִּבְרֵי תוֹרָתְךָ בְּפִינוּ וּבְפִי עַמְּךָ בֵּית יִשְׂרָאֵל. וְנִהְיֶה אֲנַחְנוּ וְצֶאֱצָאֵינוּ וְצֶאֱצָאֵי עַמְּךָ בֵּית יִשְׂרָאֵל כֻּלָּנוּ יוֹדְעֵי שְׁמֶךָ וְלוֹמְדֵי תוֹרָתֶךָ לִשְׁמָהּ. בָּרוּךְ אַתָּה יְיָ הַמְלַמֵּד תּוֹרָה לְעַמּוֹ יִשְׂרָאֵל:

May the words of Your Torah, Lord our God, be pleasant to us and to Your people, the house of Israel. May we, our children, and all future generations of the house of Israel know You and study Your Torah with devotion. Praised are You, O Lord, who teaches Torah to Your people Israel.

בְּרִיךְ שְׁמֵהּ דְּמָרֵא עָלְמָא. בְּרִיךְ כִּתְרָךְ וְאַתְרָךְ: יְהֵא רְעוּתָךְ
עִם עַמָּךְ יִשְׂרָאֵל לְעָלַם. וּפֻרְקַן יְמִינָךְ אַחֲזֵי לְעַמָּךְ בְּבֵית
מַקְדְּשָׁךְ. וּלְאַמְטוּיֵי לָנָא מִטּוּב נְהוֹרָךְ. וּלְקַבֵּל צְלוֹתָנָא בְּרַחֲמִין:
יְהֵא רַעֲוָא קֳדָמָךְ. דְּתוֹרִיךְ לָן חַיִּין בְּטִיבוּתָא. וְלֶהֱוֵי אֲנָא פְּקִידָא
בְּגוֹ צַדִּיקַיָּא. לְמִרְחַם עֲלַי וּלְמִנְטַר יָתִי וְיַת כָּל־דִּי לִי וְדִי
לְעַמָּךְ יִשְׂרָאֵל: אַנְתְּ הוּא זָן לְכֹלָּא וּמְפַרְנֵס לְכֹלָּא. אַנְתְּ הוּא
שַׁלִּיט עַל כֹּלָּא. אַנְתְּ הוּא דְּשַׁלִּיט עַל מַלְכַיָּא. וּמַלְכוּתָא דִּי־לָךְ
הִיא: אֲנָא עַבְדָּא דְקֻדְשָׁא בְּרִיךְ הוּא. דְּסָגִדְנָא קַמֵּהּ וּמִקַּמָּא
דִּיקַר אוֹרַיְתֵהּ. בְּכָל עִדָּן וְעִדָּן: לָא עַל אֱנָשׁ רָחֵצְנָא. וְלָא עַל
בַּר אֱלָהִין סָמֵכְנָא. אֶלָּא בֶּאֱלָהָא דִשְׁמַיָּא. דְּהוּא אֱלָהָא קְשׁוֹט
וְאוֹרַיְתֵהּ קְשׁוֹט וּנְבִיאוֹהִי קְשׁוֹט. וּמַסְגֵּא לְמֶעְבַּד טַבְוָן וּקְשׁוֹט:
בֵּהּ אֲנָא רָחֵץ וְלִשְׁמֵהּ קַדִּישָׁא יַקִּירָא אֲנָא אֵמַר תֻּשְׁבְּחָן: יְהֵא
רַעֲוָא קֳדָמָךְ דְּתִפְתַּח לִבִּי בְּאוֹרַיְתָא. וְתַשְׁלִים מִשְׁאֲלִין דְּלִבִּי.
וְלִבָּא דְכָל־עַמָּךְ יִשְׂרָאֵל. לְטַב וּלְחַיִּין וְלִשְׁלָם: אָמֵן:

Lord of the universe, praised be Your name and praised be Your sovereignty. May Your love abide with Your people Israel forever. In Your sanctuary reveal to them Your redeeming power.

Grant us the precious gift of Your light; and mercifully accept our prayers. May it be Your will to grant us a long and good life so that we may be counted among the righteous. Show us Your compassion; guard us and our dear ones and all Your people Israel. You nourish and sustain all; You rule over all, even monarchs, for all dominion is Yours.

We are the servants of the Holy One, praised be God, before whom and before whose glorious Torah we bow in reverence. We do not put our trust in any mortal or in any angelic being. Our trust is in the God of the heavens, the God of truth, whose Torah is truth, whose prophets are prophets of truth, and who abounds in deeds of goodness and truth. In God we put our trust, and to God we utter praises.

May it be Your will to open our hearts to Your Torah and to fulfill the worthy desires of our hearts and the hearts of all Your people Israel, for good, for life, and for peace. Amen.

Zohar, Va-yakheyl

Bey ana raḥeytz, v'lish-mey kadi-sha yakira ana eymar tush-b'ḥan.
Y'hey ra-ava kodamaḥ d'tiftaḥ libi b'oraita,
V'tash-lim mish-alin d'libi v'liba d'ḥol amaḥ yisrael,
L'tav u-l'ḥa-yin v'lish-lam. Amen.

Before the Ark

I

Eternal God, as we seek Your pardon on this Yom Kippur, and pray for health and peace, help us to love and revere Your Torah as our tree of life; thus may our years be rich and our lives endowed with purpose. Grant us length of days to study and to teach, to remember and to fulfill in love Your teachings and commandments.

As You were with our ancestors in days of old, be with us as we seek Your presence. Bless us, we pray, with the healing love of Your forgiveness; grant us the wisdom to perceive Your presence and to know Your will. May we study Your Torah with devotion and live nobly and uprightly as Your children. Amen.

II

Almighty God, reverently we stand before the Torah, Your most precious gift to us—the sacred Scriptures which our ancestors learned and taught, preserved for us, a heritage unto all generations. May we, their children's children, ponder its every word; may we find, as did they, new evidence of You in its precepts, enriching wisdom in its teachings.

May the Torah be our tree of life, our shield and guide. May we take its teachings to our hearts, and thus draw nearer to You in loyalty, in truth, and in love. Amen.

The Torah Scrolls are removed from the Ark.

Reader, then congregation:

שְׁמַע יִשְׂרָאֵל יְיָ אֱלֹהֵינוּ יְיָ אֶחָד:

Reader, then congregation:

אֶחָד אֱלֹהֵינוּ גָּדוֹל אֲדוֹנֵינוּ קָדוֹשׁ וְנוֹרָא שְׁמוֹ:

Reader:

גַּדְּלוּ לַייָ אִתִּי וּנְרוֹמְמָה שְׁמוֹ יַחְדָּו:

Congregation and Reader:

לְךָ יְיָ הַגְּדֻלָּה וְהַגְּבוּרָה וְהַתִּפְאֶרֶת וְהַנֵּצַח וְהַהוֹד.
כִּי־כֹל בַּשָּׁמַיִם וּבָאָרֶץ
לְךָ יְיָ הַמַּמְלָכָה וְהַמִּתְנַשֵּׂא לְכֹל לְרֹאשׁ:
רוֹמְמוּ יְיָ אֱלֹהֵינוּ וְהִשְׁתַּחֲווּ לַהֲדֹם רַגְלָיו. קָדוֹשׁ הוּא:
רוֹמְמוּ יְיָ אֱלֹהֵינוּ וְהִשְׁתַּחֲווּ לְהַר קָדְשׁוֹ.
כִּי־קָדוֹשׁ יְיָ אֱלֹהֵינוּ:

Reader, then congregation:

Shema Yisrael, Adonai Eloheynu, Adonai Eḥad.

Reader, then congregation:

Eḥad Eloheynu, gadol adoneynu, kadosh v'nora sh'mo.

L'ḥa Adonai ha-g'dula v'ha-g'vura v'ha-tiferet
V'ha-neytzaḥ v'ha-hod.
Ki ḥol ba-shama-yim u-va-aretz,
L'ḥa Adonai ha-mamlaḥa v'ha-mit-nasey l'ḥol l'rosh.

Rom'mu Adonai Eloheynu
V'hish-taḥavu la-hadom rag-lav, kadosh hu.
Rom'mu Adonai Eloheynu v'hish-taḥavu l'har kod-sho,
Ki kadosh Adonai Eloheynu.

The Torah Scrolls are removed from the Ark.

Reader, then congregation:

"HEAR, O ISRAEL: THE LORD IS OUR GOD, THE LORD IS ONE."

Reader, then congregation:

One is our God; exalted is our Lord;
Holy and awesome is God's name.

Reader:

"Glorify the Lord with me; let us exalt God together."

Congregation and Reader:

"Yours, O Lord, is the greatness, the power,
and the splendor;
Yours is the victory and the majesty;
For all in heaven and on earth is Yours.
Dominion, O Lord, is Yours; and You rule over all."

"Exalt the Lord our God and worship the One who is holy."
"Exalt and worship at God's holy mountain;
For holy is the Lord our God."

Reader:

וְיַעֲזֹר וְיָגֵן וְיוֹשִׁיעַ לְכֹל הַחוֹסִים בּוֹ. וְנֹאמַר אָמֵן:
הַכֹּל הָבוּ גֹדֶל לֵאלֹהֵינוּ וּתְנוּ כָבוֹד לַתּוֹרָה:

(The first honoree is called.)

בָּרוּךְ שֶׁנָּתַן תּוֹרָה לְעַמּוֹ יִשְׂרָאֵל בִּקְדֻשָּׁתוֹ:

Congregation, then Reader:

וְאַתֶּם הַדְּבֵקִים בַּיְיָ אֱלֹהֵיכֶם חַיִּים כֻּלְּכֶם הַיּוֹם:

TORAH BLESSINGS

Each person honored with an Aliyah, recites the following blessings:

בָּרְכוּ אֶת־יְיָ הַמְבֹרָךְ:

בָּרוּךְ יְיָ הַמְבֹרָךְ לְעוֹלָם וָעֶד:

בָּרוּךְ אַתָּה יְיָ אֱלֹהֵינוּ מֶלֶךְ הָעוֹלָם אֲשֶׁר בָּחַר־בָּנוּ מִכָּל־הָעַמִּים וְנָתַן־לָנוּ אֶת־תּוֹרָתוֹ. בָּרוּךְ אַתָּה יְיָ נוֹתֵן הַתּוֹרָה:

After a section of the Torah has been read, recite the following:

בָּרוּךְ אַתָּה יְיָ אֱלֹהֵינוּ מֶלֶךְ הָעוֹלָם אֲשֶׁר נָתַן־לָנוּ תּוֹרַת אֱמֶת וְחַיֵּי עוֹלָם נָטַע בְּתוֹכֵנוּ. בָּרוּךְ אַתָּה יְיָ נוֹתֵן הַתּוֹרָה:

English texts of the Torah and Haftarah readings are reproduced here, unchanged, from The Jewish Publication Society's Bible translations.

Reader:

May God help, protect, and save all whose trust is in the Lord.
Let us exalt our God and render homage to the Torah.

Praised be God who, in Divine holiness,
Gave the Torah to the people Israel.

Congregation, then Reader:

V'atem ha-d'veykim ba-donai Eloheyḥem
Ḥa-yim kulḥem ha-yom.

"And you, by clinging to the Lord your God,
Have all been kept alive to this day."

TORAH BLESSINGS

Each person honored with an Aliyah, recites the following blessings:

Barḥu et Adonai ha-m'voraḥ.

Baruḥ Adonai ha-m'voraḥ l'olam va-ed.

Baruḥ ata Adonai, Eloheynu meleḥ ha-olam, asher baḥar banu mi-kol ha-amim, v'natan lanu et torato, baruḥ ata Adonai noteyn ha-torah.

After a section of the Torah has been read, recite the following:

Baruḥ ata Adonai, Eloheynu meleḥ ha-olam, asher natan lanu torat emet, v'ḥa-yey olam nata b'toḥeynu, baruḥ ata Adonai noteyn ha-torah.

Praise the Lord, Source of all blessing;

Praised be the Lord, Source of all blessing, forever.

Praised are You, Lord our God, Ruler of the universe, who chose us from among the peoples for Divine service by giving us the Torah. Praised are You, O Lord, Giver of the Torah.

Praised are You, Lord our God, Ruler of the universe, who has given us the Torah of truth, thereby planting within us life eternal. Praised are You, O Lord, Giver of the Torah.

FIRST ALIYAH

וַיְדַבֵּ֤ר יְהֹוָה֙ אֶל־מֹשֶׁ֔ה אַחֲרֵ֣י מ֔וֹת שְׁנֵ֖י בְּנֵ֣י אַהֲרֹ֑ן בְּקׇרְבָתָ֥ם לִפְנֵי־יְהֹוָ֖ה וַיָּמֻֽתוּ׃ וַיֹּ֨אמֶר יְהֹוָ֜ה אֶל־מֹשֶׁ֗ה דַּבֵּר֮ אֶל־אַהֲרֹ֣ן אָחִ֒יךָ֒ וְאַל־יָבֹ֤א בְכׇל־עֵת֙ אֶל־הַקֹּ֔דֶשׁ מִבֵּ֖ית לַפָּרֹ֑כֶת אֶל־פְּנֵ֨י הַכַּפֹּ֜רֶת אֲשֶׁ֤ר עַל־הָאָרֹן֙ וְלֹ֣א יָמ֔וּת כִּ֚י בֶּֽעָנָ֔ן אֵרָאֶ֖ה עַל־הַכַּפֹּֽרֶת׃ בְּזֹ֛את יָבֹ֥א אַהֲרֹ֖ן אֶל־הַקֹּ֑דֶשׁ בְּפַ֨ר בֶּן־בָּקָ֧ר לְחַטָּ֛את וְאַ֥יִל לְעֹלָֽה׃

On Shabbat, Second Aliyah

כְּתֹֽנֶת־בַּד֩ קֹ֨דֶשׁ יִלְבָּ֜שׁ וּמִֽכְנְסֵי־בַד֮ יִהְי֣וּ עַל־בְּשָׂרוֹ֒ וּבְאַבְנֵ֥ט בַּד֙ יַחְגֹּ֔ר וּבְמִצְנֶ֥פֶת בַּ֖ד יִצְנֹ֑ף בִּגְדֵי־קֹ֣דֶשׁ הֵ֔ם וְרָחַ֥ץ בַּמַּ֛יִם אֶת־בְּשָׂר֖וֹ וּלְבֵשָֽׁם׃ וּמֵאֵ֗ת עֲדַת֙ בְּנֵ֣י יִשְׂרָאֵ֔ל יִקַּ֛ח שְׁנֵֽי־שְׂעִירֵ֥י עִזִּ֖ים לְחַטָּ֑את וְאַ֥יִל אֶחָ֖ד לְעֹלָֽה׃ וְהִקְרִ֧יב אַהֲרֹ֛ן אֶת־פַּ֥ר הַחַטָּ֖את אֲשֶׁר־ל֑וֹ וְכִפֶּ֥ר בַּעֲד֖וֹ וּבְעַ֥ד בֵּיתֽוֹ׃

SECOND ALIYAH
On Shabbat, Third Aliyah

וְלָקַ֖ח אֶת־שְׁנֵ֣י הַשְּׂעִירִ֑ם וְהֶעֱמִ֤יד אֹתָם֙ לִפְנֵ֣י יְהֹוָ֔ה פֶּ֖תַח אֹ֥הֶל מוֹעֵֽד׃ וְנָתַ֧ן אַהֲרֹ֛ן עַל־שְׁנֵ֥י הַשְּׂעִירִ֖ם גֹּרָל֑וֹת גּוֹרָ֤ל אֶחָד֙ לַיהֹוָ֔ה וְגוֹרָ֥ל אֶחָ֖ד לַעֲזָאזֵֽל׃ וְהִקְרִ֤יב אַהֲרֹן֙ אֶת־הַשָּׂעִ֔יר אֲשֶׁ֨ר עָלָ֥ה עָלָ֛יו הַגּוֹרָ֖ל לַיהֹוָ֑ה וְעָשָׂ֖הוּ חַטָּֽאת׃ וְהַשָּׂעִ֗יר אֲשֶׁר֩ עָלָ֨ה עָלָ֤יו הַגּוֹרָל֙ לַעֲזָאזֵ֔ל יׇֽעֳמַד־חַ֛י לִפְנֵ֥י יְהֹוָ֖ה לְכַפֵּ֣ר עָלָ֑יו לְשַׁלַּ֥ח אֹת֛וֹ לַעֲזָאזֵ֖ל הַמִּדְבָּֽרָה׃ וְהִקְרִ֨יב אַהֲרֹ֜ן אֶת־פַּ֤ר הַחַטָּאת֙ אֲשֶׁר־ל֔וֹ וְכִפֶּ֥ר בַּעֲד֖וֹ וּבְעַ֣ד בֵּית֑וֹ וְשָׁחַ֛ט אֶת־פַּ֥ר הַחַטָּ֖את אֲשֶׁר־לֽוֹ׃

Torah reading

Leviticus 16

The LORD spoke to Moses after the death of the two sons of Aaron who died when they drew too close to the presence of the LORD. The LORD said to Moses:

Tell your brother Aaron that he is not to come at will into the Shrine behind the curtain, in front of the cover that is upon the ark, lest he die; for I appear in the cloud over the cover. Thus only shall Aaron enter the Shrine: with a bull of the herd for a sin offering and a ram for a burnt offering.

He shall be dressed in a sacral linen tunic, with linen breeches next to his flesh, and be girt with a linen sash, and he shall wear a linen turban. They are sacral vestments; he shall bathe his body in water and then put them on. And from the Israelite community he shall take two he-goats for a sin offering and a ram for a burnt offering. Aaron is to offer his own bull of sin offering, to make expiation for himself and for his household.

Aaron shall take the two he-goats and let them stand before the LORD at the entrance of the Tent of Meeting; and he shall place lots upon the two goats, one marked for the LORD and the other marked for Azazel. Aaron shall bring forward the goat designated by lot for the LORD, which he is to offer as a sin offering; while the goat designated by lot for Azazel shall be left standing alive before the LORD, to make expiation with it and to send it off to the wilderness for Azazel. Aaron shall then offer his bull of sin offering, to make expiation for himself and his household. He shall slaughter his bull of sin offering.

THIRD ALIYAH
On Shabbat, Fourth Aliyah

וְלָקַ֣ח מְלֹֽא־הַ֠מַּחְתָּה גַּֽחֲלֵי־אֵ֞שׁ מֵעַ֣ל הַמִּזְבֵּ֗חַ מִלִּפְנֵ֣י
יְהוָ֔ה וּמְלֹ֣א חָפְנָ֔יו קְטֹ֖רֶת סַמִּ֣ים דַּקָּ֑ה וְהֵבִ֖יא מִבֵּ֥ית
לַפָּרֹֽכֶת׃ וְנָתַ֥ן אֶֽת־הַקְּטֹ֛רֶת עַל־הָאֵ֖שׁ לִפְנֵ֣י יְהוָ֑ה וְכִסָּ֣ה ׀
עֲנַ֣ן הַקְּטֹ֗רֶת אֶת־הַכַּפֹּ֛רֶת אֲשֶׁ֥ר עַל־הָעֵד֖וּת וְלֹ֥א יָמֽוּת׃
וְלָקַח֙ מִדַּ֣ם הַפָּ֔ר וְהִזָּ֧ה בְאֶצְבָּע֛וֹ עַל־פְּנֵ֥י הַכַּפֹּ֖רֶת קֵ֑דְמָה
וְלִפְנֵ֣י הַכַּפֹּ֗רֶת יַזֶּ֧ה שֶֽׁבַע־פְּעָמִ֛ים מִן־הַדָּ֖ם בְּאֶצְבָּעֽוֹ׃ וְשָׁחַ֞ט
אֶת־שְׂעִ֤יר הַֽחַטָּאת֙ אֲשֶׁ֣ר לָעָ֔ם וְהֵבִיא֙ אֶת־דָּמ֔וֹ אֶל־מִבֵּ֖ית
לַפָּרֹ֑כֶת וְעָשָׂ֣ה אֶת־דָּמ֗וֹ כַּאֲשֶׁ֤ר עָשָׂה֙ לְדַ֣ם הַפָּ֔ר וְהִזָּ֥ה אֹת֛וֹ
עַל־הַכַּפֹּ֖רֶת וְלִפְנֵ֥י הַכַּפֹּֽרֶת׃ וְכִפֶּ֣ר עַל־הַקֹּ֗דֶשׁ מִטֻּמְאֹת֙ בְּנֵ֣י
יִשְׂרָאֵ֔ל וּמִפִּשְׁעֵיהֶ֖ם לְכָל־חַטֹּאתָ֑ם וְכֵ֤ן יַעֲשֶׂה֙ לְאֹ֣הֶל מוֹעֵ֔ד
הַשֹּׁכֵ֣ן אִתָּ֔ם בְּת֖וֹךְ טֻמְאֹתָֽם׃ וְכָל־אָדָ֞ם לֹא־יִהְיֶ֣ה ׀ בְּאֹ֣הֶל
מוֹעֵ֗ד בְּבֹא֛וֹ לְכַפֵּ֥ר בַּקֹּ֖דֶשׁ עַד־צֵאת֑וֹ וְכִפֶּ֤ר בַּעֲדוֹ֙ וּבְעַ֣ד
בֵּית֔וֹ וּבְעַ֖ד כָּל־קְהַ֥ל יִשְׂרָאֵֽל׃

FOURTH ALIYAH
On Shabbat, Fifth Aliyah

וְיָצָ֗א אֶל־הַמִּזְבֵּ֛חַ אֲשֶׁ֥ר לִפְנֵֽי־יְהוָ֖ה וְכִפֶּ֣ר עָלָ֑יו וְלָקַ֞ח
מִדַּ֤ם הַפָּר֙ וּמִדַּ֣ם הַשָּׂעִ֔יר וְנָתַ֛ן עַל־קַרְנ֥וֹת הַמִּזְבֵּ֖חַ סָבִֽיב׃
וְהִזָּ֨ה עָלָ֜יו מִן־הַדָּ֛ם בְּאֶצְבָּע֖וֹ שֶׁ֣בַע פְּעָמִ֑ים וְטִהֲר֣וֹ וְקִדְּשׁ֔וֹ
מִטֻּמְאֹ֖ת בְּנֵ֥י יִשְׂרָאֵֽל׃ וְכִלָּה֙ מִכַּפֵּ֣ר אֶת־הַקֹּ֔דֶשׁ וְאֶת־אֹ֖הֶל
מוֹעֵ֣ד וְאֶת־הַמִּזְבֵּ֑חַ וְהִקְרִ֖יב אֶת־הַשָּׂעִ֥יר הֶחָֽי׃ וְסָמַ֨ךְ אַהֲרֹ֜ן
אֶת־שְׁתֵּ֣י יָדָ֗ו עַ֨ל רֹ֣אשׁ הַשָּׂעִיר֮ הַחַי֒ וְהִתְוַדָּ֣ה עָלָ֗יו אֶת־כָּל־

And he shall take a panful of glowing coals scooped from the altar before the LORD, and two handfuls of finely ground aromatic incense, and bring this behind the curtain. He shall put the incense on the fire before the LORD, so that the cloud from the incense screens the cover that is over [the Ark of] the Pact, lest he die. He shall take some of the blood of the bull and sprinkle it with his finger over the cover on the east side; and in front of the cover he shall sprinkle some of the blood with his finger seven times. He shall then slaughter the people's goat of sin offering, bring its blood behind the curtain, and do with its blood as he has done with the blood of the bull: he shall sprinkle it over the cover and in front of the cover.

Thus he shall purge the Shrine of the uncleanness and transgression of the Israelites, whatever their sins; and he shall do the same for the Tent of Meeting, which abides with them in the midst of their uncleanness. When he goes in to make expiation in the Shrine, nobody else shall be in the Tent of Meeting until he comes out.

When he has made expiation for himself and his household, and for the whole congregation of Israel—

He shall go out to the altar that is before the LORD and purge it: he shall take some of the blood of the bull and of the goat and apply it to each of the horns of the altar; and the rest of the blood he shall sprinkle on it with his finger seven times. Thus he shall cleanse it of the uncleanness of the Israelites and consecrate it.

When he has finished purging the Shrine, the Tent of Meeting, and the altar, the live goat shall be brought forward. Aaron shall lay both his hands upon the head of the live goat and confess over it all the iniquities and transgressions of the

עֲוֺנֹת֩ בְּנֵ֨י יִשְׂרָאֵ֜ל וְאֶת־כָּל־פִּשְׁעֵיהֶ֛ם לְכָל־חַטֹּאתָ֖ם וְנָתַ֤ן אֹתָם֙ עַל־רֹ֣אשׁ הַשָּׂעִ֔יר וְשִׁלַּ֛ח בְּיַד־אִ֥ישׁ עִתִּ֖י הַמִּדְבָּֽרָה: וְנָשָׂ֨א הַשָּׂעִ֥יר עָלָ֛יו אֶת־כָּל־עֲוֺנֹתָ֖ם אֶל־אֶ֣רֶץ גְּזֵרָ֑ה וְשִׁלַּ֥ח אֶת־הַשָּׂעִ֖יר בַּמִּדְבָּֽר: וּבָ֤א אַהֲרֹן֙ אֶל־אֹ֣הֶל מוֹעֵ֔ד וּפָשַׁט֙ אֶת־בִּגְדֵ֣י הַבָּ֔ד אֲשֶׁ֥ר לָבַ֖שׁ בְּבֹא֣וֹ אֶל־הַקֹּ֑דֶשׁ וְהִנִּיחָ֖ם שָֽׁם: וְרָחַ֨ץ אֶת־בְּשָׂר֤וֹ בַמַּ֨יִם֙ בְּמָק֣וֹם קָד֔וֹשׁ וְלָבַ֖שׁ אֶת־בְּגָדָ֑יו וְיָצָ֗א וְעָשָׂ֤ה אֶת־עֹֽלָתוֹ֙ וְאֶת־עֹלַ֣ת הָעָ֔ם וְכִפֶּ֥ר בַּעֲד֖וֹ וּבְעַ֥ד הָעָֽם:

וְאֵ֛ת חֵ֥לֶב הַחַטָּ֖את יַקְטִ֣יר הַמִּזְבֵּֽחָה: וְהַֽמְשַׁלֵּ֣חַ אֶת־הַשָּׂעִיר֙ לַֽעֲזָאזֵ֔ל יְכַבֵּ֣ס בְּגָדָ֔יו וְרָחַ֥ץ אֶת־בְּשָׂר֖וֹ בַּמָּ֑יִם וְאַֽחֲרֵי־כֵ֖ן יָב֥וֹא אֶל־הַֽמַּחֲנֶֽה: וְאֵת֩ פַּ֨ר הַֽחַטָּ֜את וְאֵ֣ת | שְׂעִ֣יר הַֽחַטָּ֗את אֲשֶׁ֨ר הוּבָ֤א אֶת־דָּמָם֙ לְכַפֵּ֣ר בַּקֹּ֔דֶשׁ יוֹצִ֖יא אֶל־מִח֣וּץ לַֽמַּחֲנֶ֑ה וְשָֽׂרְפ֣וּ בָאֵ֔שׁ אֶת־עֹֽרֹתָ֥ם וְאֶת־בְּשָׂרָ֖ם וְאֶת־פִּרְשָֽׁם: וְהַשֹּׂרֵ֣ף אֹתָ֔ם יְכַבֵּ֣ס בְּגָדָ֔יו וְרָחַ֥ץ אֶת־בְּשָׂר֖וֹ בַּמָּ֑יִם וְאַֽחֲרֵי־כֵ֖ן יָב֥וֹא אֶל־הַֽמַּחֲנֶֽה: וְהָֽיְתָ֥ה לָכֶ֖ם לְחֻקַּ֣ת עוֹלָ֑ם בַּחֹ֣דֶשׁ הַשְּׁבִיעִ֣י בֶּֽעָשׂ֣וֹר לַחֹ֗דֶשׁ תְּעַנּ֣וּ אֶת־נַפְשֹׁתֵיכֶ֗ם וְכָל־מְלָאכָה֙ לֹ֣א תַֽעֲשׂ֔וּ הָֽאֶזְרָ֔ח וְהַגֵּ֖ר הַגָּ֥ר בְּתֽוֹכְכֶֽם: כִּֽי־בַיּ֥וֹם הַזֶּ֛ה יְכַפֵּ֥ר עֲלֵיכֶ֖ם לְטַהֵ֣ר אֶתְכֶ֑ם מִכֹּל֙ חַטֹּ֣אתֵיכֶ֔ם לִפְנֵ֥י יְהֹוָ֖ה תִּטְהָֽרוּ:

Israelites, whatever their sins, putting them on the head of the goat; and it shall be sent off to the wilderness through a designated man. Thus the goat shall carry on it all their iniquities to an inaccessible region; and the goat shall be set free in the wilderness.

And Aaron shall go into the Tent of Meeting, take off the linen vestments that he put on when he entered the Shrine, and leave them there. He shall bathe his body in water in the holy precinct and put on his vestments; then he shall come out and offer his burnt offering and the burnt offering of the people, making expiation for himself and for the people.

The fat of the sin offering he shall turn into smoke on the altar. He who set the Azazel-goat free shall wash his clothes and bathe his body in water; after that he may re-enter the camp.

The bull of sin offering and the goat of sin offering whose blood was brought in to purge the Shrine shall be taken outside the camp; and their hides, flesh, and dung shall be consumed in fire. He who burned them shall wash his clothes and bathe his body in water; after that he may re-enter the camp.

And this shall be to you a law for all time: In the seventh month, on the tenth day of the month, you shall practice self-denial; and you shall do no manner of work, neither the citizen nor the alien who resides among you. For on this day atonement shall be made for you to cleanse you of all your sins; you shall be clean before the LORD.

SIXTH ALIYAH

On Shabbat, Seventh Aliyah

שַׁבַּ֨ת שַׁבָּת֥וֹן הִיא֙ לָכֶ֔ם וְעִנִּיתֶ֖ם אֶת־נַפְשֹׁתֵיכֶ֑ם חֻקַּ֖ת
עוֹלָֽם׃ וְכִפֶּ֨ר הַכֹּהֵ֜ן אֲשֶׁר־יִמְשַׁ֣ח אֹת֗וֹ וַאֲשֶׁ֤ר יְמַלֵּא֙ אֶת־יָד֔וֹ
לְכַהֵ֖ן תַּ֣חַת אָבִ֑יו וְלָבַ֛שׁ אֶת־בִּגְדֵ֥י הַבָּ֖ד בִּגְדֵ֥י הַקֹּֽדֶשׁ׃ וְכִפֶּר֙
אֶת־מִקְדַּ֣שׁ הַקֹּ֔דֶשׁ וְאֶת־אֹ֧הֶל מוֹעֵ֛ד וְאֶת־הַמִּזְבֵּ֖חַ יְכַפֵּ֑ר וְעַ֧ל
הַכֹּהֲנִ֛ים וְעַל־כָּל־עַ֥ם הַקָּהָ֖ל יְכַפֵּֽר׃ וְהָיְתָה־זֹּ֨את לָכֶ֜ם
לְחֻקַּ֣ת עוֹלָ֗ם לְכַפֵּ֞ר עַל־בְּנֵ֤י יִשְׂרָאֵל֙ מִכָּל־חַטֹּאתָ֔ם אַחַ֖ת
בַּשָּׁנָ֑ה וַיַּ֕עַשׂ כַּאֲשֶׁ֛ר צִוָּ֥ה יְהוָ֖ה אֶת־מֹשֶֽׁה׃

Reader:

יִתְגַּדַּל וְיִתְקַדַּשׁ שְׁמֵהּ רַבָּא. בְּעָלְמָא דִּי־בְרָא כִרְעוּתֵהּ.
וְיַמְלִיךְ מַלְכוּתֵהּ בְּחַיֵּיכוֹן וּבְיוֹמֵיכוֹן וּבְחַיֵּי דְכָל־בֵּית
יִשְׂרָאֵל בַּעֲגָלָא וּבִזְמַן קָרִיב. וְאִמְרוּ אָמֵן׃

Congregation and Reader:

יְהֵא שְׁמֵהּ רַבָּא מְבָרַךְ לְעָלַם וּלְעָלְמֵי עָלְמַיָּא׃

Reader:

יִתְבָּרַךְ וְיִשְׁתַּבַּח וְיִתְפָּאַר וְיִתְרוֹמַם וְיִתְנַשֵּׂא וְיִתְהַדַּר
וְיִתְעַלֶּה וְיִתְהַלַּל שְׁמֵהּ דְּקֻדְשָׁא. בְּרִיךְ הוּא. לְעֵֽלָּא לְעֵֽלָּא
מִכָּל־בִּרְכָתָא וְשִׁירָתָא תֻּשְׁבְּחָתָא וְנֶחֱמָתָא דַּאֲמִירָן
בְּעָלְמָא. וְאִמְרוּ אָמֵן׃

As the first Torah Scroll is raised, the congregation recites:

וְזֹאת הַתּוֹרָה אֲשֶׁר־שָׂם מֹשֶׁה לִפְנֵי בְּנֵי יִשְׂרָאֵל
עַל־פִּי יְיָ בְּיַד־מֹשֶׁה׃

V'zot ha-torah asher sam mo-sheh lifney b'ney yisrael al pi Adonai b'yad mo-sheh.

It shall be a sabbath of complete rest for you, and you shall practice self-denial; it is a law for all time. The priest who has been anointed and ordained to serve as priest in place of his father shall make expiation. He shall put on the linen vestments, the sacral vestments. He shall purge the innermost Shrine; he shall purge the Tent of Meeting and the altar; and he shall make expiation for the priests and for all the people of the congregation.

This shall be to you a law for all time: to make atonement for the Israelites for all their sins once a year.

And Moses did as the LORD had commanded him.

ḤATZI KADDISH

Yit-gadal v'yit-kadash sh'mey raba,
B'alma di v'ra ḥiru-tey, v'yam-liḥ mal-ḥutey
B'ḥa-yey-ḥon u-v'yomey-ḥon u-v'ḥa-yey d'ḥol beyt yisrael
Ba-agala u-viz-man kariv, v'imru **amen.**

Congregation and Reader:

Y'hey sh'mey raba m'varaḥ l'alam ul-almey alma-ya.

Reader:

Yit-baraḥ v'yish-tabaḥ v'yit-pa-ar v'yit-romam v'yit-na-sey
V'yit-hadar v'yit-aleh v'yit-halal sh'mey d'kud-sha—
B'riḥ hu, *l'eyla l'eyla mi-kol bir-ḥata v'shi-rata*
Tush-b'ḥata v'ne-ḥemata da-amiran b'alma, v'imru **amen.**

Magnified and sanctified be the great name of God, in the world created according to the Divine will. May God's sovereignty soon be established, in our lifetime and that of the entire house of Israel. And let us say: Amen.

As the first Torah Scroll is raised, the congregation recites:

This is the Torah proclaimed by Moses to the Children of Israel at the command of the Lord.

וּבֶעָשׂוֹר לַחֹדֶשׁ הַשְּׁבִיעִי הַזֶּה מִקְרָא־קֹדֶשׁ יִהְיֶה לָכֶם
וְעִנִּיתֶם אֶת־נַפְשֹׁתֵיכֶם כָּל־מְלָאכָה לֹא תַעֲשׂוּ׃ וְהִקְרַבְתֶּם
עֹלָה לַיהוָה רֵיחַ נִיחֹחַ פַּר בֶּן־בָּקָר אֶחָד אַיִל אֶחָד
כְּבָשִׂים בְּנֵי־שָׁנָה שִׁבְעָה תְּמִימִם יִהְיוּ לָכֶם׃ וּמִנְחָתָם סֹלֶת
בְּלוּלָה בַשָּׁמֶן שְׁלֹשָׁה עֶשְׂרֹנִים לַפָּר שְׁנֵי עֶשְׂרֹנִים לָאַיִל
הָאֶחָד׃ עִשָּׂרוֹן עִשָּׂרוֹן לַכֶּבֶשׂ הָאֶחָד לְשִׁבְעַת הַכְּבָשִׂים׃
שְׂעִיר־עִזִּים אֶחָד חַטָּאת מִלְּבַד חַטַּאת הַכִּפֻּרִים וְעֹלַת
הַתָּמִיד וּמִנְחָתָהּ וְנִסְכֵּיהֶם׃

As the second Torah Scroll is raised, the congregation recites:

וְזֹאת הַתּוֹרָה אֲשֶׁר־שָׂם מֹשֶׁה לִפְנֵי בְּנֵי יִשְׂרָאֵל
עַל־פִּי יְיָ בְּיַד־מֹשֶׁה׃

V'zot ha-torah asher sam mo-sheh lifney b'ney yisrael al pi Adonai b'yad mo-sheh.

בָּרוּךְ אַתָּה יְיָ אֱלֹהֵינוּ מֶלֶךְ הָעוֹלָם אֲשֶׁר בָּחַר בִּנְבִיאִים
טוֹבִים וְרָצָה בְדִבְרֵיהֶם הַנֶּאֱמָרִים בֶּאֱמֶת. בָּרוּךְ אַתָּה
יְיָ הַבּוֹחֵר בַּתּוֹרָה וּבְמֹשֶׁה עַבְדּוֹ וּבְיִשְׂרָאֵל עַמּוֹ וּבִנְבִיאֵי
הָאֱמֶת וָצֶדֶק׃

THE MAFTIR

Numbers 29:7–11

On the tenth day of the same seventh month you shall observe a sacred occasion when you shall practice self-denial. You shall do no work. You shall present to the LORD a burnt offering of pleasing odor: one bull of the herd, one ram, seven yearling lambs; see that they are without blemish. The meal offering with them—of choice flour with oil mixed in—shall be: three-tenths of a measure for a bull, two-tenths for the one ram, one-tenth for each of the seven lambs. And there shall be one goat for a sin offering, in addition to the sin offering of expiation and the regular burnt offering with its meal offering, each with its libation.

As the second Torah Scroll is raised, the congregation recites:

This is the Torah proclaimed by Moses to the Children of Israel at the command of the Lord.

BLESSINGS BEFORE THE HAFTARAH

Praised are You, Lord our God, Ruler of the universe, who chose good prophets and found delight in their words which were spoken in truth.

Praised are You, O Lord, for giving the Torah through Your servant Moses to Your people Israel and for sending us Your prophets of truth and righteousness.

וְאָמַר סֹלּוּ־סֹלּוּ פַּנּוּ־דָרֶךְ הָרִימוּ מִכְשׁוֹל מִדֶּרֶךְ עַמִּי׃
כִּי כֹה אָמַר רָם וְנִשָּׂא שֹׁכֵן עַד וְקָדוֹשׁ שְׁמוֹ מָרוֹם וְקָדוֹשׁ
אֶשְׁכּוֹן וְאֶת־דַּכָּא וּשְׁפַל־רוּחַ לְהַחֲיוֹת רוּחַ שְׁפָלִים וּלְהַחֲיוֹת
לֵב נִדְכָּאִים׃ כִּי לֹא לְעוֹלָם אָרִיב וְלֹא לָנֶצַח אֶקְּצוֹף
כִּי־רוּחַ מִלְּפָנַי יַעֲטוֹף וּנְשָׁמוֹת אֲנִי עָשִׂיתִי׃ בַּעֲוֹן בִּצְעוֹ
קָצַפְתִּי וְאַכֵּהוּ הַסְתֵּר וְאֶקְצֹף וַיֵּלֶךְ שׁוֹבָב בְּדֶרֶךְ לִבּוֹ׃
דְּרָכָיו רָאִיתִי וְאֶרְפָּאֵהוּ וְאַנְחֵהוּ וַאֲשַׁלֵּם נִחֻמִים לוֹ
וְלַאֲבֵלָיו׃ בּוֹרֵא נִיב* שְׂפָתָיִם שָׁלוֹם ׀ שָׁלוֹם לָרָחוֹק
וְלַקָּרוֹב אָמַר יְהוָה וּרְפָאתִיו׃ וְהָרְשָׁעִים כַּיָּם נִגְרָשׁ כִּי
הַשְׁקֵט לֹא יוּכָל וַיִּגְרְשׁוּ מֵימָיו רֶפֶשׁ וָטִיט׃ אֵין שָׁלוֹם אָמַר
אֱלֹהַי לָרְשָׁעִים׃

קְרָא בְגָרוֹן אַל־תַּחְשֹׂךְ כַּשּׁוֹפָר הָרֵם קוֹלֶךָ וְהַגֵּד לְעַמִּי
פִּשְׁעָם וּלְבֵית יַעֲקֹב חַטֹּאתָם׃ וְאוֹתִי יוֹם ׀ יוֹם יִדְרֹשׁוּן וְדַעַת
דְּרָכַי יֶחְפָּצוּן כְּגוֹי אֲשֶׁר־צְדָקָה עָשָׂה וּמִשְׁפַּט אֱלֹהָיו
לֹא עָזָב יִשְׁאָלוּנִי מִשְׁפְּטֵי־צֶדֶק קִרְבַת אֱלֹהִים יֶחְפָּצוּן׃
לָמָּה צַּמְנוּ וְלֹא רָאִיתָ עִנִּינוּ נַפְשֵׁנוּ וְלֹא תֵדָע הֵן בְּיוֹם
צֹמְכֶם תִּמְצְאוּ־חֵפֶץ וְכָל־עַצְּבֵיכֶם תִּנְגֹּשׂוּ׃ הֵן לְרִיב וּמַצָּה
תָּצוּמוּ וּלְהַכּוֹת בְּאֶגְרֹף רֶשַׁע לֹא־תָצוּמוּ כַיּוֹם לְהַשְׁמִיעַ
בַּמָּרוֹם קוֹלְכֶם׃

*כתיב: נוב

Haftarah

Isaiah 57:14–58:14

[The LORD] says: Build up, build up a highway! Clear a road! Remove all obstacles from the road of My people! For thus said He who high aloft forever dwells, whose Name is Holy: I dwell on high, in holiness; yet with the contrite and the lowly in spirit—reviving the spirits of the lowly, reviving the hearts of the contrite. For I will not always contend, I will not be angry forever: nay, I who make spirits flag, also create the breath of life.

For his sinful greed I was angry; I struck him and turned away in My wrath. Though stubborn he follows the way of his heart, I note how he fares and will heal him: I will guide him and mete out solace to him, and to the mourners within him heartening, comforting words: it shall be well, well with the far and the near—said the LORD—and I will heal him. But the wicked are like the troubled sea which cannot rest, whose waters toss up mire and mud. There is no safety—said my God—for the wicked.

Cry with full throat, without restraint; raise your voice like a ram's horn! Declare to My people their transgression, to the House of Jacob their sin.

To be sure, they seek Me daily, eager to learn My ways. Like a nation that does what is right, that has not abandoned the laws of its God, they ask Me for the right way, they are eager for the nearness of God: "Why, when we fasted, did You not see; when we starved our bodies, did You pay no heed?"

Because on your fast day you see to your business and oppress all your laborers! Because you fast in strife and contention, and you strike with a wicked fist! Your fasting today is not such as to make your voice heard on high.

הֲכָזֶה יִהְיֶה צוֹם אֶבְחָרֵהוּ יוֹם עַנּוֹת אָדָם נַפְשׁוֹ
הֲלָכֹף כְּאַגְמֹן רֹאשׁוֹ וְשַׂק וָאֵפֶר יַצִּיעַ הֲלָזֶה תִּקְרָא־
צוֹם וְיוֹם רָצוֹן לַיהוָה׃ הֲלוֹא זֶה צוֹם אֶבְחָרֵהוּ פַּתֵּחַ
חַרְצֻבּוֹת רֶשַׁע הַתֵּר אֲגֻדּוֹת מוֹטָה וְשַׁלַּח רְצוּצִים חָפְשִׁים
וְכָל־מוֹטָה תְּנַתֵּקוּ׃ הֲלוֹא פָרֹס לָרָעֵב לַחְמֶךָ וַעֲנִיִּים
מְרוּדִים תָּבִיא בָיִת כִּי־תִרְאֶה עָרֹם וְכִסִּיתוֹ וּמִבְּשָׂרְךָ לֹא
תִתְעַלָּם׃ אָז יִבָּקַע כַּשַּׁחַר אוֹרֶךָ וַאֲרֻכָתְךָ מְהֵרָה תִצְמָח
וְהָלַךְ לְפָנֶיךָ צִדְקֶךָ כְּבוֹד יְהוָה יַאַסְפֶךָ׃ אָז תִּקְרָא וַיהוָה
יַעֲנֶה תְּשַׁוַּע וְיֹאמַר הִנֵּנִי אִם־תָּסִיר מִתּוֹכְךָ מוֹטָה שְׁלַח
אֶצְבַּע וְדַבֶּר־אָוֶן׃ וְתָפֵק לָרָעֵב נַפְשֶׁךָ וְנֶפֶשׁ נַעֲנָה
תַּשְׂבִּיעַ וְזָרַח בַּחֹשֶׁךְ אוֹרֶךָ וַאֲפֵלָתְךָ כַּצָּהֳרָיִם׃ וְנָחֲךָ יְהוָה
תָּמִיד וְהִשְׂבִּיעַ בְּצַחְצָחוֹת נַפְשֶׁךָ וְעַצְמֹתֶיךָ יַחֲלִיץ וְהָיִיתָ
כְּגַן רָוֶה וּכְמוֹצָא מַיִם אֲשֶׁר לֹא־יְכַזְּבוּ מֵימָיו׃ וּבָנוּ מִמְּךָ
חָרְבוֹת עוֹלָם מוֹסְדֵי דוֹר־וָדוֹר תְּקוֹמֵם וְקֹרָא לְךָ גֹּדֵר
פֶּרֶץ מְשֹׁבֵב נְתִיבוֹת לָשָׁבֶת׃ אִם־תָּשִׁיב מִשַּׁבָּת רַגְלֶךָ עֲשׂוֹת
חֲפָצֶךָ בְּיוֹם קָדְשִׁי וְקָרָאתָ לַשַּׁבָּת עֹנֶג לִקְדוֹשׁ יְהוָה מְכֻבָּד
וְכִבַּדְתּוֹ מֵעֲשׂוֹת דְּרָכֶיךָ מִמְּצוֹא חֶפְצְךָ וְדַבֵּר דָּבָר׃ אָז
תִּתְעַנַּג עַל־יְהוָה וְהִרְכַּבְתִּיךָ עַל־בָּמֳתֵי* אָרֶץ וְהַאֲכַלְתִּיךָ
נַחֲלַת יַעֲקֹב אָבִיךָ כִּי פִּי יְהוָה דִּבֵּר׃

*כתיב: עַל־בָּמֳותֵי

Is such the fast I desire,
A day for men to starve their bodies?
Is it bowing the head like a bulrush
And lying in sackcloth and ashes?
Do you call that a fast,
A day when the LORD is favorable?
No, this is the fast I desire: To unlock fetters of wickedness,
And untie the cords of the yoke
To let the oppressed go free; to break off every yoke.
It is to share your bread with the hungry,
And to take the wretched poor into your home;
When you see the naked, to clothe him,
And not to ignore your own kin.

Then shall your light burst through like the dawn
And your healing spring up quickly;
Your Vindicator shall march before you,
The Presence of the LORD shall be your rear guard.
Then, when you call, The LORD will answer;
When you cry, He will say: Here I am.
If you banish the yoke from your midst,
The menacing hand, and evil speech,
And you offer your compassion to the hungry
And satisfy the famished creature—
Then shall your light shine in darkness,
And your gloom shall be like noonday.
The LORD will guide you always;
He will slake your thirst in drought
And give strength to your bones.
You shall be like a watered garden,
Like a spring whose waters do not fail.
Men from your midst shall rebuild ancient ruins,
You shall restore foundations laid long ago.
And you shall be called
"Repairer of fallen walls, restorer of lanes for habitation."

If you refrain from trampling the sabbath,
From pursuing your affairs on My holy day;
If you call the sabbath "delight," the LORD's holy day "honored,"
And if you honor it and go not your ways
Nor look to your affairs, nor strike bargains—
Then you can seek the favor of the LORD.
I will set you astride the heights of the earth,
And let you enjoy the heritage of your father Jacob—
For the mouth of the LORD has spoken.

בָּרוּךְ אַתָּה יְיָ אֱלֹהֵינוּ מֶלֶךְ הָעוֹלָם צוּר כָּל־הָעוֹלָמִים צַדִּיק בְּכָל־הַדּוֹרוֹת הָאֵל הַנֶּאֱמָן הָאוֹמֵר וְעוֹשֶׂה הַמְדַבֵּר וּמְקַיֵּם שֶׁכָּל־דְּבָרָיו אֱמֶת וָצֶדֶק:

נֶאֱמָן אַתָּה הוּא יְיָ אֱלֹהֵינוּ וְנֶאֱמָנִים דְּבָרֶיךָ וְדָבָר אֶחָד מִדְּבָרֶיךָ אָחוֹר לֹא יָשׁוּב רֵיקָם כִּי אֵל מֶלֶךְ נֶאֱמָן וְרַחֲמָן אָתָּה. בָּרוּךְ אַתָּה יְיָ הָאֵל הַנֶּאֱמָן בְּכָל־דְּבָרָיו:

רַחֵם עַל־צִיּוֹן כִּי הִיא בֵּית חַיֵּינוּ וְלַעֲלוּבַת נֶפֶשׁ תּוֹשִׁיעַ בִּמְהֵרָה בְיָמֵינוּ. בָּרוּךְ אַתָּה יְיָ מְשַׂמֵּחַ צִיּוֹן בְּבָנֶיהָ:

שַׂמְּחֵנוּ יְיָ אֱלֹהֵינוּ בְּאֵלִיָּהוּ הַנָּבִיא עַבְדֶּךָ וּבְמַלְכוּת בֵּית דָּוִד מְשִׁיחֶךָ בִּמְהֵרָה יָבֹא וְיָגֵל לִבֵּנוּ. עַל־כִּסְאוֹ לֹא־יֵשֵׁב זָר וְלֹא־יִנְחֲלוּ עוֹד אֲחֵרִים אֶת־כְּבוֹדוֹ. כִּי בְשֵׁם קָדְשְׁךָ נִשְׁבַּעְתָּ לּוֹ שֶׁלֹּא־יִכְבֶּה נֵרוֹ לְעוֹלָם וָעֶד. בָּרוּךְ אַתָּה יְיָ מָגֵן דָּוִד:

On Shabbat add the words in brackets.

עַל־הַתּוֹרָה וְעַל־הָעֲבוֹדָה וְעַל־הַנְּבִיאִים וְעַל־יוֹם [הַשַּׁבָּת הַזֶּה וְעַל־יוֹם] הַכִּפֻּרִים הַזֶּה שֶׁנָּתַתָּ לָּנוּ יְיָ אֱלֹהֵינוּ [לִקְדֻשָּׁה וְלִמְנוּחָה] לִמְחִילָה וְלִסְלִיחָה וּלְכַפָּרָה. לְכָבוֹד וּלְתִפְאָרֶת: עַל־הַכֹּל יְיָ אֱלֹהֵינוּ אֲנַחְנוּ מוֹדִים לָךְ וּמְבָרְכִים אוֹתָךְ. יִתְבָּרַךְ שִׁמְךָ בְּפִי כָּל־חַי תָּמִיד לְעוֹלָם וָעֶד. וּדְבָרְךָ אֱמֶת וְקַיָּם לָעַד. בָּרוּךְ אַתָּה יְיָ מֶלֶךְ מוֹחֵל וְסוֹלֵחַ לַעֲוֹנוֹתֵינוּ וְלַעֲוֹנוֹת עַמּוֹ בֵּית יִשְׂרָאֵל. וּמַעֲבִיר אַשְׁמוֹתֵינוּ בְּכָל־שָׁנָה וְשָׁנָה. מֶלֶךְ עַל־כָּל־הָאָרֶץ מְקַדֵּשׁ [הַשַּׁבָּת וְ]יִשְׂרָאֵל וְיוֹם הַכִּפֻּרִים:

BLESSINGS AFTER THE HAFTARAH

Praised are You, Lord our God, Ruler of the universe, source of strength in all ages, source of righteousness in all generations, faithful God who promises and performs, who speaks and fulfills, whose every word is true and just.

Faithful are You, Lord our God, and faithful are Your words. Not one of Your promises shall remain unfulfilled, for You are a faithful and merciful God and Sovereign. Praised are You, Lord God, faithful in all Your promises.

Show compassion to Zion, for it is the fountain of our life. May the city, which so long was humbled in spirit, know complete deliverance in our day. Praised are You, O Lord, who brings joy to Zion through her returning children.

Gladden us, Lord our God, with the redemption which was to be heralded by the prophet Elijah and embodied in a descendant of the house of David, Your anointed. May this come soon and bring joy to our hearts. May every tyrant be dethroned and stripped of all honor. For You have promised by Your holy name that the light of justice shall never be extinguished. Praised are You, O Lord, Shield of David.

On Shabbat add the words in brackets.

We thank You and praise You, Lord our God, for the Torah, for worship, for the prophets, [for this Sabbath day,] and for this Day of Atonement, which You have given us to add to our lives [sanctity and rest,] pardon, forgiveness, and atonement, dignity and beauty.

May every living creature glorify You always and evermore; for Your word is truth and endures forever. Praised are You, O Lord, who forgives and pardons our sins and the sins of the house of Israel. Year after year, You absolve us of our guilt, O Sovereign over all the earth, who hallows [the Sabbath,] Israel, and this Day of Atonement.

יְקוּם פֻּרְקָן מִן שְׁמַיָּא חִנָּא וְחִסְדָּא וְרַחֲמֵי וְחַיֵּי אֲרִיכֵי וּמְזוֹנֵי רְוִיחֵי וְסִיַּעְתָּא דִשְׁמַיָּא וּבַרְיוּת גּוּפָא וּנְהוֹרָא מַעַלְיָא. זַרְעָא חַיָּא וְקַיָּמָא. זַרְעָא דִּי לָא־יִפְסֻק וְדִי לָא־יִבְטֻל מִפִּתְגָּמֵי אוֹרַיְתָא. לְמָרָנָן וְרַבָּנָן חֲבוּרָתָא קַדִּישָׁתָא. דִּי בְאַרְעָא דְיִשְׂרָאֵל וְדִי בְּכָל־אַרְעַת גָּלְוָתָנָא. לְרֵישֵׁי כַלֵּי וּלְרֵישֵׁי גַלְוָתָא וּלְרֵישֵׁי מְתִיבָתָא וּלְדַיָּנֵי דִי בָבָא: לְכָל־תַּלְמִידֵיהוֹן וּלְכָל־תַּלְמִידֵי תַלְמִידֵיהוֹן וּלְכָל־מָן דְּעָסְקִין בְּאוֹרַיְתָא. מַלְכָּא דְעָלְמָא יְבָרֵךְ יַתְהוֹן יַפִּישׁ חַיֵּיהוֹן וְיַסְגֵּא יוֹמֵיהוֹן וְיִתֵּן אַרְכָה לִשְׁנֵיהוֹן. וְיִתְפָּרְקוּן וְיִשְׁתֵּזְבוּן מִן כָּל־עָקָא וּמִן כָּל־מַרְעִין בִּישִׁין. מָרָן דִּי בִשְׁמַיָּא יְהֵא בְסַעְדְּהוֹן כָּל־זְמַן וְעִדָּן. וְנֹאמַר אָמֵן:

יְקוּם פֻּרְקָן מִן שְׁמַיָּא חִנָּא וְחִסְדָּא וְרַחֲמֵי וְחַיֵּי אֲרִיכֵי וּמְזוֹנֵי רְוִיחֵי וְסִיַּעְתָּא דִשְׁמַיָּא וּבַרְיוּת גּוּפָא וּנְהוֹרָא מַעַלְיָא. זַרְעָא חַיָּא וְקַיָּמָא. זַרְעָא דִּי לָא־יִפְסֻק וְדִי לָא־יִבְטֻל מִפִּתְגָּמֵי אוֹרַיְתָא. לְכָל־קְהָלָא קַדִּישָׁא הָדֵין. רַבְרְבַיָּא עִם זְעֵרַיָּא טַפְלָא וּנְשַׁיָּא. מַלְכָּא דְעָלְמָא יְבָרֵךְ יַתְכוֹן יַפִּישׁ חַיֵּיכוֹן וְיַשְׂגֵּא יוֹמֵיכוֹן וְיִתֵּן אַרְכָה לִשְׁנֵיכוֹן. וְתִתְפָּרְקוּן וְתִשְׁתֵּזְבוּן מִן כָּל־עָקָא וּמִן כָּל־מַרְעִין בִּישִׁין. מָרָן דִּי בִשְׁמַיָּא יְהֵא בְסַעְדְּכוֹן כָּל־זְמַן וְעִדָּן. וְנֹאמַר אָמֵן:

מִי שֶׁבֵּרַךְ אֲבוֹתֵינוּ אַבְרָהָם יִצְחָק וְיַעֲקֹב שָׂרָה רִבְקָה רָחֵל וְלֵאָה. הוּא יְבָרֵךְ אֶת־כָּל־הַקָּהָל הַקָּדוֹשׁ הַזֶּה עִם כָּל־קְהִלּוֹת הַקֹּדֶשׁ. הֵם וּבְנֵיהֶם וּבְנוֹתֵיהֶם וְכֹל אֲשֶׁר לָהֶם. וּמִי שֶׁמְּיַחֲדִים בָּתֵּי כְנֵסִיּוֹת לִתְפִלָּה. וּמִי שֶׁבָּאִים בְּתוֹכָם לְהִתְפַּלֵּל. וּמִי שֶׁנּוֹתְנִים נֵר לַמָּאוֹר וְיַיִן לְקִדּוּשׁ וּלְהַבְדָּלָה וּפַת לָאוֹרְחִים וּצְדָקָה לָעֲנִיִּים. וְכָל־מִי שֶׁעוֹסְקִים בְּצָרְכֵי צִבּוּר וּבְבִנְיַן אֶרֶץ יִשְׂרָאֵל בֶּאֱמוּנָה. הַקָּדוֹשׁ בָּרוּךְ הוּא יְשַׁלֵּם שְׂכָרָם וְיָסִיר מֵהֶם כָּל־מַחֲלָה וְיִרְפָּא לְכָל־גּוּפָם וְיִסְלַח לְכָל־עֲוֹנָם. וְיִשְׁלַח בְּרָכָה וְהַצְלָחָה בְּכָל־מַעֲשֵׂה יְדֵיהֶם עִם כָּל־יִשְׂרָאֵל אֲחֵיהֶם. וְנֹאמַר אָמֵן:

Y'KUM PURKAN: Prayer in behalf of scholars

May heavenly blessings be granted to our teachers and rabbis in the land of Israel and throughout the world; to the heads of rabbinic colleges and institutions of Jewish learning; to our community leaders, to their disciples and pupils; and to all who engage in the study of Torah.

May they be granted kindness and compassion, long life, ample sustenance, divine support, health of body and health of spirit, and healthy children who do not neglect the Torah.

May the Lord of the universe bless them, guard them from all distress and disease, and be their help at all times. And let us say: Amen.

Y'KUM PURKAN: Prayer in behalf of the congregation

May heavenly blessings be granted to all the members of this congregation and to all their loved ones.

May they be granted kindness and compassion, long life, ample sustenance, divine support, health of body and health of spirit, and healthy children who do not neglect the Torah.

May the Lord of the universe bless them, guard them from all distress and disease, and be their help at all times. And let us say: Amen.

MI SHEH-BEYRAḤ: May God bless . . .
For the community and for those who support and serve it

May God who blessed our ancestors, Abraham, Isaac, and Jacob, Sarah, Rebecca, Rachel, and Leah, bless this congregation together with all other congregations: them, their families, and all their dear ones.

May God bless those who consecrate synagogues for prayer and those who come to them to pray; those who maintain synagogues; those who provide for the wayfarer and for the poor; those who faithfully devote themselves to the needs of the community and of the land of Israel.

May the Holy One, praised be God, bless them for their labors, remove from them all sickness, heal all their hurts, and forgive all their sins. May God bless them and all the Household of Israel by prospering all their worthy endeavors. And let us say: Amen.

Prayer for our country

Our God and God of our ancestors, we invoke Your blessing upon our country, on the government and leaders of our nation, and on all who exercise rightful authority in our community. Instruct them out of Your Law, that they may administer all affairs of state in justice and equity. May peace and security, happiness and prosperity, right and freedom forever abide among us.

Unite the inhabitants of our country, of all backgrounds and creeds, into a bond of true kinship, to banish hatred and bigotry, and to safeguard our ideals and institutions of freedom.

May this land under Your Providence be an influence for good throughout the world, uniting all people in peace and freedom, and helping to fulfill the vision of Your prophets:

"Nation shall not lift up sword against nation,
Neither shall they learn war any more."

"For all people, both great and small,
Shall know the Lord."

Amen.

Louis Ginzberg (adapted)

For Jewish communities of the world

May God grant the blessings of peace and tranquillity, honor and abundance, joy and achievement to our brothers and sisters in Jewish communities throughout the world.

May they know the comfort and the inspiration of our faith,
the strength and the solidarity of our people,
the meaning and the hope of our heritage.

May they draw confidence from the knowledge that they are in our prayers; and may they see the fulfillment of all their worthy desires. Amen.

Prayer for Israel

O Guardian of Israel, we ask Your blessings
Upon the People of Israel and the Land of Israel.

Bless them with peace, tranquillity, and achievement,
Bless them—even as they have been a blessing to us.

For they have nurtured our pride,
And renewed our hopes.

They have gathered in our homeless;
They have healed the bruised and the broken.

Their struggles have strengthened us;
Their sacrifices have humbled us.

Their victories have exalted us;
Their achievements have enriched us.

They have translated into fulfillment
The promises of Your ancient prophets:

"They shall build the waste cities and inhabit them;
They shall plant vineyards and drink their wine."

Truly, they have made the wilderness like Eden,
And the desert like the garden of the Lord.

Watch over the Land, we pray;
Protect it from every enemy and disaster.

Fulfill the prophetic promises
Which still await realization.

"Violence shall no more be heard in your land,
There shall be no desolation within your borders."

"Zion shall be redeemed through justice,
And they that dwell therein through righteousness."

Amen.

הַזְכָּרַת נְשָׁמוֹת

MEMORIAL SERVICE / Yizkor

HAZKARAT NESHAMOT

Preludes to Yizkor

THEIR MEMORIES ILLUMINE OUR WORLD

There are stars whose light reaches the earth only after they themselves have disintegrated. And there are individuals whose memory lights the world after they have passed from it. These lights shine in the darkest night and illumine for us the path. . . .

Hannah Senesh

DEATH IS NOT THE ENEMY

I often feel that death is not the enemy of life, but its friend; for it is the knowledge that our years are limited which makes them so precious. It is the truth that time is but lent to us which makes us, at our best, look upon our years as a trust handed into our temporary keeping.

We are like children privileged to spend a day in a great park, a park filled with many gardens and playgrounds and azure-tinted lakes with white boats sailing upon the tranquil waves.

True, the day allotted to each of us is not the same in length, in light, in beauty. Some children of earth are privileged to spend a long and sunlit day in the garden of the earth. For others the day is shorter, cloudier, and dusk descends more quickly as in a winter's tale.

But whether our life is a long summery day or a shorter wintry afternoon, we know that inevitably there are storms and squalls which overcast even the bluest heaven and there are sunlit rays which pierce the darkest autumn sky. The day that we are privileged to spend in the great park of life is not the same for all human beings; but there is enough beauty and joy and gaiety in the hours, if we will but treasure them.

Then for each of us the moment comes when the great nurse, death, takes us by the hand and quietly says, "It is time to go home. Night is coming. It is your bedtime, child of earth. Come; you're tired. Lie down at last in the quiet nursery of nature and sleep. Sleep well. The day is gone. Stars shine in the canopy of eternity."

Joshua Loth Liebman

יְיָ מָה־אָדָם וַתֵּדָעֵהוּ. בֶּן־אֱנוֹשׁ וַתְּחַשְּׁבֵהוּ:
אָדָם לַהֶבֶל דָּמָה. יָמָיו כְּצֵל עוֹבֵר:
לִמְנוֹת יָמֵינוּ כֵּן הוֹדַע. וְנָבִא לְבַב חָכְמָה:
פּוֹדֶה יְיָ נֶפֶשׁ עֲבָדָיו. וְלֹא יֶאְשְׁמוּ כָּל־הַחֹסִים בּוֹ:

Lord, what are we humans, that You have regard for us,
Mere mortals, that You take account of us?

We are like a breath,
Our days are like a fleeting shadow.

Teach us to number our days,
That we may attain a heart of wisdom.

The Lord redeems the lives of God's servants;
And those who trust in God shall not feel forsaken.

Biblical verses

Eternal God, in whose eyes a thousand years are but as yesterday, in whose hands are the souls of the living and the dead, in Your sight every soul is precious.

O Lord, from whom we come and to whom we return, strengthen us as we now remember our loved ones who have been reunited with You. Be with us as we consecrate this hour to the memory of our departed.

שִׁוִּיתִי יְיָ לְנֶגְדִּי תָמִיד. כִּי מִימִינִי בַּל־אֶמּוֹט:
לָכֵן שָׂמַח לִבִּי וַיָּגֶל כְּבוֹדִי. אַף־בְּשָׂרִי יִשְׁכֹּן לָבֶטַח:

Shi-viti Adonai l'negdi tamid, ki mi-mi-ni bal emot.
Laḥeyn samaḥ libi va-yagel k'vodi, af b'sari yish-kon la-vetaḥ.

I have set the Lord before me always,
God is at my right hand; I shall not fail.
Therefore my heart rejoices, my whole being exults,
And my body rests secure. *(Psalm 16:8-9)*

Eternal God, we have come to sanctify our fleeting lives by linking them with Yours, O Life of all Ages. In You generations past, present, and future are united in one bond of life.

At this sacred hour, we are aware of those souls through whom we have come to know of Your grace and love. All the wisdom, beauty, and affection that have enriched our lives are the garnered fruits of our communion with others.

Many of those to whom we owe so much are alive with us today; and we pray that we may be able to reward their goodness and their devotion to us by acts of love and loyalty.

But others have passed forever from our midst, leaving us a heritage of tender memories which now fill our minds.

Some of us recall today beloved parents who watched over us, nursed us, guided us, and sacrificed for us.

Some of us lovingly call to mind a wife or a husband with whom we were truly united—in our hopes and our pains, in our failures and our achievements, in our joys and our sorrows.

Some of us remember brothers and sisters, who grew up together with us, sharing in the play of childhood, in the youthful adventure of discovering life's possibilities, bound to us by a heritage of family tradition and by years of comradeship and love.

Some of us call to mind children, entrusted to our care all too briefly, taken from us before they reached the years of maturity and fulfillment, to whom we gave our loving care and from whom we received a trust which enriched our lives.

All of us recall beloved relatives and friends whose affection and devotion enhanced our lives, and whose visible presence will never return to cheer, encourage or support us.

Though they are gone from us we are grateful for the blessings they brought and were to us. Now, by giving to others the love which our departed gave to us, we can partly repay the debt we owe them.

We are sustained and comforted by the thought that the goodness which they brought into our lives remains an enduring blessing which we can bequeath to our descendants.

We can still serve our departed by serving You. We can show our devotion to them by our devotion to those ideals which they cherished.

O God of Love, make us worthy of the love we have received by teaching us to love You with all our heart and with all our soul and with all our might, and to spread the light of Your divine love on all whose lives touch ours.

Give us strength to live honorably and, when our time comes, to die serenely, cheered by the confidence that You will not permit our lives to be wasted, but will bring all our worthy strivings to fulfillment.

Amen.

Mordecai M. Kaplan, Eugene Kohn, and Ira Eisenstein (adapted)

In memory of departed congregants:

In this memorial hour, we recall members of our congregation who have been taken from us. . . .

Their memories are enshrined in this sanctuary, and are gratefully recorded upon the tablets of our hearts.

May the Source of all comfort send consolation and healing to those who mourn them. May their memories endure among us as a lasting benediction. And let us say: Amen.

We remember them

At the rising of the sun and at its going down,
we remember them.

At the blowing of the wind and in the chill of winter,
we remember them.

At the opening of the buds and in the rebirth of spring,
we remember them.

At the shining of the sun and in the warmth of summer,
we remember them.

At the rustling of the leaves and in the beauty of autumn,
we remember them.

At the beginning of the year and at its end,
we remember them.

As long as we live, they too will live;
for they are now a part of us,
as we remember them.

When we are weary and in need of strength,
we remember them.

When we are lost and sick at heart,
we remember them.

When we have joy we crave to share,
we remember them.

When we have decisions that are difficult to make,
we remember them.

When we have achievements that are based on theirs,
we remember them.

As long as we live, they too will live;
for they are now a part of us,
as we remember them.

Sylvan Kamens and Jack Riemer

YIZKOR—*In remembrance of a father:*

יִזְכֹּר אֱלֹהִים נִשְׁמַת אָבִי מוֹרִי שֶׁהָלַךְ לְעוֹלָמוֹ. אָנָּא תְּהִי נַפְשׁוֹ צְרוּרָה בִּצְרוֹר הַחַיִּים. וּתְהִי מְנוּחָתוֹ כָּבוֹד. שֹׂבַע שְׂמָחוֹת אֶת־פָּנֶיךָ. נְעִמוֹת בִּימִינְךָ נֶצַח. אָמֵן:

May God remember the soul of my beloved father who has gone to his eternal rest. In tribute to his memory I pledge to perform acts of charity and goodness. May the deeds I perform and the prayers I offer help to keep his soul bound up in the bond of life as an enduring source of blessing. Amen.

YIZKOR—*In remembrance of a mother:*

יִזְכֹּר אֱלֹהִים נִשְׁמַת אִמִּי מוֹרָתִי שֶׁהָלְכָה לְעוֹלָמָהּ. אָנָּא תְּהִי נַפְשָׁהּ צְרוּרָה בִּצְרוֹר הַחַיִּים. וּתְהִי מְנוּחָתָהּ כָּבוֹד. שֹׂבַע שְׂמָחוֹת אֶת־פָּנֶיךָ. נְעִמוֹת בִּימִינְךָ נֶצַח. אָמֵן:

May God remember the soul of my beloved mother who has gone to her eternal rest. In tribute to her memory I pledge to perform acts of charity and goodness. May the deeds I perform and the prayers I offer help to keep her soul bound up in the bond of life as an enduring source of blessing. Amen.

YIZKOR—*In remembrance of a husband:*

יִזְכֹּר אֱלֹהִים נִשְׁמַת בַּעֲלִי שֶׁהָלַךְ לְעוֹלָמוֹ. אָנָּא תְּהִי נַפְשׁוֹ צְרוּרָה בִּצְרוֹר הַחַיִּים. וּתְהִי מְנוּחָתוֹ כָּבוֹד. שֹׂבַע שְׂמָחוֹת אֶת־פָּנֶיךָ. נְעִמוֹת בִּימִינְךָ נֶצַח. אָמֵן:

May God remember the soul of my beloved husband who has gone to his eternal rest. In tribute to his memory I pledge to perform acts of charity and goodness. May the deeds I perform and the prayers I offer help to keep his soul bound up in the bond of life as an enduring source of blessing. Amen.

YIZKOR—*In remembrance of a wife:*

יִזְכֹּר אֱלֹהִים נִשְׁמַת אִשְׁתִּי שֶׁהָלְכָה לְעוֹלָמָהּ. אָנָּא תְּהִי נַפְשָׁהּ צְרוּרָה בִּצְרוֹר הַחַיִּים. וּתְהִי מְנוּחָתָהּ כָּבוֹד. שֹׂבַע שְׂמָחוֹת אֶת־פָּנֶיךָ. נְעִמוֹת בִּימִינְךָ נֶצַח. אָמֵן:

May God remember the soul of my beloved wife who has gone to her eternal rest. In tribute to her memory I pledge to perform acts of charity and goodness. May the deeds I perform and the prayers I offer help to keep her soul bound up in the bond of life as an enduring source of blessing. Amen.

YIZKOR—*In remembrance of a son:*

יִזְכֹּר אֱלֹהִים נִשְׁמַת בְּנִי הָאָהוּב מַחְמַד עֵינַי שֶׁהָלַךְ לְעוֹלָמוֹ. אָנָּא תְּהִי נַפְשׁוֹ צְרוּרָה בִּצְרוֹר הַחַיִּים. וּתְהִי מְנוּחָתוֹ כָּבוֹד. שֹׂבַע שְׂמָחוֹת אֶת־פָּנֶיךָ. נְעִמוֹת בִּימִינְךָ נֶצַח. אָמֵן:

May God remember the soul of my beloved son who has gone to his eternal rest. In tribute to his memory I pledge to perform acts of charity and goodness. May the deeds I perform and the prayers I offer help to keep his soul bound up in the bond of life as an enduring source of blessing. Amen.

YIZKOR—*In remembrance of a daughter:*

יִזְכֹּר אֱלֹהִים נִשְׁמַת בִּתִּי הָאֲהוּבָה מַחְמַד עֵינַי שֶׁהָלְכָה לְעוֹלָמָהּ. אָנָּא תְּהִי נַפְשָׁהּ צְרוּרָה בִּצְרוֹר הַחַיִּים. וּתְהִי מְנוּחָתָהּ כָּבוֹד. שֹׂבַע שְׂמָחוֹת אֶת־פָּנֶיךָ. נְעִמוֹת בִּימִינְךָ נֶצַח. אָמֵן:

May God remember the soul of my beloved daughter who has gone to her eternal rest. In tribute to her memory I pledge to perform acts of charity and goodness. May the deeds I perform and the prayers I offer help to keep her soul bound up in the bond of life as an enduring source of blessing. Amen.

YIZKOR—*In remembrance of relatives and friends:*

יִזְכֹּר אֱלֹהִים נִשְׁמוֹת קְרוֹבַי וִידִידַי שֶׁהָלְכוּ לְעוֹלָמָם. אָנָּא
תִּהְיֶינָה נַפְשׁוֹתֵיהֶם צְרוּרוֹת בִּצְרוֹר הַחַיִּים. וּתְהִי מְנוּחָתָם
כָּבוֹד. שֹׂבַע שְׂמָחוֹת אֶת־פָּנֶיךָ. נְעִמוֹת בִּימִינְךָ נֶצַח. אָמֵן:

May God remember the souls of my relatives and friends who have gone to their eternal rest. In tribute to their memory I pledge to perform acts of charity and goodness. May the deeds I perform and the prayers I offer help to keep their souls bound up in the bond of life as an enduring source of blessing. Amen.

YIZKOR—*In remembrance of our martyrs:*

יִזְכֹּר אֱלֹהִים נִשְׁמוֹת כָּל־אַחֵינוּ בְּנֵי יִשְׂרָאֵל שֶׁמָּסְרוּ
אֶת־נַפְשָׁם עַל־קִדּוּשׁ הַשֵּׁם. עַל־קִיּוּם הָעָם. וְעַל־גְּאֻלַּת הָאָרֶץ
וְהַגָּנָתָהּ. אָנָּא יִשָּׁמַע בְּחַיֵּינוּ הֵד גְּבוּרָתָם וּמְסִירוּתָם. וְתִהְיֶינָה
נַפְשׁוֹתֵיהֶם צְרוּרוֹת בִּצְרוֹר הַחַיִּים. וּתְהִי מְנוּחָתָם כָּבוֹד.
שֹׂבַע שְׂמָחוֹת אֶת־פָּנֶיךָ. נְעִמוֹת בִּימִינְךָ נֶצַח. אָמֵן:

May God remember the souls of our martyrs who gave their lives for the sanctification of God's name, for the preservation of our people, and for the redemption and protection of the Holy Land. May their heroism and sacrificial devotion be reflected in our thoughts and deeds. May their souls be bound up in the bond of life and their memories abide among us as an enduring source of blessing. Amen.

YIZKOR—*In remembrance of the righteous:*

יִזְכֹּר אֱלֹהִים נִשְׁמוֹת חֲסִידֵי אֻמּוֹת הָעוֹלָם שֶׁהָלְכוּ לְעוֹלָמָם.
אָנָּא תִּהְיֶינָה נַפְשׁוֹתֵיהֶם צְרוּרוֹת בִּצְרוֹר הַחַיִּים. וּתְהִי מְנוּחָתָם
כָּבוֹד. שֹׂבַע שְׂמָחוֹת אֶת־פָּנֶיךָ. נְעִמוֹת בִּימִינְךָ נֶצַח. אָמֵן:

May God remember the souls of the righteous men and women of other faiths and backgrounds who have gone to their eternal rest. In tribute to their memory I pledge to perform acts of charity and justice. May their souls be bound up in the bond of life as an enduring source of blessing. Amen.

EYL MALEY RAḤAMIM—*Prayer for the departed:*

אֵל מָלֵא רַחֲמִים שׁוֹכֵן בַּמְּרוֹמִים הַמְצֵא מְנוּחָה נְכוֹנָה
תַּחַת כַּנְפֵי הַשְּׁכִינָה בְּמַעֲלוֹת קְדוֹשִׁים וּטְהוֹרִים כְּזֹהַר
הָרָקִיעַ מַזְהִירִים אֶת־נִשְׁמוֹת כָּל־אֵלֶּה שֶׁהִזְכַּרְנוּ הַיּוֹם
לִבְרָכָה. אָנָּא בַּעַל הָרַחֲמִים תַּסְתִּירֵם בְּסֵתֶר כְּנָפֶיךָ
לְעוֹלָמִים. וְתִצְרוֹר בִּצְרוֹר הַחַיִּים אֶת־נִשְׁמוֹתֵיהֶם וְיָנוּחוּ
עַל־מִשְׁכְּבוֹתָם בְּשָׁלוֹם. וְנֹאמַר אָמֵן:

Merciful God, who dwells on high and in our hearts, grant perfect peace to the souls of our dearly beloved who have gone to their eternal rest. Shelter them in Your Divine Presence among the holy and pure whose radiance is like the brightness of the firmament. May their memory inspire us to live justly and kindly. May their souls be at peace; and may they be bound up in the bond of eternal life. Let us say: Amen.

EYL MALEY RAḤAMIM—*Prayer for our martyrs:*

אֵל מָלֵא רַחֲמִים שׁוֹכֵן בַּמְּרוֹמִים הַמְצֵא מְנוּחָה נְכוֹנָה תַּחַת
כַּנְפֵי הַשְּׁכִינָה בְּמַעֲלוֹת קְדוֹשִׁים וּטְהוֹרִים כְּזֹהַר הָרָקִיעַ מַזְהִירִים
אֶת־נִשְׁמוֹת כָּל־אַחֵינוּ בְּנֵי יִשְׂרָאֵל שֶׁמָּסְרוּ אֶת־נַפְשָׁם עַל־קִדּוּשׁ
הַשֵּׁם. עַל־קִיּוּם הָעָם. וְעַל־גְּאֻלַּת הָאָרֶץ. אָנָּא בַּעַל הָרַחֲמִים
תַּסְתִּירֵם בְּסֵתֶר כְּנָפֶיךָ לְעוֹלָמִים. וְתִצְרוֹר בִּצְרוֹר הַחַיִּים
אֶת־נִשְׁמוֹתֵיהֶם וְיָנוּחוּ עַל־מִשְׁכְּבוֹתָם בְּשָׁלוֹם. וְנֹאמַר אָמֵן:

Merciful God, who dwells on high and in our hearts, grant perfect peace to the souls of our martyrs who gave their lives for the sanctification of Your name, for the preservation of our people, and for the redemption of the Holy Land. Shelter them in Your Divine Presence among the holy and pure whose radiance is like the brightness of the firmament. May their memory inspire us to live justly and kindly. May their souls be at peace; and may they be bound up in the bond of eternal life. Let us say: Amen.

Psalm 23 מִזְמוֹר לְדָוִד:

יְיָ רֹעִי לֹא אֶחְסָר:

The Lord is my shepherd, I shall not want.

בִּנְאוֹת דֶּשֶׁא יַרְבִּיצֵנִי.

God makes me lie down in green pastures,

עַל־מֵי מְנֻחוֹת יְנַהֲלֵנִי:

And leads me beside the still waters.

נַפְשִׁי יְשׁוֹבֵב. יַנְחֵנִי בְמַעְגְּלֵי־צֶדֶק לְמַעַן שְׁמוֹ:

God revives my spirit—and guides me
in paths of righteousness, for the sake of God's name.

גַּם כִּי־אֵלֵךְ בְּגֵיא צַלְמָוֶת. לֹא־אִירָא רָע כִּי־אַתָּה עִמָּדִי.

Though I walk in the valley of the shadow of death,
I fear no evil; for You are with me.

שִׁבְטְךָ וּמִשְׁעַנְתֶּךָ הֵמָּה יְנַחֲמֻנִי:

Your rod and Your staff comfort me.

תַּעֲרֹךְ לְפָנַי שֻׁלְחָן נֶגֶד צֹרְרָי.

You prepare a table before me in the presence of my foes.

דִּשַּׁנְתָּ בַשֶּׁמֶן רֹאשִׁי כּוֹסִי רְוָיָה:

You anoint my head with oil; my cup overflows.

אַךְ טוֹב וָחֶסֶד יִרְדְּפוּנִי כָּל־יְמֵי חַיָּי.

Surely goodness and kindness shall follow me
all the days of my life.

וְשַׁבְתִּי בְּבֵית־יְיָ לְאֹרֶךְ יָמִים:

And I shall dwell in the house of the Lord forever.

יִתְגַּדַּל וְיִתְקַדַּשׁ שְׁמֵהּ רַבָּא. בְּעָלְמָא דִּי־בְרָא כִרְעוּתֵהּ.
וְיַמְלִיךְ מַלְכוּתֵהּ בְּחַיֵּיכוֹן וּבְיוֹמֵיכוֹן וּבְחַיֵּי דְכָל־בֵּית
יִשְׂרָאֵל בַּעֲגָלָא וּבִזְמַן קָרִיב. וְאִמְרוּ אָמֵן:

יְהֵא שְׁמֵהּ רַבָּא מְבָרַךְ לְעָלַם וּלְעָלְמֵי עָלְמַיָּא:

יִתְבָּרַךְ וְיִשְׁתַּבַּח וְיִתְפָּאַר וְיִתְרוֹמַם וְיִתְנַשֵּׂא וְיִתְהַדַּר
וְיִתְעַלֶּה וְיִתְהַלַּל שְׁמֵהּ דְּקֻדְשָׁא. בְּרִיךְ הוּא. לְעֵלָּא
לְעֵלָּא מִכָּל־בִּרְכָתָא וְשִׁירָתָא תֻּשְׁבְּחָתָא וְנֶחֱמָתָא
דַּאֲמִירָן בְּעָלְמָא. וְאִמְרוּ אָמֵן:

יְהֵא שְׁלָמָא רַבָּא מִן שְׁמַיָּא וְחַיִּים עָלֵינוּ וְעַל כָּל־
יִשְׂרָאֵל. וְאִמְרוּ אָמֵן:

עֹשֶׂה שָׁלוֹם בִּמְרוֹמָיו הוּא יַעֲשֶׂה שָׁלוֹם עָלֵינוּ וְעַל כָּל־
יִשְׂרָאֵל. וְאִמְרוּ אָמֵן:

Yit-gadal v'yit-kadash sh'mey raba,
B'alma di v'ra ḥiru-tey, v'yam-liḥ mal-ḥutey
B'ḥa-yey-ḥon u-v'yomey-ḥon u-v'ḥa-yey d'ḥol beyt yisrael
Ba-agala u-viz-man kariv, v'imru **amen.**

Y'hey sh'mey raba m'varaḥ l'alam ul-almey alma-ya.

Yit-baraḥ v'yish-tabaḥ v'yit-pa-ar v'yit-romam v'yit-na-sey
V'yit-hadar v'yit-aleh v'yit-halal sh'mey d'kud-sha—
B'riḥ hu, *l'eyla l'eyla mi-kol bir-ḥata v'shi-rata*
Tush-b'ḥata v'ne-ḥemata da-amiran b'alma, v'imru **amen.**

Y'hey sh'lama raba min sh'ma-ya, v'ḥa-yim,
Aleynu v'al kol yisrael, v'imru **amen.**

Oseh shalom bi-m'romav, hu ya-aseh shalom
Aleynu v'al kol yisrael, v'imru **amen.**

May the memories of our loved ones inspire us
To seek in our lives those qualities of mind and heart
Which we recall with special gratitude.

May we help to bring closer to fulfillment
Their highest ideals and noblest strivings.

May the memories of our loved ones deepen our loyalty
To that which cannot die–
Our faith, our love, and devotion to our heritage.

As we ponder life's transience and frailty,
Help us, O God, to use each precious moment wisely,
To fill each day with all the compassion and kindness
Which You have placed within our reach.

Thus will the memories of our loved ones abide among us
As a source of undying inspiration and enduring blessing.

THE GIFT OF MEMORY

We thank You, O God of life and love,
For the resurrecting gift of memory
Which endows Your children, fashioned in Your image,
With the Godlike sovereign power
To give immortality through love.
Praised be You, O God,
Who enables Your children to remember.

Morris Adler

SHALL I CRY OUT IN ANGER?

Shall I cry out in anger, O God,
Because Your gifts are mine but for a while?

Shall I forget the blessing of health
The moment it gives way to illness and pain?

Shall I be ungrateful for the moments of laughter,
The seasons of joy, the days of gladness and festivity?

When a fate beyond my understanding takes from me
Friends and kin whom I have cherished, and leaves me
Bereft of shining presences that have lit my way
Through years of companionship and affection,

When tears cloud my eyes and darken the world,
And my heart is heavy within me,
Shall I blot from the mind the love
I have known and in which I have rejoiced?

Shall I grieve for a youth that has gone
Once my hair is gray and my shoulders bent,
And forget days of vibrancy and power?

Shall I, in days of adversity, fail to recall
The hours of joy and glory You once granted me?

Shall the time of darkness put out forever
The glow of the light in which I once walked?

Give me the vision, O God, to see and feel
That imbedded deep in each of Your gifts
Is a core of eternity, undiminished and bright,
An eternity that survives the dread hours of
affliction and misery.

Those I have loved, though now beyond my view,
Have given form and quality to my life,
And they live on, unfailingly feeding
My heart and mind and imagination.

They have led me into the wide universe
I continue to inhabit, and their presence
Is more vital to me than their absence.

What You give, O Lord, You do not take away,
And bounties once granted
Shed their radiance evermore.

Within me Your love and vision,
Now woven deep into the texture of my being,
Live and will be mine forever.

Morris Adler (adapted)

LIGHT FOR THE DARK HOURS

The Dubner Maggid has left us a parable whose wisdom can serve as a beacon of light for the dark hours.

A king once owned a large, beautiful diamond of which he was justly proud, for it had no equal anywhere. One day, the diamond accidentally sustained a deep scratch. The king summoned the most skilled diamond cutters and offered them a great reward if they could remove the blemish. But none could repair the jewel.

After some time, a gifted artisan came to the king and promised to make the rare diamond even more beautiful than it had been before the mishap. The king was impressed by this confidence, and entrusted the precious stone to the artisan's care.

And the artisan kept the promise. With superb artistry, the artisan engraved a lovely rosebud around the imperfection, using the scratch to make the stem.

We can emulate that artisan. When life bruises us and wounds us, we can use even the scratches to etch a portrait of beauty and charm.

אַשְׁרֵי יוֹשְׁבֵי בֵיתֶךָ עוֹד יְהַלְלוּךָ סֶּלָה:

אַשְׁרֵי הָעָם שֶׁכָּכָה לּוֹ אַשְׁרֵי הָעָם שֶׁיְיָ אֱלֹהָיו:

תְּהִלָּה לְדָוִד

אֲרוֹמִמְךָ אֱלוֹהַי הַמֶּלֶךְ וַאֲבָרְכָה שִׁמְךָ לְעוֹלָם וָעֶד:

בְּכָל־יוֹם אֲבָרְכֶךָּ וַאֲהַלְלָה שִׁמְךָ לְעוֹלָם וָעֶד:

גָּדוֹל יְיָ וּמְהֻלָּל מְאֹד וְלִגְדֻלָּתוֹ אֵין חֵקֶר:

דּוֹר לְדוֹר יְשַׁבַּח מַעֲשֶׂיךָ וּגְבוּרֹתֶיךָ יַגִּידוּ:

הֲדַר כְּבוֹד הוֹדֶךָ וְדִבְרֵי נִפְלְאֹתֶיךָ אָשִׂיחָה:

וֶעֱזוּז נוֹרְאֹתֶיךָ יֹאמֵרוּ וּגְדֻלָּתְךָ אֲסַפְּרֶנָּה:

זֵכֶר רַב־טוּבְךָ יַבִּיעוּ וְצִדְקָתְךָ יְרַנֵּנוּ:

חַנּוּן וְרַחוּם יְיָ אֶרֶךְ אַפַּיִם וּגְדָל־חָסֶד:

טוֹב־יְיָ לַכֹּל וְרַחֲמָיו עַל־כָּל־מַעֲשָׂיו:

יוֹדוּךָ יְיָ כָּל־מַעֲשֶׂיךָ וַחֲסִידֶיךָ יְבָרְכוּכָה:

כְּבוֹד מַלְכוּתְךָ יֹאמֵרוּ וּגְבוּרָתְךָ יְדַבֵּרוּ:

לְהוֹדִיעַ לִבְנֵי הָאָדָם גְּבוּרֹתָיו וּכְבוֹד הֲדַר מַלְכוּתוֹ:

מַלְכוּתְךָ מַלְכוּת כָּל־עֹלָמִים וּמֶמְשַׁלְתְּךָ בְּכָל־דּוֹר וָדֹר:

סוֹמֵךְ יְיָ לְכָל־הַנֹּפְלִים וְזוֹקֵף לְכָל־הַכְּפוּפִים:

ASHREY

Happy are they who dwell in Your house;
Forever shall they praise You.

Happy is the people so favored;
Happy is the people whose God is the Lord.

A PSALM OF DAVID.

I extol You, my God and Sovereign;
I will praise You for ever and ever.

Every day I praise You,
Glorifying You forever.

Great is the Lord, eminently to be praised;
God's greatness cannot be fathomed.

One generation to another lauds Your works,
Recounting Your mighty deeds.

They speak of the splendor of Your majesty
And of Your glorious works.

They tell of Your awesome acts,
Declaring Your greatness.

They recount Your abundant goodness,
Celebrating Your righteousness.

The Lord is gracious and compassionate,
Exceedingly patient, abounding in love.

The Lord is good to all,
God's tenderness embraces all Creation.

All Your creatures shall thank You;
And Your faithful shall praise You.

They shall speak of the glory of Your dominion,
Proclaiming Your power,

That all may know of Your might,
The splendor of Your sovereignty.

Your sovereignty is everlasting,
Your dominion endures for all generations.

The Lord supports all who stumble,
And makes all who are bent stand straight.

עֵינֵי־כֹל אֵלֶיךָ יְשַׂבֵּרוּ. וְאַתָּה נוֹתֵן־לָהֶם אֶת־אָכְלָם בְּעִתּוֹ:

פּוֹתֵחַ אֶת־יָדֶךָ וּמַשְׂבִּיעַ לְכָל־חַי רָצוֹן:

צַדִּיק יְיָ בְּכָל־דְּרָכָיו וְחָסִיד בְּכָל־מַעֲשָׂיו:

קָרוֹב יְיָ לְכָל־קֹרְאָיו לְכֹל אֲשֶׁר יִקְרָאֻהוּ בֶאֱמֶת:

רְצוֹן־יְרֵאָיו יַעֲשֶׂה וְאֶת־שַׁוְעָתָם יִשְׁמַע וְיוֹשִׁיעֵם:

שׁוֹמֵר יְיָ אֶת־כָּל־אֹהֲבָיו וְאֵת כָּל־הָרְשָׁעִים יַשְׁמִיד:

תְּהִלַּת יְיָ יְדַבֶּר־פִּי וִיבָרֵךְ כָּל־בָּשָׂר שֵׁם קָדְשׁוֹ

לְעוֹלָם וָעֶד:

וַאֲנַחְנוּ נְבָרֵךְ יָהּ מֵעַתָּה וְעַד־עוֹלָם. הַלְלוּיָהּ:

RETURNING THE SCROLLS TO THE ARK

Reader:

יְהַלְלוּ אֶת־שֵׁם יְיָ. כִּי־נִשְׂגָּב שְׁמוֹ לְבַדּוֹ—

Congregation:

הוֹדוֹ עַל־אֶרֶץ וְשָׁמָיִם:
וַיָּרֶם קֶרֶן לְעַמּוֹ. תְּהִלָּה לְכָל־חֲסִידָיו.
לִבְנֵי יִשְׂרָאֵל עַם קְרֹבוֹ. הַלְלוּיָהּ:

Hodo al eretz v'shama-yim.
Va-yarem keren l'amo, t'hila l'ḥol ḥasidav,
li-v'ney yisrael am k'rovo, Hallelujah.

The eyes of all look hopefully to You;
You give them their food when it is due.

You open Your hand,
You satisfy the needs of all the living.

O Lord, how beneficent are Your ways!
How loving are Your deeds!

The Lord is near to all who call out—
To all who call out in truth,

Fulfilling the desires of those who are reverent,
Hearing their cry and delivering them.

The Lord preserves those who are faithful,
But destroys those who are wicked.

My mouth shall speak the praise of the Lord,
Whose praise shall be uttered by all, forever.

We shall praise the Lord,
Now and evermore. Hallelujah.

Psalms 84:5, 144:15, 145, 115:18

RETURNING THE SCROLLS TO THE ARK

Reader:

"Praise the Lord, who alone is to be exalted!"

Congregation:

"God's glory is revealed on earth and in the heavens.
God has raised the honor of our people,
The glory of the faithful,
Thus exalting the Children of Israel,
The people near to the Lord, Hallelujah."

On Shabbat:

מִזְמוֹר לְדָוִד

הָבוּ לַייָ בְּנֵי אֵלִים הָבוּ לַייָ כָּבוֹד וָעֹז:

הָבוּ לַייָ כְּבוֹד שְׁמוֹ הִשְׁתַּחֲווּ לַייָ בְּהַדְרַת־קֹדֶשׁ:

קוֹל יְיָ עַל־הַמָּיִם אֵל־הַכָּבוֹד הִרְעִים

יְיָ עַל־מַיִם רַבִּים:

קוֹל־יְיָ בַּכֹּחַ קוֹל יְיָ בֶּהָדָר:

קוֹל יְיָ שֹׁבֵר אֲרָזִים וַיְשַׁבֵּר יְיָ אֶת־אַרְזֵי הַלְּבָנוֹן:

וַיַּרְקִידֵם כְּמוֹ־עֵגֶל לְבָנוֹן וְשִׂרְיוֹן כְּמוֹ בֶן־רְאֵמִים:

קוֹל־יְיָ חֹצֵב לַהֲבוֹת אֵשׁ:

קוֹל יְיָ יָחִיל מִדְבָּר יָחִיל יְיָ מִדְבַּר קָדֵשׁ:

קוֹל יְיָ יְחוֹלֵל אַיָּלוֹת וַיֶּחֱשֹׂף יְעָרוֹת

וּבְהֵיכָלוֹ כֻּלּוֹ אֹמֵר כָּבוֹד:

יְיָ לַמַּבּוּל יָשָׁב וַיֵּשֶׁב יְיָ מֶלֶךְ לְעוֹלָם:

יְיָ עֹז לְעַמּוֹ יִתֵּן יְיָ יְבָרֵךְ אֶת־עַמּוֹ בַשָּׁלוֹם:

On Shabbat:

Mizmor l'David.

Havu la-donai b'ney eylim,
Havu la-donai kavod va-oz.
Havu la-donai k'vod sh'mo,
Hish-taḥavu la-donai b'had-rat kodesh.

Kol Adonai al ha-ma-yim,
Eyl ha-kavod hir-im,
Adonai al ma-yim rabim.

Kol Adonai ba-koaḥ,
Kol Adonai be-hadar.
Kol Adonai shoveyr arazim,
Va-y'shabeyr Adonai et arzey ha-l'vanon.

Va-yar-kideym k'mo eygel,
L'vanon v'sir-yon k'mo ven r'eymim.

Kol Adonai ḥotzeyv la-havot eysh.
Kol Adonai yaḥil midbar,
Yaḥil Adonai midbar kadeysh.

Kol Adonai y'ḥoleyl aya-lot, va-yeḥe-sof y'arot,
Uv-hey-ḥalo kulo omeyr kavod.

Adonai la-mabul ya-shav,
Va-yey-shev Adonai meleḥ l'olam.

Adonai oz l'amo yiteyn,
Adonai y'vareyḥ et amo va-shalom. *Psalm 29*

Praise the Lord's glory and power;
Worship the Lord in the beauty of holiness.
The voice of the Lord is mighty;
The voice of the Lord is full of majesty.
May the Lord give strength to our people,
And bless our people with peace.

Selected from Psalm 29

On a weekday:

לְדָוִד מִזְמוֹר

לַייָ הָאָֽרֶץ וּמְלוֹאָהּ תֵּבֵל וְיֹֽשְׁבֵי בָהּ:

כִּי־הוּא עַל־יַמִּים יְסָדָהּ וְעַל־נְהָרוֹת יְכוֹנְנֶֽהָ:

מִי־יַעֲלֶה בְהַר יְיָ וּמִי־יָקוּם בִּמְקוֹם קָדְשׁוֹ:

נְקִי כַפַּיִם וּבַר־לֵבָב אֲשֶׁר לֹא־נָשָׂא לַשָּׁוְא נַפְשִׁי

וְלֹא נִשְׁבַּע לְמִרְמָה:

יִשָּׂא בְרָכָה מֵאֵת יְיָ וּצְדָקָה מֵאֱלֹהֵי יִשְׁעוֹ:

זֶה דּוֹר דֹּרְשָׁיו מְבַקְשֵׁי פָנֶֽיךָ יַעֲקֹב סֶֽלָה:

שְׂאוּ שְׁעָרִים רָאשֵׁיכֶם וְהִנָּשְׂאוּ פִּתְחֵי עוֹלָם

וְיָבוֹא מֶֽלֶךְ הַכָּבוֹד:

מִי זֶה מֶֽלֶךְ הַכָּבוֹד יְיָ עִזּוּז וְגִבּוֹר

יְיָ גִּבּוֹר מִלְחָמָה:

שְׂאוּ שְׁעָרִים רָאשֵׁיכֶם וּשְׂאוּ פִּתְחֵי עוֹלָם

וְיָבֹא מֶֽלֶךְ הַכָּבוֹד:

מִי הוּא זֶה מֶֽלֶךְ הַכָּבוֹד יְיָ צְבָאוֹת

הוּא מֶֽלֶךְ הַכָּבוֹד סֶֽלָה:

Se-u sh'arim ro-shey-ḥem, v'hinasu pit-ḥey olam,
V'yavo meleḥ ha-kavod.

Mi zeh meleḥ ha-kavod, Adonai izuz v'gibor,
Adonai gibor mil-ḥama.

Se-u sh'arim ro-shey-ḥem, us-u pit-ḥey olam,
V'yavo meleḥ ha-kavod.

Mi hu zeh meleḥ ha-kavod,
Adonai tz'vaot hu meleḥ ha-kavod, Selah.

On a weekday:

A PSALM OF DAVID.

The earth is the Lord's, and its fullness,
The world and those who dwell in it.

For it is God who founded it upon the seas,
And established it upon the waters.

Who may ascend the mountain of the Lord?
Who may stand in the Lord's holy place?

One who has clean hands and a pure heart,
Who does not strive after vanity,
And does not swear deceitfully;

Thus meriting a blessing from the Lord,
And vindication from the God of deliverance.

Such are the people who seek the Lord,
Who seek the presence of the God of Jacob.

Lift up your heads, O gates!
Lift up high, O ancient doors,
So that the Sovereign of glory may enter!

Who is the Sovereign of glory?
The Lord, who is strong and mighty,
The Lord, who is valiant in battle.

Lift up your heads, O gates!
Lift them up, O ancient doors,
So that the Sovereign of glory may enter!

Who is the Sovereign of glory?
The Lord of hosts is, truly, the Sovereign of glory.

Psalm 24

As the Torah Scrolls are placed in the Ark, recite:

וּבְנֻחֹה יֹאמַר שׁוּבָה יְיָ רִבְבוֹת אַלְפֵי יִשְׂרָאֵל:
קוּמָה יְיָ לִמְנוּחָתֶךָ אַתָּה וַאֲרוֹן עֻזֶּךָ:
כֹּהֲנֶיךָ יִלְבְּשׁוּ־צֶדֶק וַחֲסִידֶיךָ יְרַנֵּנוּ:
בַּעֲבוּר דָּוִד עַבְדֶּךָ אַל־תָּשֵׁב פְּנֵי מְשִׁיחֶךָ:

כִּי לֶקַח טוֹב נָתַתִּי לָכֶם תּוֹרָתִי אַל־תַּעֲזֹבוּ:

עֵץ־חַיִּים הִיא לַמַּחֲזִיקִים בָּהּ וְתֹמְכֶיהָ מְאֻשָּׁר:
דְּרָכֶיהָ דַרְכֵי־נֹעַם וְכָל־נְתִיבֹתֶיהָ שָׁלוֹם:
הֲשִׁיבֵנוּ יְיָ אֵלֶיךָ וְנָשׁוּבָה חַדֵּשׁ יָמֵינוּ כְּקֶדֶם:

Ki lekaḥ tov na-tati laḥem, torati al ta-azovu.

Eytz ḥa-yim hi la-maḥa-zikim bah,
V'tom-ḥeha m'u-shar.
D'raḥeha darḥey no-am, v'ḥol n'tivo-teha shalom.
Ha-shiveynu Adonai eyleḥa v'na-shuva,
Ḥadeysh yameynu k'kedem.

As the Torah Scrolls are placed in the Ark, recite:

When the Ark was set down, Moses prayed: "O Lord, dwell among the myriad families of Israel." Come up, O Lord, to Your sanctuary, together with the Ark of Your glory. Let Your *Kohanim* be clothed in righteousness, let Your faithful ones rejoice.

I have given you precious teaching,
Forsake not My Torah.

It is a tree of life to those who cling to it,
Blessed are they who uphold it.

Its ways are ways of pleasantness,
All its paths are peace.

Turn us to You, O Lord, and we shall return;
Renew us as in days of old.

Biblical verses

MEDITATION

O Lord, standing before these sacred scrolls on this Day of Atonement, we renew the ancient covenant, speaking again the words of our ancestors: "All that the Lord has spoken we will do."

Our God and God of our ancestors, we thank You for Your Torah, our priceless heritage. May the portion we have read today inspire us to do Your will and to seek further knowledge of Your word. Thus our minds will be enriched and our lives endowed with purpose. May we take to heart Your laws by which we can truly live. Happy are all who love You and delight in fulfilling Your commandments. Amen.

מוּסָף
לְיוֹם
כִּפּוּר

MUSAF SERVICE

YOM KIPPUR

Hineni (p. 608) may be recited here or before the congregational Amidah.

Reader:

יִתְגַּדַּל וְיִתְקַדַּשׁ שְׁמֵהּ רַבָּא. בְּעָלְמָא דִּי־בְרָא כִרְעוּתֵהּ.
וְיַמְלִיךְ מַלְכוּתֵהּ בְּחַיֵּיכוֹן וּבְיוֹמֵיכוֹן וּבְחַיֵּי דְכָל־בֵּית
יִשְׂרָאֵל בַּעֲגָלָא וּבִזְמַן קָרִיב. וְאִמְרוּ אָמֵן:

Congregation and Reader:

יְהֵא שְׁמֵהּ רַבָּא מְבָרַךְ לְעָלַם וּלְעָלְמֵי עָלְמַיָּא:

Reader:

יִתְבָּרַךְ וְיִשְׁתַּבַּח וְיִתְפָּאַר וְיִתְרוֹמַם וְיִתְנַשֵּׂא וְיִתְהַדָּר
וְיִתְעַלֶּה וְיִתְהַלָּל שְׁמֵהּ דְּקֻדְשָׁא. בְּרִיךְ הוּא. לְעֵלָּא
לְעֵלָּא מִכָּל־בִּרְכָתָא וְשִׁירָתָא תֻּשְׁבְּחָתָא וְנֶחֱמָתָא
דַּאֲמִירָן בְּעָלְמָא. וְאִמְרוּ אָמֵן:

The Musaf Amidah begins on page 610.

In congregations where a silent Amidah is said, continue on page 598.

Yit-gadal v'yit-kadash sh'mey raba,
B'alma di v'ra ḥiru-tey, v'yam-liḥ mal-ḥutey
B'ḥa-yey-ḥon u-v'yomey-ḥon
U-v'ḥa-yey d'ḥol beyt yisrael
Ba-agala u-viz-man kariv, v'imru **amen.**

Congregation and Reader:

Y'hey sh'mey raba m'varaḥ l'alam ul-almey alma-ya.

Reader:

Yit-baraḥ v'yish-tabaḥ v'yit-pa-ar v'yit-romam v'yit-na-sey
V'yit-hadar v'yit-aleh v'yit-halal sh'mey d'kud-sha—
B'riḥ hu, *l'eyla l'eyla mi-kol bir-ḥata v'shi-rata*
Tush-b'ḥata v'ne-ḥemata da-amiran b'alma, v'imru **amen.**

ḤATZI KADDISH

Magnified and sanctified be the great name of God, in the world created according to the Divine will. May God's sovereignty soon be established, in our lifetime and that of the entire house of Israel. And let us say: Amen.

Congregation and Reader:

May God's great name be praised to all eternity.

Hallowed and honored, extolled and exalted, adored and acclaimed be the name of the blessed Holy One, whose glory is infinitely beyond all the praises, hymns, and songs of adoration which human beings can utter. And let us say: Amen.

The Musaf Amidah begins on page 610.

In congregations where a silent Amidah is said, continue on page 598.

For the congregational Amidah, see page 610.

כִּי שֵׁם יְיָ אֶקְרָא הָבוּ גֹדֶל לֵאלֹהֵינוּ:

אֲדֹנָי שְׂפָתַי תִּפְתָּח וּפִי יַגִּיד תְּהִלָּתֶךָ:

בָּרוּךְ אַתָּה יְיָ אֱלֹהֵינוּ וֵאלֹהֵי אֲבוֹתֵינוּ. אֱלֹהֵי אַבְרָהָם אֱלֹהֵי יִצְחָק וֵאלֹהֵי יַעֲקֹב. הָאֵל הַגָּדוֹל הַגִּבּוֹר וְהַנּוֹרָא אֵל עֶלְיוֹן. גּוֹמֵל חֲסָדִים טוֹבִים וְקוֹנֵה הַכֹּל. וְזוֹכֵר חַסְדֵי אָבוֹת וּמֵבִיא גוֹאֵל לִבְנֵי בְנֵיהֶם לְמַעַן שְׁמוֹ בְּאַהֲבָה:

זָכְרֵנוּ לְחַיִּים מֶלֶךְ חָפֵץ בַּחַיִּים. וְכָתְבֵנוּ בְּסֵפֶר הַחַיִּים. לְמַעַנְךָ אֱלֹהִים חַיִּים:

מֶלֶךְ עוֹזֵר וּמוֹשִׁיעַ וּמָגֵן. בָּרוּךְ אַתָּה יְיָ מָגֵן אַבְרָהָם:

אַתָּה גִּבּוֹר לְעוֹלָם אֲדֹנָי מְחַיֵּה מֵתִים אַתָּה רַב לְהוֹשִׁיעַ: מְכַלְכֵּל חַיִּים בְּחֶסֶד מְחַיֵּה מֵתִים בְּרַחֲמִים רַבִּים. סוֹמֵךְ נוֹפְלִים וְרוֹפֵא חוֹלִים וּמַתִּיר אֲסוּרִים וּמְקַיֵּם אֱמוּנָתוֹ לִישֵׁנֵי עָפָר. מִי כָמוֹךָ בַּעַל גְּבוּרוֹת וּמִי דוֹמֶה לָּךְ מֶלֶךְ מֵמִית וּמְחַיֶּה וּמַצְמִיחַ יְשׁוּעָה:

מִי כָמוֹךָ אַב הָרַחֲמִים. זוֹכֵר יְצוּרָיו לְחַיִּים בְּרַחֲמִים: וְנֶאֱמָן אַתָּה לְהַחֲיוֹת מֵתִים. בָּרוּךְ אַתָּה יְיָ מְחַיֵּה הַמֵּתִים:

אַתָּה קָדוֹשׁ וְשִׁמְךָ קָדוֹשׁ וּקְדוֹשִׁים בְּכָל־יוֹם יְהַלְלוּךָ סֶּלָה:

וּבְכֵן תֵּן פַּחְדְּךָ יְיָ אֱלֹהֵינוּ עַל כָּל־מַעֲשֶׂיךָ וְאֵימָתְךָ עַל כָּל־מַה־שֶּׁבָּרָאתָ. וְיִירָאוּךָ כָּל־הַמַּעֲשִׂים וְיִשְׁתַּחֲווּ לְפָנֶיךָ כָּל־הַבְּרוּאִים. וְיֵעָשׂוּ כֻלָּם אֲגֻדָּה אֶחָת לַעֲשׂוֹת רְצוֹנְךָ

THE SILENT AMIDAH

"When I call upon the Lord, ascribe greatness to our God."
"O Lord, open my lips that my mouth may declare Your praise."

GOD OF ALL GENERATIONS

Praised are You, O Lord our God and God of our ancestors,
God of Abraham, God of Isaac, and God of Jacob;
God of Sarah, God of Rebecca, God of Rachel, and God of Leah;
Great, mighty, awesome God, supreme over all.

You are abundantly kind, O Creator of all.
Remembering the piety of our ancestors,
You lovingly bring redemption to their children's children.

Remember us for life, O Sovereign who delights in life;
Inscribe us in the book of life, for Your sake, O God of life.

You are our Sovereign who helps, redeems, and protects.
Praised are You, O Lord,
Shield of Abraham and Sustainer of Sarah.

SOURCE OF LIFE AND MASTER OF NATURE

O Lord, mighty for all eternity,
With Your saving power You grant immortal life.

You sustain the living with lovingkindness,
And with great mercy You bestow eternal life upon the dead.
You support the falling, heal the sick, and free the captives.
You keep faith with those who sleep in the dust.

Who is like You, almighty God?
Who can be compared to You, Ruler over life and death,
Source of redemption?

Who is like You, compassionate God?
Mercifully You remember Your creatures for life.

You are faithful in granting eternal life to the departed.
Praised are You, O Lord, who grants immortality to the departed.

O GOD, IN YOUR HOLINESS, ESTABLISH YOUR REIGN!

Holy are You and hallowed is Your name, and holy ones praise You daily.

Lord our God, imbue all Your creatures with reverence for You, and fill all that You have created with awe of You.

בְּלֵבָב שָׁלֵם. כְּמוֹ שֶׁיָּדַעְנוּ יְיָ אֱלֹהֵינוּ שֶׁהַשִּׁלְטוֹן לְפָנֶיךָ עֹז בְּיָדְךָ וּגְבוּרָה בִּימִינֶךָ וְשִׁמְךָ נוֹרָא עַל כָּל־מַה־שֶּׁבָּרָאתָ:

וּבְכֵן תֵּן כָּבוֹד יְיָ לְעַמֶּךָ תְּהִלָּה לִירֵאֶיךָ וְתִקְוָה לְדוֹרְשֶׁיךָ וּפִתְחוֹן פֶּה לַמְיַחֲלִים לָךְ. שִׂמְחָה לְאַרְצֶךָ וְשָׂשׂוֹן לְעִירֶךָ בִּמְהֵרָה בְיָמֵינוּ:

וּבְכֵן צַדִּיקִים יִרְאוּ וְיִשְׂמָחוּ וִישָׁרִים יַעֲלֹזוּ וַחֲסִידִים בְּרִנָּה יָגִילוּ. וְעוֹלָתָה תִּקְפָּץ־פִּיהָ וְכָל־הָרִשְׁעָה כֻּלָּהּ כְּעָשָׁן תִּכְלֶה. כִּי תַעֲבִיר מֶמְשֶׁלֶת זָדוֹן מִן הָאָרֶץ:

וְתִמְלוֹךְ אַתָּה יְיָ לְבַדֶּךָ עַל כָּל־מַעֲשֶׂיךָ בְּהַר צִיּוֹן מִשְׁכַּן כְּבוֹדֶךָ וּבִירוּשָׁלַיִם עִיר קָדְשֶׁךָ כַּכָּתוּב בְּדִבְרֵי קָדְשֶׁךָ. יִמְלֹךְ יְיָ לְעוֹלָם. אֱלֹהַיִךְ צִיּוֹן לְדֹר וָדֹר. הַלְלוּיָהּ:

קָדוֹשׁ אַתָּה וְנוֹרָא שְׁמֶךָ וְאֵין אֱלוֹהַּ מִבַּלְעָדֶיךָ כַּכָּתוּב. וַיִּגְבַּהּ יְיָ צְבָאוֹת בַּמִּשְׁפָּט וְהָאֵל הַקָּדוֹשׁ נִקְדַּשׁ בִּצְדָקָה. בָּרוּךְ אַתָּה יְיָ הַמֶּלֶךְ הַקָּדוֹשׁ:

אַתָּה בְחַרְתָּנוּ מִכָּל־הָעַמִּים. אָהַבְתָּ אוֹתָנוּ וְרָצִיתָ בָּנוּ. וְרוֹמַמְתָּנוּ מִכָּל־הַלְּשׁוֹנוֹת. וְקִדַּשְׁתָּנוּ בְּמִצְוֹתֶיךָ. וְקֵרַבְתָּנוּ מַלְכֵּנוּ לַעֲבוֹדָתֶךָ. וְשִׁמְךָ הַגָּדוֹל וְהַקָּדוֹשׁ עָלֵינוּ קָרָאתָ:

On Shabbat add the words in brackets.

וַתִּתֶּן־לָנוּ יְיָ אֱלֹהֵינוּ בְּאַהֲבָה אֶת־יוֹם [הַשַּׁבָּת הַזֶּה לִקְדֻשָּׁה וְלִמְנוּחָה וְאֶת־יוֹם] הַכִּפֻּרִים הַזֶּה לִמְחִילָה וְלִסְלִיחָה וּלְכַפָּרָה וְלִמְחָל־בּוֹ אֶת־כָּל־עֲוֹנוֹתֵינוּ [בְּאַהֲבָה] מִקְרָא קֹדֶשׁ. זֵכֶר לִיצִיאַת מִצְרָיִם:

May they all bow before You and unite in one fellowship to do Your will wholeheartedly. May they all acknowledge, as we do, that sovereignty is Yours, that Yours is the power and the majesty, and that You reign supreme over all You have created.

Grant honor, O Lord, to Your people, glory to those who revere You, hope to those who seek You, and confidence to those who trust in You. Grant joy to Your land and gladness to Your holy city, speedily in our own days.

Then the righteous will see and be glad, the upright will exult, and the pious will rejoice in song. Wickedness will be silenced, and all evil will vanish like smoke when You remove the dominion of tyranny from the earth.

Then You alone, O Lord, will rule over all Your works, from Mount Zion, the dwelling place of Your presence, from Jerusalem, Your holy city. Thus it is written in the Psalms: "The Lord shall reign forever; your God, Zion, through all generations; Hallelujah!"

You are holy, Your name is awe-inspiring, and there is no God but You. Thus the prophet wrote: "The Lord of hosts is exalted by justice, and the holy God is sanctified through righteousness." Praised are You, O Lord, the holy Sovereign.

YOU SANCTIFY ISRAEL AND THIS DAY OF ATONEMENT

You have chosen us of all peoples for Your service; and, in Your gracious love, You have exalted us by teaching us the way of holiness through Your *Mitzvot*. Thus You have linked us with Your great and holy name.

On Shabbat add the words in brackets.

In love have You given us, O Lord our God, [this Sabbath day for sanctity and rest, and] this Day of Atonement for pardon, forgiveness, and atonement for all our sins. It is for us [in love] a holy convocation, commemorating the Exodus from Egypt.

Some congregations recite:

וּמִפְּנֵי חֲטָאֵינוּ גָּלִינוּ מֵאַרְצֵנוּ וְנִתְרַחַקְנוּ מֵעַל אַדְמָתֵנוּ וְאֵין אֲנַחְנוּ יְכוֹלִים לַעֲשׂוֹת חוֹבוֹתֵינוּ בְּבֵית בְּחִירָתֶךָ בַּבַּיִת הַגָּדוֹל וְהַקָּדוֹשׁ שֶׁנִּקְרָא שִׁמְךָ עָלָיו מִפְּנֵי הַיָּד שֶׁנִּשְׁתַּלְּחָה בְּמִקְדָּשֶׁךָ:

יְהִי רָצוֹן מִלְּפָנֶיךָ יְיָ אֱלֹהֵינוּ וֵאלֹהֵי אֲבוֹתֵינוּ מֶלֶךְ רַחֲמָן שֶׁתָּשׁוּב וּתְרַחֵם עָלֵינוּ וְעַל אַרְצְךָ בְּרַחֲמֶיךָ הָרַבִּים. וְתִבְנֶהָ מְהֵרָה וּתְגַדֵּל כְּבוֹדָהּ: אָבִינוּ מַלְכֵּנוּ גַּלֵּה כְּבוֹד מַלְכוּתְךָ עָלֵינוּ מְהֵרָה. וְהוֹפַע וְהִנָּשֵׂא עָלֵינוּ לְעֵינֵי כָּל־חָי. וְקָרֵב פְּזוּרֵינוּ מִבֵּין הַגּוֹיִם. וּנְפוּצוֹתֵינוּ כַּנֵּס מִיַּרְכְּתֵי אָרֶץ: וַהֲבִיאֵנוּ לְצִיּוֹן עִירְךָ בְּרִנָּה. וְלִירוּשָׁלַיִם בֵּית מִקְדָּשְׁךָ בְּשִׂמְחַת עוֹלָם. שֶׁשָּׁם עָשׂוּ אֲבוֹתֵינוּ לְפָנֶיךָ אֶת־קָרְבְּנוֹת חוֹבוֹתֵיהֶם. תְּמִידִים כְּסִדְרָם וּמוּסָפִים כְּהִלְכָתָם:

On Shabbat add the words in brackets.

יְהִי רָצוֹן מִלְּפָנֶיךָ יְיָ אֱלֹהֵינוּ וֵאלֹהֵי אֲבוֹתֵינוּ שֶׁתְּרַחֵם עַל אַחֵינוּ בֵּית־יִשְׂרָאֵל הַנְּתוּנִים בְּצָרָה. וְתוֹצִיאֵם מֵאֲפֵלָה לְאוֹרָה. מִשִּׁעְבּוּד לִגְאֻלָּה. וּמִיָּגוֹן לְשִׂמְחָה. בִּמְהֵרָה בְיָמֵינוּ: וְקַבֵּל בְּרַחֲמִים וּבְרָצוֹן אֶת־תְּפִלַּת כָּל־עַמְּךָ בֵּית־יִשְׂרָאֵל בְּיוֹם [הַשַּׁבָּת הַזֶּה וּבְיוֹם] הַכִּפֻּרִים הַזֶּה:

On Shabbat add:

יִשְׂמְחוּ בְמַלְכוּתְךָ שׁוֹמְרֵי שַׁבָּת וְקוֹרְאֵי עֹנֶג. עַם מְקַדְּשֵׁי שְׁבִיעִי כֻּלָּם יִשְׂבְּעוּ וְיִתְעַנְּגוּ מִטּוּבֶךָ. וְהַשְּׁבִיעִי רָצִיתָ בּוֹ וְקִדַּשְׁתּוֹ. חֶמְדַּת יָמִים אוֹתוֹ קָרָאתָ. זֵכֶר לְמַעֲשֵׂה בְרֵאשִׁית:

Some congregations recite:

HOW OUR ANCESTORS EXPLAINED THEIR EXILE

Because of our sins we were exiled from our Land, and removed far from our soil. And because the ancient Temple was destroyed we cannot perform our sacred duties in the great and holy Sanctuary dedicated to Your service.

TO ZION WITH SONG AND PRAYER

Lord our God and God of our ancestors, merciful Ruler, have compassion upon us and upon Your land; rebuild and glorify it. Speedily reveal the glory of Your sovereignty: let all humanity witness that You are our Sovereign. Gather the dispersed of our people from among the nations and assemble our scattered ones from the farthest ends of the earth. Lead us to Zion, Your city, with song, and to Jerusalem, the home of Your ancient Temple, with everlasting joy. For it was there that our ancestors brought to You the prescribed offerings.

DELIVERANCE TO OUR OPPRESSED

On Shabbat add the words in brackets.

May it be Your will, Lord our God and God of our ancestors, that You be merciful to those of our people who are victimized and oppressed; lead them from darkness to light, from enslavement to redemption, from sorrow to joy, speedily in our own time. Accept in mercy and in love the worship of Your people, the house of Israel, [on this Sabbath day and] on this Day of Atonement.

SHABBAT: A heritage of holiness and joy

On Shabbat add:

They who keep the Sabbath, calling it a delight, rejoice in Your sovereignty. They who hallow the seventh day find satisfaction and pleasure in Your goodness. For You favored the seventh day and hallowed it, proclaiming it the most precious of all days, recalling the work of creation.

On Shabbat add the words in brackets.

אֱלֹהֵינוּ וֵאלֹהֵי אֲבוֹתֵינוּ מְחַל לַעֲוֹנוֹתֵינוּ בְּיוֹם [הַשַּׁבָּת הַזֶּה וּבְיוֹם] הַכִּפֻּרִים הַזֶּה מְחֵה וְהַעֲבֵר פְּשָׁעֵינוּ וְחַטֹּאתֵינוּ מִנֶּגֶד עֵינֶיךָ. כָּאָמוּר אָנֹכִי אָנֹכִי הוּא מֹחֶה פְשָׁעֶיךָ לְמַעֲנִי וְחַטֹּאתֶיךָ לֹא אֶזְכֹּר: וְנֶאֱמַר מָחִיתִי כָעָב פְּשָׁעֶיךָ וְכֶעָנָן חַטֹּאתֶיךָ שׁוּבָה אֵלַי כִּי גְאַלְתִּיךָ: וְנֶאֱמַר כִּי־בַיּוֹם הַזֶּה יְכַפֵּר עֲלֵיכֶם לְטַהֵר אֶתְכֶם מִכֹּל חַטֹּאתֵיכֶם לִפְנֵי יְיָ תִּטְהָרוּ: אֱלֹהֵינוּ וֵאלֹהֵי אֲבוֹתֵינוּ [רְצֵה בִמְנוּחָתֵנוּ] קַדְּשֵׁנוּ בְּמִצְוֹתֶיךָ וְתֵן חֶלְקֵנוּ בְּתוֹרָתֶךָ שַׂבְּעֵנוּ מִטּוּבֶךָ וְשַׂמְּחֵנוּ בִּישׁוּעָתֶךָ. [וְהַנְחִילֵנוּ יְיָ אֱלֹהֵינוּ בְּאַהֲבָה וּבְרָצוֹן שַׁבַּת קָדְשֶׁךָ וְיָנוּחוּ בָהּ יִשְׂרָאֵל מְקַדְּשֵׁי שְׁמֶךָ] וְטַהֵר לִבֵּנוּ לְעָבְדְּךָ בֶּאֱמֶת. כִּי אַתָּה סָלְחָן לְיִשְׂרָאֵל וּמָחֳלָן לְשִׁבְטֵי יְשֻׁרוּן בְּכָל־דּוֹר וָדוֹר וּמִבַּלְעָדֶיךָ אֵין לָנוּ מֶלֶךְ מוֹחֵל וְסוֹלֵחַ אֶלָּא אָתָּה. בָּרוּךְ אַתָּה יְיָ מֶלֶךְ מוֹחֵל וְסוֹלֵחַ לַעֲוֹנוֹתֵינוּ וְלַעֲוֹנוֹת עַמּוֹ בֵּית יִשְׂרָאֵל. וּמַעֲבִיר אַשְׁמוֹתֵינוּ בְּכָל־שָׁנָה וְשָׁנָה. מֶלֶךְ עַל כָּל־הָאָרֶץ מְקַדֵּשׁ [הַשַּׁבָּת וְ]יִשְׂרָאֵל וְיוֹם הַכִּפֻּרִים:

רְצֵה יְיָ אֱלֹהֵינוּ בְּעַמְּךָ יִשְׂרָאֵל. וּתְפִלָּתָם בְּאַהֲבָה תְקַבֵּל בְּרָצוֹן. וּתְהִי לְרָצוֹן תָּמִיד עֲבוֹדַת יִשְׂרָאֵל עַמֶּךָ:

וְתֶחֱזֶינָה עֵינֵינוּ בְּשׁוּבְךָ לְצִיּוֹן בְּרַחֲמִים. בָּרוּךְ אַתָּה יְיָ הַמַּחֲזִיר שְׁכִינָתוֹ לְצִיּוֹן:

On Shabbat add the words in brackets.

Our God and God of our ancestors, forgive our sins [on this Sabbath day and] on this Day of Atonement.

Blot out and remove our sins and transgressions as Isaiah promised in Your name: "I blot out your transgressions, for My own sake; and your sins I shall not recall."

You promised further: "I have blotted out your transgressions like a cloud, your sins like a mist. Return to Me for I have redeemed you."

And in the Torah it is written: "For on this day atonement shall be made for you to cleanse you; of all your sins shall you be clean before the Lord."

Our God and God of our ancestors [may our Sabbath rest be acceptable to You;] may Your *Mitzvot* lead us to holiness; and may we be among those who devote themselves to Your Torah. May we find contentment in Your blessings, and joy in Your sustaining power.

[Help us to enjoy, in love and favor, the heritage of Your holy Sabbath. May Your people Israel, who hallow Your name, find rest on this day.]

Purify our hearts to serve You in truth. For You forgive the people Israel and pardon the tribes of Jeshurun in every generation; and we acknowledge only You as Sovereign who grants us pardon and forgiveness.

Praised are You, O Lord, who forgives and pardons our sins and the sins of the house of Israel. Year after year, You absolve us of our guilt, Sovereign over all the earth, who hallows [the Sabbath,] Israel, and this Day of Atonement.

ACCEPT OUR PRAYER AND BLESS ZION

Be gracious to Your people Israel, O Lord our God, and lovingly accept their prayers. May our worship ever be acceptable to You.

May our eyes behold Your merciful return to Zion. Praise to You, O Lord, who restores the Divine Presence to Zion.

מוֹדִים אֲנַחְנוּ לָךְ שָׁאַתָּה הוּא יְיָ אֱלֹהֵינוּ וֵאלֹהֵי אֲבוֹתֵינוּ לְעוֹלָם וָעֶד. צוּר חַיֵּינוּ מָגֵן יִשְׁעֵנוּ אַתָּה הוּא לְדוֹר וָדוֹר. נוֹדֶה לְךָ וּנְסַפֵּר תְּהִלָּתֶךָ עַל חַיֵּינוּ הַמְּסוּרִים בְּיָדֶךָ וְעַל נִשְׁמוֹתֵינוּ הַפְּקוּדוֹת לָךְ וְעַל נִסֶּיךָ שֶׁבְּכָל־יוֹם עִמָּנוּ וְעַל נִפְלְאוֹתֶיךָ וְטוֹבוֹתֶיךָ שֶׁבְּכָל־עֵת עֶרֶב וָבֹקֶר וְצָהֳרָיִם. הַטּוֹב כִּי לֹא־כָלוּ רַחֲמֶיךָ. וְהַמְרַחֵם כִּי לֹא־תַמּוּ חֲסָדֶיךָ. מֵעוֹלָם קִוִּינוּ לָךְ:

וְעַל־כֻּלָּם יִתְבָּרַךְ וְיִתְרוֹמַם שִׁמְךָ מַלְכֵּנוּ תָּמִיד לְעוֹלָם וָעֶד:

וּכְתוֹב לְחַיִּים טוֹבִים כָּל־בְּנֵי בְרִיתֶךָ:

וְכֹל הַחַיִּים יוֹדוּךָ סֶּלָה וִיהַלְלוּ אֶת שִׁמְךָ בֶּאֱמֶת הָאֵל יְשׁוּעָתֵנוּ וְעֶזְרָתֵנוּ סֶלָה. בָּרוּךְ אַתָּה יְיָ הַטּוֹב שִׁמְךָ וּלְךָ נָאֶה לְהוֹדוֹת:

שִׂים שָׁלוֹם טוֹבָה וּבְרָכָה בָּעוֹלָם חֵן וָחֶסֶד וְרַחֲמִים עָלֵינוּ וְעַל כָּל־יִשְׂרָאֵל עַמֶּךָ. בָּרְכֵנוּ אָבִינוּ כֻּלָּנוּ כְּאֶחָד בְּאוֹר פָּנֶיךָ. כִּי בְאוֹר פָּנֶיךָ נָתַתָּ לָּנוּ יְיָ אֱלֹהֵינוּ תּוֹרַת חַיִּים וְאַהֲבַת חֶסֶד וּצְדָקָה וּבְרָכָה וְרַחֲמִים וְחַיִּים וְשָׁלוֹם. וְטוֹב בְּעֵינֶיךָ לְבָרֵךְ אֶת־עַמְּךָ יִשְׂרָאֵל בְּכָל־עֵת וּבְכָל־שָׁעָה בִּשְׁלוֹמֶךָ:

בְּסֵפֶר חַיִּים בְּרָכָה וְשָׁלוֹם וּפַרְנָסָה טוֹבָה. נִזָּכֵר וְנִכָּתֵב לְפָנֶיךָ. אֲנַחְנוּ וְכָל־עַמְּךָ בֵּית יִשְׂרָאֵל. לְחַיִּים טוֹבִים וּלְשָׁלוֹם. בָּרוּךְ אַתָּה יְיָ עוֹשֵׂה הַשָּׁלוֹם:

THANKSGIVING FOR DAILY MIRACLES

We thankfully acknowledge You, our God and God of our ancestors, Lord of eternity. You are the source of our strength, even as You have been Israel's protecting shield in every generation.

We thank You and proclaim Your praise for our lives which are in Your hand, for our souls which are in Your care, for Your miracles which are daily with us, and for Your wondrous kindness at all times—morning, noon, and night. Source of all goodness, Your mercies never fail. Source of compassion, Your kindnesses never cease. You are our abiding hope.

For all Your blessings we shall praise and exalt You, O our Sovereign, forever.

Inscribe all the children of Your covenant for a good life.

May all living creatures always thank You and praise You in truth. O God, You are our deliverance and our help. Praised are You, beneficent Lord, to whom all praise is due.

SIM SHALOM: Prayer for peace

Grant peace, goodness, and blessing to the world; graciousness, kindness, and mercy to us and to all Your people Israel.

Bless us all, O our Creator, with the divine light of Your presence.

For by that divine light You have revealed to us Your life-giving Torah, and taught us lovingkindness, righteousness, mercy, and peace.

May it please You to bless Your people Israel, in every season and at every hour, with Your peace.

In the book of life and blessing, peace and prosperity, may we and all Your people, the house of Israel, be inscribed for a good and peaceful life.

Praised are You, O Lord, Source of peace.

אֱלֹהֵינוּ וֵאלֹהֵי אֲבוֹתֵינוּ. תָּבֹא לְפָנֶיךָ תְּפִלָּתֵנוּ וְאַל תִּתְעַלַּם מִתְּחִנָּתֵנוּ. שֶׁאֵין אֲנַחְנוּ עַזֵּי פָנִים וּקְשֵׁי עֹרֶף לוֹמַר לְפָנֶיךָ יְיָ אֱלֹהֵינוּ וֵאלֹהֵי אֲבוֹתֵינוּ צַדִּיקִים אֲנַחְנוּ וְלֹא חָטָאנוּ אֲבָל אֲנַחְנוּ חָטָאנוּ:

אָשַׁמְנוּ. **בָּ**גַדְנוּ. **גָּ**זַלְנוּ. **דִּ**בַּרְנוּ דֹפִי.
הֶעֱוִינוּ. **וְ**הִרְשַׁעְנוּ. **זַ**דְנוּ. **חָ**מַסְנוּ. **טָ**פַלְנוּ שֶׁקֶר.
יָעַצְנוּ רָע. **כִּ**זַּבְנוּ. **לַ**צְנוּ. **מָ**רַדְנוּ. **נִ**אַצְנוּ.
סָרַרְנוּ. **עָ**וִינוּ. **פָּ**שַׁעְנוּ. **צָ**רַרְנוּ. **קִ**שִּׁינוּ עֹרֶף.
רָשַׁעְנוּ. **שִׁ**חַתְנוּ. **תִּ**עַבְנוּ. **תָּ**עִינוּ. **תִּ**עְתָּעְנוּ:

סַרְנוּ מִמִּצְוֹתֶיךָ וּמִמִּשְׁפָּטֶיךָ הַטּוֹבִים וְלֹא שָׁוָה לָנוּ: וְאַתָּה צַדִּיק עַל כָּל־הַבָּא עָלֵינוּ. כִּי אֱמֶת עָשִׂיתָ וַאֲנַחְנוּ הִרְשָׁעְנוּ:

מַה־נֹּאמַר לְפָנֶיךָ יוֹשֵׁב מָרוֹם וּמַה־נְּסַפֵּר לְפָנֶיךָ שׁוֹכֵן שְׁחָקִים. הֲלֹא כָּל־הַנִּסְתָּרוֹת וְהַנִּגְלוֹת אַתָּה יוֹדֵעַ:

אַתָּה יוֹדֵעַ רָזֵי עוֹלָם. וְתַעֲלוּמוֹת סִתְרֵי כָל־חָי: אַתָּה חוֹפֵשׂ כָּל־חַדְרֵי בָטֶן וּבוֹחֵן כְּלָיוֹת וָלֵב: אֵין דָּבָר נֶעְלָם מִמֶּךָּ. וְאֵין נִסְתָּר מִנֶּגֶד עֵינֶיךָ:

וּבְכֵן יְהִי רָצוֹן מִלְּפָנֶיךָ יְיָ אֱלֹהֵינוּ וֵאלֹהֵי אֲבוֹתֵינוּ. שֶׁתִּסְלַח־לָנוּ עַל כָּל־חַטֹּאתֵינוּ. וְתִמְחַל־לָנוּ עַל כָּל־עֲוֹנוֹתֵינוּ. וּתְכַפֶּר־לָנוּ עַל כָּל־פְּשָׁעֵינוּ:

THE CONFESSIONAL

Our God and God of our ancestors, may our prayers come before You and may You not ignore our pleas. We are neither so arrogant nor so stubborn as to declare that we are righteous and have not sinned; for, indeed, we have sinned.

ASHAMNU: We have trespassed

We have trespassed; we have dealt treacherously;
we have robbed; we have spoken slander;
we have acted perversely; we have done wrong;
we have acted presumptuously; we have done violence;
we have practiced deceit; we have counseled evil;
we have spoken falsehood; we have scoffed;
we have revolted; we have blasphemed;
we have rebelled; we have committed iniquity;
we have transgressed; we have oppressed;
we have been stiff-necked; we have acted wickedly;
we have dealt corruptly; we have committed abomination;
we have gone astray; we have led others astray.

We have turned away from Your *Mitzvot* and Your goodly laws, and we are poorer for our disobedience. You are just in all that has come upon us. You have been faithful; yet, we have done evil.

What can we say to You, exalted God? What can we tell You, Lord of the universe? For You know everything, the hidden and the open.

You know the mysteries of the universe as well as the secrets of every mortal. You search the deepest recesses of the human soul, and probe all our thoughts and motives. Nothing escapes You, nothing is concealed from You.

Therefore, may it be Your will, Lord our God and God of our ancestors, to forgive all our sins, to pardon all our iniquities, and to grant us atonement for all our transgressions.

עַל חֵטְא שֶׁחָטָאנוּ לְפָנֶיךָ בְּאֹנֶס וּבְרָצוֹן.
וְעַל חֵטְא שֶׁחָטָאנוּ לְפָנֶיךָ בְּאִמּוּץ הַלֵּב:
עַל חֵטְא שֶׁחָטָאנוּ לְפָנֶיךָ בִּבְלִי דָעַת.
וְעַל חֵטְא שֶׁחָטָאנוּ לְפָנֶיךָ בְּבִטּוּי שְׂפָתָיִם:
עַל חֵטְא שֶׁחָטָאנוּ לְפָנֶיךָ בְּגִלּוּי עֲרָיוֹת.
וְעַל חֵטְא שֶׁחָטָאנוּ לְפָנֶיךָ בַּגָּלוּי וּבַסָּתֶר:
עַל חֵטְא שֶׁחָטָאנוּ לְפָנֶיךָ בְּדַעַת וּבְמִרְמָה.
וְעַל חֵטְא שֶׁחָטָאנוּ לְפָנֶיךָ בְּדִבּוּר פֶּה:
עַל חֵטְא שֶׁחָטָאנוּ לְפָנֶיךָ בְּהוֹנָאַת רֵעַ.
וְעַל חֵטְא שֶׁחָטָאנוּ לְפָנֶיךָ בְּהַרְהוֹר הַלֵּב:
עַל חֵטְא שֶׁחָטָאנוּ לְפָנֶיךָ בִּוְעִידַת זְנוּת.
וְעַל חֵטְא שֶׁחָטָאנוּ לְפָנֶיךָ בְּוִדּוּי פֶּה:
עַל חֵטְא שֶׁחָטָאנוּ לְפָנֶיךָ בְּזִלְזוּל הוֹרִים וּמוֹרִים.
וְעַל חֵטְא שֶׁחָטָאנוּ לְפָנֶיךָ בְּזָדוֹן וּבִשְׁגָגָה:
עַל חֵטְא שֶׁחָטָאנוּ לְפָנֶיךָ בְּחֹזֶק יָד.
וְעַל חֵטְא שֶׁחָטָאנוּ לְפָנֶיךָ בְּחִלּוּל הַשֵּׁם:
עַל חֵטְא שֶׁחָטָאנוּ לְפָנֶיךָ בְּטֻמְאַת שְׂפָתָיִם.
וְעַל חֵטְא שֶׁחָטָאנוּ לְפָנֶיךָ בְּטִפְשׁוּת פֶּה:
עַל חֵטְא שֶׁחָטָאנוּ לְפָנֶיךָ בְּיֵצֶר הָרָע.
וְעַל חֵטְא שֶׁחָטָאנוּ לְפָנֶיךָ בְּיוֹדְעִים וּבְלֹא יוֹדְעִים:

וְעַל כֻּלָּם אֱלוֹהַּ סְלִיחוֹת סְלַח־לָנוּ. מְחַל־לָנוּ. כַּפֶּר־לָנוּ:

AL ḤET: The multitude of our sins

We have sinned against you willingly and unwillingly;
And we have sinned against You by hardening our hearts.

We have sinned against You by acting without thinking;
And we have sinned against You by speaking perversely.

We have sinned against You through sexual immorality;
And we have sinned against You publicly and privately.

We have sinned against You knowingly and deceitfully;
And we have sinned against You by corrupt speech.

We have sinned against You by wronging others;
And we have sinned against You by evil thoughts.

We have sinned against You by licentiousness;
And we have sinned against You by insincere confession.

We have sinned against You by disrespecting parents and teachers;
And we have sinned against You intentionally and unintentionally.

We have sinned against You by violence;
And we have sinned against You by desecrating Your name.

We have sinned against You by foul speech;
And we have sinned against You by foolish talk.

We have sinned against You through the inclination to evil;
And we have sinned against You knowingly and unknowingly.

For all these sins, O God of forgiveness,
forgive us, pardon us, grant us atonement.

עַל חֵטְא שֶׁחָטָֽאנוּ לְפָנֶֽיךָ בְּכַֽחַשׁ וּבְכָזָב.
וְעַל חֵטְא שֶׁחָטָֽאנוּ לְפָנֶֽיךָ בְּכַפַּת שֹֽׁחַד:
עַל חֵטְא שֶׁחָטָֽאנוּ לְפָנֶֽיךָ בְּלָצוֹן.
וְעַל חֵטְא שֶׁחָטָֽאנוּ לְפָנֶֽיךָ בִּלְשׁוֹן הָרָע:
עַל חֵטְא שֶׁחָטָֽאנוּ לְפָנֶֽיךָ בְּמַשָּׂא וּבְמַתָּן.
וְעַל חֵטְא שֶׁחָטָֽאנוּ לְפָנֶֽיךָ בְּמַאֲכָל וּבְמִשְׁתֶּה:
עַל חֵטְא שֶׁחָטָֽאנוּ לְפָנֶֽיךָ בְּנֶֽשֶׁךְ וּבְמַרְבִּית.
וְעַל חֵטְא שֶׁחָטָֽאנוּ לְפָנֶֽיךָ בִּנְטִיַּת גָּרוֹן:
עַל חֵטְא שֶׁחָטָֽאנוּ לְפָנֶֽיךָ בְּשִֽׂיחַ שִׂפְתוֹתֵֽינוּ.
וְעַל חֵטְא שֶׁחָטָֽאנוּ לְפָנֶֽיךָ בְּשִׂקּוּר עָֽיִן:
עַל חֵטְא שֶׁחָטָֽאנוּ לְפָנֶֽיךָ בְּעֵינַֽיִם רָמוֹת.
וְעַל חֵטְא שֶׁחָטָֽאנוּ לְפָנֶֽיךָ בְּעַזּוּת מֶֽצַח:

וְעַל כֻּלָּם אֱלֽוֹהַּ סְלִיחוֹת סְלַח־לָֽנוּ. מְחַל־לָֽנוּ. כַּפֶּר־לָֽנוּ:

עַל חֵטְא שֶׁחָטָֽאנוּ לְפָנֶֽיךָ בִּפְרִֽיקַת עֹל.
וְעַל חֵטְא שֶׁחָטָֽאנוּ לְפָנֶֽיךָ בִּפְלִילוּת:
עַל חֵטְא שֶׁחָטָֽאנוּ לְפָנֶֽיךָ בִּצְדִיַּת רֵֽעַ.
וְעַל חֵטְא שֶׁחָטָֽאנוּ לְפָנֶֽיךָ בְּצָרוּת עָֽיִן:
עַל חֵטְא שֶׁחָטָֽאנוּ לְפָנֶֽיךָ בְּקַלּוּת רֹאשׁ.
וְעַל חֵטְא שֶׁחָטָֽאנוּ לְפָנֶֽיךָ בְּקַשְׁיוּת עֹֽרֶף:
עַל חֵטְא שֶׁחָטָֽאנוּ לְפָנֶֽיךָ בְּרִֽיצַת רַגְלַֽיִם לְהָרַע.
וְעַל חֵטְא שֶׁחָטָֽאנוּ לְפָנֶֽיךָ בִּרְכִילוּת:

We have sinned against You by fraud and falsehood;
And we have sinned against You by bribery.

We have sinned against You by mocking;
And we have sinned against You by slander.

We have sinned against You in our business affairs;
And we have sinned against You in eating and drinking.

We have sinned against You by usury and extortion;
And we have sinned against You by false pride.

We have sinned against You by idle gossip;
And we have sinned against You by wanton glances.

We have sinned against You by haughtiness;
And we have sinned against You by effrontery.

*For all these sins, O God of forgiveness,
forgive us, pardon us, grant us atonement.*

We have sinned against You by rejecting Your commandments;
And we have sinned against You by perverting justice.

We have sinned against You by betraying others;
And we have sinned against You by envy.

We have sinned against You by being irreverent;
And we have sinned against You by being stubborn.

We have sinned against You by running to do evil;
And we have sinned against You by talebearing.

We have sinned against You by swearing falsely;
And we have sinned against You by causeless hatred.

We have sinned against You by breach of trust;
And we have sinned against You by confusion of values.

*For all these sins, O God of forgiveness,
forgive us, pardon us, grant us atonement.*

עַל חֵטְא שֶׁחָטָאנוּ לְפָנֶיךָ בִּשְׁבוּעַת שָׁוְא.
וְעַל חֵטְא שֶׁחָטָאנוּ לְפָנֶיךָ בְּשִׂנְאַת חִנָּם:
עַל חֵטְא שֶׁחָטָאנוּ לְפָנֶיךָ בִּתְשׂוּמֶת־יָד.
וְעַל חֵטְא שֶׁחָטָאנוּ לְפָנֶיךָ בְּתִמְהוֹן לֵבָב:

וְעַל כֻּלָּם אֱלוֹהַּ סְלִיחוֹת סְלַח־לָנוּ. מְחַל־לָנוּ. כַּפֶּר־לָנוּ:

וְעַל מִצְוַת עֲשֵׂה וְעַל מִצְוַת לֹא תַעֲשֶׂה. בֵּין שֶׁיֵּשׁ בָּהּ קוּם עֲשֵׂה וּבֵין שֶׁאֵין בָּהּ קוּם עֲשֵׂה. אֶת־הַגְּלוּיִם לָנוּ וְאֶת־שֶׁאֵינָם גְּלוּיִם לָנוּ: אֶת־הַגְּלוּיִם לָנוּ כְּבָר אֲמַרְנוּם לְפָנֶיךָ וְהוֹדִינוּ לְךָ עֲלֵיהֶם. וְאֶת־שֶׁאֵינָם גְּלוּיִם לָנוּ לְפָנֶיךָ הֵם גְּלוּיִם וִידוּעִים. כַּדָּבָר שֶׁנֶּאֱמַר. הַנִּסְתָּרֹת לַייָ אֱלֹהֵינוּ. וְהַנִּגְלֹת לָנוּ וּלְבָנֵינוּ עַד־עוֹלָם. לַעֲשׂוֹת אֶת־כָּל־דִּבְרֵי הַתּוֹרָה הַזֹּאת:

כִּי אַתָּה סָלְחָן לְיִשְׂרָאֵל וּמָחֳלָן לְשִׁבְטֵי יְשֻׁרוּן בְּכָל־דּוֹר וָדוֹר וּמִבַּלְעָדֶיךָ אֵין לָנוּ מֶלֶךְ מוֹחֵל וְסוֹלֵחַ אֶלָּא אָתָּה:

אֱלֹהַי. נְצוֹר לְשׁוֹנִי מֵרָע וּשְׂפָתַי מִדַּבֵּר מִרְמָה. וְלִמְקַלְלַי נַפְשִׁי תִדּוֹם וְנַפְשִׁי כֶּעָפָר לַכֹּל תִּהְיֶה: פְּתַח לִבִּי בְּתוֹרָתֶךָ וּבְמִצְוֹתֶיךָ תִּרְדּוֹף נַפְשִׁי. וְכֹל הַחוֹשְׁבִים עָלַי רָעָה. מְהֵרָה הָפֵר עֲצָתָם וְקַלְקֵל מַחֲשַׁבְתָּם: עֲשֵׂה לְמַעַן שְׁמֶךָ עֲשֵׂה לְמַעַן יְמִינֶךָ עֲשֵׂה לְמַעַן קְדֻשָּׁתֶךָ עֲשֵׂה לְמַעַן תּוֹרָתֶךָ: לְמַעַן יֵחָלְצוּן יְדִידֶיךָ הוֹשִׁיעָה יְמִינְךָ וַעֲנֵנִי: יִהְיוּ לְרָצוֹן אִמְרֵי־פִי וְהֶגְיוֹן לִבִּי לְפָנֶיךָ. יְיָ צוּרִי וְגֹאֲלִי: עֹשֶׂה שָׁלוֹם בִּמְרוֹמָיו הוּא יַעֲשֶׂה שָׁלוֹם עָלֵינוּ וְעַל כָּל־יִשְׂרָאֵל. וְאִמְרוּ אָמֵן:

Forgive us for the breach of positive commandments and negative commandments, whether done actively or passively, whether known to us or unknown to us. The sins known to us we have already confessed; and those unknown to us are certainly known to You, as it is written in the Torah:

"The secret things belong to the Lord our God; but the things that are known belong to us and to our children forever, that we may fulfill all the words of this Torah."

For You forgive the people Israel and pardon the tribes of Jeshurun in every generation; and we acknowledge only You as our Sovereign, who grants us pardon and forgiveness.

GUARD MY TONGUE FROM EVIL

O Lord, guard my tongue from evil and my lips from speaking falsehood. Help me to ignore those who slander me, and to be humble and forgiving to all. Open my heart to Your Torah, that I may know Your teachings and eagerly do Your will. Frustrate the plans of those who wish me ill, that I may praise Your power, Your holiness, and Your law. Save Your loved ones, O Lord; answer us with Your redeeming power. "May the words of my mouth and the meditation of my heart find favor before You, my Rock and my Redeemer." O Maker of harmony in the universe, grant peace to us, to Israel, and to all people everywhere. Amen. *Adapted from the Hebrew*

What God asks

Above all forms of praise, / Is this God to whom I pray;
Beyond my feeble words / That this mouth is wont to say.
Yet this speck of dust / Dares address itself to Him;
To pour forth its supplication, / Ere these eyes grow dim.

How, indeed, can I stand / Before One who is Truth and Just?
And in the nakedness of my sins / Rise above the dust?
Above all praise, indeed, is God, / Beyond my feeble grasp;
But as I stand, and pray and reach, / This is what God asks.

Samuel Adelman

הִנְנִי הֶעָנִי מִמַּעַשׂ. נִרְעָשׁ וְנִפְחָד מִפַּחַד יוֹשֵׁב תְּהִלּוֹת יִשְׂרָאֵל: בָּאתִי לַעֲמֹד וּלְהִתְחַנֵּן לְפָנֶיךָ עַל עַמְּךָ יִשְׂרָאֵל אֲשֶׁר שְׁלָחוּנִי. אַף עַל פִּי שֶׁאֵינִי כְדַי וְהָגוּן לְכָךְ: לָכֵן אֲבַקֵּשׁ מִמְּךָ אֱלֹהֵי אַבְרָהָם אֱלֹהֵי יִצְחָק וֵאלֹהֵי יַעֲקֹב. אֱלֹהֵי שָׂרָה אֱלֹהֵי רִבְקָה אֱלֹהֵי רָחֵל וֵאלֹהֵי לֵאָה.
יְיָ יְיָ אֵל רַחוּם וְחַנּוּן אֱלֹהֵי יִשְׂרָאֵל. שַׁדַּי אָיוֹם וְנוֹרָא.
הֱיֵה־נָא מַצְלִיחַ דַּרְכִּי אֲשֶׁר אֲנִי הוֹלֵךְ
לַעֲמֹד וּלְבַקֵּשׁ רַחֲמִים עָלַי וְעַל שׁוֹלְחָי:

נָא אַל תַּפְשִׁיעֵם בְּחַטֹּאתַי וְאַל תְּחַיְּבֵם בַּעֲוֹנוֹתַי כִּי חוֹטֵא וּפוֹשֵׁעַ אָנִי. וְאַל יִכָּלְמוּ בִּפְשָׁעַי וְאַל יֵבוֹשׁוּ הֵם בִּי וְאַל אֵבוֹשׁ אֲנִי בָּהֶם. קַבֵּל תְּפִלָּתִי כִּתְפִלַּת זָקֵן וְרָגִיל וּפִרְקוֹ נָאֶה וּזְקָנוֹ מְגֻדָּל וְקוֹלוֹ נָעִים וּמְעֹרָב בְּדַעַת עִם הַבְּרִיּוֹת. וִיהִי נָא דִלּוּגֵנוּ עָלֶיךָ אַהֲבָה. וְעַל כָּל־פְּשָׁעִים תְּכַסֶּה בְּאַהֲבָה. כָּל־צָרוֹת וְרָעוֹת הֲפָךְ־נָא לָנוּ וּלְכָל־יִשְׂרָאֵל לְשָׂשׂוֹן וּלְשִׂמְחָה. לְחַיִּים וּלְשָׁלוֹם. הָאֱמֶת וְהַשָּׁלוֹם אֱהָבוּ וְלֹא יְהִי שׁוּם מִכְשׁוֹל בִּתְפִלָּתִי:

וִיהִי רָצוֹן מִלְּפָנֶיךָ יְיָ אֱלֹהֵי אַבְרָהָם יִצְחָק וְיַעֲקֹב. הָאֵל הַגָּדוֹל הַגִּבּוֹר וְהַנּוֹרָא אֵל עֶלְיוֹן. אֶהְיֶה אֲשֶׁר אֶהְיֶה. שֶׁתָּבֹא תְפִלָּתִי לִפְנֵי כִּסֵּא כְבוֹדֶךָ בַּעֲבוּר כָּל־הַצַּדִּיקִים וְהַחֲסִידִים. הַתְּמִימִים וְהַיְשָׁרִים. וּבַעֲבוּר כְּבוֹד שִׁמְךָ הַגָּדוֹל וְהַנּוֹרָא:

כִּי אַתָּה שׁוֹמֵעַ תְּפִלַּת עַמְּךָ יִשְׂרָאֵל בְּרַחֲמִים.
בָּרוּךְ אַתָּה שׁוֹמֵעַ תְּפִלָּה:

Continue with the congregational Amidah, page 610, or with the silent Amidah, preceded by Ḥatzi Kaddish on page 596.

HINENI: The Ḥazzan's prayer

Here I stand, deficient in good deeds,
Overcome by awe and trembling,
In the presence of One who abides
Amid the praises of Israel.

I have come to plead with You
On behalf of Your people Israel who have sent me,
Though I am unworthy for this sacred task.

God of Abraham, God of Isaac, and God of Jacob,
God of Sarah, God of Rebeccah, God of Rachel, and God of Leah,
Gracious and merciful God, God of Israel,
Awesome and majestic God,
I beseech You to help me
As I seek mercy for myself
And for those who have sent me.

Do not charge them with my sins;
May they not be blamed for my transgressions;
For I have sinned and I have transgressed.
May they not be shamed by my actions,
And may their actions bring me no shame.

Accept my prayer as though I were
Supremely qualified for this task,
Imposing in appearance, pleasant of voice,
And acceptable to all.

Help me to overcome every obstacle;
Cover all our faults with Your veil of love.

Turn our afflictions to joy, life, and peace;
May truth and peace be precious to us;
And may I offer my prayer without faltering.

O Lord, God of Abraham, of Isaac, and of Jacob,
Great, mighty, revered, and exalted God,
"I will be what I will be,"
May my prayer reach Your throne,
For the sake of all the upright and the pious,
The innocent and the saintly,
And for the sake of Your glorious and revered name.

For You mercifully hear the prayers of Your people Israel;
Praised are You who hears prayer.

בָּרוּךְ אַתָּה יְיָ אֱלֹהֵינוּ וֵאלֹהֵי אֲבוֹתֵינוּ. אֱלֹהֵי אַבְרָהָם אֱלֹהֵי יִצְחָק וֵאלֹהֵי יַעֲקֹב. הָאֵל הַגָּדוֹל הַגִּבּוֹר וְהַנּוֹרָא אֵל עֶלְיוֹן. גּוֹמֵל חֲסָדִים טוֹבִים וְקֹנֵה הַכֹּל. וְזוֹכֵר חַסְדֵי אָבוֹת וּמֵבִיא גוֹאֵל לִבְנֵי בְנֵיהֶם לְמַעַן שְׁמוֹ בְּאַהֲבָה:

מִסּוֹד חֲכָמִים וּנְבוֹנִים. וּמִלֶּמֶד דַּעַת מְבִינִים. אֶפְתְּחָה פִּי בִּתְפִלָּה וּבְתַחֲנוּנִים. לְחַלּוֹת וּלְחַנֵּן פְּנֵי מֶלֶךְ מָלֵא רַחֲמִים מוֹחֵל וְסוֹלֵחַ לַעֲוֹנִים:

זָכְרֵנוּ לְחַיִּים מֶלֶךְ חָפֵץ בַּחַיִּים.
וְכָתְבֵנוּ בְּסֵפֶר הַחַיִּים.
לְמַעַנְךָ אֱלֹהִים חַיִּים:

מֶלֶךְ עוֹזֵר וּמוֹשִׁיעַ וּמָגֵן. בָּרוּךְ אַתָּה יְיָ מָגֵן אַבְרָהָם:

אַתָּה גִּבּוֹר לְעוֹלָם אֲדֹנָי מְחַיֵּה מֵתִים אַתָּה רַב לְהוֹשִׁיעַ: מְכַלְכֵּל חַיִּים בְּחֶסֶד מְחַיֵּה מֵתִים בְּרַחֲמִים רַבִּים. סוֹמֵךְ נוֹפְלִים וְרוֹפֵא חוֹלִים וּמַתִּיר אֲסוּרִים וּמְקַיֵּם אֱמוּנָתוֹ לִישֵׁנֵי עָפָר. מִי כָמוֹךָ בַּעַל גְּבוּרוֹת וּמִי דּוֹמֶה לָּךְ מֶלֶךְ מֵמִית וּמְחַיֶּה וּמַצְמִיחַ יְשׁוּעָה:

מִי כָמוֹךָ אַב הָרַחֲמִים.
זוֹכֵר יְצוּרָיו לְחַיִּים בְּרַחֲמִים:

וְנֶאֱמָן אַתָּה לְהַחֲיוֹת מֵתִים. בָּרוּךְ אַתָּה יְיָ מְחַיֵּה הַמֵּתִים:

Zoḥreynu l'ḥa-yim meleḥ ḥafeytz ba-ḥa-yim,
V'ḥot-veynu b'seyfer ha-ḥa-yim, l'ma-anḥa Elohim ḥa-yim.

The Amidah

GOD OF ALL GENERATIONS*

Praised are You, O Lord our God and God of our ancestors,
God of Abraham, God of Isaac, and God of Jacob;
God of Sarah, God of Rebecca, God of Rachel, and God of Leah;
Great, mighty, awesome God, supreme over all.

You are abundantly kind, O Creator of all.
Remembering the piety of our ancestors,
You lovingly bring redemption to their children's children.

With the inspired words of the wise and the discerning,
I open my mouth in prayer and supplication,
To implore mercy from the supreme Ruler,
Who abounds in compassion,
Who forgives and pardons transgressions.

Remember us for life, O Sovereign who delights in life;
Inscribe us in the book of life, for Your sake, O God of life.

You are our Sovereign who helps, redeems, and protects.
Praised are You, O Lord,
Shield of Abraham and Sustainer of Sarah.

SOURCE OF LIFE AND MASTER OF NATURE

O Lord, mighty for all eternity,
With Your saving power You grant immortal life.

You sustain the living with lovingkindness,
And with great mercy You bestow eternal life upon the dead.
You support the falling, heal the sick, and free the captives.
You keep faith with those who sleep in the dust.

Who is like You, almighty God?
Who can be compared to You, Ruler over life and death,
Source of redemption?

Who is like You, compassionate God?
Mercifully You remember Your creatures for life.

You are faithful in granting eternal life to the departed.
Praised are You, O Lord, who grants immortality to the departed.

* *This English version of the Avot Blessing reflects the egalitarian rendering which appears in the "Interpretive Amidah Blessings" (p. 891).*

וּבְכֵן וּלְךָ תַעֲלֶה קְדֻשָּׁה כִּי אַתָּה אֱלֹהֵינוּ מֶלֶךְ מוֹחֵל וְסוֹלֵחַ:

וּנְתַנֶּה תֹּקֶף קְדֻשַּׁת הַיּוֹם. כִּי הוּא נוֹרָא וְאָיוֹם. וּבוֹ תִנָּשֵׂא מַלְכוּתֶךָ. וְיִכּוֹן בְּחֶסֶד כִּסְאֶךָ. וְתֵשֵׁב עָלָיו בֶּאֱמֶת: אֱמֶת כִּי אַתָּה הוּא דַיָּן וּמוֹכִיחַ וְיוֹדֵעַ וָעֵד. וְכוֹתֵב וְחוֹתֵם וְסוֹפֵר וּמוֹנֶה. וְתִזְכּוֹר כָּל־הַנִּשְׁכָּחוֹת. וְתִפְתַּח אֶת־סֵפֶר הַזִּכְרוֹנוֹת. וּמֵאֵלָיו יִקָּרֵא. וְחוֹתָם יַד כָּל־אָדָם בּוֹ:

וּבְשׁוֹפָר גָּדוֹל יִתָּקַע. וְקוֹל דְּמָמָה דַקָּה יִשָּׁמַע. וּמַלְאָכִים יֵחָפֵזוּן. וְחִיל וּרְעָדָה יֹאחֵזוּן. וְיֹאמְרוּ הִנֵּה יוֹם הַדִּין. לִפְקוֹד עַל־צְבָא מָרוֹם בַּדִּין. כִּי לֹא־יִזְכּוּ בְעֵינֶיךָ בַּדִּין. וְכָל־בָּאֵי עוֹלָם יַעַבְרוּן לְפָנֶיךָ כִּבְנֵי מָרוֹן: כְּבַקָּרַת רוֹעֶה עֶדְרוֹ. מַעֲבִיר צֹאנוֹ תַּחַת שִׁבְטוֹ. כֵּן תַּעֲבִיר וְתִסְפּוֹר וְתִמְנֶה. וְתִפְקוֹד נֶפֶשׁ כָּל־חָי. וְתַחְתּוֹךְ קִצְבָה לְכָל־בְּרִיָּה. וְתִכְתּוֹב אֶת־גְּזַר דִּינָם:

UNETANEH TOKEF

The Day of Judgment as envisioned by our ancestors

We proclaim the great sanctity of this day, a day filled with awe and trembling. On this day, O Lord, we sense Your dominion, as we envision You on the throne of judgment, judging us in truth, but with compassion. You, indeed, judge and admonish, discerning our motives, and witnessing our actions. You record and seal, count and measure; You remember even what we have forgotten.

You open the Book of Remembrance, and the record speaks for itself, for each of us has signed it with deeds.

The great Shofar is sounded; a still small voice is heard. Even the angels are dismayed; in fear and trembling they cry out: "The Day of Judgment has arrived!" For even the heavenly hosts feel they are judged, and sense that they are not without fault.

On this day we all pass before You, one by one, like a flock of sheep. As a shepherd counts his sheep, making each of them pass under his staff, so You review every living being, measuring the years and decreeing the destiny of every creature.

B'rosh ha-shanah yika-teyvun,
Uv-yom tzom kippur yey-ḥateymun.

בְּרֹאשׁ הַשָּׁנָה יִכָּתֵבוּן. וּבְיוֹם צוֹם כִּפּוּר יֵחָתֵמוּן. כַּמָּה יַעַבְרוּן. וְכַמָּה יִבָּרֵאוּן. מִי יִחְיֶה. וּמִי יָמוּת. מִי בְקִצּוֹ. וּמִי לֹא בְקִצּוֹ. מִי בָאֵשׁ. וּמִי בַמַּיִם. מִי בַחֶרֶב. וּמִי בַחַיָּה. מִי בָרָעָב. וּמִי בַצָּמָא. מִי בָרַעַשׁ. וּמִי בַמַּגֵּפָה. מִי בַחֲנִיקָה. וּמִי בַסְּקִילָה. מִי יָנוּחַ. וּמִי יָנוּעַ. מִי יִשָּׁקֵט. וּמִי יִטָּרֵף. מִי יִשָּׁלֵו. וּמִי יִתְיַסָּר. מִי יֵעָנִי. וּמִי יֵעָשֵׁר. מִי יִשָּׁפֵל. וּמִי יָרוּם:

וּתְשׁוּבָה וּתְפִלָּה וּצְדָקָה
מַעֲבִירִין אֶת־רֹעַ הַגְּזֵרָה:

כִּי כְּשִׁמְךָ כֵּן תְּהִלָּתֶךָ. קָשֶׁה לִכְעוֹס וְנוֹחַ לִרְצוֹת. כִּי לֹא תַחְפֹּץ בְּמוֹת הַמֵּת. כִּי אִם בְּשׁוּבוֹ מִדַּרְכּוֹ וְחָיָה. וְעַד יוֹם מוֹתוֹ תְּחַכֶּה לוֹ. אִם יָשׁוּב מִיַּד תְּקַבְּלוֹ: אֱמֶת כִּי אַתָּה הוּא יוֹצְרָם. וְאַתָּה יוֹדֵעַ יִצְרָם. כִּי הֵם בָּשָׂר וָדָם:

אָדָם יְסוֹדוֹ מֵעָפָר וְסוֹפוֹ לֶעָפָר. בְּנַפְשׁוֹ יָבִיא לַחְמוֹ. מָשׁוּל כַּחֶרֶס הַנִּשְׁבָּר. כְּחָצִיר יָבֵשׁ. וּכְצִיץ נוֹבֵל. כְּצֵל עוֹבֵר. וְכֶעָנָן כָּלָה. וּכְרוּחַ נוֹשָׁבֶת. וּכְאָבָק פּוֹרֵחַ. וְכַחֲלוֹם יָעוּף:

וְאַתָּה הוּא מֶלֶךְ אֵל חַי וְקַיָּם:

On Rosh Hashanah it is written,
And on Yom Kippur it is sealed:

How many shall leave this world, and how many shall be born; who shall live and who shall die, who in the fullness of years and who before; who shall perish by fire and who by water, who by sword and who by a wild beast; who by famine and who by thirst, who by earthquake and who by plague; who by strangling and who by stoning, who shall rest and who shall wander; who shall be serene and who disturbed, who shall be at ease and who afflicted; who shall be impoverished and who enriched, who shall be humbled and who exalted.

BUT REPENTANCE, PRAYER, AND DEEDS OF KINDNESS
CAN REMOVE THE SEVERITY OF THE DECREE.

We offer praises to You, for You are slow to anger, ready to forgive. You do not wish that the sinner die; You would have the sinner repent and live.

You wait for us to return to You, even until our final day. You welcome us, O our Creator, whenever we repent, knowing the weaknesses of Your creatures; for we are mere flesh and blood.

Our origin is dust and our end is dust. At the hazard of our life we earn our bread. We are like a fragile vessel, like the grass that withers, the flower that fades, the shadow that passes, the cloud that vanishes, the wind that blows, the dust that floats, the dream that flies away.

BUT YOU, SOVEREIGN OF ALL,
ARE THE LIVING AND EVERLASTING GOD.

To face the future

We look to the future with hope—yet with trembling,
Pondering the uncertainties which the future may bring.

Help us, O God, to look forward with faith,
And to learn from whatever the future may bring.

If we must face disappointment,
Help us to learn patience.

If we must face sorrow,
Help us to learn sympathy.

If we must face pain,
Help us to learn strength.

If we must face danger,
Help us to learn courage.

If we must face failure,
Help us to learn endurance.

If we achieve success,
Help us to learn gratitude.

If we attain prosperity,
Help us to learn generosity.

If we win praise,
Help us to learn humility.

If we are blessed with joy,
Help us to learn sharing.

If we are blessed with health,
Help us to learn caring.

Whatever the new year may bring,
May we confront it honorably and faithfully.

May we know the serenity which comes to those
Who find their strength and hope in the Lord.

Where is holiness?

"You shall be holy,
For I, the Lord your God, am holy."

There is holiness when we strive to be true to the best we know.

There is holiness when we are kind to someone who cannot possibly be of service to us.

There is holiness when we promote family harmony.

There is holiness when we forget what divides us and remember what unites us.

There is holiness when we are willing to be laughed at for what we believe in.

There is holiness when we love—truly, honestly, and unselfishly.

There is holiness when we remember the lonely and bring cheer into a dark corner.

There is holiness when we share—our bread, our ideas, our enthusiasms.

There is holiness when we gather to pray to One who gave us the power to pray.

Holy, holy, holy, is the Lord of hosts;
All of life can be filled with God's glory.

נַעֲרִיצְךָ וְנַקְדִּישְׁךָ כְּסוֹד שִׂיחַ שַׂרְפֵי קֹדֶשׁ הַמַּקְדִּישִׁים
שִׁמְךָ בַּקֹּדֶשׁ. כַּכָּתוּב עַל־יַד נְבִיאֶךָ. וְקָרָא זֶה אֶל־זֶה וְאָמַר.
קָדוֹשׁ קָדוֹשׁ קָדוֹשׁ יְיָ צְבָאוֹת. מְלֹא כָל־הָאָרֶץ כְּבוֹדוֹ:
כְּבוֹדוֹ מָלֵא עוֹלָם. מְשָׁרְתָיו שׁוֹאֲלִים זֶה לָזֶה אַיֵּה מְקוֹם
כְּבוֹדוֹ. לְעֻמָּתָם בָּרוּךְ יֹאמֵרוּ.

בָּרוּךְ כְּבוֹד־יְיָ מִמְּקוֹמוֹ:

מִמְּקוֹמוֹ הוּא יִפֶן בְּרַחֲמִים וְיָחוֹן עַם הַמְיַחֲדִים שְׁמוֹ
עֶרֶב וָבֹקֶר בְּכָל־יוֹם תָּמִיד פַּעֲמַיִם בְּאַהֲבָה שְׁמַע אוֹמְרִים.

שְׁמַע יִשְׂרָאֵל יְיָ אֱלֹהֵינוּ יְיָ אֶחָד:

הוּא אֱלֹהֵינוּ הוּא אָבִינוּ הוּא מַלְכֵּנוּ הוּא מוֹשִׁיעֵנוּ. וְהוּא
יַשְׁמִיעֵנוּ בְּרַחֲמָיו שֵׁנִית לְעֵינֵי כָּל־חָי. לִהְיוֹת לָכֶם לֵאלֹהִים.

אֲנִי יְיָ אֱלֹהֵיכֶם:

אַדִּיר אַדִּירֵנוּ יְיָ אֲדוֹנֵינוּ מָה־אַדִּיר שִׁמְךָ בְּכָל־הָאָרֶץ:
וְהָיָה יְיָ לְמֶלֶךְ עַל־כָּל־הָאָרֶץ בַּיּוֹם הַהוּא יִהְיֶה יְיָ אֶחָד
וּשְׁמוֹ אֶחָד: וּבְדִבְרֵי קָדְשְׁךָ כָּתוּב לֵאמֹר.
יִמְלֹךְ יְיָ לְעוֹלָם. אֱלֹהַיִךְ צִיּוֹן לְדֹר וָדֹר. הַלְלוּיָהּ:
לְדוֹר וָדוֹר נַגִּיד גָּדְלֶךָ. וּלְנֵצַח נְצָחִים קְדֻשָּׁתְךָ נַקְדִּישׁ.
וְשִׁבְחֲךָ אֱלֹהֵינוּ מִפִּינוּ לֹא־יָמוּשׁ לְעוֹלָם וָעֶד. כִּי אֵל מֶלֶךְ
גָּדוֹל וְקָדוֹשׁ אָתָּה:

Kadosh, kadosh, kadosh, Adonai tz'vaot,
M'lo ḥol ha-aretz k'vodo.

Baruḥ k'vod Adonai mi-m'komo.

Shema Yisrael, Adonai Eloheynu, Adonai eḥad.

Ani Adonai Elohey-ḥem.

Yimloḥ Adonai l'olam,
Eloha-yiḥ tzion l'dor va-dor, Hallelujah.

KEDUSHAH: A vision of God's holiness

We adore and sanctify You in the words uttered by the holy Seraphim in the mystic vision of Your prophet:

"Holy, holy, holy is the Lord of hosts;
The whole world is filled with God's glory."

God's glory pervades the universe. When one chorus of ministering angels asks: "Where is God's glory?" another adoringly responds:

"Praised be the glory of the Lord
Which fills the universe."

May God deal mercifully and compassionately with our people, who speak of the Divine oneness twice each day, morning and evening, lovingly proclaiming—

"HEAR, O ISRAEL: THE LORD IS OUR GOD, THE LORD IS ONE."

The Lord is our God; the Lord is our Creator, our Sovereign, and our Redeemer, who mercifully will again proclaim before all the world: "I am the Lord your God."

O Lord, our Almighty God, how glorious is Your name in all the earth. "The Lord shall reign over all the earth; on that day the Lord shall be One and God's name One." And thus the Psalmist sang:

"The Lord shall reign forever;
Your God, O Zion, through all generations; Hallelujah!"

Throughout all generations we will declare Your greatness, and to all eternity we will proclaim Your holiness. We will never cease praising You, for You are a great and holy God and Sovereign.

חֲמוֹל עַל מַעֲשֶׂיךָ וְתִשְׂמַח בְּמַעֲשֶׂיךָ. וְיֹאמְרוּ לְךָ חוֹסֶיךָ בְּצַדֶּקְךָ עֲמוּסֶיךָ. תֻּקְדַּשׁ אָדוֹן עַל כָּל־מַעֲשֶׂיךָ: כִּי מַקְדִּישֶׁיךָ בִּקְדֻשָּׁתְךָ קִדַּשְׁתָּ. נָאֶה לְקָדוֹשׁ פְּאֵר מִקְּדוֹשִׁים:

וּבְכֵן יִתְקַדַּשׁ שִׁמְךָ יְיָ אֱלֹהֵינוּ עַל יִשְׂרָאֵל עַמֶּךָ. וְעַל יְרוּשָׁלַיִם עִירֶךָ. וְעַל צִיּוֹן מִשְׁכַּן כְּבוֹדֶךָ. בִּמְהֵרָה בְיָמֵינוּ:

עוֹד יִזְכָּר־לָנוּ אַהֲבַת אֵיתָן. אֲדוֹנֵנוּ. וּבַבֵּן הַנֶּעֱקַד יַשְׁבִּית מְדַיְּנֵנוּ. וּבִזְכוּת הַתָּם יוֹצִיא אָיוֹם לְצֶדֶק דִּינֵנוּ. כִּי קָדוֹשׁ הַיּוֹם לַאדוֹנֵינוּ:

בְּאֵין מֵלִיץ יֹשֶׁר מוּל מַגִּיד פֶּשַׁע. תַּגִּיד לְיַעֲקֹב דְּבַר חֹק וּמִשְׁפָּט. וְצַדְּקֵנוּ בַּמִּשְׁפָּט הַמֶּלֶךְ הַמִּשְׁפָּט:

Have compassion upon Your creatures, and may Your creatures bring joy to You. When You vindicate Your people, those who trust in You shall proclaim: O Lord, be sanctified over all Your creation! For You impart of Your holiness to those who sanctify You; therefore, praise from those whom You have endowed with holiness is fitting for You, O Holy One.

Lord our God, may Your name be sanctified through Israel Your people, Jerusalem Your city, Zion the site of Your glory, speedily in our own time.

Remember in our favor the love for You that was displayed by Abraham, who was firm in his faith. Silence our enemies for the sake of his son, Isaac, who was ready to offer his life for You. Vindicate us in judgment for the sake of Jacob, who was wholehearted in his devotion to You. For on this day we proclaim Your holiness.

Since there is no advocate to plead our cause, may You, who taught us statutes and judgments, speak on our behalf and acquit us in judgment, O Sovereign of judgment.

Have compassion upon us

Have compassion upon us, Your handiwork;
We are so frail and so weak.

Disease and misfortune come without warning.
The wrath of nature can sweep us away.

Trouble and tragedy are our common lot.
Disappointment and heartbreak visit us all.

The good for which we strive often eludes us,
Confusion and uncertainty frequently torment us.

We stand in need of Your mercy, O Lord;
Watch over us and protect us.

Keep us from yielding to bleak despair.
Keep shining before us the gentle light of hope.

Help us in all our worthy endeavors.
Bless and "establish the work of our hands."

Keep us firm and steady and true,
Whenever we labor for what is just and right.

May our lives daily proclaim the truth,
That You have fashioned us in Your image,

And endowed us with the ability to grow,
In heart, in mind, and in spirit.

To us, You have entrusted Your holy name;
You have given us the power to sanctify it.

May our every deed bring joy to You,
O merciful God, our Creator.

And may our lives in the year ahead
Bring glory to Your holy name.

Amen.

הָאוֹחֵז בְּיָד מִדַּת מִשְׁפָּט:
וְכֹל מַאֲמִינִים שֶׁהוּא אֵל אֱמוּנָה:

הַלָּן בְּסֵתֶר בְּצֵל שַׁדָּי:
וְכֹל מַאֲמִינִים שֶׁהוּא לְבַדּוֹ הוּא:
הַמַּמְלִיךְ מְלָכִים וְלוֹ הַמְּלוּכָה:
וְכֹל מַאֲמִינִים שֶׁהוּא מֶלֶךְ עוֹלָם:
הַנּוֹהֵג בְּחַסְדּוֹ כָּל־דּוֹר:
וְכֹל מַאֲמִינִים שֶׁהוּא נוֹצֵר חֶסֶד:
הַסּוֹבֵל וּמַעֲלִים עַיִן מִסּוֹרְרִים:
וְכֹל מַאֲמִינִים שֶׁהוּא סוֹלֵחַ סֶלָה:
הָעֶלְיוֹן וְעֵינוֹ אֶל יְרֵאָיו:
וְכֹל מַאֲמִינִים שֶׁהוּא עוֹנֶה לָחַשׁ:
הַפּוֹתֵחַ שַׁעַר לְדוֹפְקֵי בִּתְשׁוּבָה:
וְכֹל מַאֲמִינִים שֶׁהוּא פְּתוּחָה יָדוֹ:
הַצּוֹפֶה לָרָשָׁע וְחָפֵץ בְּהִצָּדְקוֹ:
וְכֹל מַאֲמִינִים שֶׁהוּא צַדִּיק וְיָשָׁר:
הַקְּצַר בְּזַעַם וּמַאֲרִיךְ אַף:
וְכֹל מַאֲמִינִים שֶׁהוּא קָשֶׁה לִכְעוֹס:
הָרַחוּם וּמַקְדִּים רַחֲמִים לְרֹגֶז:
וְכֹל מַאֲמִינִים שֶׁהוּא רַךְ לִרְצוֹת:
הַשָּׁוֶה וּמַשְׁוֶה קָטוֹן וְגָדוֹל:
וְכֹל מַאֲמִינִים שֶׁהוּא שׁוֹפֵט צֶדֶק:
הַתָּם וּמִתַּמֵּם עִם תְּמִימִים:
וְכֹל מַאֲמִינִים שֶׁהוּא תָּמִים פָּעֳלוֹ:

V'ḤOL MA-AMINIM: Attributes of God

God holds the scales of judgment,
And, we believe, is a faithful God.

God searches and probes all secrets,
And, we believe, knows our innermost thoughts.

God redeems from death and delivers from the grave,
And, we believe, is the mighty Redeemer.

God alone is the judge of all who come into the world,
And, we believe, is the true Judge.

God bestows good upon those who are faithful,
And, we believe, remembers the Covenant.

God is good and does good even to the wicked,
And, we believe, is good to all.

God knows the nature of all creatures,
And, we believe, formed them all.

God enthrones monarchs, but sovereignty is God's;
And, we believe, God is Sovereign of all the world.

God guides every generation in mercy,
And, we believe, preserves kindness.

God opens the gate to those who knock in repentance;
And, we believe, welcomes the penitent.

God waits for the wicked and longs for their return,
And, we believe, is just and upright.

God is just, and to God great and small are alike;
We believe God is the righteous Judge.

Selected from the Hebrew (pages 292 and 622)

תֶּשְׂגַּב לְבַדֶּךָ וְתִמְלוֹךְ עַל כֹּל בְּיִחוּד.
כַּכָּתוּב עַל־יַד נְבִיאֶךָ.
וְהָיָה יְיָ לְמֶלֶךְ עַל־כָּל־הָאָֽרֶץ.
בַּיּוֹם הַהוּא יִהְיֶה יְיָ אֶחָד וּשְׁמוֹ אֶחָד:

וּבְכֵן תֵּן פַּחְדְּךָ יְיָ אֱלֹהֵינוּ עַל כָּל־מַעֲשֶׂיךָ וְאֵימָתְךָ עַל כָּל־מַה־שֶּׁבָּרָֽאתָ. וְיִירָאוּךָ כָּל־הַמַּעֲשִׂים וְיִשְׁתַּחֲווּ לְפָנֶיךָ כָּל־הַבְּרוּאִים. וְיֵעָשׂוּ כֻלָּם אֲגֻדָּה אֶחָת לַעֲשׂוֹת רְצוֹנְךָ בְּלֵבָב שָׁלֵם. כְּמוֹ שֶׁיָּדַֽעְנוּ יְיָ אֱלֹהֵינוּ שֶׁהַשִּׁלְטוֹן לְפָנֶיךָ עֹז בְּיָדְךָ וּגְבוּרָה בִּימִינֶךָ וְשִׁמְךָ נוֹרָא עַל כָּל־מַה־שֶּׁבָּרָֽאתָ:

וּבְכֵן תֵּן כָּבוֹד יְיָ לְעַמֶּךָ תְּהִלָּה לִירֵאֶיךָ וְתִקְוָה לְדוֹרְשֶׁיךָ וּפִתְחוֹן פֶּה לַמְיַחֲלִים לָךְ. שִׂמְחָה לְאַרְצֶךָ וְשָׂשׂוֹן לְעִירֶךָ בִּמְהֵרָה בְיָמֵינוּ:

וּבְכֵן צַדִּיקִים יִרְאוּ וְיִשְׂמָחוּ וִישָׁרִים יַעֲלֹזוּ וַחֲסִידִים בְּרִנָּה יָגִֽילוּ. וְעוֹלָֽתָה תִּקְפָּץ־פִּֽיהָ וְכָל־הָרִשְׁעָה כֻּלָּהּ כְּעָשָׁן תִּכְלֶה. כִּי תַעֲבִיר מֶמְשֶֽׁלֶת זָדוֹן מִן הָאָֽרֶץ:

MAY GOD'S SOVEREIGNTY SOON BE ESTABLISHED

You alone will be exalted;
and You will rule over all in Your Oneness,
as promised by Your prophet:
"The Lord shall be Sovereign over all the earth;
on that day the Lord shall be One and God's name One."

Lord our God, imbue all Your creatures with reverence for You, and fill all that You have created with awe of You. May they all bow before You and unite in one fellowship to do Your will wholeheartedly. May they all acknowledge, as we do, that sovereignty is Yours, that Yours is the power and the majesty, and that You reign supreme over all You have created.

Grant honor, O Lord, to Your people, glory to those who revere You, hope to those who seek You, and confidence to those who trust in You. Grant joy to Your land and gladness to Your holy city speedily in our own days.

Then the righteous will see and be glad, the upright will exult, and the pious will rejoice in song. Wickedness will be silenced, and all evil will vanish like smoke when You remove the dominion of tyranny from the earth.

וְיֶאֱתָיוּ כֹּל לְעָבְדֶךָ וִיבָרְכוּ שֵׁם כְּבוֹדֶךָ. וְיַגִּידוּ בָאִיִּים צִדְקֶךָ: וְיִדְרְשׁוּךָ עַמִּים לֹא יְדָעוּךָ. וִיהַלְלוּךָ כָּל־אַפְסֵי אָרֶץ. וְיֹאמְרוּ תָמִיד יִגְדַּל יְיָ: וְיִזְבְּחוּ לְךָ אֶת־זִבְחֵיהֶם. וְיִזְנְחוּ אֶת־עֲצַבֵּיהֶם. וְיַחְפְּרוּ עִם פְּסִילֵיהֶם: וְיַטּוּ שְׁכֶם אֶחָד לְעָבְדֶךָ. וְיִירָאוּךָ עִם שֶׁמֶשׁ מְבַקְשֵׁי פָנֶיךָ. וְיַכִּירוּ כֹּחַ מַלְכוּתֶךָ. וִילַמְּדוּ תוֹעִים בִּינָה: וִימַלְלוּ אֶת־גְּבוּרָתֶךָ. וִינַשְּׂאוּךָ מִתְנַשֵּׂא לְכֹל לְרֹאשׁ. וִיסַלְּדוּ בְחִילָה פָּנֶיךָ. וִיעַטְּרוּךָ נֵזֶר תִּפְאָרָה: וְיִפְצְחוּ הָרִים רִנָּה. וְיִצְהֲלוּ אִיִּים בְּמָלְכֶךָ. וִיקַבְּלוּ עֹל מַלְכוּתְךָ עֲלֵיהֶם. וִירוֹמְמוּךָ בִּקְהַל עָם: וְיִשְׁמְעוּ רְחוֹקִים וְיָבוֹאוּ. וְיִתְּנוּ לְךָ כֶּתֶר מְלוּכָה:

V'ye-eta-yu kol l'ov-deḥa, vi-varḥu sheym k'vodeḥa,
v'yagidu va-iyim tzid-keḥa.

V'yidr'shuḥa amim lo y'dauḥa, vi-hal'luḥa kol afsey aretz,
v'yomru tamid yigdal Adonai.

V'yiz-b'ḥu l'ḥa et ziv-ḥeyhem, v'yiz-n'ḥu et atza-beyhem,
v'yaḥ-p'ru im p'si-leyhem.

V'yatu sh'ḥem eḥad l'ov-deḥa, v'yirauḥa im shemesh
m'vak-shey faneḥa,
v'yakiru koaḥ malḥuteḥa, vi-lamdu toim binah.

Vi-mal'lu et g'vuroteḥa, vi-nas-uḥa mitnasey l'ḥol l'rosh,
vi-saldu v'ḥilah paneḥa, vi-atruḥa nezer tif-arah.

V'yif-tz'ḥu harim rinah, v'yitz-halu iyim b'malḥeḥa,
vi-kablu ol malḥutḥa aleyhem, vi-rom'muḥa bi-k'hal am.

V'yish-m'u r'ḥokim v'yavou,
v'yitnu l'ḥa keter m'luḥah.

V'YE-ETAYU: A medieval "vision of the future"

All the world shall come to serve Thee
And bless Thy glorious name,
And Thy righteousness triumphant
The islands shall proclaim.

And the peoples shall go seeking
Who knew Thee not before,
And the ends of earth shall praise Thee,
And tell Thy greatness o'er.

They shall build for Thee their altars,
Their idols overthrown,
And their graven gods shall shame them,
As they turn to Thee alone.

They shall worship Thee at sunrise,
And feel Thy kingdom's might,
And impart Thy understanding
To those astray in night.

They shall testify Thy greatness,
And of Thy power speak,
And extol Thee, shrined, uplifted
Beyond the highest peak.

And with reverential homage,
Of love and wonder born,
With the ruler's crown of beauty
Thy head they shall adorn.

With the coming of Thy kingdom
The hills shall break into song,
And the islands laugh exultant
That they to God belong.

And through all Thy congregations
So loud Thy praise shall sing,
That the uttermost peoples, hearing,
Shall hail Thee crowned King.

English version by Israel Zangwill

וְתִמְלוֹךְ אַתָּה יְיָ לְבַדֶּךָ עַל כָּל־מַעֲשֶׂיךָ בְּהַר צִיּוֹן מִשְׁכַּן כְּבוֹדֶךָ וּבִירוּשָׁלַיִם עִיר קָדְשֶׁךָ כַּכָּתוּב בְּדִבְרֵי קָדְשֶׁךָ. יִמְלֹךְ יְיָ לְעוֹלָם. אֱלֹהַיִךְ צִיּוֹן לְדֹר וָדֹר. הַלְלוּיָהּ:

קָדוֹשׁ אַתָּה וְנוֹרָא שְׁמֶךָ וְאֵין אֱלוֹהַּ מִבַּלְעָדֶיךָ כַּכָּתוּב. וַיִּגְבַּהּ יְיָ צְבָאוֹת בַּמִּשְׁפָּט וְהָאֵל הַקָּדוֹשׁ נִקְדַּשׁ בִּצְדָקָה. בָּרוּךְ אַתָּה יְיָ הַמֶּלֶךְ הַקָּדוֹשׁ:

אַתָּה בְחַרְתָּנוּ מִכָּל־הָעַמִּים. אָהַבְתָּ אוֹתָנוּ וְרָצִיתָ בָּנוּ. וְרוֹמַמְתָּנוּ מִכָּל־הַלְּשׁוֹנוֹת. וְקִדַּשְׁתָּנוּ בְּמִצְוֹתֶיךָ. וְקֵרַבְתָּנוּ מַלְכֵּנוּ לַעֲבוֹדָתֶךָ. וְשִׁמְךָ הַגָּדוֹל וְהַקָּדוֹשׁ עָלֵינוּ קָרָאתָ:

On Shabbat add the words in brackets.

וַתִּתֶּן־לָנוּ יְיָ אֱלֹהֵינוּ בְּאַהֲבָה אֶת־יוֹם [הַשַּׁבָּת הַזֶּה לִקְדֻשָּׁה וְלִמְנוּחָה וְאֶת־יוֹם] הַכִּפֻּרִים הַזֶּה לִמְחִילָה וְלִסְלִיחָה וּלְכַפָּרָה וְלִמְחָל־בּוֹ אֶת־כָּל־עֲוֹנוֹתֵינוּ [בְּאַהֲבָה] מִקְרָא קֹדֶשׁ. זֵכֶר לִיצִיאַת מִצְרָיִם:

Some congregations recite:

וּמִפְּנֵי חֲטָאֵינוּ גָּלִינוּ מֵאַרְצֵנוּ וְנִתְרַחַקְנוּ מֵעַל אַדְמָתֵנוּ וְאֵין אֲנַחְנוּ יְכוֹלִים לַעֲשׂוֹת חוֹבוֹתֵינוּ בְּבֵית בְּחִירָתֶךָ בַּבַּיִת הַגָּדוֹל וְהַקָּדוֹשׁ שֶׁנִּקְרָא שִׁמְךָ עָלָיו מִפְּנֵי הַיָּד שֶׁנִּשְׁתַּלְּחָה בְּמִקְדָּשֶׁךָ:

Then You alone, O Lord, will rule over all Your works, from Mount Zion, the dwelling place of Your presence, from Jerusalem, Your holy city. Thus it is written in the Psalms: "The Lord shall reign forever; your God, Zion, through all generations; Hallelujah!"

You are holy, Your name is awe-inspiring, and there is no God but You. Thus the prophet wrote: "The Lord of hosts is exalted by justice, and the holy God is sanctified through righteousness." Praised are You, O Lord, the holy Sovereign.

YOU SANCTIFY ISRAEL AND THIS DAY OF ATONEMENT

You have chosen us of all peoples for Your service; and, in Your gracious love, You have exalted us by teaching us the way of holiness through Your *Mitzvot*. Thus You have linked us with Your great and holy name.

On Shabbat add the words in brackets.

In love have You given us, O Lord our God, [this Sabbath day for sanctity and rest, and] this Day of Atonement for pardon, forgiveness, and atonement for all our sins. It is for us [in love] a holy convocation, commemorating the Exodus from Egypt.

Some congregations recite:

HOW OUR ANCESTORS EXPLAINED THEIR EXILE

Because of our sins we were exiled from our Land, and removed far from our soil. And because the ancient Temple was destroyed we cannot perform our sacred duties in the great and holy Sanctuary dedicated to Your service.

יְהִי רָצוֹן מִלְּפָנֶיךָ יְיָ אֱלֹהֵינוּ וֵאלֹהֵי אֲבוֹתֵינוּ מֶלֶךְ רַחֲמָן שֶׁתָּשׁוּב וּתְרַחֵם עָלֵינוּ וְעַל אַרְצְךָ בְּרַחֲמֶיךָ הָרַבִּים. וְתִבְנֶהָ מְהֵרָה וּתְגַדֵּל כְּבוֹדָהּ: אָבִינוּ מַלְכֵּנוּ גַּלֵּה כְּבוֹד מַלְכוּתְךָ עָלֵינוּ מְהֵרָה. וְהוֹפַע וְהִנָּשֵׂא עָלֵינוּ לְעֵינֵי כָּל־חָי. וְקָרֵב פְּזוּרֵינוּ מִבֵּין הַגּוֹיִם. וּנְפוּצוֹתֵינוּ כַּנֵּס מִיַּרְכְּתֵי אָרֶץ: וַהֲבִיאֵנוּ לְצִיּוֹן עִירְךָ בְּרִנָּה. וְלִירוּשָׁלַיִם בֵּית מִקְדָּשְׁךָ בְּשִׂמְחַת עוֹלָם. שֶׁשָּׁם עָשׂוּ אֲבוֹתֵינוּ לְפָנֶיךָ אֶת־קָרְבְּנוֹת חוֹבוֹתֵיהֶם. תְּמִידִים כְּסִדְרָם וּמוּסָפִים כְּהִלְכָתָם:

On Shabbat add the words in brackets.

יְהִי רָצוֹן מִלְּפָנֶיךָ יְיָ אֱלֹהֵינוּ וֵאלֹהֵי אֲבוֹתֵינוּ שֶׁתְּרַחֵם עַל אַחֵינוּ בֵּית־יִשְׂרָאֵל הַנְּתוּנִים בְּצָרָה. וְתוֹצִיאֵם מֵאֲפֵלָה לְאוֹרָה. מִשִּׁעְבּוּד לִגְאֻלָּה. וּמִיָּגוֹן לְשִׂמְחָה. בִּמְהֵרָה בְיָמֵינוּ: וְקַבֵּל בְּרַחֲמִים וּבְרָצוֹן אֶת־תְּפִלַּת כָּל־עַמְּךָ בֵּית־יִשְׂרָאֵל בְּיוֹם [הַשַּׁבָּת הַזֶּה וּבְיוֹם] הַכִּפֻּרִים הַזֶּה:

On Shabbat add:

יִשְׂמְחוּ בְמַלְכוּתְךָ שׁוֹמְרֵי שַׁבָּת וְקוֹרְאֵי עֹנֶג. עַם מְקַדְּשֵׁי שְׁבִיעִי כֻּלָּם יִשְׂבְּעוּ וְיִתְעַנְּגוּ מִטּוּבֶךָ. וְהַשְּׁבִיעִי רָצִיתָ בּוֹ וְקִדַּשְׁתּוֹ. חֶמְדַּת יָמִים אוֹתוֹ קָרָאתָ. זֵכֶר לְמַעֲשֵׂה בְרֵאשִׁית:

Yis-m'ḥu v'mal-ḥut-ḥa shomrey shabbat v'korey oneg,
Am m'kad-shey sh'vi-i, kulam yis-b'u v'yit-angu mi-tuveḥa,
V'ha-sh'vi-i ratzita bo v'kidash-to,
Ḥemdat yamim oto karata, zeyḥer l'ma-asey v'reyshit.

TO ZION WITH SONG AND PRAYER

Lord our God and God of our ancestors, merciful Ruler, have compassion upon us and upon Your land; rebuild and glorify it. Speedily reveal the glory of Your sovereignty: let all humanity witness that You are our Sovereign. Gather the dispersed of our people from among the nations and assemble our scattered ones from the farthest ends of the earth. Lead us to Zion, Your city, with song, and to Jerusalem, the home of Your ancient Temple, with everlasting joy. For it was there that our ancestors brought to You the prescribed offerings.

DELIVERANCE TO OUR OPPRESSED

On Shabbat add the words in brackets.

May it be Your will, Lord our God and God of our ancestors, that You be merciful to those of our people who are victimized and oppressed; lead them from darkness to light, from enslavement to redemption, from sorrow to joy, speedily in our own time. Accept in mercy and in love the worship of Your people, the house of Israel, [on this Sabbath day and] on this Day of Atonement.

SHABBAT: A heritage of holiness and joy

On Shabbat add:

They who keep the Sabbath, calling it a delight, rejoice in Your sovereignty. They who hallow the seventh day find satisfaction and pleasure in Your goodness. For You favored the seventh day and hallowed it, proclaiming it the most precious of all days, recalling the work of creation.

עָלֵינוּ לְשַׁבֵּחַ לַאֲדוֹן הַכֹּל
לָתֵת גְּדֻלָּה לְיוֹצֵר בְּרֵאשִׁית.
שֶׁלֹּא עָשָׂנוּ כְּגוֹיֵי הָאֲרָצוֹת
וְלֹא שָׂמָנוּ כְּמִשְׁפְּחוֹת הָאֲדָמָה.
שֶׁלֹּא שָׂם חֶלְקֵנוּ כָּהֶם
וְגֹרָלֵנוּ כְּכָל־הֲמוֹנָם:

וַאֲנַחְנוּ כּוֹרְעִים וּמִשְׁתַּחֲוִים וּמוֹדִים
לִפְנֵי מֶלֶךְ מַלְכֵי הַמְּלָכִים
הַקָּדוֹשׁ בָּרוּךְ הוּא.

שֶׁהוּא נוֹטֶה שָׁמַיִם וְיוֹסֵד אָרֶץ וּמוֹשַׁב יְקָרוֹ בַּשָּׁמַיִם מִמַּעַל וּשְׁכִינַת עֻזּוֹ בְּגָבְהֵי מְרוֹמִים: הוּא אֱלֹהֵינוּ אֵין עוֹד. אֱמֶת מַלְכֵּנוּ אֶפֶס זוּלָתוֹ. כַּכָּתוּב בְּתוֹרָתוֹ. וְיָדַעְתָּ הַיּוֹם וַהֲשֵׁבֹתָ אֶל־לְבָבֶךָ כִּי יְיָ הוּא הָאֱלֹהִים בַּשָּׁמַיִם מִמַּעַל וְעַל־הָאָרֶץ מִתָּחַת. אֵין עוֹד:

Aleynu l'sha-bey-aḥ la-adon ha-kol,
La-teyt g'dula l'yotzeyr b'reyshit.
Sheh-lo asanu k'go-yey ha-aratzot,
V'lo samanu k'mish-p'ḥot ha-adama.
Sheh-lo sam ḥel-keynu ka-hem,
V'gora-leynu k'ḥol hamonam.

Va-anaḥnu kor-im u-mishta-ḥavim u-modim,
Lifney meleḥ malḥey ha-m'laḥim, ha-kadosh baruḥ hu.

ALENU

Let us now praise the Lord of all;
Let us acclaim the Author of creation,

Who made us unlike the pagans who surrounded us,
Unlike the heathens of the ancient world,

Who made our heritage different from theirs,
And assigned to us a unique destiny.

For we bend the knee and reverently bow
Before the supreme Sovereign,
The Holy One, who is to be praised,

Who spread forth the heavens and established the earth,
And whose glorious presence can be found everywhere.

The Lord is our God; there is no other.
Truly, our sovereign Lord is incomparable.

As it is written in the Torah:
"This day accept, with mind and heart,

That God is the Lord of heaven and earth;
There is no other."

GRANT ME THE CAPACITY FOR PRAYER

Reader:

אוֹחִילָה לָאֵל. אֲחַלֶּה פָנָיו.
אֶשְׁאֲלָה מִמֶּנּוּ מַעֲנֵה לָשׁוֹן:
אֲשֶׁר בִּקְהַל עָם אָשִׁירָה עֻזּוֹ.
אַבִּיעָה רְנָנוֹת בְּעַד מִפְעָלָיו:
לְאָדָם מַעַרְכֵי לֵב.
וּמֵיְיָ מַעֲנֵה לָשׁוֹן:
אֲדֹנָי שְׂפָתַי תִּפְתָּח
וּפִי יַגִּיד תְּהִלָּתֶךָ:
יִהְיוּ לְרָצוֹן אִמְרֵי־פִי וְהֶגְיוֹן לִבִּי לְפָנֶיךָ.
יְיָ צוּרִי וְגוֹאֲלִי:

With hope I come before the Lord to plead;
I ask for the gift of expression,
So that here, before the congregation,
I may sing of God's power,
And celebrate in song
The glory of God's works.

Preparing the heart is a human task;
The power of expression is the gift of God.

"O Lord, open my lips,
That my mouth may declare Your praise."

"May the words of my mouth
And the meditation of my heart
Find favor before You,
My Rock and my Redeemer."

AVODAH SERVICE

YOM KIPPUR

סֵדֶר
הָעֲבוֹדָה

The Avodah

RECALLING THE ANCIENT TEMPLE SERVICE

For our ancestors in ancient days, the Temple in Jerusalem was the symbol of God's presence. In the Temple sacrifices were offered daily in behalf of the entire nation. On the Sabbath and Festivals special sacrifices marked the holiness of the day. Thus did the Temple bear testimony to Israel's consecration to God.

The Temple has long since been destroyed; yet, the remembrance of it lives on in the heart of our people. The form of worship practiced there belongs to a bygone age; yet it continues to awaken solemn thoughts.

When we recall the ancient Temple, we link ourselves to our past; we sense again that we are part of one people, dedicated to the service of God and God's Torah of righteousness and truth.

Today our worship is one of prayer and praise. But when we think of the piety of our ancestors, who from their meager supply of cattle and grain, offered their best possessions in the service of God, we feel called upon to devote not only our words but also our *substance* to God's service.

Milton Steinberg (adapted)

THE RITUAL OF CONFESSION

On Yom Kippur, the sacrificial rites in the ancient Temple, highlighted by the ritual confession, were conducted by the High Priest. On this day, and on it alone, he entered the Holy of Holies, entry to which was denied to all others. On this day he pronounced the Name of God which otherwise was never uttered, lest its common use profane its sanctity. On this day he made confession three times, humbling himself before God and seeking forgiveness for his own sins and those of his household, for the sins of the priestly order, and for the sins of the entire house of Israel.

Ario S. Hyams (adapted)

FIRST CONFESSION OF THE HIGH PRIEST
"for my sins and the sins of my household"

וְכָךְ הָיָה אוֹמֵר. אָנָּא הַשֵּׁם. חָטָאתִי. עָוִיתִי. פָּשַׁעְתִּי לְפָנֶיךָ אֲנִי וּבֵיתִי: אָנָּא בַשֵּׁם. כַּפֶּר־נָא. לַחֲטָאִים. וְלַעֲוֹנוֹת. וְלִפְשָׁעִים. שֶׁחָטָאתִי. וְשֶׁעָוִיתִי. וְשֶׁפָּשַׁעְתִּי לְפָנֶיךָ אֲנִי וּבֵיתִי. כַּכָּתוּב בְּתוֹרַת מֹשֶׁה עַבְדֶּךָ מִפִּי כְבוֹדֶךָ. כִּי־בַיּוֹם הַזֶּה יְכַפֵּר עֲלֵיכֶם לְטַהֵר אֶתְכֶם. מִכֹּל חַטֹּאתֵיכֶם לִפְנֵי יְיָ –

וְהַכֹּהֲנִים וְהָעָם הָעוֹמְדִים בָּעֲזָרָה. כְּשֶׁהָיוּ שׁוֹמְעִים אֶת־הַשֵּׁם הַנִּכְבָּד וְהַנּוֹרָא מְפוֹרָשׁ יוֹצֵא מִפִּי כֹהֵן גָּדוֹל בִּקְדֻשָּׁה וּבְטָהֳרָה. הָיוּ כּוֹרְעִים וּמִשְׁתַּחֲוִים וּמוֹדִים וְנוֹפְלִים עַל פְּנֵיהֶם. וְאוֹמְרִים בָּרוּךְ שֵׁם כְּבוֹד מַלְכוּתוֹ לְעוֹלָם וָעֶד:

וְאַף הוּא הָיָה מִתְכַּוֵּן לִגְמוֹר אֶת־הַשֵּׁם כְּנֶגֶד הַמְבָרְכִים וְאוֹמֵר לָהֶם תִּטְהָרוּ: וְאַתָּה בְּטוּבְךָ מְעוֹרֵר רַחֲמֶיךָ וְסוֹלֵחַ לְאִישׁ חֲסִידֶךָ:

Thus would the High Priest pray: *O God, I have sinned; I have committed iniquity; I have transgressed before You*—**I and my household.** *O God, I beseech You, by Your Ineffable Name, grant atonement for the sins, the iniquities, and the transgressions which I have committed before You—I and my household. Forgive us in accordance with the words of the Torah of Moses, Your inspired servant: "On this day atonement shall be made for you to cleanse you; of all your sins before the Lord—"*

When the priests and the people, standing in the Temple court, heard the glorious, awesome, Ineffable Name, pronounced by the High Priest in holiness and purity, they would bow and kneel and prostrate themselves, exclaiming: "Praised be God's glorious sovereignty forever."

And the High Priest would prolong the utterance of the Name until the worshipers had completed their response. Then he would complete the Torah's verse, saying: "*—you shall be cleansed.*" And You, O Lord, in Your goodness and compassion, forgave Your pious priest.

After the first confession, the High Priest would approach the pair of identical goats prescribed for the atonement ritual. By lots, he would select one goat as the atonement sacrifice and the other as the "scapegoat," to be sent away to the wilderness of Azazel, bearing the sins of the people. With the goats in readiness, the High Priest would approach his own sacrificial bullock, and recite the second confession.

SECOND CONFESSION OF THE HIGH PRIEST
"for the sins of my fellow-priests"

וְכַךְ הָיָה אוֹמֵר. אָנָּא הַשֵּׁם. חָטָאתִי. עָוִיתִי. פָּשַׁעְתִּי לְפָנֶיךָ אֲנִי וּבֵיתִי וּבְנֵי אַהֲרֹן עַם קְדוֹשֶׁךָ: אָנָּא בַּשֵּׁם. כַּפֶּר־נָא. לַחֲטָאִים. וְלַעֲוֹנוֹת. וְלִפְשָׁעִים. שֶׁחָטָאתִי. וְשֶׁעָוִיתִי. וְשֶׁפָּשַׁעְתִּי לְפָנֶיךָ אֲנִי וּבֵיתִי וּבְנֵי אַהֲרֹן עַם קְדוֹשֶׁךָ. כַּכָּתוּב בְּתוֹרַת משֶׁה עַבְדְּךָ מִפִּי כְבוֹדֶךָ. כִּי־בַיּוֹם הַזֶּה יְכַפֵּר עֲלֵיכֶם לְטַהֵר אֶתְכֶם. מִכֹּל חַטֹּאתֵיכֶם לִפְנֵי יְיָ —

וְהַכֹּהֲנִים וְהָעָם הָעוֹמְדִים בָּעֲזָרָה. כְּשֶׁהָיוּ שׁוֹמְעִים אֶת־הַשֵּׁם הַנִּכְבָּד וְהַנּוֹרָא. מְפוֹרָשׁ יוֹצֵא מִפִּי כֹהֵן גָּדוֹל בִּקְדֻשָּׁה וּבְטָהֳרָה. הָיוּ כּוֹרְעִים וּמִשְׁתַּחֲוִים וּמוֹדִים וְנוֹפְלִים עַל פְּנֵיהֶם. וְאוֹמְרִים בָּרוּךְ שֵׁם כְּבוֹד מַלְכוּתוֹ לְעוֹלָם וָעֶד:

וְאַף הוּא הָיָה מִתְכַּוֵּן לִגְמוֹר אֶת־הַשֵּׁם כְּנֶגֶד הַמְבָרְכִים וְאוֹמֵר לָהֶם תִּטְהָרוּ: וְאַתָּה בְּטוּבְךָ מְעוֹרֵר רַחֲמֶיךָ וְסוֹלֵחַ לְשֵׁבֶט מְשָׁרְתֶיךָ:

Thus would the High Priest pray: *O God, I have sinned; I have committed iniquity; I have transgressed before You*—**I and my household and the children of Aaron, the people consecrated to Your service.** *O God, I beseech You, by Your Ineffable Name, grant atonement for the sins, the iniquities, and the transgressions which I have committed before You—I and my household and the children of Aaron, the people consecrated to Your service. Forgive us in accordance with the words of the Torah of Moses,*

Your inspired servant: *"On this day atonement shall be made for you to cleanse you; of all your sins before the Lord—"*

When the priests and the people, standing in the Temple court, heard the glorious, awesome, Ineffable Name, pronounced by the High Priest in holiness and purity, they would bow and kneel and prostrate themselves, exclaiming: "Praised be God's glorious sovereignty forever."

And the High Priest would prolong the utterance of the Name until the worshipers had completed their response. Then he would complete the Torah's verse, saying: "*—you shall be cleansed.*" And You, O Lord, in Your goodness and compassion, forgave Your priestly servants.

After the second confession, the High Priest would slaughter his own sin-offering. Then, after being admonished and instructed about his awesome responsibilities, he would enter the Holy of Holies, carrying an offering of fragrant incense. He would sprinkle the blood of his own sacrifice, once upward and seven times downward. Then he would come out, slaughter the sacrificial goat, and sprinkle its blood: once upward and seven times downward.

וְכַךְ הָיָה מוֹנֶה. אַחַת. אַחַת וְאַחַת. אַחַת וּשְׁתַּיִם. אַחַת וְשָׁלשׁ. אַחַת וְאַרְבַּע. אַחַת וְחָמֵשׁ. אַחַת וָשֵׁשׁ. אַחַת וָשֶׁבַע:

And thus he would count: One; one and one; one and two; one and three; one and four; one and five; one and six; one and seven.

Having performed the prescribed ritual, and having confessed his own sins and those of his fellow-priests (in the "second confession"), the High Priest would then offer a confession for the entire community. Approaching the goat which would soon be sent to the wilderness, he would seek atonement for the people.

וְכַךְ הָיָה אוֹמֵר. אָנָּא הַשֵּׁם. חָטְאוּ. עָווּ. פָּשְׁעוּ לְפָנֶיךָ עַמְּךָ בֵּית יִשְׂרָאֵל: אָנָּא בַשֵּׁם. כַּפֶּר־נָא. לַחֲטָאִים. וְלַעֲוֹנוֹת. וְלִפְשָׁעִים. שֶׁחָטְאוּ. וְשֶׁעָווּ. וְשֶׁפָּשְׁעוּ לְפָנֶיךָ עַמְּךָ בֵּית יִשְׂרָאֵל. כַּכָּתוּב בְּתוֹרַת מֹשֶׁה עַבְדֶּךָ מִפִּי כְבוֹדֶךָ. כִּי־בַיּוֹם הַזֶּה יְכַפֵּר עֲלֵיכֶם לְטַהֵר אֶתְכֶם. מִכֹּל חַטֹּאתֵיכֶם לִפְנֵי יְיָ –

וְהַכֹּהֲנִים וְהָעָם הָעוֹמְדִים בָּעֲזָרָה. כְּשֶׁהָיוּ שׁוֹמְעִים אֶת הַשֵּׁם הַנִּכְבָּד וְהַנּוֹרָא מְפוֹרָשׁ יוֹצֵא מִפִּי כֹהֵן גָּדוֹל בִּקְדֻשָּׁה וּבְטָהֳרָה. הָיוּ כּוֹרְעִים וּמִשְׁתַּחֲוִים וּמוֹדִים וְנוֹפְלִים עַל פְּנֵיהֶם. וְאוֹמְרִים בָּרוּךְ שֵׁם כְּבוֹד מַלְכוּתוֹ לְעוֹלָם וָעֶד:

וְאַף הוּא הָיָה מִתְכַּוֵּן לִגְמוֹר אֶת־הַשֵּׁם כְּנֶגֶד הַמְבָרְכִים וְאוֹמֵר לָהֶם תִּטְהָרוּ: וְאַתָּה בְּטוּבְךָ מְעוֹרֵר רַחֲמֶיךָ וְסוֹלֵחַ לַעֲדַת יְשֻׁרוּן:

Thus would the High Priest pray: *O God,* **Your people, the house of Israel,** *have sinned, have committed iniquity, have transgressed before You. O God, I beseech You, by Your Ineffable Name, grant atonement for the sins, the iniquities, and the transgressions which Your people, the house of Israel, have committed before You. Forgive them in accordance with the words of the Torah of Moses, Your inspired servant: "On this day atonement shall be made for you to cleanse you; of all your sins before the Lord—"*

When the priests and the people, standing in the Temple court, heard the glorious, awesome, Ineffable Name, pronounced by the High Priest in holiness and purity, they would bow and kneel and prostrate themselves, exclaiming: "Praised be God's glorious sovereignty forever."

And the High Priest would prolong the utterance of the Name until the worshipers had completed their response. Then he would complete the Torah's verse, saying: "*—you shall be cleansed.*" And You, O Lord, in Your goodness and compassion, forgave the congregation of Israel.

The joy of forgiveness

Our ancestors confessed the corruptions in their lives,
And even the corruptions in their holy shrine,
As they sought to be reconciled with God
Through sacrifice and acts of devotion.

Calling in fervor upon God's sacred name,
Asking God's forgiveness in sincere contrition,
They earned through the *Avodah* of this sacred day
The assurance of divine pardon.

And so with joy and with confident spirit,
They concluded the solemn atonement rites,
Thankful that God had helped them to repent
On this day of return and renewal.

We too can be reconciled with our God,
And be restored to God's loving favor,
By acknowledging the error of our ways,
By "doing justly and loving mercy."

While sin and corruption can taint the lives
Of individuals, groups, and nations,
Honest repentance and the quest for the good
Can redeem us from despair and evil.

This is the joyous gift of Yom Kippur,
The redeeming message of this holy day:
Those who "set forth to meet our God,
Find God approaching on the way."

Many are the temples . . .

Many are the temples in which God can be worshiped.
Many are the sanctuaries in which God's will can be done.

For we can transform into shrines for God's service—
The homes which we and our loved ones share,
The places in which we work and learn,
The institutions of our community and of our nation.

But each such shrine can itself be corrupted—
Defiled by selfishness, by greed, and by pride.

Thus each must be redeemed and purified,
Through deeds of sacrifice and unselfish devotion.
So that wherever we are, and in whatever we do,
We can serve God in loyalty and in truth.

Sacrifice

Shall I offer unto the Lord
That which has cost me nought,
That which I have not bought
For silver and gold at a price?
Shall I to God's altar bring
Thine oxen for offering?
Then Thine, not mine, were the sacrifice . . .

Lord, let me bring unto Thee
Prayers that true faith has wrought,
Self-sacrifice, dearly bought,
And patience, whose lamp never dies,
With penitence set apart;
For a broken and contrite heart,
O Lord, Thou wilt not despise.

Alice Lucas

שְׁמַע קוֹלֵנוּ יְיָ אֱלֹהֵינוּ חוּס וְרַחֵם עָלֵינוּ וְקַבֵּל בְּרַחֲמִים
וּבְרָצוֹן אֶת־תְּפִלָּתֵנוּ:

הֲשִׁיבֵנוּ יְיָ אֵלֶיךָ וְנָשׁוּבָה חַדֵּשׁ יָמֵינוּ כְּקֶדֶם:

אַל־תַּשְׁלִיכֵנוּ מִלְּפָנֶיךָ וְרוּחַ קָדְשְׁךָ אַל־תִּקַּח מִמֶּנּוּ:

אַל־תַּשְׁלִיכֵנוּ לְעֵת זִקְנָה כִּכְלוֹת כֹּחֵנוּ אַל־תַּעַזְבֵנוּ:

אַל־תַּעַזְבֵנוּ יְיָ אֱלֹהֵינוּ אַל־תִּרְחַק מִמֶּנּוּ:

אֱלֹהֵינוּ וֵאלֹהֵי אֲבוֹתֵינוּ. אַל־תַּעַזְבֵנוּ. וְאַל־תִּטְּשֵׁנוּ. וְאַל־תַּכְלִימֵנוּ. וְאַל־תָּפֵר בְּרִיתְךָ אִתָּנוּ. קָרְבֵנוּ לְתוֹרָתֶךָ. לַמְּדֵנוּ מִצְוֹתֶיךָ. הוֹרֵנוּ דְרָכֶיךָ. הַט לִבֵּנוּ לְיִרְאָה אֶת שְׁמֶךָ. וּמוֹל אֶת־לְבָבֵנוּ לְאַהֲבָתֶךָ. וְנָשׁוּב אֵלֶיךָ בֶּאֱמֶת וּבְלֵב שָׁלֵם. וּלְמַעַן שִׁמְךָ הַגָּדוֹל תִּמְחוֹל וְתִסְלַח לַעֲוֹנֵינוּ כַּכָּתוּב בְּדִבְרֵי קָדְשֶׁךָ. לְמַעַן־שִׁמְךָ יְיָ וְסָלַחְתָּ לַעֲוֹנִי כִּי רַב־הוּא:

Sh'ma koleynu, Adonai Eloheynu, ḥus v'raḥeym aleynu,
V'kabeyl b'raḥamim uv-ratzon et t'filateynu.

Ha-shiveynu Adonai eyleḥa v'na-shuva,
Ḥadeysh yameynu k'kedem.

Al tashli-ḥeynu mil-faneḥa,
V'ruaḥ kod-sh'ḥa al tikaḥ mimenu.

Al tashli-ḥeynu l'eyt zikna,
Kiḥ-lot koḥeynu al ta-azveynu.

Al ta-azveynu Adonai Eloheynu, al tirḥak mimenu.

SHEMA KOLEYNU: Hear our voice

Hear our voice, Lord our God; spare us, pity us,
Accept our prayer in Your gracious love.

Turn us to You, O Lord, and we shall return;
Renew us as in days of old.

Do not banish us from Your presence;
Do not deprive us of Your holy spirit.

Do not cast us off in old age;
When our strength declines, do not forsake us.

Do not forsake us, O Lord our God;
Do not make Yourself distant from us.

DO NOT FORSAKE US: Teach, purify, and forgive us

Our God and God of our ancestors,
Do not abandon or forsake us;
Do not shame us;
Do not break Your covenant with us.

Bring us closer to Your Torah;
Teach us Your commandments; show us Your ways.

Incline our hearts to revere You;
Purify our hearts to love You,
So that we return to You sincerely and wholeheartedly.

Forgive and pardon our iniquities,
As it is written in Your Holy Scriptures:

"For Your own sake, O Lord,
Pardon my sin though it is great."

אֱלֹהֵינוּ וֵאלֹהֵי אֲבוֹתֵינוּ סְלַח־לָנוּ. מְחַל־לָנוּ. כַּפֶּר־לָנוּ:

כִּי אָנוּ עַמֶּךָ וְאַתָּה אֱלֹהֵינוּ. אָנוּ בָנֶיךָ וְאַתָּה אָבִינוּ:
אָנוּ עֲבָדֶיךָ וְאַתָּה אֲדוֹנֵנוּ. אָנוּ קְהָלֶךָ וְאַתָּה חֶלְקֵנוּ:
אָנוּ נַחֲלָתֶךָ וְאַתָּה גוֹרָלֵנוּ. אָנוּ צֹאנֶךָ וְאַתָּה רוֹעֵנוּ:
אָנוּ כַרְמֶךָ וְאַתָּה נוֹטְרֵנוּ. אָנוּ פְעֻלָּתֶךָ וְאַתָּה יוֹצְרֵנוּ:
אָנוּ רַעְיָתֶךָ וְאַתָּה דוֹדֵנוּ. אָנוּ סְגֻלָּתֶךָ וְאַתָּה קְרוֹבֵנוּ:
אָנוּ עַמֶּךָ וְאַתָּה מַלְכֵּנוּ. אָנוּ מַאֲמִירֶךָ וְאַתָּה מַאֲמִירֵנוּ:

אָנוּ עַזֵּי פָנִים וְאַתָּה רַחוּם וְחַנּוּן. אָנוּ קְשֵׁי עֹרֶף וְאַתָּה אֶרֶךְ אַפַּיִם. אָנוּ מְלֵאֵי עָוֹן וְאַתָּה מָלֵא רַחֲמִים. אָנוּ יָמֵינוּ כְּצֵל עוֹבֵר. וְאַתָּה הוּא וּשְׁנוֹתֶיךָ לֹא יִתָּמּוּ:

Ki anu ameḥa v'ata Eloheynu,
Anu vaneḥa v'ata avinu.

Anu avadeḥa v'ata adoneynu,
Anu k'haleḥa v'ata ḥel-keynu.

Anu naḥ-lateḥa v'ata gora-leynu,
Anu tzoneḥa v'ata ro-eynu.

Anu ḥarmeḥa v'ata notreynu,
Anu f'u-lateḥa v'ata yotz-reynu.

Anu ra-yateḥa v'ata do-deynu,
Anu s'gulateḥa v'ata k'roveynu.

Anu ameḥa v'ata malkeynu,
Anu ma-amireḥa v'ata ma-amireynu.

KI ANU AMEḤA:
We are Your people, and You are our God

Our God and God of our ancestors,
Forgive us, pardon us, grant us atonement.

For we are Your people, and You are our God.

We are Your children, and You are our Parent.

We are Your servants, and You are our Master.

We are Your congregation, and You are our Heritage.

We are Your possession, and You are our Destiny.

We are Your flock, and You are our Shepherd.

We are Your vineyard, and You are our Guardian.

We are Your creatures, and You are our Creator.

We are Your faithful, and You are our Beloved.

We are Your treasure, and You are our Protector.

We are Your subjects, and You are our Ruler.

We are Your chosen ones, and You are our Chosen One.

We are arrogant; but You are merciful.
We are obstinate; but You are patient.
We are laden with sin; but You abound in compassion.
We are as a passing shadow; but You are eternal.

אֱלֹהֵינוּ וֵאלֹהֵי אֲבוֹתֵינוּ. תָּבֹא לְפָנֶיךָ תְּפִלָּתֵנוּ וְאַל תִּתְעַלַּם מִתְּחִנָּתֵנוּ. שֶׁאֵין אֲנַחְנוּ עַזֵּי פָנִים וּקְשֵׁי עֹרֶף לוֹמַר לְפָנֶיךָ יְיָ אֱלֹהֵינוּ וֵאלֹהֵי אֲבוֹתֵינוּ צַדִּיקִים אֲנַחְנוּ וְלֹא חָטָאנוּ אֲבָל אֲנַחְנוּ חָטָאנוּ:

אָשַׁמְנוּ. **ב**ָּגַדְנוּ. **ג**ָּזַלְנוּ. **ד**ִּבַּרְנוּ דֹפִי.
הֶעֱוִינוּ. **ו**ְהִרְשַׁעְנוּ. **ז**ַדְנוּ. **ח**ָמַסְנוּ. **ט**ָפַלְנוּ שֶׁקֶר.
יָעַצְנוּ רָע. **כ**ִּזַּבְנוּ. **ל**ַצְנוּ. **מ**ָרַדְנוּ. **נ**ִאַצְנוּ.
סָרַרְנוּ. **ע**ָוִינוּ. **פ**ָּשַׁעְנוּ. **צ**ָרַרְנוּ. **ק**ִשִּׁינוּ עֹרֶף.
רָשַׁעְנוּ. **ש**ִׁחַתְנוּ. **ת**ִּעַבְנוּ. **ת**ָּעִינוּ. **ת**ִּעְתָּעְנוּ:

Ashamnu, bagadnu, gazalnu, dibarnu dofi;
he-evinu, v'hir-shanu, zadnu, ḥamasnu, tafalnu sheker;
ya-atznu ra, kizavnu, latznu, maradnu, niatznu,
sararnu, avinu, pa-shanu, tza-rarnu, ki-shinu oref;
ra-shanu, shi-ḥatnu, tiavnu, tainu, ti-tanu.

סַרְנוּ מִמִּצְוֹתֶיךָ וּמִמִּשְׁפָּטֶיךָ הַטּוֹבִים וְלֹא שָׁוָה לָנוּ: וְאַתָּה צַדִּיק עַל כָּל־הַבָּא עָלֵינוּ. כִּי אֱמֶת עָשִׂיתָ וַאֲנַחְנוּ הִרְשָׁעְנוּ:

יְהִי רָצוֹן מִלְּפָנֶיךָ יְיָ אֱלֹהֵינוּ וֵאלֹהֵי אֲבוֹתֵינוּ. שֶׁתִּסְלַח־לָנוּ עַל כָּל־חַטֹּאתֵינוּ. וְתִמְחַל־לָנוּ עַל כָּל־עֲוֹנוֹתֵינוּ. וּתְכַפֶּר־לָנוּ עַל כָּל־פְּשָׁעֵינוּ:

THE CONFESSIONAL

Our God and God of our ancestors, may our prayers come before You and may You not ignore our pleas. We are neither so arrogant nor so stubborn as to declare that we are righteous and have not sinned; for, indeed, we have sinned.

ASHAMNU: We have trespassed

We have trespassed; we have dealt treacherously;
we have robbed; we have spoken slander;
we have acted perversely; we have done wrong;
we have acted presumptuously; we have done violence;
we have practiced deceit; we have counseled evil;
we have spoken falsehood; we have scoffed;
we have revolted; we have blasphemed;
we have rebelled; we have committed iniquity;
we have transgressed; we have oppressed;
we have been stiff-necked; we have acted wickedly;
we have dealt corruptly; we have committed abomination;
we have gone astray; we have led others astray.

We have turned away from Your *Mitzvot* and Your goodly laws, and we are poorer for our disobedience. You are just in all that has come upon us. You have been faithful; yet, we have done evil.

May it be Your will, Lord our God and God of our ancestors, to forgive all our sins, to pardon all our iniquities, and to grant us atonement for all our transgressions.

עַל חֵטְא שֶׁחָטָאנוּ לְפָנֶיךָ בְּאִמּוּץ הַלֵּב.
וְעַל חֵטְא שֶׁחָטָאנוּ לְפָנֶיךָ בְּבִטּוּי שְׂפָתָיִם:
עַל חֵטְא שֶׁחָטָאנוּ לְפָנֶיךָ בַּגָּלוּי וּבַסָּתֶר.
וְעַל חֵטְא שֶׁחָטָאנוּ לְפָנֶיךָ בְּדִבּוּר פֶּה:
עַל חֵטְא שֶׁחָטָאנוּ לְפָנֶיךָ בְּהַרְהוֹר הַלֵּב.
וְעַל חֵטְא שֶׁחָטָאנוּ לְפָנֶיךָ בְּוִדּוּי פֶּה:
עַל חֵטְא שֶׁחָטָאנוּ לְפָנֶיךָ בְּזָדוֹן וּבִשְׁגָגָה.
וְעַל חֵטְא שֶׁחָטָאנוּ לְפָנֶיךָ בְּחִלּוּל הַשֵּׁם:

וְעַל כֻּלָּם אֱלוֹהַ סְלִיחוֹת סְלַח־לָנוּ. מְחַל־לָנוּ. כַּפֶּר־לָנוּ:

עַל חֵטְא שֶׁחָטָאנוּ לְפָנֶיךָ בְּטִפְשׁוּת פֶּה.
וְעַל חֵטְא שֶׁחָטָאנוּ לְפָנֶיךָ בְּיוֹדְעִים וּבְלֹא יוֹדְעִים:
עַל חֵטְא שֶׁחָטָאנוּ לְפָנֶיךָ בְּכַפַּת שֹׁחַד.
וְעַל חֵטְא שֶׁחָטָאנוּ לְפָנֶיךָ בִּלְשׁוֹן הָרָע:
עַל חֵטְא שֶׁחָטָאנוּ לְפָנֶיךָ בְּמַאֲכָל וּבְמִשְׁתֶּה.
וְעַל חֵטְא שֶׁחָטָאנוּ לְפָנֶיךָ בִּנְטִיַּת גָּרוֹן:

וְעַל כֻּלָּם אֱלוֹהַ סְלִיחוֹת סְלַח־לָנוּ. מְחַל־לָנוּ. כַּפֶּר־לָנוּ:

עַל חֵטְא שֶׁחָטָאנוּ לְפָנֶיךָ בְּשִׂקּוּר עָיִן.
וְעַל חֵטְא שֶׁחָטָאנוּ לְפָנֶיךָ בְּעַזּוּת מֶצַח:
עַל חֵטְא שֶׁחָטָאנוּ לְפָנֶיךָ בִּפְלִילוּת.
וְעַל חֵטְא שֶׁחָטָאנוּ לְפָנֶיךָ בְּצָרוּת עָיִן:
עַל חֵטְא שֶׁחָטָאנוּ לְפָנֶיךָ בְּקַשְׁיוּת עֹרֶף.
וְעַל חֵטְא שֶׁחָטָאנוּ לְפָנֶיךָ בְּרְכִילוּת:
עַל חֵטְא שֶׁחָטָאנוּ לְפָנֶיךָ בְּשִׂנְאַת חִנָּם.
וְעַל חֵטְא שֶׁחָטָאנוּ לְפָנֶיךָ בְּתִמְהוֹן לֵבָב: וְעַל כֻּלָּם . . .

AL ḤET: The multitude of our sins

We have sinned against You by hardening our hearts;
  And we have sinned against You by speaking perversely.
We have sinned against You publicly and privately;
  And we have sinned against You by corrupt speech.
We have sinned against You by evil thoughts;
  And we have sinned against You by insincere confession.
We have sinned against You intentionally and unintentionally;
  And we have sinned against You by desecrating Your name.

For all these sins, O God of forgiveness,
forgive us, pardon us, grant us atonement.

V'al kulam Elo-ha s'liḥot, s'laḥ lanu, m'ḥal lanu, ka-per lanu.

We have sinned against You by foolish talk;
  And we have sinned against You knowingly and unknowingly.
We have sinned against You by bribery;
  And we have sinned against You by slander.
We have sinned against You in eating and drinking;
  And we have sinned against You by false pride.

For all these sins, O God of forgiveness,
forgive us, pardon us, grant us atonement.

V'al kulam Elo-ha s'liḥot, s'laḥ lanu, m'ḥal lanu, ka-per lanu.

We have sinned against You by wanton glances;
  And we have sinned against You by effrontery.
We have sinned against You by perverting justice;
  And we have sinned against You by envy.
We have sinned against You by being stubborn;
  And we have sinned against You by talebearing.
We have sinned against You by causeless hatred;
  And we have sinned against You by confusion of values.

For all these sins, O God of forgiveness,
forgive us, pardon us, grant us atonement.

V'al kulam Elo-ha s'liḥot, s'laḥ lanu, m'ḥal lanu, ka-per lanu.

We have sinned against You
by forgetting that we are made in Your image;

And we have sinned against You
by forgetting that others are also made in Your image.

We have sinned against You
by sacrificing conscience on the altar of comfort;

And we have sinned against You
by surrendering abiding values for fleeting pleasures.

We have sinned against You
by meeting petty irritations with fierce anger;

And we have sinned against You
by greeting massive wrongs with cool indifference.

We have sinned against You
by remembering too long the hurts we have suffered;

And we have sinned against You
by forgetting too soon the hurts we have inflicted.

For these sins, and others for which we also repent,
forgive us, pardon us, grant us atonement.

V'al kulam Elo-ha seliḥot, s'laḥ lanu, m'ḥal lanu, kaper lanu.

We have sinned against You
by squandering the riches of our heritage;

And we have sinned against You
by neglecting to study and to teach Torah.

We have sinned against You
by abandoning our noblest ideals;

And we have sinned against You
by clinging to old prejudices and evil habits.

We have sinned against You
by neglecting the needs of our families;

And we have sinned against You
by evading our responsibilities to our people.

We have sinned against You
by ignoring the weak and the suffering;

And we have sinned against You
by forsaking the lonely and the oppressed.

For these sins, and others for which we also repent,
forgive us, pardon us, grant us atonement.

V'al kulam Elo-ha seliḥot, s'laḥ lanu, m'ḥal lanu, kaper lanu.

We have sinned against You
by emptying our lives of sacred rites and holy days;

And we have sinned against You
by filling our days with trivialities and seeking status.

We have sinned against You
by speaking words of gossip and harsh rebuke;

And we have sinned against You
by withholding words of encouragement and praise.

We have sinned against You
by failing to do our utmost in our work;

And we have sinned against You
by not "serving God in joy."

We have sinned against You
by not becoming all that we could be.

And we have sinned against You
by not permitting others to become all that they could be.

For these sins, and others for which we also repent,
forgive us, pardon us, grant us atonement.

V'al kulam Elo-ha seliḥot, s'laḥ lanu, m'ḥal lanu, kaper lanu.

On Shabbat add the words in brackets.

אֱלֹהֵינוּ וֵאלֹהֵי אֲבוֹתֵינוּ מְחַל לַעֲוֹנוֹתֵינוּ בְּיוֹם [הַשַּׁבָּת הַזֶּה וּבְיוֹם] הַכִּפֻּרִים הַזֶּה מְחֵה וְהַעֲבֵר פְּשָׁעֵינוּ וְחַטֹּאתֵינוּ מִנֶּגֶד עֵינֶיךָ. כָּאָמוּר אָנֹכִי אָנֹכִי הוּא מֹחֶה פְשָׁעֶיךָ לְמַעֲנִי וְחַטֹּאתֶיךָ לֹא אֶזְכֹּר: וְנֶאֱמַר מָחִיתִי כָעָב פְּשָׁעֶיךָ וְכֶעָנָן חַטֹּאתֶיךָ שׁוּבָה אֵלַי כִּי גְאַלְתִּיךָ: וְנֶאֱמַר כִּי־בַיּוֹם הַזֶּה יְכַפֵּר עֲלֵיכֶם לְטַהֵר אֶתְכֶם מִכֹּל חַטֹּאתֵיכֶם לִפְנֵי יְיָ תִּטְהָרוּ: אֱלֹהֵינוּ וֵאלֹהֵי אֲבוֹתֵינוּ [רְצֵה בִמְנוּחָתֵנוּ] קַדְּשֵׁנוּ בְּמִצְוֹתֶיךָ וְתֵן חֶלְקֵנוּ בְּתוֹרָתֶךָ שַׂבְּעֵנוּ מִטּוּבֶךָ וְשַׂמְּחֵנוּ בִּישׁוּעָתֶךָ. [וְהַנְחִילֵנוּ יְיָ אֱלֹהֵינוּ בְּאַהֲבָה וּבְרָצוֹן שַׁבַּת קָדְשֶׁךָ וְיָנוּחוּ בָהּ יִשְׂרָאֵל מְקַדְּשֵׁי שְׁמֶךָ] וְטַהֵר לִבֵּנוּ לְעָבְדְּךָ בֶּאֱמֶת. כִּי אַתָּה סָלְחָן לְיִשְׂרָאֵל וּמָחֳלָן לְשִׁבְטֵי יְשֻׁרוּן בְּכָל־דּוֹר וָדוֹר וּמִבַּלְעָדֶיךָ אֵין לָנוּ מֶלֶךְ מוֹחֵל וְסוֹלֵחַ אֶלָּא אָתָּה. בָּרוּךְ אַתָּה יְיָ מֶלֶךְ מוֹחֵל וְסוֹלֵחַ לַעֲוֹנוֹתֵינוּ וְלַעֲוֹנוֹת עַמּוֹ בֵּית יִשְׂרָאֵל. וּמַעֲבִיר אַשְׁמוֹתֵינוּ בְּכָל־שָׁנָה וְשָׁנָה. מֶלֶךְ עַל כָּל־הָאָרֶץ מְקַדֵּשׁ [הַשַּׁבָּת וְ]יִשְׂרָאֵל וְיוֹם הַכִּפֻּרִים:

רְצֵה יְיָ אֱלֹהֵינוּ בְּעַמְּךָ יִשְׂרָאֵל. וּתְפִלָּתָם בְּאַהֲבָה תְקַבֵּל בְּרָצוֹן. וּתְהִי לְרָצוֹן תָּמִיד עֲבוֹדַת יִשְׂרָאֵל עַמֶּךָ:

וְתֶחֱזֶינָה עֵינֵינוּ בְּשׁוּבְךָ לְצִיּוֹן בְּרַחֲמִים. בָּרוּךְ אַתָּה יְיָ הַמַּחֲזִיר שְׁכִינָתוֹ לְצִיּוֹן:

On Shabbat add the words in brackets.

Our God and God of our ancestors, forgive our sins [on this Sabbath day and] on this Day of Atonement.

Blot out and remove our sins and transgressions as Isaiah promised in Your name: "I blot out your transgressions, for My own sake; and your sins I shall not recall."

You promised further: "I have blotted out your transgressions like a cloud, your sins like a mist. Return to Me for I have redeemed you."

And in the Torah it is written: "For on this day atonement shall be made for you to cleanse you; of all your sins shall you be clean before the Lord."

Our God and God of our ancestors [may our Sabbath rest be acceptable to You;] may Your *Mitzvot* lead us to holiness; and may we be among those who devote themselves to Your Torah. May we find contentment in Your blessings, and joy in Your sustaining power.

[Help us to enjoy, in love and favor, the heritage of Your holy Sabbath. May Your people Israel, who hallow Your name, find rest on this day.]

Purify our hearts to serve You in truth. For You forgive the people Israel and pardon the tribes of Jeshurun in every generation; and we acknowledge only You as Sovereign who grants us pardon and forgiveness.

Praised are You, O Lord, who forgives and pardons our sins and the sins of the house of Israel. Year after year, You absolve us of our guilt, Sovereign over all the earth, who hallows [the Sabbath,] Israel, and this Day of Atonement.

ACCEPT OUR PRAYER AND BLESS ZION

Be gracious to Your people Israel, O Lord our God, and lovingly accept their prayers. May our worship ever be acceptable to You.

May our eyes behold Your merciful return to Zion. Praise to You, O Lord, who restores the Divine Presence to Zion.

מוֹדִים אֲנַחְנוּ לָךְ שָׁאַתָּה הוּא יְיָ אֱלֹהֵינוּ וֵאלֹהֵי אֲבוֹתֵינוּ לְעוֹלָם וָעֶד. צוּר חַיֵּינוּ מָגֵן יִשְׁעֵנוּ אַתָּה הוּא לְדוֹר וָדוֹר. נוֹדֶה לְךָ וּנְסַפֵּר תְּהִלָּתֶךָ עַל חַיֵּינוּ הַמְּסוּרִים בְּיָדֶךָ וְעַל נִשְׁמוֹתֵינוּ הַפְּקוּדוֹת לָךְ וְעַל נִסֶּיךָ שֶׁבְּכָל־יוֹם עִמָּנוּ וְעַל נִפְלְאוֹתֶיךָ וְטוֹבוֹתֶיךָ שֶׁבְּכָל־עֵת עֶרֶב וָבֹקֶר וְצָהֳרָיִם. הַטּוֹב כִּי לֹא־כָלוּ רַחֲמֶיךָ. וְהַמְרַחֵם כִּי לֹא־תַמּוּ חֲסָדֶיךָ. מֵעוֹלָם קִוִּינוּ לָךְ:

The following may be said in an undertone:

מוֹדִים אֲנַחְנוּ לָךְ שָׁאַתָּה הוּא יְיָ אֱלֹהֵינוּ וֵאלֹהֵי אֲבוֹתֵינוּ אֱלֹהֵי כָל־בָּשָׂר יוֹצְרֵנוּ יוֹצֵר בְּרֵאשִׁית. בְּרָכוֹת וְהוֹדָאוֹת לְשִׁמְךָ הַגָּדוֹל וְהַקָּדוֹשׁ עַל שֶׁהֶחֱיִיתָנוּ וְקִיַּמְתָּנוּ. כֵּן תְּחַיֵּנוּ וּתְקַיְּמֵנוּ וְתֶאֱסוֹף גָּלֻיּוֹתֵינוּ לְאֶרֶץ קָדְשֶׁךָ לִשְׁמֹר חֻקֶּיךָ וְלַעֲשׂוֹת רְצוֹנֶךָ וּלְעָבְדְךָ בְּלֵבָב שָׁלֵם עַל שֶׁאֲנַחְנוּ מוֹדִים לָךְ. בָּרוּךְ אֵל הַהוֹדָאוֹת:

וְעַל־כֻּלָּם יִתְבָּרַךְ וְיִתְרוֹמַם שִׁמְךָ מַלְכֵּנוּ תָּמִיד לְעוֹלָם וָעֶד:

אָבִינוּ מַלְכֵּנוּ זְכוֹר רַחֲמֶיךָ וּכְבוֹשׁ כַּעַסְךָ וְכַלֵּה דֶּבֶר וְחֶרֶב וְרָעָב וּשְׁבִי וּמַשְׁחִית וְעָוֹן וּשְׁמַד וּמַגֵּפָה וּפֶגַע רַע וְכָל־מַחֲלָה וְכָל־תְּקָלָה וְכָל־קְטָטָה וְכָל־מִינֵי פֻרְעָנִיּוֹת וְכָל־גְּזֵרָה רָעָה וְשִׂנְאַת חִנָּם. מֵעָלֵינוּ וּמֵעַל כָּל־בְּנֵי בְרִיתֶךָ:

וּכְתוֹב לְחַיִּים טוֹבִים כָּל־בְּנֵי בְרִיתֶךָ:

וְכֹל הַחַיִּים יוֹדוּךָ סֶּלָה וִיהַלְלוּ אֶת שִׁמְךָ בֶּאֱמֶת הָאֵל יְשׁוּעָתֵנוּ וְעֶזְרָתֵנוּ סֶלָה. בָּרוּךְ אַתָּה יְיָ הַטּוֹב שִׁמְךָ וּלְךָ נָאֶה לְהוֹדוֹת:

THANKSGIVING FOR DAILY MIRACLES

We thankfully acknowledge You, our God and God of our ancestors, Lord of eternity. You are the source of our strength, even as You have been Israel's protecting shield in every generation.

We thank You and proclaim Your praise for our lives which are in Your hand, for our souls which are in Your care, for Your miracles which are daily with us, and for Your wondrous kindness at all times—morning, noon, and night. Source of all goodness, Your mercies never fail. Source of compassion, Your kindnesses never cease. You are our abiding hope.

The following may be said in an undertone:

We thankfully acknowledge You, Lord our God and God of our ancestors, God of all flesh, our Creator, Lord of all creation.

We utter blessings and thanksgiving to Your greatness and holiness, for You have given us life and sustained us.

May You continue to bless us with life and sustenance, and gather our dispersed, so that we may fulfill Your commandments, do Your will, and serve You wholeheartedly.

Praised be God to whom all thanks are due.

For all Your blessings we shall praise and exalt You, O our Sovereign, forever.

Avinu Malkeynu, remember Your compassion and suppress Your anger. Remove from us and from all the people of Your covenant, pestilence and sword, famine and plundering, destruction and iniquity, persecution, plague, and affliction, every disease and disaster, all strife and calamity, every evil decree and causeless hatred.

Inscribe all the children of Your covenant for a good life.

May all living creatures always thank You and praise You in truth. O God, You are our deliverance and our help. Praised are You, beneficent Lord, to whom all praise is due.

אֱלֹהֵינוּ וֵאלֹהֵי אֲבוֹתֵינוּ. בָּרְכֵנוּ בַבְּרָכָה הַמְשֻׁלֶּשֶׁת בַּתּוֹרָה הַכְּתוּבָה עַל יְדֵי מֹשֶׁה עַבְדֶּךָ. הָאֲמוּרָה מִפִּי אַהֲרֹן וּבָנָיו כֹּהֲנִים. עַם קְדוֹשֶׁךָ כָּאָמוּר:

Congregation: **Keyn y'hi ratzon.**

יְבָרֶכְךָ יְיָ וְיִשְׁמְרֶךָ: כֵּן יְהִי רָצוֹן:

יָאֵר יְיָ פָּנָיו אֵלֶיךָ וִיחֻנֶּךָּ: כֵּן יְהִי רָצוֹן:

יִשָּׂא יְיָ פָּנָיו אֵלֶיךָ וְיָשֵׂם לְךָ שָׁלוֹם: כֵּן יְהִי רָצוֹן:

שִׂים שָׁלוֹם טוֹבָה וּבְרָכָה בָּעוֹלָם חֵן וָחֶסֶד וְרַחֲמִים עָלֵינוּ וְעַל כָּל־יִשְׂרָאֵל עַמֶּךָ. בָּרְכֵנוּ אָבִינוּ כֻּלָּנוּ כְּאֶחָד בְּאוֹר פָּנֶיךָ. כִּי בְאוֹר פָּנֶיךָ נָתַתָּ לָּנוּ יְיָ אֱלֹהֵינוּ תּוֹרַת חַיִּים וְאַהֲבַת חֶסֶד וּצְדָקָה וּבְרָכָה וְרַחֲמִים וְחַיִּים וְשָׁלוֹם. וְטוֹב בְּעֵינֶיךָ לְבָרֵךְ אֶת־עַמְּךָ יִשְׂרָאֵל בְּכָל־עֵת וּבְכָל־שָׁעָה בִּשְׁלוֹמֶךָ:

בְּסֵפֶר חַיִּים בְּרָכָה וְשָׁלוֹם וּפַרְנָסָה טוֹבָה. נִזָּכֵר וְנִכָּתֵב לְפָנֶיךָ. אֲנַחְנוּ וְכָל־עַמְּךָ בֵּית יִשְׂרָאֵל. לְחַיִּים טוֹבִים וּלְשָׁלוֹם:

Sim shalom tovah uv-raḥah ba-olam,
Ḥeyn va-ḥesed v'raḥamim aleynu v'al kol yisrael ameḥa.
Bar-ḥeynu avinu kulanu k'eḥad b'or paneḥa,
Ki v'or paneḥa natata lanu Adonai Eloheynu
torat ḥa-yim, v'ahavat ḥesed,
U-tz'dakah, uv-raḥah, v'raḥamim, v'ḥa-yim, v'shalom.
V'tov b'eyneḥa l'vareyḥ et am-ḥa yisrael
B'ḥol eyt uv-ḥol sha-a bi-sh'lomeḥa.

B'seyfer ḥa-yim b'raḥah v'shalom ufar-nasah tovah,
Niza-ḥeyr v'nikateyv l'faneḥa,
Anaḥnu v'ḥol amḥa beyt yisrael,
L'ḥa-yim tovim ul-shalom.

THE THREEFOLD BLESSING

Our God and God of our ancestors, bless us with the threefold blessing written in the Torah by Moses, Your servant, pronounced in ancient days by Aaron and his sons, the consecrated priests of Your people:

	Congregation:
"May the Lord bless you and protect you."	*May this be God's will.*
"May the Lord show you kindness and be gracious to you."	*May this be God's will.*
"May the Lord bestow favor upon you and grant you peace."	*May this be God's will.*

SIM SHALOM: Prayer for peace

Grant peace, goodness, and blessing to the world; graciousness, kindness, and mercy to us and to all Your people Israel.

Bless us all, O our Creator, with the divine light of Your presence.

For by that divine light You have revealed to us Your life-giving Torah, and taught us lovingkindness, righteousness, mercy, and peace.

May it please You to bless Your people Israel, in every season and at every hour, with Your peace.

INSCRIBE US IN THE BOOK OF LIFE

In the book of life and blessing, peace and prosperity, may we and all Your people, the house of Israel, be inscribed for a good and peaceful life.

וְנֶאֱמַר כִּי בִי יִרְבּוּ יָמֶיךָ וְיוֹסִיפוּ לְךָ שְׁנוֹת חַיִּים: לְחַיִּים טוֹבִים תִּכְתְּבֵנוּ. אֱלֹהִים חַיִּים כָּתְבֵנוּ בְּסֵפֶר הַחַיִּים. כַּכָּתוּב. וְאַתֶּם הַדְּבֵקִים בַּיְיָ אֱלֹהֵיכֶם חַיִּים כֻּלְּכֶם הַיּוֹם:

הַיּוֹם תְּאַמְּצֵנוּ: אָמֵן:
הַיּוֹם תְּבָרְכֵנוּ: אָמֵן:
הַיּוֹם תְּגַדְּלֵנוּ: אָמֵן:
הַיּוֹם תִּדְרְשֵׁנוּ לְטוֹבָה: אָמֵן:
הַיּוֹם תִּכְתְּבֵנוּ לְחַיִּים טוֹבִים: אָמֵן:
הַיּוֹם תִּשְׁמַע שַׁוְעָתֵנוּ: אָמֵן:
הַיּוֹם תְּקַבֵּל בְּרַחֲמִים וּבְרָצוֹן אֶת־תְּפִלָּתֵנוּ: אָמֵן:
הַיּוֹם תִּתְמְכֵנוּ בִּימִין צִדְקֶךָ: אָמֵן:
הַיּוֹם תִּמְחוֹל וְתִסְלַח לְכָל־עֲוֹנוֹתֵינוּ: אָמֵן:

הַיּוֹם תְּקָרְבֵנוּ לַעֲבוֹדָתֶךָ לְטוֹב לָנוּ כָּל־הַיָּמִים לְחַיּוֹתֵנוּ כְּהַיּוֹם הַזֶּה: וּצְדָקָה וּבְרָכָה וְרַחֲמִים וְחַיִּים וְשָׁלוֹם יִהְיֶה־לָנוּ וּלְכָל־יִשְׂרָאֵל עַד הָעוֹלָם. בָּרוּךְ אַתָּה יְיָ עוֹשֵׂה הַשָּׁלוֹם:

Ha-yom t'amtzeynu. AMEN.
Ha-yom t'varḥeynu. AMEN.
Ha-yom t'gadleynu. AMEN.
Ha-yom tid-r'sheynu l'tovah. AMEN.
Ha-yom tiḥ-t'veynu l'ḥa-yim tovim. AMEN.
Ha-yom tish-ma shav-ateynu. AMEN.
Ha-yom t'kabeyl b'raḥamim uv-ratzon et t'filateynu. AMEN.
Ha-yom tit-m'ḥeynu bi-min tzid-keḥa. AMEN.
Ha-yom timḥol v'tislaḥ l'ḥol avonoteynu. AMEN.

In the Book of Proverbs it is written: "Through Me will your days be multiplied, and the years of your life be increased." O God of life, inscribe us for a good life, inscribe us in the book of life, as it is written in the Torah: "And you, by clinging to the Lord our God, have all been kept alive to this day."

HAYOM: On this day

On this day, give us strength!	*Amen.*
On this day, bless us!	*Amen.*
On this day, help us to grow!	*Amen.*
On this day, be mindful of us!	*Amen.*
On this day, inscribe us for a good life!	*Amen.*
On this day, hear our plea!	*Amen.*
On this day, mercifully accept our prayer!	*Amen.*
On this day, support us with Your just strength!	*Amen.*
On this day, forgive our sins!	*Amen.*

On this day, bring us closer to Your service, so that we may be well and so that we may be spiritually alive all of our days, as we are on this day.

May righteousness, blessing, mercy, life, and peace be ever granted to us and to the entire household of Israel.

Praised are You, O Lord, Source of peace.

Reader:

יִתְגַּדַּל וְיִתְקַדַּשׁ שְׁמֵהּ רַבָּא. בְּעָלְמָא דִּי־בְרָא כִרְעוּתֵהּ. וְיַמְלִיךְ מַלְכוּתֵהּ בְּחַיֵּיכוֹן וּבְיוֹמֵיכוֹן וּבְחַיֵּי דְכָל־בֵּית יִשְׂרָאֵל בַּעֲגָלָא וּבִזְמַן קָרִיב. וְאִמְרוּ אָמֵן:

Congregation and Reader:

יְהֵא שְׁמֵהּ רַבָּא מְבָרַךְ לְעָלַם וּלְעָלְמֵי עָלְמַיָּא:

Reader:

יִתְבָּרַךְ וְיִשְׁתַּבַּח וְיִתְפָּאַר וְיִתְרוֹמַם וְיִתְנַשֵּׂא וְיִתְהַדַּר וְיִתְעַלֶּה וְיִתְהַלַּל שְׁמֵהּ דְּקֻדְשָׁא. בְּרִיךְ הוּא. לְעֵלָּא לְעֵלָּא מִכָּל־בִּרְכָתָא וְשִׁירָתָא תֻּשְׁבְּחָתָא וְנֶחֱמָתָא דַּאֲמִירָן בְּעָלְמָא. וְאִמְרוּ אָמֵן:

תִּתְקַבֵּל צְלוֹתְהוֹן וּבָעוּתְהוֹן דְּכָל־יִשְׂרָאֵל קֳדָם אֲבוּהוֹן דִּי־בִשְׁמַיָּא. וְאִמְרוּ אָמֵן:

יְהֵא שְׁלָמָא רַבָּא מִן שְׁמַיָּא וְחַיִּים עָלֵינוּ וְעַל כָּל־יִשְׂרָאֵל. וְאִמְרוּ אָמֵן:

עֹשֶׂה שָׁלוֹם בִּמְרוֹמָיו הוּא יַעֲשֶׂה שָׁלוֹם עָלֵינוּ וְעַל כָּל־יִשְׂרָאֵל. וְאִמְרוּ אָמֵן:

Congregation and Reader:

Y'hey sh'mey raba m'varaḥ l'alam ul-almey alma-ya (yit-baraḥ).

Oseh shalom bi-m'romav, hu ya-aseh shalom
Aleynu v'al kol yisrael, v'imru **amen.**

KADDISH SHALEM

Magnified and sanctified be the great name of God, in the world created according to the Divine will. May God's sovereignty soon be established, in our lifetime and that of the entire house of Israel. And let us say: Amen.

May God's great name be praised to all eternity.

Hallowed and honored, extolled and exalted, adored and acclaimed be the name of the blessed Holy One, whose glory is infinitely beyond all the praises, hymns, and songs of adoration which human beings can utter. And let us say: Amen.

May the prayers and pleas of the whole house of Israel be accepted by the universal Parent of us all. And let us say: Amen.

May God grant abundant peace and life to us and to all Israel. And let us say: Amen.

May God, who ordains harmony in the universe, grant peace to us and to all Israel. And let us say: Amen.

A BLESSING FROM THE TALMUD

When the disciples of Rav Ammi concluded their study, they took leave with this blessing:

May your cherished hopes be fulfilled in your lifetime;
May you be worthy of life eternal;
And may your ideals persist throughout the generations.

May your heart be filled with understanding;
May your mouth speak wisdom;
And may your tongue give expression to song.

May your eyes direct you straight forward;
May they shine with the light of the Torah;
And may your countenance be as radiant as the
bright firmament.

May your lips speak knowledge and righteousness;
And may your feet swiftly take you
To places where the words of God are heard.

Based on Talmud, Berakhot 17a

מִנְחָה
לְיוֹם
כִּפּוּר

MINḤAH / AFTERNOON SERVICE

YOM KIPPUR

Sinai is ever present

It is written in sacred Scriptures:
The Lord revealed the Divine Presence on Sinai
To teach the Children of Israel Torah and *Mitzvot*.
The Lord was revealed to our people with thunder
and lightning,
Appearing to them amidst the sounds of the Shofar.

Our Sages, of blessed memory, said:
Whatever a faithful student will perceive and transmit,
The Torah he will create, the commandments she will teach—
They were all said to Moses at Sinai.

Sinai is ever present—not only a past event.
Wherever people gather to seek God's presence,
To renew the Covenant, to discover God's will;
Whenever they listen and hear, receive and transmit—
They stand at Sinai.

Eugene Mihaly (adapted)

Days are scrolls. Write thereon only what you would like to have remembered about you.

Baḥya Ibn Pakuda

Approaching the Ark

Merciful and gracious God, wherever we are, we stand in Your presence; yet, as we approach Your holy Ark on this afternoon of repentance, we yearn for a special sense of Your nearness.

As the day wanes and our strength ebbs, we draw upon all our resources of spirit to sustain us.

We turn again to Your Torah for inspiration and for instruction, for wisdom and for hope.

For Your Torah, O Lord, provides bread for hungry hearts, and water for our thirsting spirits.

Your Torah nourishes us at all times, as it sustained our ancestors throughout the ages.

Through Torah You teach us how to live;
And through Torah You give us a purpose for which to live.

Your *Mitzvot* give direction to our lives;
Your teachings give meaning to our lives;
Your love gives sanctity to our lives.

As we seek to return to You, in sincerity and in truth,
we pray for a renewed will to study Your Torah,
for greater wisdom to understand it,
and for deeper loyalty to live by it.

May we and all future generations of the household of Israel worship You gratefully and serve You faithfully.

May our study of Torah ennoble our thoughts,
and may all of our deeds be worthy of Your blessing.

The Ark is opened.

וַיְהִי בִּנְסֹעַ הָאָרֹן וַיֹּאמֶר משֶׁה.

קוּמָה יְיָ וְיָפֻצוּ אֹיְבֶיךָ וְיָנֻסוּ מְשַׂנְאֶיךָ מִפָּנֶיךָ:

כִּי מִצִּיּוֹן תֵּצֵא תוֹרָה וּדְבַר־יְיָ מִירוּשָׁלָיִם:

בָּרוּךְ שֶׁנָּתַן תּוֹרָה לְעַמּוֹ יִשְׂרָאֵל בִּקְדֻשָּׁתוֹ:

Ki mi-tzion tey-tzey torah,
U-d'var Adonai mi-ru-shala-yim.
Baruḥ sheh-natan torah l'amo yisrael bi-k'du-shato.

The Torah Scroll is removed from the Ark.

Reader:

גַּדְּלוּ לַייָ אִתִּי וּנְרוֹמְמָה שְׁמוֹ יַחְדָּו:

Congregation and Reader:

לְךָ יְיָ הַגְּדֻלָּה וְהַגְּבוּרָה וְהַתִּפְאֶרֶת וְהַנֵּצַח וְהַהוֹד.
כִּי־כֹל בַּשָּׁמַיִם וּבָאָרֶץ
לְךָ יְיָ הַמַּמְלָכָה וְהַמִּתְנַשֵּׂא לְכֹל לְרֹאשׁ:
רוֹמְמוּ יְיָ אֱלֹהֵינוּ וְהִשְׁתַּחֲווּ לַהֲדֹם רַגְלָיו. קָדוֹשׁ הוּא:
רוֹמְמוּ יְיָ אֱלֹהֵינוּ וְהִשְׁתַּחֲווּ לְהַר קָדְשׁוֹ.
כִּי־קָדוֹשׁ יְיָ אֱלֹהֵינוּ:

L'ḥa Adonai ha-g'dula v'ha-g'vura v'ha-tiferet
V'ha-neytzaḥ v'ha-hod.
Ki ḥol ba-shama-yim u-va-aretz,
L'ḥa Adonai ha-mamlaḥa v'ha-mit-nasey l'ḥol l'rosh.

Rom'mu Adonai Eloheynu
V'hish-taḥavu la-hadom rag-lav, kadosh hu.
Rom'mu Adonai Eloheynu v'hish-taḥavu l'har kod-sho,
Ki kadosh Adonai Eloheynu.

Torah service

"Whenever the Ark moved forward,
Moses would exclaim:

'Arise, O Lord, and may Your enemies be scattered;
May Your foes be put to flight before You.' "

"From Zion shall come forth Torah,
And the word of the Lord from Jerusalem."

Praised be God who, in Divine holiness,
Gave the Torah to the people Israel.

The Torah Scroll is removed from the Ark.

Reader:

"Glorify the Lord with me; let us exalt God together."

Congregation and Reader:

"Yours, O Lord, is the greatness, the power,
    and the splendor;
Yours is the victory and the majesty;
For all in heaven and on earth is Yours.
Dominion, O Lord, is Yours; and You rule over all."

"Exalt the Lord our God and worship the One who is holy."
"Exalt and worship at God's holy mountain;
For holy is the Lord our God."

Reader:

וְתִגָּלֶה וְתֵרָאֶה מַלְכוּתוֹ עָלֵינוּ בִּזְמַן קָרוֹב. וְיָחוֹן פְּלֵיטָתֵנוּ וּפְלֵיטַת עַמּוֹ בֵּית יִשְׂרָאֵל לְחֵן וּלְחֶסֶד לְרַחֲמִים וּלְרָצוֹן. וְנֹאמַר אָמֵן: הַכֹּל הָבוּ גֹדֶל לֵאלֹהֵינוּ וּתְנוּ כָבוֹד לַתּוֹרָה:

(The first honoree is called.)

בָּרוּךְ שֶׁנָּתַן תּוֹרָה לְעַמּוֹ יִשְׂרָאֵל בִּקְדֻשָּׁתוֹ:

Congregation, then Reader:

וְאַתֶּם הַדְּבֵקִים בַּיְיָ אֱלֹהֵיכֶם חַיִּים כֻּלְּכֶם הַיּוֹם:

TORAH BLESSINGS

Each person honored with an Aliyah, recites the following blessings:

בָּרְכוּ אֶת־יְיָ הַמְבֹרָךְ:

בָּרוּךְ יְיָ הַמְבֹרָךְ לְעוֹלָם וָעֶד:

בָּרוּךְ אַתָּה יְיָ אֱלֹהֵינוּ מֶלֶךְ הָעוֹלָם אֲשֶׁר בָּחַר־בָּנוּ מִכָּל־הָעַמִּים וְנָתַן־לָנוּ אֶת־תּוֹרָתוֹ. בָּרוּךְ אַתָּה יְיָ נוֹתֵן הַתּוֹרָה:

After a section of the Torah has been read, recite the following:

בָּרוּךְ אַתָּה יְיָ אֱלֹהֵינוּ מֶלֶךְ הָעוֹלָם אֲשֶׁר נָתַן־לָנוּ תּוֹרַת אֱמֶת וְחַיֵּי עוֹלָם נָטַע בְּתוֹכֵנוּ. בָּרוּךְ אַתָּה יְיָ נוֹתֵן הַתּוֹרָה:

English texts of the Torah and Haftarah readings are reproduced here, unchanged, from The Jewish Publication Society's Bible translations.

Reader:

May God's sovereignty soon be revealed and made visible to us, and may God favor the remnant of the people Israel with grace and kindness, with mercy and love. Let us say: Amen. Let us exalt our God and render homage to the Torah.

Praised be God who, in Divine holiness,
Gave the Torah to the people Israel.

Congregation, then Reader:

V'atem ha-d'veykim ba-donai Eloheyḥem
Ḥa-yim kulḥem ha-yom.

"And you, by clinging to the Lord your God,
Have all been kept alive to this day."

TORAH BLESSINGS

Each person honored with an Aliyah, recites the following blessings:

Barḥu et Adonai ha-m'voraḥ.

Baruḥ Adonai ha-m'voraḥ l'olam va-ed.

Baruḥ ata Adonai, Eloheynu meleḥ ha-olam, asher baḥar banu mi-kol ha-amim, v'natan lanu et torato, baruḥ ata Adonai noteyn ha-torah.

After a section of the Torah has been read, recite the following:

Baruḥ ata Adonai, Eloheynu meleḥ ha-olam, asher natan lanu torat emet, v'ḥa-yey olam nata b'toḥeynu, baruḥ ata Adonai noteyn ha-torah.

Praise the Lord, Source of all blessing;

Praised be the Lord, Source of all blessing, forever.

Praised are You, Lord our God, Ruler of the universe, who chose us from among the peoples for Divine service by giving us the Torah. Praised are You, O Lord, Giver of the Torah.

Praised are You, Lord our God, Ruler of the universe, who has given us the Torah of truth, thereby planting within us life eternal. Praised are You, O Lord, Giver of the Torah.

Torah reading

(For an alternate reading, see page 678.)

FIRST ALIYAH

וַיְדַבֵּר יְהוָה אֶל־מֹשֶׁה לֵּאמֹר׃ דַּבֵּר אֶל־בְּנֵי יִשְׂרָאֵל וְאָמַרְתָּ אֲלֵהֶם אֲנִי יְהוָה אֱלֹהֵיכֶם׃ כְּמַעֲשֵׂה אֶרֶץ־מִצְרַיִם אֲשֶׁר יְשַׁבְתֶּם־בָּהּ לֹא תַעֲשׂוּ וּכְמַעֲשֵׂה אֶרֶץ־כְּנַעַן אֲשֶׁר אֲנִי מֵבִיא אֶתְכֶם שָׁמָּה לֹא תַעֲשׂוּ וּבְחֻקֹּתֵיהֶם לֹא תֵלֵכוּ׃ אֶת־מִשְׁפָּטַי תַּעֲשׂוּ וְאֶת־חֻקֹּתַי תִּשְׁמְרוּ לָלֶכֶת בָּהֶם אֲנִי יְהוָה אֱלֹהֵיכֶם׃ וּשְׁמַרְתֶּם אֶת־חֻקֹּתַי וְאֶת־מִשְׁפָּטַי אֲשֶׁר יַעֲשֶׂה אֹתָם הָאָדָם וָחַי בָּהֶם אֲנִי יְהוָה׃

SECOND ALIYAH

אִישׁ אִישׁ אֶל־כָּל־שְׁאֵר בְּשָׂרוֹ לֹא תִקְרְבוּ לְגַלּוֹת עֶרְוָה אֲנִי יְהוָה׃ עֶרְוַת אָבִיךָ וְעֶרְוַת אִמְּךָ לֹא תְגַלֵּה אִמְּךָ הִוא לֹא תְגַלֶּה עֶרְוָתָהּ׃ עֶרְוַת אֵשֶׁת־אָבִיךָ לֹא תְגַלֵּה עֶרְוַת אָבִיךָ הִוא׃ עֶרְוַת אֲחוֹתְךָ בַת־אָבִיךָ אוֹ בַת־אִמֶּךָ מוֹלֶדֶת בַּיִת אוֹ מוֹלֶדֶת חוּץ לֹא תְגַלֶּה עֶרְוָתָן׃ עֶרְוַת בַּת־בִּנְךָ אוֹ בַת־בִּתְּךָ לֹא תְגַלֶּה עֶרְוָתָן כִּי עֶרְוָתְךָ הֵנָּה׃ עֶרְוַת בַּת־אֵשֶׁת אָבִיךָ מוֹלֶדֶת אָבִיךָ אֲחוֹתְךָ הִוא לֹא תְגַלֶּה עֶרְוָתָהּ׃ עֶרְוַת אֲחוֹת־אָבִיךָ לֹא תְגַלֵּה שְׁאֵר אָבִיךָ הִוא׃ עֶרְוַת אֲחוֹת־אִמְּךָ לֹא תְגַלֵּה כִּי־שְׁאֵר אִמְּךָ הִוא׃ עֶרְוַת אֲחִי־אָבִיךָ לֹא תְגַלֵּה אֶל־אִשְׁתּוֹ לֹא תִקְרָב דֹּדָתְךָ הִוא׃ עֶרְוַת כַּלָּתְךָ לֹא תְגַלֵּה אֵשֶׁת בִּנְךָ הִוא לֹא תְגַלֶּה עֶרְוָתָהּ׃ עֶרְוַת אֵשֶׁת־אָחִיךָ לֹא תְגַלֵּה עֶרְוַת אָחִיךָ הִוא׃ עֶרְוַת אִשָּׁה וּבִתָּהּ

Torah reading

(For an alternate reading, see page 678.)

Leviticus 18

The LORD spoke to Moses, saying: Speak to the Israelite people and say to them:

I the LORD am your God. You shall not copy the practices of the land of Egypt where you dwelt, or of the land of Canaan to which I am taking you; nor shall you follow their laws. My rules alone shall you observe, and faithfully follow My laws: I the LORD am your God.

You shall keep My laws and My rules, by the pursuit of which man shall live: I am the LORD.

None of you shall come near anyone of his own flesh to uncover nakedness: I am the LORD.

Your father's nakedness, that is, the nakedness of your mother, you shall not uncover; she is your mother—you shall not uncover her nakedness. Do not uncover the nakedness of your father's wife; it is the nakedness of your father. The nakedness of your sister—your father's daughter or your mother's, whether born into the household or outside—do not uncover their nakedness.

The nakedness of your son's daughter, or of your daughter's daughter—do not uncover their nakedness; for their nakedness is yours. The nakedness of your father's wife's daughter, who was born into your father's household—she is your sister; do not uncover her nakedness.

Do not uncover the nakedness of your father's sister; she is your father's flesh. Do not uncover the nakedness of your mother's sister; for she is your mother's flesh. Do not uncover the nakedness of your father's brother: do not approach his wife; she is your aunt.

Do not uncover the nakedness of your daughter-in-law: she is your son's wife; you shall not uncover her nakedness. Do not uncover the nakedness of your brother's wife; it is the nakedness of your brother. Do not uncover the nakedness of

לֹא תְגַלֶּה אֶת־בַּת־בְּנָהּ וְאֶת־בַּת־בִּתָּהּ לֹא תִקַּח לְגַלּוֹת
עֶרְוָתָהּ שַׁאֲרָה הֵנָּה זִמָּה הִוא׃ וְאִשָּׁה אֶל־אֲחֹתָהּ לֹא תִקָּח
לִצְרֹר לְגַלּוֹת עֶרְוָתָהּ עָלֶיהָ בְּחַיֶּיהָ׃ וְאֶל־אִשָּׁה בְּנִדַּת
טֻמְאָתָהּ לֹא תִקְרַב לְגַלּוֹת עֶרְוָתָהּ׃ וְאֶל־אֵשֶׁת עֲמִיתְךָ לֹא־
תִתֵּן שְׁכָבְתְּךָ לְזָרַע לְטָמְאָה־בָהּ׃ וּמִזַּרְעֲךָ לֹא־תִתֵּן
לְהַעֲבִיר לַמֹּלֶךְ וְלֹא תְחַלֵּל אֶת־שֵׁם אֱלֹהֶיךָ אֲנִי יְהוָה׃

THIRD ALIYAH—MAFTIR

וְאֶת־זָכָר לֹא תִשְׁכַּב מִשְׁכְּבֵי אִשָּׁה תּוֹעֵבָה הִוא׃ וּבְכָל־
בְּהֵמָה לֹא־תִתֵּן שְׁכָבְתְּךָ לְטָמְאָה־בָהּ וְאִשָּׁה לֹא־תַעֲמֹד
לִפְנֵי בְהֵמָה לְרִבְעָהּ תֶּבֶל הוּא׃ אַל־תִּטַּמְּאוּ בְּכָל־אֵלֶּה
כִּי בְכָל־אֵלֶּה נִטְמְאוּ הַגּוֹיִם אֲשֶׁר־אֲנִי מְשַׁלֵּחַ מִפְּנֵיכֶם׃
וַתִּטְמָא הָאָרֶץ וָאֶפְקֹד עֲוֺנָהּ עָלֶיהָ וַתָּקִא הָאָרֶץ אֶת־
יֹשְׁבֶיהָ׃ וּשְׁמַרְתֶּם אַתֶּם אֶת־חֻקֹּתַי וְאֶת־מִשְׁפָּטַי וְלֹא תַעֲשׂוּ
מִכֹּל הַתּוֹעֵבֹת הָאֵלֶּה הָאֶזְרָח וְהַגֵּר הַגָּר בְּתוֹכְכֶם׃ כִּי אֶת־
כָּל־הַתּוֹעֵבֹת הָאֵל עָשׂוּ אַנְשֵׁי־הָאָרֶץ אֲשֶׁר לִפְנֵיכֶם וַתִּטְמָא
הָאָרֶץ׃ וְלֹא־תָקִיא הָאָרֶץ אֶתְכֶם בְּטַמַּאֲכֶם אֹתָהּ כַּאֲשֶׁר
קָאָה אֶת־הַגּוֹי אֲשֶׁר לִפְנֵיכֶם׃ כִּי כָּל־אֲשֶׁר יַעֲשֶׂה מִכֹּל
הַתּוֹעֵבֹת הָאֵלֶּה וְנִכְרְתוּ הַנְּפָשׁוֹת הָעֹשֹׂת מִקֶּרֶב עַמָּם׃
וּשְׁמַרְתֶּם אֶת־מִשְׁמַרְתִּי לְבִלְתִּי עֲשׂוֹת מֵחֻקּוֹת הַתּוֹעֵבֹת
אֲשֶׁר נַעֲשׂוּ לִפְנֵיכֶם וְלֹא תִטַּמְּאוּ בָּהֶם אֲנִי יְהוָה אֱלֹהֵיכֶם׃

As the Torah Scroll is raised, the congregation recites:

וְזֹאת הַתּוֹרָה אֲשֶׁר־שָׂם מֹשֶׁה לִפְנֵי בְּנֵי יִשְׂרָאֵל
עַל־פִּי יְיָ בְּיַד־מֹשֶׁה׃

Continue with the Haftarah on page 682.

a woman and her daughter; nor shall you marry her son's daughter or her daughter's daughter and uncover her nakedness: they are kindred; it is depravity.

Do not marry a woman as a rival to her sister and uncover her nakedness in the other's lifetime. Do not come near a woman during her period of uncleanness to uncover her nakedness. Do not have carnal relations with your neighbor's wife and defile yourself with her.

Do not allow any of your offspring to be offered up to Molech, and do not profane the name of your God: I am the LORD.

Do not lie with a male as one lies with a woman; it is an abhorrence. Do not have carnal relations with any beast and defile yourself thereby; and let no woman lend herself to a beast to mate with it; it is perversion.

Do not defile yourselves in any of those ways, for it is by such that the nations which I am casting out before you defiled themselves. Thus the land became defiled; and I called it to account for its iniquity, and the land spewed out its inhabitants. But you must keep My laws and My rules, and you must not do any of those abhorrent things, neither the citizen nor the stranger who resides among you; for all those abhorrent things were done by the people who were in the land before you, and the land became defiled. So let not the land spew you out for defiling it, as it spewed out the nation that came before you. All who do any of those abhorrent things—such persons shall be cut off from their people. You shall keep My charge not to engage in any of the abhorrent practices that were carried on before you, and you shall not defile yourselves through them: I the LORD am your God.

As the Torah Scroll is raised, the congregation recites:

V'zot ha-torah asher sam mo-sheh lifney b'ney yisrael al pi Adonai b'yad mo-sheh.

This is the Torah proclaimed by Moses to the Children of Israel at the command of the Lord.

Alternate Torah reading

FIRST ALIYAH

וַיְדַבֵּר יְהוָה אֶל־מֹשֶׁה לֵּאמֹר׃ דַּבֵּר אֶל־כָּל־עֲדַת בְּנֵי־יִשְׂרָאֵל וְאָמַרְתָּ אֲלֵהֶם קְדֹשִׁים תִּהְיוּ כִּי קָדוֹשׁ אֲנִי יְהוָה אֱלֹהֵיכֶם׃ אִישׁ אִמּוֹ וְאָבִיו תִּירָאוּ וְאֶת־שַׁבְּתֹתַי תִּשְׁמֹרוּ אֲנִי יְהוָה אֱלֹהֵיכֶם׃ אַל־תִּפְנוּ אֶל־הָאֱלִילִם וֵאלֹהֵי מַסֵּכָה לֹא תַעֲשׂוּ לָכֶם אֲנִי יְהוָה אֱלֹהֵיכֶם׃ וְכִי תִזְבְּחוּ זֶבַח שְׁלָמִים לַיהוָה לִרְצֹנְכֶם תִּזְבָּחֻהוּ׃ בְּיוֹם זִבְחֲכֶם יֵאָכֵל וּמִמָּחֳרָת וְהַנּוֹתָר עַד־יוֹם הַשְּׁלִישִׁי בָּאֵשׁ יִשָּׂרֵף׃ וְאִם הֵאָכֹל יֵאָכֵל בַּיּוֹם הַשְּׁלִישִׁי פִּגּוּל הוּא לֹא יֵרָצֶה׃ וְאֹכְלָיו עֲוֺנוֹ יִשָּׂא כִּי־אֶת־קֹדֶשׁ יְהוָה חִלֵּל וְנִכְרְתָה הַנֶּפֶשׁ הַהִוא מֵעַמֶּיהָ׃ וּבְקֻצְרְכֶם אֶת־קְצִיר אַרְצְכֶם לֹא תְכַלֶּה פְּאַת שָׂדְךָ לִקְצֹר וְלֶקֶט קְצִירְךָ לֹא תְלַקֵּט׃ וְכַרְמְךָ לֹא תְעוֹלֵל וּפֶרֶט כַּרְמְךָ לֹא תְלַקֵּט לֶעָנִי וְלַגֵּר תַּעֲזֹב אֹתָם אֲנִי יְהוָה אֱלֹהֵיכֶם׃

SECOND ALIYAH

לֹא תִּגְנֹבוּ וְלֹא־תְכַחֲשׁוּ וְלֹא־תְשַׁקְּרוּ אִישׁ בַּעֲמִיתוֹ׃ וְלֹא־תִשָּׁבְעוּ בִשְׁמִי לַשָּׁקֶר וְחִלַּלְתָּ אֶת־שֵׁם אֱלֹהֶיךָ אֲנִי יְהוָה׃ לֹא־תַעֲשֹׁק אֶת־רֵעֲךָ וְלֹא תִגְזֹל לֹא־תָלִין פְּעֻלַּת שָׂכִיר אִתְּךָ עַד־בֹּקֶר׃ לֹא־תְקַלֵּל חֵרֵשׁ וְלִפְנֵי עִוֵּר לֹא תִתֵּן מִכְשֹׁל וְיָרֵאתָ מֵּאֱלֹהֶיךָ אֲנִי יְהוָה׃

Alternate Torah reading

THE HOLINESS CODE–Leviticus 19:1–18

The LORD spoke to Moses, saying: Speak to the whole Israelite community and say to them:

You shall be holy, for I, the LORD your God, am holy. You shall each revere his mother and his father, and keep My sabbaths: I the LORD am your God. Do not turn to idols or make molten gods for yourselves: I the LORD am your God.

When you sacrifice an offering of well-being to the LORD, sacrifice it so that it may be accepted on your behalf. It shall be eaten on the day you sacrifice it, or on the day following; but what is left by the third day must be consumed in fire. If it should be eaten on the third day, it is an offensive thing, it will not be acceptable. And he who eats of it shall bear his guilt, for he has profaned what is sacred to the LORD; that person shall be cut off from his kin.

When you reap the harvest of your land, you shall not reap all the way to the edges of your field, or gather the gleanings of your harvest. You shall not pick your vineyard bare, or gather the fallen fruit of your vineyard; you shall leave them for the poor and the stranger: I the LORD am your God.

You shall not steal; you shall not deal deceitfully or falsely with one another. You shall not swear falsely by My name, profaning the name of your God: I am the LORD.

You shall not defraud your neighbor. You shall not commit robbery. The wages of a laborer shall not remain with you until morning.

You shall not insult the deaf, or place a stumbling block before the blind. You shall fear your God: I am the LORD.

לֹא־תַעֲשׂ֥וּ עָ֙וֶל֙ בַּמִּשְׁפָּ֔ט לֹא־תִשָּׂ֣א פְנֵי־דָ֔ל וְלֹ֥א תֶהְדַּ֖ר
פְּנֵ֣י גָד֑וֹל בְּצֶ֖דֶק תִּשְׁפֹּ֥ט עֲמִיתֶֽךָ׃ לֹא־תֵלֵ֤ךְ רָכִיל֙ בְּעַמֶּ֔יךָ
לֹ֥א תַעֲמֹ֖ד עַל־דַּ֣ם רֵעֶ֑ךָ אֲנִ֖י יְהוָֽה׃ לֹא־תִשְׂנָ֥א אֶת־אָחִ֖יךָ
בִּלְבָבֶ֑ךָ הוֹכֵ֤חַ תּוֹכִ֙יחַ֙ אֶת־עֲמִיתֶ֔ךָ וְלֹא־תִשָּׂ֥א עָלָ֖יו חֵֽטְא׃
לֹֽא־תִקֹּ֤ם וְלֹֽא־תִטֹּר֙ אֶת־בְּנֵ֣י עַמֶּ֔ךָ וְאָֽהַבְתָּ֥ לְרֵעֲךָ֖ כָּמ֑וֹךָ
אֲנִ֖י יְהוָֽה׃

As the Torah Scroll is raised, the congregation recites:

וְזֹאת הַתּוֹרָה אֲשֶׁר־שָׂם מֹשֶׁה לִפְנֵי בְּנֵי יִשְׂרָאֵל
עַל־פִּי יְיָ בְּיַד־מֹשֶׁה׃

V'zot ha-torah asher sam mo-sheh lifney b'ney yisrael al pi Adonai b'yad mo-sheh.

You shall not render an unfair decision: do not favor the poor or show deference to the rich; judge your neighbor fairly. Do not deal basely with your fellows. Do not profit by the blood of your neighbor: I am the LORD.

You shall not hate your kinsman in your heart. Reprove your neighbor, but incur no guilt because of him. You shall not take vengeance or bear a grudge against your kinsfolk. Love your neighbor as yourself: I am the LORD.

As the Torah Scroll is raised, the congregation recites:

This is the Torah proclaimed by Moses to the Children of Israel at the command of the Lord.

Haftarah

Before the Haftarah, recite the following blessings:

בָּרוּךְ אַתָּה יְיָ אֱלֹהֵינוּ מֶלֶךְ הָעוֹלָם אֲשֶׁר בָּחַר בִּנְבִיאִים
טוֹבִים וְרָצָה בְדִבְרֵיהֶם הַנֶּאֱמָרִים בֶּאֱמֶת. בָּרוּךְ אַתָּה
יְיָ הַבּוֹחֵר בַּתּוֹרָה וּבְמֹשֶׁה עַבְדּוֹ וּבְיִשְׂרָאֵל עַמּוֹ וּבִנְבִיאֵי
הָאֱמֶת וָצֶדֶק:

וַיְהִי דְּבַר־יְהֹוָה אֶל־יוֹנָה בֶן־אֲמִתַּי לֵאמֹר: קוּם לֵךְ אֶל־
נִינְוֵה הָעִיר הַגְּדוֹלָה וּקְרָא עָלֶיהָ כִּי־עָלְתָה רָעָתָם לְפָנָי:
וַיָּקָם יוֹנָה לִבְרֹחַ תַּרְשִׁישָׁה מִלִּפְנֵי יְהֹוָה וַיֵּרֶד יָפוֹ וַיִּמְצָא
אֳנִיָּה | בָּאָה תַרְשִׁישׁ וַיִּתֵּן שְׂכָרָהּ וַיֵּרֶד בָּהּ לָבוֹא
עִמָּהֶם תַּרְשִׁישָׁה מִלִּפְנֵי יְהֹוָה: וַיהֹוָה הֵטִיל רוּחַ־גְּדוֹלָה
אֶל־הַיָּם וַיְהִי סַעַר־גָּדוֹל בַּיָּם וְהָאֳנִיָּה חִשְּׁבָה לְהִשָּׁבֵר:
וַיִּירְאוּ הַמַּלָּחִים וַיִּזְעֲקוּ אִישׁ אֶל־אֱלֹהָיו וַיָּטִלוּ אֶת־הַכֵּלִים
אֲשֶׁר בָּאֳנִיָּה אֶל־הַיָּם לְהָקֵל מֵעֲלֵיהֶם וְיוֹנָה יָרַד אֶל־
יַרְכְּתֵי הַסְּפִינָה וַיִּשְׁכַּב וַיֵּרָדַם: וַיִּקְרַב אֵלָיו רַב הַחֹבֵל
וַיֹּאמֶר לוֹ מַה־לְּךָ נִרְדָּם קוּם קְרָא אֶל־אֱלֹהֶיךָ אוּלַי
יִתְעַשֵּׁת הָאֱלֹהִים לָנוּ וְלֹא נֹאבֵד: וַיֹּאמְרוּ אִישׁ אֶל־רֵעֵהוּ
לְכוּ וְנַפִּילָה גוֹרָלוֹת וְנֵדְעָה בְּשֶׁלְּמִי הָרָעָה הַזֹּאת לָנוּ
וַיַּפִּלוּ גּוֹרָלוֹת וַיִּפֹּל הַגּוֹרָל עַל־יוֹנָה: וַיֹּאמְרוּ אֵלָיו הַגִּידָה־
נָּא לָנוּ בַּאֲשֶׁר לְמִי־הָרָעָה הַזֹּאת לָנוּ מַה־מְּלַאכְתְּךָ וּמֵאַיִן
תָּבוֹא מָה אַרְצֶךָ וְאֵי־מִזֶּה עַם אָתָּה: וַיֹּאמֶר אֲלֵיהֶם עִבְרִי
אָנֹכִי וְאֶת־יְהֹוָה אֱלֹהֵי הַשָּׁמַיִם אֲנִי יָרֵא אֲשֶׁר־עָשָׂה אֶת־הַיָּם

Haftarah

Before the Haftarah, recite the following blessings:

Praised are You, Lord our God, Ruler of the universe, who chose good prophets and found delight in their words which were spoken in truth.

Praised are You, O Lord, for giving the Torah through Your servant Moses to Your people Israel and for sending us Your prophets of truth and righteousness.

The Book of Jonah

The word of the LORD came to Jonah son of Amittai: Go at once to Nineveh, that great city, and proclaim judgment upon it; for their wickedness has come before Me.

Jonah, however, started out to flee to Tarshish from the LORD's service. He went down to Joppa and found a ship going to Tarshish. He paid the fare and went aboard to sail with the others to Tarshish, away from the service of the LORD.

But the LORD cast a mighty wind upon the sea, and such a tempest came upon the sea that the ship was in danger of breaking up. In their fright, the sailors cried out, each to his own god; and they flung the ship's cargo overboard to make it lighter for them. Jonah, meanwhile, had gone down into the hold of the vessel, where he lay down and fell asleep. The captain went over to him and cried out, "How can you be sleeping so soundly! Up, call upon your god! Perhaps the god will be kind to us and we will not perish."

The men said to one another, "Let us cast lots and find out on whose account this misfortune has come upon us." They cast lots and the lot fell on Jonah. They said to him, "Tell us, you who have brought this misfortune upon us, what is your business? Where have you come from? What is your country, and of what people are you?" "I am a Hebrew," he replied. "I worship the LORD, the God of Heaven, who made both sea and land." The men were greatly terrified, and

וְאֶת־הַיַּבָּשָֽׁה׃ וַיִּֽירְא֤וּ הָֽאֲנָשִׁים֙ יִרְאָ֣ה גְדוֹלָ֔ה וַיֹּאמְר֣וּ אֵלָ֔יו מַה־זֹּ֣את עָשִׂ֑יתָ כִּֽי־יָדְע֣וּ הָֽאֲנָשִׁ֗ים כִּֽי־מִלִּפְנֵ֤י יְהֹוָה֙ ה֣וּא בֹרֵ֔חַ כִּ֥י הִגִּ֖יד לָהֶֽם׃ וַיֹּאמְר֤וּ אֵלָיו֙ מַה־נַּ֣עֲשֶׂה לָּ֔ךְ וְיִשְׁתֹּ֥ק הַיָּ֖ם מֵֽעָלֵ֑ינוּ כִּ֥י הַיָּ֖ם הוֹלֵ֥ךְ וְסֹעֵֽר׃ וַיֹּ֣אמֶר אֲלֵיהֶ֗ם שָׂא֙וּנִי֙ וַהֲטִילֻ֣נִי אֶל־הַיָּ֔ם וְיִשְׁתֹּ֥ק הַיָּ֖ם מֵעֲלֵיכֶ֑ם כִּ֚י יוֹדֵ֣עַ אָ֔נִי כִּ֣י בְשֶׁלִּ֔י הַסַּ֧עַר הַגָּד֛וֹל הַזֶּ֖ה עֲלֵיכֶֽם׃ וַיַּחְתְּר֣וּ הָאֲנָשִׁ֗ים לְהָשִׁ֛יב אֶל־הַיַּבָּשָׁ֖ה וְלֹ֣א יָכֹ֑לוּ כִּ֣י הַיָּ֔ם הוֹלֵ֥ךְ וְסֹעֵ֖ר עֲלֵיהֶֽם׃ וַיִּקְרְא֨וּ אֶל־יְהֹוָ֜ה וַיֹּאמְר֗וּ אָנָּ֤ה יְהֹוָה֙ אַל־נָ֣א נֹאבְדָ֗ה בְּנֶ֙פֶשׁ֙ הָאִ֣ישׁ הַזֶּ֔ה וְאַל־תִּתֵּ֥ן עָלֵ֖ינוּ דָּ֣ם נָקִ֑יא כִּֽי־אַתָּ֣ה יְהֹוָ֔ה כַּאֲשֶׁ֥ר חָפַ֖צְתָּ עָשִֽׂיתָ׃ וַיִּשְׂאוּ֙ אֶת־יוֹנָ֔ה וַיְטִלֻ֖הוּ אֶל־הַיָּ֑ם וַיַּעֲמֹ֥ד הַיָּ֖ם מִזַּעְפּֽוֹ׃ וַיִּֽירְא֧וּ הָאֲנָשִׁ֛ים יִרְאָ֥ה גְדוֹלָ֖ה אֶת־יְהֹוָ֑ה וַיִּֽזְבְּחוּ־זֶ֙בַח֙ לַֽיהֹוָ֔ה וַֽיִּדְּר֖וּ נְדָרִֽים׃

וַיְמַ֤ן יְהֹוָה֙ דָּ֣ג גָּד֔וֹל לִבְלֹ֖עַ אֶת־יוֹנָ֑ה וַיְהִ֤י יוֹנָה֙ בִּמְעֵ֣י הַדָּ֔ג שְׁלֹשָׁ֥ה יָמִ֖ים וּשְׁלֹשָׁ֥ה לֵילֽוֹת׃ וַיִּתְפַּלֵּ֣ל יוֹנָ֔ה אֶל־יְהֹוָ֖ה אֱלֹהָ֑יו מִמְּעֵ֖י הַדָּגָֽה׃ וַיֹּ֗אמֶר קָ֠רָאתִי מִצָּ֥רָה לִ֛י אֶל־יְהֹוָ֖ה וַֽיַּעֲנֵ֑נִי מִבֶּ֧טֶן שְׁא֛וֹל שִׁוַּ֖עְתִּי שָׁמַ֥עְתָּ קוֹלִֽי׃ וַתַּשְׁלִיכֵ֤נִי מְצוּלָה֙ בִּלְבַ֣ב יַמִּ֔ים וְנָהָ֖ר יְסֹבְבֵ֑נִי כָּל־מִשְׁבָּרֶ֥יךָ וְגַלֶּ֖יךָ עָלַ֥י עָבָֽרוּ׃ וַאֲנִ֣י אָמַ֔רְתִּי נִגְרַ֖שְׁתִּי מִנֶּ֣גֶד עֵינֶ֑יךָ אַ֚ךְ אוֹסִ֣יף לְהַבִּ֔יט אֶל־הֵיכַ֖ל קָדְשֶֽׁךָ׃ אֲפָפ֤וּנִי מַ֙יִם֙ עַד־נֶ֔פֶשׁ תְּה֖וֹם יְסֹבְבֵ֑נִי ס֖וּף חָב֥וּשׁ לְרֹאשִֽׁי׃ לְקִצְבֵ֤י הָרִים֙ יָרַ֔דְתִּי הָאָ֥רֶץ בְּרִחֶ֖יהָ בַעֲדִ֣י לְעוֹלָ֑ם וַתַּ֧עַל מִשַּׁ֛חַת חַיַּ֖י יְהֹוָ֥ה אֱלֹהָֽי׃ בְּהִתְעַטֵּ֤ף עָלַי֙ נַפְשִׁ֔י אֶת־יְהֹוָ֖ה זָכָ֑רְתִּי וַתָּב֤וֹא אֵלֶ֙יךָ֙ תְּפִלָּתִ֔י אֶל־הֵיכַ֖ל קָדְשֶֽׁךָ׃ מְשַׁמְּרִ֖ים הַבְלֵי־שָׁ֑וְא חַסְדָּ֖ם יַעֲזֹֽבוּ׃ וַאֲנִ֗י בְּק֤וֹל תּוֹדָה֙

they asked him, "What have you done?" And when the men learned that he was fleeing from the service of the LORD—for so he told them—they said to him, "What must we do to you to make the sea calm around us?" For the sea was growing more and more stormy. He answered, "Heave me overboard, and the sea will calm down for you; for I know that this terrible storm came upon you on my account." Nevertheless, the men rowed hard to regain the shore, but they could not, for the sea was growing more and more stormy about them. Then they cried out to the LORD: "Oh, please, LORD, do not let us perish on account of this man's life. Do not hold us guilty of killing an innocent person! For You, O LORD, by Your will, have brought this about." And they heaved Jonah overboard, and the sea stopped raging.

The men feared the LORD greatly; they offered a sacrifice to the LORD and they made vows.

The LORD provided a huge fish to swallow Jonah; and Jonah remained in the fish's belly three days and three nights. Jonah prayed to the LORD his God from the belly of the fish. He said:

In my trouble I called to the LORD, and He answered me;
From the belly of Sheol I cried out, and You heard my voice.
You cast me into the depths, into the heart of the sea, the floods engulfed me;
All Your breakers and billows swept over me.
I thought I was driven away out of Your sight;
"Would I ever gaze again upon Your holy Temple?"
The waters closed in over me, the deep engulfed me.
Weeds twined around my head.
I sank to the base of the mountains; the bars of the earth closed upon me forever.
Yet You brought my life up from the pit, O LORD my God!
When my life was ebbing away, I called the LORD to mind;
And my prayer came before You, into Your holy Temple.
They who cling to empty folly forsake their own welfare,
But I, with loud thanksgiving, will sacrifice to You;
What I have vowed I will perform.
Deliverance is the LORD'S!

אֶזְבְּחָה־לָּךְ אֲשֶׁר נָדַרְתִּי אֲשַׁלֵּמָה יְשׁוּעָתָה לַיהוָה׃ וַיֹּאמֶר יְהוָה לַדָּג וַיָּקֵא אֶת־יוֹנָה אֶל־הַיַּבָּשָׁה׃

וַיְהִי דְבַר־יְהוָה אֶל־יוֹנָה שֵׁנִית לֵאמֹר׃ קוּם לֵךְ אֶל־נִינְוֵה הָעִיר הַגְּדוֹלָה וּקְרָא אֵלֶיהָ אֶת־הַקְּרִיאָה אֲשֶׁר אָנֹכִי דֹּבֵר אֵלֶיךָ׃ וַיָּקָם יוֹנָה וַיֵּלֶךְ אֶל־נִינְוֵה כִּדְבַר יְהוָה וְנִינְוֵה הָיְתָה עִיר־גְּדוֹלָה לֵאלֹהִים מַהֲלַךְ שְׁלֹשֶׁת יָמִים׃ וַיָּחֶל יוֹנָה לָבוֹא בָעִיר מַהֲלַךְ יוֹם אֶחָד וַיִּקְרָא וַיֹּאמַר עוֹד אַרְבָּעִים יוֹם וְנִינְוֵה נֶהְפָּכֶת׃ וַיַּאֲמִינוּ אַנְשֵׁי נִינְוֵה בֵּאלֹהִים וַיִּקְרְאוּ־צוֹם וַיִּלְבְּשׁוּ שַׂקִּים מִגְּדוֹלָם וְעַד־קְטַנָּם׃ וַיִּגַּע הַדָּבָר אֶל־מֶלֶךְ נִינְוֵה וַיָּקָם מִכִּסְאוֹ וַיַּעֲבֵר אַדַּרְתּוֹ מֵעָלָיו וַיְכַס שַׂק וַיֵּשֶׁב עַל־הָאֵפֶר׃ וַיַּזְעֵק וַיֹּאמֶר בְּנִינְוֵה מִטַּעַם הַמֶּלֶךְ וּגְדֹלָיו לֵאמֹר הָאָדָם וְהַבְּהֵמָה הַבָּקָר וְהַצֹּאן אַל־יִטְעֲמוּ מְאוּמָה אַל־יִרְעוּ וּמַיִם אַל־יִשְׁתּוּ׃ וְיִתְכַּסּוּ שַׂקִּים הָאָדָם וְהַבְּהֵמָה וְיִקְרְאוּ אֶל־אֱלֹהִים בְּחָזְקָה וְיָשֻׁבוּ אִישׁ מִדַּרְכּוֹ הָרָעָה וּמִן־הֶחָמָס אֲשֶׁר בְּכַפֵּיהֶם׃ מִי־יוֹדֵעַ יָשׁוּב וְנִחַם הָאֱלֹהִים וְשָׁב מֵחֲרוֹן אַפּוֹ וְלֹא נֹאבֵד׃ וַיַּרְא הָאֱלֹהִים אֶת־מַעֲשֵׂיהֶם כִּי־שָׁבוּ מִדַּרְכָּם הָרָעָה וַיִּנָּחֶם הָאֱלֹהִים עַל־הָרָעָה אֲשֶׁר־דִּבֶּר לַעֲשׂוֹת־לָהֶם וְלֹא עָשָׂה׃

וַיֵּרַע אֶל־יוֹנָה רָעָה גְדוֹלָה וַיִּחַר לוֹ׃ וַיִּתְפַּלֵּל אֶל־יְהוָה וַיֹּאמַר אָנָּה יְהוָה הֲלוֹא־זֶה דְבָרִי עַד־הֱיוֹתִי עַל־אַדְמָתִי עַל־כֵּן קִדַּמְתִּי לִבְרֹחַ תַּרְשִׁישָׁה כִּי יָדַעְתִּי כִּי אַתָּה אֵל־חַנּוּן וְרַחוּם אֶרֶךְ אַפַּיִם וְרַב־חֶסֶד וְנִחָם עַל־הָרָעָה׃

The LORD commanded the fish, and it spewed Jonah out upon dry land.

The word of the LORD came to Jonah a second time: "Go at once to Nineveh, that great city, and proclaim to it what I tell you." Jonah went at once to Nineveh in accordance with the LORD's command. Nineveh was an enormously large city a three days' walk across. Jonah started out and made his way into the city the distance of one day's walk, and proclaimed: "Forty days more, and Nineveh shall be overthrown!"

The people of Nineveh believed God. They proclaimed a fast, and great and small alike put on sackcloth. When the news reached the king of Nineveh, he rose from his throne, took off his robe, put on sackcloth, and sat in ashes. And he had the word cried through Nineveh: "By decree of the king and his nobles: No man or beast—of flock or herd—shall taste anything! They shall not graze, and they shall not drink water! They shall be covered with sackcloth—man and beast—and shall cry mightily to God. Let everyone turn back from his evil ways, and from the injustice of which he is guilty. Who knows but that God may turn and relent? He may turn back from His wrath, so that we do not perish."

God saw what they did, how they were turning back from their evil ways. And God renounced the punishment He had planned to bring upon them, and did not carry it out.

This displeased Jonah greatly, and he was grieved. He prayed to the LORD, saying, "O LORD! Isn't this just what I said when I was still in my own country? That is why I fled beforehand to Tarshish. For I know that You are a compassionate and gracious God, slow to anger, abounding in kindness, re-

וְעַתָּ֣ה יְהֹוָ֔ה קַח־נָ֥א אֶת־נַפְשִׁ֖י מִמֶּ֑נִּי כִּ֛י ט֥וֹב מוֹתִ֖י מֵחַיָּֽי׃
וַיֹּ֣אמֶר יְהֹוָ֔ה הַהֵיטֵ֖ב חָ֥רָה לָֽךְ׃ וַיֵּצֵ֤א יוֹנָה֙ מִן־הָעִ֔יר
וַיֵּ֖שֶׁב מִקֶּ֣דֶם לָעִ֑יר וַיַּעַשׂ֩ ל֨וֹ שָׁ֜ם סֻכָּ֗ה וַיֵּ֤שֶׁב תַּחְתֶּ֙יהָ֙
בַּצֵּ֔ל עַ֚ד אֲשֶׁ֣ר יִרְאֶ֔ה מַה־יִּהְיֶ֖ה בָּעִֽיר׃ וַיְמַ֣ן יְהֹוָֽה־אֱ֠לֹהִים
קִיקָי֞וֹן וַיַּ֣עַל ׀ מֵעַ֣ל לְיוֹנָ֗ה לִהְי֥וֹת צֵל֙ עַל־רֹאשׁ֔וֹ לְהַצִּ֥יל
ל֖וֹ מֵרָעָת֑וֹ וַיִּשְׂמַ֥ח יוֹנָ֛ה עַל־הַקִּיקָי֖וֹן שִׂמְחָ֥ה גְדוֹלָֽה׃ וַיְמַ֤ן
הָֽאֱלֹהִים֙ תּוֹלַ֔עַת בַּעֲל֥וֹת הַשַּׁ֖חַר לַֽמָּחֳרָ֑ת וַתַּ֥ךְ אֶת־הַקִּיקָי֖וֹן
וַיִּיבָֽשׁ׃ וַיְהִ֣י ׀ כִּזְרֹ֣חַ הַשֶּׁ֗מֶשׁ וַיְמַ֨ן אֱלֹהִ֜ים ר֤וּחַ קָדִים֙
חֲרִישִׁ֔ית וַתַּ֥ךְ הַשֶּׁ֛מֶשׁ עַל־רֹ֥אשׁ יוֹנָ֖ה וַיִּתְעַלָּ֑ף וַיִּשְׁאַ֤ל אֶת־
נַפְשׁוֹ֙ לָמ֔וּת וַיֹּ֕אמֶר ט֥וֹב מוֹתִ֖י מֵחַיָּֽי׃ וַיֹּ֤אמֶר אֱלֹהִים֙ אֶל־
יוֹנָ֔ה הַהֵיטֵ֥ב חָרָֽה־לְךָ֖ עַל־הַקִּיקָי֑וֹן וַיֹּ֕אמֶר הֵיטֵ֥ב חָֽרָה־לִ֖י
עַד־מָֽוֶת׃ וַיֹּ֣אמֶר יְהֹוָ֔ה אַתָּ֥ה חַ֙סְתָּ֙ עַל־הַקִּ֣יקָי֔וֹן אֲשֶׁ֛ר
לֹא־עָמַ֥לְתָּ בּ֖וֹ וְלֹ֣א גִדַּלְתּ֑וֹ שֶׁבִּן־לַ֥יְלָה הָיָ֖ה וּבִן־לַ֥יְלָה אָבָֽד׃
וַאֲנִי֙ לֹ֣א אָח֔וּס עַל־נִֽינְוֵ֖ה הָעִ֣יר הַגְּדוֹלָ֑ה אֲשֶׁ֣ר יֶשׁ־בָּ֡הּ
הַרְבֵּה֩ מִֽשְׁתֵּים־עֶשְׂרֵ֨ה רִבּ֜וֹ אָדָ֗ם אֲשֶׁ֤ר לֹא־יָדַע֙ בֵּין־יְמִינ֣וֹ
לִשְׂמֹאל֔וֹ וּבְהֵמָ֖ה רַבָּֽה׃

מִי־אֵ֣ל כָּמ֗וֹךָ נֹשֵׂ֤א עָוֺן֙ וְעֹבֵ֣ר עַל־פֶּ֔שַׁע לִשְׁאֵרִ֖ית נַחֲלָת֑וֹ
לֹא־הֶחֱזִ֤יק לָעַד֙ אַפּ֔וֹ כִּֽי־חָפֵ֥ץ חֶ֖סֶד הֽוּא׃ יָשׁ֣וּב יְרַחֲמֵ֔נוּ
יִכְבֹּ֖שׁ עֲוֺנֹתֵ֑ינוּ וְתַשְׁלִ֛יךְ בִּמְצֻל֥וֹת יָ֖ם כָּל־חַטֹּאותָֽם׃ תִּתֵּ֤ן
אֱמֶת֙ לְיַעֲקֹ֔ב חֶ֖סֶד לְאַבְרָהָ֑ם אֲשֶׁר־נִשְׁבַּ֥עְתָּ לַאֲבֹתֵ֖ינוּ מִ֥ימֵי
קֶֽדֶם׃

nouncing punishment. Please, LORD, take my life, for I would rather die than live." The LORD replied, "Are you that deeply grieved?"

Now Jonah had left the city and found a place east of the city. He made a booth there and sat under it in the shade, until he should see what happened to the city. The LORD God provided a ricinus plant, which grew up over Jonah, to provide shade for his head and save him from discomfort. Jonah was very happy about the plant. But the next day at dawn God provided a worm, which attacked the plant so that it withered. And when the sun rose, God provided a sultry east wind; the sun beat down on Jonah's head, and he became faint. He begged for death, saying, "I would rather die than live." Then God said to Jonah, "Are you so deeply grieved about the plant?" "Yes," he replied, "so deeply that I want to die."

Then the LORD said: "You cared about the plant, which you did not work for and which you did not grow, which appeared overnight and perished overnight. And should not I care about Nineveh, that great city, in which there are more than a hundred and twenty thousand persons who do not yet know their right hand from their left, and many beasts as well!"

Micah 7:18–20

Who is like You, O God, forgiving iniquity and pardoning the transgression of the remnant of Your people! Your anger is not forever for You delight in kindness. You will again have compassion upon us, subdue our iniquities, and cast all our sins into the depths of the sea. You will show faithfulness to Jacob and kindness to Abraham, as You promised our ancestors from days of old.

בָּרוּךְ אַתָּה יְיָ אֱלֹהֵינוּ מֶלֶךְ הָעוֹלָם צוּר כָּל־הָעוֹלָמִים צַדִּיק בְּכָל־הַדּוֹרוֹת הָאֵל הַנֶּאֱמָן הָאוֹמֵר וְעוֹשֶׂה הַמְדַבֵּר וּמְקַיֵּם שֶׁכָּל־דְּבָרָיו אֱמֶת וָצֶדֶק:

נֶאֱמָן אַתָּה הוּא יְיָ אֱלֹהֵינוּ וְנֶאֱמָנִים דְּבָרֶיךָ וְדָבָר אֶחָד מִדְּבָרֶיךָ אָחוֹר לֹא יָשׁוּב רֵיקָם כִּי אֵל מֶלֶךְ נֶאֱמָן וְרַחֲמָן אָתָּה. בָּרוּךְ אַתָּה יְיָ הָאֵל הַנֶּאֱמָן בְּכָל־דְּבָרָיו:

רַחֵם עַל־צִיּוֹן כִּי הִיא בֵּית חַיֵּינוּ וְלַעֲלוּבַת נֶפֶשׁ תּוֹשִׁיעַ בִּמְהֵרָה בְיָמֵינוּ. בָּרוּךְ אַתָּה יְיָ מְשַׂמֵּחַ צִיּוֹן בְּבָנֶיהָ:

שַׂמְּחֵנוּ יְיָ אֱלֹהֵינוּ בְּאֵלִיָּהוּ הַנָּבִיא עַבְדֶּךָ וּבְמַלְכוּת בֵּית דָּוִד מְשִׁיחֶךָ בִּמְהֵרָה יָבֹא וְיָגֵל לִבֵּנוּ. עַל־כִּסְאוֹ לֹא־יֵשֵׁב זָר וְלֹא־יִנְחֲלוּ עוֹד אֲחֵרִים אֶת־כְּבוֹדוֹ. כִּי בְשֵׁם קָדְשְׁךָ נִשְׁבַּעְתָּ לּוֹ שֶׁלֹּא־יִכְבֶּה נֵרוֹ לְעוֹלָם וָעֶד. בָּרוּךְ אַתָּה יְיָ מָגֵן דָּוִד:

RETURNING THE TORAH SCROLL TO THE ARK

Reader:

יְהַלְלוּ אֶת־שֵׁם יְיָ. כִּי־נִשְׂגָּב שְׁמוֹ לְבַדּוֹ—

Congregation:

הוֹדוֹ עַל־אֶרֶץ וְשָׁמָיִם:
וַיָּרֶם קֶרֶן לְעַמּוֹ. תְּהִלָּה לְכָל־חֲסִידָיו.
לִבְנֵי יִשְׂרָאֵל עַם קְרֹבוֹ. הַלְלוּיָהּ:

Hodo al eretz v'shama-yim.
Va-yarem keren l'amo, t'hila l'ḥol ḥasidav,
li-v'ney yisrael am k'rovo, Hallelujah.

BLESSINGS AFTER THE HAFTARAH

Praised are You, Lord our God, Ruler of the universe, source of strength in all ages, source of righteousness in all generations, faithful God who promises and performs, who speaks and fulfills, whose every word is true and just.

Faithful are You, Lord our God, and faithful are Your words. Not one of Your promises shall remain unfulfilled, for You are a faithful and merciful God and Sovereign. Praised are You, Lord God, faithful in all Your promises.

Show compassion to Zion, for it is the fountain of our life. May the city, which so long was humbled in spirit, know complete deliverance in our day. Praised are You, O Lord, who brings joy to Zion through her returning children.

Gladden us, Lord our God, with the redemption which was to be heralded by the prophet Elijah and embodied in a descendant of the house of David, Your anointed. May this come soon and bring joy to our hearts. May every tyrant be dethroned and stripped of all honor. For You have promised by Your holy name that the light of justice shall never be extinguished. Praised are You, O Lord, Shield of David.

RETURNING THE TORAH SCROLL TO THE ARK

Reader:

"Praise the Lord, who alone is to be exalted!"

Congregation:

"God's glory is revealed on earth and in the heavens.
God has raised the honor of our people,
The glory of the faithful,
Thus exalting the Children of Israel,
The people near to the Lord, Hallelujah."

לְדָוִד מִזְמוֹר

לַייָ הָאָרֶץ וּמְלוֹאָהּ   תֵּבֵל וְיֹשְׁבֵי בָהּ:

כִּי־הוּא עַל־יַמִּים יְסָדָהּ   וְעַל־נְהָרוֹת יְכוֹנְנֶהָ:

מִי־יַעֲלֶה בְהַר יְיָ   וּמִי־יָקוּם בִּמְקוֹם קָדְשׁוֹ:

נְקִי כַפַּיִם וּבַר־לֵבָב   אֲשֶׁר לֹא־נָשָׂא לַשָּׁוְא נַפְשִׁי

וְלֹא נִשְׁבַּע לְמִרְמָה:

יִשָּׂא בְרָכָה מֵאֵת יְיָ   וּצְדָקָה מֵאֱלֹהֵי יִשְׁעוֹ:

זֶה דּוֹר דֹּרְשָׁיו   מְבַקְשֵׁי פָנֶיךָ יַעֲקֹב סֶלָה:

שְׂאוּ שְׁעָרִים רָאשֵׁיכֶם   וְהִנָּשְׂאוּ פִּתְחֵי עוֹלָם

וְיָבוֹא מֶלֶךְ הַכָּבוֹד:

מִי זֶה מֶלֶךְ הַכָּבוֹד   יְיָ עִזּוּז וְגִבּוֹר

יְיָ גִּבּוֹר מִלְחָמָה:

שְׂאוּ שְׁעָרִים רָאשֵׁיכֶם   וּשְׂאוּ פִּתְחֵי עוֹלָם

וְיָבֹא מֶלֶךְ הַכָּבוֹד:

מִי הוּא זֶה מֶלֶךְ הַכָּבוֹד   יְיָ צְבָאוֹת

הוּא מֶלֶךְ הַכָּבוֹד סֶלָה:

Se-u sh'arim ro-shey-ḥem, v'hinasu pit-ḥey olam,
V'yavo meleḥ ha-kavod.

Mi zeh meleḥ ha-kavod, Adonai izuz v'gibor,
Adonai gibor mil-ḥama.

Se-u sh'arim ro-shey-ḥem, us-u pit-ḥey olam,
V'yavo meleḥ ha-kavod.

Mi hu zeh meleḥ ha-kavod,
Adonai tz'vaot hu meleḥ ha-kavod, Selah.

A PSALM OF DAVID.

The earth is the Lord's, and its fullness,
The world and those who dwell in it.

For it is God who founded it upon the seas,
And established it upon the waters.

Who may ascend the mountain of the Lord?
Who may stand in the Lord's holy place?

One who has clean hands and a pure heart,
Who does not strive after vanity,
And does not swear deceitfully;

Thus meriting a blessing from the Lord,
And vindication from the God of deliverance.

Such are the people who seek the Lord,
Who seek the presence of the God of Jacob.

Lift up your heads, O gates!
Lift up high, O ancient doors,
So that the Sovereign of glory may enter!

Who is the Sovereign of glory?
The Lord, who is strong and mighty,
The Lord, who is valiant in battle.

Lift up your heads, O gates!
Lift them up, O ancient doors,
So that the Sovereign of glory may enter!

Who is the Sovereign of glory?
The Lord of hosts is, truly, the Sovereign of glory.

Psalm 24

As the Torah Scroll is placed in the Ark, recite:

וּבְנֻחֹה יֹאמַר שׁוּבָה יְיָ רִבְבוֹת אַלְפֵי יִשְׂרָאֵל:
קוּמָה יְיָ לִמְנוּחָתֶךָ אַתָּה וַאֲרוֹן עֻזֶּךָ:
כֹּהֲנֶיךָ יִלְבְּשׁוּ־צֶדֶק וַחֲסִידֶיךָ יְרַנֵּנוּ:
בַּעֲבוּר דָּוִד עַבְדֶּךָ אַל־תָּשֵׁב פְּנֵי מְשִׁיחֶךָ:

כִּי לֶקַח טוֹב נָתַתִּי לָכֶם תּוֹרָתִי אַל־תַּעֲזֹבוּ:

עֵץ־חַיִּים הִיא לַמַּחֲזִיקִים בָּהּ וְתֹמְכֶיהָ מְאֻשָּׁר:
דְּרָכֶיהָ דַרְכֵי־נֹעַם וְכָל־נְתִיבֹתֶיהָ שָׁלוֹם:
הֲשִׁיבֵנוּ יְיָ אֵלֶיךָ וְנָשׁוּבָה חַדֵּשׁ יָמֵינוּ כְּקֶדֶם:

Ki lekaḥ tov na-tati laḥem, torati al ta-azovu.

Eytz ḥa-yim hi la-maḥa-zikim bah,
V'tom-ḥeha m'u-shar.
D'raḥeha darḥey no-am, v'ḥol n'tivo-teha shalom.
Ha-shiveynu Adonai eyleḥa v'na-shuva,
Ḥadeysh yameynu k'kedem.

As the Torah Scroll is placed in the Ark, recite:

When the Ark was set down, Moses prayed: "O Lord, dwell among the myriad families of Israel." Come up, O Lord, to Your sanctuary, together with the Ark of Your glory. Let Your *Kohanim* be clothed in righteousness, let Your faithful ones rejoice.

I have given you precious teaching,
Forsake not My Torah.

It is a tree of life to those who cling to it,
Blessed are they who uphold it.

Its ways are ways of pleasantness,
All its paths are peace.

Turn us to You, O Lord, and we shall return;
Renew us as in days of old.

Biblical verses

MEDITATION

Teach us, O Lord, the ways of Your Torah, as we seek to know and to do Your will. Help us to find meaning and purpose in our lives. Bless us with wisdom, holiness, and love. May the Torah be our tree of life, our shield and our guide. Amen.

The night watchman

The Dubner Maggid taught: Prayer is not a device with which to arouse God, or make God aware of us and of our needs. God is always aware. The true purpose of prayer is to arouse us, to keep us aware of our obligations—toward our community, our people, our God, and even toward ourselves.

The Maggid gave this illustration: In the shtetl, the night watchman walks the streets and every hour on the hour calls out the time. The purpose of "calling out" is not to awaken the residents in the middle of the night. The purpose is to indicate that he, the watchman, is alert, tending to his tasks, and has not fallen asleep.

Prayer is a means of keeping us spiritually alert and morally awake.

Does it matter?

A disciple came to the rabbi of Kotzk with a problem: "I keep brooding and brooding and I am unable to stop."

"What do you brood about?" asked the rabbi.

"I keep brooding about whether there really is a judgment and a judge."

"Does it matter to you?"

"Rabbi! If there is no judgment and no judge, then what does all creation mean?"

"Does that matter to you?"

"Rabbi! If there is no judgment and no judge, then what do the words of the Torah mean?"

"Does that matter to you?"

"Rabbi! 'Does it matter to me?' What do you think? What else could matter to me?"

"Well, if it matters to you so greatly," said the rabbi of Kotzk, "then you are a good Jew after all! And it is quite all right for a good Jew to brood; nothing can go wrong with such a person."

Menaḥem Mendel of Kotzk, as retold by Martin Buber

To save the world

It was late in the afternoon on Yom Kippur. Rabbi Levi Yitzḥak had been praying in the Berditchev synagogue all day.

For a moment, he closed his tired eyes. Suddenly, he was before the Judgment Seat of God. The fate of humanity was being weighed in the great scales. Alas, the sins were heavy; the prospects for humanity were bleak.

Rabbi Levi Yitzḥak pleaded with God: "If You wanted us to be angels, You should have let us remain in the Garden of Eden. But You sent us out into the world! And the daily struggle often puts us into the hands of sin."

The Lord was moved and motioned the rabbi to a nearby chair. The rabbi continued. His appeal was sincere and convincing. The scales began to tilt in humanity's favor.

Suddenly, the rabbi heard a piteous cry. He looked down to earth, into the tiny Berditchev synagogue. Haim, the washerman, fasting on this holiest day, had fainted from hunger. Levi Yitzḥak rose to leave, to hurry back to earth to conclude the service—so that Haim could break his fast.

A voice called after him: "Levi Yitzḥak! Where are you going? You were on the verge of saving the world." Replied Levi Yitzḥak: "Where is it written that the price of salvation must be the life of Haim, the washerman?"

And he left. As he hurried on his way, a great chorus of angels sang: "Levi Yitzḥak, you *are* saving the world!"

To add

The pure *Tzaddikim* [righteous people],
Do not complain against wickedness
But add righteousness

They do not complain against disbelief
But add faith.

They do not complain against ignorance
But add wisdom

Rav Kook

Reader:

יִתְגַּדַּל וְיִתְקַדַּשׁ שְׁמֵהּ רַבָּא. בְּעָלְמָא דִּי־בְרָא כִרְעוּתֵהּ.
וְיַמְלִיךְ מַלְכוּתֵהּ בְּחַיֵּיכוֹן וּבְיוֹמֵיכוֹן וּבְחַיֵּי דְכָל־בֵּית
יִשְׂרָאֵל בַּעֲגָלָא וּבִזְמַן קָרִיב. וְאִמְרוּ אָמֵן:

Congregation and Reader:

יְהֵא שְׁמֵהּ רַבָּא מְבָרַךְ לְעָלַם וּלְעָלְמֵי עָלְמַיָּא:

Reader:

יִתְבָּרַךְ וְיִשְׁתַּבַּח וְיִתְפָּאַר וְיִתְרוֹמַם וְיִתְנַשֵּׂא וְיִתְהַדַּר
וְיִתְעַלֶּה וְיִתְהַלָּל שְׁמֵהּ דְּקֻדְשָׁא. בְּרִיךְ הוּא. לְעֵלָּא
לְעֵלָּא מִכָּל־בִּרְכָתָא וְשִׁירָתָא תֻּשְׁבְּחָתָא וְנֶחֱמָתָא
דַּאֲמִירָן בְּעָלְמָא. וְאִמְרוּ אָמֵן:

The Amidah begins on page 700.

In congregations where a silent Amidah is said, see page 424.

Yit-gadal v'yit-kadash sh'mey raba,
B'alma di v'ra ḥiru-tey, v'yam-liḥ mal-ḥutey
B'ḥa-yey-ḥon u-v'yomey-ḥon
U-v'ḥa-yey d'ḥol beyt yisrael
Ba-agala u-viz-man kariv, v'imru **amen.**

Congregation and Reader:

Y'hey sh'mey raba m'varaḥ l'alam ul-almey alma-ya.

Reader:

Yit-baraḥ v'yish-tabaḥ v'yit-pa-ar v'yit-romam v'yit-na-sey
V'yit-hadar v'yit-aleh v'yit-halal sh'mey d'kud-sha—
B'riḥ hu, *l'eyla l'eyla mi-kol bir-ḥata v'shi-rata*
Tush-b'ḥata v'ne-ḥemata da-amiran b'alma, v'imru **amen.**

ḤATZI KADDISH

Magnified and sanctified be the great name of God, in the world created according to the Divine will. May God's sovereignty soon be established, in our lifetime and that of the entire house of Israel. And let us say: Amen.

Congregation and Reader:

May God's great name be praised to all eternity.

Hallowed and honored, extolled and exalted, adored and acclaimed be the name of the blessed Holy One, whose glory is infinitely beyond all the praises, hymns, and songs of adoration which human beings can utter. And let us say: Amen.

The Amidah begins on page 700.

In congregations where a silent Amidah is said, see page 424.

בָּרוּךְ אַתָּה יְיָ אֱלֹהֵינוּ וֵאלֹהֵי אֲבוֹתֵינוּ. אֱלֹהֵי אַבְרָהָם אֱלֹהֵי יִצְחָק וֵאלֹהֵי יַעֲקֹב. הָאֵל הַגָּדוֹל הַגִּבּוֹר וְהַנּוֹרָא אֵל עֶלְיוֹן. גּוֹמֵל חֲסָדִים טוֹבִים וְקוֹנֵה הַכֹּל. וְזוֹכֵר חַסְדֵי אָבוֹת וּמֵבִיא גוֹאֵל לִבְנֵי בְנֵיהֶם לְמַעַן שְׁמוֹ בְּאַהֲבָה:

מִסּוֹד חֲכָמִים וּנְבוֹנִים. וּמִלֶּמֶד דַּעַת מְבִינִים. אֶפְתְּחָה פִּי בִּתְפִלָּה וּבְתַחֲנוּנִים. לְחַלּוֹת וּלְחַנֵּן פְּנֵי מֶלֶךְ מָלֵא רַחֲמִים מוֹחֵל וְסוֹלֵחַ לַעֲוֹנִים:

זָכְרֵנוּ לְחַיִּים מֶלֶךְ חָפֵץ בַּחַיִּים.
וְכָתְבֵנוּ בְּסֵפֶר הַחַיִּים.
לְמַעַנְךָ אֱלֹהִים חַיִּים:

מֶלֶךְ עוֹזֵר וּמוֹשִׁיעַ וּמָגֵן. בָּרוּךְ אַתָּה יְיָ מָגֵן אַבְרָהָם:

אַתָּה גִּבּוֹר לְעוֹלָם אֲדֹנָי מְחַיֵּה מֵתִים אַתָּה רַב לְהוֹשִׁיעַ: מְכַלְכֵּל חַיִּים בְּחֶסֶד מְחַיֵּה מֵתִים בְּרַחֲמִים רַבִּים. סוֹמֵךְ נוֹפְלִים וְרוֹפֵא חוֹלִים וּמַתִּיר אֲסוּרִים וּמְקַיֵּם אֱמוּנָתוֹ לִישֵׁנֵי עָפָר. מִי כָמוֹךָ בַּעַל גְּבוּרוֹת וּמִי דּוֹמֶה לָּךְ מֶלֶךְ מֵמִית וּמְחַיֶּה וּמַצְמִיחַ יְשׁוּעָה:

מִי כָמוֹךָ אַב הָרַחֲמִים.
זוֹכֵר יְצוּרָיו לְחַיִּים בְּרַחֲמִים:

וְנֶאֱמָן אַתָּה לְהַחֲיוֹת מֵתִים. בָּרוּךְ אַתָּה יְיָ מְחַיֵּה הַמֵּתִים:

Zoḥreynu l'ḥa-yim meleḥ ḥafeytz ba-ḥa-yim,
V'ḥot-veynu b'seyfer ha-ḥa-yim, l'ma-anḥa Elohim ḥa-yim.

The Amidah

GOD OF ALL GENERATIONS*

Praised are You, O Lord our God and God of our ancestors,
God of Abraham, God of Isaac, and God of Jacob;
God of Sarah, God of Rebecca, God of Rachel, and God of Leah;
Great, mighty, awesome God, supreme over all.

You are abundantly kind, O Creator of all.
Remembering the piety of our ancestors,
You lovingly bring redemption to their children's children.

With the inspired words of the wise and the discerning,
I open my mouth in prayer and supplication,
To implore mercy from the supreme Ruler,
Who abounds in compassion,
Who forgives and pardons transgressions.

Remember us for life, O Sovereign who delights in life;
Inscribe us in the book of life, for Your sake, O God of life.

You are our Sovereign who helps, redeems, and protects.
Praised are You, O Lord,
Shield of Abraham and Sustainer of Sarah.

SOURCE OF LIFE AND MASTER OF NATURE

O Lord, mighty for all eternity,
With Your saving power You grant immortal life.

You sustain the living with lovingkindness,
And with great mercy You bestow eternal life upon the dead.
You support the falling, heal the sick, and free the captives.
You keep faith with those who sleep in the dust.

Who is like You, almighty God?
Who can be compared to You, Ruler over life and death,
Source of redemption?

Who is like You, compassionate God?
Mercifully You remember Your creatures for life.

You are faithful in granting eternal life to the departed.
Praised are You, O Lord, who grants immortality to the departed.

* *This English version of the Avot Blessing reflects the egalitarian rendering which appears in the "Interpretive Amidah Blessings" (p. 891).*

נַעֲרִיצְךָ וְנַקְדִּישְׁךָ כְּסוֹד שִׂיחַ שַׂרְפֵי קֹדֶשׁ הַמַּקְדִּישִׁים שִׁמְךָ בַּקֹּדֶשׁ. כַּכָּתוּב עַל־יַד נְבִיאֶךָ. וְקָרָא זֶה אֶל־זֶה וְאָמַר.

קָדוֹשׁ קָדוֹשׁ קָדוֹשׁ יְיָ צְבָאוֹת. מְלֹא כָל־הָאָרֶץ כְּבוֹדוֹ:

כְּבוֹדוֹ מָלֵא עוֹלָם. מְשָׁרְתָיו שׁוֹאֲלִים זֶה לָזֶה אַיֵּה מְקוֹם כְּבוֹדוֹ. לְעֻמָּתָם בָּרוּךְ יֹאמֵרוּ.

בָּרוּךְ כְּבוֹד־יְיָ מִמְּקוֹמוֹ:

מִמְּקוֹמוֹ הוּא יִפֶן בְּרַחֲמִים וְיָחוֹן עַם הַמְיַחֲדִים שְׁמוֹ עֶרֶב וָבֹקֶר בְּכָל־יוֹם תָּמִיד פַּעֲמַיִם בְּאַהֲבָה שְׁמַע אוֹמְרִים.

שְׁמַע יִשְׂרָאֵל יְיָ אֱלֹהֵינוּ יְיָ אֶחָד:

הוּא אֱלֹהֵינוּ הוּא אָבִינוּ הוּא מַלְכֵּנוּ הוּא מוֹשִׁיעֵנוּ. וְהוּא יַשְׁמִיעֵנוּ בְּרַחֲמָיו שֵׁנִית לְעֵינֵי כָּל־חָי. לִהְיוֹת לָכֶם לֵאלֹהִים.

אֲנִי יְיָ אֱלֹהֵיכֶם:

אַדִּיר אַדִּירֵנוּ יְיָ אֲדוֹנֵינוּ מָה־אַדִּיר שִׁמְךָ בְּכָל־הָאָרֶץ: וְהָיָה יְיָ לְמֶלֶךְ עַל־כָּל־הָאָרֶץ בַּיּוֹם הַהוּא יִהְיֶה יְיָ אֶחָד וּשְׁמוֹ אֶחָד: וּבְדִבְרֵי קָדְשְׁךָ כָּתוּב לֵאמֹר.

יִמְלֹךְ יְיָ לְעוֹלָם. אֱלֹהַיִךְ צִיּוֹן לְדֹר וָדֹר. הַלְלוּיָהּ:

לְדוֹר וָדוֹר נַגִּיד גָּדְלֶךָ. וּלְנֵצַח נְצָחִים קְדֻשָּׁתְךָ נַקְדִּישׁ. וְשִׁבְחֲךָ אֱלֹהֵינוּ מִפִּינוּ לֹא־יָמוּשׁ לְעוֹלָם וָעֶד. כִּי אֵל מֶלֶךְ גָּדוֹל וְקָדוֹשׁ אָתָּה:

Kadosh, kadosh, kadosh, Adonai tz'vaot,
M'lo ḥol ha-aretz k'vodo.

Baruḥ k'vod Adonai mi-m'komo.

Shema Yisrael, Adonai Eloheynu, Adonai eḥad.

Ani Adonai Elohey-ḥem.

Yimloḥ Adonai l'olam,
Eloha-yiḥ tzion l'dor va-dor, Hallelujah.

KEDUSHAH: A vision of God's holiness

We adore and sanctify You in the words uttered by the holy Seraphim in the mystic vision of Your prophet:

"Holy, holy, holy is the Lord of hosts;
The whole world is filled with God's glory."

God's glory pervades the universe. When one chorus of ministering angels asks: "Where is God's glory?" another adoringly responds:

"Praised be the glory of the Lord
Which fills the universe."

May God deal mercifully and compassionately with our people, who speak of the Divine oneness twice each day, morning and evening, lovingly proclaiming—

"HEAR, O ISRAEL: THE LORD IS OUR GOD, THE LORD IS ONE."

The Lord is our God; the Lord is our Creator, our Sovereign, and our Redeemer, who mercifully will again proclaim before all the world: "I am the Lord your God."

O Lord, our Almighty God, how glorious is Your name in all the earth. "The Lord shall reign over all the earth; on that day the Lord shall be One and God's name One." And thus the Psalmist sang:

"The Lord shall reign forever;
Your God, O Zion, through all generations; Hallelujah!"

Throughout all generations we will declare Your greatness, and to all eternity we will proclaim Your holiness. We will never cease praising You, for You are a great and holy God and Sovereign.

חֲמוֹל עַל מַעֲשֶׂיךָ וְתִשְׂמַח בְּמַעֲשֶׂיךָ. וְיֹאמְרוּ לְךָ חוֹסֶיךָ בְּצַדֶּקְךָ עֲמוּסֶיךָ תֻּקְדַּשׁ אָדוֹן עַל כָּל־מַעֲשֶׂיךָ:

וּבְכֵן תֵּן פַּחְדְּךָ יְיָ אֱלֹהֵינוּ עַל כָּל־מַעֲשֶׂיךָ וְאֵימָתְךָ עַל כָּל־מַה־שֶּׁבָּרָאתָ. וְיִירָאוּךָ כָּל־הַמַּעֲשִׂים וְיִשְׁתַּחֲווּ לְפָנֶיךָ כָּל־הַבְּרוּאִים. וְיֵעָשׂוּ כֻלָּם אֲגֻדָּה אֶחָת לַעֲשׂוֹת רְצוֹנְךָ בְּלֵבָב שָׁלֵם. כְּמוֹ שֶׁיָּדַעְנוּ יְיָ אֱלֹהֵינוּ שֶׁהַשִּׁלְטוֹן לְפָנֶיךָ עֹז בְּיָדְךָ וּגְבוּרָה בִּימִינֶךָ וְשִׁמְךָ נוֹרָא עַל כָּל־מַה־שֶּׁבָּרָאתָ:

וּבְכֵן תֵּן כָּבוֹד יְיָ לְעַמֶּךָ תְּהִלָּה לִירֵאֶיךָ וְתִקְוָה לְדוֹרְשֶׁיךָ וּפִתְחוֹן פֶּה לַמְיַחֲלִים לָךְ. שִׂמְחָה לְאַרְצֶךָ וְשָׂשׂוֹן לְעִירֶךָ בִּמְהֵרָה בְיָמֵינוּ:

וּבְכֵן צַדִּיקִים יִרְאוּ וְיִשְׂמָחוּ וִישָׁרִים יַעֲלֹזוּ וַחֲסִידִים בְּרִנָּה יָגִילוּ. וְעוֹלָתָה תִּקְפָּץ־פִּיהָ וְכָל־הָרִשְׁעָה כֻּלָּהּ כְּעָשָׁן תִּכְלֶה. כִּי תַעֲבִיר מֶמְשֶׁלֶת זָדוֹן מִן הָאָרֶץ:

וְתִמְלוֹךְ אַתָּה יְיָ לְבַדֶּךָ עַל כָּל־מַעֲשֶׂיךָ בְּהַר צִיּוֹן מִשְׁכַּן כְּבוֹדֶךָ וּבִירוּשָׁלַיִם עִיר קָדְשֶׁךָ כַּכָּתוּב בְּדִבְרֵי קָדְשֶׁךָ. יִמְלֹךְ יְיָ לְעוֹלָם. אֱלֹהַיִךְ צִיּוֹן לְדֹר וָדֹר. הַלְלוּיָהּ:

קָדוֹשׁ אַתָּה וְנוֹרָא שְׁמֶךָ וְאֵין אֱלוֹהַּ מִבַּלְעָדֶיךָ כַּכָּתוּב. וַיִּגְבַּהּ יְיָ צְבָאוֹת בַּמִּשְׁפָּט וְהָאֵל הַקָּדוֹשׁ נִקְדַּשׁ בִּצְדָקָה. בָּרוּךְ אַתָּה יְיָ הַמֶּלֶךְ הַקָּדוֹשׁ:

O GOD, IN YOUR HOLINESS, ESTABLISH YOUR REIGN!

Have compassion upon Your creatures and may Your creatures bring joy to You. When You vindicate Your people, those who trust in You shall proclaim: O Lord, be sanctified over all Your creation!

Lord our God, imbue all Your creatures with reverence for You, and fill all that You have created with awe of You. May they all bow before You and unite in one fellowship to do Your will wholeheartedly. May they all acknowledge, as we do, that sovereignty is Yours, that Yours is the power and the majesty, and that You reign supreme over all You have created.

Grant honor, O Lord, to Your people, glory to those who revere You, hope to those who seek You, and confidence to those who trust in You. Grant joy to Your land and gladness to Your holy city, speedily in our own days.

Then the righteous will see and be glad, the upright will exult, and the pious will rejoice in song. Wickedness will be silenced, and all evil will vanish like smoke when You remove the dominion of tyranny from the earth.

Then You alone, O Lord, will rule over all Your works, from Mount Zion, the dwelling place of Your presence, from Jerusalem, Your holy city. Thus it is written in the Psalms: "The Lord shall reign forever; your God, Zion, through all generations; Hallelujah!"

You are holy, Your name is awe-inspiring, and there is no God but You. Thus the prophet wrote: "The Lord of hosts is exalted by justice, and the holy God is sanctified through righteousness." Praised are You, O Lord, the holy Sovereign.

אַתָּה בְחַרְתָּנוּ מִכָּל־הָעַמִּים. אָהַבְתָּ אוֹתָנוּ וְרָצִיתָ בָּנוּ. וְרוֹמַמְתָּנוּ מִכָּל־הַלְּשׁוֹנוֹת. וְקִדַּשְׁתָּנוּ בְּמִצְוֹתֶיךָ. וְקֵרַבְתָּנוּ מַלְכֵּנוּ לַעֲבוֹדָתֶךָ. וְשִׁמְךָ הַגָּדוֹל וְהַקָּדוֹשׁ עָלֵינוּ קָרָאתָ:

On Shabbat add the words in brackets.

וַתִּתֶּן־לָנוּ יְיָ אֱלֹהֵינוּ בְּאַהֲבָה אֶת־יוֹם [הַשַּׁבָּת הַזֶּה לִקְדֻשָּׁה וְלִמְנוּחָה וְאֶת־יוֹם] הַכִּפֻּרִים הַזֶּה לִמְחִילָה וְלִסְלִיחָה וּלְכַפָּרָה וְלִמְחָל־בּוֹ אֶת־כָּל־עֲוֹנוֹתֵינוּ [בְּאַהֲבָה] מִקְרָא קֹדֶשׁ. זֵכֶר לִיצִיאַת מִצְרָיִם:

אֱלֹהֵינוּ וֵאלֹהֵי אֲבוֹתֵינוּ. יַעֲלֶה וְיָבֹא וְיַגִּיעַ. וְיֵרָאֶה וְיֵרָצֶה וְיִשָּׁמַע. וְיִפָּקֵד וְיִזָּכֵר זִכְרוֹנֵנוּ וּפִקְדוֹנֵנוּ. וְזִכְרוֹן אֲבוֹתֵינוּ. וְזִכְרוֹן מָשִׁיחַ בֶּן־דָּוִד עַבְדֶּךָ. וְזִכְרוֹן יְרוּשָׁלַיִם עִיר קָדְשֶׁךָ. וְזִכְרוֹן כָּל־עַמְּךָ בֵּית יִשְׂרָאֵל לְפָנֶיךָ. לִפְלֵיטָה לְטוֹבָה לְחֵן וּלְחֶסֶד וּלְרַחֲמִים לְחַיִּים וּלְשָׁלוֹם בְּיוֹם הַכִּפֻּרִים הַזֶּה: זָכְרֵנוּ יְיָ אֱלֹהֵינוּ בּוֹ לְטוֹבָה. וּפָקְדֵנוּ בוֹ לִבְרָכָה. וְהוֹשִׁיעֵנוּ בוֹ לְחַיִּים. וּבִדְבַר יְשׁוּעָה וְרַחֲמִים חוּס וְחָנֵּנוּ וְרַחֵם עָלֵינוּ וְהוֹשִׁיעֵנוּ. כִּי אֵלֶיךָ עֵינֵינוּ. כִּי אֵל מֶלֶךְ חַנּוּן וְרַחוּם אָתָּה:

YOU SANCTIFY ISRAEL AND THIS DAY OF ATONEMENT

You have chosen us of all peoples for Your service; and, in Your gracious love, You have exalted us by teaching us the way of holiness through Your *Mitzvot*. Thus You have linked us with Your great and holy name.

On Shabbat add the words in brackets.

In love have You given us, O Lord our God, [this Sabbath day for sanctity and rest, and] this Day of Atonement for pardon, forgiveness, and atonement for all our sins. It is for us [in love] a holy convocation, commemorating the Exodus from Egypt.

YAALEH V'YAVO: Invoking the merits of our ancestors as we pray for redemption

Our God and God of our ancestors, we recall and invoke the remembrance of our ancestors, the piety of their prayers for Messianic deliverance, the glory of Jerusalem, Your holy city, and the destiny of the entire household of Israel. As we seek Your love and mercy, we pray for deliverance and for life, for happiness and for peace, on this Day of Atonement.

Remember us, O Lord; bless us with all that is good. Recall Your promise of merciful redemption; spare us, have compassion upon us, and graciously save us. To You we lift our eyes in hope; for You, our Sovereign, are a gracious and merciful God.

זְכֹר־רַחֲמֶיךָ יְיָ וַחֲסָדֶיךָ כִּי מֵעוֹלָם הֵמָּה: זָכְרֵנוּ יְיָ בִּרְצוֹן עַמֶּךָ. פָּקְדֵנוּ בִּישׁוּעָתֶךָ: זְכֹר עֲדָתְךָ קָנִיתָ קֶּדֶם. גָּאַלְתָּ שֵׁבֶט נַחֲלָתֶךָ. הַר־צִיּוֹן זֶה שָׁכַנְתָּ בּוֹ: זְכֹר יְיָ חִבַּת יְרוּשָׁלָיִם. אַהֲבַת צִיּוֹן אַל תִּשְׁכַּח לָנֶצַח:

זְכָר־לָנוּ בְּרִית אָבוֹת כַּאֲשֶׁר אָמַרְתָּ. וְזָכַרְתִּי אֶת־בְּרִיתִי יַעֲקוֹב וְאַף אֶת־בְּרִיתִי יִצְחָק וְאַף אֶת־בְּרִיתִי אַבְרָהָם אֶזְכֹּר וְהָאָרֶץ אֶזְכֹּר: זְכָר־לָנוּ בְּרִית רִאשׁוֹנִים כַּאֲשֶׁר אָמַרְתָּ. וְזָכַרְתִּי לָהֶם בְּרִית רִאשֹׁנִים. אֲשֶׁר הוֹצֵאתִי אֹתָם מֵאֶרֶץ מִצְרַיִם לְעֵינֵי הַגּוֹיִם לִהְיוֹת לָהֶם לֵאלֹהִים. אֲנִי יְיָ:

רַחֵם עָלֵינוּ וְאַל תַּשְׁחִיתֵנוּ כְּמָה שֶׁכָּתוּב. כִּי אֵל רַחוּם יְיָ אֱלֹהֶיךָ לֹא יַרְפְּךָ וְלֹא יַשְׁחִיתֶךָ וְלֹא יִשְׁכַּח אֶת־בְּרִית אֲבֹתֶיךָ אֲשֶׁר נִשְׁבַּע לָהֶם: מוֹל אֶת־לְבָבֵנוּ לְאַהֲבָה וּלְיִרְאָה אֶת־שְׁמֶךָ כַּכָּתוּב בְּתוֹרָתֶךָ. וּמָל יְיָ אֱלֹהֶיךָ אֶת־לְבָבְךָ וְאֶת־לְבַב זַרְעֶךָ לְאַהֲבָה אֶת־יְיָ אֱלֹהֶיךָ בְּכָל־לְבָבְךָ וּבְכָל־נַפְשְׁךָ לְמַעַן חַיֶּיךָ:

קַבֵּץ נִדָּחֵנוּ כְּמָה שֶׁכָּתוּב. אִם־יִהְיֶה נִדַּחֲךָ בִּקְצֵה הַשָּׁמָיִם. מִשָּׁם יְקַבֶּצְךָ יְיָ אֱלֹהֶיךָ וּמִשָּׁם יִקָּחֶךָ: הִמָּצֵא לָנוּ בְּבַקָּשָׁתֵנוּ כְּמָה שֶׁכָּתוּב. וּבִקַּשְׁתֶּם מִשָּׁם אֶת־יְיָ אֱלֹהֶיךָ וּמָצָאתָ. כִּי תִדְרְשֶׁנּוּ בְּכָל־לְבָבְךָ וּבְכָל־נַפְשֶׁךָ:

כַּפֵּר חֲטָאֵינוּ בַּיּוֹם הַזֶּה וְטַהֲרֵנוּ כְּמָה שֶׁכָּתוּב. כִּי־בַיּוֹם הַזֶּה יְכַפֵּר עֲלֵיכֶם לְטַהֵר אֶתְכֶם. מִכֹּל חַטֹּאתֵיכֶם לִפְנֵי יְיָ תִּטְהָרוּ:

REMEMBER US, RECALL THE COVENANT, AND PURIFY US

O Lord, remember Your mercy and Your kindness,
For they are everlasting.

Remember us, O Lord, and show us Your favor;
Remember us and deliver us.

Remember the people You redeemed from bondage,
And Mount Zion, the site of Your presence.

Remember, O Lord, Your love of Jerusalem;
Forget not Your love for Zion.

Remember, O Lord, Your covenant with the patriarchs:

"I will remember My covenant with Jacob, Isaac, and Abraham, and I will remember the land."

Remember, O Lord, your covenant with our ancestors:

"I will remember My covenant with your ancestors, whom I brought out of the land of Egypt, in the sight of all the nations, to be their God; I am the Lord."

Have mercy upon us, O Lord, and do not destroy us:

"The Lord is a merciful God who will not forsake you, nor destroy you, nor ever forget the covenant."

Open our hearts that we may love and revere You:

"The Lord your God will open your heart and the heart of your children, so that you will love God with all your heart and with all your soul, that you may live."

Gather our dispersed and our homeless, as was promised:

"Even if you are dispersed in the remotest parts of the world, from there the Lord your God will gather and fetch you."

Be with us, O Lord, when we seek You:

"If you seek the Lord your God, you shall find God—if you seek with all your heart and all your soul."

Forgive our sins on this day, O Lord, and purify us:

"On this day atonement shall be made for you to cleanse you; of all your sins shall you be clean before the Lord."

שְׁמַע קוֹלֵנוּ יְיָ אֱלֹהֵינוּ חוּס וְרַחֵם עָלֵינוּ וְקַבֵּל בְּרַחֲמִים
וּבְרָצוֹן אֶת־תְּפִלָּתֵנוּ:

הֲשִׁיבֵנוּ יְיָ אֵלֶיךָ וְנָשׁוּבָה חַדֵּשׁ יָמֵינוּ כְּקֶדֶם:

אַל־תַּשְׁלִיכֵנוּ מִלְּפָנֶיךָ וְרוּחַ קָדְשְׁךָ אַל־תִּקַּח מִמֶּנּוּ:

אַל־תַּשְׁלִיכֵנוּ לְעֵת זִקְנָה כִּכְלוֹת כֹּחֵנוּ אַל־תַּעַזְבֵנוּ:

אַל־תַּעַזְבֵנוּ יְיָ אֱלֹהֵינוּ אַל־תִּרְחַק מִמֶּנּוּ:

אֱלֹהֵינוּ וֵאלֹהֵי אֲבוֹתֵינוּ. אַל־תַּעַזְבֵנוּ. וְאַל־תִּטְּשֵׁנוּ. וְאַל־תַּכְלִימֵנוּ. וְאַל־תָּפֵר בְּרִיתְךָ אִתָּנוּ. קָרְבֵנוּ לְתוֹרָתֶךָ. לַמְּדֵנוּ מִצְוֹתֶיךָ. הוֹרֵנוּ דְרָכֶיךָ. הַט לִבֵּנוּ לְיִרְאָה אֶת שְׁמֶךָ. וּמוֹל אֶת־לְבָבֵנוּ לְאַהֲבָתֶךָ. וְנָשׁוּב אֵלֶיךָ בֶּאֱמֶת וּבְלֵב שָׁלֵם. וּלְמַעַן שִׁמְךָ הַגָּדוֹל תִּמְחוֹל וְתִסְלַח לַעֲוֹנֵינוּ כַּכָּתוּב בְּדִבְרֵי קָדְשֶׁךָ. לְמַעַן־שִׁמְךָ יְיָ וְסָלַחְתָּ לַעֲוֹנִי כִּי רַב־הוּא:

Sh'ma koleynu, Adonai Eloheynu, ḥus v'raḥeym aleynu,
V'kabeyl b'raḥamim uv-ratzon et t'filateynu.

Ha-shiveynu Adonai eyleḥa v'na-shuva,
Ḥadeysh yameynu k'kedem.

Al tashli-ḥeynu mil-faneḥa,
V'ruaḥ kod-sh'ḥa al tikaḥ mimenu.

Al tashli-ḥeynu l'eyt zikna,
Kiḥ-lot koḥeynu al ta-azveynu.

Al ta-azveynu Adonai Eloheynu, al tirḥak mimenu.

SHEMA KOLEYNU: Hear our voice

Hear our voice, Lord our God; spare us, pity us,
Accept our prayer in Your gracious love.

Turn us to You, O Lord, and we shall return;
Renew us as in days of old.

Do not banish us from Your presence;
Do not deprive us of Your holy spirit.

Do not cast us off in old age;
When our strength declines, do not forsake us.

Do not forsake us, O Lord our God;
Do not make Yourself distant from us.

DO NOT FORSAKE US: Teach, purify, and forgive us

Our God and God of our ancestors,
Do not abandon or forsake us;
Do not shame us;
Do not break Your covenant with us.

Bring us closer to Your Torah;
Teach us Your commandments; show us Your ways.

Incline our hearts to revere You;
Purify our hearts to love You,
So that we return to You sincerely and wholeheartedly.

Forgive and pardon our iniquities,
As it is written in Your Holy Scriptures:

"For Your own sake, O Lord,
Pardon my sin though it is great."

אֱלֹהֵינוּ וֵאלֹהֵי אֲבוֹתֵינוּ סְלַח־לָנוּ. מְחַל־לָנוּ. כַּפֶּר־לָנוּ:

כִּי אָנוּ עַמֶּךָ וְאַתָּה אֱלֹהֵינוּ. אָנוּ בָנֶיךָ וְאַתָּה אָבִינוּ:
אָנוּ עֲבָדֶיךָ וְאַתָּה אֲדוֹנֵנוּ. אָנוּ קְהָלֶךָ וְאַתָּה חֶלְקֵנוּ:
אָנוּ נַחֲלָתֶךָ וְאַתָּה גוֹרָלֵנוּ. אָנוּ צֹאנֶךָ וְאַתָּה רוֹעֵנוּ:
אָנוּ כַרְמֶךָ וְאַתָּה נוֹטְרֵנוּ. אָנוּ פְעֻלָּתֶךָ וְאַתָּה יוֹצְרֵנוּ:
אָנוּ רַעְיָתֶךָ וְאַתָּה דוֹדֵנוּ. אָנוּ סְגֻלָּתֶךָ וְאַתָּה קְרוֹבֵנוּ:
אָנוּ עַמֶּךָ וְאַתָּה מַלְכֵּנוּ. אָנוּ מַאֲמִירֶךָ וְאַתָּה מַאֲמִירֵנוּ:

אָנוּ עַזֵּי פָנִים וְאַתָּה רַחוּם וְחַנּוּן. אָנוּ קְשֵׁי עֹרֶף וְאַתָּה אֶרֶךְ אַפַּיִם. אָנוּ מְלֵאֵי עָוֹן וְאַתָּה מָלֵא רַחֲמִים. אָנוּ יָמֵינוּ כְּצֵל עוֹבֵר. וְאַתָּה הוּא וּשְׁנוֹתֶיךָ לֹא יִתָּמּוּ:

Ki anu ameḥa v'ata Eloheynu,
Anu vaneḥa v'ata avinu.

Anu avadeḥa v'ata adoneynu,
Anu k'haleḥa v'ata ḥel-keynu.

Anu naḥ-lateḥa v'ata gora-leynu,
Anu tzoneḥa v'ata ro-eynu.

Anu ḥarmeḥa v'ata notreynu,
Anu f'u-lateḥa v'ata yotz-reynu.

Anu ra-yateḥa v'ata do-deynu,
Anu s'gulateḥa v'ata k'roveynu.

Anu ameḥa v'ata malkeynu,
Anu ma-amireḥa v'ata ma-amireynu.

KI ANU AMEḤA:
We are Your people, and You are our God

Our God and God of our ancestors,
Forgive us, pardon us, grant us atonement.

For we are Your people, and You are our God.

We are Your children, and You are our Parent.

We are Your servants, and You are our Master.

We are Your congregation, and You are our Heritage.

We are Your possession, and You are our Destiny.

We are Your flock, and You are our Shepherd.

We are Your vineyard, and You are our Guardian.

We are Your creatures, and You are our Creator.

We are Your faithful, and You are our Beloved.

We are Your treasure, and You are our Protector.

We are Your subjects, and You are our Ruler.

We are Your chosen ones, and You are our Chosen One.

We are arrogant; but You are merciful.
We are obstinate; but You are patient.
We are laden with sin; but You abound in compassion.
We are as a passing shadow; but You are eternal.

אֱלֹהֵינוּ וֵאלֹהֵי אֲבוֹתֵינוּ. תָּבֹא לְפָנֶיךָ תְּפִלָּתֵנוּ וְאַל תִּתְעַלַּם מִתְּחִנָּתֵנוּ. שֶׁאֵין אֲנַחְנוּ עַזֵּי פָנִים וּקְשֵׁי עֹרֶף לוֹמַר לְפָנֶיךָ יְיָ אֱלֹהֵינוּ וֵאלֹהֵי אֲבוֹתֵינוּ צַדִּיקִים אֲנַחְנוּ וְלֹא חָטָאנוּ אֲבָל אֲנַחְנוּ חָטָאנוּ:

אָשַׁמְנוּ. בָּגַדְנוּ. גָּזַלְנוּ. דִּבַּרְנוּ דֹפִי.
הֶעֱוִינוּ. וְהִרְשַׁעְנוּ. זַדְנוּ. חָמַסְנוּ. טָפַלְנוּ שֶׁקֶר.
יָעַצְנוּ רָע. כִּזַּבְנוּ. לַצְנוּ. מָרַדְנוּ. נִאַצְנוּ.
סָרַרְנוּ. עָוִינוּ. פָּשַׁעְנוּ. צָרַרְנוּ. קִשִּׁינוּ עֹרֶף.
רָשַׁעְנוּ. שִׁחַתְנוּ. תִּעַבְנוּ. תָּעִינוּ. תִּעְתָּעְנוּ:

סַרְנוּ מִמִּצְוֹתֶיךָ וּמִמִּשְׁפָּטֶיךָ הַטּוֹבִים וְלֹא שָׁוָה לָנוּ: וְאַתָּה צַדִּיק עַל כָּל־הַבָּא עָלֵינוּ. כִּי אֱמֶת עָשִׂיתָ וַאֲנַחְנוּ הִרְשָׁעְנוּ:

Ashamnu, bagadnu, gazalnu, dibarnu dofi;
he-evinu, v'hir-shanu, zadnu, ḥamasnu, tafalnu sheker;
ya-atznu ra, kizavnu, latznu, maradnu, niatznu,
sararnu, avinu, pa-shanu, tza-rarnu, ki-shinu oref;
ra-shanu, shi-ḥatnu, tiavnu, tainu, ti-tanu.

THE CONFESSIONAL

Our God and God of our ancestors, may our prayers come before You and may You not ignore our pleas. We are neither so arrogant nor so stubborn as to declare that we are righteous and have not sinned; for, indeed, we have sinned.

ASHAMNU: We have trespassed

We have trespassed; we have dealt treacherously;
we have robbed; we have spoken slander;
we have acted perversely; we have done wrong;
we have acted presumptuously; we have done violence;
we have practiced deceit; we have counseled evil;
we have spoken falsehood; we have scoffed;
we have revolted; we have blasphemed;
we have rebelled; we have committed iniquity;
we have transgressed; we have oppressed;
we have been stiff-necked; we have acted wickedly;
we have dealt corruptly; we have committed abomination;
we have gone astray; we have led others astray.

We have turned away from Your *Mitzvot* and Your goodly laws, and we are poorer for our disobedience. You are just in all that has come upon us. You have been faithful; yet, we have done evil.

On Shabbat add the words in brackets.

אֱלֹהֵינוּ וֵאלֹהֵי אֲבוֹתֵינוּ. סְלַח וּמְחַל לַעֲוֹנוֹתֵינוּ בְּיוֹם [הַשַּׁבָּת הַזֶּה וּבְיוֹם] הַכִּפּוּרִים הַזֶּה. וְהֵעָתֶר־לָנוּ בִּתְפִלָּתֵנוּ. מְחֵה וְהַעֲבֵר פְּשָׁעֵינוּ מִנֶּגֶד עֵינֶיךָ. וְכוֹף אֶת־יִצְרֵנוּ לְהִשְׁתַּעְבֶּד־לָךְ. וְהַכְנַע עָרְפֵּנוּ לָשׁוּב אֵלֶיךָ. וְחַדֵּשׁ כִּלְיוֹתֵינוּ לִשְׁמוֹר פִּקֻּדֶיךָ. וּמוֹל אֶת־לְבָבֵנוּ לְאַהֲבָה וּלְיִרְאָה אֶת־שְׁמֶךָ כַּכָּתוּב בְּתוֹרָתֶךָ. וּמָל יְיָ אֱלֹהֶיךָ אֶת־לְבָבְךָ וְאֶת־לְבַב זַרְעֶךָ לְאַהֲבָה אֶת־יְיָ אֱלֹהֶיךָ בְּכָל־לְבָבְךָ וּבְכָל־נַפְשְׁךָ לְמַעַן חַיֶּיךָ:

הַזְּדוֹנוֹת וְהַשְּׁגָגוֹת אַתָּה מַכִּיר. הָרָצוֹן וְהָאֹנֶס הַגְּלוּיִם וְהַנִּסְתָּרִים לְפָנֶיךָ הֵם גְּלוּיִם וִידוּעִים: מָה־אָנוּ. מֶה־חַיֵּינוּ. מֶה־חַסְדֵּנוּ. מַה־צִּדְקֵנוּ. מַה־יִּשְׁעֵנוּ. מַה־כֹּחֵנוּ. מַה־גְּבוּרָתֵנוּ. מַה־נֹּאמַר לְפָנֶיךָ יְיָ אֱלֹהֵינוּ וֵאלֹהֵי אֲבוֹתֵינוּ. הֲלֹא כָּל־הַגִּבּוֹרִים כְּאַיִן לְפָנֶיךָ וְאַנְשֵׁי הַשֵּׁם כְּלֹא הָיוּ. וַחֲכָמִים כִּבְלִי מַדָּע וּנְבוֹנִים כִּבְלִי הַשְׂכֵּל. כִּי רֹב מַעֲשֵׂיהֶם תֹּהוּ וִימֵי חַיֵּיהֶם הֶבֶל לְפָנֶיךָ. וּמוֹתַר הָאָדָם מִן הַבְּהֵמָה אָיִן כִּי הַכֹּל הָבֶל:

יְהִי רָצוֹן מִלְּפָנֶיךָ יְיָ אֱלֹהֵינוּ וֵאלֹהֵי אֲבוֹתֵינוּ. שֶׁתִּסְלַח־לָנוּ עַל כָּל־חַטֹּאתֵינוּ. וְתִמְחַל־לָנוּ עַל כָּל־עֲוֹנוֹתֵינוּ. וּתְכַפֶּר־לָנוּ עַל כָּל־פְּשָׁעֵינוּ:

FORGIVE OUR SINS

On Shabbat add the words in brackets.

Our God and God of our ancestors, forgive and pardon our sins [on this Sabbath day and] on this Day of Atonement.

Answer our prayers; blot out and remove our transgressions from Your sight. Direct our impulses that we may serve You, and humble our pride that we may return to You.

Renew our inner being so that we may observe Your commandments, and open our hearts so that we may love and revere You; as it is written in Your Torah: "The Lord your God will open your heart and the heart of your children, so that you will love the Lord with all your heart and with all your soul, that you may live."

You are aware of our sins, whether committed consciously or unconsciously, willingly or unwillingly, in public or in private; they are all clearly known to You.

What are we? What is the value of our lives? What substance is there to our kindness, our righteousness, our helpfulness, our strength, our courage? What can we say before You, Lord our God and God of our ancestors?

Before You, the mighty are as nothing, the famous as if they had never been; the wise are without wisdom, the clever without reason. For most of their deeds are worthless, and their days are like a breath.

Measured against Your perfection, our preëminence over the beast is negligible, for we all are so trivial.

May it be Your will, Lord our God and God of our ancestors, to forgive all our sins, to pardon all our iniquities, and to grant us atonement for all our transgressions.

עַל חֵטְא שֶׁחָטָאנוּ לְפָנֶיךָ בְּאֹנֶס וּבְרָצוֹן.
וְעַל חֵטְא שֶׁחָטָאנוּ לְפָנֶיךָ בִּבְלִי דָעַת:
עַל חֵטְא שֶׁחָטָאנוּ לְפָנֶיךָ בְּגִלּוּי עֲרָיוֹת.
וְעַל חֵטְא שֶׁחָטָאנוּ לְפָנֶיךָ בְּדַעַת וּבְמִרְמָה:
עַל חֵטְא שֶׁחָטָאנוּ לְפָנֶיךָ בְּהוֹנָאַת רֵעַ.
וְעַל חֵטְא שֶׁחָטָאנוּ לְפָנֶיךָ בִּוְעִידַת זְנוּת:
עַל חֵטְא שֶׁחָטָאנוּ לְפָנֶיךָ בְּזִלְזוּל הוֹרִים וּמוֹרִים.
וְעַל חֵטְא שֶׁחָטָאנוּ לְפָנֶיךָ בְּחֹזֶק יָד:

וְעַל כֻּלָּם אֱלוֹהַּ סְלִיחוֹת סְלַח־לָנוּ. מְחַל־לָנוּ. כַּפֶּר־לָנוּ:

עַל חֵטְא שֶׁחָטָאנוּ לְפָנֶיךָ בְּטֻמְאַת שְׂפָתָיִם.
וְעַל חֵטְא שֶׁחָטָאנוּ לְפָנֶיךָ בְּיֵצֶר הָרָע:
עַל חֵטְא שֶׁחָטָאנוּ לְפָנֶיךָ בְּכַחַשׁ וּבְכָזָב.
וְעַל חֵטְא שֶׁחָטָאנוּ לְפָנֶיךָ בְּלָצוֹן:
עַל חֵטְא שֶׁחָטָאנוּ לְפָנֶיךָ בְּמַשָּׂא וּבְמַתָּן.
וְעַל חֵטְא שֶׁחָטָאנוּ לְפָנֶיךָ בְּנֶשֶׁךְ וּבְמַרְבִּית:

וְעַל כֻּלָּם אֱלוֹהַּ סְלִיחוֹת סְלַח־לָנוּ. מְחַל־לָנוּ. כַּפֶּר־לָנוּ:

עַל חֵטְא שֶׁחָטָאנוּ לְפָנֶיךָ בְּשִׂיחַ שִׂפְתוֹתֵינוּ.
וְעַל חֵטְא שֶׁחָטָאנוּ לְפָנֶיךָ בְּעֵינַיִם רָמוֹת:
עַל חֵטְא שֶׁחָטָאנוּ לְפָנֶיךָ בִּפְרִיקַת עֹל.
וְעַל חֵטְא שֶׁחָטָאנוּ לְפָנֶיךָ בִּצְדִיַּת רֵעַ:
עַל חֵטְא שֶׁחָטָאנוּ לְפָנֶיךָ בְּקַלּוּת רֹאשׁ.
וְעַל חֵטְא שֶׁחָטָאנוּ לְפָנֶיךָ בְּרִיצַת רַגְלַיִם לְהָרַע:
עַל חֵטְא שֶׁחָטָאנוּ לְפָנֶיךָ בִּשְׁבוּעַת שָׁוְא.
וְעַל חֵטְא שֶׁחָטָאנוּ לְפָנֶיךָ בִּתְשׂוּמֶת־יָד: וְעַל כֻּלָּם . . .

AL ḤET: The multitude of our sins

We have sinned against You willingly and unwillingly;
And we have sinned against You by acting without thinking.
We have sinned against You through sexual immorality;
And we have sinned against You knowingly and deceitfully.
We have sinned against You by wronging others;
And we have sinned against You by licentiousness.
We have sinned against You by disrespecting parents and teachers;
And we have sinned against You by violence.

For all these sins, O God of forgiveness,
forgive us, pardon us, grant us atonement.

V'al kulam Elo-ha s'liḥot, s'laḥ lanu, m'ḥal lanu, ka-per lanu.

We have sinned against You by foul speech;
And we have sinned against You through the inclination to evil.
We have sinned against You by fraud and falsehood;
And we have sinned against You by mocking.
We have sinned against You in our business affairs;
And we have sinned against You by usury and extortion.

For all these sins, O God of forgiveness,
forgive us, pardon us, grant us atonement.

V'al kulam Elo-ha s'liḥot, s'laḥ lanu, m'ḥal lanu, ka-per lanu.

We have sinned against You by idle gossip;
And we have sinned against You by haughtiness.
We have sinned against You by rejecting Your commandments;
And we have sinned against You by betraying others.
We have sinned against You by being irreverent;
And we have sinned against You by running to do evil.
We have sinned against You by swearing falsely;
And we have sinned against You by breach of trust.

For all these sins, O God of forgiveness,
forgive us, pardon us, grant us atonement.

V'al kulam Elo-ha s'liḥot, s'laḥ lanu, m'ḥal lanu, ka-per lanu.

On Shabbat add the words in brackets.

אֱלֹהֵינוּ וֵאלֹהֵי אֲבוֹתֵינוּ מְחַל לַעֲוֹנוֹתֵינוּ בְּיוֹם [הַשַּׁבָּת הַזֶּה וּבְיוֹם] הַכִּפֻּרִים הַזֶּה מְחֵה וְהַעֲבֵר פְּשָׁעֵינוּ וְחַטֹּאתֵינוּ מִנֶּגֶד עֵינֶיךָ. כָּאָמוּר אָנֹכִי אָנֹכִי הוּא מֹחֶה פְשָׁעֶיךָ לְמַעֲנִי וְחַטֹּאתֶיךָ לֹא אֶזְכֹּר: וְנֶאֱמַר מָחִיתִי כָעָב פְּשָׁעֶיךָ וְכֶעָנָן חַטֹּאתֶיךָ שׁוּבָה אֵלַי כִּי גְאַלְתִּיךָ: וְנֶאֱמַר כִּי־בַיּוֹם הַזֶּה יְכַפֵּר עֲלֵיכֶם לְטַהֵר אֶתְכֶם מִכֹּל חַטֹּאתֵיכֶם לִפְנֵי יְיָ תִּטְהָרוּ: אֱלֹהֵינוּ וֵאלֹהֵי אֲבוֹתֵינוּ [רְצֵה בִמְנוּחָתֵנוּ] קַדְּשֵׁנוּ בְּמִצְוֹתֶיךָ וְתֵן חֶלְקֵנוּ בְּתוֹרָתֶךָ שַׂבְּעֵנוּ מִטּוּבֶךָ וְשַׂמְּחֵנוּ בִּישׁוּעָתֶךָ. [וְהַנְחִילֵנוּ יְיָ אֱלֹהֵינוּ בְּאַהֲבָה וּבְרָצוֹן שַׁבַּת קָדְשֶׁךָ וְיָנוּחוּ בָהּ יִשְׂרָאֵל מְקַדְּשֵׁי שְׁמֶךָ] וְטַהֵר לִבֵּנוּ לְעָבְדְּךָ בֶּאֱמֶת. כִּי אַתָּה סָלְחָן לְיִשְׂרָאֵל וּמָחֳלָן לְשִׁבְטֵי יְשֻׁרוּן בְּכָל־דּוֹר וָדוֹר וּמִבַּלְעָדֶיךָ אֵין לָנוּ מֶלֶךְ מוֹחֵל וְסוֹלֵחַ אֶלָּא אָתָּה. בָּרוּךְ אַתָּה יְיָ מֶלֶךְ מוֹחֵל וְסוֹלֵחַ לַעֲוֹנוֹתֵינוּ וְלַעֲוֹנוֹת עַמּוֹ בֵּית יִשְׂרָאֵל. וּמַעֲבִיר אַשְׁמוֹתֵינוּ בְּכָל־שָׁנָה וְשָׁנָה. מֶלֶךְ עַל כָּל־הָאָרֶץ מְקַדֵּשׁ [הַשַּׁבָּת וְ]יִשְׂרָאֵל וְיוֹם הַכִּפֻּרִים:

רְצֵה יְיָ אֱלֹהֵינוּ בְּעַמְּךָ יִשְׂרָאֵל. וּתְפִלָּתָם בְּאַהֲבָה תְקַבֵּל בְּרָצוֹן. וּתְהִי לְרָצוֹן תָּמִיד עֲבוֹדַת יִשְׂרָאֵל עַמֶּךָ:

וְתֶחֱזֶינָה עֵינֵינוּ בְּשׁוּבְךָ לְצִיּוֹן בְּרַחֲמִים. בָּרוּךְ אַתָּה יְיָ הַמַּחֲזִיר שְׁכִינָתוֹ לְצִיּוֹן:

On Shabbat add the words in brackets.

Our God and God of our ancestors, forgive our sins [on this Sabbath day and] on this Day of Atonement.

Blot out and remove our sins and transgressions as Isaiah promised in Your name: "I blot out your transgressions, for My own sake; and your sins I shall not recall."

You promised further: "I have blotted out your transgressions like a cloud, your sins like a mist. Return to Me for I have redeemed you."

And in the Torah it is written: "For on this day atonement shall be made for you to cleanse you; of all your sins shall you be clean before the Lord."

Our God and God of our ancestors [may our Sabbath rest be acceptable to You;] may Your *Mitzvot* lead us to holiness; and may we be among those who devote themselves to Your Torah. May we find contentment in Your blessings, and joy in Your sustaining power.

[Help us to enjoy, in love and favor, the heritage of Your holy Sabbath. May Your people Israel, who hallow Your name, find rest on this day.]

Purify our hearts to serve You in truth. For You forgive the people Israel and pardon the tribes of Jeshurun in every generation; and we acknowledge only You as Sovereign who grants us pardon and forgiveness.

Praised are You, O Lord, who forgives and pardons our sins and the sins of the house of Israel. Year after year, You absolve us of our guilt, Sovereign over all the earth, who hallows [the Sabbath,] Israel, and this Day of Atonement.

ACCEPT OUR PRAYER AND BLESS ZION

Be gracious to Your people Israel, O Lord our God, and lovingly accept their prayers. May our worship ever be acceptable to You.

May our eyes behold Your merciful return to Zion. Praise to You, O Lord, who restores the Divine Presence to Zion.

מוֹדִים אֲנַחְנוּ לָךְ שָׁאַתָּה הוּא יְיָ אֱלֹהֵינוּ וֵאלֹהֵי אֲבוֹתֵינוּ לְעוֹלָם וָעֶד. צוּר חַיֵּינוּ מָגֵן יִשְׁעֵנוּ אַתָּה הוּא לְדוֹר וָדוֹר. נוֹדֶה לְּךָ וּנְסַפֵּר תְּהִלָּתֶךָ עַל חַיֵּינוּ הַמְּסוּרִים בְּיָדֶךָ וְעַל נִשְׁמוֹתֵינוּ הַפְּקוּדוֹת לָךְ וְעַל נִסֶּיךָ שֶׁבְּכָל־יוֹם עִמָּנוּ וְעַל נִפְלְאוֹתֶיךָ וְטוֹבוֹתֶיךָ שֶׁבְּכָל־עֵת עֶרֶב וָבֹקֶר וְצָהֳרָיִם. הַטּוֹב כִּי לֹא־כָלוּ רַחֲמֶיךָ. וְהַמְרַחֵם כִּי לֹא־תַמּוּ חֲסָדֶיךָ. מֵעוֹלָם קִוִּינוּ לָךְ:

The following may be said in an undertone:

מוֹדִים אֲנַחְנוּ לָךְ שָׁאַתָּה הוּא יְיָ אֱלֹהֵינוּ וֵאלֹהֵי אֲבוֹתֵינוּ אֱלֹהֵי כָל־בָּשָׂר יוֹצְרֵנוּ יוֹצֵר בְּרֵאשִׁית. בְּרָכוֹת וְהוֹדָאוֹת לְשִׁמְךָ הַגָּדוֹל וְהַקָּדוֹשׁ עַל שֶׁהֶחֱיִיתָנוּ וְקִיַּמְתָּנוּ. כֵּן תְּחַיֵּנוּ וּתְקַיְּמֵנוּ וְתֶאֱסוֹף גָּלֻיּוֹתֵינוּ לְאֶרֶץ קָדְשֶׁךָ לִשְׁמֹר חֻקֶּיךָ וְלַעֲשׂוֹת רְצוֹנֶךָ וּלְעָבְדְּךָ בְּלֵבָב שָׁלֵם עַל שֶׁאֲנַחְנוּ מוֹדִים לָךְ. בָּרוּךְ אֵל הַהוֹדָאוֹת:

וְעַל־כֻּלָּם יִתְבָּרַךְ וְיִתְרוֹמַם שִׁמְךָ מַלְכֵּנוּ תָּמִיד לְעוֹלָם וָעֶד:

אָבִינוּ מַלְכֵּנוּ זְכוֹר רַחֲמֶיךָ וּכְבוֹשׁ כַּעַסְךָ וְכַלֵּה דֶבֶר וְחֶרֶב וְרָעָב וּשְׁבִי וּמַשְׁחִית וְעָוֹן וּשְׁמַד וּמַגֵּפָה וּפֶגַע רַע וְכָל־מַחֲלָה וְכָל־תְּקָלָה וְכָל־קְטָטָה וְכָל־מִינֵי פֻרְעָנִיּוֹת וְכָל־גְּזֵרָה רָעָה וְשִׂנְאַת חִנָּם. מֵעָלֵינוּ וּמֵעַל כָּל־בְּנֵי בְרִיתֶךָ:

וּכְתוֹב לְחַיִּים טוֹבִים כָּל־בְּנֵי בְרִיתֶךָ:

וְכֹל הַחַיִּים יוֹדוּךָ סֶּלָה וִיהַלְלוּ אֶת שִׁמְךָ בֶּאֱמֶת הָאֵל יְשׁוּעָתֵנוּ וְעֶזְרָתֵנוּ סֶלָה. בָּרוּךְ אַתָּה יְיָ הַטּוֹב שִׁמְךָ וּלְךָ נָאֶה לְהוֹדוֹת:

THANKSGIVING FOR DAILY MIRACLES

We thankfully acknowledge You, our God and God of our ancestors, Lord of eternity. You are the source of our strength, even as You have been Israel's protecting shield in every generation.

We thank You and proclaim Your praise for our lives which are in Your hand, for our souls which are in Your care, for Your miracles which are daily with us, and for Your wondrous kindness at all times—morning, noon, and night. Source of all goodness, Your mercies never fail. Source of compassion, Your kindnesses never cease. You are our abiding hope.

The following may be said in an undertone:

We thankfully acknowledge You, Lord our God and God of our ancestors, God of all flesh, our Creator, Lord of all creation.

We utter blessings and thanksgiving to Your greatness and holiness, for You have given us life and sustained us.

May You continue to bless us with life and sustenance, and gather our dispersed, so that we may fulfill Your commandments, do Your will, and serve You wholeheartedly.

Praised be God to whom all thanks are due.

For all Your blessings we shall praise and exalt You, O our Sovereign, forever.

Avinu Malkeynu, remember Your compassion and suppress Your anger. Remove from us and from all the people of Your covenant, pestilence and sword, famine and plundering, destruction and iniquity, persecution, plague, and affliction, every disease and disaster, all strife and calamity, every evil decree and causeless hatred.

Inscribe all the children of Your covenant for a good life.

May all living creatures always thank You and praise You in truth. O God, You are our deliverance and our help. Praised are You, beneficent Lord, to whom all praise is due.

אֱלֹהֵינוּ וֵאלֹהֵי אֲבוֹתֵינוּ. בָּרְכֵנוּ בַבְּרָכָה הַמְשֻׁלֶּשֶׁת בַּתּוֹרָה הַכְּתוּבָה עַל יְדֵי מֹשֶׁה עַבְדֶּךָ. הָאֲמוּרָה מִפִּי אַהֲרֹן וּבָנָיו כֹּהֲנִים. עַם קְדוֹשֶׁךָ כָּאָמוּר:

Congregation: **Keyn y'hi ratzon.**

יְבָרֶכְךָ יְיָ וְיִשְׁמְרֶךָ: כֵּן יְהִי רָצוֹן:

יָאֵר יְיָ פָּנָיו אֵלֶיךָ וִיחֻנֶּךָּ: כֵּן יְהִי רָצוֹן:

יִשָּׂא יְיָ פָּנָיו אֵלֶיךָ וְיָשֵׂם לְךָ שָׁלוֹם: כֵּן יְהִי רָצוֹן:

שִׂים שָׁלוֹם טוֹבָה וּבְרָכָה בָּעוֹלָם חֵן וָחֶסֶד וְרַחֲמִים עָלֵינוּ וְעַל כָּל־יִשְׂרָאֵל עַמֶּךָ. בָּרְכֵנוּ אָבִינוּ כֻּלָּנוּ כְּאֶחָד בְּאוֹר פָּנֶיךָ. כִּי בְאוֹר פָּנֶיךָ נָתַתָּ לָּנוּ יְיָ אֱלֹהֵינוּ תּוֹרַת חַיִּים וְאַהֲבַת חֶסֶד וּצְדָקָה וּבְרָכָה וְרַחֲמִים וְחַיִּים וְשָׁלוֹם. וְטוֹב בְּעֵינֶיךָ לְבָרֵךְ אֶת־עַמְּךָ יִשְׂרָאֵל בְּכָל־עֵת וּבְכָל־שָׁעָה בִּשְׁלוֹמֶךָ:

בְּסֵפֶר חַיִּים בְּרָכָה וְשָׁלוֹם וּפַרְנָסָה טוֹבָה. נִזָּכֵר וְנִכָּתֵב לְפָנֶיךָ. אֲנַחְנוּ וְכָל־עַמְּךָ בֵּית יִשְׂרָאֵל. לְחַיִּים טוֹבִים וּלְשָׁלוֹם: בָּרוּךְ אַתָּה יְיָ עוֹשֵׂה הַשָּׁלוֹם:

Sim shalom tovah uv-raḥah ba-olam,
Ḥeyn va-ḥesed v'raḥamim aleynu v'al kol yisrael ameḥa.
Bar-ḥeynu avinu kulanu k'eḥad b'or paneḥa,
Ki v'or paneḥa natata lanu Adonai Eloheynu
torat ḥa-yim, v'ahavat ḥesed,
U-tz'dakah, uv-raḥah, v'raḥamim, v'ḥa-yim, v'shalom.
V'tov b'eyneḥa l'vareyḥ et am-ḥa yisrael
B'ḥol eyt uv-ḥol sha-a bi-sh'lomeḥa.

B'seyfer ḥa-yim b'raḥah v'shalom ufar-nasah tovah,
Niza-ḥeyr v'nikateyv l'faneḥa,
Anaḥnu v'ḥol amḥa beyt yisrael,
L'ḥa-yim tovim ul-shalom.

THE THREEFOLD BLESSING

Our God and God of our ancestors, bless us with the threefold blessing written in the Torah by Moses, Your servant, pronounced in ancient days by Aaron and his sons, the consecrated priests of Your people:

	Congregation:
"May the Lord bless you and protect you."	*May this be God's will.*
"May the Lord show you kindness and be gracious to you."	*May this be God's will.*
"May the Lord bestow favor upon you and grant you peace."	*May this be God's will.*

SIM SHALOM: Prayer for peace

Grant peace, goodness, and blessing to the world; graciousness, kindness, and mercy to us and to all Your people Israel.

Bless us all, O our Creator, with the divine light of Your presence.

For by that divine light You have revealed to us Your life-giving Torah, and taught us lovingkindness, righteousness, mercy, and peace.

May it please You to bless Your people Israel, in every season and at every hour, with Your peace.

INSCRIBE US IN THE BOOK OF LIFE

In the book of life and blessing, peace and prosperity, may we and all Your people, the house of Israel, be inscribed for a good and peaceful life.

Praised are You, O Lord, Source of peace.

Reader:

יִתְגַּדַּל וְיִתְקַדַּשׁ שְׁמֵהּ רַבָּא. בְּעָלְמָא דִּי־בְרָא כִרְעוּתֵהּ. וְיַמְלִיךְ מַלְכוּתֵהּ בְּחַיֵּיכוֹן וּבְיוֹמֵיכוֹן וּבְחַיֵּי דְכָל־בֵּית יִשְׂרָאֵל בַּעֲגָלָא וּבִזְמַן קָרִיב. וְאִמְרוּ אָמֵן:

Congregation and Reader:

יְהֵא שְׁמֵהּ רַבָּא מְבָרַךְ לְעָלַם וּלְעָלְמֵי עָלְמַיָּא:

Reader:

יִתְבָּרַךְ וְיִשְׁתַּבַּח וְיִתְפָּאַר וְיִתְרוֹמַם וְיִתְנַשֵּׂא וְיִתְהַדַּר וְיִתְעַלֶּה וְיִתְהַלַּל שְׁמֵהּ דְּקֻדְשָׁא. בְּרִיךְ הוּא. לְעֵלָּא לְעֵלָּא מִכָּל־בִּרְכָתָא וְשִׁירָתָא תֻּשְׁבְּחָתָא וְנֶחֱמָתָא דַּאֲמִירָן בְּעָלְמָא. וְאִמְרוּ אָמֵן:

תִּתְקַבֵּל צְלוֹתְהוֹן וּבָעוּתְהוֹן דְּכָל־יִשְׂרָאֵל קֳדָם אֲבוּהוֹן דִּי־בִשְׁמַיָּא. וְאִמְרוּ אָמֵן:

יְהֵא שְׁלָמָא רַבָּא מִן שְׁמַיָּא וְחַיִּים עָלֵינוּ וְעַל כָּל־יִשְׂרָאֵל. וְאִמְרוּ אָמֵן:

עֹשֶׂה שָׁלוֹם בִּמְרוֹמָיו הוּא יַעֲשֶׂה שָׁלוֹם עָלֵינוּ וְעַל כָּל־יִשְׂרָאֵל. וְאִמְרוּ אָמֵן:

Congregation and Reader:

Y'hey sh'mey raba m'varaḥ l'alam ul-almey alma-ya (yit-baraḥ).

Oseh shalom bi-m'romav, hu ya-aseh shalom
Aleynu v'al kol yisrael, v'imru **amen.**

KADDISH SHALEM

Magnified and sanctified be the great name of God, in the world created according to the Divine will. May God's sovereignty soon be established, in our lifetime and that of the entire house of Israel. And let us say: Amen.

Congregation and Reader:

May God's great name be praised to all eternity.

Hallowed and honored, extolled and exalted, adored and acclaimed be the name of the blessed Holy One, whose glory is infinitely beyond all the praises, hymns, and songs of adoration which human beings can utter. And let us say: Amen.

May the prayers and pleas of the whole house of Israel be accepted by the universal Parent of us all. And let us say: Amen.

May God grant abundant peace and life to us and to all Israel. And let us say: Amen.

May God, who ordains harmony in the universe, grant peace to us and to all Israel. And let us say: Amen.

אַזְכָּרָה לַקְּדוֹשִׁים

MARTYROLOGY SERVICE

AZKARAH LA-KEDOSHIM

Israel's martyrdom

If there are ranks in suffering, Israel takes precedence of all the nations. If the duration of sorrows and the patience with which they are borne ennoble, the Jews can challenge the aristocracy of every land. If a literature is called rich in the possession of a few classic tragedies—what shall we say to a national tragedy lasting for almost two millennia, in which the poets and the actors were also the heroes?

Leopold Zunz

Combine all the woes that temporal and ecclesiastical tyrannies have ever inflicted on individuals or nations, and you will not have reached the full measure of suffering which this martyr people was called upon to endure century upon century. It was as if all the powers of earth had conspired—and they did so conspire—to exterminate the Jewish people, or at least to transform it into a brutalized horde. History dare not pass over in silence these scenes of well nigh unutterable misery. It is her duty to give a true and vivid account of them; to evoke due admiration for the superhuman endurance of this suffering people, and to testify that Israel, like Jacob in days of old, has striven with gods and with mortals, and has prevailed.

Heinrich Graetz

Eyleh Ezkerah: THESE I DO REMEMBER

Elegy lamenting the death of The Ten Martyrs *during the unsuccessful uprising of Bar Kokhba.*

אֵלֶּה אֶזְכְּרָה וְנַפְשִׁי עָלַי אֶשְׁפְּכָה.
כִּי בְלָעְוּנוּ זֵדִים כְּעֻגָּה בְּלִי הֲפוּכָה.
כִּי בִימֵי הַשַּׂר לֹא עָלְתָה אֲרוּכָה.
לַעֲשָׂרָה הֲרוּגֵי מְלוּכָה:

These things I do remember;
O I pour my soul out for them.
All the ages long hatred hath pursued us;
Through all the years,
Ignorance, like a monster, hath devoured
Our martyrs as in one long day of blood.

Rulers have risen through the endless years,
Oppressive, savage in their witless power,
Filled with a futile thought: to make an end
Of that which God hath cherished.

Interpretive translation by Nina Salaman

Eyleh ez-k'rah v'naf-shi alai esh-p'ḥah,
Ki v'la-unu zeydim k'ugah b'li hafuḥah,
Ki viy-mey ha-sar lo altah aruḥah,
La-asarah harugey m'luḥah.

The parchment burns, the letters soar

During the Hadrianic persecutions, decrees were promulgated imposing the most rigorous penalties on the observers of the Jewish Law, and especially upon those who occupied themselves with the promulgation of that Law. Nevertheless Hananiah ben Teradyon conscientiously followed his chosen profession; he convened public assemblies and taught the Law.

Once he visited Jose ben Kisma, who advised extreme caution, if not submission, saying, "My brother, I hear that you occupy yourself with the Torah, even calling assemblies and holding the scroll of the Law before you."

To this Hananiah replied, "Heaven will have mercy on us."

Jose became impatient on hearing this, and responded, "I am talking logic, and to all my arguments you answer, 'Heaven will have mercy on us!' I should not be surprised if they burned you together with the scroll."

Shortly thereafter Hananiah was arrested at a public assembly while teaching with a scroll before him. Asked why he disregarded the imperial edict, he frankly answered, "I do as my God commands me." For this he and his wife were condemned to death, and their daughter to degradation.

His death was terrible. Wrapped in the scroll, he was placed on a pyre of green brush; fire was set to it, and wet wool was placed on his chest to prolong the agonies of death. "Woe is me," cried his daughter, "that I should see you under such terrible circumstances!" The martyr serenely replied, "I should indeed despair were I alone burned; but since the scroll of the Torah is burning with me, the Power that will avenge the offense against the Torah will also avenge the offense against me."

His heartbroken disciples then asked: "Master, what do you see?" He answered, "I see the parchment burning, while the letters of the Torah soar upward."

S. Mendelsohn, based on Talmud, Avodah Zarah 17b, et seq.

Akiba's last moment

Akiba was brought to trial; his judge was to be his former friend, Rufus. There was no possible defense against the charges. Akiba had violated the law by offering instruction to his disciples.

Akiba was found guilty and condemned to death. Still attended by his faithful Joshua, he retained his courage and his strength of mind until the very end.

The popular story tells that the Romans killed him by tearing the flesh from his living body. As he lay in unspeakable agony, he suddenly noticed the first streaks of dawn breaking over the eastern hills. It was the hour when the Law requires each Jew to pronounce the *Shema*.

Oblivious to his surroundings, Akiba intoned in a loud, steady voice, the forbidden words of his faith: "Hear, O Israel, the Lord is our God, the Lord is One. And thou shalt love the Lord thy God with all thy heart, and with all thy soul, and with all thy might."

Rufus, the Roman general, who superintended the horrible execution, cried out: "Are you a wizard or are you utterly insensible to pain?"

"I am neither," replied the martyr, "but all my life I have been waiting for the moment when I might truly fulfill this commandment. I have always loved the Lord with all my might, and with all my heart; now I know that I love the Lord with all my life."

And, repeating the verse again, he died as he reached the words, "The Lord is One."

The association of the *Shema* with the great martyr's death made its recitation a deathbed affirmation of the faith, instead of a repetition of select verses. And to this day, pious Jews hope that when the end comes they may be sufficiently conscious to declare the Unity of God, echoing with the last breath the words which found their supreme illustration in Akiba's martyrdom.

Louis Finkelstein

Nevertheless they remained steadfast

Wednesday, 26 May 1171 (20th Sivan)

A Jew of Blois was riding at dusk toward the Loire in order to water his horse. He met there a groom, whose horse shied at a white fleece which the Jew wore beneath his cloak, and growing restive, refused to go to the water. The servant, well aware of the Jew-hating character of his master, the mayor of the town, concocted a story which served as ground for an accusation. He claimed that he had seen the Jewish horseman throw a murdered child into the water.

The mayor, who bore a grudge against an influential Jewish woman, Pulcelina, repeated the lie about the murder of the child; now the charge read: "The Jews crucified it for the Passover, and then threw it into the Loire." Count Theobald of Chartres thereupon commanded that all the Jews should be put into chains, and thrown into prison. . . .

The Jews had but one glimmer of hope: an appeal to the notorious avarice of the Count. He had sent a Jew of Chartres to ask what sum they were willing to pay in order to be acquitted of this charge of murder. . . . It was arranged that one hundred pounds of ready money, and one hundred and eighty pounds of outstanding debts—probably the whole wealth of the small community—would be sufficient.

At this point, however, a priest addressed the Count warmly, beseeching him not to treat the matter lightly. . . .

Count Theobald issued an order condemning the entire Jewish congregation at Blois to death by fire.

When they were brought out to a wooden tower, and the wood was about to be kindled, the priest begged them to acknowledge Christianity, and thus to preserve their lives. Nevertheless, they remained steadfast to their faith, and were first tortured, and then dragged to the stake. Thirty-four men and seventeen women died amid the flames while chanting the prayer which contains the confession of faith in One God.

Heinrich Graetz

During the Crusades, dozens of Jewish communities in Europe and the Middle East were massacred. Many more were terrorized and looted. The following, excerpted from a medieval Dirge for Jewish Martyrs, was written following the First Crusade (c. 1096).

אַב הָרַחֲמִים שׁוֹכֵן מְרוֹמִים בְּרַחֲמָיו הָעֲצוּמִים הוּא יִפְקוֹד
בְּרַחֲמִים הַחֲסִידִים וְהַיְשָׁרִים וְהַתְּמִימִים קְהִלּוֹת הַקֹּדֶשׁ שֶׁמָּסְרוּ
נַפְשָׁם עַל קְדֻשַּׁת הַשֵּׁם. הַנֶּאֱהָבִים וְהַנְּעִימִים בְּחַיֵּיהֶם וּבְמוֹתָם
לֹא נִפְרָדוּ. מִנְּשָׁרִים קַלּוּ וּמֵאֲרָיוֹת גָּבֵרוּ. לַעֲשׂוֹת רְצוֹן קוֹנָם וְחֵפֶץ
צוּרָם: יִזְכְּרֵם אֱלֹהֵינוּ לְטוֹבָה עִם שְׁאָר צַדִּיקֵי עוֹלָם וְיִנְקוֹם נִקְמַת
דַּם־עֲבָדָיו הַשָּׁפוּךְ: כַּכָּתוּב כִּי־דוֹרֵשׁ דָּמִים אוֹתָם זָכָר לֹא־שָׁכַח
צַעֲקַת עֲנָוִים: וְאוֹמֵר יָדִין בַּגּוֹיִם מָלֵא גְוִיּוֹת מָחַץ רֹאשׁ עַל־אֶרֶץ
רַבָּה: מִנַּחַל בַּדֶּרֶךְ יִשְׁתֶּה עַל־כֵּן יָרִים רֹאשׁ:

May the Source of Mercy remember the upright and innocent souls and the holy Jewish communities who laid down their lives for the sanctification of the Divine Name. May God remember them together with all other righteous individuals of the world. May God avenge the blood of these servants, crush all evil, and reign triumphant.

Adapted from the Hebrew

A Jew I shall remain

I heard from some elders who fled from Spain that one of the boats was infested with the plague; the captain put the passengers ashore at some uninhabited place. There most of them died of starvation, while some gathered up all their strength and set out on foot in search of some settlement.

There was one among them who struggled on afoot together with his wife and two children. The wife, unaccustomed to so much difficult walking, grew faint and died. The husband carried his children along until both he and they fainted from hunger. When he regained consciousness, he found that his two children had died.

In great grief he rose to his feet and said, "Lord of the universe, You are doing a great deal that I might desert my faith. But know for a certainty that—even against the will of Heaven—a Jew I am and a Jew I shall remain. And neither that which You have brought upon me nor that which You will yet bring upon me will be of any avail."

Thereupon he gathered some earth and some grass, covered the children, and went forth in search of a settlement.

Solomon Ibn Verga

We remember the Holocaust

We recall with bitter grief the catastrophe which overwhelmed our people in Europe, adding an unprecedented chapter to our history of suffering.

We mourn for six million of our people, brutally destroyed by "civilized people" behaving like savages. The cruelties of Pharaoh, Haman, Nebuchadnezzar, and Titus cannot be compared with the diabolical schemes of the modern tyrants in their design to exterminate an entire people.

The blood of the innocent who perished in the gas chambers of Auschwitz, Bergen-Belsen, Buchenwald, Dachau, Treblinka, and Theresienstadt, cries out to God and humanity.

We will never forget the burning of synagogues and houses of study, the destruction of holy books and scrolls of Torah, the sadistic torment and murder of scholars, sages, and teachers.

They tortured the flesh of our brothers and sisters; but they could not crush their spirit, their faith, their love.

We recall our brothers and sisters in the Warsaw Ghetto and in other hellish places who valiantly rose up and defied the monstrous adversaries.

We recall the heroism of those who, in the face of unprecedented and overwhelming force, maintained Jewish life and culture, and asserted Jewish values in the very midst of enslavement and degradation.

Even as we mourn, we recall those precious few compassionate men and women of other faiths and nationalities who, at the peril of their lives, saved some of our people. Truly, "The righteous of all nations have a share in the world to come."

O Lord, remember Your martyred children. Remember all who have given their lives for the sanctification of Your name.

Morris Silverman (adapted)

Wherever I go . . .

Wherever I go, I hear footsteps:

My brothers on the road, in swamps, in forests,
Swept along in darkness, trembling from cold,
Fugitives from flames, plagues and terrors.

Wherever I stand, I hear rattling:

My brothers in chains, in chambers of the stricken.
They pierce the walls and burst the silence.
Through the generations their echoes cry out
In torture camps, in pits of the dead.

Wherever I lie, I hear voices:

My brothers herded to slaughter
Out of burning embers, out of ruins,
Out of cities and villages, altars for burnt offerings.
The groaning in their destruction haunts my nights.

My eyes will never stop seeing them
And my heart will never stop crying "outrage";
Every one will be called to account for their death.

The heavens will descend to mourn for them,
The world and all that is therein
Will be a monument on their grave.

Shin Shalom, translated by David Polish

At my Bar Mitzvah—and his

Dedicated to the memory of a thirteen-year-old hero of the Resistance.

When I was thirteen, I became Bar Mitzvah.
When he was thirteen, he became Bar Mitzvah.

When I was thirteen, my teachers taught me—to put *Tefillin* on my arm.
When he was thirteen, his teachers taught him—to throw a hand grenade with his arm.

When I was thirteen, I studied—the pathways of the Bible and roadways of the Talmud.
When he was thirteen, he studied—the canals of Warsaw and the sewers of the Ghetto.

At my Bar Mitzvah, I took an oath to live as a Jew.
At his Bar Mitzvah, he took an oath to die as a Jew.

At my Bar Mitzvah, I blessed God.
At his Bar Mitzvah, he questioned God.

At my Bar Mitzvah, I lifted my voice and sang.
At his Bar Mitzvah, he lifted his fists and fought.

At my Bar Mitzvah, I read from the Scroll of the Torah.
At his Bar Mitzvah, he wrote a Scroll of Fire.

At my Bar Mitzvah, I wore a new *Tallit* over a new suit.
At his Bar Mitzvah, he wore a rifle and bullets over a suit of rags.

At my Bar Mitzvah, I started my road of life.
At his Bar Mitzvah, he began his road to martyrdom.

At my Bar Mitzvah, family and friends came—to say *l'ḥayim.*
At his Bar Mitzvah, Rabbi Akiba and Trumpeldor, Hannah and her seven sons came—to escort him to Heaven.

At my Bar Mitzvah, they praised my voice, my song, my melody.
At his Bar Mitzvah, they praised his strength, his courage, his fearlessness.

When I was thirteen, I was called up to the Torah—I went to the *Bimah.*
When he was thirteen, his body went up in smoke—his soul rose to God.

When I was thirteen, I became Bar Mitzvah—and lived.
When he was thirteen, he became Bar Mitzvah—and lives now within each of us.

Howard Kahn

The letter of the ninety-three maidens

When the Nazis captured Warsaw, they ordered pupils and teachers of a Beth Jacob Girl's School to prepare themselves to serve the pleasures of the soldiers. To avoid this defilement, the girls offered their last prayer, took poison, and died, "in order to sanctify God's name by their death as by their lives."

We washed our bodies and we are clean;
We purified our souls and we are at peace.
Death does not terrify us; we go out to meet it.

We served our God while we were alive,
And we shall know how to sanctify God by our death.
We made a covenant in our hearts:
Together we learned the Torah and together we will die.

We read the Psalms together and we were relieved;
We confessed our sins together and our hearts grew strong.
Now we feel prepared and ready to die.

Let the unclean come and defile us; we are not afraid.
We will drink the cup of poison
And perish in front of their eyes,
Pure and undefiled, as befits the daughters of Jacob.

We will come to Mother Sarah and say:
Here we are!
We met the test, the test of the binding of Isaac!
Arise and pray with us for our people Israel.

O merciful God, bless Your people with Your mercy,
For there is no human mercy.
Reveal Your hidden lovingkindness and save Your
oppressed people;
Save and keep Your world!

The hour of *Neilah* has come, and our souls grow quiet.
One more prayer we utter:
Brothers and sisters, wherever you are,
Say the Kaddish for us—
For the ninety-three Jewish maidens.

Translated from the Hebrew of Hillel Bavli, based on a letter by Ḥaya Feldman, one of the ninety-three young girls, dated Rosh Hodesh Elul, 5704 (1944).

A Jew forever

A Jew in departing, a Jew in arriving;
A Jew in arising, a Jew in sitting;
A Jew in walking, a Jew in standing;
A Jew in thought, a Jew in deeds;
A Jew in trouble, a Jew in joy;
A Jew in speech, a Jew in silence;
A Jew in drinking, a Jew in eating;
A Jew in business, a Jew in studying;
A Jew in shoes, a Jew in clothing;
A Jew in hatred, a Jew in love;
A Jew in God, a Jew in people;
A Jew in life, a Jew in death;
A Jew in heaven, a Jew on earth;
A Jew you were born, a Jew you will die.

Moshe Flinker, age 17.
Written under Nazi occupation, 1943.

I believe

I believe in the sun, *even when it is not shining.*
I believe in love, *even when not feeling it.*
I believe in God, *even when God is silent.*

Inscription found on the wall of a cellar in Cologne, where Jews hid from the Nazis.

ANI MA-AMIN

אֲנִי מַאֲמִין בֶּאֱמוּנָה שְׁלֵמָה בְּבִיאַת הַמָּשִׁיחַ.
וְאַף עַל פִּי שֶׁיִּתְמַהְמֵהַּ. עִם כָּל־זֶה אֲנִי מַאֲמִין:

Ani ma-amin be-emuna sh'leyma b'vi-at ha-mashiaḥ,
V'af al pi sh'yitma-mey-ha, im kol ze ani ma-amin.

I believe in the coming of the Messiah—who may tarry,
but who, I believe, will surely come.

A lover of God, but . . .

From the Last Testament of Yossel Rakover, during the last hours of the Warsaw Ghetto on April 28, 1943:

I die peacefully, but not complacently; persecuted, but not enslaved; embittered, but not cynical; a believer, but not a supplicant; a lover of God, but no blind amen-sayer.

I have followed God even when God repulsed me. I have followed the Commandments even when God castigated me for it; I have loved God, and continue to do so, even when God has hurled me to the earth, tortured me to death, made me an object of shame and ridicule.

And these are my last words to You, my wrathful God: nothing will avail You in the least. You have done everything to make me lose my faith in You, but I die exactly as I have lived, crying:

"Hear, O Israel, the Lord is our God, the Lord is One."
"Into Your hands, O Lord, I consign my soul."

Zvi Kolitz

My prayer

My prayer—I don't know where to offer it; but I offer it.
My prayer—I don't know how to say it; but I say it.
My prayer—It freezes to my palate; but I offer it.
My prayer—It lives on my smoldering anger, and I say it.
My prayer—It falters again and again; but I offer it.
My prayer goes out over six million graves, and I say it.
My prayer falls down and dies without words; but I offer it.
My prayer—I don't know if anyone hears it—and I say it.

H. Leivick

Hymn of the Partisans

Never say that you now go on your last way,
Though darkened skies may now conceal the blue of day;
Because the hour for which we've hungered is so near,
Beneath our feet the earth shall thunder, "We are here!"

From land of palm-trees to the far-off land of snow
We shall be coming with our torment, with our woe;
And everywhere our blood has sunk into the earth
Shall our bravery, our vigor blossom forth.

We'll have the morning sun to set our day aglow;
Our evil yesterdays shall vanish with the foe.
But if the time is long before the sun appears,
Then let this song go like a signal through the years.

This song was written with our blood, and not with lead;
It's not a song that summer birds sing overhead;
It was a people, amidst burning barricades,
That sang this song of ours with pistols and grenades.

So never say you now go on your last way,
Though darkened skies may now conceal the blue of day,
Because the hour for which we've hungered is so near,
Beneath our feet the earth shall thunder, "We are here!"

Yiddish text by *Hirsch Glick*

"ZOG NIT KEYNMOL"

1.

Zog nit keynmol
Az du geyst dem letztn veg,
Ven himlen bla-yene
Farshteln bloye teg,
Veyl kumen vet noch
Undzer oisgebenkte sho,
S'vet a poyk ton
Undzer trot: Mir zeynen do!

זאָג ניט קיינמאָל
אַז דו גייסט דעם לעצטן וועג,
ווען הימלען בלייענע
פֿאַרשטעלן בלויע טעג,
ווייל קומען וועט נאָך
אונדזער אויסגעבענקטע שעה,
ס'וועט אַ פּויק טאָן
אונדזער טראָט : מיר זיינען דאָ!

2.

Fun grinem palmen land
Biz veytn land fun shney,
Mir zeynen do
Mit undzer peyn, mit undzer vey,
Un vu gefaln s'iz a shprots
Fun undzer blut:
Vet noch a shprots ton
Undzer gvure, undzer mut.

פון גרינעם פּאַלמען לאַנד
ביז ווייטן לאַנד פון שניי,
מיר זיינען דאָ
מיט אונדזער פּיין, מיט אונדזער וויי,
און וואו געפאַלן ס׳איז אַ שפּראָץ
פון אונדזער בלוט:
וועט נאָך אַ שפּראָץ טאָן
אונדזער גבורה, אונדזער מוט.

3.

S'vet di morgn-zun
Bagildn undz dem heynt,
Der shvartzer nechtn
Vet farshvindn mitn feynt,
Un oyb farzamen
Vet zun in dem ka-yor,
Vi a parol zol geyn
Dos lid fun dor tzu dor.

ס׳וועט די מאָרגן־זון
באַגילדן אונדז דעם היינט,
דער שוואַרצער נעכטן
וועט פאַרשווינדן מיטן פיינט,
און אויב פאַרזאַמען
וועט זון אין דעם קאַיאָר,
ווי אַ פּאַראָל זאָל גיין
דאָס ליד פון דור צו דור.

4.

Geshribn iz dos lid
Mit blut un nit mit bley,
S'iz nit a lid fun
Zumer-foygl oyf der frey,
Nor s'hot a folk
Tzvishn falndike vent,
Dos lid gezungen
Mit naganes in di hent.

געשריבן איז דאָס ליד
מיט בלוט און ניט מיט בליי,
ס׳איז ניט אַ ליד פון
זומער־פויגל אויף דער פריי,
נאָר ס׳האָט אַ פאָלק
צווישן פאַלנדיקע ווענט
דאָס ליד געזונגען מיט נאַגאַנעס
אין די הענט.

5.

Derfar zog nit keynmol
Az du geyst dem letztn veg,
Ven himlen bla-yene
Farshteln bloye teg,
Veyl kumen vet noch
Undzer oisgebenkte sho,
S'vet a poyk ton
Undzer trot: Mir zeynen do!

דערפאַר, זאָג ניט קיינמאָל
אַז דו גייסט דעם לעצטן וועג,
ווען הימלען בלייענע
פאַרשטעלן בלויע טעג,
ווייל קומען וועט נאָך
אונדזער אויסגעבענקטע שעה,
ס׳וועט אַ פּויק טאָן
אונדזער טראָט: מיר זיינען דאָ!

The Silver Platter

"No state is handed to a people on a silver platter."

—Chaim Weizmann

The earth grows still,
The lurid sky slowly pales
    over smoking borders.
Heartsick, but still living,
    a people stands by
To greet the uniqueness of the miracle.
Readied, they wait beneath the moon,
Wrapped in awesome joy, before the light.
—Then, soon,
A girl and boy step forward.
And slowly walk before the
    waiting nation;
In work garb and heavy-shod, climb
In stillness
Wearing yet the dress of battle,
    the grime
Of aching day and fire-filled night.
Unwashed, weary unto death,
    not knowing rest,
But wearing youth like dewdrops
    in their hair.
—Silently the two approach
And stand.
Are they of the quiet or of the dead?
Through wondering tears, the
    people stare.
"Who are you, the silent two?"
And they reply:
"We are the Silver Platter
Upon which the Jewish Nation was
    served to you."
And speaking, fall in shadow
At the nation's feet.
And the rest will be told
    in Israel's chronicles.

Nathan Alterman

In memoriam

Let us stand silent in memory of our dearly beloved sons and daughters who gave their lives for the liberation of our homeland and the security of our people. They gave all they had. They poured out their very lifeblood for the freedom of Israel, even as the living waters quench the thirst of the arid soil. Not in monuments of stones or trees shall their memories be preserved, but in the reverence and pride which will, until the end of time, fill the hearts of our people when their memory is recalled.

David Ben Gurion

Blessed is the match

אַשְׁרֵי הַגַּפְרוּר שֶׁנִּשְׂרַף וְהִצִּית לְהָבוֹת.
אַשְׁרֵי הַלֶּהָבָה שֶׁבָּעֲרָה בְּסִתְרֵי לְבָבוֹת.
אַשְׁרֵי הַלְּבָבוֹת שֶׁיָּדְעוּ לַחְדוֹל בְּכָבוֹד.
אַשְׁרֵי הַגַּפְרוּר שֶׁנִּשְׂרַף וְהִצִּית לְהָבוֹת:

Blessed is the match that's consumed in kindling a flame.
Blessed is the flame that burns in the secret depths
of the heart.
Blessed are the hearts that know when 'tis honor to cease.
Blessed is the match that's consumed in kindling a flame.

Hannah Senesh

Ashrey ha-gafrur sheh-nisraf v'hitzit l'havot,
Ashrey ha-lehavah sheh-ba-arah b'sitrey l'vavot,
Ashrey ha-l'vavot sheh-yad-u la-ḥadol b'ḥavod,
Ashrey ha-gafrur sheh-nisraf v'hitzit l'havot.

A soldier weeping at the Western Wall

Asa, my uncle, died at the wall—
    In a village called Lublin, he died at the wall,
With twenty-six others
    The SS shot them all.
For him, and for them, I weep at the Wall.

Sarah, my cousin, died at the wall—
    In a chamber of Auschwitz, she died at the wall.
With a child at her breast.
    So hungry—so small.
For her and the child, I weep at the Wall.

Shalom, my brother, died at the wall,
    On the Syrian border, he died at the wall
Of the house he had built:
    He was rugged and tall.
For my brother Shalom, I weep at the Wall.

O God of my ancestors, I fought for this Wall
    For my uncle and those who fell with him—for all;
For my cousin, her baby, so hungry, so small
    For my brother Shalom—rugged and tall
Now let my tears win the right—just to fall.

Sister Felicia

For those who died in the wars of Israel

When a human king who goes to war against enemies
Bringing forth force to kill and to be killed,
There is doubt whether he loves his soldiers,
Or whether they are important in his eyes. . .

But our King,
The King of kings, the Holy and Blessed One,
Desires life, loves peace, and pursues peace;
Loves the people Israel, and has chosen us from the nations,
Not because we are great in number—for we are the least in number—
But out of love for us; and because we are few in number,
Each of us is as important in God's eyes as a whole regiment.

Therefore, we pray after the death of each Jew,
Yitgadal v'yitkadash sh'mey raba,
May the power of the Name be magnified,
And may no lessening of power come to the One,
Who is blessed and sanctified,
In the world created according to the Divine will.

And if we pray thus for each one who dies,
How much the more so for our dear brothers and sisters,
The children of Zion,
The slaughtered ones of the Land of Israel,
Whose blood was spilled for the glory of God's name—
For God's people, for God's land, and for God's inheritance.

Therefore, O our brothers and sisters of the house of Israel,
Who participate in this mourning,
Let us turn our hearts to our God,
The King and Redeemer of Israel;
And let us pray—for ourselves and for God:

That we may be worthy to live and see with our very eyes,
Oseh shalom bi-m'romav,
Hu b'raḥamav ya-aseh shalom aleynu v'al kol yisrael,
That the One who, in mercy, makes peace in the heavens,
Will make peace for us and for all Israel.
And let us say: Amen

S. Y. Agnon (adapted)

The chain continues . . .

The chain has not been broken
The chain continues still
From parents to children
From bonfires to bonfires
The chain continues . . .

The chain has not been broken
The chain continues still
From nights of rejoicing in the Torah
To nights of rejoicing on Masada
The chain continues . . .

So our ancestors danced
One arm around a comrade
The other holding a Torah scroll
Carrying the nation's suffering with love
So our ancestors danced . . .

So will we dance too
One arm around a comrade
The other embracing a generation's suffering . . .
So will we dance too.

When our ancestors danced
They closed their eyes tight
And thus opened wellsprings of ecstasy
Their feet were light
When their eyes were closed
So our ancestors danced . . .

They knew, our ancestors did
That they were dancing on an abyss,
And if they opened their eyes
The wellsprings of ecstasy would close
And the chain would crumble to nothing.
They knew, our ancestors knew.

So will we dance too
Our eyes closed;
So will we continue the chain . . .

Itzḥak Lamdan, translated by M. Benaya (adapted)

The debt

Gather together
The congealed tears
Covered with blood.

Sort them out
And string them
On a red thread;
Heaven forbid
They should pale.

Hang them up
On your looking-glass
So that in your hours
And in your days and years
They shall serve
As a symbol,
As a flaming prayer,
Of anger and grief.

And in your memory
Their plaint will remain:
"Behold!
Remember!
We, the tears,
Have risen
To the heights
On wings
Of living smoke."

In humility,
I bow down
Before these tears.

I will believe
They were transformed,
Have been reborn
As eternal,
Coruscating stars,
Under the besmoked
Heavenly blue.

This is the eternal debt,
Yours and mine:
To heed the call
Of generations erased,
The wailing plaint
Of the tears
That have become
Our shining stars.

Never again
Must we permit
These tears
To recede
From our memory
Till the very end
Of all generations!

A. Joachimowicz

These I do remember: EYLEH EZKERAH

זֹאת קְרָאַֽתְנוּ וְסִפַּֽרְנוּ בְּשִׁנּוּן.
וְשָׁפַֽכְנוּ לֵב שָׁפוּל וְאָנוּן.
מִמָּרוֹם הַסְכֵּת תַּחֲנוּן.
יְיָ יְיָ אֵל רַחוּם וְחַנּוּן:

חַנּוּן הַבִּֽיטָה מִמְּרוֹמִים.
תִּשְׁפֹּֽכֶת דַּם הַצַּדִּיקִים וְתַמְצִית דָּמִים.
תִּרְאֶה בְּפַרְגּוֹדָךְ וְהַעֲבֵר כְּתָמִים.
אֵל מֶֽלֶךְ יוֹשֵׁב עַל כִּסֵּא רַחֲמִים:

This hath befallen us. All this I tell
As I beheld it passing through the years
Of bygone ages. And subdued and crushed,
We pour our hearts out supplicating Thee.

Lord, Lord, give ear; O pitying, merciful,
Look from Thine height upon the blood outpoured
Of all Thy righteous. Make an end of blood
Poured out and wasted; wash the stain away
O sovereign God, who sittest on a gracious Throne.

Interpretive translation by Nina Salaman

A protest . . . a prayer

Dear God, so much innocent bloodshed!
We are supposed to be created in Your image,
But O how we have distorted it.

When we recall the beastly acts of people,
We are ashamed to be human.
When we read of the nobility of their victims,
We are proud to be Jews.

Teach us, O God, to honor our martyrs,
By being vigilant in defense of our people everywhere,
And by fighting cruelty, persecution, and hate.

But must cruelty always be?
Must viciousness ever be the signature of humanity?
No! No! We refuse to accept that!
We refuse to give hatred the last word,
Because we have known the power of love.

We refuse to believe that cruelty will prevail,
Because we have felt the strength of kindness.
We refuse to award the ultimate victory to evil,
Because we believe in You.

So help us, O God, to draw strength from our faith;
And help us, O God, to live by our faith.

Where there is hatred, may we bring love.
Where there is pain, may we bring healing.
Where there is darkness, may we bring light.
Where there is despair, may we bring hope.
Where there is discord, may we bring harmony.
Where there is strife, may we bring peace.
Make this a better world and begin with us.

Magnified and sanctified

Praised
Auschwitz
Be
Maidanek
The Lord
Treblinka

And praised
Buchenwald
Be
Mauthausen
The Lord
Belzec

And praised
Sobibor
Be
Chelmno
The Lord
Ponary

And praised
Theresienstadt
Be
Warsaw
The Lord
Vilna

And praised
Skarzysko
Be
Bergen-Belsen
The Lord
Janow

And praised
Dora
Be
Neuengamme
The Lord
Pustkow

André Schwarz-Bart

Yet weeping, we affirm . . .

We mourn them and vow not to forget them.
We are heirs to their horror, their heroism, their hopes.
We see no reason, we sense no purpose, we claim no justice
in this vast martyrdom;
Yet, weeping, we affirm the sanctity of life,
God's elusive wisdom and compassion,
The hidden, waiting goodness within humankind,
The eternal destiny of the House of Israel.

Andre Ungar (adapted)

A Kaddish of remembrance

יִתְגַּדַּל וְיִתְקַדַּשׁ שְׁמֵהּ רַבָּא. בְּעָלְמָא דִּי־בְרָא כִרְעוּתֵהּ.
וְיַמְלִיךְ מַלְכוּתֵהּ בְּחַיֵּיכוֹן וּבְיוֹמֵיכוֹן וּבְחַיֵּי דְכָל־בֵּית
יִשְׂרָאֵל בַּעֲגָלָא וּבִזְמַן קָרִיב. וְאִמְרוּ אָמֵן:

יְהֵא שְׁמֵהּ רַבָּא מְבָרַךְ לְעָלַם וּלְעָלְמֵי עָלְמַיָּא:

יִתְבָּרַךְ וְיִשְׁתַּבַּח וְיִתְפָּאַר וְיִתְרוֹמַם וְיִתְנַשֵּׂא וְיִתְהַדַּר
וְיִתְעַלֶּה וְיִתְהַלַּל שְׁמֵהּ דְּקֻדְשָׁא. בְּרִיךְ הוּא. לְעֵלָּא
לְעֵלָּא מִכָּל־בִּרְכָתָא וְשִׁירָתָא תֻּשְׁבְּחָתָא וְנֶחֱמָתָא
דַּאֲמִירָן בְּעָלְמָא. וְאִמְרוּ אָמֵן:

יְהֵא שְׁלָמָא רַבָּא מִן שְׁמַיָּא וְחַיִּים עָלֵינוּ וְעַל כָּל־
יִשְׂרָאֵל. וְאִמְרוּ אָמֵן:

עֹשֶׂה שָׁלוֹם בִּמְרוֹמָיו הוּא יַעֲשֶׂה שָׁלוֹם עָלֵינוּ וְעַל כָּל־
יִשְׂרָאֵל. וְאִמְרוּ אָמֵן:

Yit-gadal v'yit-kadash sh'mey raba,
B'alma di v'ra ḥiru-tey, v'yam-liḥ mal-ḥutey
B'ḥa-yey-ḥon u-v'yomey-ḥon u-v'ḥa-yey d'ḥol beyt yisrael
Ba-agala u-viz-man kariv, v'imru **amen.**

Y'hey sh'mey raba m'varaḥ l'alam ul-almey alma-ya.

Yit-baraḥ v'yish-tabaḥ v'yit-pa-ar v'yit-romam v'yit-na-sey
V'yit-hadar v'yit-aleh v'yit-halal sh'mey d'kud-sha—
B'riḥ hu, *l'eyla l'eyla mi-kol bir-ḥata v'shi-rata*
Tush-b'ḥata v'ne-ḥemata da-amiran b'alma, v'imru **amen.**

Y'hey sh'lama raba min sh'ma-ya, v'ḥa-yim,
Aleynu v'al kol yisrael, v'imru **amen.**

Oseh shalom bi-m'romav, hu ya-aseh shalom
Aleynu v'al kol yisrael, v'imru **amen.**

נְעִילָה
לְיוֹם
כִּפּוּר

NEILAH / CONCLUDING SERVICE

YOM KIPPUR

Footnote to a High Holy Day prayer

Like the rays of the late afternoon sun,
Slanting through the trees, shining on each leaf,
Thou shinest upon us, Lord God,
And like the leaves, we reflect Thy light.

I thank Thee with all my heart
For the presence of Thy spirit, which is life.
I pray Thee not to withdraw from me,
I pray Thee not to depart from me, though I am unworthy,
I pray Thee let me pray to Thee.

How can I love Thee, who art afar off?
How can I know Thee, whose face I have not seen?
How can I approach Thee, when I am laden with guilt?

I can love some of Thy creatures, and so love something of Thee.
I can know some of Thy world, and so know something of Thee.

I can approach Thee with repentance and prayer and
righteous deeds,
But I can do none of these, Lord God, without Thy help.

Help me to love Thee and know Thee and pray to Thee
That this my existence may become a life,
A life that like a leaf in the afternoon sun
Reflects Thy great and golden light.

Ruth F. Brin

Before the closing of the gates

As we sit here in meditation and prayer, the last lingering grains of sand filter through the hour glass of this holy day. The dusk draws ever closer; the relentless hand of time hangs poised, about to mark the end of Yom Kippur.

In the entire Jewish year, there is no moment more solemn than this one. All through the day the flood of prayer has ebbed and flowed. Now, as the sun sinks low, as the shadows of night draw near, we feel a new pitch of intensity.

"Open for us the gate–
At the hour of the closing of the gate."

The word *"Neilah,"* the name of the service which is about to begin, means the "locking of a gate." In ancient days, as long as the sun shone, the gates of the Temple were kept open. All who wanted to could enter. But at nightfall, the gates were locked. From then on, no one could enter or leave. Later, the word *"Neilah"* was applied to the last service of Yom Kippur. For in this day the Jew saw a spiritual gate, an entranceway to a new relationship with God, an opportunity to change, to begin again.

In our lives, many gates open before us and close behind us. Each year has been such a gate; and, as the years have come and gone, gates have opened and shut. No power or prayer can reopen a gate which has swung shut. It is sealed forever.

But a new gate has just opened before us. It beckons to us with wondrous gifts. It offers us minutes, hours, days. How will we use these precious gifts?

In this *Neilah* hour, let us resolve to enter the gates to truth and justice, the gates to kindness and compassion, to love and forgiveness; let us seek those things which abide forever. Let us use well the opportunities which now beckon . . . before the gate swings shut.

Milton Steinberg (adapted)

ASHREY — *Psalms 84:5, 144:15, 145, 115:18*

אַשְׁרֵי יוֹשְׁבֵי בֵיתֶךָ עוֹד יְהַלְלוּךָ סֶּלָה׃
אַשְׁרֵי הָעָם שֶׁכָּכָה לּוֹ אַשְׁרֵי הָעָם שֶׁיְיָ אֱלֹהָיו׃

תְּהִלָּה לְדָוִד

אֲרוֹמִמְךָ אֱלוֹהַי הַמֶּלֶךְ וַאֲבָרְכָה שִׁמְךָ לְעוֹלָם וָעֶד׃
בְּכָל־יוֹם אֲבָרְכֶךָּ וַאֲהַלְלָה שִׁמְךָ לְעוֹלָם וָעֶד׃
גָּדוֹל יְיָ וּמְהֻלָּל מְאֹד וְלִגְדֻלָּתוֹ אֵין חֵקֶר׃
דּוֹר לְדוֹר יְשַׁבַּח מַעֲשֶׂיךָ וּגְבוּרֹתֶיךָ יַגִּידוּ׃
הֲדַר כְּבוֹד הוֹדֶךָ וְדִבְרֵי נִפְלְאֹתֶיךָ אָשִׂיחָה׃
וֶעֱזוּז נוֹרְאֹתֶיךָ יֹאמֵרוּ וּגְדֻלָּתְךָ אֲסַפְּרֶנָּה׃
זֵכֶר רַב־טוּבְךָ יַבִּיעוּ וְצִדְקָתְךָ יְרַנֵּנוּ׃
חַנּוּן וְרַחוּם יְיָ אֶרֶךְ אַפַּיִם וּגְדָל־חָסֶד׃
טוֹב־יְיָ לַכֹּל וְרַחֲמָיו עַל־כָּל־מַעֲשָׂיו׃
יוֹדוּךָ יְיָ כָּל־מַעֲשֶׂיךָ וַחֲסִידֶיךָ יְבָרְכוּכָה׃
כְּבוֹד מַלְכוּתְךָ יֹאמֵרוּ וּגְבוּרָתְךָ יְדַבֵּרוּ׃
לְהוֹדִיעַ לִבְנֵי הָאָדָם גְּבוּרֹתָיו וּכְבוֹד הֲדַר מַלְכוּתוֹ׃
מַלְכוּתְךָ מַלְכוּת כָּל־עֹלָמִים וּמֶמְשַׁלְתְּךָ בְּכָל־דּוֹר וָדֹר׃
סוֹמֵךְ יְיָ לְכָל־הַנֹּפְלִים וְזוֹקֵף לְכָל־הַכְּפוּפִים׃
עֵינֵי־כֹל אֵלֶיךָ יְשַׂבֵּרוּ. וְאַתָּה נוֹתֵן־לָהֶם אֶת־אָכְלָם בְּעִתּוֹ׃
פּוֹתֵחַ אֶת־יָדֶךָ וּמַשְׂבִּיעַ לְכָל־חַי רָצוֹן׃
צַדִּיק יְיָ בְּכָל־דְּרָכָיו וְחָסִיד בְּכָל־מַעֲשָׂיו׃
קָרוֹב יְיָ לְכָל־קֹרְאָיו לְכֹל אֲשֶׁר יִקְרָאֻהוּ בֶאֱמֶת׃
רְצוֹן־יְרֵאָיו יַעֲשֶׂה וְאֶת־שַׁוְעָתָם יִשְׁמַע וְיוֹשִׁיעֵם׃
שׁוֹמֵר יְיָ אֶת־כָּל־אֹהֲבָיו וְאֵת כָּל־הָרְשָׁעִים יַשְׁמִיד׃
תְּהִלַּת יְיָ יְדַבֶּר־פִּי. וִיבָרֵךְ כָּל־בָּשָׂר שֵׁם קָדְשׁוֹ לְעוֹלָם וָעֶד׃
וַאֲנַחְנוּ נְבָרֵךְ יָהּ מֵעַתָּה וְעַד־עוֹלָם. הַלְלוּיָהּ׃

An Alternate Ashrey

אַשְׁרֵי יוֹשְׁבֵי בֵיתֶךָ. עוֹד יְהַלְלוּךָ סֶּלָה:
אַשְׁרֵי הָעָם שֶׁכָּכָה לּוֹ. אַשְׁרֵי הָעָם שֶׁיְיָ אֱלֹהָיו:
אַשְׁרֵי תְמִימֵי דָרֶךְ. הַהֹלְכִים בְּתוֹרַת יְיָ:
אַשְׁרֵי אָדָם לֹא יַחְשֹׁב יְיָ לוֹ עָוֹן. וְאֵין בְּרוּחוֹ רְמִיָּה:
אַשְׁרֵי אִישׁ יָרֵא אֶת יְיָ. בְּמִצְוֹתָיו חָפֵץ מְאֹד:
אַשְׁרֵי שֹׁמְרֵי מִשְׁפָּט. עֹשֵׂה צְדָקָה בְכָל עֵת:
אַשְׁרֵי מַשְׂכִּיל אֶל דָּל. בְּיוֹם רָעָה יְמַלְּטֵהוּ יְיָ:
אַשְׁרֵי שֶׁאֵל יַעֲקֹב בְּעֶזְרוֹ. שִׂבְרוֹ עַל־יְיָ אֱלֹהָיו:
וַאֲנַחְנוּ נְבָרֵךְ יָהּ. מֵעַתָּה וְעַד־עוֹלָם. הַלְלוּיָהּ:

Happy are they who dwell in Your house;
Forever shall they praise You.
Happy is the people so favored;
Happy is the people whose God is the Lord.
Happy are they whose ways are blameless,
Who follow the teaching of the Lord.
Happy are they whom the Lord finds blameless,
In whose hearts there is no deceit.
Happy are they who revere the Lord,
Who are greatly devoted to the Lord's commandments.
Happy are they who act justly,
Who do right at all times.
Happy are they who are thoughtful of the needy;
In time of trouble may the Lord keep them from harm.
Happy are they whose help is the Lord,
Whose hope is in the God of Jacob.
Let us, therefore, praise the Lord,
At this time and for evermore. Hallelujah.

(Psalms 84:5, 144:15, 119:1, 32:2, 112:1, 106:3, 41:2, 146:5, 115:18)

UVA LE-TZION — *Biblical verses*

וּבָא לְצִיּוֹן גּוֹאֵל וּלְשָׁבֵי פֶשַׁע בְּיַעֲקֹב נְאֻם יְיָ: וַאֲנִי זֹאת
בְּרִיתִי אֹתָם אָמַר יְיָ רוּחִי אֲשֶׁר עָלֶיךָ וּדְבָרַי אֲשֶׁר־שַׂמְתִּי
בְּפִיךָ לֹא־יָמוּשׁוּ מִפִּיךָ וּמִפִּי זַרְעֲךָ וּמִפִּי זֶרַע זַרְעֲךָ אָמַר
יְיָ מֵעַתָּה וְעַד עוֹלָם: וְאַתָּה קָדוֹשׁ יוֹשֵׁב תְּהִלּוֹת יִשְׂרָאֵל:

וְקָרָא זֶה אֶל־זֶה וְאָמַר קָדוֹשׁ קָדוֹשׁ קָדוֹשׁ יְיָ צְבָאוֹת מְלֹא כָל־הָאָרֶץ כְּבוֹדוֹ: וַתִּשָּׂאֵנִי רוּחַ וָאֶשְׁמַע אַחֲרַי קוֹל רַעַשׁ גָּדוֹל. בָּרוּךְ כְּבוֹד־יְיָ מִמְּקוֹמוֹ: יְיָ יִמְלֹךְ לְעֹלָם וָעֶד:

יְיָ אֱלֹהֵי אַבְרָהָם יִצְחָק וְיִשְׂרָאֵל אֲבֹתֵינוּ שָׁמְרָה־זֹּאת לְעוֹלָם לְיֵצֶר מַחְשְׁבוֹת לְבַב עַמֶּךָ וְהָכֵן לְבָבָם אֵלֶיךָ: וְהוּא רַחוּם יְכַפֵּר עָוֹן וְלֹא־יַשְׁחִית וְהִרְבָּה לְהָשִׁיב אַפּוֹ וְלֹא־יָעִיר כָּל־חֲמָתוֹ: כִּי־אַתָּה אֲדֹנָי טוֹב וְסַלָּח וְרַב־חֶסֶד לְכָל־קֹרְאֶיךָ: צִדְקָתְךָ צֶדֶק לְעוֹלָם וְתוֹרָתְךָ אֱמֶת: תִּתֵּן אֱמֶת לְיַעֲקֹב חֶסֶד לְאַבְרָהָם אֲשֶׁר נִשְׁבַּעְתָּ לַאֲבֹתֵינוּ מִימֵי קֶדֶם: בָּרוּךְ אֲדֹנָי יוֹם יוֹם יַעֲמָס־לָנוּ הָאֵל יְשׁוּעָתֵנוּ סֶלָה: יְיָ צְבָאוֹת עִמָּנוּ מִשְׂגָּב לָנוּ אֱלֹהֵי יַעֲקֹב סֶלָה: יְיָ צְבָאוֹת אַשְׁרֵי אָדָם בֹּטֵחַ בָּךְ: יְיָ הוֹשִׁיעָה הַמֶּלֶךְ יַעֲנֵנוּ בְיוֹם־קָרְאֵנוּ:

בָּרוּךְ הוּא אֱלֹהֵינוּ שֶׁבְּרָאָנוּ לִכְבוֹדוֹ וְהִבְדִּילָנוּ מִן הַתּוֹעִים וְנָתַן־לָנוּ תּוֹרַת אֱמֶת וְחַיֵּי עוֹלָם נָטַע בְּתוֹכֵנוּ. הוּא יִפְתַּח לִבֵּנוּ בְּתוֹרָתוֹ וְיָשֵׂם בְּלִבֵּנוּ אַהֲבָתוֹ וְיִרְאָתוֹ וְלַעֲשׂוֹת רְצוֹנוֹ וּלְעָבְדוֹ בְּלֵבָב שָׁלֵם לְמַעַן לֹא נִיגַע לָרִיק וְלֹא נֵלֵד לַבֶּהָלָה: יְהִי רָצוֹן מִלְּפָנֶיךָ יְיָ אֱלֹהֵינוּ וֵאלֹהֵי אֲבוֹתֵינוּ שֶׁנִּשְׁמוֹר חֻקֶּיךָ בָּעוֹלָם הַזֶּה וְנִזְכֶּה וְנִחְיֶה וְנִרְאֶה וְנִירַשׁ טוֹבָה וּבְרָכָה לִשְׁנֵי יְמוֹת הַמָּשִׁיחַ וּלְחַיֵּי הָעוֹלָם הַבָּא: לְמַעַן יְזַמֶּרְךָ כָבוֹד וְלֹא יִדֹּם יְיָ אֱלֹהַי לְעוֹלָם אוֹדֶךָּ: בָּרוּךְ הַגֶּבֶר אֲשֶׁר יִבְטַח בַּייָ וְהָיָה יְיָ מִבְטַחוֹ: בִּטְחוּ בַייָ עֲדֵי־עַד כִּי בְּיָהּ יְיָ צוּר עוֹלָמִים: וְיִבְטְחוּ בְךָ יוֹדְעֵי שְׁמֶךָ כִּי לֹא־עָזַבְתָּ דֹרְשֶׁיךָ יְיָ: יְיָ חָפֵץ לְמַעַן צִדְקוֹ יַגְדִּיל תּוֹרָה וְיַאְדִּיר:

UVA LE-TZION: My spirit shall not depart from you

Redemption shall come to Zion,
And forgiveness will be granted to the penitent.

As for Me, says the Lord,
This is My covenant with you:

My spirit and My words shall never depart from you,
Nor from your descendants, forever.

You, O Lord, are holy;
You dwell amidst the praises of Israel.

"Holy, holy, holy is the Lord of hosts;
The whole world is filled with God's glory."

O Lord, God of Abraham, Isaac, and Israel,
God of Sarah, Rebecca, Rachel, and Leah,
Impress this truth forever on Your people,
That they may turn their thoughts and hearts to You.

You, O God, are merciful; You grant atonement for sin,
And do not destroy.

You repeatedly suppress Your wrath,
And do not stir up all Your anger.

You, O Lord, are good and forgiving,
And are exceedingly kind to all who call to You.

Praised is our God who created us for Divine glory,
And set us apart from those who go astray,
By giving us the Torah of truth,
Thus planting within us everlasting life.

O God, open our hearts to Your Torah;
Inspire us to love and revere You,
And to serve You with all our hearts.

Blessed is the one who trusts in the Lord,
For the Lord is an enduring stronghold.

Adapted from the Hebrew

Reader:

יִתְגַּדַּל וְיִתְקַדַּשׁ שְׁמֵהּ רַבָּא. בְּעָלְמָא דִּי־בְרָא כִרְעוּתֵהּ.
וְיַמְלִיךְ מַלְכוּתֵהּ בְּחַיֵּיכוֹן וּבְיוֹמֵיכוֹן וּבְחַיֵּי דְכָל־בֵּית
יִשְׂרָאֵל בַּעֲגָלָא וּבִזְמַן קָרִיב. וְאִמְרוּ אָמֵן:

Congregation and Reader:

יְהֵא שְׁמֵהּ רַבָּא מְבָרַךְ לְעָלַם וּלְעָלְמֵי עָלְמַיָּא:

Reader:

יִתְבָּרַךְ וְיִשְׁתַּבַּח וְיִתְפָּאַר וְיִתְרוֹמַם וְיִתְנַשֵּׂא וְיִתְהַדַּר
וְיִתְעַלֶּה וְיִתְהַלַּל שְׁמֵהּ דְּקֻדְשָׁא. בְּרִיךְ הוּא. לְעֵלָּא
לְעֵלָּא מִכָּל־בִּרְכָתָא וְשִׁירָתָא תֻּשְׁבְּחָתָא וְנֶחֱמָתָא
דַּאֲמִירָן בְּעָלְמָא. וְאִמְרוּ אָמֵן:

The Amidah begins on page 776.

In congregations where a silent Amidah is said, continue on page 768.

Yit-gadal v'yit-kadash sh'mey raba,
B'alma di v'ra ḥiru-tey, v'yam-liḥ mal-ḥutey
B'ḥa-yey-ḥon u-v'yomey-ḥon
U-v'ḥa-yey d'ḥol beyt yisrael
Ba-agala u-viz-man kariv, v'imru **amen.**

Congregation and Reader:

Y'hey sh'mey raba m'varaḥ l'alam ul-almey alma-ya.

Reader:

Yit-baraḥ v'yish-tabaḥ v'yit-pa-ar v'yit-romam v'yit-na-sey
V'yit-hadar v'yit-aleh v'yit-halal sh'mey d'kud-sha—
B'riḥ hu, *l'eyla l'eyla mi-kol bir-ḥata v'shi-rata*
Tush-b'ḥata v'ne-ḥemata da-amiran b'alma, v'imru **amen.**

ḤATZI KADDISH

Magnified and sanctified be the great name of God, in the world created according to the Divine will. May God's sovereignty soon be established, in our lifetime and that of the entire house of Israel. And let us say: Amen.

Congregation and Reader:

May God's great name be praised to all eternity.

Hallowed and honored, extolled and exalted, adored and acclaimed be the name of the blessed Holy One, whose glory is infinitely beyond all the praises, hymns, and songs of adoration which human beings can utter. And let us say: Amen.

The Amidah begins on page 776.

In congregations where a silent Amidah is said, continue on page 768.

Even when the gates of heaven are shut to prayer,
they are open to tears.

The Talmud

For the congregational Amidah, see page 776.

כִּי שֵׁם יְיָ אֶקְרָא הָבוּ גֹדֶל לֵאלֹהֵינוּ:
אֲדֹנָי שְׂפָתַי תִּפְתָּח וּפִי יַגִּיד תְּהִלָּתֶךָ:

בָּרוּךְ אַתָּה יְיָ אֱלֹהֵינוּ וֵאלֹהֵי אֲבוֹתֵינוּ. אֱלֹהֵי אַבְרָהָם אֱלֹהֵי יִצְחָק וֵאלֹהֵי יַעֲקֹב. הָאֵל הַגָּדוֹל הַגִּבּוֹר וְהַנּוֹרָא אֵל עֶלְיוֹן. גּוֹמֵל חֲסָדִים טוֹבִים וְקֹנֵה הַכֹּל. וְזוֹכֵר חַסְדֵי אָבוֹת וּמֵבִיא גוֹאֵל לִבְנֵי בְנֵיהֶם לְמַעַן שְׁמוֹ בְּאַהֲבָה:

זָכְרֵנוּ לְחַיִּים מֶלֶךְ חָפֵץ בַּחַיִּים. וְחָתְמֵנוּ בְּסֵפֶר הַחַיִּים. לְמַעַנְךָ אֱלֹהִים חַיִּים:

מֶלֶךְ עוֹזֵר וּמוֹשִׁיעַ וּמָגֵן. בָּרוּךְ אַתָּה יְיָ מָגֵן אַבְרָהָם:

אַתָּה גִּבּוֹר לְעוֹלָם אֲדֹנָי מְחַיֵּה מֵתִים אַתָּה רַב לְהוֹשִׁיעַ: מְכַלְכֵּל חַיִּים בְּחֶסֶד מְחַיֵּה מֵתִים בְּרַחֲמִים רַבִּים. סוֹמֵךְ נוֹפְלִים וְרוֹפֵא חוֹלִים וּמַתִּיר אֲסוּרִים וּמְקַיֵּם אֱמוּנָתוֹ לִישֵׁנֵי עָפָר. מִי כָמוֹךָ בַּעַל גְּבוּרוֹת וּמִי דוֹמֶה לָּךְ מֶלֶךְ מֵמִית וּמְחַיֶּה וּמַצְמִיחַ יְשׁוּעָה:

מִי כָמוֹךָ אַב הָרַחֲמִים. זוֹכֵר יְצוּרָיו לְחַיִּים בְּרַחֲמִים:
וְנֶאֱמָן אַתָּה לְהַחֲיוֹת מֵתִים. בָּרוּךְ אַתָּה יְיָ מְחַיֵּה הַמֵּתִים:

אַתָּה קָדוֹשׁ וְשִׁמְךָ קָדוֹשׁ וּקְדוֹשִׁים בְּכָל־יוֹם יְהַלְלוּךָ סֶּלָה:

וּבְכֵן תֵּן פַּחְדְּךָ יְיָ אֱלֹהֵינוּ עַל כָּל־מַעֲשֶׂיךָ וְאֵימָתְךָ עַל כָּל־מַה־שֶּׁבָּרָאתָ. וְיִירָאוּךָ כָּל־הַמַּעֲשִׂים וְיִשְׁתַּחֲווּ לְפָנֶיךָ כָּל־הַבְּרוּאִים. וְיֵעָשׂוּ כֻלָּם אֲגֻדָּה אֶחָת לַעֲשׂוֹת רְצוֹנְךָ

THE SILENT AMIDAH

"When I call upon the Lord, ascribe greatness to our God."
"O Lord, open my lips that my mouth may declare Your praise."

GOD OF ALL GENERATIONS

Praised are You, O Lord our God and God of our ancestors,
God of Abraham, God of Isaac, and God of Jacob;
God of Sarah, God of Rebecca, God of Rachel, and God of Leah;
Great, mighty, awesome God, supreme over all.

You are abundantly kind, O Creator of all.
Remembering the piety of our ancestors,
You lovingly bring redemption to their children's children.

Remember us for life, O Sovereign who delights in life;
Seal us in the book of life, for Your sake, O God of life.

You are our Sovereign who helps, redeems, and protects.
Praised are You, O Lord,
Shield of Abraham and Sustainer of Sarah.

SOURCE OF LIFE AND MASTER OF NATURE

O Lord, mighty for all eternity,
With Your saving power You grant immortal life.

You sustain the living with lovingkindness,
And with great mercy You bestow eternal life upon the dead.
You support the falling, heal the sick, and free the captives.
You keep faith with those who sleep in the dust.

Who is like You, almighty God?
Who can be compared to You, Ruler over life and death,
Source of redemption?

Who is like You, compassionate God?
Mercifully You remember Your creatures for life.

You are faithful in granting eternal life to the departed.
Praised are You, O Lord, who grants immortality to the departed.

O GOD, IN YOUR HOLINESS, ESTABLISH YOUR REIGN!

Holy are You and hallowed is Your name, and holy ones praise You daily.

Lord our God, imbue all Your creatures with reverence for You, and fill all that You have created with awe of You.

בְּלֵבָב שָׁלֵם. כְּמוֹ שֶׁיָּדַעְנוּ יְיָ אֱלֹהֵינוּ שֶׁהַשִּׁלְטוֹן לְפָנֶיךָ עֹז בְּיָדְךָ וּגְבוּרָה בִּימִינֶךָ וְשִׁמְךָ נוֹרָא עַל כָּל־מַה־שֶּׁבָּרָאתָ:

וּבְכֵן תֵּן כָּבוֹד יְיָ לְעַמֶּךָ תְּהִלָּה לִירֵאֶיךָ וְתִקְוָה לְדוֹרְשֶׁיךָ וּפִתְחוֹן פֶּה לַמְיַחֲלִים לָךְ. שִׂמְחָה לְאַרְצֶךָ וְשָׂשׂוֹן לְעִירֶךָ בִּמְהֵרָה בְיָמֵינוּ:

וּבְכֵן צַדִּיקִים יִרְאוּ וְיִשְׂמָחוּ וִישָׁרִים יַעֲלֹזוּ וַחֲסִידִים בְּרִנָּה יָגִילוּ. וְעוֹלָתָה תִּקְפָּץ־פִּיהָ וְכָל־הָרִשְׁעָה כֻּלָּהּ כְּעָשָׁן תִּכְלֶה. כִּי תַעֲבִיר מֶמְשֶׁלֶת זָדוֹן מִן הָאָרֶץ:

וְתִמְלוֹךְ אַתָּה יְיָ לְבַדֶּךָ עַל כָּל־מַעֲשֶׂיךָ בְּהַר צִיּוֹן מִשְׁכַּן כְּבוֹדֶךָ וּבִירוּשָׁלַיִם עִיר קָדְשֶׁךָ כַּכָּתוּב בְּדִבְרֵי קָדְשֶׁךָ. יִמְלֹךְ יְיָ לְעוֹלָם. אֱלֹהַיִךְ צִיּוֹן לְדֹר וָדֹר. הַלְלוּיָהּ:

קָדוֹשׁ אַתָּה וְנוֹרָא שְׁמֶךָ וְאֵין אֱלוֹהַּ מִבַּלְעָדֶיךָ כַּכָּתוּב. וַיִּגְבַּהּ יְיָ צְבָאוֹת בַּמִּשְׁפָּט וְהָאֵל הַקָּדוֹשׁ נִקְדַּשׁ בִּצְדָקָה. בָּרוּךְ אַתָּה יְיָ הַמֶּלֶךְ הַקָּדוֹשׁ:

אַתָּה בְחַרְתָּנוּ מִכָּל־הָעַמִּים. אָהַבְתָּ אוֹתָנוּ וְרָצִיתָ בָּנוּ. וְרוֹמַמְתָּנוּ מִכָּל־הַלְּשׁוֹנוֹת. וְקִדַּשְׁתָּנוּ בְּמִצְוֹתֶיךָ. וְקֵרַבְתָּנוּ מַלְכֵּנוּ לַעֲבוֹדָתֶךָ. וְשִׁמְךָ הַגָּדוֹל וְהַקָּדוֹשׁ עָלֵינוּ קָרָאתָ:

On Shabbat add the words in brackets.

וַתִּתֶּן־לָנוּ יְיָ אֱלֹהֵינוּ בְּאַהֲבָה אֶת־יוֹם [הַשַּׁבָּת הַזֶּה לִקְדֻשָּׁה וְלִמְנוּחָה וְאֶת־יוֹם] הַכִּפֻּרִים הַזֶּה לִמְחִילָה וְלִסְלִיחָה וּלְכַפָּרָה וְלִמְחָל־בּוֹ אֶת־כָּל־עֲוֹנוֹתֵינוּ [בְּאַהֲבָה] מִקְרָא קֹדֶשׁ. זֵכֶר לִיצִיאַת מִצְרָיִם:

May they all bow before You and unite in one fellowship to do Your will wholeheartedly. May they all acknowledge, as we do, that sovereignty is Yours, that Yours is the power and the majesty, and that You reign supreme over all You have created.

Grant honor, O Lord, to Your people, glory to those who revere You, hope to those who seek You, and confidence to those who trust in You. Grant joy to Your land and gladness to Your holy city, speedily in our own days.

Then the righteous will see and be glad, the upright will exult, and the pious will rejoice in song. Wickedness will be silenced, and all evil will vanish like smoke when You remove the dominion of tyranny from the earth.

Then You alone, O Lord, will rule over all Your works, from Mount Zion, the dwelling place of Your presence, from Jerusalem, Your holy city. Thus it is written in the Psalms: "The Lord shall reign forever; your God, Zion, through all generations; Hallelujah!"

You are holy, Your name is awe-inspiring, and there is no God but You. Thus the prophet wrote: "The Lord of hosts is exalted by justice, and the holy God is sanctified through righteousness." Praised are You, O Lord, the holy Sovereign.

YOU SANCTIFY ISRAEL AND THIS DAY OF ATONEMENT

You have chosen us of all peoples for Your service; and, in Your gracious love, You have exalted us by teaching us the way of holiness through Your *Mitzvot*. Thus You have linked us with Your great and holy name.

On Shabbat add the words in brackets.

In love have You given us, O Lord our God, [this Sabbath day for sanctity and rest, and] this Day of Atonement for pardon, forgiveness, and atonement for all our sins. It is for us [in love] a holy convocation, commemorating the Exodus from Egypt.

אֱלֹהֵינוּ וֵאלֹהֵי אֲבוֹתֵינוּ. יַעֲלֶה וְיָבֹא וְיַגִּיעַ. וְיֵרָאֶה וְיֵרָצֶה וְיִשָּׁמַע. וְיִפָּקֵד וְיִזָּכֵר זִכְרוֹנֵנוּ וּפִקְדוֹנֵנוּ. וְזִכְרוֹן אֲבוֹתֵינוּ. וְזִכְרוֹן מָשִׁיחַ בֶּן־דָּוִד עַבְדֶּךָ. וְזִכְרוֹן יְרוּשָׁלַיִם עִיר קָדְשֶׁךָ. וְזִכְרוֹן כָּל־עַמְּךָ בֵּית יִשְׂרָאֵל לְפָנֶיךָ. לִפְלֵיטָה לְטוֹבָה לְחֵן וּלְחֶסֶד וּלְרַחֲמִים לְחַיִּים וּלְשָׁלוֹם בְּיוֹם הַכִּפֻּרִים הַזֶּה: זָכְרֵנוּ יְיָ אֱלֹהֵינוּ בּוֹ לְטוֹבָה. וּפָקְדֵנוּ בוֹ לִבְרָכָה. וְהוֹשִׁיעֵנוּ בוֹ לְחַיִּים. וּבִדְבַר יְשׁוּעָה וְרַחֲמִים חוּס וְחָנֵּנוּ וְרַחֵם עָלֵינוּ וְהוֹשִׁיעֵנוּ. כִּי אֵלֶיךָ עֵינֵינוּ. כִּי אֵל מֶלֶךְ חַנּוּן וְרַחוּם אָתָּה:

On Shabbat add the words in brackets.

אֱלֹהֵינוּ וֵאלֹהֵי אֲבוֹתֵינוּ מְחַל לַעֲוֹנוֹתֵינוּ בְּיוֹם [הַשַּׁבָּת הַזֶּה וּבְיוֹם] הַכִּפֻּרִים הַזֶּה מְחֵה וְהַעֲבֵר פְּשָׁעֵינוּ וְחַטֹּאתֵינוּ מִנֶּגֶד עֵינֶיךָ. כָּאָמוּר אָנֹכִי אָנֹכִי הוּא מֹחֶה פְשָׁעֶיךָ לְמַעֲנִי וְחַטֹּאתֶיךָ לֹא אֶזְכֹּר: וְנֶאֱמַר מָחִיתִי כָעָב פְּשָׁעֶיךָ וְכֶעָנָן חַטֹּאתֶיךָ שׁוּבָה אֵלַי כִּי גְאַלְתִּיךָ: וְנֶאֱמַר כִּי־בַיּוֹם הַזֶּה יְכַפֵּר עֲלֵיכֶם לְטַהֵר אֶתְכֶם מִכֹּל חַטֹּאתֵיכֶם לִפְנֵי יְיָ תִּטְהָרוּ: אֱלֹהֵינוּ וֵאלֹהֵי אֲבוֹתֵינוּ [רְצֵה בִמְנוּחָתֵנוּ] קַדְּשֵׁנוּ בְּמִצְוֹתֶיךָ וְתֵן חֶלְקֵנוּ בְּתוֹרָתֶךָ שַׂבְּעֵנוּ מִטּוּבֶךָ וְשַׂמְּחֵנוּ בִּישׁוּעָתֶךָ. [וְהַנְחִילֵנוּ יְיָ אֱלֹהֵינוּ בְּאַהֲבָה וּבְרָצוֹן שַׁבַּת קָדְשֶׁךָ וְיָנוּחוּ בָהּ יִשְׂרָאֵל מְקַדְּשֵׁי שְׁמֶךָ] וְטַהֵר לִבֵּנוּ לְעָבְדְּךָ בֶּאֱמֶת. כִּי אַתָּה סָלְחָן לְיִשְׂרָאֵל וּמָחֳלָן לְשִׁבְטֵי יְשֻׁרוּן בְּכָל־דּוֹר וָדוֹר וּמִבַּלְעָדֶיךָ אֵין לָנוּ מֶלֶךְ מוֹחֵל וְסוֹלֵחַ אֶלָּא אָתָּה. בָּרוּךְ אַתָּה יְיָ מֶלֶךְ מוֹחֵל וְסוֹלֵחַ לַעֲוֹנוֹתֵינוּ וְלַעֲוֹנוֹת עַמּוֹ בֵּית יִשְׂרָאֵל. וּמַעֲבִיר אַשְׁמוֹתֵינוּ בְּכָל־שָׁנָה וְשָׁנָה. מֶלֶךְ עַל כָּל־הָאָרֶץ מְקַדֵּשׁ [הַשַּׁבָּת וְ] יִשְׂרָאֵל וְיוֹם הַכִּפֻּרִים:

Our God and God of our ancestors, we recall and invoke the remembrance of our ancestors, the piety of their prayers for Messianic deliverance, the glory of Jerusalem, Your holy city, and the destiny of the entire household of Israel. As we seek Your love and mercy, we pray for deliverance and for life, for happiness and for peace, on this Day of Atonement.

Remember us, O Lord; bless us with all that is good. Recall Your promise of merciful redemption; spare us, have compassion upon us, and graciously save us. To You we lift our eyes in hope; for You, our Sovereign, are a gracious and merciful God.

On Shabbat add the words in brackets.

Our God and God of our ancestors, forgive our sins [on this Sabbath day and] on this Day of Atonement.

Blot out and remove our sins and transgressions as Isaiah promised in Your name: "I blot out your transgressions, for My own sake; and your sins I shall not recall."

You promised further: "I have blotted out your transgressions like a cloud, your sins like a mist. Return to Me for I have redeemed you."

And in the Torah it is written: "For on this day atonement shall be made for you to cleanse you; of all your sins shall you be clean before the Lord."

Our God and God of our ancestors [may our Sabbath rest be acceptable to You;] may Your *Mitzvot* lead us to holiness; and may we be among those who devote themselves to Your Torah. May we find contentment in Your blessings, and joy in Your sustaining power.

[Help us to enjoy, in love and favor, the heritage of Your holy Sabbath. May Your people Israel, who hallow Your name, find rest on this day.]

Purify our hearts to serve You in truth. For You forgive the people Israel and pardon the tribes of Jeshurun in every generation; and we acknowledge only You as Sovereign who grants us pardon and forgiveness.

Praised are You, O Lord, who forgives and pardons our sins and the sins of the house of Israel. Year after year, You absolve us of our guilt, Sovereign over all the earth, who hallows [the Sabbath,] Israel, and this Day of Atonement.

רְצֵה יְיָ אֱלֹהֵינוּ בְּעַמְּךָ יִשְׂרָאֵל. וּתְפִלָּתָם בְּאַהֲבָה תְקַבֵּל בְּרָצוֹן. וּתְהִי לְרָצוֹן תָּמִיד עֲבוֹדַת יִשְׂרָאֵל עַמֶּךָ:

וְתֶחֱזֶינָה עֵינֵינוּ בְּשׁוּבְךָ לְצִיּוֹן בְּרַחֲמִים. בָּרוּךְ אַתָּה יְיָ הַמַּחֲזִיר שְׁכִינָתוֹ לְצִיּוֹן:

מוֹדִים אֲנַחְנוּ לָךְ שָׁאַתָּה הוּא יְיָ אֱלֹהֵינוּ וֵאלֹהֵי אֲבוֹתֵינוּ לְעוֹלָם וָעֶד. צוּר חַיֵּינוּ מָגֵן יִשְׁעֵנוּ אַתָּה הוּא לְדוֹר וָדוֹר. נוֹדֶה לְּךָ וּנְסַפֵּר תְּהִלָּתֶךָ עַל חַיֵּינוּ הַמְּסוּרִים בְּיָדֶךָ וְעַל נִשְׁמוֹתֵינוּ הַפְּקוּדוֹת לָךְ וְעַל נִסֶּיךָ שֶׁבְּכָל־יוֹם עִמָּנוּ וְעַל נִפְלְאוֹתֶיךָ וְטוֹבוֹתֶיךָ שֶׁבְּכָל־עֵת עֶרֶב וָבֹקֶר וְצָהֳרָיִם. הַטּוֹב כִּי לֹא־כָלוּ רַחֲמֶיךָ. וְהַמְרַחֵם כִּי לֹא־תַמּוּ חֲסָדֶיךָ. מֵעוֹלָם קִוִּינוּ לָךְ:

וְעַל־כֻּלָּם יִתְבָּרַךְ וְיִתְרוֹמַם שִׁמְךָ מַלְכֵּנוּ תָּמִיד לְעוֹלָם וָעֶד:

וַחֲתוֹם לְחַיִּים טוֹבִים כָּל־בְּנֵי בְרִיתֶךָ:

וְכֹל הַחַיִּים יוֹדוּךָ סֶּלָה וִיהַלְלוּ אֶת שִׁמְךָ בֶּאֱמֶת הָאֵל יְשׁוּעָתֵנוּ וְעֶזְרָתֵנוּ סֶלָה. בָּרוּךְ אַתָּה יְיָ הַטּוֹב שִׁמְךָ וּלְךָ נָאֶה לְהוֹדוֹת:

שִׂים שָׁלוֹם טוֹבָה וּבְרָכָה בָּעוֹלָם חֵן וָחֶסֶד וְרַחֲמִים עָלֵינוּ וְעַל כָּל־יִשְׂרָאֵל עַמֶּךָ. בָּרְכֵנוּ אָבִינוּ כֻּלָּנוּ כְּאֶחָד בְּאוֹר פָּנֶיךָ. כִּי בְאוֹר פָּנֶיךָ נָתַתָּ לָּנוּ יְיָ אֱלֹהֵינוּ תּוֹרַת חַיִּים וְאַהֲבַת חֶסֶד וּצְדָקָה וּבְרָכָה וְרַחֲמִים וְחַיִּים וְשָׁלוֹם. וְטוֹב

ACCEPT OUR PRAYER AND BLESS ZION

Be gracious to Your people Israel, O Lord our God, and lovingly accept their prayers. May our worship ever be acceptable to You.

May our eyes behold Your merciful return to Zion. Praise to You, O Lord, who restores the Divine Presence to Zion.

THANKSGIVING FOR DAILY MIRACLES

We thankfully acknowledge You, our God and God of our ancestors, Lord of eternity. You are the source of our strength, even as You have been Israel's protecting shield in every generation.

We thank You and proclaim Your praise for our lives which are in Your hand, for our souls which are in Your care, for Your miracles which are daily with us, and for Your wondrous kindness at all times—morning, noon, and night. Source of all goodness, Your mercies never fail. Source of compassion, Your kindnesses never cease. You are our abiding hope.

For all Your blessings we shall praise and exalt You, O our Sovereign, forever.

Seal all the children of Your covenant for a good life.

May all living creatures always thank You and praise You in truth. O God, You are our deliverance and our help. Praised are You, beneficent Lord, to whom all praise is due.

SIM SHALOM: Prayer for peace

Grant peace, goodness, and blessing to the world; graciousness, kindness, and mercy to us and to all Your people Israel.

Bless us all, O our Creator, with the divine light of Your presence.

For by that divine light You have revealed to us Your life-giving Torah, and taught us lovingkindness, righteousness, mercy, and peace.

בְּעֵינֶיךָ לְבָרֵךְ אֶת־עַמְּךָ יִשְׂרָאֵל בְּכָל־עֵת וּבְכָל־שָׁעָה בִּשְׁלוֹמֶךָ:

בְּסֵפֶר חַיִּים בְּרָכָה וְשָׁלוֹם וּפַרְנָסָה טוֹבָה. נִזָּכֵר וְנֵחָתֵם לְפָנֶיךָ. אֲנַחְנוּ וְכָל־עַמְּךָ בֵּית יִשְׂרָאֵל. לְחַיִּים טוֹבִים וּלְשָׁלוֹם. בָּרוּךְ אַתָּה יְיָ עוֹשֵׂה הַשָּׁלוֹם:

אֱלֹהֵינוּ וֵאלֹהֵי אֲבוֹתֵינוּ. תָּבֹא לְפָנֶיךָ תְּפִלָּתֵנוּ וְאַל תִּתְעַלַּם מִתְּחִנָּתֵנוּ. שֶׁאֵין אֲנַחְנוּ עַזֵּי פָנִים וּקְשֵׁי עֹרֶף לוֹמַר לְפָנֶיךָ יְיָ אֱלֹהֵינוּ וֵאלֹהֵי אֲבוֹתֵינוּ צַדִּיקִים אֲנַחְנוּ וְלֹא חָטָאנוּ אֲבָל אֲנַחְנוּ חָטָאנוּ:

אָשַׁמְנוּ. **בָּ**גַדְנוּ. **גָּ**זַלְנוּ. **דִּ**בַּרְנוּ דֹפִי.
הֶעֱוִינוּ. **וְ**הִרְשַׁעְנוּ. **זַ**דְנוּ. **חָ**מַסְנוּ. **טָ**פַלְנוּ שֶׁקֶר.
יָעַצְנוּ רָע. **כִּ**זַּבְנוּ. **לַ**צְנוּ. **מָ**רַדְנוּ. **נִ**אַצְנוּ.
סָרַרְנוּ. **עָ**וִינוּ. **פָּ**שַׁעְנוּ. **צָ**רַרְנוּ. **קִ**שִּׁינוּ עֹרֶף.
רָשַׁעְנוּ. **שִׁ**חַתְנוּ. **תִּ**עַבְנוּ. **תָּ**עִינוּ. **תִּ**עְתָּעְנוּ:

סַרְנוּ מִמִּצְוֹתֶיךָ וּמִמִּשְׁפָּטֶיךָ הַטּוֹבִים וְלֹא שָׁוָה לָנוּ: וְאַתָּה צַדִּיק עַל כָּל־הַבָּא עָלֵינוּ. כִּי אֱמֶת עָשִׂיתָ וַאֲנַחְנוּ הִרְשָׁעְנוּ:

מַה־נֹּאמַר לְפָנֶיךָ יוֹשֵׁב מָרוֹם וּמַה־נְּסַפֵּר לְפָנֶיךָ שׁוֹכֵן שְׁחָקִים. הֲלֹא כָּל־הַנִּסְתָּרוֹת וְהַנִּגְלוֹת אַתָּה יוֹדֵעַ:

May it please You to bless Your people Israel, in every season and at every hour, with Your peace.

In the book of lifc and blessing, peace and prosperity, may we and all Your people, the house of Israel, be *sealed* for a good and peaceful life. Praised are You, O Lord, Source of peace.

THE CONFESSIONAL

Our God and God of our ancestors, may our prayers come before You and may You not ignore our pleas. We are neither so arrogant nor so stubborn as to declare that we are righteous and have not sinned; for, indeed, we have sinned.

ASHAMNU: We have trespassed

We have trespassed; we have dealt treacherously;
we have robbed; we have spoken slander;
we have acted perversely; we have done wrong;
we have acted presumptuously; we have done violence;
we have practiced deceit; we have counseled evil;
we have spoken falsehood; we have scoffed;
we have revolted; we have blasphemed;
we have rebelled; we have committed iniquity;
we have transgressed; we have oppressed;
we have been stiff-necked; we have acted wickedly;
we have dealt corruptly; we have committed abomination;
we have gone astray; we have led others astray.

We have turned away from Your *Mitzvot* and Your goodly laws, and we are poorer for our disobedience. You are just in all that has come upon us. You have been faithful; yet, we have done evil.

What can we say to You, exalted God? What can we tell You, Lord of the universe? For You know everything, the hidden and the open.

אַתָּה נוֹתֵן יָד לְפוֹשְׁעִים וִימִינְךָ פְשׁוּטָה לְקַבֵּל שָׁבִים. וַתְּלַמְּדֵנוּ יְיָ אֱלֹהֵינוּ לְהִתְוַדּוֹת לְפָנֶיךָ עַל כָּל־עֲוֹנוֹתֵינוּ לְמַעַן נֶחְדַּל מֵעֹשֶׁק יָדֵינוּ וּתְקַבְּלֵנוּ בִּתְשׁוּבָה שְׁלֵמָה לְפָנֶיךָ:

אַתָּה יוֹדֵעַ שֶׁאַחֲרִיתֵנוּ רִמָּה וְתוֹלֵעָה לְפִיכָךְ הִרְבֵּיתָ סְלִיחָתֵנוּ: מָה־אָנוּ. מֶה־חַיֵּינוּ. מֶה־חַסְדֵּנוּ. מַה־צִּדְקֵנוּ. מַה־יִּשְׁעֵנוּ. מַה־כֹּחֵנוּ. מַה־גְּבוּרָתֵנוּ. מַה־נֹּאמַר לְפָנֶיךָ יְיָ אֱלֹהֵינוּ וֵאלֹהֵי אֲבוֹתֵינוּ. הֲלֹא כָּל־הַגִּבּוֹרִים כְּאַיִן לְפָנֶיךָ וְאַנְשֵׁי הַשֵּׁם כְּלֹא הָיוּ. וַחֲכָמִים כִּבְלִי מַדָּע וּנְבוֹנִים כִּבְלִי הַשְׂכֵּל. כִּי רֹב מַעֲשֵׂיהֶם תֹּהוּ וִימֵי חַיֵּיהֶם הֶבֶל לְפָנֶיךָ. וּמוֹתַר הָאָדָם מִן הַבְּהֵמָה אָיִן כִּי הַכֹּל הָבֶל:

אַתָּה הִבְדַּלְתָּ אֱנוֹשׁ מֵרֹאשׁ וַתַּכִּירֵהוּ לַעֲמוֹד לְפָנֶיךָ: כִּי מִי יֹאמַר לְךָ מַה־תִּפְעָל וְאִם־יִצְדַּק מַה־יִּתֶּן־לָךְ: וַתִּתֶּן־לָנוּ יְיָ אֱלֹהֵינוּ בְּאַהֲבָה אֶת יוֹם הַכִּפֻּרִים הַזֶּה קֵץ וּמְחִילָה וּסְלִיחָה עַל כָּל־עֲוֹנוֹתֵינוּ לְמַעַן נֶחְדַּל מֵעֹשֶׁק יָדֵנוּ וְנָשׁוּב אֵלֶיךָ לַעֲשׂוֹת חֻקֵּי רְצוֹנְךָ בְּלֵבָב שָׁלֵם:

וְאַתָּה בְּרַחֲמֶיךָ הָרַבִּים רַחֵם עָלֵינוּ. כִּי לֹא תַחְפּוֹץ בְּהַשְׁחָתַת עוֹלָם. שֶׁנֶּאֱמַר. דִּרְשׁוּ יְיָ בְּהִמָּצְאוֹ קְרָאֻהוּ בִּהְיוֹתוֹ קָרוֹב: וְנֶאֱמַר. יַעֲזֹב רָשָׁע דַּרְכּוֹ וְאִישׁ אָוֶן מַחְשְׁבֹתָיו וְיָשֹׁב אֶל־יְיָ וִירַחֲמֵהוּ וְאֶל־אֱלֹהֵינוּ כִּי־יַרְבֶּה לִסְלוֹחַ: וְאַתָּה אֱלוֹהַּ סְלִיחוֹת חַנּוּן וְרַחוּם אֶרֶךְ אַפַּיִם וְרַב־חֶסֶד וֶאֱמֶת וּמַרְבֶּה לְהֵיטִיב. וְרוֹצֶה אַתָּה בִּתְשׁוּבַת רְשָׁעִים וְאֵין אַתָּה חָפֵץ בְּמִיתָתָם שֶׁנֶּאֱמַר. אֱמֹר אֲלֵיהֶם

YOU REACH OUT

You reach out Your hand to transgressors and Your right hand is extended to accept the penitent. You have taught us, O Lord our God, to confess all our sins to You and to refrain from doing evil, so that You might accept us into Your presence through sincere repentance.

You know how frail we are, and so You have provided us with Your abundant pardon. What are we? What is the value of our lives? What substance is there to our kindness, our righteousness, our helpfulness, our strength, our courage? What can we say before You, Lord our God and God of our ancestors? Before You, the mighty are as nothing, the famous as if they had never been; the wise are without wisdom, the clever without reason. For most of their deeds are worthless, and their days are like a breath. Measured against Your perfection, our preëminence over the beast is negligible, for we all are so trivial.

HUMANITY: Singled out and set apart

You distinguished humanity at Creation; and You bestowed upon humanity the privilege of standing in Your presence. Who can say to You: "What are You doing?" And even if we should be righteous, what can we give You? In love have You given us, O Lord our God, this Day of Atonement so that there be an end to our sins through pardon and forgiveness, that we refrain from doing evil, and return to You to observe Your laws wholeheartedly.

In Your abundant mercy, have compassion upon us. For You do not desire the destruction of the world; as Your prophet Isaiah declared: "Seek the Lord while the Lord may be found. Call upon the Lord while the Lord is near. Let the wicked person abandon the ways of wickedness, and let the evil person abandon evil designs. Let them return to the Lord who will have mercy upon them; let them return to our God, who is ever ready to forgive."

חַי־אָנִי נְאֻם אֲדֹנָי יֱהוִה אִם־אֶחְפֹּץ בְּמוֹת הָרָשָׁע כִּי אִם־בְּשׁוּב רָשָׁע מִדַּרְכּוֹ וְחָיָה. שׁוּבוּ שׁוּבוּ מִדַּרְכֵיכֶם הָרָעִים וְלָמָּה תָמוּתוּ בֵּית יִשְׂרָאֵל: וְנֶאֱמַר. הֶחָפֹץ אֶחְפֹּץ מוֹת רָשָׁע נְאֻם אֲדֹנָי יֱהוִה הֲלוֹא בְּשׁוּבוֹ מִדְּרָכָיו וְחָיָה: וְנֶאֱמַר. כִּי לֹא אֶחְפֹּץ בְּמוֹת הַמֵּת נְאֻם אֲדֹנָי יֱהוִה וְהָשִׁיבוּ וִחְיוּ: כִּי אַתָּה סָלְחָן לְיִשְׂרָאֵל וּמָחֳלָן לְשִׁבְטֵי יְשֻׁרוּן בְּכָל־דּוֹר וָדוֹר וּמִבַּלְעָדֶיךָ אֵין לָנוּ מֶלֶךְ מוֹחֵל וְסוֹלֵחַ אֶלָּא אָתָּה:

יְהִי רָצוֹן מִלְּפָנֶיךָ יְיָ אֱלֹהַי וֵאלֹהֵי אֲבוֹתַי שֶׁלֹּא אֶחֱטָא עוֹד. וּמַה־שֶּׁחָטָאתִי לְפָנֶיךָ מָרֵק בְּרַחֲמֶיךָ הָרַבִּים. אֲבָל לֹא עַל יְדֵי יִסּוּרִים וָחֳלָיִם רָעִים:

אֱלֹהַי. נְצוֹר לְשׁוֹנִי מֵרָע וּשְׂפָתַי מִדַּבֵּר מִרְמָה. וְלִמְקַלְלַי נַפְשִׁי תִדּוֹם וְנַפְשִׁי כֶּעָפָר לַכֹּל תִּהְיֶה: פְּתַח לִבִּי בְּתוֹרָתֶךָ וּבְמִצְוֹתֶיךָ תִּרְדּוֹף נַפְשִׁי. וְכֹל הַחוֹשְׁבִים עָלַי רָעָה. מְהֵרָה הָפֵר עֲצָתָם וְקַלְקֵל מַחֲשַׁבְתָּם: עֲשֵׂה לְמַעַן שְׁמֶךָ עֲשֵׂה לְמַעַן יְמִינֶךָ עֲשֵׂה לְמַעַן קְדֻשָּׁתֶךָ עֲשֵׂה לְמַעַן תּוֹרָתֶךָ: לְמַעַן יֵחָלְצוּן יְדִידֶיךָ הוֹשִׁיעָה יְמִינְךָ וַעֲנֵנִי: יִהְיוּ לְרָצוֹן אִמְרֵי־פִי וְהֶגְיוֹן לִבִּי לְפָנֶיךָ. יְיָ צוּרִי וְגוֹאֲלִי: עֹשֶׂה שָׁלוֹם בִּמְרוֹמָיו הוּא יַעֲשֶׂה שָׁלוֹם עָלֵינוּ וְעַל כָּל־יִשְׂרָאֵל. וְאִמְרוּ אָמֵן:

O God of forgiveness, You are gracious and full of compassion, slow to anger, abounding in mercy and goodness. You desire the repentance of the wicked, not their death, as the prophet Ezekiel declared:

"As I live, says the Lord God, I have no pleasure in the death of the wicked but that they abandon their ways and live. Turn, turn from your evil ways, for why should you die, O house of Israel?"

For You forgive the people Israel and pardon the tribes of Jeshurun in every generation; and we acknowledge only You as Sovereign who grants us pardon and forgiveness.

May it be Your will, Lord my God and God of my ancestors, that I sin no more; and as for the sins which I have committed against You, mercifully cleanse me of them, but not through severe suffering.

GUARD MY TONGUE FROM EVIL

O Lord, guard my tongue from evil and my lips from speaking falsehood. Help me to ignore those who slander me, and to be humble and forgiving to all. Open my heart to Your Torah, that I may know Your teachings and eagerly do Your will. Frustrate the plans of those who wish me ill, that I may praise Your power, Your holiness, and Your law. Save Your loved ones, O Lord; answer us with Your redeeming power. "May the words of my mouth and the meditation of my heart find favor before You, my Rock and my Redeemer." O Maker of harmony in the universe, grant peace to us, to Israel, and to all people everywhere. Amen.

Adapted from the Hebrew

The gates of our hearts

There are times in life, and this is one of them, when dissatisfaction with ourselves, with our ideals, our pursuits, our pleasures, is our dominant feeling. We measure ourselves against the standard of goodness laid down by conscience, and are appalled to find how miserably short we fall of it.

And while thus we realize how low we have fallen, we think of God, and yearn to go back to God, to find relief from our self-reproaches in Divine forgiveness, and to make the reconciliation the starting point of a new life.

On these High Holy Days, almost in spite of ourselves, we come face to face with the Highest. We are the same men and women that we were before this solemn period set in; and yet, the crust of our selfishness, our materialism, is pierced by some mysterious force; and, behold, we are at God's feet, denying God no longer, denying only ourselves.

At this moment, we do not debate whether there is a God, whether religion is truth, whether duty is a real voice, and not a mocking echo. We know it, we feel it.

It is as though the sign we are always tacitly asking for amid the storm and stress of life were revealed to us, and compelled our belief, our implicit trust. God lives, and to be true to our highest instincts is God's law, our law—this is the good news that is now whispered to us; and the gates of our hearts fly open of their own accord to receive it.

Our ready acceptance of the revelation is the surest proof of its truth. The bondage of the world has only to be relaxed for a while, as it is at this season, the noise of the maddening crowd has only to be shut out for a space, and the inner voices will make themselves heard, the eternal truths will assert themselves and conquer.

Morris Joseph

Keep open Your gate!

Day softly tiptoes
Out through the western horizon.

Soon night
Will encompass my heart–
To bring the shadows
Of fear and uncertainty.

Words become blurred,
They cease to
Touch my reason–
Sound alone now
Moves me–
Carries me aloft
Before the Golden Gate.

Faster–faster
I hear the
Chorus of the Hosts on High.

Not words
But God's soft unspoken plea is heard–
"Keep open your gate!
Keep open your gate!
Close not
Our last remaining hope."

The stars wink down
Above me–
The gate is closed
As I turn to walk
The lonely path
Of another year.

I've ceased to pray—
The Shofar calls
An end—a *Neilah.*

Yet as I leave
God's sanctuary—
God's silent Shofar calls—
God's plea—
"Keep open your gates—
For Mine are never closed."

Samuel Adelman (adapted)

אֵל נוֹרָא עֲלִילָה אֵל נוֹרָא עֲלִילָה
הַמְצֵא לָנוּ מְחִילָה בִּשְׁעַת הַנְּעִילָה:

מְתֵי מִסְפָּר קְרוּאִים לְךָ עַיִן נוֹשְׂאִים
וּמְסַלְּדִים בְּחִילָה בִּשְׁעַת הַנְּעִילָה:

שׁוֹפְכִים לְךָ נַפְשָׁם מְחֵה פִּשְׁעָם וְכַחֲשָׁם
הַמְצִיאֵם מְחִילָה בִּשְׁעַת הַנְּעִילָה:

הֱיֵה לָהֶם לְסִתְרָה וְחַלְּצֵם מִמְּאֵרָה
וְחָתְמֵם לְהוֹד וּלְגִילָה בִּשְׁעַת הַנְּעִילָה:

חֹן אוֹתָם וְרַחֵם וְכָל־לוֹחֵץ וְלוֹחֵם
עֲשֵׂה בָהֶם פְּלִילָה בִּשְׁעַת הַנְּעִילָה:

זְכֹר צִדְקַת אֲבִיהֶם וְחַדֵּשׁ אֶת־יְמֵיהֶם
כְּקֶדֶם וּתְחִלָּה בִּשְׁעַת הַנְּעִילָה:

קְרָא נָא שְׁנַת רָצוֹן וְהָשֵׁב שְׁאֵרִית הַצֹּאן
לְאָהֳלִיבָה וְאָהֳלָה בִּשְׁעַת הַנְּעִילָה:

[תִּזְכּוּ לְשָׁנִים רַבּוֹת הַבָּנִים וְהָאָבוֹת
בְּדִיצָה וּבְצָהֳלָה בִּשְׁעַת הַנְּעִילָה:]

מִיכָאֵל שַׂר יִשְׂרָאֵל אֵלִיָּהוּ וְגַבְרִיאֵל
בַּשְּׂרוּ נָא הַגְּאֻלָּה בִּשְׁעַת הַנְּעִילָה:

GOD WHO ACTS SO WONDROUSLY: A Neilah Hymn

God, who acts so wondrously,
God, who acts so wondrously,
Pardon us, Your people cry,
As the Closing Hour draws nigh!

Eyl nora alilah,
Eyl nora alilah,
Ham-tzey lanu m'ḥilah,
Bi-sh'at ha-n'ilah.

Few are we and often weak;
You, in penitence, we seek.
Harken to our anguished cry,
As the Closing Hour draws nigh

M'tey mispar k'ru-im,
L'ḥa a-yin nos-im,
U-m'saldim b'ḥilah,
Bi-sh'at ha-n'ilah.

Souls before You have been poured,
Repenting for both deed and word;
"We have sinned; Forgive!" we cry,
As the Closing Hour draws nigh!

Shof-ḥim l'ḥa naf-sham,
M'ḥey fish-am v'ḥaḥ-sham,
Ham-tzi-eym m'ḥilah
Bi-sh'at ha-n'ilah.

Heal us! May our trust in Thee
Turn aside Wrath's dread decree.
Doom us not; but heed our cry,
As the Closing Hour draws nigh!

He-yey la-hem l'sitrah,
V'ḥal-tzeym mi-m'eyrah,
V'ḥot-meym l'hod u-l'gilah,
Bi-sh'at ha-n'ilah.

Mercy, grace, for us, low-bowed!
Restrain now all oppressors proud.
Harken to our mournful cry,
As the Closing Hour draws nigh!

Ḥon otam v'ra-ḥeym,
V'ḥol lo-ḥeytz v'lo-ḥeym,
Asey vahem p'lilah,
Bi-sh'at ha-n'ilah.

Recall ancestral righteousness;
Save us now, in our distress.
Make us glad with freedom's cry,
As the Closing Hour draws nigh!

Z'ḥor tzid-kat avihem,
V'ḥa-deysh et y'mey-hem,
K'kedem u-t'ḥilah,
Bi-sh'at ha-n'ilah.

Shepherd us, now as of old;
Save the remnants of our fold.
Call Your flock with tender cry,
As the Closing Hour draws nigh!

K'ra na sh'nat ra-tzon,
V'ha-sheyv sh'eyrit ha-tzon,
L'a-ho-livah v'a-holah,
Bi-sh'at ha-n'ilah.

Elijah, Michael, Gabriel,
Come! Your hoped-for tidings tell.
Let "Redemption!" be your cry,
As the Closing Hour draws nigh!

[Tizku l'shanim rabot,
Ha-banim v'ha-avot,
B'di-tzah u-v'tza-holah,
Bi-sh'at ha-n'ilah.]

God, who acts so wondrously,
To You we turn most hopefully.
Pardon us, Your people cry,
As the Closing Hour draws nigh.

Miḥa-eyl sar yisrael,
Eyli-yahu v'gav-ri-eyl,
Basru na ha-g'ulah,
Bi-sh'at ha-n'ilah.

Eyl Nora Alilah, attributed to Moses ibn Ezra, is drawn from the Sephardic rite. English version by Ben Saul, based on S. Solis-Cohen.

בָּרוּךְ אַתָּה יְיָ אֱלֹהֵינוּ וֵאלֹהֵי אֲבוֹתֵינוּ. אֱלֹהֵי אַבְרָהָם אֱלֹהֵי יִצְחָק וֵאלֹהֵי יַעֲקֹב. הָאֵל הַגָּדוֹל הַגִּבּוֹר וְהַנּוֹרָא אֵל עֶלְיוֹן. גּוֹמֵל חֲסָדִים טוֹבִים וְקֹנֵה הַכֹּל. וְזוֹכֵר חַסְדֵי אָבוֹת וּמֵבִיא גוֹאֵל לִבְנֵי בְנֵיהֶם לְמַעַן שְׁמוֹ בְּאַהֲבָה:

מִסּוֹד חֲכָמִים וּנְבוֹנִים. וּמִלֶּמֶד דַּעַת מְבִינִים. אֶפְתְּחָה פִּי בִּתְפִלָּה וּבְתַחֲנוּנִים. לְחַלּוֹת וּלְחַנֵּן פְּנֵי מֶלֶךְ מָלֵא רַחֲמִים מוֹחֵל וְסוֹלֵחַ לַעֲוֹנִים:

זָכְרֵנוּ לְחַיִּים מֶלֶךְ חָפֵץ בַּחַיִּים.
וְחָתְמֵנוּ בְּסֵפֶר הַחַיִּים. לְמַעַנְךָ אֱלֹהִים חַיִּים:

מֶלֶךְ עוֹזֵר וּמוֹשִׁיעַ וּמָגֵן. בָּרוּךְ אַתָּה יְיָ מָגֵן אַבְרָהָם:

אַתָּה גִּבּוֹר לְעוֹלָם אֲדֹנָי מְחַיֵּה מֵתִים אַתָּה רַב לְהוֹשִׁיעַ: מְכַלְכֵּל חַיִּים בְּחֶסֶד מְחַיֵּה מֵתִים בְּרַחֲמִים רַבִּים. סוֹמֵךְ נוֹפְלִים וְרוֹפֵא חוֹלִים וּמַתִּיר אֲסוּרִים וּמְקַיֵּם אֱמוּנָתוֹ לִישֵׁנֵי עָפָר. מִי כָמוֹךָ בַּעַל גְּבוּרוֹת וּמִי דּוֹמֶה לָּךְ מֶלֶךְ מֵמִית וּמְחַיֶּה וּמַצְמִיחַ יְשׁוּעָה:

מִי כָמוֹךָ אַב הָרַחֲמִים. זוֹכֵר יְצוּרָיו לְחַיִּים בְּרַחֲמִים:
וְנֶאֱמָן אַתָּה לְהַחֲיוֹת מֵתִים. בָּרוּךְ אַתָּה יְיָ מְחַיֵּה הַמֵּתִים:

שְׁמַע־נָא סְלַח־נָא הַיּוֹם. עֲבוּר כִּי פָנָה יוֹם.
וּנְהַלֶּלְךָ נוֹרָא וְאָיוֹם. קָדוֹשׁ:

Zoḥreynu l'ḥa-yim meleḥ ḥafeytz ba-ḥa-yim,
V'ḥot-meynu *b'seyfer ha-ḥa-yim, l'ma-anḥa Elohim ḥa-yim.*

The Amidah

GOD OF ALL GENERATIONS

Praised are You, O Lord our God and God of our ancestors,
God of Abraham, God of Isaac, and God of Jacob;
God of Sarah, God of Rebecca, God of Rachel, and God of Leah;
Great, mighty, awesome God, supreme over all.

You are abundantly kind, O Creator of all.
Remembering the piety of our ancestors,
You lovingly bring redemption to their children's children.

With the inspired words of the wise and the discerning,
I open my mouth in prayer and supplication,
To implore mercy from the supreme Ruler,
Who abounds in compassion,
Who forgives and pardons transgressions.

Remember us for life, O Sovereign who delights in life;
Seal us in the book of life, for Your sake, O God of life.

You are our Sovereign who helps, redeems, and protects.
Praised are You, O Lord,
Shield of Abraham and Sustainer of Sarah.

SOURCE OF LIFE AND MASTER OF NATURE

O Lord, mighty for all eternity,
With Your saving power You grant immortal life.

You sustain the living with lovingkindness,
And with great mercy You bestow eternal life upon the dead.
You support the falling, heal the sick, and free the captives.
You keep faith with those who sleep in the dust.

Who is like You, almighty God?
Who can be compared to You, Ruler over life and death,
Source of redemption?

Who is like You, compassionate God?
Mercifully You remember Your creatures for life.

You are faithful in granting eternal life to the departed.
Praised are You, O Lord, who grants immortality to the departed.

Hear us, forgive us today. As the day fades away,
To You awesome, holy God we pray.

נַעֲרִיצְךָ וְנַקְדִּישְׁךָ כְּסוֹד שִׂיחַ שַׂרְפֵי קֹדֶשׁ הַמַּקְדִּישִׁים
שִׁמְךָ בַּקֹּדֶשׁ. כַּכָּתוּב עַל־יַד נְבִיאֶךָ. וְקָרָא זֶה אֶל־זֶה וְאָמַר.
קָדוֹשׁ קָדוֹשׁ קָדוֹשׁ יְיָ צְבָאוֹת. מְלֹא כָל־הָאָרֶץ כְּבוֹדוֹ:
כְּבוֹדוֹ מָלֵא עוֹלָם. מְשָׁרְתָיו שׁוֹאֲלִים זֶה לָזֶה אַיֵּה מְקוֹם
כְּבוֹדוֹ. לְעֻמָּתָם בָּרוּךְ יֹאמֵרוּ.

בָּרוּךְ כְּבוֹד־יְיָ מִמְּקוֹמוֹ:

מִמְּקוֹמוֹ הוּא יִפֶן בְּרַחֲמִים וְיָחוֹן עַם הַמְיַחֲדִים שְׁמוֹ
עֶרֶב וָבֹקֶר בְּכָל־יוֹם תָּמִיד פַּעֲמַיִם בְּאַהֲבָה שְׁמַע אוֹמְרִים.

שְׁמַע יִשְׂרָאֵל יְיָ אֱלֹהֵינוּ יְיָ אֶחָד:

הוּא אֱלֹהֵינוּ הוּא אָבִינוּ הוּא מַלְכֵּנוּ הוּא מוֹשִׁיעֵנוּ. וְהוּא
יַשְׁמִיעֵנוּ בְּרַחֲמָיו שֵׁנִית לְעֵינֵי כָּל־חָי. לִהְיוֹת לָכֶם לֵאלֹהִים.

אֲנִי יְיָ אֱלֹהֵיכֶם:

אַדִּיר אַדִּירֵנוּ יְיָ אֲדוֹנֵינוּ מָה־אַדִּיר שִׁמְךָ בְּכָל־הָאָרֶץ:
וְהָיָה יְיָ לְמֶלֶךְ עַל־כָּל־הָאָרֶץ בַּיּוֹם הַהוּא יִהְיֶה יְיָ אֶחָד
וּשְׁמוֹ אֶחָד: וּבְדִבְרֵי קָדְשְׁךָ כָּתוּב לֵאמֹר.
יִמְלֹךְ יְיָ לְעוֹלָם. אֱלֹהַיִךְ צִיּוֹן לְדֹר וָדֹר. הַלְלוּיָהּ:
לְדוֹר וָדוֹר נַגִּיד גָּדְלֶךָ. וּלְנֵצַח נְצָחִים קְדֻשָּׁתְךָ נַקְדִּישׁ.
וְשִׁבְחֲךָ אֱלֹהֵינוּ מִפִּינוּ לֹא־יָמוּשׁ לְעוֹלָם וָעֶד. כִּי אֵל מֶלֶךְ
גָּדוֹל וְקָדוֹשׁ אָתָּה:

Kadosh, kadosh, kadosh, Adonai tz'vaot,
M'lo ḥol ha-aretz k'vodo.

Baruḥ k'vod Adonai mi-m'komo.

Shema Yisrael, Adonai Eloheynu, Adonai eḥad.

Ani Adonai Elohey-ḥem.

Yimloḥ Adonai l'olam,
Eloha-yiḥ tzion l'dor va-dor, Hallelujah.

KEDUSHAH: A vision of God's holiness

We adore and sanctify You in the words uttered by the holy Seraphim in the mystic vision of Your prophet:

"Holy, holy, holy is the Lord of hosts;
The whole world is filled with God's glory."

God's glory pervades the universe. When one chorus of ministering angels asks: "Where is God's glory?" another adoringly responds:

"Praised be the glory of the Lord
Which fills the universe."

May God deal mercifully and compassionately with our people, who speak of the Divine oneness twice each day, morning and evening, lovingly proclaiming—

"HEAR, O ISRAEL: THE LORD IS OUR GOD, THE LORD IS ONE."

The Lord is our God; the Lord is our Creator, our Sovereign, and our Redeemer, who mercifully will again proclaim before all the world: "I am the Lord your God."

O Lord, our Almighty God, how glorious is Your name in all the earth. "The Lord shall reign over all the earth; on that day the Lord shall be One and God's name One." And thus the Psalmist sang:

"The Lord shall reign forever;
Your God, O Zion, through all generations; Hallelujah!"

Throughout all generations we will declare Your greatness, and to all eternity we will proclaim Your holiness. We will never cease praising You, for You are a great and holy God and Sovereign.

חֲמוֹל עַל מַעֲשֶׂיךָ וְתִשְׂמַח בְּמַעֲשֶׂיךָ. וְיֹאמְרוּ לְךָ חוֹסֶיךָ בְּצַדֶּקְךָ עֲמוּסֶיךָ תֻּקְדַּשׁ אָדוֹן עַל כָּל־מַעֲשֶׂיךָ:

וּבְכֵן תֵּן פַּחְדְּךָ יְיָ אֱלֹהֵינוּ עַל כָּל־מַעֲשֶׂיךָ וְאֵימָתְךָ עַל כָּל־מַה־שֶּׁבָּרָאתָ. וְיִירָאוּךָ כָּל־הַמַּעֲשִׂים וְיִשְׁתַּחֲווּ לְפָנֶיךָ כָּל־הַבְּרוּאִים. וְיֵעָשׂוּ כֻלָּם אֲגֻדָּה אֶחָת לַעֲשׂוֹת רְצוֹנְךָ בְּלֵבָב שָׁלֵם. כְּמוֹ שֶׁיָּדַעְנוּ יְיָ אֱלֹהֵינוּ שֶׁהַשִּׁלְטוֹן לְפָנֶיךָ עֹז בְּיָדְךָ וּגְבוּרָה בִּימִינֶךָ וְשִׁמְךָ נוֹרָא עַל כָּל־מַה־שֶּׁבָּרָאתָ:

וּבְכֵן תֵּן כָּבוֹד יְיָ לְעַמֶּךָ תְּהִלָּה לִירֵאֶיךָ וְתִקְוָה לְדוֹרְשֶׁיךָ וּפִתְחוֹן פֶּה לַמְיַחֲלִים לָךְ. שִׂמְחָה לְאַרְצֶךָ וְשָׂשׂוֹן לְעִירֶךָ בִּמְהֵרָה בְיָמֵינוּ:

וּבְכֵן צַדִּיקִים יִרְאוּ וְיִשְׂמָחוּ וִישָׁרִים יַעֲלֹזוּ וַחֲסִידִים בְּרִנָּה יָגִילוּ. וְעוֹלָתָה תִּקְפָּץ־פִּיהָ וְכָל־הָרִשְׁעָה כֻּלָּהּ כְּעָשָׁן תִּכְלֶה. כִּי תַעֲבִיר מֶמְשֶׁלֶת זָדוֹן מִן הָאָרֶץ:

וְתִמְלוֹךְ אַתָּה יְיָ לְבַדֶּךָ עַל כָּל־מַעֲשֶׂיךָ בְּהַר צִיּוֹן מִשְׁכַּן כְּבוֹדֶךָ וּבִירוּשָׁלַיִם עִיר קָדְשֶׁךָ כַּכָּתוּב בְּדִבְרֵי קָדְשֶׁךָ. יִמְלֹךְ יְיָ לְעוֹלָם. אֱלֹהַיִךְ צִיּוֹן לְדֹר וָדֹר. הַלְלוּיָהּ:

קָדוֹשׁ אַתָּה וְנוֹרָא שְׁמֶךָ וְאֵין אֱלוֹהַּ מִבַּלְעָדֶיךָ כַּכָּתוּב. וַיִּגְבַּהּ יְיָ צְבָאוֹת בַּמִּשְׁפָּט וְהָאֵל הַקָּדוֹשׁ נִקְדַּשׁ בִּצְדָקָה. בָּרוּךְ אַתָּה יְיָ הַמֶּלֶךְ הַקָּדוֹשׁ:

O GOD, IN YOUR HOLINESS, ESTABLISH YOUR REIGN!

Have compassion upon Your creatures and may Your creatures bring joy to You. When You vindicate Your people, those who trust in You shall proclaim: O Lord, be sanctified over all Your creation!

Lord our God, imbue all Your creatures with reverence for You, and fill all that You have created with awe of You. May they all bow before You and unite in one fellowship to do Your will wholeheartedly. May they all acknowledge, as we do, that sovereignty is Yours, that Yours is the power and the majesty, and that You reign supreme over all You have created.

Grant honor, O Lord, to Your people, glory to those who revere You, hope to those who seek You, and confidence to those who trust in You. Grant joy to Your land and gladness to Your holy city, speedily in our own days.

Then the righteous will see and be glad, the upright will exult, and the pious will rejoice in song. Wickedness will be silenced, and all evil will vanish like smoke when You remove the dominion of tyranny from the earth.

Then You alone, O Lord, will rule over all Your works, from Mount Zion, the dwelling place of Your presence, from Jerusalem, Your holy city. Thus it is written in the Psalms: "The Lord shall reign forever; your God, Zion, through all generations; Hallelujah!"

You are holy, Your name is awe-inspiring, and there is no God but You. Thus the prophet wrote: "The Lord of hosts is exalted by justice, and the holy God is sanctified through righteousness." Praised are You, O Lord, the holy Sovereign.

אַתָּה בְחַרְתָּנוּ מִכָּל־הָעַמִּים. אָהַבְתָּ אוֹתָנוּ וְרָצִיתָ בָּנוּ. וְרוֹמַמְתָּנוּ מִכָּל־הַלְּשׁוֹנוֹת. וְקִדַּשְׁתָּנוּ בְּמִצְוֹתֶיךָ. וְקֵרַבְתָּנוּ מַלְכֵּנוּ לַעֲבוֹדָתֶךָ. וְשִׁמְךָ הַגָּדוֹל וְהַקָּדוֹשׁ עָלֵינוּ קָרָאתָ:

On Shabbat add the words in brackets.

וַתִּתֶּן־לָנוּ יְיָ אֱלֹהֵינוּ בְּאַהֲבָה אֶת־יוֹם [הַשַּׁבָּת הַזֶּה לִקְדֻשָּׁה וְלִמְנוּחָה וְאֶת־יוֹם] הַכִּפֻּרִים הַזֶּה לִמְחִילָה וְלִסְלִיחָה וּלְכַפָּרָה וְלִמְחָל־בּוֹ אֶת־כָּל־עֲוֹנוֹתֵינוּ [בְּאַהֲבָה] מִקְרָא קֹדֶשׁ. זֵכֶר לִיצִיאַת מִצְרָיִם:

אֱלֹהֵינוּ וֵאלֹהֵי אֲבוֹתֵינוּ. יַעֲלֶה וְיָבֹא וְיַגִּיעַ. וְיֵרָאֶה וְיֵרָצֶה וְיִשָּׁמַע. וְיִפָּקֵד וְיִזָּכֵר זִכְרוֹנֵנוּ וּפִקְדוֹנֵנוּ. וְזִכְרוֹן אֲבוֹתֵינוּ. וְזִכְרוֹן מָשִׁיחַ בֶּן־דָּוִד עַבְדֶּךָ. וְזִכְרוֹן יְרוּשָׁלַיִם עִיר קָדְשֶׁךָ. וְזִכְרוֹן כָּל־עַמְּךָ בֵּית יִשְׂרָאֵל לְפָנֶיךָ. לִפְלֵיטָה לְטוֹבָה לְחֵן וּלְחֶסֶד וּלְרַחֲמִים לְחַיִּים וּלְשָׁלוֹם בְּיוֹם הַכִּפֻּרִים הַזֶּה: זָכְרֵנוּ יְיָ אֱלֹהֵינוּ בּוֹ לְטוֹבָה. וּפָקְדֵנוּ בוֹ לִבְרָכָה. וְהוֹשִׁיעֵנוּ בוֹ לְחַיִּים. וּבִדְבַר יְשׁוּעָה וְרַחֲמִים חוּס וְחָנֵּנוּ וְרַחֵם עָלֵינוּ וְהוֹשִׁיעֵנוּ. כִּי אֵלֶיךָ עֵינֵינוּ. כִּי אֵל מֶלֶךְ חַנּוּן וְרַחוּם אָתָּה:

YOU SANCTIFY ISRAEL AND THIS DAY OF ATONEMENT

You have chosen us of all peoples for Your service; and, in Your gracious love, You have exalted us by teaching us the way of holiness through Your *Mitzvot*. Thus You have linked us with Your great and holy name.

On Shabbat add the words in brackets.

In love have You given us, O Lord our God, [this Sabbath day for sanctity and rest, and] this Day of Atonement for pardon, forgiveness, and atonement for all our sins. It is for us [in love] a holy convocation, commemorating the Exodus from Egypt.

YAALEH V'YAVO: Invoking the merits of our ancestors as we pray for redemption

Our God and God of our ancestors, we recall and invoke the remembrance of our ancestors, the piety of their prayers for Messianic deliverance, the glory of Jerusalem, Your holy city, and the destiny of the entire household of Israel. As we seek Your love and mercy, we pray for deliverance and for life, for happiness and for peace, on this Day of Atonement.

Remember us, O Lord; bless us with all that is good. Recall Your promise of merciful redemption; spare us, have compassion upon us, and graciously save us. To You we lift our eyes in hope; for You, our Sovereign, are a gracious and merciful God.

KEEP OPEN YOUR GATE OF MERCY

פְּתַח לָֽנוּ שַֽׁעַר.
בְּעֵת נְעִילַת שַֽׁעַר.
כִּי פָנָה יוֹם:

הַיּוֹם יִפְנֶה.
הַשֶּֽׁמֶשׁ יָבֹא וְיִפְנֶה.
נָבֹֽאָה שְׁעָרֶֽיךָ:

אָנָּא אֵל נָא. שָׂא נָא. סְלַח־נָא. מְחַל־נָא.
חֲמָל־נָא. רַחֶם־נָא. כַּפֶּר־נָא. כְּבוֹשׁ חֵטְא וְעָוֹן:

O keep open for us Your gate of mercy,
At the time of the closing of the gate,
Now that the day is waning.

The day is passing;
The sun is setting;
O let us enter Your gate at last.

O God, we beseech You,
Forgive, pardon, take pity;
Grant us atonement;
Subdue our sin and iniquity.

P'taḥ lanu sha-ar, b'eyt n'ilat sha-ar, ki fanah yom.

Ha-yom yifneh, ha-shemesh yavo v'yifneh, navo-ah sh'areḥa.

Ana Eil na, sa na, s'laḥ na, m'ḥal na,
ḥamal na, raḥem na, ka-per na, k'vosh ḥeyt v'avon.

O God, now hear our prayer

Before the gates on high swing closed,
O God, now hear our prayer.

As our lives we seek to mend,
Entreaties to Your throne we send.
Before the shades of night descend,
O God, now hear our prayer.

Before the gates on high swing closed,
O God, now hear our prayer.

Your children turn to You,
Stripped of claims to all virtue.
Seeking Your will to pursue,
O God, now hear our prayer.

Before the gates on high swing closed,
O God, now hear our prayer.

Abide with us through all our days,
And set our hearts with zeal ablaze,
That we may learn to walk Your ways.
O God, now hear our prayer.

Before the gates on high swing closed,
O God, now hear our prayer.

Our sanctuaries open wide,
And in our homes and hearts reside—
Your spirit, as our hope and guide.
O God, now hear our prayer.

Before the gates on high swing closed,
O God, now grant our prayer.

Accept our penitential plea;
Forgive us our iniquity;
O help us to live faithfully.
O God, now grant our prayer.

Morris Silverman (adapted)

אֵל מֶֽלֶךְ יוֹשֵׁב עַל כִּסֵּא רַחֲמִים.
מִתְנַהֵג בַּחֲסִידוּת מוֹחֵל עֲוֹנוֹת עַמּוֹ.
מַעֲבִיר רִאשׁוֹן רִאשׁוֹן.
מַרְבֶּה מְחִילָה לְחַטָּאִים וּסְלִיחָה לְפוֹשְׁעִים.
עוֹשֶׂה צְדָקוֹת עִם כָּל־בָּשָׂר וָרֽוּחַ.
לֹא כְרָעָתָם תִּגְמוֹל.
אֵל הוֹרֵֽיתָ לָּֽנוּ לוֹמַר שְׁלֹשׁ עֶשְׂרֵה.
זְכָר־לָֽנוּ הַיּוֹם בְּרִית שְׁלֹשׁ עֶשְׂרֵה.
כְּמוֹ שֶׁהוֹדַֽעְתָּ לֶעָנָו מִקֶּֽדֶם כְּמוֹ שֶׁכָּתוּב.
וַיֵּֽרֶד יְיָ בֶּעָנָן וַיִּתְיַצֵּב עִמּוֹ שָׁם וַיִּקְרָא בְשֵׁם יְיָ:

וַיַּעֲבֹר יְיָ עַל־פָּנָיו וַיִּקְרָא.

יְיָ יְיָ אֵל רַחוּם וְחַנּוּן. אֶֽרֶךְ אַפַּֽיִם וְרַב־חֶֽסֶד וֶאֱמֶת:
נֹצֵר חֶֽסֶד לָאֲלָפִים. נֹשֵׂא עָוֹן וָפֶֽשַׁע וְחַטָּאָה וְנַקֵּה:

וְסָלַחְתָּ לַעֲוֹנֵֽנוּ וּלְחַטָּאתֵֽנוּ וּנְחַלְתָּֽנוּ:

סְלַח־לָֽנוּ אָבִֽינוּ כִּי חָטָֽאנוּ. מְחַל־לָֽנוּ מַלְכֵּֽנוּ כִּי פָשָֽׁעְנוּ:
כִּי אַתָּה אֲדֹנָי טוֹב וְסַלָּח וְרַב־חֶֽסֶד לְכָל־קֹרְאֶֽיךָ:

Adonai Adonai Eyl raḥum v'ḥanun,
ereḥ apa-yim v'rav ḥesed ve-emet.
No-tzeyr ḥesed la-alafim,
nosey avon va-fe-sha v'ḥata-a v'nakey.

THE THRONE OF MERCY

O God our Sovereign, enthroned in mercy,
You rule with lovingkindness.

You pardon Your people's transgressions,
Forgiving them again and again.

You are generous in forgiveness to sinners;
You deal mercifully with all creatures,
Not according to the evil of their deeds.

Lord, You taught us through the humble one, Moses,
To recite Your thirteen attributes of mercy.

Remember, as You judge us,
The covenant of mercy which You then revealed.

Thus is it written in Your Torah:
"The Lord descended in a cloud,
And Moses was with the Lord there,
And proclaimed the name of the Lord."

THE COVENANT OF MERCY: The Thirteen Attributes

"Then the Lord passed before Moses and proclaimed:

"The Lord is ever-present, all-merciful, gracious, compassionate, patient, abounding in kindness and faithfulness, treasuring up love for a thousand generations, forgiving iniquity, transgression, and sin, and pardoning the penitent."

"Pardon our iniquity and our sin; take us to be Your own."

Forgive us, our Lord, for we have sinned;
Pardon us, our Sovereign, for we have transgressed.

For You, O Lord, generously forgive;
Great is Your love for all who call upon You.

אֶנְקַת מְסַלְדֶיךָ. תַּעַל לִפְנֵי כִסֵּא כְבוֹדֶךָ. מַלֵּא מִשְׁאֲלוֹת עַם מְיַחֲדֶיךָ. שׁוֹמֵעַ תְּפִלַּת בָּאֵי עָדֶיךָ:

יִשְׂרָאֵל נוֹשַׁע בַּייָ תְּשׁוּעַת עוֹלָמִים. גַּם הַיּוֹם יִוָּשְׁעוּ מִפִּיךָ שׁוֹכֵן מְרוֹמִים. כִּי אַתָּה רַב סְלִיחוֹת וּבַעַל הָרַחֲמִים:

יַחְבִּיאֵנוּ צֵל יָדוֹ תַּחַת כַּנְפֵי הַשְּׁכִינָה. חֹן יָחֹן כִּי יִבְחוֹן לֵב עָקֹב לְהָכִינָה. קוּמָה־נָּא אֱלֹהֵינוּ עֻזָּה עֻזִּי־נָא. יְיָ לְשַׁוְעָתֵנוּ הַאֲזִינָה:

יַשְׁמִיעֵנוּ סָלַחְתִּי יֹשֵׁב בְּסֵתֶר עֶלְיוֹן. בִּימִין יֶשַׁע לְהִוָּשַׁע עַם עָנִי וְאֶבְיוֹן. בְּשַׁוְעֵנוּ אֵלֶיךָ נוֹרָאוֹת בְּצֶדֶק תַּעֲנֵנוּ. יְיָ הֱיֵה עוֹזֵר לָנוּ:

יְיָ יְיָ אֵל רַחוּם וְחַנּוּן. אֶרֶךְ אַפַּיִם וְרַב־חֶסֶד וֶאֱמֶת: נֹצֵר חֶסֶד לָאֲלָפִים. נֹשֵׂא עָוֹן וָפֶשַׁע וְחַטָּאָה וְנַקֵּה: וְסָלַחְתָּ לַעֲוֹנֵנוּ וּלְחַטָּאתֵנוּ וּנְחַלְתָּנוּ:

Adonai Adonai Eyl raḥum v'ḥanun,
Ereḥ apa-yim v'rav ḥesed ve-emet.
No-tzeyr ḥesed la-alafim, nosey avon va-fe-sha v'ḥata-a v'nakey.

רַחֶם־נָא קְהַל עֲדַת יְשֻׁרוּן. סְלַח וּמְחַל עֲוֹנָם.
וְהוֹשִׁיעֵנוּ אֱלֹהֵי יִשְׁעֵנוּ:

שַׁעֲרֵי שָׁמַיִם פְּתַח. וְאוֹצָרְךָ הַטּוֹב לָנוּ תִפְתַּח.
תּוֹשִׁיעַ וְרִיב אַל תִּמְתַּח. וְהוֹשִׁיעֵנוּ אֱלֹהֵי יִשְׁעֵנוּ:

WE AWAIT YOUR "I FORGIVE"

May the prayers of all Your faithful
Rise to Your glorious throne,
Answer those who proclaim You One,
Who trust in You alone.

Today, as in all ages past,
We pray to You who save—
In Your mercy, grant, we pray,
The atonement which we crave.

Shelter us beneath Your wings,
Judge us leniently;
Make us strong, O Source of strength,
Hearken to our plea.

O God of might and mystery,
We await Your "I forgive."
In our need, we cry to You—
Give us strength to live!

RECALLING YOUR COVENANT OF MERCY:
The Thirteen Attributes

"The Lord is ever-present, all-merciful, gracious, compassionate, patient, abounding in kindness and faithfulness, treasuring up love for a thousand generations, forgiving iniquity, transgression, and sin, and pardoning the penitent."

"Pardon our iniquity and our sin; take us to be Your own."

UNLOCK THE STOREHOUSE OF YOUR BOUNTY

Have mercy upon the community of Israel;
Forgive and pardon their sin;
Save us, O God of our salvation.

Open for us the gates of heaven,
Unlock for us the storehouse of Your bounty.
Help us, and do not rebuke us;
Save us, O God of our salvation.

אֱלֹהֵינוּ וֵאלֹהֵי אֲבוֹתֵינוּ סְלַח־לָנוּ. מְחַל־לָנוּ. כַּפֶּר־לָנוּ:

כִּי אָנוּ עַמֶּךָ וְאַתָּה אֱלֹהֵינוּ. אָנוּ בָנֶיךָ וְאַתָּה אָבִינוּ:

אָנוּ עֲבָדֶיךָ וְאַתָּה אֲדוֹנֵנוּ. אָנוּ קְהָלֶךָ וְאַתָּה חֶלְקֵנוּ:

אָנוּ נַחֲלָתֶךָ וְאַתָּה גוֹרָלֵנוּ. אָנוּ צֹאנֶךָ וְאַתָּה רוֹעֵנוּ:

אָנוּ כַרְמֶךָ וְאַתָּה נוֹטְרֵנוּ. אָנוּ פְעֻלָּתֶךָ וְאַתָּה יוֹצְרֵנוּ:

אָנוּ רַעְיָתֶךָ וְאַתָּה דוֹדֵנוּ. אָנוּ סְגֻלָּתֶךָ וְאַתָּה קְרוֹבֵנוּ:

אָנוּ עַמֶּךָ וְאַתָּה מַלְכֵּנוּ. אָנוּ מַאֲמִירֶךָ וְאַתָּה מַאֲמִירֵנוּ:

אָנוּ עַזֵּי פָנִים וְאַתָּה רַחוּם וְחַנּוּן. אָנוּ קְשֵׁי עֹרֶף וְאַתָּה אֶרֶךְ אַפַּיִם. אָנוּ מְלֵאֵי עָוֹן וְאַתָּה מָלֵא רַחֲמִים. אָנוּ יָמֵינוּ כְּצֵל עוֹבֵר. וְאַתָּה הוּא וּשְׁנוֹתֶיךָ לֹא יִתָּמּוּ:

Ki anu ameḥa v'ata Eloheynu,
Anu vaneḥa v'ata avinu.

Anu avadeḥa v'ata adoneynu,
Anu k'haleḥa v'ata ḥel-keynu.

Anu naḥ-lateḥa v'ata gora-leynu,
Anu tzoneḥa v'ata ro-eynu.

Anu ḥarmeḥa v'ata notreynu,
Anu f'u-lateḥa v'ata yotz-reynu.

Anu ra-yateḥa v'ata do-deynu,
Anu s'gulateḥa v'ata k'roveynu.

Anu ameḥa v'ata malkeynu,
Anu ma-amireḥa v'ata ma-amireynu.

KI ANU AMEḤA:
We are Your people, and You are our God

Our God and God of our ancestors,
Forgive us, pardon us, grant us atonement.

For we are Your people, and You are our God.

We are Your children, and You are our Parent.

We are Your servants, and You are our Master.

We are Your congregation, and You are our Heritage.

We are Your possession, and You are our Destiny.

We are Your flock, and You are our Shepherd.

We are Your vineyard, and You are our Guardian.

We are Your creatures, and You are our Creator.

We are Your faithful, and You are our Beloved.

We are Your treasure, and You are our Protector.

We are Your subjects, and You are our Ruler.

We are Your chosen ones, and You are our Chosen One.

We are arrogant; but You are merciful.
We are obstinate; but You are patient.
We are laden with sin; but You abound in compassion.
We are as a passing shadow; but You are eternal.

No one is lonely when doing a *Mitzvah;*
For a *Mitzvah* is where God and mortals meet.

Abraham J. Heschel

אֱלֹהֵינוּ וֵאלֹהֵי אֲבוֹתֵינוּ. תָּבֹא לְפָנֶיךָ תְּפִלָּתֵנוּ וְאַל תִּתְעַלַּם מִתְּחִנָּתֵנוּ. שֶׁאֵין אֲנַחְנוּ עַזֵּי פָנִים וּקְשֵׁי עֹרֶף לוֹמַר לְפָנֶיךָ יְיָ אֱלֹהֵינוּ וֵאלֹהֵי אֲבוֹתֵינוּ צַדִּיקִים אֲנַחְנוּ וְלֹא חָטָאנוּ אֲבָל אֲנַחְנוּ חָטָאנוּ:

אָשַׁמְנוּ. בָּגַדְנוּ. גָּזַלְנוּ. דִּבַּרְנוּ דֹפִי.
הֶעֱוִינוּ. וְהִרְשַׁעְנוּ. זַדְנוּ. חָמַסְנוּ. טָפַלְנוּ שֶׁקֶר.
יָעַצְנוּ רָע. כִּזַּבְנוּ. לַצְנוּ. מָרַדְנוּ. נִאַצְנוּ.
סָרַרְנוּ. עָוִינוּ. פָּשַׁעְנוּ. צָרַרְנוּ. קִשִּׁינוּ עֹרֶף.
רָשַׁעְנוּ. שִׁחַתְנוּ. תִּעַבְנוּ. תָּעִינוּ. תִּעְתָּעְנוּ:

סַרְנוּ מִמִּצְוֹתֶיךָ וּמִמִּשְׁפָּטֶיךָ הַטּוֹבִים וְלֹא שָׁוָה לָנוּ: וְאַתָּה צַדִּיק עַל כָּל־הַבָּא עָלֵינוּ. כִּי אֱמֶת עָשִׂיתָ וַאֲנַחְנוּ הִרְשָׁעְנוּ:

Ashamnu, bagadnu, gazalnu, dibarnu dofi;
he-evinu, v'hir-shanu, zadnu, ḥamasnu, tafalnu sheker;
ya-atznu ra, kizavnu, latznu, maradnu, niatznu,
sararnu, avinu, pa-shanu, tza-rarnu, ki-shinu oref;
ra-shanu, shi-ḥatnu, tiavnu, tainu, ti-tanu.

THE CONFESSIONAL

Our God and God of our ancestors, may our prayers come before You and may You not ignore our pleas. We are neither so arrogant nor so stubborn as to declare that we are righteous and have not sinned; for, indeed, we have sinned.

ASHAMNU: We have trespassed

We have trespassed; we have dealt treacherously;
we have robbed; we have spoken slander;
we have acted perversely; we have done wrong;
we have acted presumptuously; we have done violence;
we have practiced deceit; we have counseled evil;
we have spoken falsehood; we have scoffed;
we have revolted; we have blasphemed;
we have rebelled; we have committed iniquity;
we have transgressed; we have oppressed;
we have been stiff-necked; we have acted wickedly;
we have dealt corruptly; we have committed abomination;
we have gone astray; we have led others astray.

We have turned away from Your *Mitzvot* and Your goodly laws, and we are poorer for our disobedience. You are just in all that has come upon us. You have been faithful; yet, we have done evil.

אַתָּה נוֹתֵן יָד לְפוֹשְׁעִים
וִימִינְךָ פְּשׁוּטָה לְקַבֵּל שָׁבִים.
וַתְּלַמְּדֵנוּ יְיָ אֱלֹהֵינוּ
לְהִתְוַדּוֹת לְפָנֶיךָ עַל כָּל־עֲוֹנוֹתֵינוּ
לְמַעַן נֶחְדַּל מֵעֹשֶׁק יָדֵינוּ
וּתְקַבְּלֵנוּ בִּתְשׁוּבָה שְׁלֵמָה לְפָנֶיךָ:

You reach out Your hand to transgressors
And Your right hand is extended to accept the penitent.

You have taught us, O Lord our God,
To confess all our sins to You
And to refrain from doing evil,
So that You might accept us into
Your presence
Through sincere repentance.

Every person is created twice: once at birth, and second when repenting and taking on new courage to live in ways more acceptable to God.

Ḥasidic saying

There is nothing so whole as a broken heart.

Menaḥem Mendel of Kotzk

You reach out

"You reach out Your hand to transgressors
And Your right hand is extended to accept the penitent."

When we are heavy with guilt and remorse,
God's forgiveness can lighten our burden.

When we feel trapped by fear or habit,
God assures us and moves us to action.

When, in despair, we have no place to turn,
We can turn to God and be welcomed.

When we feel lonely, abandoned, or forsaken,
The words of the Psalmist bring us comfort:

"The Lord is near to all who call—
To all who call upon the Lord in truth."

When the voice of cynicism denies life's meaning,
We can "hope in the Lord and take courage."

When repentance and change seem too hard,
We draw strength from the divine promise;

For on the road to true repentance,
We are met by God's love and compassion.

On Shabbat add the words in brackets.

אַתָּה הִבְדַּלְתָּ אֱנוֹשׁ מֵרֹאשׁ וַתַּכִּירֵהוּ לַעֲמוֹד לְפָנֶיךָ: כִּי מִי יֹאמַר לְךָ מַה־תִּפְעַל וְאִם־יִצְדַּק מַה־יִּתֶּן־לָךְ: וַתִּתֶּן־לָנוּ יְיָ אֱלֹהֵינוּ בְּאַהֲבָה אֶת־יוֹם [הַשַּׁבָּת הַזֶּה וְאֶת־יוֹם] הַכִּפֻּרִים הַזֶּה קֵץ וּמְחִילָה וּסְלִיחָה עַל כָּל־עֲוֹנוֹתֵינוּ לְמַעַן נֶחְדַּל מֵעֹשֶׁק יָדֵנוּ וְנָשׁוּב אֵלֶיךָ לַעֲשׂוֹת חֻקֵּי רְצוֹנְךָ בְּלֵבָב שָׁלֵם:

וְאַתָּה בְּרַחֲמֶיךָ הָרַבִּים רַחֵם עָלֵינוּ. כִּי לֹא תַחְפּוֹץ בְּהַשְׁחָתַת עוֹלָם. שֶׁנֶּאֱמַר. דִּרְשׁוּ יְיָ בְּהִמָּצְאוֹ קְרָאֻהוּ בִּהְיוֹתוֹ קָרוֹב: וְנֶאֱמַר. יַעֲזֹב רָשָׁע דַּרְכּוֹ וְאִישׁ אָוֶן מַחְשְׁבֹתָיו וְיָשֹׁב אֶל־יְיָ וִירַחֲמֵהוּ וְאֶל־אֱלֹהֵינוּ כִּי־יַרְבֶּה לִסְלוֹחַ: וְאַתָּה אֱלוֹהַּ סְלִיחוֹת חַנּוּן וְרַחוּם אֶרֶךְ אַפַּיִם וְרַב־חֶסֶד וֶאֱמֶת וּמַרְבֶּה לְהֵיטִיב. וְרוֹצֶה אַתָּה בִּתְשׁוּבַת רְשָׁעִים וְאֵין אַתָּה חָפֵץ בְּמִיתָתָם שֶׁנֶּאֱמַר. אֱמֹר אֲלֵיהֶם חַי־אָנִי נְאֻם אֲדֹנָי יֱהֹוִה אִם־אֶחְפֹּץ בְּמוֹת הָרָשָׁע כִּי אִם־בְּשׁוּב רָשָׁע מִדַּרְכּוֹ וְחָיָה. שׁוּבוּ שׁוּבוּ מִדַּרְכֵיכֶם הָרָעִים וְלָמָּה תָמוּתוּ בֵּית יִשְׂרָאֵל: וְנֶאֱמַר. הֶחָפֹץ אֶחְפֹּץ מוֹת רָשָׁע נְאֻם אֲדֹנָי יֱהֹוִה הֲלוֹא בְּשׁוּבוֹ מִדְּרָכָיו וְחָיָה: וְנֶאֱמַר. כִּי לֹא אֶחְפֹּץ בְּמוֹת הַמֵּת נְאֻם אֲדֹנָי יֱהֹוִה וְהָשִׁיבוּ וִחְיוּ:

HUMANITY: Singled out and set apart

On Shabbat add the words in brackets.

You distinguished humanity at Creation; and You bestowed upon humanity the privilege of standing in Your presence.

Who can say to You: "What are You doing?" And even if we should be righteous, what can we give You?

In love have You given us, O Lord our God, [this Sabbath day and] this Day of Atonement, so that there be an end to our sins through pardon and forgiveness, that we refrain from doing evil, and return to You to observe Your laws wholeheartedly.

In Your abundant mercy, have compassion upon us. For You do not desire the destruction of the world; as Your prophet Isaiah declared:

"Seek the Lord while the Lord may be found. Call upon the Lord while the Lord is near. Let the wicked person abandon the ways of wickedness, and let the evil person abandon evil designs. Let them return to the Lord who will have mercy upon them; let them return to our God, who is ever ready to forgive."

O God of forgiveness, You are gracious and full of compassion, slow to anger, abounding in mercy and goodness. You desire the repentance of the wicked, not their death, the prophet Ezekiel declared:

"As I live, says the Lord God, I have no pleasure in the death of the wicked but that they abandon their ways and live. Turn, turn from your evil ways, for why should you die, O house of Israel?"

On Shabbat add the words in brackets.

אֱלֹהֵֽינוּ וֵאלֹהֵי אֲבוֹתֵֽינוּ מְחַל לַעֲוֹנוֹתֵֽינוּ בְּיוֹם וַהַשַּׁבָּת
הַזֶּה וּבְיוֹם] הַכִּפֻּרִים הַזֶּה מְחֵה וְהַעֲבֵר פְּשָׁעֵֽינוּ וְחַטֹּאתֵֽינוּ
מִנֶּֽגֶד עֵינֶֽיךָ. כָּאָמוּר אָנֹכִי אָנֹכִי הוּא מֹחֶה פְשָׁעֶֽיךָ לְמַעֲנִי
וְחַטֹּאתֶֽיךָ לֹא אֶזְכֹּר: וְנֶאֱמַר מָחִֽיתִי כָעָב פְּשָׁעֶֽיךָ וְכֶעָנָן
חַטֹּאתֶֽיךָ שׁוּבָה אֵלַי כִּי גְאַלְתִּֽיךָ: וְנֶאֱמַר כִּי־בַיּוֹם הַזֶּה יְכַפֵּר
עֲלֵיכֶם לְטַהֵר אֶתְכֶם מִכֹּל חַטֹּאתֵיכֶם לִפְנֵי יְיָ תִּטְהָֽרוּ:
אֱלֹהֵֽינוּ וֵאלֹהֵי אֲבוֹתֵֽינוּ וַרְצֵה בִמְנוּחָתֵֽנוּ] קַדְּשֵֽׁנוּ בְּמִצְוֹתֶֽיךָ
וְתֵן חֶלְקֵֽנוּ בְּתוֹרָתֶֽךָ שַׂבְּעֵֽנוּ מִטּוּבֶֽךָ וְשַׂמְּחֵֽנוּ בִּישׁוּעָתֶֽךָ.
וַהַנְחִילֵֽנוּ יְיָ אֱלֹהֵֽינוּ בְּאַהֲבָה וּבְרָצוֹן שַׁבַּת קָדְשֶֽׁךָ וְיָנֽוּחוּ בָהּ יִשְׂרָאֵל
מְקַדְּשֵׁי שְׁמֶֽךָ] וְטַהֵר לִבֵּֽנוּ לְעָבְדְּךָ בֶּאֱמֶת. כִּי אַתָּה סָלְחָן
לְיִשְׂרָאֵל וּמָחֳלָן לְשִׁבְטֵי יְשֻׁרוּן בְּכָל־דּוֹר וָדוֹר וּמִבַּלְעָדֶֽיךָ
אֵין לָֽנוּ מֶֽלֶךְ מוֹחֵל וְסוֹלֵֽחַ אֶלָּא אָֽתָּה. בָּרוּךְ אַתָּה יְיָ
מֶֽלֶךְ מוֹחֵל וְסוֹלֵֽחַ לַעֲוֹנוֹתֵֽינוּ וְלַעֲוֹנוֹת עַמּוֹ בֵּית יִשְׂרָאֵל.
וּמַעֲבִיר אַשְׁמוֹתֵֽינוּ בְּכָל־שָׁנָה וְשָׁנָה. מֶֽלֶךְ עַל כָּל־הָאָֽרֶץ
מְקַדֵּשׁ וַהַשַּׁבָּת וְ]יִשְׂרָאֵל וְיוֹם הַכִּפֻּרִים:

רְצֵה יְיָ אֱלֹהֵֽינוּ בְּעַמְּךָ יִשְׂרָאֵל. וּתְפִלָּתָם בְּאַהֲבָה תְקַבֵּל
בְּרָצוֹן. וּתְהִי לְרָצוֹן תָּמִיד עֲבוֹדַת יִשְׂרָאֵל עַמֶּֽךָ:
וְתֶחֱזֶֽינָה עֵינֵֽינוּ בְּשׁוּבְךָ לְצִיּוֹן בְּרַחֲמִים. בָּרוּךְ אַתָּה יְיָ
הַמַּחֲזִיר שְׁכִינָתוֹ לְצִיּוֹן:

On Shabbat add the words in brackets.

Our God and God of our ancestors, forgive our sins [on this Sabbath day and] on this Day of Atonement.

Blot out and remove our sins and transgressions as Isaiah promised in Your name: "I blot out your transgressions, for My own sake; and your sins I shall not recall."

You promised further: "I have blotted out your transgressions like a cloud, your sins like a mist. Return to Me for I have redeemed you."

And in the Torah it is written: "For on this day atonement shall be made for you to cleanse you; of all your sins shall you be clean before the Lord."

Our God and God of our ancestors [may our Sabbath rest be acceptable to You;] may Your *Mitzvot* lead us to holiness; and may we be among those who devote themselves to Your Torah. May we find contentment in Your blessings, and joy in Your sustaining power.

[Help us to enjoy, in love and favor, the heritage of Your holy Sabbath. May Your people Israel, who hallow Your name, find rest on this day.]

Purify our hearts to serve You in truth. For You forgive the people Israel and pardon the tribes of Jeshurun in every generation; and we acknowledge only You as Sovereign who grants us pardon and forgiveness.

Praised are You, O Lord, who forgives and pardons our sins and the sins of the house of Israel. Year after year, You absolve us of our guilt, Sovereign over all the earth, who hallows [the Sabbath,] Israel, and this Day of Atonement.

ACCEPT OUR PRAYER AND BLESS ZION

Be gracious to Your people Israel, O Lord our God, and lovingly accept their prayers. May our worship ever be acceptable to You.

May our eyes behold Your merciful return to Zion. Praise to You, O Lord, who restores the Divine Presence to Zion.

מוֹדִים אֲנַחְנוּ לָךְ שָׁאַתָּה הוּא יְיָ אֱלֹהֵינוּ וֵאלֹהֵי אֲבוֹתֵינוּ לְעוֹלָם וָעֶד. צוּר חַיֵּינוּ מָגֵן יִשְׁעֵנוּ אַתָּה הוּא לְדוֹר וָדוֹר. נוֹדֶה לְּךָ וּנְסַפֵּר תְּהִלָּתֶךָ עַל חַיֵּינוּ הַמְּסוּרִים בְּיָדֶךָ וְעַל נִשְׁמוֹתֵינוּ הַפְּקוּדוֹת לָךְ וְעַל נִסֶּיךָ שֶׁבְּכָל־יוֹם עִמָּנוּ וְעַל נִפְלְאוֹתֶיךָ וְטוֹבוֹתֶיךָ שֶׁבְּכָל־עֵת עֶרֶב וָבֹקֶר וְצָהֳרָיִם. הַטּוֹב כִּי לֹא־כָלוּ רַחֲמֶיךָ. וְהַמְרַחֵם כִּי לֹא־תַמּוּ חֲסָדֶיךָ. מֵעוֹלָם קִוִּינוּ לָךְ:

The following may be said in an undertone:

מוֹדִים אֲנַחְנוּ לָךְ שָׁאַתָּה הוּא יְיָ אֱלֹהֵינוּ וֵאלֹהֵי אֲבוֹתֵינוּ אֱלֹהֵי כָל־בָּשָׂר יוֹצְרֵנוּ יוֹצֵר בְּרֵאשִׁית. בְּרָכוֹת וְהוֹדָאוֹת לְשִׁמְךָ הַגָּדוֹל וְהַקָּדוֹשׁ עַל שֶׁהֶחֱיִיתָנוּ וְקִיַּמְתָּנוּ. כֵּן תְּחַיֵּנוּ וּתְקַיְּמֵנוּ וְתֶאֱסוֹף גָּלֻיּוֹתֵינוּ לְאֶרֶץ קָדְשֶׁךָ לִשְׁמֹר חֻקֶּיךָ וְלַעֲשׂוֹת רְצוֹנֶךָ וּלְעָבְדְּךָ בְּלֵבָב שָׁלֵם עַל שֶׁאֲנַחְנוּ מוֹדִים לָךְ. בָּרוּךְ אֵל הַהוֹדָאוֹת:

וְעַל־כֻּלָּם יִתְבָּרַךְ וְיִתְרוֹמַם שִׁמְךָ מַלְכֵּנוּ תָּמִיד לְעוֹלָם וָעֶד:

אָבִינוּ מַלְכֵּנוּ זְכוֹר רַחֲמֶיךָ וּכְבוֹשׁ כַּעַסְךָ וְכַלֵּה דֶבֶר וְחֶרֶב וְרָעָב וּשְׁבִי וּמַשְׁחִית וְעָוֹן וּשְׁמַד וּמַגֵּפָה וּפֶגַע רַע וְכָל־מַחֲלָה וְכָל־תַּקָּלָה וְכָל־קְטָטָה וְכָל־מִינֵי פֻרְעָנִיּוֹת וְכָל־גְּזֵרָה רָעָה וְשִׂנְאַת חִנָּם. מֵעָלֵינוּ וּמֵעַל כָּל־בְּנֵי בְרִיתֶךָ:

וַחֲתוֹם לְחַיִּים טוֹבִים כָּל־בְּנֵי בְרִיתֶךָ:

וְכֹל הַחַיִּים יוֹדוּךָ סֶּלָה וִיהַלְלוּ אֶת שִׁמְךָ בֶּאֱמֶת הָאֵל יְשׁוּעָתֵנוּ וְעֶזְרָתֵנוּ סֶלָה. בָּרוּךְ אַתָּה יְיָ הַטּוֹב שִׁמְךָ וּלְךָ נָאֶה לְהוֹדוֹת:

THANKSGIVING FOR DAILY MIRACLES

We thankfully acknowledge You, our God and God of our ancestors, Lord of eternity. You are the source of our strength, even as You have been Israel's protecting shield in every generation.

We thank You and proclaim Your praise for our lives which are in Your hand, for our souls which are in Your care, for Your miracles which are daily with us, and for Your wondrous kindness at all times—morning, noon, and night. Source of all goodness, Your mercies never fail. Source of compassion, Your kindnesses never cease. You are our abiding hope.

The following may be said in an undertone:

We thankfully acknowledge You, Lord our God and God of our ancestors, God of all flesh, our Creator, Lord of all creation.

We utter blessings and thanksgiving to Your greatness and holiness, for You have given us life and sustained us.

May You continue to bless us with life and sustenance, and gather our dispersed, so that we may fulfill Your commandments, do Your will, and serve You wholeheartedly.

Praised be God to whom all thanks are due.

For all Your blessings we shall praise and exalt You, O our Sovereign, forever.

Avinu Malkeynu, remember Your compassion and suppress Your anger. Remove from us and from all the people of Your covenant, pestilence and sword, famine and plundering, destruction and iniquity, persecution, plague, and affliction, every disease and disaster, all strife and calamity, every evil decree and causeless hatred.

Seal all the children of Your covenant for a good life.

May all living creatures always thank You and praise You in truth. O God, You are our deliverance and our help. Praised are You, beneficent Lord, to whom all praise is due.

אֱלֹהֵינוּ וֵאלֹהֵי אֲבוֹתֵינוּ. בָּרְכֵנוּ בַבְּרָכָה הַמְשֻׁלֶּשֶׁת בַּתּוֹרָה הַכְּתוּבָה עַל יְדֵי מֹשֶׁה עַבְדֶּךָ. הָאֲמוּרָה מִפִּי אַהֲרֹן וּבָנָיו כֹּהֲנִים. עַם קְדוֹשֶׁךָ כָּאָמוּר:

Congregation: **Keyn y'hi ratzon.**

יְבָרֶכְךָ יְיָ וְיִשְׁמְרֶךָ: כֵּן יְהִי רָצוֹן:

יָאֵר יְיָ פָּנָיו אֵלֶיךָ וִיחֻנֶּךָּ: כֵּן יְהִי רָצוֹן:

יִשָּׂא יְיָ פָּנָיו אֵלֶיךָ וְיָשֵׂם לְךָ שָׁלוֹם: כֵּן יְהִי רָצוֹן:

שִׂים שָׁלוֹם טוֹבָה וּבְרָכָה בָּעוֹלָם חֵן וָחֶסֶד וְרַחֲמִים עָלֵינוּ וְעַל כָּל־יִשְׂרָאֵל עַמֶּךָ. בָּרְכֵנוּ אָבִינוּ כֻּלָּנוּ כְּאֶחָד בְּאוֹר פָּנֶיךָ. כִּי בְאוֹר פָּנֶיךָ נָתַתָּ לָּנוּ יְיָ אֱלֹהֵינוּ תּוֹרַת חַיִּים וְאַהֲבַת חֶסֶד וּצְדָקָה וּבְרָכָה וְרַחֲמִים וְחַיִּים וְשָׁלוֹם. וְטוֹב בְּעֵינֶיךָ לְבָרֵךְ אֶת־עַמְּךָ יִשְׂרָאֵל בְּכָל־עֵת וּבְכָל־שָׁעָה בִּשְׁלוֹמֶךָ:

בְּסֵפֶר חַיִּים בְּרָכָה וְשָׁלוֹם וּפַרְנָסָה טוֹבָה. נִזָּכֵר וְנֵחָתֵם לְפָנֶיךָ. אֲנַחְנוּ וְכָל־עַמְּךָ בֵּית יִשְׂרָאֵל. לְחַיִּים טוֹבִים וּלְשָׁלוֹם: בָּרוּךְ אַתָּה יְיָ עוֹשֵׂה הַשָּׁלוֹם:

Sim shalom tovah uv-raḥah ba-olam,
Ḥeyn va-ḥesed v'raḥamim aleynu v'al kol yisrael ameḥa.
Bar-ḥeynu avinu kulanu k'eḥad b'or paneḥa,
Ki v'or paneḥa natata lanu Adonai Eloheynu
torat ḥa-yim, v'ahavat ḥesed,
U-tz'dakah, uv-raḥah, v'raḥamim, v'ḥa-yim, v'shalom.
V'tov b'eyneḥa l'vareyḥ et am-ḥa yisrael
B'ḥol eyt uv-ḥol sha-a bi-sh'lomeḥa.

B'seyfer ḥa-yim b'raḥah v'shalom ufar-nasah tovah,
Niza-ḥeyr **v'ney-ḥateym** *l'faneḥa,*
Anaḥnu v'ḥol amḥa beyt yisrael,
L'ḥa-yim tovim ul-shalom.

THE THREEFOLD BLESSING

Our God and God of our ancestors, bless us with the threefold blessing written in the Torah by Moses, Your servant, pronounced in ancient days by Aaron and his sons, the consecrated priests of Your people:

Congregation:

"May the Lord bless you
and protect you." — *May this be God's will.*

"May the Lord show you kindness
and be gracious to you." — *May this be God's will.*

"May the Lord bestow favor upon you
and grant you peace." — *May this be God's will.*

SIM SHALOM: Prayer for peace

Grant peace, goodness, and blessing to the world; graciousness, kindness, and mercy to us and to all Your people Israel.

Bless us all, O our Creator, with the divine light of Your presence.

For by that divine light You have revealed to us Your life-giving Torah, and taught us lovingkindness, righteousness, mercy, and peace.

May it please You to bless Your people Israel, in every season and at every hour, with Your peace.

In the book of life and blessing, peace and prosperity, may we and all Your people, the house of Israel, be *sealed* for a good and peaceful life.

Praised are You, O Lord, Source of peace.

Remind us that we are only human

O God of the strong and the weak,
Before You even the strongest are weak.

Lord of all wisdom and knowledge,
Before You even the wisest is as a speechless child.

You fill the heavens with Your majesty,
And yet reveal Yourself in a lowly bush.

Fill us with the pride
Which will keep us from self-humiliation,
But purge us of the pride
Which leads to self-exaltation.

Remind us that we are only human,
So that we may be most human.

Keep us mindful of our littleness
So that we may strive for true greatness.

Help us to see how dependent we are
Upon You and upon one another.

May we fulfill the teaching of Your prophet:
To do justice, to love mercy,
And to walk humbly with our God.

A long road ahead

There is still a long road ahead of us, in order to finish what we began to do. We began to speak a great word once—among ourselves and in the ears of the entire world; but we have not yet completed it. We stand in the middle of our speech. All ears strain for us to finish; we cannot stop it nor do we want to stop it. The truth within us is so rich and overpowering that we cannot express it in clear and simple language. But we will say what we can, as much as our power of understanding and speaking will permit, even as generations before us have done. And we know that in the course of time, others will say that which we try and are unable to say. But we shall not stop until it has all been said, for our sake and for the sake of the world.

Rav Kook

The meaning of this hour

There is a divine dream which the prophets and rabbis have cherished, and which fills our prayers and permeates the acts of true piety.

It is the dream of a world, rid of evil—by the grace of God as well as by the efforts of those who are dedicated to the task of establishing the sovereignty of God in the world.

The Almighty has not created the universe so that we might have opportunities to satisfy our greed, envy, and ambition.

We should not spend our life hunting for trivial satisfactions, while God is waiting for our effort and devotion.

We have not survived so that we might waste our years in vulgar vanities.

The martyrdom of millions demands that we consecrate ourselves to the fulfillment of God's dream.

God is waiting for us to redeem the world.

Abraham J. Heschel (adapted)

אָבִֽינוּ מַלְכֵּֽנוּ חָטָֽאנוּ לְפָנֶֽיךָ׃
אָבִֽינוּ מַלְכֵּֽנוּ אֵין לָֽנוּ מֶֽלֶךְ אֶלָּא אָֽתָּה׃
אָבִֽינוּ מַלְכֵּֽנוּ הַחֲזִירֵֽנוּ בִּתְשׁוּבָה שְׁלֵמָה לְפָנֶֽיךָ׃
אָבִֽינוּ מַלְכֵּֽנוּ חַדֵּשׁ עָלֵֽינוּ שָׁנָה טוֹבָה׃
אָבִֽינוּ מַלְכֵּֽנוּ שְׁלַח רְפוּאָה שְׁלֵמָה לְחוֹלֵי עַמֶּֽךָ׃
אָבִֽינוּ מַלְכֵּֽנוּ הָפֵר עֲצַת אוֹיְבֵֽינוּ׃
אָבִֽינוּ מַלְכֵּֽנוּ זָכְרֵֽנוּ בְּזִכְרוֹן טוֹב לְפָנֶֽיךָ׃
אָבִֽינוּ מַלְכֵּֽנוּ חָתְמֵֽנוּ בְּסֵֽפֶר חַיִּים טוֹבִים׃
אָבִֽינוּ מַלְכֵּֽנוּ חָתְמֵֽנוּ בְּסֵֽפֶר גְּאֻלָּה וִישׁוּעָה׃
אָבִֽינוּ מַלְכֵּֽנוּ חָתְמֵֽנוּ בְּסֵֽפֶר פַּרְנָסָה וְכַלְכָּלָה׃
אָבִֽינוּ מַלְכֵּֽנוּ חָתְמֵֽנוּ בְּסֵֽפֶר זְכֻיּוֹת׃
אָבִֽינוּ מַלְכֵּֽנוּ חָתְמֵֽנוּ בְּסֵֽפֶר סְלִיחָה וּמְחִילָה׃
אָבִֽינוּ מַלְכֵּֽנוּ הַצְמַח לָֽנוּ יְשׁוּעָה בְּקָרוֹב׃
אָבִֽינוּ מַלְכֵּֽנוּ הָרֵם קֶֽרֶן יִשְׂרָאֵל עַמֶּֽךָ׃
אָבִֽינוּ מַלְכֵּֽנוּ שְׁמַע קוֹלֵֽנוּ חוּס וְרַחֵם עָלֵֽינוּ׃
אָבִֽינוּ מַלְכֵּֽנוּ קַבֵּל בְּרַחֲמִים וּבְרָצוֹן אֶת־תְּפִלָּתֵֽנוּ׃
אָבִֽינוּ מַלְכֵּֽנוּ חֲמוֹל עָלֵֽינוּ וְעַל עוֹלָלֵֽינוּ וְטַפֵּֽנוּ׃
אָבִֽינוּ מַלְכֵּֽנוּ עֲשֵׂה לְמַֽעַן בָּאֵי בָאֵשׁ וּבַמַּֽיִם עַל קִדּוּשׁ שְׁמֶֽךָ׃
אָבִֽינוּ מַלְכֵּֽנוּ עֲשֵׂה לְמַעַנְךָ אִם לֹא לְמַעֲנֵֽנוּ׃
אָבִֽינוּ מַלְכֵּֽנוּ חָנֵּֽנוּ וַעֲנֵֽנוּ כִּי אֵין בָּֽנוּ מַעֲשִׂים
עֲשֵׂה עִמָּֽנוּ צְדָקָה וָחֶֽסֶד וְהוֹשִׁיעֵֽנוּ׃

Avinu mal-keynu, ḥoney-nu va-aneynu, ki eyn banu ma-asim,
Asey imanu tz'dakah va-ḥesed, v'ho-shi-eynu.

AVINU MALKEYNU

Avinu Malkeynu, we have sinned before You.

Avinu Malkeynu, we have no Sovereign but You.

Avinu Malkeynu, help us to return to You fully repentant.

Avinu Malkeynu, grant us a good new year.

Avinu Malkeynu, send complete healing for our afflicted.

Avinu Malkeynu, frustrate the designs of our adversaries.

Avinu Malkeynu, remember us favorably.

Avinu Malkeynu, **seal** *us in the book of goodness.*

Avinu Malkeynu, **seal** us in the book of redemption.

Avinu Malkeynu, **seal** *us in the book of sustenance.*

Avinu Malkeynu, **seal** us in the book of merit.

Avinu Malkeynu, **seal** *us in the book of forgiveness.*

Avinu Malkeynu, hasten our deliverance.

Avinu Malkeynu, grant glory to Your people Israel.

Avinu Malkeynu, hear us, pity us, and spare us.

Avinu Malkeynu, accept our prayer with mercy and favor.

Avinu Malkeynu, have pity on us and on our children.

Avinu Malkeynu, act for those who went through fire
and water for the sanctification of Your name.

Avinu Malkeynu, act for Your sake if not for ours.

Avinu Malkeynu, graciously answer us,
although we are without merits;
Deal with us charitably and lovingly save us.

יִתְגַּדַּל וְיִתְקַדַּשׁ שְׁמֵהּ רַבָּא. בְּעָלְמָא דִּי־בְרָא כִרְעוּתֵהּ. וְיַמְלִיךְ מַלְכוּתֵהּ בְּחַיֵּיכוֹן וּבְיוֹמֵיכוֹן וּבְחַיֵּי דְכָל־בֵּית יִשְׂרָאֵל בַּעֲגָלָא וּבִזְמַן קָרִיב. וְאִמְרוּ אָמֵן:

Congregation and Reader:

יְהֵא שְׁמֵהּ רַבָּא מְבָרַךְ לְעָלַם וּלְעָלְמֵי עָלְמַיָּא:

יִתְבָּרַךְ וְיִשְׁתַּבַּח וְיִתְפָּאַר וְיִתְרוֹמַם וְיִתְנַשֵּׂא וְיִתְהַדַּר וְיִתְעַלֶּה וְיִתְהַלַּל שְׁמֵהּ דְּקֻדְשָׁא. בְּרִיךְ הוּא. לְעֵלָּא לְעֵלָּא מִכָּל־בִּרְכָתָא וְשִׁירָתָא תֻּשְׁבְּחָתָא וְנֶחֱמָתָא דַּאֲמִירָן בְּעָלְמָא. וְאִמְרוּ אָמֵן:

תִּתְקַבֵּל צְלוֹתְהוֹן וּבָעוּתְהוֹן דְּכָל־יִשְׂרָאֵל קֳדָם אֲבוּהוֹן דִּי־בִשְׁמַיָּא. וְאִמְרוּ אָמֵן:

יְהֵא שְׁלָמָא רַבָּא מִן שְׁמַיָּא וְחַיִּים עָלֵינוּ וְעַל כָּל־יִשְׂרָאֵל. וְאִמְרוּ אָמֵן:

עֹשֶׂה שָׁלוֹם בִּמְרוֹמָיו הוּא יַעֲשֶׂה שָׁלוֹם עָלֵינוּ וְעַל כָּל־יִשְׂרָאֵל. וְאִמְרוּ אָמֵן:

Magnified and sanctified be the great name of God, in the world created according to the Divine will. May God's sovereignty soon be established, in our lifetime and that of the entire house of Israel. And let us say: Amen.

May God's great name be praised to all eternity.

Hallowed and honored, extolled and exalted, adored and acclaimed be the name of the blessed Holy One, whose glory is infinitely beyond all the praises, hymns, and songs of adoration which human beings can utter. And let us say: Amen.

May the prayers and pleas of the whole house of Israel be accepted by the universal Parent of us all. And let us say: Amen.

May God grant abundant peace and life to us and to all Israel. And let us say: Amen.

May God, who ordains harmony in the universe, grant peace to us and to all Israel. And let us say: Amen.

Neilah meditation

O God of forgiveness, we came into Your presence on *Kol Nidre* night to confess our sins and to acknowledge our many failures. We came with remorse and guilt for things which we did but should not have done, and for things we did not do but should have done. Throughout this Yom Kippur, we have been burdened by the weight of our transgressions.

Now, as we conclude this day of worship and reflection, we are still mindful of our failings; but we are heartened by the reassuring message which the ancient prayers speak to us.

O Lord, You know our many weaknesses: we are frail, we are prone to miss the mark, to succumb to temptation, to betray the best that we have been taught.

But You have given us the great gift of repentance; we *can* turn from the path we have followed; we *can* set forth on a new and better way.

Help us, O Lord, to repent sincerely, so that we may merit forgiveness. Help us to live honorably and to avoid the transgressions for which we have asked Your pardon.

As Yom Kippur draws to its close, we pray: May our thoughts and words find favor before You; and may our hopes and deeds be worthy of Your blessings.

Service for Sounding of the Shofar appears on page 828.

וְהוּא רַחוּם יְכַפֵּר עָוֹן וְלֹא־יַשְׁחִית. וְהִרְבָּה לְהָשִׁיב אַפּוֹ. וְלֹא־יָעִיר כָּל־חֲמָתוֹ: יְיָ הוֹשִׁיעָה. הַמֶּלֶךְ יַעֲנֵנוּ בְיוֹם־קָרְאֵנוּ:

Reader:

בָּרְכוּ אֶת־יְיָ הַמְבֹרָךְ:

Congregation and Reader:

בָּרוּךְ יְיָ הַמְבֹרָךְ לְעוֹלָם וָעֶד:

Baruḥ Adonai ha-m'voraḥ l'olam va-ed.

בָּרוּךְ אַתָּה יְיָ אֱלֹהֵינוּ מֶלֶךְ הָעוֹלָם אֲשֶׁר בִּדְבָרוֹ מַעֲרִיב עֲרָבִים בְּחָכְמָה פּוֹתֵחַ שְׁעָרִים וּבִתְבוּנָה מְשַׁנֶּה עִתִּים וּמַחֲלִיף אֶת־הַזְּמַנִּים וּמְסַדֵּר אֶת־הַכֹּכָבִים בְּמִשְׁמְרוֹתֵיהֶם בָּרָקִיעַ כִּרְצוֹנוֹ. בּוֹרֵא יוֹם וָלָיְלָה גּוֹלֵל אוֹר מִפְּנֵי חֹשֶׁךְ וְחֹשֶׁךְ מִפְּנֵי אוֹר. וּמַעֲבִיר יוֹם וּמֵבִיא לָיְלָה וּמַבְדִּיל בֵּין יוֹם וּבֵין לָיְלָה. יְיָ צְבָאוֹת שְׁמוֹ. אֵל חַי וְקַיָּם תָּמִיד יִמְלוֹךְ עָלֵינוּ לְעוֹלָם וָעֶד. בָּרוּךְ אַתָּה יְיָ הַמַּעֲרִיב עֲרָבִים:

אַהֲבַת עוֹלָם בֵּית יִשְׂרָאֵל עַמְּךָ אָהָבְתָּ. תּוֹרָה וּמִצְוֹת חֻקִּים וּמִשְׁפָּטִים אוֹתָנוּ לִמַּדְתָּ. עַל־כֵּן יְיָ אֱלֹהֵינוּ בְּשָׁכְבֵנוּ וּבְקוּמֵנוּ נָשִׂיחַ בְּחֻקֶּיךָ. וְנִשְׂמַח בְּדִבְרֵי תוֹרָתֶךָ וּבְמִצְוֹתֶיךָ לְעוֹלָם וָעֶד. כִּי הֵם חַיֵּינוּ וְאֹרֶךְ יָמֵינוּ וּבָהֶם נֶהְגֶּה יוֹמָם וָלָיְלָה. וְאַהֲבָתְךָ אַל תָּסִיר מִמֶּנּוּ לְעוֹלָמִים. בָּרוּךְ אַתָּה יְיָ אוֹהֵב עַמּוֹ יִשְׂרָאֵל:

Maariv: Evening service after Neilah

"And God, being merciful, forgives sin and does not destroy, repeatedly refraining from anger, and avoiding indignation. O Lord, redeem us! O our Sovereign, answer us when we call."

BARḤU: The call to worship

Praise the Lord, Source of all blessing.

Congregation and Reader:

Praised be the Lord, Source of all blessing, forever.

Praised are You, Lord our God, Ruler of the universe, whose word brings on the dusk of evening. Your wisdom opens the gates of dawn; Your understanding regulates time and seasons. The stars above follow their appointed rounds, in response to Your divine will.

You create day and night; You alternate darkness and light. You remove the day and bring on the night; You separate one from the other. We call You "Lord of heavenly hosts"; You are our living God. May You rule over us as You rule over nature; praised are You, O Lord, who brings the evening dusk.

With everlasting love You have loved Your people Israel, teaching us the Torah and its *Mitzvot,* instructing us in its laws and judgments. Therefore, O Lord our God, when we lie down and when we rise up we shall speak of Your commandments and rejoice in Your Torah and *Mitzvot.* For they are our life and the length of our days; on them we will meditate day and night. May Your love never depart from us. Praised are You, O Lord, who loves Your people Israel.

The Shema

שְׁמַע יִשְׂרָאֵל יְהוָה אֱלֹהֵינוּ יְהוָה אֶחָד׃

בָּרוּךְ שֵׁם כְּבוֹד מַלְכוּתוֹ לְעוֹלָם וָעֶד׃

וְאָהַבְתָּ אֵת יְהוָה אֱלֹהֶיךָ בְּכָל־לְבָבְךָ וּבְכָל־נַפְשְׁךָ
וּבְכָל־מְאֹדֶךָ׃ וְהָיוּ הַדְּבָרִים הָאֵלֶּה אֲשֶׁר אָנֹכִי מְצַוְּךָ
הַיּוֹם עַל־לְבָבֶךָ׃ וְשִׁנַּנְתָּם לְבָנֶיךָ וְדִבַּרְתָּ בָּם בְּשִׁבְתְּךָ
בְּבֵיתֶךָ וּבְלֶכְתְּךָ בַדֶּרֶךְ וּבְשָׁכְבְּךָ וּבְקוּמֶךָ׃ וּקְשַׁרְתָּם
לְאוֹת עַל־יָדֶךָ וְהָיוּ לְטֹטָפֹת בֵּין עֵינֶיךָ׃ וּכְתַבְתָּם עַל־
מְזֻזוֹת בֵּיתֶךָ וּבִשְׁעָרֶיךָ׃

Hear, O Israel: the Lord is our God, the Lord is One.

Praised be God's glorious sovereignty for ever and ever.

You shall love the Lord your God with all your heart, with all your soul, with all your might. You shall take to heart these words which I command you this day. You shall teach them diligently to your children, speaking of them when you are at home and when you are away, when you lie down at night and when you rise up in the morning. You shall bind them as a sign upon your arm, and they shall be a reminder above your eyes. You shall inscribe them on the doorposts of your homes and on your gates. Deuteronomy 6:4–9

Shema Yisrael, Adonai Eloheynu, Adonai Eḥad.

Baruḥ sheym k'vod mal-ḥuto l'olam va-ed.

V'ahavta eyt Adonai Eloheḥa b'ḥol l'vavḥa uv-ḥol naf-sh'ḥa uv-ḥol m'odeḥa. V'hayu ha-d'varim ha-eyleh asher anoḥi m'tza-v'ḥa ha-yom al l'vaveḥa. V'shi-nantam l'vaneḥa v'dibarta bam b'shiv-t'ḥa b'veyteḥa uv-leḥ-t'ḥa va-dereḥ uv-shoḥ-b'ḥa uv-kumeḥa. Uk-shartam l'ot al yadeḥa v'hayu l'totafot beyn eyneḥa. Uḥ-tavtam al m'zuzot beyteḥa uvish-areḥa.

וְהָיָה אִם־שָׁמֹעַ תִּשְׁמְעוּ אֶל־מִצְוֹתַי אֲשֶׁר אָנֹכִי מְצַוֶּה אֶתְכֶם הַיּוֹם לְאַהֲבָה אֶת־יְהוָֹה אֱלֹהֵיכֶם וּלְעָבְדוֹ בְּכָל־לְבַבְכֶם וּבְכָל־נַפְשְׁכֶם: וְנָתַתִּי מְטַר־אַרְצְכֶם בְּעִתּוֹ יוֹרֶה וּמַלְקוֹשׁ וְאָסַפְתָּ דְגָנֶךָ וְתִירֹשְׁךָ וְיִצְהָרֶךָ: וְנָתַתִּי עֵשֶׂב בְּשָׂדְךָ לִבְהֶמְתֶּךָ וְאָכַלְתָּ וְשָׂבָעְתָּ: הִשָּׁמְרוּ לָכֶם פֶּן־יִפְתֶּה לְבַבְכֶם וְסַרְתֶּם וַעֲבַדְתֶּם אֱלֹהִים אֲחֵרִים וְהִשְׁתַּחֲוִיתֶם לָהֶם: וְחָרָה אַף־יְהוָֹה בָּכֶם וְעָצַר אֶת־הַשָּׁמַיִם וְלֹא־יִהְיֶה מָטָר וְהָאֲדָמָה לֹא תִתֵּן אֶת־יְבוּלָהּ וַאֲבַדְתֶּם מְהֵרָה מֵעַל הָאָרֶץ הַטֹּבָה אֲשֶׁר יְהוָֹה נֹתֵן לָכֶם: וְשַׂמְתֶּם אֶת־דְּבָרַי אֵלֶּה עַל־לְבַבְכֶם וְעַל־נַפְשְׁכֶם וּקְשַׁרְתֶּם אֹתָם לְאוֹת עַל־יֶדְכֶם וְהָיוּ לְטוֹטָפֹת בֵּין עֵינֵיכֶם: וְלִמַּדְתֶּם אֹתָם אֶת־בְּנֵיכֶם לְדַבֵּר בָּם בְּשִׁבְתְּךָ בְּבֵיתֶךָ וּבְלֶכְתְּךָ בַדֶּרֶךְ וּבְשָׁכְבְּךָ וּבְקוּמֶךָ: וּכְתַבְתָּם עַל־מְזוּזוֹת בֵּיתֶךָ וּבִשְׁעָרֶיךָ: לְמַעַן יִרְבּוּ יְמֵיכֶם וִימֵי בְנֵיכֶם עַל הָאֲדָמָה אֲשֶׁר נִשְׁבַּע יְהוָֹה לַאֲבֹתֵיכֶם לָתֵת לָהֶם כִּימֵי הַשָּׁמַיִם עַל־הָאָרֶץ:

Deuteronomy 11:13–21

וַיֹּאמֶר יְהוָֹה אֶל־מֹשֶׁה לֵּאמֹר: דַּבֵּר אֶל־בְּנֵי יִשְׂרָאֵל וְאָמַרְתָּ אֲלֵהֶם וְעָשׂוּ לָהֶם צִיצִת עַל־כַּנְפֵי בִגְדֵיהֶם לְדֹרֹתָם וְנָתְנוּ עַל־צִיצִת הַכָּנָף פְּתִיל תְּכֵלֶת: וְהָיָה לָכֶם לְצִיצִת וּרְאִיתֶם אֹתוֹ וּזְכַרְתֶּם אֶת־כָּל־מִצְוֹת יְהוָֹה וַעֲשִׂיתֶם אֹתָם וְלֹא תָתֻרוּ אַחֲרֵי לְבַבְכֶם וְאַחֲרֵי עֵינֵיכֶם אֲשֶׁר־אַתֶּם זֹנִים אַחֲרֵיהֶם: לְמַעַן תִּזְכְּרוּ וַעֲשִׂיתֶם אֶת־כָּל־מִצְוֹתָי וִהְיִיתֶם קְדֹשִׁים לֵאלֹהֵיכֶם: אֲנִי יְהוָֹה אֱלֹהֵיכֶם אֲשֶׁר הוֹצֵאתִי אֶתְכֶם מֵאֶרֶץ מִצְרַיִם לִהְיוֹת לָכֶם לֵאלֹהִים אֲנִי יְהוָֹה אֱלֹהֵיכֶם: *Reader* יְהוָֹה אֱלֹהֵיכֶם אֱמֶת:

Numbers 15:37–41

אֱמֶת וֶאֱמוּנָה כָּל־זֹאת וְקַיָּם עָלֵינוּ כִּי הוּא יְיָ אֱלֹהֵינוּ וְאֵין זוּלָתוֹ וַאֲנַחְנוּ יִשְׂרָאֵל עַמּוֹ הַפּוֹדֵנוּ מִיַּד מְלָכִים מַלְכֵּנוּ הַגּוֹאֲלֵנוּ מִכַּף כָּל־הֶעָרִיצִים הָאֵל הַנִּפְרָע לָנוּ מִצָּרֵינוּ וְהַמְשַׁלֵּם גְּמוּל לְכָל־אוֹיְבֵי נַפְשֵׁנוּ: הָעֹשֶׂה גְדֹלוֹת עַד־אֵין חֵקֶר וְנִפְלָאוֹת עַד־אֵין מִסְפָּר: הַשָּׂם נַפְשֵׁנוּ בַּחַיִּים וְלֹא־נָתַן לַמּוֹט רַגְלֵנוּ: הַמַּדְרִיכֵנוּ עַל בָּמוֹת אוֹיְבֵינוּ וַיָּרֶם קַרְנֵנוּ עַל כָּל־שׂנְאֵינוּ: הָעֹשֶׂה לָּנוּ נִסִּים וּנְקָמָה בְּפַרְעֹה אוֹתֹת וּמוֹפְתִים בְּאַדְמַת בְּנֵי חָם הַמַּכֶּה בְעֶבְרָתוֹ כָּל־בְּכוֹרֵי מִצְרָיִם וַיּוֹצֵא אֶת עַמּוֹ יִשְׂרָאֵל מִתּוֹכָם לְחֵרוּת עוֹלָם: הַמַּעֲבִיר בָּנָיו בֵּין גִּזְרֵי יַם־סוּף אֶת רוֹדְפֵיהֶם וְאֶת שׂוֹנְאֵיהֶם בִּתְהוֹמוֹת טִבַּע. וְרָאוּ בָנָיו גְּבוּרָתוֹ שִׁבְּחוּ וְהוֹדוּ לִשְׁמוֹ וּמַלְכוּתוֹ בְּרָצוֹן קִבְּלוּ עֲלֵיהֶם. מֹשֶׁה וּבְנֵי יִשְׂרָאֵל לְךָ עָנוּ שִׁירָה בְּשִׂמְחָה רַבָּה וְאָמְרוּ כֻלָּם.

מִי־כָמֹכָה בָּאֵלִם יְיָ. מִי כָּמֹכָה נֶאְדָּר בַּקֹּדֶשׁ. נוֹרָא תְהִלֹּת. עֹשֵׂה פֶלֶא:

מַלְכוּתְךָ רָאוּ בָנֶיךָ בּוֹקֵעַ יָם לִפְנֵי מֹשֶׁה זֶה אֵלִי עָנוּ וְאָמְרוּ.

יְיָ יִמְלֹךְ לְעֹלָם וָעֶד:

וְנֶאֱמַר. כִּי־פָדָה יְיָ אֶת־יַעֲקֹב וּגְאָלוֹ מִיַּד חָזָק מִמֶּנּוּ. בָּרוּךְ אַתָּה יְיָ גָּאַל יִשְׂרָאֵל:

Mi ḥamoḥa ba-eylim Adonai,
Mi kamoḥa nedar ba-kodesh,
Nora t'hilot osey fe-leh . . .

Adonai yimloḥ l'olam va-ed.

EMET VE-EMUNAH: God our Redeemer

True and certain it is that there is One God; and there is none like our Lord. It is God who redeemed us from the might of tyrants, and delivered us from slavery to freedom. Great are the things that God has done; the Lord's wonders are without number. God brought forth Israel from Egyptian bondage, and has been our hope in every generation. May You continue Your protecting care over Israel, and guard all Your children from disaster. When the Children of Israel beheld Your might, they gave thanks to You and praised Your name. They accepted Your sovereignty willingly and sang in joyous thanksgiving. Moses and the Children of Israel proclaimed in great exultation:

MI ḤAMOḤA: Who is like You, O Lord?

"Who is like You, O Lord, among the mighty?
Who is like You, glorious in holiness,
Revered in praises, doing wonders?"

When You rescued Israel at the Sea,
Your children beheld Your power.

"This is my God!" they exclaimed, and said:
"The Lord shall reign for ever and ever!"

As You delivered Israel from a mightier power,
So may You redeem all Your children from oppression.

Praised are You, O Lord,
Redeemer of Israel.

Morris Silverman, adapted from the Hebrew

הַשְׁכִּיבֵנוּ יְיָ אֱלֹהֵינוּ לְשָׁלוֹם וְהַעֲמִידֵנוּ מַלְכֵּנוּ לְחַיִּים. וּפְרוֹשׂ עָלֵינוּ סֻכַּת שְׁלוֹמֶךָ וְתַקְּנֵנוּ בְּעֵצָה טוֹבָה מִלְּפָנֶיךָ וְהוֹשִׁיעֵנוּ לְמַעַן שְׁמֶךָ. וְהָגֵן בַּעֲדֵנוּ וְהָסֵר מֵעָלֵינוּ אוֹיֵב דֶּבֶר וְחֶרֶב וְרָעָב וְיָגוֹן וְהָסֵר שָׂטָן מִלְּפָנֵינוּ וּמֵאַחֲרֵינוּ. וּבְצֵל כְּנָפֶיךָ תַּסְתִּירֵנוּ כִּי אֵל שׁוֹמְרֵנוּ וּמַצִּילֵנוּ אָתָּה כִּי אֵל מֶלֶךְ חַנּוּן וְרַחוּם אָתָּה. וּשְׁמוֹר צֵאתֵנוּ וּבוֹאֵנוּ לְחַיִּים וּלְשָׁלוֹם מֵעַתָּה וְעַד עוֹלָם. בָּרוּךְ אַתָּה יְיָ שׁוֹמֵר עַמּוֹ יִשְׂרָאֵל לָעַד:

Reader:

יִתְגַּדַּל וְיִתְקַדַּשׁ שְׁמֵהּ רַבָּא. בְּעָלְמָא דִּי־בְרָא כִרְעוּתֵהּ. וְיַמְלִיךְ מַלְכוּתֵהּ בְּחַיֵּיכוֹן וּבְיוֹמֵיכוֹן וּבְחַיֵּי דְכָל־בֵּית יִשְׂרָאֵל בַּעֲגָלָא וּבִזְמַן קָרִיב. וְאִמְרוּ אָמֵן:

Congregation and Reader:

יְהֵא שְׁמֵהּ רַבָּא מְבָרַךְ לְעָלַם וּלְעָלְמֵי עָלְמַיָּא:

Reader:

יִתְבָּרַךְ וְיִשְׁתַּבַּח וְיִתְפָּאַר וְיִתְרוֹמַם וְיִתְנַשֵּׂא וְיִתְהַדַּר וְיִתְעַלֶּה וְיִתְהַלָּל שְׁמֵהּ דְּקֻדְשָׁא. בְּרִיךְ הוּא. לְעֵלָּא מִן כָּל־בִּרְכָתָא וְשִׁירָתָא תֻּשְׁבְּחָתָא וְנֶחֱמָתָא דַּאֲמִירָן בְּעָלְמָא. וְאִמְרוּ אָמֵן:

HASHKIVENU: Help us to lie down in peace

Help us, O God, to lie down in peace,
And awaken us to life on the morrow.

May we always be guided by Your good counsel,
And thus find shelter in Your tent of peace.

Shield us, we pray, against our foes,
Against plagues, destruction, and sorrow.

Strengthen us against the evil forces
Which abound on every side.

May we always sense Your care,
For You are our merciful Sovereign.

Guard us always and everywhere;
Bless us with life and peace.

Praise to You, O God of peace,
Who guards Your people Israel
Now and evermore.

ḤATZI KADDISH

Magnified and sanctified be the great name of God, in the world created according to the Divine will. May God's sovereignty soon be established, in our lifetime and that of the entire house of Israel. And let us say: Amen.

Congregation and Reader:

Y'hey sh'mey raba m'varaḥ l'alam ul-almey alma-ya.

May God's great name be praised to all eternity.

Hallowed and honored, extolled and exalted, adored and acclaimed be the name of the blessed Holy One, whose glory is above all the praises, hymns, and songs of adoration which human beings can utter. And let us say: Amen.

אֲדֹנָי שְׂפָתַי תִּפְתָּח וּפִי יַגִּיד תְּהִלָּתֶךָ:

בָּרוּךְ אַתָּה יְיָ אֱלֹהֵינוּ וֵאלֹהֵי אֲבוֹתֵינוּ. אֱלֹהֵי אַבְרָהָם אֱלֹהֵי יִצְחָק וֵאלֹהֵי יַעֲקֹב. הָאֵל הַגָּדוֹל הַגִּבּוֹר וְהַנּוֹרָא אֵל עֶלְיוֹן. גּוֹמֵל חֲסָדִים טוֹבִים וְקוֹנֵה הַכֹּל. וְזוֹכֵר חַסְדֵי אָבוֹת וּמֵבִיא גוֹאֵל לִבְנֵי בְנֵיהֶם לְמַעַן שְׁמוֹ בְּאַהֲבָה: מֶלֶךְ עוֹזֵר וּמוֹשִׁיעַ וּמָגֵן. בָּרוּךְ אַתָּה יְיָ מָגֵן אַבְרָהָם:

אַתָּה גִּבּוֹר לְעוֹלָם אֲדֹנָי מְחַיֵּה מֵתִים אַתָּה רַב לְהוֹשִׁיעַ: מְכַלְכֵּל חַיִּים בְּחֶסֶד מְחַיֵּה מֵתִים בְּרַחֲמִים רַבִּים. סוֹמֵךְ נוֹפְלִים וְרוֹפֵא חוֹלִים וּמַתִּיר אֲסוּרִים וּמְקַיֵּם אֱמוּנָתוֹ לִישֵׁנֵי עָפָר. מִי כָמוֹךָ בַּעַל גְּבוּרוֹת וּמִי דּוֹמֶה לָּךְ מֶלֶךְ מֵמִית וּמְחַיֶּה וּמַצְמִיחַ יְשׁוּעָה: וְנֶאֱמָן אַתָּה לְהַחֲיוֹת מֵתִים. בָּרוּךְ אַתָּה יְיָ מְחַיֵּה הַמֵּתִים:

אַתָּה קָדוֹשׁ וְשִׁמְךָ קָדוֹשׁ וּקְדוֹשִׁים בְּכָל־יוֹם יְהַלְלוּךָ סֶּלָה. בָּרוּךְ אַתָּה יְיָ הָאֵל הַקָּדוֹשׁ:

אַתָּה חוֹנֵן לְאָדָם דַּעַת וּמְלַמֵּד לֶאֱנוֹשׁ בִּינָה. אַתָּה חוֹנַנְתָּנוּ לְמַדַּע תּוֹרָתֶךָ. וַתְּלַמְּדֵנוּ לַעֲשׂוֹת חֻקֵּי רְצוֹנֶךָ. וַתַּבְדֵּל יְיָ אֱלֹהֵינוּ בֵּין קֹדֶשׁ לְחוֹל בֵּין אוֹר לְחֹשֶׁךְ בֵּין יִשְׂרָאֵל לָעַמִּים בֵּין יוֹם הַשְּׁבִיעִי לְשֵׁשֶׁת יְמֵי הַמַּעֲשֶׂה: אָבִינוּ מַלְכֵּנוּ הָחֵל עָלֵינוּ הַיָּמִים הַבָּאִים לִקְרָאתֵנוּ לְשָׁלוֹם חֲשׂוּכִים מִכָּל־חֵטְא וּמְנֻקִּים מִכָּל־עָוֹן וּמְדֻבָּקִים בְּיִרְאָתֶךָ. וְחָנֵּנוּ מֵאִתְּךָ דֵּעָה בִּינָה וְהַשְׂכֵּל. בָּרוּךְ אַתָּה יְיָ חוֹנֵן הַדָּעַת:

הֲשִׁיבֵנוּ אָבִינוּ לְתוֹרָתֶךָ וְקָרְבֵנוּ מַלְכֵּנוּ לַעֲבוֹדָתֶךָ וְהַחֲזִירֵנוּ בִּתְשׁוּבָה שְׁלֵמָה לְפָנֶיךָ. בָּרוּךְ אַתָּה יְיָ הָרוֹצֶה בִּתְשׁוּבָה:

סְלַח־לָנוּ אָבִינוּ כִּי חָטָאנוּ מְחַל־לָנוּ מַלְכֵּנוּ כִּי פָשָׁעְנוּ כִּי מוֹחֵל וְסוֹלֵחַ אָתָּה. בָּרוּךְ אַתָּה יְיָ חַנּוּן הַמַּרְבֶּה לִסְלוֹחַ:

רְאֵה־נָא בְעָנְיֵנוּ וְרִיבָה רִיבֵנוּ וּגְאָלֵנוּ מְהֵרָה לְמַעַן שְׁמֶךָ כִּי גוֹאֵל חָזָק אָתָּה. בָּרוּךְ אַתָּה יְיָ גּוֹאֵל יִשְׂרָאֵל:

רְפָאֵנוּ יְיָ וְנֵרָפֵא הוֹשִׁיעֵנוּ וְנִוָּשֵׁעָה כִּי תְהִלָּתֵנוּ אָתָּה. וְהַעֲלֵה רְפוּאָה שְׁלֵמָה לְכָל־מַכּוֹתֵינוּ כִּי אֵל מֶלֶךְ רוֹפֵא נֶאֱמָן וְרַחֲמָן אָתָּה. בָּרוּךְ אַתָּה יְיָ רוֹפֵא חוֹלֵי עַמּוֹ יִשְׂרָאֵל:

בָּרֵךְ עָלֵינוּ יְיָ אֱלֹהֵינוּ אֶת־הַשָּׁנָה הַזֹּאת וְאֶת־כָּל־מִינֵי תְבוּאָתָהּ לְטוֹבָה. וְתֵן בְּרָכָה עַל פְּנֵי הָאֲדָמָה וְשַׂבְּעֵנוּ מִטּוּבֶךָ וּבָרֵךְ שְׁנָתֵנוּ כַּשָּׁנִים הַטּוֹבוֹת. בָּרוּךְ אַתָּה יְיָ מְבָרֵךְ הַשָּׁנִים:

תְּקַע בְּשׁוֹפָר גָּדוֹל לְחֵרוּתֵנוּ וְשָׂא נֵס לְקַבֵּץ גָּלֻיּוֹתֵינוּ וְקַבְּצֵנוּ יַחַד מֵאַרְבַּע כַּנְפוֹת הָאָרֶץ. בָּרוּךְ אַתָּה יְיָ מְקַבֵּץ נִדְחֵי עַמּוֹ יִשְׂרָאֵל:

הָשִׁיבָה שׁוֹפְטֵינוּ כְּבָרִאשׁוֹנָה וְיוֹעֲצֵינוּ כְּבַתְּחִלָּה וְהָסֵר מִמֶּנּוּ יָגוֹן וַאֲנָחָה וּמְלוֹךְ עָלֵינוּ אַתָּה יְיָ לְבַדְּךָ בְּחֶסֶד וּבְרַחֲמִים וְצַדְּקֵנוּ בַּמִּשְׁפָּט. בָּרוּךְ אַתָּה יְיָ מֶלֶךְ אוֹהֵב צְדָקָה וּמִשְׁפָּט:

וְלַמַּלְשִׁינִים אַל־תְּהִי תִקְוָה וְכָל־הָרִשְׁעָה כְּרֶגַע תֹּאבֵד. וְכָל־אוֹיְבֶיךָ מְהֵרָה יִכָּרֵתוּ וּמַלְכוּת זָדוֹן מְהֵרָה תְעַקֵּר וּתְשַׁבֵּר וּתְמַגֵּר וְתַכְנִיעַ בִּמְהֵרָה בְיָמֵינוּ. בָּרוּךְ אַתָּה יְיָ שׁוֹבֵר אוֹיְבִים וּמַכְנִיעַ זֵדִים:

עַל הַצַּדִּיקִים וְעַל הַחֲסִידִים וְעַל זִקְנֵי עַמְּךָ בֵּית יִשְׂרָאֵל וְעַל פְּלֵיטַת סוֹפְרֵיהֶם וְעַל גֵּרֵי הַצֶּדֶק וְעָלֵינוּ יֶהֱמוּ־נָא רַחֲמֶיךָ יְיָ אֱלֹהֵינוּ וְתֵן שָׂכָר טוֹב לְכֹל הַבּוֹטְחִים בְּשִׁמְךָ בֶּאֱמֶת וְשִׂים חֶלְקֵנוּ עִמָּהֶם לְעוֹלָם וְלֹא נֵבוֹשׁ כִּי בְךָ בָּטָחְנוּ. בָּרוּךְ אַתָּה יְיָ מִשְׁעָן וּמִבְטָח לַצַּדִּיקִים:

וְלִירוּשָׁלַיִם עִירְךָ בְּרַחֲמִים תָּשׁוּב וְתִשְׁכּוֹן בְּתוֹכָהּ כַּאֲשֶׁר דִּבַּרְתָּ וּבְנֵה אוֹתָהּ בְּקָרוֹב בְּיָמֵינוּ בִּנְיַן עוֹלָם וְכִסֵּא דָוִד מְהֵרָה לְתוֹכָהּ תָּכִין. בָּרוּךְ אַתָּה יְיָ בּוֹנֵה יְרוּשָׁלָיִם:

אֶת־צֶמַח דָּוִד עַבְדְּךָ מְהֵרָה תַצְמִיחַ וְקַרְנוֹ תָּרוּם בִּישׁוּעָתֶךָ כִּי לִישׁוּעָתְךָ קִוִּינוּ כָּל־הַיּוֹם. בָּרוּךְ אַתָּה יְיָ מַצְמִיחַ קֶרֶן יְשׁוּעָה:

שְׁמַע קוֹלֵנוּ יְיָ אֱלֹהֵינוּ חוּס וְרַחֵם עָלֵינוּ וְקַבֵּל בְּרַחֲמִים וּבְרָצוֹן אֶת־תְּפִלָּתֵנוּ כִּי אֵל שׁוֹמֵעַ תְּפִלּוֹת וְתַחֲנוּנִים אָתָּה. וּמִלְּפָנֶיךָ מַלְכֵּנוּ רֵיקָם אַל תְּשִׁיבֵנוּ כִּי אַתָּה שׁוֹמֵעַ תְּפִלַּת עַמְּךָ יִשְׂרָאֵל בְּרַחֲמִים. בָּרוּךְ אַתָּה יְיָ שׁוֹמֵעַ תְּפִלָּה:

רְצֵה יְיָ אֱלֹהֵינוּ בְּעַמְּךָ יִשְׂרָאֵל. וּתְפִלָּתָם בְּאַהֲבָה תְקַבֵּל בְּרָצוֹן. וּתְהִי לְרָצוֹן תָּמִיד עֲבוֹדַת יִשְׂרָאֵל עַמֶּךָ.

וְתֶחֱזֶינָה עֵינֵינוּ בְּשׁוּבְךָ לְצִיּוֹן בְּרַחֲמִים. בָּרוּךְ אַתָּה יְיָ הַמַּחֲזִיר שְׁכִינָתוֹ לְצִיּוֹן:

מוֹדִים אֲנַחְנוּ לָךְ שָׁאַתָּה הוּא יְיָ אֱלֹהֵינוּ וֵאלֹהֵי אֲבוֹתֵינוּ לְעוֹלָם וָעֶד. צוּר חַיֵּינוּ מָגֵן יִשְׁעֵנוּ אַתָּה הוּא לְדוֹר וָדוֹר.

נוֹדֶה לְּךָ וּנְסַפֵּר תְּהִלָּתֶךָ עַל חַיֵּינוּ הַמְּסוּרִים בְּיָדֶךָ וְעַל נִשְׁמוֹתֵינוּ הַפְּקוּדוֹת לָךְ וְעַל נִסֶּיךָ שֶׁבְּכָל־יוֹם עִמָּנוּ וְעַל נִפְלְאוֹתֶיךָ וְטוֹבוֹתֶיךָ שֶׁבְּכָל־עֵת עֶרֶב וָבֹקֶר וְצָהֳרָיִם. הַטּוֹב כִּי לֹא־כָלוּ רַחֲמֶיךָ. וְהַמְרַחֵם כִּי לֹא־תַמּוּ חֲסָדֶיךָ. מֵעוֹלָם קִוִּינוּ לָךְ:

וְעַל־כֻּלָּם יִתְבָּרַךְ וְיִתְרוֹמַם שִׁמְךָ מַלְכֵּנוּ תָּמִיד לְעוֹלָם וָעֶד:

וְכֹל הַחַיִּים יוֹדוּךָ סֶּלָה וִיהַלְלוּ אֶת שִׁמְךָ בֶּאֱמֶת הָאֵל יְשׁוּעָתֵנוּ וְעֶזְרָתֵנוּ סֶלָה. בָּרוּךְ אַתָּה יְיָ הַטּוֹב שִׁמְךָ וּלְךָ נָאֶה לְהוֹדוֹת:

שָׁלוֹם רָב עַל יִשְׂרָאֵל עַמְּךָ תָּשִׂים לְעוֹלָם. כִּי אַתָּה הוּא מֶלֶךְ אָדוֹן לְכָל־הַשָּׁלוֹם. וְטוֹב בְּעֵינֶיךָ לְבָרֵךְ אֶת־עַמְּךָ יִשְׂרָאֵל בְּכָל־עֵת וּבְכָל־שָׁעָה בִּשְׁלוֹמֶךָ. בָּרוּךְ אַתָּה יְיָ הַמְבָרֵךְ אֶת־עַמּוֹ יִשְׂרָאֵל בַּשָּׁלוֹם:

אֱלֹהַי. נְצוֹר לְשׁוֹנִי מֵרָע וּשְׂפָתַי מִדַּבֵּר מִרְמָה. וְלִמְקַלְלַי נַפְשִׁי תִדּוֹם וְנַפְשִׁי כֶּעָפָר לַכֹּל תִּהְיֶה: פְּתַח לִבִּי בְּתוֹרָתֶךָ וּבְמִצְוֹתֶיךָ תִּרְדּוֹף נַפְשִׁי. וְכֹל הַחוֹשְׁבִים עָלַי רָעָה. מְהֵרָה הָפֵר עֲצָתָם וְקַלְקֵל מַחֲשַׁבְתָּם: עֲשֵׂה לְמַעַן שְׁמֶךָ עֲשֵׂה לְמַעַן יְמִינֶךָ עֲשֵׂה לְמַעַן קְדֻשָּׁתֶךָ עֲשֵׂה לְמַעַן תּוֹרָתֶךָ: לְמַעַן יֵחָלְצוּן יְדִידֶיךָ הוֹשִׁיעָה יְמִינְךָ וַעֲנֵנִי: יִהְיוּ לְרָצוֹן אִמְרֵי־פִי וְהֶגְיוֹן לִבִּי לְפָנֶיךָ. יְיָ צוּרִי וְגֹאֲלִי: עֹשֶׂה שָׁלוֹם בִּמְרוֹמָיו הוּא יַעֲשֶׂה שָׁלוֹם עָלֵינוּ וְעַל כָּל־יִשְׂרָאֵל. וְאִמְרוּ אָמֵן:

KADDISH SHALEM

Reader:

יִתְגַּדַּל וְיִתְקַדַּשׁ שְׁמֵהּ רַבָּא. בְּעָלְמָא דִּי־בְרָא כִרְעוּתֵהּ. וְיַמְלִיךְ מַלְכוּתֵהּ בְּחַיֵּיכוֹן וּבְיוֹמֵיכוֹן וּבְחַיֵּי דְכָל־בֵּית יִשְׂרָאֵל בַּעֲגָלָא וּבִזְמַן קָרִיב. וְאִמְרוּ אָמֵן:

Congregation and Reader:

יְהֵא שְׁמֵהּ רַבָּא מְבָרַךְ לְעָלַם וּלְעָלְמֵי עָלְמַיָּא:

Reader:

יִתְבָּרַךְ וְיִשְׁתַּבַּח וְיִתְפָּאַר וְיִתְרוֹמַם וְיִתְנַשֵּׂא וְיִתְהַדַּר וְיִתְעַלֶּה וְיִתְהַלַּל שְׁמֵהּ דְּקֻדְשָׁא. בְּרִיךְ הוּא. לְעֵלָּא מִן כָּל־בִּרְכָתָא וְשִׁירָתָא תֻּשְׁבְּחָתָא וְנֶחֱמָתָא דַּאֲמִירָן בְּעָלְמָא. וְאִמְרוּ אָמֵן:

תִּתְקַבֵּל צְלוֹתְהוֹן וּבָעוּתְהוֹן דְּכָל־יִשְׂרָאֵל קֳדָם אֲבוּהוֹן דִּי־בִשְׁמַיָּא. וְאִמְרוּ אָמֵן:

יְהֵא שְׁלָמָא רַבָּא מִן שְׁמַיָּא וְחַיִּים עָלֵינוּ וְעַל כָּל־יִשְׂרָאֵל. וְאִמְרוּ אָמֵן:

עֹשֶׂה שָׁלוֹם בִּמְרוֹמָיו הוּא יַעֲשֶׂה שָׁלוֹם עָלֵינוּ וְעַל כָּל־יִשְׂרָאֵל. וְאִמְרוּ אָמֵן:

Congregation and Reader:

Y'hey sh'mey raba m'varaḥ l'alam ul-almey alma-ya (yit-baraḥ).

Oseh shalom bi-m'romav, hu ya-aseh shalom
Aleynu v'al kol yisrael, v'imru **amen.**

בָּרוּךְ אַתָּה יְיָ אֱלֹהֵינוּ מֶלֶךְ הָעוֹלָם בּוֹרֵא פְּרִי הַגָּפֶן:

On Saturday night the following blessing over the spices is added:

בָּרוּךְ אַתָּה יְיָ אֱלֹהֵינוּ מֶלֶךְ הָעוֹלָם בּוֹרֵא מִינֵי בְשָׂמִים:

Inhale the spices.

The hands are cupped and extended toward the Havdalah candle:

בָּרוּךְ אַתָּה יְיָ אֱלֹהֵינוּ מֶלֶךְ הָעוֹלָם בּוֹרֵא מְאוֹרֵי הָאֵשׁ:

בָּרוּךְ אַתָּה יְיָ אֱלֹהֵינוּ מֶלֶךְ הָעוֹלָם הַמַּבְדִּיל בֵּין קֹדֶשׁ לְחוֹל בֵּין אוֹר לְחֹשֶׁךְ בֵּין יִשְׂרָאֵל לָעַמִּים בֵּין יוֹם הַשְּׁבִיעִי לְשֵׁשֶׁת יְמֵי הַמַּעֲשֶׂה. בָּרוּךְ אַתָּה יְיָ הַמַּבְדִּיל בֵּין קֹדֶשׁ לְחוֹל:

Drink from the wine cup.

Praised are You, Lord our God, Ruler of the universe, Creator of the fruit of the vine.

On Saturday night the following blessing over the spices is added:

Praised are You, Lord our God, Ruler of the universe, Creator of various spices.

The hands are cupped and extended toward the Havdalah candle:

Praised are You, Lord our God, Ruler of the universe, Creator of the light of fire.

Praised are You, Lord our God, Ruler of the universe, who has made a distinction between the holy and the ordinary, between light and darkness, between the people Israel and the heathens, between the seventh day and the six ordinary days of the week. Praised are You, O Lord, who has made a distinction between the holy and the ordinary.

עָלֵינוּ לְשַׁבֵּחַ לַאֲדוֹן הַכֹּל לָתֵת גְּדֻלָּה לְיוֹצֵר בְּרֵאשִׁית.
שֶׁלֹּא עָשָׂנוּ כְּגוֹיֵי הָאֲרָצוֹת וְלֹא שָׂמָנוּ כְּמִשְׁפְּחוֹת הָאֲדָמָה.
שֶׁלֹּא שָׂם חֶלְקֵנוּ כָּהֶם וְגֹרָלֵנוּ כְּכָל־הֲמוֹנָם:

וַאֲנַחְנוּ כּוֹרְעִים וּמִשְׁתַּחֲוִים וּמוֹדִים
לִפְנֵי מֶלֶךְ מַלְכֵי הַמְּלָכִים הַקָּדוֹשׁ בָּרוּךְ הוּא.

שֶׁהוּא נוֹטֶה שָׁמַיִם וְיוֹסֵד אָרֶץ וּמוֹשַׁב יְקָרוֹ בַּשָּׁמַיִם מִמַּעַל וּשְׁכִינַת עֻזּוֹ בְּגָבְהֵי מְרוֹמִים: הוּא אֱלֹהֵינוּ אֵין עוֹד. אֱמֶת מַלְכֵּנוּ אֶפֶס זוּלָתוֹ. כַּכָּתוּב בְּתוֹרָתוֹ. וְיָדַעְתָּ הַיּוֹם וַהֲשֵׁבֹתָ אֶל־לְבָבֶךָ כִּי יְיָ הוּא הָאֱלֹהִים בַּשָּׁמַיִם מִמַּעַל וְעַל־הָאָרֶץ מִתָּחַת. אֵין עוֹד:

עַל־כֵּן נְקַוֶּה לְךָ יְיָ אֱלֹהֵינוּ לִרְאוֹת מְהֵרָה בְּתִפְאֶרֶת עֻזֶּךָ לְהַעֲבִיר גִּלּוּלִים מִן הָאָרֶץ וְהָאֱלִילִים כָּרוֹת יִכָּרֵתוּן. לְתַקֵּן עוֹלָם בְּמַלְכוּת שַׁדַּי. וְכָל־בְּנֵי בָשָׂר יִקְרְאוּ בִשְׁמֶךָ לְהַפְנוֹת אֵלֶיךָ כָּל־רִשְׁעֵי אָרֶץ. יַכִּירוּ וְיֵדְעוּ כָּל־יוֹשְׁבֵי תֵבֵל. כִּי לְךָ תִּכְרַע כָּל־בֶּרֶךְ תִּשָּׁבַע כָּל־לָשׁוֹן: לְפָנֶיךָ יְיָ אֱלֹהֵינוּ יִכְרְעוּ וְיִפּוֹלוּ. וְלִכְבוֹד שִׁמְךָ יְקָר יִתֵּנוּ. וִיקַבְּלוּ כֻלָּם אֶת־עֹל מַלְכוּתֶךָ. וְתִמְלוֹךְ עֲלֵיהֶם מְהֵרָה לְעוֹלָם וָעֶד. כִּי הַמַּלְכוּת שֶׁלְּךָ הִיא וּלְעוֹלְמֵי עַד תִּמְלוֹךְ בְּכָבוֹד: כַּכָּתוּב בְּתוֹרָתֶךָ. יְיָ יִמְלֹךְ לְעֹלָם וָעֶד:

וְנֶאֱמַר. וְהָיָה יְיָ לְמֶלֶךְ עַל־כָּל־הָאָרֶץ.
בַּיּוֹם הַהוּא יִהְיֶה יְיָ אֶחָד וּשְׁמוֹ אֶחָד:

V'ne-emar, v'ha-ya Adonai l'meleḥ al kol ha-aretz,
Ba-yom ha-hu yi-h'yeh Adonai eḥad u-sh'mo eḥad.

ALENU

Aleynu l'sha-bey-aḥ la-adon ha-kol,
La-teyt g'dula l'yotzeyr b'reyshit.
Sheh-lo asanu k'go-yey ha-aratzot,
V'lo samanu k'mish-p'ḥot ha-adama.
Sheh-lo sam ḥel-keynu ka-hem,
V'gora-leynu k'ḥol hamonam.
Va-anaḥnu kor-im u-mishta-ḥavim u-modim,
Lifney meleḥ malḥey ha-m'laḥim, ha-kadosh baruḥ hu.

Let us now praise the Lord of all; let us acclaim the Author of creation, who made us unlike the pagans who surrounded us, unlike the heathens of the ancient world, who made our heritage different from theirs, and assigned to us a unique destiny. For we bend the knee and reverently bow before the supreme Sovereign, the Holy One, who is to be praised, who spread forth the heavens and established the earth, and whose glorious presence can be found everywhere. The Lord is our God; there is no other. Truly, our sovereign Lord is incomparable. As it is written in the Torah: "This day accept, with mind and heart, that God is the Lord of heaven and earth; there is no other."

WE HOPE FOR THE DAY

Because we believe in You, O God, we hope for the day when Your majesty will prevail, when all false gods will be removed, and all idolatry will be abolished; when the world will be made a kingdom of God, when all humanity will invoke Your name, and the wicked will be turned to You. May all who live be convinced that to You every knee must bend, every tongue must vow loyalty. Before You may all bow in reverence, proclaiming Your glory, accepting Your sovereignty. May Your reign come soon and last forever; for sovereignty is Yours alone, now and evermore. So is it written in Your Torah: "The Lord shall reign for ever and ever." The prophet too, proclaimed this promise: "The Lord shall be Sovereign over all the earth; on that day the Lord shall be One and God's name One."

יִתְגַּדַּל וְיִתְקַדַּשׁ שְׁמֵהּ רַבָּא. בְּעָלְמָא דִּי־בְרָא כִרְעוּתֵהּ. וְיַמְלִיךְ מַלְכוּתֵהּ בְּחַיֵּיכוֹן וּבְיוֹמֵיכוֹן וּבְחַיֵּי דְכָל־בֵּית יִשְׂרָאֵל בַּעֲגָלָא וּבִזְמַן קָרִיב. וְאִמְרוּ אָמֵן:

Congregation and mourners:

יְהֵא שְׁמֵהּ רַבָּא מְבָרַךְ לְעָלַם וּלְעָלְמֵי עָלְמַיָּא:

Mourners:

יִתְבָּרַךְ וְיִשְׁתַּבַּח וְיִתְפָּאַר וְיִתְרוֹמַם וְיִתְנַשֵּׂא וְיִתְהַדַּר וְיִתְעַלֶּה וְיִתְהַלַּל שְׁמֵהּ דְּקֻדְשָׁא. בְּרִיךְ הוּא. לְעֵלָּא מִן כָּל־בִּרְכָתָא וְשִׁירָתָא תֻּשְׁבְּחָתָא וְנֶחֱמָתָא דַּאֲמִירָן בְּעָלְמָא. וְאִמְרוּ אָמֵן:

יְהֵא שְׁלָמָא רַבָּא מִן שְׁמַיָּא וְחַיִּים עָלֵינוּ וְעַל כָּל־יִשְׂרָאֵל. וְאִמְרוּ אָמֵן:

עֹשֶׂה שָׁלוֹם בִּמְרוֹמָיו הוּא יַעֲשֶׂה שָׁלוֹם עָלֵינוּ וְעַל כָּל־יִשְׂרָאֵל. וְאִמְרוּ אָמֵן:

MOURNER'S KADDISH

Yit-gadal v'yit-kadash sh'mey raba,
B'alma di v'ra ḥiru-tey, v'yam-liḥ mal-ḥutey
B'ḥa-yey-ḥon u-v'yomey-ḥon
U-v'ḥa-yey d'ḥol beyt yisrael
Ba-agala u-viz-man kariv, v'imru **amen.**

Congregation and mourners:

Y'hey sh'mey raba m'varaḥ l'alam ul-almey alma-ya.

Mourners:

Yit-baraḥ v'yish-tabaḥ v'yit-pa-ar v'yit-romam v'yit-na-sey
V'yit-hadar v'yit-aleh v'yit-halal sh'mey d'kud-sha—
B'riḥ hu, *l'eyla min kol bir-ḥata v'shi-rata*
Tush-b'ḥata v'ne-ḥemata da-amiran b'alma, v'imru **amen.**

Y'hey sh'lama raba min sh'ma-ya, v'ḥa-yim,
Aleynu v'al kol yisrael, v'imru **amen.**

Oseh shalom bi-m'romav, hu ya-aseh shalom
Aleynu v'al kol yisrael, v'imru **amen.**

Magnified and sanctified be the great name of God, in the world created according to the Divine will. May God's sovereignty soon be established, in our lifetime and that of the entire house of Israel. And let us say: Amen.

May God's great name be praised to all eternity.

Hallowed and honored, extolled and exalted, adored and acclaimed be the name of the blessed Holy One, whose glory is above all the praises, hymns, and songs of adoration which human beings can utter. And let us say: Amen.

May God grant abundant peace and life to us and to all Israel. And let us say: Amen.

May God, who ordains harmony in the universe, grant peace to us and to all Israel. And let us say: Amen.

Reader and congregation:

שְׁמַע יִשְׂרָאֵל יְיָ אֱלֹהֵינוּ יְיָ אֶחָד:

Shema Yisrael, Adonai Eloheynu, Adonai Eḥad.

HEAR, O ISRAEL: THE LORD IS OUR GOD, THE LORD IS ONE.

Reader and congregation, three times:

בָּרוּךְ שֵׁם כְּבוֹד מַלְכוּתוֹ לְעוֹלָם וָעֶד:

Baruḥ sheym k'vod malḥuto l'olam va-ed.

Praised be God's glorious sovereignty for ever and ever.

Reader and congregation, seven times:

Adonai hu ha-Elohim. יְיָ הוּא הָאֱלֹהִים:

The Lord alone is God!

Give heed to the sound of the Shofar,
The *long, persistent call* of the Shofar,
Summoning the household of Israel
To do God's will with devotion.
Remember the sound of the Shofar,
The blast that is blown, O my people!

The Shofar is sounded.

TEKIAH GEDOLAH תְּקִיעָה גְדוֹלָה

לְשָׁנָה הַבָּאָה בִּירוּשָׁלָיִם:

L'shanah ha-ba-a bi-rushala-yim.

Next year in Jerusalem!

Go forth in confidence

Go forth in confidence from this house of God,
And may the blessings of our God go with you.

Take with you the words of prayer you have uttered,
And may God give you strength to fulfill your resolves.

May God's spirit be with you and with those you love;
And may you be granted health and contentment.

May God give strength, hope, and vision to our people;
And may all soon be blessed in a world at peace.

Amen.

מִנְחָה לְעֶרֶב רֹאשׁ הַשָּׁנָה

MINḤAH / AFTERNOON SERVICE

EREV ROSH HASHANAH

Minḥah preceding Rosh Hashanah

ASHREY: *Psalms 84:5, 144:15, 145, 115:18*

אַשְׁרֵי יוֹשְׁבֵי בֵיתֶךָ   עוֹד יְהַלְלוּךָ סֶּלָה:
אַשְׁרֵי הָעָם שֶׁכָּכָה לּוֹ   אַשְׁרֵי הָעָם שֶׁיְיָ אֱלֹהָיו:

תְּהִלָּה לְדָוִד.

אֲרוֹמִמְךָ אֱלוֹהַי הַמֶּלֶךְ   וַאֲבָרְכָה שִׁמְךָ לְעוֹלָם וָעֶד:
בְּכָל־יוֹם אֲבָרְכֶךָּ   וַאֲהַלְלָה שִׁמְךָ לְעוֹלָם וָעֶד:
גָּדוֹל יְיָ וּמְהֻלָּל מְאֹד   וְלִגְדֻלָּתוֹ אֵין חֵקֶר:
דּוֹר לְדוֹר יְשַׁבַּח מַעֲשֶׂיךָ   וּגְבוּרֹתֶיךָ יַגִּידוּ:
הֲדַר כְּבוֹד הוֹדֶךָ   וְדִבְרֵי נִפְלְאֹתֶיךָ אָשִׂיחָה:
וֶעֱזוּז נוֹרְאֹתֶיךָ יֹאמֵרוּ   וּגְדֻלָּתְךָ אֲסַפְּרֶנָּה:
זֵכֶר רַב־טוּבְךָ יַבִּיעוּ   וְצִדְקָתְךָ יְרַנֵּנוּ:
חַנּוּן וְרַחוּם יְיָ   אֶרֶךְ אַפַּיִם וּגְדָל־חָסֶד:
טוֹב־יְיָ לַכֹּל   וְרַחֲמָיו עַל־כָּל־מַעֲשָׂיו:
יוֹדוּךָ יְיָ כָּל־מַעֲשֶׂיךָ   וַחֲסִידֶיךָ יְבָרְכוּכָה:
כְּבוֹד מַלְכוּתְךָ יֹאמֵרוּ   וּגְבוּרָתְךָ יְדַבֵּרוּ:
לְהוֹדִיעַ לִבְנֵי הָאָדָם גְּבוּרֹתָיו   וּכְבוֹד הֲדַר מַלְכוּתוֹ:
מַלְכוּתְךָ מַלְכוּת כָּל־עֹלָמִים   וּמֶמְשַׁלְתְּךָ בְּכָל־דּוֹר וָדוֹר:
סוֹמֵךְ יְיָ לְכָל־הַנֹּפְלִים   וְזוֹקֵף לְכָל־הַכְּפוּפִים:
עֵינֵי כֹל אֵלֶיךָ יְשַׂבֵּרוּ   וְאַתָּה נוֹתֵן לָהֶם אֶת־אָכְלָם בְּעִתּוֹ:
פּוֹתֵחַ אֶת־יָדֶךָ   וּמַשְׂבִּיעַ לְכָל־חַי רָצוֹן:
צַדִּיק יְיָ בְּכָל־דְּרָכָיו   וְחָסִיד בְּכָל־מַעֲשָׂיו:
קָרוֹב יְיָ לְכָל־קֹרְאָיו   לְכֹל אֲשֶׁר יִקְרָאֻהוּ בֶאֱמֶת:
רְצוֹן־יְרֵאָיו יַעֲשֶׂה   וְאֶת־שַׁוְעָתָם יִשְׁמַע וְיוֹשִׁיעֵם:
שׁוֹמֵר יְיָ אֶת־כָּל־אֹהֲבָיו   וְאֵת כָּל־הָרְשָׁעִים יַשְׁמִיד:
תְּהִלַּת יְיָ יְדַבֶּר־פִּי   וִיבָרֵךְ כָּל־בָּשָׂר שֵׁם קָדְשׁוֹ
לְעוֹלָם וָעֶד:

וַאֲנַחְנוּ נְבָרֵךְ יָהּ   מֵעַתָּה וְעַד־עוֹלָם הַלְלוּיָהּ:

ḤATZI KADDISH

Reader:

יִתְגַּדַּל וְיִתְקַדַּשׁ שְׁמֵהּ רַבָּא. בְּעָלְמָא דִּי־בְרָא כִרְעוּתֵהּ. וְיַמְלִיךְ מַלְכוּתֵהּ בְּחַיֵּיכוֹן וּבְיוֹמֵיכוֹן וּבְחַיֵּי דְכָל־בֵּית יִשְׂרָאֵל בַּעֲגָלָא וּבִזְמַן קָרִיב. וְאִמְרוּ אָמֵן:

Congregation and Reader:

יְהֵא שְׁמֵהּ רַבָּא מְבָרַךְ לְעָלַם וּלְעָלְמֵי עָלְמַיָּא:

Reader:

יִתְבָּרַךְ וְיִשְׁתַּבַּח וְיִתְפָּאַר וְיִתְרֹמַם וְיִתְנַשֵּׂא וְיִתְהַדָּר וְיִתְעַלֶּה וְיִתְהַלָּל שְׁמֵהּ דְּקֻדְשָׁא. בְּרִיךְ הוּא. לְעֵלָּא מִן כָּל־בִּרְכָתָא וְשִׁירָתָא. תֻּשְׁבְּחָתָא וְנֶחֱמָתָא דַּאֲמִירָן בְּעָלְמָא. וְאִמְרוּ אָמֵן:

THE AMIDAH

כִּי שֵׁם יְיָ אֶקְרָא הָבוּ גֹדֶל לֵאלֹהֵינוּ:
אֲדֹנָי שְׂפָתַי תִּפְתָּח וּפִי יַגִּיד תְּהִלָּתֶךָ:

בָּרוּךְ אַתָּה יְיָ אֱלֹהֵינוּ וֵאלֹהֵי אֲבוֹתֵינוּ. אֱלֹהֵי אַבְרָהָם אֱלֹהֵי יִצְחָק וֵאלֹהֵי יַעֲקֹב. הָאֵל הַגָּדוֹל הַגִּבּוֹר וְהַנּוֹרָא אֵל עֶלְיוֹן. גּוֹמֵל חֲסָדִים טוֹבִים וְקֹנֵה הַכֹּל. וְזוֹכֵר חַסְדֵי אָבוֹת וּמֵבִיא גוֹאֵל לִבְנֵי בְנֵיהֶם לְמַעַן שְׁמוֹ בְּאַהֲבָה:

מֶלֶךְ עוֹזֵר וּמוֹשִׁיעַ וּמָגֵן. בָּרוּךְ אַתָּה יְיָ מָגֵן אַבְרָהָם:

אַתָּה גִּבּוֹר לְעוֹלָם אֲדֹנָי מְחַיֵּה מֵתִים אַתָּה רַב לְהוֹשִׁיעַ:

מְכַלְכֵּל חַיִּים בְּחֶסֶד מְחַיֵּה מֵתִים בְּרַחֲמִים רַבִּים. סוֹמֵךְ נוֹפְלִים וְרוֹפֵא חוֹלִים וּמַתִּיר אֲסוּרִים. וּמְקַיֵּם אֱמוּנָתוֹ לִישֵׁנֵי עָפָר. מִי כָמוֹךָ בַּעַל גְּבוּרוֹת וּמִי דוֹמֶה לָּךְ. מֶלֶךְ מֵמִית וּמְחַיֶּה וּמַצְמִיחַ יְשׁוּעָה:

וְנֶאֱמָן אַתָּה לְהַחֲיוֹת מֵתִים. בָּרוּךְ אַתָּה יְיָ מְחַיֵּה הַמֵּתִים:*

אַתָּה קָדוֹשׁ וְשִׁמְךָ קָדוֹשׁ. וּקְדוֹשִׁים בְּכָל־יוֹם יְהַלְלוּךָ סֶּלָה. בָּרוּךְ אַתָּה יְיָ הָאֵל הַקָּדוֹשׁ:

אַתָּה חוֹנֵן לְאָדָם דַּעַת וּמְלַמֵּד לֶאֱנוֹשׁ בִּינָה. חָנֵּנוּ מֵאִתְּךָ דֵּעָה בִּינָה וְהַשְׂכֵּל. בָּרוּךְ אַתָּה יְיָ חוֹנֵן הַדָּעַת:

הֲשִׁיבֵנוּ אָבִינוּ לְתוֹרָתֶךָ. וְקָרְבֵנוּ מַלְכֵּנוּ לַעֲבוֹדָתֶךָ. וְהַחֲזִירֵנוּ בִּתְשׁוּבָה שְׁלֵמָה לְפָנֶיךָ. בָּרוּךְ אַתָּה יְיָ הָרוֹצֶה בִּתְשׁוּבָה:

סְלַח לָנוּ אָבִינוּ כִּי חָטָאנוּ. מְחַל לָנוּ מַלְכֵּנוּ כִּי פָשָׁעְנוּ. כִּי מוֹחֵל וְסוֹלֵחַ אָתָּה. בָּרוּךְ אַתָּה יְיָ חַנּוּן הַמַּרְבֶּה לִסְלוֹחַ:

רְאֵה בְעָנְיֵנוּ וְרִיבָה רִיבֵנוּ. וּגְאָלֵנוּ מְהֵרָה לְמַעַן שְׁמֶךָ. כִּי גוֹאֵל חָזָק אָתָּה. בָּרוּךְ אַתָּה יְיָ גוֹאֵל יִשְׂרָאֵל:

רְפָאֵנוּ יְיָ וְנֵרָפֵא. הוֹשִׁיעֵנוּ וְנִוָּשֵׁעָה. כִּי תְהִלָּתֵנוּ אָתָּה. וְהַעֲלֵה רְפוּאָה שְׁלֵמָה לְכָל מַכּוֹתֵינוּ. כִּי אֵל מֶלֶךְ רוֹפֵא נֶאֱמָן וְרַחֲמָן אָתָּה. בָּרוּךְ אַתָּה יְיָ רוֹפֵא חוֹלֵי עַמּוֹ יִשְׂרָאֵל:

**When the Reader chants the Amidah, the following Kedushah is added:*

נְקַדֵּשׁ אֶת־שִׁמְךָ בָּעוֹלָם כְּשֵׁם שֶׁמַּקְדִּישִׁים אוֹתוֹ בִּשְׁמֵי מָרוֹם. כַּכָּתוּב עַל־יַד נְבִיאֶךָ. וְקָרָא זֶה אֶל־זֶה וְאָמַר.

קָדוֹשׁ קָדוֹשׁ קָדוֹשׁ יְיָ צְבָאוֹת. מְלֹא כָל־הָאָרֶץ כְּבוֹדוֹ:

לְעֻמָּתָם בָּרוּךְ יֹאמֵרוּ.

בָּרוּךְ כְּבוֹד־יְיָ מִמְּקוֹמוֹ:

וּבְדִבְרֵי קָדְשְׁךָ כָּתוּב לֵאמֹר.

יִמְלֹךְ יְיָ לְעוֹלָם. אֱלֹהַיִךְ צִיּוֹן לְדֹר וָדֹר. הַלְלוּיָהּ:

Reader:

לְדוֹר וָדוֹר נַגִּיד גָּדְלֶךָ. וּלְנֵצַח נְצָחִים קְדֻשָּׁתְךָ נַקְדִּישׁ. וְשִׁבְחֲךָ אֱלֹהֵינוּ מִפִּינוּ לֹא יָמוּשׁ לְעוֹלָם וָעֶד. כִּי אֵל מֶלֶךְ גָּדוֹל וְקָדוֹשׁ אָתָּה. בָּרוּךְ אַתָּה יְיָ הָאֵל הַקָּדוֹשׁ:

בָּרֵךְ עָלֵינוּ יְיָ אֱלֹהֵינוּ אֶת־הַשָּׁנָה הַזֹּאת וְאֶת כָּל מִינֵי תְבוּאָתָהּ לְטוֹבָה וְתֵן בְּרָכָה עַל פְּנֵי הָאֲדָמָה. וְשַׂבְּעֵנוּ מִטּוּבֶךָ. וּבָרֵךְ שְׁנָתֵנוּ כַּשָּׁנִים הַטּוֹבוֹת. בָּרוּךְ אַתָּה יְיָ מְבָרֵךְ הַשָּׁנִים:

תְּקַע בְּשׁוֹפָר גָּדוֹל לְחֵרוּתֵנוּ. וְשָׂא נֵס לְקַבֵּץ גָּלֻיּוֹתֵינוּ. וְקַבְּצֵנוּ יַחַד מֵאַרְבַּע כַּנְפוֹת הָאָרֶץ. בָּרוּךְ אַתָּה יְיָ מְקַבֵּץ נִדְחֵי עַמּוֹ יִשְׂרָאֵל:

הָשִׁיבָה שׁוֹפְטֵינוּ כְּבָרִאשׁוֹנָה. וְיוֹעֲצֵינוּ כְּבַתְּחִלָּה. וְהָסֵר מִמֶּנּוּ יָגוֹן וַאֲנָחָה. וּמְלוֹךְ עָלֵינוּ אַתָּה יְיָ לְבַדְּךָ בְּחֶסֶד וּבְרַחֲמִים וְצַדְּקֵנוּ בַּמִּשְׁפָּט. בָּרוּךְ אַתָּה יְיָ מֶלֶךְ אוֹהֵב צְדָקָה וּמִשְׁפָּט:

וְלַמַּלְשִׁינִים אַל תְּהִי תִקְוָה. וְכָל־הָרִשְׁעָה כְּרֶגַע תֹּאבֵד. וְכָל־אוֹיְבֶיךָ מְהֵרָה יִכָּרֵתוּ. וּמַלְכוּת זָדוֹן מְהֵרָה תְעַקֵּר וּתְשַׁבֵּר וּתְמַגֵּר וְתַכְנִיעַ בִּמְהֵרָה בְיָמֵינוּ. בָּרוּךְ אַתָּה יְיָ שׁוֹבֵר אוֹיְבִים וּמַכְנִיעַ זֵדִים:

עַל הַצַּדִּיקִים וְעַל הַחֲסִידִים. וְעַל זִקְנֵי עַמְּךָ בֵּית יִשְׂרָאֵל. וְעַל פְּלֵיטַת סוֹפְרֵיהֶם וְעַל גֵּרֵי הַצֶּדֶק וְעָלֵינוּ. יֶהֱמוּ רַחֲמֶיךָ יְיָ אֱלֹהֵינוּ. וְתֵן שָׂכָר טוֹב לְכָל הַבּוֹטְחִים בְּשִׁמְךָ בֶּאֱמֶת. וְשִׂים חֶלְקֵנוּ עִמָּהֶם לְעוֹלָם וְלֹא נֵבוֹשׁ כִּי בְךָ בָטָחְנוּ. בָּרוּךְ אַתָּה יְיָ מִשְׁעָן וּמִבְטָח לַצַּדִּיקִים:

וְלִירוּשָׁלַיִם עִירְךָ בְּרַחֲמִים תָּשׁוּב. וְתִשְׁכּוֹן בְּתוֹכָהּ כַּאֲשֶׁר דִּבַּרְתָּ. וּבְנֵה אוֹתָהּ בְּקָרוֹב בְּיָמֵינוּ בִּנְיַן עוֹלָם. וְכִסֵּא דָוִד מְהֵרָה לְתוֹכָהּ תָּכִין. בָּרוּךְ אַתָּה יְיָ בּוֹנֵה יְרוּשָׁלָיִם:

אֶת־צֶמַח דָּוִד עַבְדְּךָ מְהֵרָה תַצְמִיחַ. וְקַרְנוֹ תָּרוּם בִּישׁוּעָתֶךָ. כִּי לִישׁוּעָתְךָ קִוִּינוּ כָּל־הַיּוֹם. בָּרוּךְ אַתָּה יְיָ מַצְמִיחַ קֶרֶן יְשׁוּעָה:

שְׁמַע קוֹלֵנוּ יְיָ אֱלֹהֵינוּ. חוּס וְרַחֵם עָלֵינוּ. וְקַבֵּל בְּרַחֲמִים וּבְרָצוֹן אֶת־תְּפִלָּתֵנוּ. כִּי אֵל שׁוֹמֵעַ תְּפִלּוֹת וְתַחֲנוּנִים אָתָּה. וּמִלְּפָנֶיךָ מַלְכֵּנוּ רֵיקָם אַל תְּשִׁיבֵנוּ. כִּי אַתָּה שׁוֹמֵעַ תְּפִלַּת עַמְּךָ יִשְׂרָאֵל בְּרַחֲמִים. בָּרוּךְ אַתָּה יְיָ שׁוֹמֵעַ תְּפִלָּה:

רְצֵה יְיָ אֱלֹהֵינוּ בְּעַמְּךָ יִשְׂרָאֵל. וּתְפִלָּתָם בְּאַהֲבָה תְקַבֵּל בְּרָצוֹן. וּתְהִי לְרָצוֹן תָּמִיד עֲבוֹדַת יִשְׂרָאֵל עַמֶּךָ:

וְתֶחֱזֶינָה עֵינֵינוּ בְּשׁוּבְךָ לְצִיּוֹן בְּרַחֲמִים. בָּרוּךְ אַתָּה יְיָ הַמַּחֲזִיר שְׁכִינָתוֹ לְצִיּוֹן:

*מוֹדִים אֲנַחְנוּ לָךְ שָׁאַתָּה הוּא יְיָ אֱלֹהֵינוּ וֵאלֹהֵי אֲבוֹתֵינוּ לְעוֹלָם וָעֶד. צוּר חַיֵּינוּ מָגֵן יִשְׁעֵנוּ אַתָּה הוּא לְדוֹר וָדוֹר. נוֹדֶה לְּךָ וּנְסַפֵּר תְּהִלָּתֶךָ עַל חַיֵּינוּ הַמְּסוּרִים בְּיָדֶךָ וְעַל נִשְׁמוֹתֵינוּ הַפְּקוּדוֹת לָךְ. וְעַל נִסֶּיךָ שֶׁבְּכָל־יוֹם עִמָּנוּ וְעַל נִפְלְאוֹתֶיךָ וְטוֹבוֹתֶיךָ שֶׁבְּכָל־עֵת עֶרֶב וָבֹקֶר וְצָהֳרָיִם. הַטּוֹב כִּי לֹא־כָלוּ רַחֲמֶיךָ. וְהַמְרַחֵם כִּי לֹא־תַמּוּ חֲסָדֶיךָ מֵעוֹלָם קִוִּינוּ לָךְ:

וְעַל כֻּלָּם יִתְבָּרַךְ וְיִתְרוֹמַם שִׁמְךָ מַלְכֵּנוּ תָּמִיד לְעוֹלָם וָעֶד:

וְכֹל הַחַיִּים יוֹדוּךָ סֶּלָה וִיהַלְלוּ אֶת־שִׁמְךָ בֶּאֱמֶת הָאֵל יְשׁוּעָתֵנוּ וְעֶזְרָתֵנוּ סֶלָה. בָּרוּךְ אַתָּה יְיָ הַטּוֹב שִׁמְךָ וּלְךָ נָאֶה לְהוֹדוֹת:

שָׁלוֹם רָב עַל יִשְׂרָאֵל עַמְּךָ תָּשִׂים לְעוֹלָם. כִּי אַתָּה הוּא מֶלֶךְ אָדוֹן לְכָל־הַשָּׁלוֹם. וְטוֹב בְּעֵינֶיךָ לְבָרֵךְ אֶת־עַמְּךָ יִשְׂרָאֵל בְּכָל־עֵת וּבְכָל־שָׁעָה בִּשְׁלוֹמֶךָ. בָּרוּךְ אַתָּה יְיָ הַמְבָרֵךְ אֶת־עַמּוֹ יִשְׂרָאֵל בַּשָּׁלוֹם:

In congregations where the Reader repeats the Amidah, *continue with Kaddish Shalem on page 839.*

**When the Reader chants the Amidah, the congregation says:*

מוֹדִים אֲנַחְנוּ לָךְ שָׁאַתָּה הוּא יְיָ אֱלֹהֵינוּ וֵאלֹהֵי אֲבוֹתֵינוּ אֱלֹהֵי כָל־בָּשָׂר יוֹצְרֵנוּ יוֹצֵר בְּרֵאשִׁית. בְּרָכוֹת וְהוֹדָאוֹת לְשִׁמְךָ הַגָּדוֹל וְהַקָּדוֹשׁ עַל שֶׁהֶחֱיִיתָנוּ וְקִיַּמְתָּנוּ. כֵּן תְּחַיֵּנוּ וּתְקַיְּמֵנוּ וְתֶאֱסוֹף גָּלֻיּוֹתֵינוּ לְאֶרֶץ קָדְשֶׁךָ לִשְׁמֹר חֻקֶּיךָ וְלַעֲשׂוֹת רְצוֹנֶךָ וּלְעָבְדְךָ בְּלֵבָב שָׁלֵם עַל שֶׁאֲנַחְנוּ מוֹדִים לָךְ. בָּרוּךְ אֵל הַהוֹדָאוֹת:

אֱלֹהַי. נְצוֹר לְשׁוֹנִי מֵרָע וּשְׂפָתַי מִדַּבֵּר מִרְמָה וְלִמְקַלְלַי נַפְשִׁי תִדֹּם וְנַפְשִׁי כֶּעָפָר לַכֹּל תִּהְיֶה: פְּתַח לִבִּי בְּתוֹרָתֶךָ וּבְמִצְוֹתֶיךָ תִּרְדּוֹף נַפְשִׁי. וְכֹל הַחוֹשְׁבִים עָלַי רָעָה מְהֵרָה הָפֵר עֲצָתָם וְקַלְקֵל מַחֲשַׁבְתָּם: עֲשֵׂה לְמַעַן שְׁמֶךָ עֲשֵׂה לְמַעַן יְמִינֶךָ עֲשֵׂה לְמַעַן קְדֻשָּׁתֶךָ עֲשֵׂה לְמַעַן תּוֹרָתֶךָ: לְמַעַן יֵחָלְצוּן יְדִידֶיךָ הוֹשִׁיעָה יְמִינְךָ וַעֲנֵנִי: יִהְיוּ לְרָצוֹן אִמְרֵי־פִי וְהֶגְיוֹן לִבִּי לְפָנֶיךָ יְיָ צוּרִי וְגוֹאֲלִי: עֹשֶׂה שָׁלוֹם בִּמְרוֹמָיו הוּא יַעֲשֶׂה שָׁלוֹם עָלֵינוּ וְעַל כָּל־יִשְׂרָאֵל וְאִמְרוּ אָמֵן:

KADDISH SHALEM

Reader:

יִתְגַּדַּל וְיִתְקַדַּשׁ שְׁמֵהּ רַבָּא. בְּעָלְמָא דִּי־בְרָא כִרְעוּתֵהּ. וְיַמְלִיךְ מַלְכוּתֵהּ בְּחַיֵּיכוֹן וּבְיוֹמֵיכוֹן וּבְחַיֵּי דְכָל־בֵּית יִשְׂרָאֵל בַּעֲגָלָא וּבִזְמַן קָרִיב. וְאִמְרוּ אָמֵן:

Congregation and Reader:

יְהֵא שְׁמֵהּ רַבָּא מְבָרַךְ לְעָלַם וּלְעָלְמֵי עָלְמַיָּא:

Reader:

יִתְבָּרַךְ וְיִשְׁתַּבַּח וְיִתְפָּאַר וְיִתְרוֹמַם וְיִתְנַשֵּׂא וְיִתְהַדַּר וְיִתְעַלֶּה וְיִתְהַלַּל שְׁמֵהּ דְּקֻדְשָׁא. בְּרִיךְ הוּא. לְעֵלָּא מִן כָּל־בִּרְכָתָא וְשִׁירָתָא. תֻּשְׁבְּחָתָא וְנֶחֱמָתָא דַּאֲמִירָן בְּעָלְמָא. וְאִמְרוּ אָמֵן:

תִּתְקַבֵּל צְלוֹתְהוֹן וּבָעוּתְהוֹן דְּכָל־יִשְׂרָאֵל קֳדָם אֲבוּהוֹן דִּי־בִשְׁמַיָּא. וְאִמְרוּ אָמֵן:

יְהֵא שְׁלָמָא רַבָּא מִן שְׁמַיָּא וְחַיִּים עָלֵינוּ וְעַל כָּל־יִשְׂרָאֵל. וְאִמְרוּ אָמֵן:

עֹשֶׂה שָׁלוֹם בִּמְרוֹמָיו הוּא יַעֲשֶׂה שָׁלוֹם עָלֵינוּ וְעַל כָּל־יִשְׂרָאֵל. וְאִמְרוּ אָמֵן:

עָלֵינוּ–ALENU, *p. 824;* קַדִּישׁ יָתוֹם–MOURNER'S KADDISH, *p. 826.*

SUPPLEMENTARY READINGS

ROSH HASHANAH AND YOM KIPPUR

Contents

A vision of world peace

It shall come to pass at the end of days,
That the mountain of the Lord's house shall be established
At the top of the mountains;

It shall be exalted above the hills;
All the nations shall flow unto it,

And many people shall go and say,
"Come, let us go up to the mountain of the Lord."

God will teach us the ways of the Godly,
And we will walk in God's paths;

God shall judge between the nations,
And shall decide for many peoples.

And they shall beat their swords into plowshares,
And their spears into pruning forks.

Nation shall not lift up sword against nation;
Neither shall they learn war any more.

The Lord will break the bow and the sword,
Removing all strife from the land,
And making the people to lie down in safety.

Violence shall no more be heard in your land,
Neither desolation nor destruction within your borders.

All your children shall be taught of the Lord,
And great shall be the peace of your children.

They shall not hurt nor destroy in all God's holy mountain,
For the earth shall be full of the knowledge of the Lord,
As the waters cover the sea.

The work of righteousness shall be peace,
And the result of righteousness, quiet and confidence forever.

Then shall all sit under their vines,
And under their fig trees,
And none shall make them afraid;
For the Lord our God has spoken it.

Biblical verses

Oseh shalom . . .

O God, whom our ancestors called
"Maker of peace in the heavens,"
be with us and bless us in our quest for peace.

Help us, O Source of Peace, to find true peace—
in our own lives and with our neighbors;
but keep us from a "peace" of complacency,
or a quiet of false security.

Help us, O Source of Peace, to labor for peace—
in our community and in our nation;
but keep us loyal to our convictions
as we seek to reach out to others.

Help us, O Source of Peace, to strengthen the hands
of those who work for peace in our troubled world;
but strengthen too our devotion to freedom
and our dedication to justice for all.

Help us to welcome truth from whatever source,
and to sustain hopeful spirits at all times.
Keep us from being prisoners of precedent,
or hostages of habit—in thought or deed.

As You have taught us, of the House of Israel,
to "love peace and pursue it,"
grant us, as we pray today,
the blessing of Your peace.

Ben Saul

עֹשֶׂה שָׁלוֹם בִּמְרוֹמָיו הוּא יַעֲשֶׂה שָׁלוֹם
עָלֵינוּ וְעַל כָּל־יִשְׂרָאֵל. וְאִמְרוּ אָמֵן:

Oseh shalom bi-m'romav, hu ya-aseh shalom
Aleynu v'al kol yisrael, v'imru amen.

O Maker of peace in the heavens,
Grant peace to us and to all the House of Israel.
And let us say: Amen.

Torah in our prayers

Praised be our God who created us for the Divine glory,
Setting us apart from those who go astray
By giving us a Torah of truth,
Thus planting within us eternal life.

With everlasting love,
You have loved Your people Israel;
You have taught us the Torah and its Mitzvot.

This is My covenant with them, says the Lord.
My spirit which is upon you
And My words which I have put in your mouth,
Shall remain with you, and with your children
And with your children's children forever.

Take to heart the words which I teach you this day.
Teach them diligently to your children.

Merciful God, imbue us with the will
To understand, to discern, to learn, to teach,
And to fulfill in love the teachings of Your Torah.

May our eyes be enlightened by Your Torah;
May our hearts cling to Your commandments.

May we rejoice in the words of Your Torah;
And may we and our children, and all future generations,
Know Your name and study Your Torah for its own sake.

For it is a tree of life to those who take hold of it,
And happy is everyone who upholds it.

Its ways are ways of pleasantness,
And all its paths are peace.

How fortunate are we! How good is our portion!
How pleasant our lot! How beautiful our heritage!

Praise to You, O God, who has shown us the way
To holiness and wisdom through the study of Torah.

Adapted from the Prayer Book

To live the words of Torah

Let us affirm our faith in Torah,
Our people's legacy of learning and faith.

There are no words more challenging than
"You shall be holy!"
No command more basic than "You shall love!"

There is no insight so fundamental as
"In the beginning, God,"
No words so life-enhancing as "You shall rest!"

No cry is more compelling than "Let My people go!"
No consolation more comforting than
"I am with you in your distress."

There is no vision more hopeful than
"They shall beat their swords into plowshares,"
And no summons more demanding than
"Justice, justice shall you pursue!"

These words have outlived monuments and empires;
We want them to live through us, until the end of time.

We owe it to our ancestors to keep Torah alive;
They struggled and suffered to preserve our way of life;
They knew this to be their most precious gift to us.

We owe it to our children to keep Torah alive;
For why should they be spiritual paupers
When the riches of this heritage can be theirs?

We owe it to the world to keep Torah alive;
This is a message which the world needs to hear.

We owe it to God to continue as a people,
To share God's dream, to bear witness to God's sovereignty,
And to live the words of Torah.

Jack Riemer and Harold Kushner

We render thanks

We must often revive the gladness of gratitude
And retrain our lips to utter words of thanks.

God's gifts often go unnoticed in our haste;
And disappointments may blind us to our blessings.

We render thanks for life itself,
For sight, hearing, smell, and touch,

For the certainty that an ever-renewing vital force
Infuses us and vibrates in the glory about us.

We give thanks for the beauty of nature and its gifts,
And pray that we may share as richly as we have received.

We stand in wonder before the birth of children,
The miracle of their growth, their love, and laughter.

We are grateful for love and the opening of hearts
Between husband and wife, parents and children.

We give thanks for our freedom, while knowing its frailty,
And recognize our obligation to nurture and protect it.

We are grateful for the blessings we enjoy in this land,
And hope that we may share in the renewal of its vigor.

We are grateful for the gifts of knowledge and conscience,
Enabling us to know truth from falsehood, right from wrong,

Disturbing our peace when the blessings we enjoy
are denied to others,
When their need for justice and compassion is unfilled.

We give thanks to God who shares with us
A small spark of Divine glory and wisdom,

Involving us in the drama which is both God's and ours—
The partnership of completing the work of creation.

Nahum Waldman

For these gifts we give thanks

O God, to whom we come so often with needs to be satisfied, we come to You now in gratitude for what we already have and are.

For gifts beyond deserving or counting, we give thanks.

You have given us the ability to become more than we have been, the urge to be more than we are, and a gnawing hunger to attain heights only dimly imagined.

For the power to grow, we give thanks.

You have endowed us with the capacity to discern the difference between right and wrong; and You have enabled us to follow the right, to avoid the wrong.

For the power to choose, we give thanks.

You have blessed us with the ability to fashion things of beauty, to sing new songs, to spin new tales, to add to the treasure-house of human civilization.

For the power to create, we give thanks.

You have equipped us with the yearning to commune with You, to bring You our fears and our dreams, our hurts and our joys, our guilt and our gratitude; to share hopes and concerns with You and with others.

For the power to pray, we give thanks.

You have fortified us with the ability to rise above disappointment and failure, to go on after we have been bruised and bereaved, to refuse to submit to defeat and despair.

For the power to hope, we give thanks.

You have enlarged us with the ability to cherish others, to make their lives as dear to us as our very own, to share their hopes, to feel their hurts, to know their hearts.

For the power to love, we give thanks.

You have ennobled us with the strength to abandon our sins, to overcome our faults, to mend our ways, and to answer the summons of this day "to turn to You with all our heart and soul."

For the power to repent, we give thanks.

Listen!

Judaism begins with the commandment:
Hear, O Israel!
But what does it really mean to "hear"?
The person who attends a concert
While thinking of other matters,
Hears—but does not really hear.
The person who walks amid the songs of birds
Thinking only of what will be served for dinner,
Hears—but does not really hear.
The person who listens to the words of a friend,
Or mate, or child,
And does not catch the note of urgency:
"Notice me, help me, care about me,"
Hears—but does not really hear.
The person who stifles the sound of conscience
Saying, "I have done enough already,"
Hears—but does not really hear.
The person who listens to the rabbi's sermon
And thinks that someone else is being addressed,
Hears—but does not really hear.
The person who hears the Shofar sound
And does not sense its call to change,
Hears—but does not really hear.
As the new year begins, O Lord,
Strengthen our ability to hear.
May we hear the music of the world,
And the infant's cry, and the lover's sigh.
May we hear the call for help of the lonely soul,
And the sound of the breaking heart.
May we hear the words of our friends,
And also their unspoken pleas and dreams.
May we hear within ourselves the yearnings
That are struggling for expression.
May we hear You, O God. For only if we hear You
Do we have the right to hope that You will hear us,
Hear the prayers we offer to You this day, O God,
And help us to hear them too.

Harold Kushner and Jack Riemer (adapted)

Not guilty?

As I read the sins for which I ask forgiveness,
I glance at the listings, hurry through them,
And say, "No—that is not true;
I am not guilty."
"Hardening our hearts?"—No. I gave.
But did I give as much as I could?
Did I give not only money, but also of myself?
No? Mark: *Guilty!*

"Sinful speech" "slander" "deceit"—
Did you not curse, blaspheme, lie, . . . ?
Oh yes, even once is enough. Well then, mark: *Guilty!*
"Sinful thoughts,"
"Spurning teachers and parents,"
"Violence," "Evil inclination."
Check them out. Did you wish your colleague ill?
Did you wish someone dead, even for a second?
If so, mark: *Guilty!*
"Haughty eyes"—as you passed a one-time friend;
"Effrontery"—as you cut in too sharply as a learned one spoke.
"Stubbornness"—did you create a quarrel where one
need not have been?
"Envy"—you never said "why him or her—and not me?"

The list is long.
And now, after the glance,
The long look, the steady eye,
I mark: *Guilty!*
No—I did not commit "violence" or "treachery."
I did not "ensnare my neighbor."
But then there is that "sinful thought."
Yes, yes, I thought of violence
And the short list of other offenses I did not count—
And so, "sinful meditation"
Makes me mark: *Guilty!*
And I am now repentant
And will repair what damage I have done,
Repay the debts I owe,
And pray to wipe the word "Guilty" from the book,
And ask again this year
That my name be inscribed in the Book of Life.
Then, when next year the list is read again,
Perhaps somewhere—some *one* place, at least—
I can say *"not guilty"*—no repentance due.

Dore Schary

To begin again

What is the difference between a wise person and a fool?
Even fools will say a wise thing now and then,
And the wisest will at times descend to foolishness.
So what distinguishes a wise person from a fool?

A fool is one who never has a change of mind.
Conditions change, situations alter, and new times make new demands, but the fool remains the same.

What is the difference between a good and an evil person?
There is some goodness even in the worst.
And is there a person who has not sinned?
So, what makes one person good and another evil?

An evil person refuses to change—
Doing wrong, knowing it,
And yet persisting in evil ways.

There is no sadder confession than "I know I am doing wrong, but it's too late now to change."
This is surrender to despair.

Rosh Hashanah comes with a great gift—
The opportunity to begin again.
No one has sunk so low that repentance is beyond reach.

The old year is gone. The ledger is closed.
Our Book of Life is now open to a new page.
No sins blot it, no indiscretions blemish it.

Slowly the invisible pen begins to record our life;
And it is given to us to direct the pen.

If we have fallen into the habit of blot and smudges, it is harder to write clear and fine words and phrases.
But we are invited to try and we are challenged to succeed.

"If I had my life to live over . . . "
"If I had known then *what I know* now . . . "

On Rosh Hashanah we receive the gift of beginning again.
We know *now* what we did not know then.
What will we do with the knowledge?
How will we use the gift?

Abraham J. Karp

We wait too long

We often wait too long to do what must be done *today,* in a world which gives us only one day at a time, without any assurance of tomorrow. While lamenting that our days are few, we procrastinate as though we had an endless supply of time.

We wait too long to discipline ourselves and to take charge of our lives. We feed ourselves the vain delusion that it will be easier to uproot tomorrow the debasing habits which we permit to tyrannize over us today, and which grow more deeply entrenched each day they remain in power.

We wait too long to work at the self-renewal of which these holy days remind us. While we wait, our lives become progressively depleted of spiritual content. The estrangement between us and our heritage grows larger and more painful.

We wait too long to become more deeply involved in Jewish life—in Jewish observance and in Jewish study. While we wait, the time for the harvest comes and we haven't even planted.

We wait too long to show kindness. We wait too long to speak words of forgiveness which should be spoken; to set aside hatreds which should be banished; to express thanks, to give encouragement, to offer comfort.

We wait too long to be charitable. Too much of our giving is delayed until much of the need has passed and the joy of giving has been largely diminished.

We wait too long to be parents to our children—forgetting how brief is the time during which they are children, how swiftly life urges them on and away. We wait too long to express our concern for parents, siblings, and dear ones.

We wait too long to read the books, to listen to the music, and to see the art which are waiting to enlarge our minds, to inspire our spirits, and to ennoble our souls.

We wait too long to utter the prayers which are waiting to cross our lips, to perform the duties waiting to be discharged, to show the love that may no longer be needed tomorrow.

God, too, is waiting—waiting for us to stop waiting, and to begin to do now, all the things for which this day was made.

The call to justice and brotherhood

Justice, justice shall you pursue,
That you may live in your land.

Love your neighbor as yourself;
Bear no hatred in your heart.

The stranger who sojourns with you,
Shall be as the native among you.

You shall love the stranger as yourself,
For you were strangers in the land of Egypt.

Have we not all one Divine Parent?
Has not one God created us?

Why then do we deal treacherously
Against one another?

Hate evil and love what is good,
Yea, establish justice in the land.

Give of your bread to the hungry;
Bring the poor that are cast out into your house.

Let justice well up as water,
And righteousness as a mighty stream;

For righteousness and justice
Are the foundation of God's throne.

The Lord of hosts is exalted through righteousness,
And God, the Holy One, is sanctified through justice.

Selections from the Bible

Prayer alone is not enough

We cannot only pray to You, O God, to end war;
For we know that You have made the world in such a way
That we must find the path to peace
Within ourselves and with our neighbors.
We cannot only pray to You, O God,
To end starvation;
For You have already given us the resources
With which to feed the entire world,
If we would only use them wisely.

We cannot only pray to You, O God,
To root out prejudice;
For You have already given us eyes
With which to see the good in all people,
If we would only use them rightly.
We cannot only pray to You, O God,
To end despair;
For You have already given us the power
To clear away slums and to give hope,
If we would only use our power justly.

We cannot only pray to You, O God, to end disease;
For You have already given us great minds
With which to search out cures and healings,
If we would only use them constructively.
Therefore, we pray to You instead, O God,
For strength, determination, and will power,
To do instead of only to pray,
To become instead of merely to wish,

For Your sake and for ours, speedily and soon,
That our land and world may be safe,
And that our lives may be blessed.
May the words that we pray, and the deeds that we do
Be acceptable before You, O Lord,
Our Rock and our Redeemer.

Jack Riemer

There are two seas

There are two seas in the Land of Israel. One is fresh, and fish are in it. Splashes of green adorn its banks. Trees spread their branches over it, and stretch out their thirsty roots to sip of its healing waters. Along its shore children play.

The River Jordan makes this sea with sparkling water from the hills. So it laughs in the sunshine. And people build their homes near to it, and birds their nests; and every kind of life is happier because it is here.

The River Jordan flows on south into another sea. Here there is no splash of fish, no fluttering leaf, no song of birds, no children's laughter. The air hangs heavy above its waters and neither people nor animals will drink here.

What makes this mighty difference in these seas? Not the River Jordan. It empties the same good water into both. Not the soil in which they lie; not the country 'round about.

This is the difference.

The Sea of Galilee receives but does not keep the Jordan. For every drop that flows into it another drop flows out. The giving and receiving go on in equal measure.

The other sea is shrewder, hoarding its income jealously. It will not be tempted into any generous impulse. Every drop it gets, it keeps.

The Sea of Galilee gives and lives. This other sea can not sustain life. It is named the Dead Sea.

There are two seas in the Land of Israel.

There are two kinds of people in the world. *Bruce Barton*

The eight degrees of charity

There are eight degrees in the giving of charity, one higher than the other:

One who gives grudgingly;

One who gives cheerfully, but not enough;

One who gives a sufficient sum, but only when asked;

One who gives before being asked, and directly to the needy;

One who gives so that the needy knows the source, but the giver knows not the recipient;

One who gives so that the giver knows the identity of the recipient, but the recipient knows not the giver;

One who gives so that the giver knows not the identity of the recipient, nor does the recipient know the identity of the giver;

The *highest* form: One who helps the needy by offering a gift or a loan, or by joining in a partnership, or by providing work, so that the person may become self-supporting. *Moses Maimonides*

Loving deeds—our gift to God

Rabbi Moshe Leib of Sasov taught us how to truly "love our neighbor," saying: A peasant taught me what is true love of others. Sitting in an inn, drinking with a companion, the peasant suddenly turned to the companion and asked:

"Do you love me?"

"I love you very much."

"If you love me, tell me what gives me pain?"

"How would I know that?"

"If you don't know what gives me pain, how can you say you love me?"

To love one's neighbor, Rabbi Moshe taught, is to know what gives that person pain and to bear the burden of that person's sorrow.

It is told of Rabbi Moshe Leib that whenever he saw anyone else's suffering, either of spirit or body, he shared it so earnestly that the other's suffering became his own. Once someone expressed astonishment at this capacity to share in another's troubles.

"What do you mean *share*?" said the rabbi. "It is *my own* sorrow; how can I help suffer it?"

To Rabbi Moshe Leib someone else's pain was his own.

When do I truly love my neighbor? When his or her pain is my sorrow.

Rabbi Moshe was teaching his disciples: "Every human quality and power was created for a purpose. Even base and corrupt qualities can be uplifted to serve God."

A bystander challenged him: "You say even base, corrupt qualities can be used to serve God. How can the denial of God be used to serve God?"

Rabbi Moshe Leib replied: "If someone comes to you for help, you should not turn that person away with pious words, saying, 'Have faith! Trust in God; the Holy One will help you.' No! You should act as if there were no God, as if there were only one person in the world who could help this human being—you!"

Retold by Abraham J. Karp

The restoration of Zion

If I forget you, O Jerusalem,
May my right hand forget its cunning.

May my tongue cleave to my mouth,
If I remember you not,
If I set not Jerusalem above my greatest joy.

The Lord will arise and have compassion upon Zion,
For it is time to be gracious unto her.

The Lord builds up Jerusalem
And gathers together the dispersed of Israel.

God will make her wilderness like Eden
And her desert like the garden of the Lord.

Joy and gladness shall be found therein,
Thanksgiving and the voice of melody.

The ransomed of the Lord shall return
And come with singing unto Zion.

Everlasting joy shall be upon their heads;
They shall obtain gladness and joy;
And sorrow and sighing shall vanish.

They shall build the waste cities and inhabit them;
They shall plant vineyards and drink the wine thereof.

They shall abide in peaceful habitations,
In safe dwellings, and in quiet resting places.

Zion shall be redeemed through justice
And they that dwell there through righteousness.

Then shall Zion be saved
And Jerusalem shall dwell in safety,

For out of Zion shall go forth the Law,
And the word of the Lord from Jerusalem.

Biblical verses

Jerusalem

She heard the prophets' condemnations and consolations.
She was an ear to the yearnings of countless sages and saints,
An ear to prayers that flowed from distant places.
She is more than an ear.
Jerusalem is a witness,
An echo of eternity.
We know Isaiah's voice second hand;
The stones of Jerusalem *heard* him when he said—
It will come to pass
That out of Zion will come forth Torah,
And the word of the Lord from Jerusalem . . .
They will beat their swords into plowshares,
And their spears into pruning hooks;
Nation will not lift up sword against nation,
And none will learn war any more.
These words went forth from Jerusalem
And entered the pages of the holy books.
But Jerusalem has not given herself away.
She is the city where waiting for God was born,
Where anticipation of peace came into being.
What is the secret of Jerusalem?
Her past is only a prelude;
She is not yet at the end of the road.
What is the mystery of Jerusalem?
A promise:
Peace and God's presence.
First there was a vision,
God's vision of what human life could be.
Then God created humanity according to this vision,
According to the Divine image.
But the human resemblance to God is fading rapidly;
So God created a city and called it "City of Peace,"
Hoping and praying that the Jerusalem on earth
Would resemble the Jerusalem in heaven.
Jerusalem is a recalling, an insisting,
A waiting for the fulfillment of God's vision.

Abraham J. Heschel

A vision of the future

We perceive a community great in numbers, mighty in power,
Enjoying life, liberty, and the pursuit of happiness;

True life, not mere breathing space;
Full liberty, not mere elbow room;

Real happiness, not that of pasture beasts;
Actively participating in the progress of the country,

Sharing and increasing its spiritual possessions,
Doubling its joys, halving its sorrows,

Yet deeply rooted in the soil of Judaism;
Clinging to its past, working for its future,

True to its traditions, faithful to its aspirations,
One in sentiment with their brethren everywhere;

Attached to the land of their ancestors
As the cradle and resting place of the Jewish spirit;

People with straight backs and raised heads,
With big hearts and strong minds,

With no conviction crippled, with no emotion stifled;
Receiving and resisting,
Not yielding like wax to every impress from the outside,

But blending the best they possess
With the best they encounter;

Adding a new note to the richness of American life,
Leading a new current into the stream of civilization;
A sharply marked community, distinct and distinguished;

Trusted for its loyalty, respected for its dignity,
Esteemed for its traditions, valued for its aspirations;

"And marked will be their seed among the nations,
And their offspring among the peoples;

Everyone that will see them will point to them
As a community blessed by the Lord."

Israel Friedlaender

A believing Jew

I believe because the divine image within me mirrors the God of galaxies and moral purpose, and urges me to seek union with the Sovereign of the universe, the Source of all life.

I believe because my reaching out for God is as real to me as the cravings of my impulses and appetites.

I believe because beyond the sphere on which my mind sheds light, I sense the presence of the holy, the inexpressible, the divine.

I believe because being frail, I reach for strength; being vulnerable to sorrow, I need comfort; being erratic, I wish to be guided; and being a searcher, I need the assurance that my quest is not doomed to futility.

I believe because Judaism respects the mind, purifies the heart, exalts the spirit, and sanctifies all of life.

I believe because Judaism invites me to engage in an unending quest for truth, righteousness, and justice.

I believe because when I strive for these, I sense that I am experiencing the most human part of me.

I believe because Judaism opens wide the door that leads me into a sense of companionship with all humanity.

I believe because, while sharing the inheritance of aeons which made me a human being, I am also heir to a Jewish inheritance of millennia which crowns me descendant of prophets and sages; and I claim both legacies.

I believe because, having entered the world as a Jew by birth, I wish to leave it as a Jew by worth.

Morris Adler (adapted)

The eternal riddle

Israel, my people,
God's greatest riddle,
Will your solution
Ever be told?

Fought—never conquered,
Bent—never broken,
Mortal—immortal,
Youthful, though old.

Egypt enslaved you,
Babylon crushed you.
Rome led you captive,
Homeless your head.

Where are those nations,
Mighty and fearsome?
You have survived them,
They are long dead.

Nations keep coming,
Nations keep going,
Passing like shadows,
Wiped off the earth.

You are eternal,
You remain a witness,
Watching their burial,
Watching their birth.

Pray, who revealed to you
Heaven's great secret:
Death and destruction
Thus to defy?

Suffering torture,
Stake, inquisition,
Pray, who taught you
Never to die?

Yes, and who gave you
Faith, deep as the ocean,
Strong as the rock-hills,
Fierce as the sun?

Hated and hunted,
Ever you wander,
Bearing a message:
God is but One!

Israel, my people,
God's greatest riddle,
Will your solution
Ever be told?

Philip M. Raskin (adapted)

The sanctity of human life

Judaism demands recognition of the dignity of human beings on the strength of the exalted dignity of the Creator.

Over and over again, Biblical, Talmudic, and Rabbinic literature emphasize that every human being has infinite value by virtue of being endowed with a spark of the Divine, in whose image *all* are created.

To degrade people thus becomes tantamount to degrading God.

Thanks to the identification of the dignity of human beings with the honor of God, the religious-ethical spirit gained early ascendancy in Israelite thought.

It became the mainspring of Jewish social ethics and of the legislation informed by it.

Wrong inflicted upon any individual thus became a transgression against God, and "one who sheds blood diminishes something from the Likeness of which all are made."

Lest one assume that God sorrows, as it were, only for the hurt inflicted upon the righteous, the Sages stressed that God mourns also for the blood of the sinners; for they, too, are "God's children."

People as such are the highest value of Judaism. The degradation of any one to the level of "an animated machine" is unthinkable in the Jewish setting.

In Judaism, every human life is sacred because every individual partakes of the holiness of God.

Trude Weiss-Rosmarin (adapted)

God depends on us

God exists, but unless we recognize God's existence, and unless our belief in God has some influence on our life and character, then God does not exist for us. . . . God exists only when we recognize God's sovereignty. The Sages had their own way of expressing this idea that, in a sense, God depends on us just as we depend on God. Thus we read in an ancient rabbinic Midrash on Isaiah 43:12: *You are My witnesses, says the Lord, and I am God.* "When you are My witnesses, I am God; but when you are not My witnesses, I am, as it were, not God."

Louis Jacobs (adapted)

Home ceremonies for the High Holy Days

CANDLE LIGHTING

Gracious God,
may the rays of these candles cast their glow upon us
and bring the radiance of Your light
to all who dwell in darkness.

Bless our home with the spirit of Rosh Hashanah
and our dear ones with the light of Your love.

May this new year be one of good health and achievement,
of peace and contentment, for us and for all Your children.

(A personal prayer may be recited here.)

On Shabbat add the words in brackets.

בָּרוּךְ אַתָּה יְיָ אֱלֹהֵינוּ מֶלֶךְ הָעוֹלָם אֲשֶׁר קִדְּשָׁנוּ
בְּמִצְוֹתָיו וְצִוָּנוּ לְהַדְלִיק נֵר שֶׁל [שַׁבָּת וְ] יוֹם טוֹב:

בָּרוּךְ אַתָּה יְיָ אֱלֹהֵינוּ מֶלֶךְ הָעוֹלָם שֶׁהֶחֱיָנוּ וְקִיְּמָנוּ
וְהִגִּיעָנוּ לַזְּמַן הַזֶּה:

*Baruḥ ata Adonai, Eloheynu meleḥ ha-olam,
asher kid-shanu b'mitz-votav, v'tzivanu
l'hadlik neyr shel [shabbat ve] yom tov.*

*Baruḥ ata Adonai, Eloheynu meleḥ ha-olam,
sheh-heh-ḥeh-yanu, v'kiy'manu, v'higi-anu
la-z'man ha-zeh.*

Praised are You, Lord our God, Ruler of the universe, who has taught us the way of holiness through the *Mitzvot*, and enjoined upon us the kindling of the [Sabbath and] New Year light.

Praised are You, Lord our God, Ruler of the universe, who has kept us in life, sustained us, and enabled us to reach this season.

PARENT'S BLESSING OF CHILDREN

For sons:

יְשִׂמְךָ אֱלֹהִים כְּאֶפְרַיִם וְכִמְנַשֶּׁה׃

Y'simḥa Elohim k'efra-yim v'ḥi-mena-sheh.

May God bless you, as the sons of Joseph—Ephraim and Manasseh—were blessed!

For daughters:

יְשִׂמֵךְ אֱלֹהִים כְּשָׂרָה. רִבְקָה. רָחֵל וְלֵאָה׃

Y'simeyḥ Elohim k'sara, rivka, raḥel v'leya.

May God bless you, as Sarah, Rebecca, Rachel, and Leah were blessed!

For all children
conclude with the threefold blessing:

יְבָרֶכְךָ יְיָ וְיִשְׁמְרֶךָ׃
יָאֵר יְיָ פָּנָיו אֵלֶיךָ וִיחֻנֶּךָּ׃
יִשָּׂא יְיָ פָּנָיו אֵלֶיךָ וְיָשֵׂם לְךָ שָׁלוֹם׃

Y'va-reḥ'ḥa Adonai v'yish-m'reḥa.
Ya-eyr Adonai panav eyle-ḥa viḥu-neka.
Yisa Adonai panav eyle-ḥa v'ya-seym l'ḥa shalom.

May the Lord bless you and protect you.
May the Lord show you kindness and be gracious to you.
May the Lord bestow favor upon you and grant you peace.

Numbers 6:24–26

HINEY MA TOV

הִנֵּה מַה־טּוֹב וּמַה־נָּעִים שֶׁבֶת אַחִים גַּם־יָחַד׃

Hiney ma tov uma na-im, shevet aḥim gam yaḥad.

How good and pleasant it is to dwell in harmony!

A family prayer

We thank You, O God, for Your gift of the new year,
For the home in which we observe it,
And for the dear ones with whom we share it.

May the joy of *Yom Tov* gladden our hearts,
And may its peace quiet our spirits.

Bring us closer to one another in love;
With laughter and soft words,
With shared concerns and mutual respect.

Help us to make our home a sanctuary,
Warmed by reverence, adorned by tradition,

With family bonds that are strong and enduring,
Based on truth, trust, and faithfulness.

Keep us far from strife and anger;
Spare us all shame and reproach.

Help us to serve You all of our days
By doing justly and pursuing peace.

May our words and deeds in the new year
Create for us a life worthy of Your blessing.

A Rosh Hashanah prayer

Source of all life, we thank You for the moments and days of another year which we have shared.

Source of all love, we thank You for the love we have known, and for the love we have been enabled to give.

We are grateful, too, for strength in days of weariness, trust in times of trouble, and deeper joy in the days of gladness.

Help us in this new year to grow further in our love for one another, in our understanding of each other, in our desire to strengthen each other.

Keep us slow to anger, quick to forgive, and eager to speak words of praise and endearment.

Bless us, we pray, in the days that are yet to be. Grant us health of body, peace of mind, and serenity of spirit.

Praised are You, Lord our God, Ruler of the universe, who has kept us in life, sustained us, and enabled us to reach this season.

Kiddush for Rosh Hashanah evening

On Shabbat the Kiddush begins here.

יוֹם הַשִּׁשִּׁי: וַיְכֻלּוּ הַשָּׁמַיִם וְהָאָרֶץ וְכָל־צְבָאָם: וַיְכַל אֱלֹהִים בַּיּוֹם הַשְּׁבִיעִי מְלַאכְתּוֹ אֲשֶׁר עָשָׂה. וַיִּשְׁבֹּת בַּיּוֹם הַשְּׁבִיעִי מִכָּל־מְלַאכְתּוֹ אֲשֶׁר עָשָׂה: וַיְבָרֶךְ אֱלֹהִים אֶת־יוֹם הַשְּׁבִיעִי וַיְקַדֵּשׁ אֹתוֹ. כִּי בוֹ שָׁבַת מִכָּל־מְלַאכְתּוֹ אֲשֶׁר־בָּרָא אֱלֹהִים לַעֲשׂוֹת:

On Shabbat add the words in brackets.

בָּרוּךְ אַתָּה יְיָ אֱלֹהֵינוּ מֶלֶךְ הָעוֹלָם בּוֹרֵא פְּרִי הַגָּפֶן:

בָּרוּךְ אַתָּה יְיָ אֱלֹהֵינוּ מֶלֶךְ הָעוֹלָם אֲשֶׁר בָּחַר־בָּנוּ מִכָּל־עָם וְרוֹמְמָנוּ מִכָּל־לָשׁוֹן וְקִדְּשָׁנוּ בְּמִצְוֹתָיו. וַתִּתֶּן־לָנוּ יְיָ אֱלֹהֵינוּ בְּאַהֲבָה אֶת [יוֹם הַשַּׁבָּת הַזֶּה וְאֶת] יוֹם הַזִּכָּרוֹן הַזֶּה. יוֹם [זִכְרוֹן] תְּרוּעָה [בְּאַהֲבָה] מִקְרָא קֹדֶשׁ זֵכֶר לִיצִיאַת מִצְרָיִם. כִּי בָנוּ בָחַרְתָּ וְאוֹתָנוּ קִדַּשְׁתָּ מִכָּל־הָעַמִּים. וּדְבָרְךָ אֱמֶת וְקַיָּם לָעַד. בָּרוּךְ אַתָּה יְיָ מֶלֶךְ עַל כָּל־הָאָרֶץ מְקַדֵּשׁ [הַשַּׁבָּת וְ]יִשְׂרָאֵל וְיוֹם הַזִּכָּרוֹן:

On Saturday night add:

בָּרוּךְ אַתָּה יְיָ אֱלֹהֵינוּ מֶלֶךְ הָעוֹלָם בּוֹרֵא מְאוֹרֵי הָאֵשׁ:

בָּרוּךְ אַתָּה יְיָ אֱלֹהֵינוּ מֶלֶךְ הָעוֹלָם הַמַּבְדִּיל בֵּין קֹדֶשׁ לְחוֹל בֵּין אוֹר לְחֹשֶׁךְ בֵּין יִשְׂרָאֵל לָעַמִּים. בֵּין יוֹם הַשְּׁבִיעִי לְשֵׁשֶׁת יְמֵי הַמַּעֲשֶׂה. בֵּין קְדֻשַּׁת שַׁבָּת לִקְדֻשַּׁת יוֹם טוֹב הִבְדַּלְתָּ. וְאֶת־יוֹם הַשְּׁבִיעִי מִשֵּׁשֶׁת יְמֵי הַמַּעֲשֶׂה קִדַּשְׁתָּ. הִבְדַּלְתָּ וְקִדַּשְׁתָּ אֶת־עַמְּךָ יִשְׂרָאֵל בִּקְדֻשָּׁתֶךָ. בָּרוּךְ אַתָּה יְיָ הַמַּבְדִּיל בֵּין קֹדֶשׁ לְקֹדֶשׁ:

בָּרוּךְ אַתָּה יְיָ אֱלֹהֵינוּ מֶלֶךְ הָעוֹלָם שֶׁהֶחֱיָנוּ וְקִיְּמָנוּ וְהִגִּיעָנוּ לַזְּמַן הַזֶּה:

Continue on page 869.

Kiddush for Rosh Hashanah evening

On Shabbat add the words in brackets.

Baruḥ ata Adonai, Eloheynu meleḥ ha-olam,
borey p'ri ha-gafen.

Baruḥ ata Adonai, Eloheynu meleḥ ha-olam, asher baḥar banu mi-kol am v'rom'manu mi-kol la-shon v'kid-shanu b'mitz-votav. Va-titen lanu Adonai Eloheynu b'ahava, et [yom ha-shabbat ha-zeh v'et] yom ha-zikaron ha-zeh, yom [ziḥron] t'rua, [b'ahava] mikra kodesh, zeyḥer liy-tzi-at mitz-ra-yim. Ki vanu vaḥarta v'otanu kidashta mi-kol ha-amim, u-d'varḥa emet v'ka-yam la-ad. Baruḥ ata Adonai, meleḥ al kol ha-aretz, m'kadeysh [ha-shabbat ve] yisrael v'yom ha-zikaron.

Baruḥ ata Adonai, Eloheynu meleḥ ha-olam, sheh-heh-ḥeh-yanu, v'kiy'manu, v'higi-anu la-z'man ha-zeh.

Praised are You, Lord our God, Ruler of the universe, Creator of the fruit of the vine.

Praised are You, Lord our God, Ruler of the universe, who has chosen us of all peoples for Divine service and distinguished us by teaching us the way of holiness through the *Mitzvot.* In love have You given us, O Lord our God, [this Sabbath day, and] this Day of Remembrance, a day for [recalling in love] the sounding of the Shofar, a holy convocation, commemorating the Exodus from Egypt.

You have chosen us for Your service, and have given us a sacred purpose in life; for Your word is truth and endures forever. Praised are You, O Lord, Sovereign over all the earth, who hallows [the Sabbath,] Israel, and this Day of Remembrance.

Praised are You, Lord our God, Ruler of the universe, who has kept us in life, sustained us, and enabled us to reach this season.

Kiddush for Rosh Hashanah day

On Shabbat the Kiddush begins here.

וְשָׁמְרוּ בְנֵי־יִשְׂרָאֵל אֶת־הַשַּׁבָּת. לַעֲשׂוֹת אֶת־הַשַּׁבָּת לְדֹרֹתָם
בְּרִית עוֹלָם: בֵּינִי וּבֵין בְּנֵי יִשְׂרָאֵל אוֹת הִיא לְעֹלָם. כִּי־שֵׁשֶׁת
יָמִים עָשָׂה יְיָ אֶת־הַשָּׁמַיִם וְאֶת־הָאָרֶץ. וּבַיּוֹם הַשְּׁבִיעִי שָׁבַת וַיִּנָּפַשׁ:

V'shamru v'ney yisrael et ha-shabbat, la-asot et ha-shabbat l'dorotam b'rit olam. Bey-ni uveyn b'ney yisrael ot hi l'olam. Ki shey-shet yamim asa Adonai et ha-shamayim v'et ha-aretz u-va-yom ha-sh'vi-i shavat va-yina-fash.

Exodus 31:16–17

תִּקְעוּ בַחֹדֶשׁ שׁוֹפָר בַּכֶּסֶה לְיוֹם חַגֵּנוּ:
כִּי חֹק לְיִשְׂרָאֵל הוּא מִשְׁפָּט לֵאלֹהֵי יַעֲקֹב:

Tiku va-ḥodesh shofar, ba-keseh l'yom ḥageynu.
Ki ḥok l'yisrael hu, mishpat ley-lohey ya-akov.

Sound the Shofar on the New Moon,
At the time appointed for our New Year.
Its observance is a law for Israel,
Ordained by the God of Jacob. *Psalms 81:4–5*

בָּרוּךְ אַתָּה יְיָ אֱלֹהֵינוּ מֶלֶךְ הָעוֹלָם בּוֹרֵא פְּרִי הַגָּפֶן:

Baruḥ ata Adonai, Eloheynu meleḥ ha-olam,
borey p'ri ha-gafen.

Praised are You, Lord our God, Ruler of the universe,
Creator of the fruit of the vine.

The blessing for Netilat Yadayim *(washing the hands),* *page 82, may be recited here.*

HAMOTZI

בָּרוּךְ אַתָּה יְיָ אֱלֹהֵינוּ מֶלֶךְ הָעוֹלָם
הַמּוֹצִיא לֶחֶם מִן הָאָרֶץ:

Baruḥ ata Adonai, Eloheynu meleḥ ha-olam,
ha-motzi leḥem min ha-aretz.

Praised are You, Lord our God, Ruler of the universe, who brings forth bread from the earth.

FOR A SWEET NEW YEAR

After Hamotzi, it is customary to dip slices of apple in honey and say:

יְהִי רָצוֹן מִלְּפָנֶיךָ יְיָ אֱלֹהֵינוּ וֵאלֹהֵי אֲבוֹתֵינוּ.
שֶׁתְּחַדֵּשׁ עָלֵינוּ שָׁנָה טוֹבָה וּמְתוּקָה:

Y'hi ratzon mil-faneḥa
Adonai Eloheynu vey-lohey avo-teynu,
Sheh-t'ḥadeysh aleynu shanah tovah um-tukah.

May it be Your will,
Lord our God and God of our ancestors,
That we be blessed with a good and sweet new year.

In some homes, on the second night of Rosh Hashanah, a "new fruit" (i.e., *freshly in season), is eaten.*

Songs for Rosh Hashanah

EYLEH ḤAMDA LIBI

אֵלֶּה חָמְדָה לִבִּי. חוּסָה נָּא וְאַל תִּתְעַלָּם:

Eyleh ḥamda libi, ḥusa na v'al tit-alam.

A yearning heart cries out to God—
"Lord, love us; do not forsake us."

V'TAHEYR LIBEYNU

וְטַהֵר לִבֵּנוּ לְעָבְדְּךָ בֶּאֱמֶת:

V'ta-heyr libey-nu l'ov-d'ḥa be-emet.

Purify our hearts to serve You in truth.

OR ZARUA LA-TZADIK

אוֹר זָרֻעַ לַצַּדִּיק. וּלְיִשְׁרֵי־לֵב שִׂמְחָה:

Or zarua la-tzadik, ul-yish-rey leyv simḥa.

Light is sown for the righteous, and joy for the upright in heart.

AVINU MALKEYNU

אָבִינוּ מַלְכֵּנוּ חָנֵּנוּ וַעֲנֵנוּ כִּי אֵין בָּנוּ מַעֲשִׂים.
עֲשֵׂה עִמָּנוּ צְדָקָה וָחֶסֶד וְהוֹשִׁיעֵנוּ:

Avinu mal-keynu, ḥoney-nu va-aney-nu,
Ki eyn banu ma-asim,
Asey imanu tz'daka va-ḥesed v'hoshi-eynu.

Have mercy upon us!
Although we are unworthy, deal with us kindly.

HASHIVEYNU

הֲשִׁיבֵנוּ יְיָ אֵלֶיךָ וְנָשׁוּבָה. חַדֵּשׁ יָמֵינוּ כְּקֶדֶם:

Ha-shivey-nu Adonai eyleḥa v'na-shuva,
Ḥadeysh yamey-nu k'kedem.

Turn us to You and we shall return;
Renew our days as of old.

V'KAREYV P'ZUREYNU

וְקָרֵב פְּזוּרֵינוּ מִבֵּין הַגּוֹיִם. וּנְפוּצוֹתֵינוּ כַּנֵּס מִיַּרְכְּתֵי אָרֶץ:

V'kareyv p'zu-reynu mi-beyn ha-goyim,
Un-futzo-teynu kaneys mi-yar-k'tey aretz.

Gather our dispersed from the ends of the earth.

ASHREYNU

אַשְׁרֵינוּ. מַה־טּוֹב חֶלְקֵנוּ.
וּמַה־נָּעִים גּוֹרָלֵנוּ. וּמַה־יָּפָה יְרֻשָּׁתֵנוּ:

Ash-reynu, ma tov ḥel-keynu,
U-ma na-im gora-leynu, u-ma yafa y'ru-shateynu.

Happy are we! How beautiful our heritage!

KO AMAR ADONAI

כֹּה אָמַר יְיָ.
זָכַרְתִּי לָךְ חֶסֶד נְעוּרַיִךְ אַהֲבַת כְּלוּלֹתָיִךְ.
לֶכְתֵּךְ אַחֲרַי בַּמִּדְבָּר בְּאֶרֶץ לֹא זְרוּעָה:

Ko amar Adonai:
Zaḥarti laḥ ḥesed n'ura-yiḥ ahavat k'lulota-yiḥ,
Leḥ-teyḥ aḥarai ba-midbar b'eretz lo z'rua.

The Lord says: I remember the devotion of your youth,
when you followed Me in the wilderness . . .

Draw us closer

On this Rosh Hashanah we offer thanks
For the days we have been granted
In the year that has passed.

We offer thanks for our precious memories
And for the hopes we carry into this new year.

Help us to show that we are Your children
By giving ourselves faithfully to Your tasks.

Help us to show greater love to those who are near to us;
And to show friendship to all whose lives touch ours.

Help us to convert our convictions into conduct;
And to *live* the lofty ideals of our faith.

Clothe our lives with dignity,
Deepen our lives with integrity,
Enlarge our lives with charity.

Keep us from blaming others for our own faults;
And help us to heal the wounds we may have inflicted.

Help us to face our defeats with courage,
And to carry our successes with humility.

Keep us from the pride that blinds the mind,
And from discouragement that locks the heart.

Make us loyal to our convictions in the face of falsehood;
But help us to speak the truth in love.

May we greet next year's Rosh Hashanah
Having grown in wisdom and in love.

At this sacred season, draw us closer to Your teachings;
Bring us closer to each other, and closer to You.

Praised are You, Lord our God, Ruler of the universe, who has kept us in life, sustained us, and enabled us to reach this season.

To look forward

Eternal God!
Grant us on this Rosh Hashanah
Gratitude enough to look backward and be thankful;
Courage enough to look forward and be hopeful;
Faith enough to look upward and be humble;
Kindness enough to look outward and be helpful.

Author unknown

"Little" resolutions

A little less impatient with those we deem too slow;
A little less arrogant because of all we know;
A little less conceited since our worth is slight;
A little less intolerant even when we are right.

A little more forgiving and swifter to be kind;
A little more desirous the word of praise to find;
A little more eager to help others to rejoice;
A little more careful to speak with gentle voice.

A little more effort to see another's view;
A little more determined to live faithfully as a Jew;
A little more willingness to extend a helping hand;
A little more commitment to our people and our land.

A little more eagerness to listen and understand;
A little more readiness to respond to God's command;
A little more resolve to do what must be done;
And a greater understanding that, truly, "we are one!"

Grace after meals

Introductory Psalm: **SHIR HA-MAALOT**

שִׁיר הַמַּעֲלוֹת. בְּשׁוּב יְיָ אֶת־שִׁיבַת צִיּוֹן הָיִינוּ כְּחֹלְמִים:
אָז יִמָּלֵא שְׂחֹק פִּינוּ וּלְשׁוֹנֵנוּ רִנָּה אָז יֹאמְרוּ בַגּוֹיִם הִגְדִּיל
יְיָ לַעֲשׂוֹת עִם־אֵלֶּה: הִגְדִּיל יְיָ לַעֲשׂוֹת עִמָּנוּ הָיִינוּ שְׂמֵחִים:
שׁוּבָה יְיָ אֶת־שְׁבִיתֵנוּ כַּאֲפִיקִים בַּנֶּגֶב: הַזֹּרְעִים בְּדִמְעָה
בְּרִנָּה יִקְצֹרוּ: הָלוֹךְ יֵלֵךְ וּבָכֹה נֹשֵׂא מֶשֶׁךְ־הַזָּרַע בֹּא־יָבֹא
בְרִנָּה נֹשֵׂא אֲלֻמֹּתָיו:

Shir ha-ma-alot, b'shuv Adonai et shivat tzion
ha-yinu k'ḥolmim.
Az yima-ley s'ḥok pinu ul-sho-neynu rina,
Az yomru va-goyim higdil Adonai la-asot im ey-leh.
Higdil Adonai la-asot imanu, ha-yinu s'meyḥim.
Shuva Adonai et sh'viteynu ka-afikim ba-negev.
Ha-zor'im b'dima b'rina yik-tzoru.
Haloḥ yey-leyḥ uvaḥo, nosey me-sheḥ ha-zara,
Bo yavo v'rina nosey alu-motav.

When the Lord brought back those that returned to Zion, it was like a dream. Then was our mouth filled with laughter, and our tongue with singing. Then the nations said: "The Lord has done great things for them"; truly the Lord has done great things for us, we rejoice! Bring back the rest of our homeless, O Lord. They that sow in tears shall reap in joy. Though sadly they carry seed to the field, gladly they bring home the sheaves.

Psalm 126

In the Grace which follows, the introductory passages are recited only if three adults have eaten together. The word Eloheynu (in parenthesis) is inserted only if at least ten adults have eaten together.

Birkat ha-Mazon: Grace after meals*

Leader רַבּוֹתַי נְבָרֵךְ:

Response יְהִי שֵׁם יְיָ מְבֹרָךְ מֵעַתָּה וְעַד עוֹלָם:

Y'hi sheym Adonai m'voraḥ mey-ata v'ad olam.

Leader יְהִי שֵׁם יְיָ מְבֹרָךְ מֵעַתָּה וְעַד עוֹלָם:

בִּרְשׁוּת מָרָנָן וְרַבָּנָן וְרַבּוֹתַי
נְבָרֵךְ (אֱלֹהֵינוּ) שֶׁאָכַלְנוּ מִשֶּׁלּוֹ:

Response בָּרוּךְ (אֱלֹהֵינוּ) שֶׁאָכַלְנוּ מִשֶּׁלּוֹ וּבְטוּבוֹ חָיִינוּ:

Baruḥ (Eloheynu) sheh-aḥalnu mi-sheh-lo uv-tuvo ḥa-yinu.

Leader בָּרוּךְ (אֱלֹהֵינוּ) שֶׁאָכַלְנוּ מִשֶּׁלּוֹ וּבְטוּבוֹ חָיִינוּ:

In unison בָּרוּךְ הוּא וּבָרוּךְ שְׁמוֹ:

בָּרוּךְ אַתָּה יְיָ. אֱלֹהֵינוּ מֶלֶךְ הָעוֹלָם. הַזָּן אֶת הָעוֹלָם. כֻּלּוֹ בְּטוּבוֹ. בְּחֵן בְּחֶסֶד וּבְרַחֲמִים. הוּא נוֹתֵן לֶחֶם לְכָל בָּשָׂר. כִּי לְעוֹלָם חַסְדּוֹ: וּבְטוּבוֹ הַגָּדוֹל תָּמִיד לֹא חָסַר לָנוּ. וְאַל יֶחְסַר לָנוּ מָזוֹן לְעוֹלָם וָעֶד. בַּעֲבוּר שְׁמוֹ הַגָּדוֹל. כִּי הוּא אֵל זָן וּמְפַרְנֵס לַכֹּל וּמֵטִיב לַכֹּל. וּמֵכִין מָזוֹן לְכָל בְּרִיּוֹתָיו אֲשֶׁר בָּרָא: בָּרוּךְ אַתָּה יְיָ הַזָּן אֶת הַכֹּל:

Baruḥ ata Adonai, Eloheynu meleḥ ha-olam, ha-zan et ha-olam kulo b'tuvo, b'ḥeyn b'ḥesed u-v'raḥamim. Hu noteyn leḥem l'ḥol basar, ki l'olam ḥasdo. U-v'tuvo ha-gadol tamid lo ḥasar lanu, v'al yeḥ-sar lanu mazon l'olam va-ed, ba-avur sh'mo ha-gadol, ki hu Eyl zan u-m'far-neys la-kol u-mey-tiv la-kol, u-mey-ḥin mazon l'ḥol b'ri-yotav asher bara. Baruḥ ata Adonai ha-zan et ha-kol.

*Concise version.

Responsively:

Praised be our God of whose bounty we have partaken, and through whose goodness we live.

By Your grace and lovingkindness, O Lord,
You nourish us and sustain us.

Praised are You, our God, Ruler of the universe,
Who provides food for all.

We thank You for our liberation from bondage
And for our heritage of freedom.

We are grateful for Your gift of the Torah which enriches
And ennobles the mind and soul of Your people.

Remember in mercy, O Lord, Your people Israel,
Jerusalem, Your city, the place of Your glory.

O merciful God, bless all assembled at this table (these tables).

Amen.

O merciful God, bless all who are rebuilding Zion so that Your word may again go forth from Jerusalem.

Amen.

O merciful God, bless all who work for justice and peace.

Amen.

כַּכָּתוּב. וְאָכַלְתָּ וְשָׂבָעְתָּ וּבֵרַכְתָּ אֶת־יְיָ אֱלֹהֶיךָ עַל־הָאָרֶץ
הַטֹּבָה אֲשֶׁר נָתַן־לָךְ. בָּרוּךְ אַתָּה יְיָ. עַל־הָאָרֶץ וְעַל־הַמָּזוֹן:

וּבְנֵה יְרוּשָׁלַיִם עִיר הַקֹּדֶשׁ בִּמְהֵרָה בְיָמֵינוּ. בָּרוּךְ אַתָּה
יְיָ. בֹּנֵה בְרַחֲמָיו יְרוּשָׁלָיִם. אָמֵן:

Ka-katuv, v'aḥalta v'savata uvey-raḥta et Adonai Elo-heḥa al ha-aretz ha-tova asher natan laḥ, baruḥ ata Adonai, al ha-aretz v'al ha-mazon.

Uv'ney yeru-shala-yim ir ha-kodesh bim-heyra v'ya-meynu, baruḥ ata Adonai, boney v'raḥamav yeru-shala-yim, amen.

בָּרוּךְ אַתָּה יְיָ אֱלֹהֵינוּ מֶלֶךְ הָעוֹלָם. הָאֵל אָבִינוּ מַלְכֵּנוּ. אַדִּירֵנוּ בּוֹרְאֵנוּ גֹּאֲלֵנוּ יוֹצְרֵנוּ קְדוֹשֵׁנוּ קְדוֹשׁ יַעֲקֹב. רוֹעֵנוּ רוֹעֵה יִשְׂרָאֵל. הַמֶּלֶךְ הַטּוֹב וְהַמֵּטִיב לַכֹּל. שֶׁבְּכָל־יוֹם וָיוֹם הוּא הֵטִיב הוּא מֵטִיב הוּא יֵטִיב לָנוּ:

On Shabbat add:

הָרַחֲמָן הוּא יַנְחִילֵנוּ יוֹם שֶׁכֻּלּוֹ שַׁבָּת וּמְנוּחָה לְחַיֵּי הָעוֹלָמִים:

הָרַחֲמָן הוּא יַנְחִילֵנוּ יוֹם שֶׁכֻּלּוֹ טוֹב:

הָרַחֲמָן הוּא יְחַדֵּשׁ עָלֵינוּ אֶת־הַשָּׁנָה הַזֹּאת לְטוֹבָה וְלִבְרָכָה:

הָרַחֲמָן הוּא יְבָרֵךְ אֶת־מְדִינַת יִשְׂרָאֵל וְיָגֵן עָלֶיהָ:

מִגְדּוֹל יְשׁוּעוֹת מַלְכּוֹ וְעֹשֶׂה חֶסֶד לִמְשִׁיחוֹ. לְדָוִד וּלְזַרְעוֹ עַד־עוֹלָם: עֹשֶׂה שָׁלוֹם בִּמְרוֹמָיו הוּא יַעֲשֶׂה שָׁלוֹם עָלֵינוּ וְעַל כָּל־יִשְׂרָאֵל וְאִמְרוּ אָמֵן:

יְיָ עֹז לְעַמּוֹ יִתֵּן יְיָ יְבָרֵךְ אֶת עַמּוֹ בַשָּׁלוֹם:

Baruḥ ata Adonai, Eloheynu meleḥ ha-olam, ha-Eyl avinu malkeynu, adi-reynu bor-eynu go-aleynu yotz-reynu k'do-sheynu k'dosh ya-akov. Ro-eynu ro-ey yisrael, ha-meleḥ ha-tov v'ha-mey-tiv la-kol, sheh-b'ḥol yom va-yom hu hey-tiv, hu mey-tiv, hu yey-tiv lanu.

On Shabbat add: *Ha-raḥaman hu yanḥi-leynu yom sheh-kulo shabbat u-m'nuḥa l'ḥa-yey ha-olamim.*

Ha-raḥaman hu yanḥi-leynu yom sheh-kulo tov.

Ha-raḥaman hu y'ḥadeysh aleynu et ha-shana ha-zot l'tova v'liv-raḥa.

Ha-raḥaman hu y'vareyḥ et m'dinat yisrael v'yageyn aleha.

Migdol y'shuot malko v'oseh ḥesed lim-shiḥo,
L'david ul-zaro ad olam.
Oseh shalom bim-romav hu ya-aseh shalom
Aleynu v'al kol yisrael, v'imru amen.

Adonai oz l'amo yiteyn, Adonai y'vareyḥ et amo va-shalom.

TZEDAKAH ON YOM KIPPUR EVE

Traditionally, before the Sabbath and Festival candle-lighting, contributions are made to charity—often represented by a "charity box," into which children and their elders place coins. This custom, sometimes fulfilled through a "pledge" or contribution, continues to be a vivid symbol of the centrality of good deeds in Jewish life, and is especially appropriate during the High Holy Days.

The dinner before the fast of Yom Kippur begins with Hamotzi (p. 869) and concludes with the Grace after Meals (p. 874), followed by the lighting of the Yom Kippur candles. Memorial Lights should be kindled before candle-lighting.

A family prayer

As the sacred night of Yom Kippur approaches, we give thanks for the privilege of reaching this moment and for the strength to observe it.

Yom Kippur echoes with precious memories of past years. Help us to keep these alive and to continue our people's sacred traditions. On this Yom Kippur, devoted to atonement and forgiveness, help us to examine our deeds honestly and to repent sincerely for those actions which we regret. Help us to merit Your forgiveness, and to forgive those who have wronged us.

Fill our hearts with peace and contentment. Grant health and achievement to our loved ones, and strengthen our resolve to do Your will. May the light of Your presence be with us tonight and always. Amen.

On kindling the Memorial Light

Eternal God, with feelings of reverence and love I recall the memory of my dear ________ on this sacred eve of Yom Kippur.

I am grateful for the years we shared, for the abiding influence of those years, and for the memories that live on in my heart.

I am grateful too, O God, for the healing which time brings and for the hope which faith and trust inspire.

May the remembrance of my ________ encourage me to live with integrity and with compassion. May my deeds reflect honor on my family; and may they add to the "merits of the ancestors" which have sustained the house of Israel throughout the generations.

I now light this Memorial Light in memory of my departed ________ whose English name was ________ and whose Hebrew name was ________.

May the memory of my ________ strengthen my resolve to be a source of blessing for all whose lives touch mine.

Amen.

THEIR MEMORIES ILLUMINE OUR WORLD

There are stars whose light reaches the earth only after they themselves have disintegrated. And there are individuals whose memory lights the world after they have passed from it. These lights shine in the darkest night and illumine for us the path. . . .

Hannah Senesh

Candle lighting

As the sacred night of Yom Kippur begins,
may the sight of these candles kindle within us
a spirit of devotion and repentance.

May we forgive one another as we seek divine forgiveness,
drawing closer to one another in love,
and drawing closer to God's law of righteousness and truth.

(A personal prayer may be recited here.)

On Shabbat add the words in brackets.

בָּרוּךְ אַתָּה יְיָ אֱלֹהֵינוּ מֶלֶךְ הָעוֹלָם אֲשֶׁר קִדְּשָׁנוּ
בְּמִצְוֹתָיו וְצִוָּנוּ לְהַדְלִיק נֵר שֶׁל [שַׁבָּת וְ] יוֹם הַכִּפֻּרִים:

בָּרוּךְ אַתָּה יְיָ אֱלֹהֵינוּ מֶלֶךְ הָעוֹלָם שֶׁהֶחֱיָנוּ וְקִיְּמָנוּ
וְהִגִּיעָנוּ לַזְּמַן הַזֶּה:

Baruḥ ata Adonai, Eloheynu meleḥ ha-olam,
asher kid-shanu b'mitz-votav, v'tzivanu
l'hadlik neyr shel [shabbat ve] yom ha-kipurim.

Baruḥ ata Adonai, Eloheynu meleḥ ha-olam,
sheh-heh-ḥeh-yanu, v'kiy'manu, v'higi-anu
la-z'man ha-zeh.

Praised are You, Lord our God, Ruler of the universe, who has taught us the way of holiness through the *Mitzvot,* and enjoined upon us the kindling of the [Sabbath and] Yom Kippur light.

Praised are You, Lord our God, Ruler of the universe, who has kept us in life, sustained us, and enabled us to reach this season.

Parent's blessing of children

For sons:

יְשִׂמְךָ אֱלֹהִים כְּאֶפְרַיִם וְכִמְנַשֶּׁה:

Y'simḥa Elohim k'efra-yim v'ḥi-mena-sheh.

May God bless you, as the sons of Joseph—Ephraim and Manasseh—were blessed!

For daughters:

יְשִׂמֵךְ אֱלֹהִים כְּשָׂרָה. רִבְקָה. רָחֵל וְלֵאָה:

Y'simeyḥ Elohim k'sara, rivka, raḥel v'leya.

May God bless you, as Sarah, Rebecca, Rachel, and Leah were blessed!

For all children
conclude with the threefold blessing:

יְבָרֶכְךָ יְיָ וְיִשְׁמְרֶךָ:
יָאֵר יְיָ פָּנָיו אֵלֶיךָ וִיחֻנֶּךָּ:
יִשָּׂא יְיָ פָּנָיו אֵלֶיךָ וְיָשֵׂם לְךָ שָׁלוֹם:

Y'va-reḥ'ḥa Adonai v'yish-m'reḥa.
Ya-eyr Adonai panav eyle-ḥa viḥu-neka.
Yisa Adonai panav eyle-ḥa v'ya-seym l'ḥa shalom.

May the Lord bless you and protect you.
May the Lord show you kindness and be gracious to you.
May the Lord bestow favor upon you and grant you peace.

Numbers 6:24–26

Meḥila: Asking for forgiveness

To be said to one's relatives, friends, and acquaintances:

I am sorry if I have hurt you, by what I have done or have failed to do, by what I have said or have not said to you, since last Yom Kippur.

I will strive to improve my ways; and I ask for your understanding and forgiveness.

Psalm for Sunday (Psalm 24):

הַיּוֹם יוֹם רִאשׁוֹן בַּשַּׁבָּת שֶׁבּוֹ הָיוּ הַלְוִיִּם אוֹמְרִים בְּבֵית הַמִּקְדָּשׁ:

לְדָוִד מִזְמוֹר.

לַייָ הָאָרֶץ וּמְלוֹאָהּ תֵּבֵל וְיֹשְׁבֵי בָהּ: כִּי־הוּא עַל־יַמִּים יְסָדָהּ וְעַל־נְהָרוֹת יְכוֹנְנֶהָ: מִי־יַעֲלֶה בְהַר יְיָ וּמִי־יָקוּם בִּמְקוֹם קָדְשׁוֹ: נְקִי כַפַּיִם וּבַר־לֵבָב אֲשֶׁר לֹא־נָשָׂא לַשָּׁוְא נַפְשִׁי וְלֹא נִשְׁבַּע לְמִרְמָה: יִשָּׂא בְרָכָה מֵאֵת יְיָ וּצְדָקָה מֵאֱלֹהֵי יִשְׁעוֹ: זֶה דּוֹר דֹּרְשָׁיו מְבַקְשֵׁי פָנֶיךָ יַעֲקֹב סֶלָה: שְׂאוּ שְׁעָרִים רָאשֵׁיכֶם וְהִנָּשְׂאוּ פִּתְחֵי עוֹלָם וְיָבוֹא מֶלֶךְ הַכָּבוֹד: מִי זֶה מֶלֶךְ הַכָּבוֹד יְיָ עִזּוּז וְגִבּוֹר יְיָ גִּבּוֹר מִלְחָמָה: שְׂאוּ שְׁעָרִים רָאשֵׁיכֶם וּשְׂאוּ פִּתְחֵי עוֹלָם וְיָבֹא מֶלֶךְ הַכָּבוֹד: מִי הוּא זֶה מֶלֶךְ הַכָּבוֹד יְיָ צְבָאוֹת הוּא מֶלֶךְ הַכָּבוֹד סֶלָה:

Psalm for Monday (Psalm 48):

הַיּוֹם יוֹם שֵׁנִי בַּשַּׁבָּת שֶׁבּוֹ הָיוּ הַלְוִיִּם אוֹמְרִים בְּבֵית הַמִּקְדָּשׁ:

שִׁיר מִזְמוֹר לִבְנֵי־קֹרַח:

גָּדוֹל יְיָ וּמְהֻלָּל מְאֹד בְּעִיר אֱלֹהֵינוּ הַר־קָדְשׁוֹ: יְפֵה נוֹף מְשׂוֹשׂ כָּל־הָאָרֶץ הַר־צִיּוֹן יַרְכְּתֵי צָפוֹן קִרְיַת מֶלֶךְ רָב: אֱלֹהִים בְּאַרְמְנוֹתֶיהָ נוֹדַע לְמִשְׂגָּב: כִּי־הִנֵּה הַמְּלָכִים נוֹעֲדוּ עָבְרוּ יַחְדָּו: הֵמָּה רָאוּ כֵּן תָּמָהוּ נִבְהֲלוּ נֶחְפָּזוּ: רְעָדָה אֲחָזָתַם שָׁם חִיל כַּיּוֹלֵדָה: בְּרוּחַ קָדִים תְּשַׁבֵּר אֳנִיּוֹת תַּרְשִׁישׁ: כַּאֲשֶׁר שָׁמַעְנוּ כֵּן רָאִינוּ בְּעִיר־יְיָ צְבָאוֹת בְּעִיר אֱלֹהֵינוּ אֱלֹהִים יְכוֹנְנֶהָ עַד־עוֹלָם סֶלָה: דִּמִּינוּ אֱלֹהִים חַסְדֶּךָ בְּקֶרֶב הֵיכָלֶךָ: כְּשִׁמְךָ אֱלֹהִים כֵּן תְּהִלָּתְךָ עַל־קַצְוֵי־אֶרֶץ צֶדֶק מָלְאָה יְמִינֶךָ: יִשְׂמַח הַר־צִיּוֹן תָּגֵלְנָה בְּנוֹת יְהוּדָה לְמַעַן מִשְׁפָּטֶיךָ: סֹבּוּ צִיּוֹן וְהַקִּיפוּהָ סִפְרוּ

מִגְדָּלֶיהָ: שִׁיתוּ לִבְּכֶם לְחֵילָה פַּסְּגוּ אַרְמְנוֹתֶיהָ לְמַעַן תְּסַפְּרוּ לְדוֹר אַחֲרוֹן: כִּי זֶה אֱלֹהִים אֱלֹהֵינוּ עוֹלָם וָעֶד הוּא יְנַהֲגֵנוּ עַל־מוּת:

Psalm for Tuesday (Psalm 82):

הַיּוֹם יוֹם שְׁלִישִׁי בַּשַּׁבָּת שֶׁבּוֹ הָיוּ הַלְוִיִּם אוֹמְרִים בְּבֵית הַמִּקְדָּשׁ:

מִזְמוֹר לְאָסָף.

אֱלֹהִים נִצָּב בַּעֲדַת־אֵל בְּקֶרֶב אֱלֹהִים יִשְׁפֹּט: עַד־מָתַי תִּשְׁפְּטוּ־עָוֶל וּפְנֵי רְשָׁעִים תִּשְׂאוּ־סֶלָה: שִׁפְטוּ־דַל וְיָתוֹם עָנִי וָרָשׁ הַצְדִּיקוּ: פַּלְּטוּ־דַל וְאֶבְיוֹן מִיַּד רְשָׁעִים הַצִּילוּ: לֹא יָדְעוּ וְלֹא יָבִינוּ בַּחֲשֵׁכָה יִתְהַלָּכוּ יִמּוֹטוּ כָּל־מוֹסְדֵי אָרֶץ: אֲנִי אָמַרְתִּי אֱלֹהִים אַתֶּם וּבְנֵי עֶלְיוֹן כֻּלְּכֶם: אָכֵן כְּאָדָם תְּמוּתוּן וּכְאַחַד הַשָּׂרִים תִּפֹּלוּ: קוּמָה אֱלֹהִים שָׁפְטָה הָאָרֶץ כִּי־אַתָּה תִנְחַל בְּכָל־הַגּוֹיִם:

Psalm for Wednesday (Psalm 94):

הַיּוֹם יוֹם רְבִיעִי בַּשַּׁבָּת שֶׁבּוֹ הָיוּ הַלְוִיִּם אוֹמְרִים בְּבֵית הַמִּקְדָּשׁ:

אֵל־נְקָמוֹת יְיָ אֵל נְקָמוֹת הוֹפִיעַ: הִנָּשֵׂא שֹׁפֵט הָאָרֶץ הָשֵׁב גְּמוּל עַל־גֵּאִים: עַד־מָתַי רְשָׁעִים יְיָ עַד־מָתַי רְשָׁעִים יַעֲלֹזוּ: יַבִּיעוּ יְדַבְּרוּ עָתָק יִתְאַמְּרוּ כָּל־פֹּעֲלֵי אָוֶן: עַמְּךָ יְיָ יְדַכְּאוּ וְנַחֲלָתְךָ יְעַנּוּ: אַלְמָנָה וְגֵר יַהֲרֹגוּ וִיתוֹמִים יְרַצֵּחוּ: וַיֹּאמְרוּ לֹא יִרְאֶה־יָּהּ וְלֹא־יָבִין אֱלֹהֵי יַעֲקֹב: בִּינוּ בֹּעֲרִים בָּעָם וּכְסִילִים מָתַי תַּשְׂכִּילוּ: הֲנֹטַע אֹזֶן הֲלֹא יִשְׁמָע אִם־יֹצֵר עַיִן הֲלֹא יַבִּיט: הֲיֹסֵר גּוֹיִם הֲלֹא יוֹכִיחַ הַמְלַמֵּד אָדָם דָּעַת: יְיָ יֹדֵעַ מַחְשְׁבוֹת אָדָם כִּי־הֵמָּה הָבֶל: אַשְׁרֵי הַגֶּבֶר אֲשֶׁר־תְּיַסְּרֶנּוּ יָּהּ וּמִתּוֹרָתְךָ תְלַמְּדֶנּוּ: לְהַשְׁקִיט לוֹ מִימֵי רָע עַד יִכָּרֶה לָרָשָׁע שָׁחַת: כִּי לֹא־יִטֹּשׁ יְיָ עַמּוֹ וְנַחֲלָתוֹ לֹא יַעֲזֹב: כִּי־עַד־צֶדֶק יָשׁוּב מִשְׁפָּט וְאַחֲרָיו כָּל־יִשְׁרֵי־לֵב: מִי־יָקוּם לִי עִם־מְרֵעִים מִי־יִתְיַצֵּב לִי עִם־פֹּעֲלֵי אָוֶן: לוּלֵי יְיָ

עֶזְרָתָה לִּי כִּמְעַט שָׁכְנָה דוּמָה נַפְשִׁי: אִם־אָמַרְתִּי מָטָה רַגְלִי חַסְדְּךָ יְיָ יִסְעָדֵנִי: בְּרֹב שַׂרְעַפַּי בְּקִרְבִּי תַּנְחוּמֶיךָ יְשַׁעַשְׁעוּ נַפְשִׁי: הַיְחָבְרְךָ כִּסֵּא הַוּוֹת יֹצֵר עָמָל עֲלֵי־חֹק: יָגוֹדּוּ עַל־נֶפֶשׁ צַדִּיק וְדָם נָקִי יַרְשִׁיעוּ: וַיְהִי יְיָ לִי לְמִשְׂגָּב וֵאלֹהַי לְצוּר מַחְסִי: וַיָּשֶׁב עֲלֵיהֶם אֶת־אוֹנָם וּבְרָעָתָם יַצְמִיתֵם יַצְמִיתֵם יְיָ אֱלֹהֵינוּ:

לְכוּ נְרַנְּנָה לַייָ נָרִיעָה לְצוּר יִשְׁעֵנוּ: נְקַדְּמָה פָנָיו בְּתוֹדָה בִּזְמִרוֹת נָרִיעַ לוֹ: כִּי אֵל גָּדוֹל יְיָ וּמֶלֶךְ גָּדוֹל עַל־כָּל־אֱלֹהִים:

Psalm for Thursday (Psalm 81):

הַיּוֹם יוֹם חֲמִישִׁי בְּשַׁבָּת שֶׁבּוֹ הָיוּ הַלְוִיִּם אוֹמְרִים בְּבֵית הַמִּקְדָּשׁ:

לַמְנַצֵּחַ עַל־הַגִּתִּית לְאָסָף:

הַרְנִינוּ לֵאלֹהִים עוּזֵּנוּ הָרִיעוּ לֵאלֹהֵי יַעֲקֹב: שְׂאוּ־זִמְרָה וּתְנוּ־תֹף כִּנּוֹר נָעִים עִם־נָבֶל: תִּקְעוּ בַחֹדֶשׁ שׁוֹפָר בַּכֵּסֶה לְיוֹם חַגֵּנוּ: כִּי חֹק לְיִשְׂרָאֵל הוּא מִשְׁפָּט לֵאלֹהֵי יַעֲקֹב: עֵדוּת בִּיהוֹסֵף שָׂמוֹ בְּצֵאתוֹ עַל־אֶרֶץ מִצְרָיִם שְׂפַת לֹא־יָדַעְתִּי אֶשְׁמָע: הֲסִירוֹתִי מִסֵּבֶל שִׁכְמוֹ כַּפָּיו מִדּוּד תַּעֲבֹרְנָה: בַּצָּרָה קָרָאתָ וָאֲחַלְּצֶךָּ אֶעֶנְךָ בְּסֵתֶר רַעַם אֶבְחָנְךָ עַל־מֵי מְרִיבָה סֶלָה: שְׁמַע עַמִּי וְאָעִידָה בָּךְ יִשְׂרָאֵל אִם־תִּשְׁמַע־לִי: לֹא־יִהְיֶה בְךָ אֵל זָר וְלֹא תִשְׁתַּחֲוֶה לְאֵל נֵכָר: אָנֹכִי יְיָ אֱלֹהֶיךָ הַמַּעַלְךָ מֵאֶרֶץ מִצְרָיִם הַרְחֶב־פִּיךָ וַאֲמַלְאֵהוּ: וְלֹא־שָׁמַע עַמִּי לְקוֹלִי וְיִשְׂרָאֵל לֹא־אָבָה לִי: וָאֲשַׁלְּחֵהוּ בִּשְׁרִירוּת לִבָּם יֵלְכוּ בְּמוֹעֲצוֹתֵיהֶם: לוּ עַמִּי שֹׁמֵעַ לִי יִשְׂרָאֵל בִּדְרָכַי יְהַלֵּכוּ: כִּמְעַט אוֹיְבֵיהֶם אַכְנִיעַ וְעַל־צָרֵיהֶם אָשִׁיב יָדִי: מְשַׂנְאֵי יְיָ יְכַחֲשׁוּ־לוֹ וִיהִי עִתָּם לְעוֹלָם: וַיַּאֲכִילֵהוּ מֵחֵלֶב חִטָּה וּמִצּוּר דְּבַשׁ אַשְׂבִּיעֶךָ:

Psalm for Friday (Psalm 93):

הַיּוֹם יוֹם שִׁשִּׁי בַּשַּׁבָּת שֶׁבּוֹ הָיוּ הַלְוִיִּם אוֹמְרִים בְּבֵית הַמִּקְדָּשׁ:

יְיָ מָלָךְ גֵּאוּת לָבֵשׁ לָבֵשׁ יְיָ עֹז הִתְאַזָּר אַף־תִּכּוֹן תֵּבֵל בַּל־תִּמּוֹט: נָכוֹן כִּסְאֲךָ מֵאָז מֵעוֹלָם אָתָּה: נָשְׂאוּ נְהָרוֹת יְיָ נָשְׂאוּ נְהָרוֹת קוֹלָם יִשְׂאוּ נְהָרוֹת דָּכְיָם: מִקֹּלוֹת מַיִם רַבִּים אַדִּירִים מִשְׁבְּרֵי־יָם אַדִּיר בַּמָּרוֹם יְיָ: עֵדֹתֶיךָ נֶאֶמְנוּ מְאֹד לְבֵיתְךָ נַאֲוָה־קֹדֶשׁ יְיָ לְאֹרֶךְ יָמִים:

Psalm for the Sabbath (Psalm 92):

הַיּוֹם יוֹם שַׁבַּת קֹדֶשׁ שֶׁבּוֹ הָיוּ הַלְוִיִּם אוֹמְרִים בְּבֵית הַמִּקְדָּשׁ:

מִזְמוֹר שִׁיר לְיוֹם הַשַּׁבָּת:

טוֹב לְהוֹדוֹת לַייָ וּלְזַמֵּר לְשִׁמְךָ עֶלְיוֹן: לְהַגִּיד בַּבֹּקֶר חַסְדֶּךָ וֶאֱמוּנָתְךָ בַּלֵּילוֹת: עֲלֵי־עָשׂוֹר וַעֲלֵי־נָבֶל עֲלֵי הִגָּיוֹן בְּכִנּוֹר: כִּי שִׂמַּחְתַּנִי יְיָ בְּפָעֳלֶךָ בְּמַעֲשֵׂי יָדֶיךָ אֲרַנֵּן: מַה־גָּדְלוּ מַעֲשֶׂיךָ יְיָ מְאֹד עָמְקוּ מַחְשְׁבֹתֶיךָ: אִישׁ בַּעַר לֹא יֵדָע וּכְסִיל לֹא־יָבִין אֶת־זֹאת: בִּפְרֹחַ רְשָׁעִים כְּמוֹ־עֵשֶׂב וַיָּצִיצוּ כָּל־פֹּעֲלֵי אָוֶן לְהִשָּׁמְדָם עֲדֵי־עַד: וְאַתָּה מָרוֹם לְעֹלָם יְיָ: כִּי הִנֵּה אֹיְבֶיךָ יְיָ כִּי־הִנֵּה אֹיְבֶיךָ יֹאבֵדוּ יִתְפָּרְדוּ כָּל־פֹּעֲלֵי אָוֶן: וַתָּרֶם כִּרְאֵים קַרְנִי בַּלֹּתִי בְּשֶׁמֶן רַעֲנָן: וַתַּבֵּט עֵינִי בְּשׁוּרָי בַּקָּמִים עָלַי מְרֵעִים תִּשְׁמַעְנָה אָזְנָי: צַדִּיק כַּתָּמָר יִפְרָח כְּאֶרֶז בַּלְּבָנוֹן יִשְׂגֶּה: שְׁתוּלִים בְּבֵית יְיָ בְּחַצְרוֹת אֱלֹהֵינוּ יַפְרִיחוּ: עוֹד יְנוּבוּן בְּשֵׂיבָה דְּשֵׁנִים וְרַעֲנַנִּים יִהְיוּ: לְהַגִּיד כִּי־יָשָׁר יְיָ צוּרִי וְלֹא־עַוְלָתָה בּוֹ:

Avinu Malkeynu

On Shabbat omit (except Neilah).

אָבִינוּ מַלְכֵּנוּ חָטָאנוּ לְפָנֶיךָ:

אָבִינוּ מַלְכֵּנוּ אֵין לָנוּ מֶלֶךְ אֶלָּא אָתָּה:

אָבִינוּ מַלְכֵּנוּ עֲשֵׂה עִמָּנוּ לְמַעַן שְׁמֶךָ:

אָבִינוּ מַלְכֵּנוּ חַדֵּשׁ עָלֵינוּ שָׁנָה טוֹבָה:

אָבִינוּ מַלְכֵּנוּ בַּטֵּל מֵעָלֵינוּ כָּל־גְּזֵרוֹת קָשׁוֹת:

אָבִינוּ מַלְכֵּנוּ בַּטֵּל מַחְשְׁבוֹת שׂוֹנְאֵינוּ:

אָבִינוּ מַלְכֵּנוּ הָפֵר עֲצַת אוֹיְבֵינוּ:

אָבִינוּ מַלְכֵּנוּ כַּלֵּה כָּל־צַר וּמַשְׂטִין מֵעָלֵינוּ:

אָבִינוּ מַלְכֵּנוּ סְתוֹם פִּיּוֹת מַשְׂטִינֵינוּ וּמְקַטְרְגֵינוּ:

אָבִינוּ מַלְכֵּנוּ כַּלֵּה דֶּבֶר וְחֶרֶב וְרָעָב וּשְׁבִי וּמַשְׁחִית מִבְּנֵי בְרִיתֶךָ:

אָבִינוּ מַלְכֵּנוּ מְנַע מַגֵּפָה מִנַּחֲלָתֶךָ:

אָבִינוּ מַלְכֵּנוּ סְלַח וּמְחַל לְכָל־עֲוֹנוֹתֵינוּ:

אָבִינוּ מַלְכֵּנוּ מְחֵה וְהַעֲבֵר פְּשָׁעֵינוּ וְחַטֹּאתֵינוּ מִנֶּגֶד עֵינֶיךָ:

אָבִינוּ מַלְכֵּנוּ מְחוֹק בְּרַחֲמֶיךָ הָרַבִּים כָּל־שִׁטְרֵי חוֹבוֹתֵינוּ:

אָבִינוּ מַלְכֵּנוּ הַחֲזִירֵנוּ בִּתְשׁוּבָה שְׁלֵמָה לְפָנֶיךָ:

אָבִינוּ מַלְכֵּנוּ שְׁלַח רְפוּאָה שְׁלֵמָה לְחוֹלֵי עַמֶּךָ:

אָבִינוּ מַלְכֵּנוּ קְרַע רֹעַ גְּזַר דִּינֵנוּ:

אָבִינוּ מַלְכֵּנוּ זָכְרֵנוּ בְּזִכָּרוֹן טוֹב לְפָנֶיךָ:

אָבִינוּ מַלְכֵּנוּ *כָּתְבֵנוּ בְּסֵפֶר חַיִּים טוֹבִים:

*In Neilah, חָתְמֵנוּ instead of כָּתְבֵנוּ.

The *Avinu Malkeynu* prayer is a "catalogue of petitions," many asking for divine assistance in dealing with adversaries of the Jewish people or with physical or spiritual infirmities, and others seeking life and blessing.

Having evolved from a brief Supplication for fast days attributed to Rabbi Akiva (Taanit 25b), it invokes the "merits of our ancestors" and of our martyrs—rather than our own merits—as we ask for God's mercy.

The High Holiday liturgy often characterizes our relationship with God as analogous to the relationships between Parent (lit. "Father") and child, and between Sovereign and subject (or servant). Each of these correlative terms is laden with both theological and psychological significance—which we would do well to study and ponder. . . . *(Ben Saul, adapted)*

אָבִינוּ מַלְכֵּנוּ כָּתְבֵנוּ בְּסֵפֶר גְּאֻלָּה וִישׁוּעָה:
אָבִינוּ מַלְכֵּנוּ כָּתְבֵנוּ בְּסֵפֶר פַּרְנָסָה וְכַלְכָּלָה:
אָבִינוּ מַלְכֵּנוּ כָּתְבֵנוּ בְּסֵפֶר זְכֻיּוֹת:
אָבִינוּ מַלְכֵּנוּ כָּתְבֵנוּ בְּסֵפֶר סְלִיחָה וּמְחִילָה:
אָבִינוּ מַלְכֵּנוּ הַצְמַח לָנוּ יְשׁוּעָה בְּקָרוֹב:
אָבִינוּ מַלְכֵּנוּ הָרֵם קֶרֶן יִשְׂרָאֵל עַמֶּךָ:
אָבִינוּ מַלְכֵּנוּ הָרֵם קֶרֶן מְשִׁיחֶךָ:
אָבִינוּ מַלְכֵּנוּ מַלֵּא יָדֵינוּ מִבִּרְכוֹתֶיךָ:
אָבִינוּ מַלְכֵּנוּ מַלֵּא אֲסָמֵינוּ שָׂבָע:
אָבִינוּ מַלְכֵּנוּ שְׁמַע קוֹלֵנוּ חוּס וְרַחֵם עָלֵינוּ:
אָבִינוּ מַלְכֵּנוּ קַבֵּל בְּרַחֲמִים וּבְרָצוֹן אֶת־תְּפִלָּתֵנוּ:
אָבִינוּ מַלְכֵּנוּ פְּתַח שַׁעֲרֵי שָׁמַיִם לִתְפִלָּתֵנוּ:
אָבִינוּ מַלְכֵּנוּ נָא אַל תְּשִׁיבֵנוּ רֵיקָם מִלְּפָנֶיךָ:
אָבִינוּ מַלְכֵּנוּ זְכוֹר כִּי עָפָר אֲנָחְנוּ:
אָבִינוּ מַלְכֵּנוּ תְּהֵא הַשָּׁעָה הַזֹּאת שְׁעַת רַחֲמִים וְעֵת רָצוֹן מִלְּפָנֶיךָ:
אָבִינוּ מַלְכֵּנוּ חֲמוֹל עָלֵינוּ וְעַל עוֹלָלֵינוּ וְטַפֵּנוּ:
אָבִינוּ מַלְכֵּנוּ עֲשֵׂה לְמַעַן הֲרוּגִים עַל שֵׁם קָדְשֶׁךָ:
אָבִינוּ מַלְכֵּנוּ עֲשֵׂה לְמַעַן טְבוּחִים עַל יִחוּדֶךָ:
אָבִינוּ מַלְכֵּנוּ עֲשֵׂה לְמַעַן בָּאֵי בָאֵשׁ וּבַמַּיִם עַל קִדּוּשׁ שְׁמֶךָ:
אָבִינוּ מַלְכֵּנוּ נְקוֹם לְעֵינֵינוּ נִקְמַת דַּם עֲבָדֶיךָ הַשָּׁפוּךְ:
אָבִינוּ מַלְכֵּנוּ עֲשֵׂה לְמַעַנְךָ אִם לֹא לְמַעֲנֵנוּ:
אָבִינוּ מַלְכֵּנוּ עֲשֵׂה לְמַעַנְךָ וְהוֹשִׁיעֵנוּ:
אָבִינוּ מַלְכֵּנוּ עֲשֵׂה לְמַעַן רַחֲמֶיךָ הָרַבִּים:
אָבִינוּ מַלְכֵּנוּ עֲשֵׂה לְמַעַן שִׁמְךָ הַגָּדוֹל הַגִּבּוֹר וְהַנּוֹרָא שֶׁנִּקְרָא עָלֵינוּ:
אָבִינוּ מַלְכֵּנוּ חָנֵּנוּ וַעֲנֵנוּ כִּי אֵין בָּנוּ מַעֲשִׂים עֲשֵׂה עִמָּנוּ צְדָקָה וָחֶסֶד וְהוֹשִׁיעֵנוּ:

Avinu malkeynu, ḥoney-nu va-aneynu, ki eyn banu ma-asim,
Asey imanu tz'dakah va-ḥesed, v'ho-shi-eynu.

Mi Sheh-beyraḥ . . .

O God, who blessed our ancestors,
Source of our strength in every generation,

Bless those who today are in our prayers,
And all who are in need of Your merciful blessings.

To the sick and the suffering, send healing and hope;
To the forgotten and the lonely, send the gift of Your love.

To the weary and the wronged, send renewed strength;
To the confused and the distressed, send Your light.

To the pursuers of justice, send wisdom and courage;
To the seekers of peace, send vision and resolve.

To all whose deeds reflect devotion to Your will,
Send confidence—and the sense of Your Holy Presence.

Amen.

Ben Saul (adapted)

Prayer on behalf of the sick

O merciful God, we pray for the well-being of all who are ill.

Grant them enduring strength, and a sense of Your nearness.

Keep steadfast their faith, and keep them from yielding to despair.

Grant wisdom and dedication to those who strive to bring healing and relief from pain.

Help those who share the anxiety which illness brings with it; help them to be brave and hopeful.

Grant us courage and confidence, and keep us ever mindful of all who are afflicted.

Accept our prayers, O Lord, on behalf of all who seek You today.

Praised are You, O Lord, Healer of the sick.

בָּרוּךְ אַתָּה יְיָ רוֹפֵא חוֹלִים:

The blessings we seek

Source of blessing, our Guardian and Hope,
Bless, we pray, all who are dear to us.
Watch over them with Your protecting love.

Bless the people of this congregation.
Grant them health of body and serenity of spirit;
Guide them on the path of Torah and good deeds.

Bless our country, our leaders, and our fellow citizens.
Keep us faithful to our heritage of freedom and justice.
Help us to banish all suffering and strife.

Bless our brothers and sisters in the land of Israel.
Prosper the work of their hands and minds.
Strengthen them and grant them peace.

Bless our fellow Jews, wherever they may dwell.
Comfort those who are in distress;
Deliver them, speedily, from darkness to light.

Bless all Your children, in every land and community.
Unite them in understanding and mutual helpfulness.
Hasten the day when all can rejoice in a world of peace.

בָּרוּךְ אַתָּה יְיָ אֱלֹהֵינוּ וֵאלֹהֵי אֲבוֹתֵינוּ.
אֱלֹהֵי אַבְרָהָם אֱלֹהֵי יִצְחָק וֵאלֹהֵי יַעֲקֹב.
אֱלֹהֵי שָׂרָה אֱלֹהֵי רִבְקָה אֱלֹהֵי רָחֵל וֵאלֹהֵי לֵאָה.
הָאֵל הַגָּדוֹל הַגִּבּוֹר וְהַנּוֹרָא אֵל עֶלְיוֹן.
גּוֹמֵל חֲסָדִים טוֹבִים וְקֹנֵה הַכֹּל.
וְזוֹכֵר חַסְדֵי אָבוֹת
וּמֵבִיא גְאֻלָּה לִבְנֵי בְנֵיהֶם לְמַעַן שְׁמוֹ בְּאַהֲבָה:

זָכְרֵנוּ לְחַיִּים מֶלֶךְ חָפֵץ בַּחַיִּים.
וְכָתְבֵנוּ* בְּסֵפֶר הַחַיִּים. לְמַעַנְךָ אֱלֹהִים חַיִּים:

מֶלֶךְ עוֹזֵר וּמוֹשִׁיעַ וּמָגֵן.
בָּרוּךְ אַתָּה יְיָ מָגֵן אַבְרָהָם וְעֶזְרַת שָׂרָה:

אַתָּה גִּבּוֹר לְעוֹלָם אֲדֹנָי מְחַיֵּה מֵתִים אַתָּה רַב לְהוֹשִׁיעַ:
מְכַלְכֵּל חַיִּים בְּחֶסֶד מְחַיֵּה מֵתִים בְּרַחֲמִים רַבִּים.
סוֹמֵךְ נוֹפְלִים וְרוֹפֵא חוֹלִים וּמַתִּיר אֲסוּרִים
וּמְקַיֵּם אֱמוּנָתוֹ לִישֵׁנֵי עָפָר.
מִי כָמוֹךָ בַּעַל גְּבוּרוֹת וּמִי דּוֹמֶה לָּךְ
מֶלֶךְ מֵמִית וּמְחַיֶּה וּמַצְמִיחַ יְשׁוּעָה:

מִי כָמוֹךָ אַב הָרַחֲמִים. זוֹכֵר יְצוּרָיו לְחַיִּים בְּרַחֲמִים:

וְנֶאֱמָן אַתָּה לְהַחֲיוֹת מֵתִים. בָּרוּךְ אַתָּה יְיָ מְחַיֵּה הַמֵּתִים:

(*Neilah: וְחָתְמֵנוּ)

Zoḥ-reynu l'ḥa-yim meleḥ ḥafeytz ba-ḥa-yim,
V'ḥot-veynu b'seyfer ha-ḥa-yim, l'ma-anḥa Elohim ḥa-yim.

Amidah: Interpretive opening blessings

Praised are You, O Lord our God and God of our ancestors,
God of Abraham, God of Isaac, and God of Jacob,
God of Sarah, God of Rebeccah, God of Rachel, and God of Leah,
Great, mighty, and exalted One—
You bestow lovingkindness upon all Your children.
You remember the merits of our ancestors,
And lovingly offer redemption to their descendants,
In accordance with Your great name.

Remember us for life, O Sovereign who delights in life;
Inscribe us in the book of life, for Your sake, O God of life.

You are our Sovereign and Helper, our Savior and Protector.
Praised are You, O Lord,
Shield of Abraham and Sustainer of Sarah.

Eternal is Your power, O Lord;
Your salvation embraces the living and the dead.
In lovingkindness You sustain the living;
Your mercies confer life upon the departed.
You uphold the falling, heal the sick, and free the captives;
You keep faith with Your children, even in death.
Who is like You, incomparable Lord of mighty deeds,
Ruler of life and death, Source of redemption?

Who is like You, compassionate God?
Mercifully You remember Your creatures for life.

Praised are You, O Lord,
Who grants to the departed eternal life.

While preserving most of the imagery and language of the traditional Amidah's Opening Blessings, the "Interpretive Version" employs a more inclusive reference to our Ancestors (patriarchs and matriarchs) and emphasizes Divine Redemption (rather than a Messianic Redeemer) among God's gifts to us. The rendering of the emended text into English seeks to convey the spirit of the Hebrew, in terms which speak to the minds and hearts of contemporary worshipers. *(Adapted from Siddur Ḥadash)*

Supplementary Transliteration

ASHREY

Ashrey yosh-vey vey-teḥa, od y'ha-l'luḥa selah.
Ashrey ha-am sheh-kaḥa lo, ashrey ha-am sheh-Adonai Elohav.

T'hila l'David.

Aro-mimḥa Elohai ha-meleḥ, va-avarḥa shimḥa l'olam va-ed.
B'ḥol yom avar-ḥeka, va-ahal'la shimḥa l'olam va-ed.

Gadol Adonai u-m'hulal m'od, v'li-g'dulato eyn ḥey-ker.
Dor l'dor y'shabaḥ ma-aseḥa, u-g'vuro-teḥa ya-gidu.

Hadar k'vod ho-deḥa, v'div-rey nif-l'oteḥa a-siḥa.
Ve-ezuz no-ro-teḥa yo-meyru, u-g'dulat-ḥa asap-rena.

Zey-ḥer rav tuvḥa ya-biu, v'tzid-katḥa y'ra-neynu.
Ḥanun v'raḥum Adonai, ereḥ apa-yim u-g'dol ḥased.

Tov Adonai la-kol, v'ra-ḥamav al kol ma-asav.
Yo-duḥa Adonai kol ma-aseḥa, va-ḥa-sideḥa y'var-ḥuḥa.

K'vod mal-ḥutḥa yo-meyru, u-g'vu-ratḥa y'da-beyru.
L'hodia li-v'ney ha-adam g'vu-rotav, u-ḥ'vod hadar mal-ḥuto.

Mal-ḥutḥa mal-ḥut kol olamim, u-mem-shal-t'ḥa b'ḥol dor va-dor.
Someyḥ Adonai l'ḥol ha-nof-lim, v'zo-keyf l'ḥol ha-k'fufim.

Eyney ḥol eyleḥa y'sa-beyru, v'ata noteyn lahem et oḥ-lam b'ito.
Po-tey-aḥ et ya-deḥa, u-mas-bia l'ḥol ḥai ratzon.

Tzadik Adonai b'ḥol d'ra-ḥav, v'ḥasid b'ḥol ma-asav.
Karov Adonai l'ḥol ko-rav, l'ḥol asher yik-ra-uhu ve-emet.

R'tzon y'rey-av ya-aseh, v'et shav-atam yish-ma v'yo-shi-eym.
Shomeyr Adonai et kol oha-vav, v'eyt kol ha-r'shaim yash-mid.

T'hilat Adonai y'daber pi,
Vi-vareyḥ kol basar sheym kod-sho l'olam va-ed.
Va-anaḥ-nu n'va-reyḥ yah, mey-ata v'ad olam. Halleluyah.

OPENING BLESSINGS OF THE AMIDAH

Baruḥ ata Adonai, Eloheynu vey-lohey avo-teynu,
Elohey Avraham, Elohey Yitzḥak, vey-lohey Yaakov,
* *[Elohey Sarah, Elohey Rivkah, Elohey Raḥeyl, vey-lohey Leyah]*
Ha-Eyl ha-gadol ha-gibor v'ha-nora Eyl el-yon,
Gomeyl ḥasadim tovim v'koney ha-kol,
V'zo-ḥeyr ḥas-dey avot,
U-mey-vi go-eyl [g'ulah] li-v'ney v'ney-hem
L'ma-an sh'mo b'ahava.

Zoḥ-reynu l'ḥa-yim, meleḥ ḥafeytz ba-ḥa-yim,
V'ḥot-veynu b'seyfer ha-ḥa-yim, l'ma-anḥa Elohim ḥa-yim.

Meleḥ ozeyr u-mo-shia u-mageyn,
Baruḥ ata Adonai, mageyn Avraham [v'ezrat Sarah].

Ata gibor l'olam Adonai,
M'ḥa-yey meytim ata rav l'ho-shia.
M'ḥal-keyl ḥa-yim b'ḥesed,
M'ḥa-yey meytim b'ra-ḥa-mim rabim,
Someyḥ nof-lim v'ro-fey ḥolim u-matir asurim,
U-m'ka-yeym emu-nato li-shey-ney afar,
Mi ḥa-moḥa ba-al g'vurot u-mi do-meh laḥ,
Meleḥ mey-mit u-m'ḥayeh u-matz-miaḥ y'shua.

Mi ḥa-moḥa av ha-ra-ḥa-mim,
Zo-ḥeyr y'tzurav l'ḥa-yim b'ra-ḥa-mim.

V'ne-eman ata l'ha-ḥa-yot meytim,
Baruḥ ata Adonai, m'ḥa-yey ha-meytim.

**For Interpretive Amidah, recite words in brackets.*

AMNAM KEYN: A medieval atonement hymn—"*Salaḥti*"

(Recited in some congregations on Yom Kippur Eve.)

אֱלֹהֵינוּ וֵאלֹהֵי אֲבוֹתֵינוּ.

אָמְנָם כֵּן   יֵצֶר סוֹכֵן   בָּנוּ.
בְּךָ לְהַצְדִּיק   רַב צֶדֶק   וַעֲנֵנוּ   סָלַחְתִּי:
גְּעַל מְרַגֵּל   וְגַם פַּגֵּל   סִפְרוֹ.
דּוֹד שׁוֹאֵג בְּקוֹל   יִתֵּן קוֹל   דְּבָרוֹ   סָלַחְתִּי:
הַס קַטֵּגוֹר   וְקַח סַנֵּגוֹר   מְקוֹמוֹ.
וִיהִי יְיָ לְמִשְׁעָן   לוֹ לְמַעַן   נְאֻמוֹ   סָלַחְתִּי:
זְכוּת אֶזְרָח   גַּם יִפְרַח   לְשׁוֹשַׁנָּה.
חֵטְא הָעֵבֶר   וְקוֹל הַגֶּבֶר   מִמְּעוֹנָה   סָלַחְתִּי:
טוֹב וְסַלָּח   מְחַל וּסְלַח   אֲשֵׁמִים.
יָהּ הַקְשֵׁב   וְגַם הָשֵׁב   מִמְּרוֹמִים   סָלַחְתִּי:
כְּאֵב תַּחֲבוֹשׁ   וּבְצוּל תִּכְבּוֹשׁ   עֲוֹנִי.
לְךָ תְּהִלָּה   אֱמוֹר מִלָּה   לְמַעֲנִי   סָלַחְתִּי:
מְחֵה פֶּשַׁע   וְגַם רֶשַׁע   בְּנֵי בְרִית.
נְהַג חַסְדֶּךָ   כֵּן הוֹדֶךָ   לִשְׁאֵרִית   סָלַחְתִּי:
סְכוּת רַחֲשִׁי   וְגַם לַחֲשִׁי   תִּרְצֶה.
עָוֹן נוֹשֵׂא   לְמַעַנְךָ עֲשֵׂה   וְתִפְצֶה   סָלַחְתִּי:
פְּנֵה לְעֶלְבּוֹן   מְקוֹם עָוֹן   לְהָשִׂים.
צַחַן הָסֵר   וְגַם תְּבַשֵּׂר   לְבָךְ חוֹסִים   סָלַחְתִּי:
קוֹלִי שְׁמַע   וּרְאֵה   דֶּמַע עֵינִי.
רִיב רִיבִי   שְׁעֵה נִיבִי   וַהֲשִׁיבֵנִי   סָלַחְתִּי:
שֶׁמֶץ טַהֵר   כְּעָב מַהֵר   כְּנֶאֱמַר
תִּמְחֶה פֶּשַׁע   לְעַם נוֹשַׁע   וְתֹאמַר   סָלַחְתִּי:

This *Piyyut* (Hymn) by Rabbi Yom Tov of Joigny (who was killed in the York massacre of 1190) reflects the belief that the sufferings of the House of Israel are the consequence of sin, (albeit sins into which Israel was lured by the evil *yetzer* and Satan's influence); it beseeches God to accept repentance, and to proclaim *Salaḥti*, I have Forgiven!